ZHEJIANG
FINANCE SOCIETY
浙江省金融学会

浙江省金融学会
重点研究课题获奖文集
2022

Zhejiang Sheng Jinrong Xuehui Zhongdian Yanjiu
Keti Huojiang Wenji

浙江省金融学会◎编

中国金融出版社

责任编辑：赵晨子
责任校对：李俊英
责任印制：陈晓川

图书在版编目（CIP）数据

浙江省金融学会重点研究课题获奖文集．2022/浙江省金融学会编．—北京：中国金融出版社，2024.1
ISBN 978－7－5220－2275－8

Ⅰ．①浙…　Ⅱ．①浙…　Ⅲ．①金融—中国—2022—文集
Ⅳ．①F832

中国国家版本馆CIP数据核字（2023）第256146号

浙江省金融学会重点研究课题获奖文集2022
ZHEJIANG SHENG JINRONG XUEHUI ZHONGDIAN YANJIU KETI HUOJIANG WENJI 2022
出版发行 中国金融出版社
社址 北京市丰台区益泽路2号
市场开发部 （010）66024766，63805472，63439533（传真）
网上书店 www. cfph. cn
（010）66024766，63372837（传真）
读者服务部 （010）66070833，62568380
邮编 100071
经销 新华书店
印刷 北京九州迅驰传媒文化有限公司
尺寸 169毫米×239毫米
印张 34
字数 645千
版次 2024年1月第1版
印次 2024年1月第1次印刷
定价 98.00元
ISBN 978－7－5220－2275－8

目　　录

货币政策与共同富裕

——稳增长背景下货币政策的收入与财富分配效应

中国人民银行浙江省分行课题组*

一、引言

党的二十大报告指出从现在起，党的中心任务是实现第二个百年奋斗目标，以中国式现代化全面推进中华民族伟大复兴。共同富裕是社会主义的本质要求，是中国式现代化的重要特征。共同富裕蕴含了“富裕”和“共同”两层含义：“富裕”要求“做大蛋糕”，实现经济高质量发展；“共同”则需要“分好蛋糕”，优化收入分配制度，缩小“三大差距”，让发展成果更多更公平地惠及全体人民。作为最重要的资源配置手段，金融对于实现中国式现代化和共同富裕具有双重作用：一方面，有效率的金融体系可以优化资源配置，促进经济高质量发展，帮助“做大蛋糕”；另一方面，科学的金融制度安排可以优化居民收入和财富分配，兼顾效率和公平，帮助“分好蛋糕”。

现代中央银行制度是现代化国家治理体系的重要组成部分，完善货币政策体系是构建现代中央银行制度的重要内容。从实现中国式现代化和共同富裕的目标看，“保持币值稳定，并以此促进经济增长”是不够的，易纲行长在宣讲党的二十大精神报告中提出，“人民银行要依法履职，实现币值稳定和金融稳定，并以此促进充分就业和经济增长”。货币政策是一个总量政策，锚定的是通货膨胀和经济增长等总量目标，但也不能忽视的是，货币政策同样也会对居民收入分配和财富分配产生重要的结构性影响：一是货币政策的收入分配效应。货币政策释放的资金不会等比例流入实体经济不同部门，规模偏好、所有制偏好、抵押偏好等客观存在。货币政策应该更多关注小微企业融资难题，突出就业目标。二是货币政策的财富分配效应。货币政策释放的资金不会全部流入实体经济，当资金流入房地产市场、股市会推高资产价格，造成居民财富差距扩大，甚至可能产生资产价格泡沫，威胁金融安全。

从国际上看，金融危机后主要发达经济体较长时间维持超低利率，普遍观

---

* 课题主持人：张　奎
课题组成员：陆巍峰　贺　聪　陈一稀　章成帅　胡牧雪

点认为（BIS，2016；Kuhn 等，2020；中银研究，2021）这推高了资产价格，降低了银行存款收益率，从而加剧了收入与财富差距。新冠疫情暴发后，全球主要经济体再次祭出超常规宽松政策，引发资产价格大幅飙涨，但失业率却曾一度居高不下，越来越多的学者认为（朱云来，2021；翟东升，2022）超宽松的货币金融环境恶化了财富分配，并导致货币政策的有效性下降。从我国的情况看，我国货币信用环境的宽松程度与居民收入基尼系数变动呈现出一定的相关性，特别是"稳增长"时期的宽松政策环境会扩大居民收入分配的差距（见图 1）。

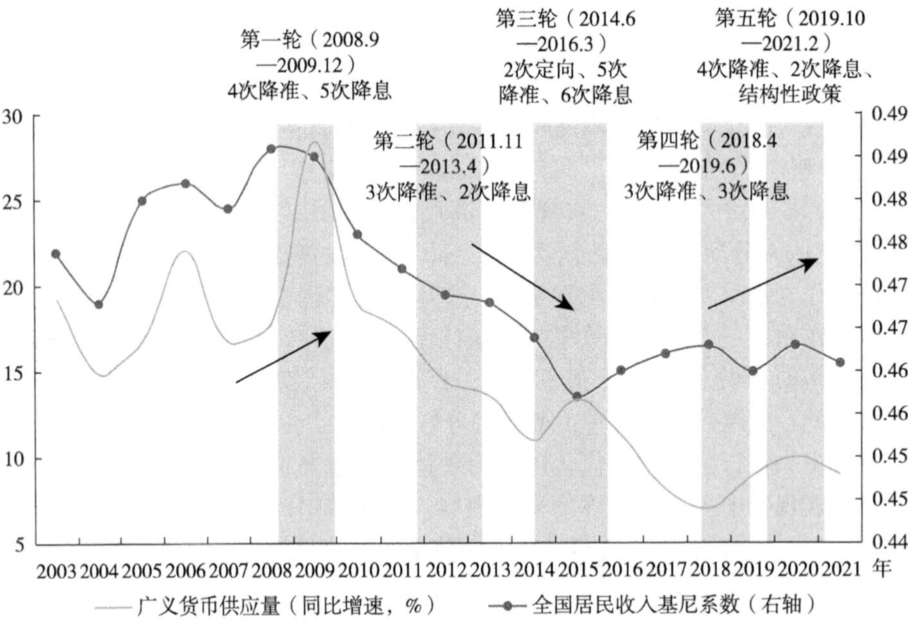

图 1 广义货币供应量与全国居民收入基尼系数走势

（数据来源：世界银行，国家统计局）

当前，我国经济面临国内预期减弱、需求不足、供给冲击三重压力，特别是连续三年新冠疫情严重影响产业链供应链稳定，房地产行业也进入深度调整期，经济下行压力较大。这些都需要货币政策积极应对，为稳增长营造合理充裕的流动性环境。从过往历史看，宽松货币环境可能引发的收入财富分配差距扩大值得关注。逻辑上，货币政策是短期政策，共同富裕是长期目标；货币政策是总量政策，共同富裕是结构性目标。如果一个金融体系对于资源配置总是有偏的，货币政策释放的资金会持续流入特定领域和部门，从而产生累积的结构性影响，改变居民收入分配和财富分配。这就要对货币政策的收入分配和财富分配效应予以关注、进行研究。本文不侧重对货币政策目标的调整提出建言，而是尝试回答货币政策的收入分配和财富分配效应如何影响金融资源配置，及其对宏观经济的影响，进而提出在实现货币政策总量目标（稳增长）的前提下，什么样的货币金融环境更有助于实现中国式现代化和共同富裕。

全文分为六个部分，除引言外，第二部分从货币政策是否应该关注分配不平等、货币政策影响分配的主要渠道以及货币政策分配效应的实证研究等方面梳理相关文献；第三部分对我国货币政策的收入分配和财富分配效应进行了经验分析；第四部分构建了一个包含信贷偏好效应和房地产部门的基准模型；第五部分模拟三种“稳增长”情景下，不同货币政策工具对总产出（稳增长）、就业（收入分配）、资产价格（金融稳定）的影响，并构建社会福利函数评判政策效应的总体优劣；最后一部分为结论与政策建议。

二、文献综述

随着经济不断增长，在家庭收入与财富总量不断增长的同时，世界范围内收入与财富不平等的加剧日益受到关注（Piketty 和 Saez，2003；Atkinson 和 Piketty，2007，2010；Stiglitz，2012；Saez 和 Zucman，2016）。特别是国际金融危机和新冠疫情冲击以来，越来越多关于应对策略的总结和反思指出，过于宽松的货币政策造成了资产价格大幅上涨，对收入和财富分配产生了负面影响，加剧贫富差距分化（Acemoglu 和 Johnson，2012；Stiglitz，2015）。多国央行行长和专家多次公开讨论货币政策工具的潜在分配效应，并呼吁对此进行深入研究（Bernanke，2007，2015；Yellen，2014，2016；Draghi，2016；Mersch，2014；Bullard，2014），由货币政策分配效应引致的不平等问题逐渐成为研究热点。

（一）货币政策是否应该关注分配不平等

一直以来，促进分配公平并非中央银行的主要和直接目标，因而货币政策的分配效应长期被忽视。一方面，较多观点认为，长期收入分配主要由全球化（Feenstra 和 Hanson，2004）、技术进步（Acemoglu，2002）、人口趋势及劳动力市场结构变迁（Heathcote 等，2010；Karahan 和 Ozkan，2013）等实际变量决定，货币因素对这些实际变量影响较小；另一方面，由于货币政策侧重于总量调节，重点关注就业与通胀，即便对收入分配有副作用，也难以靠自身解决。如 Coeure（2013）认为金融危机时期中央银行的宽松货币政策会加剧暂时、间接和非预期的收入或财富不平等，但确保了价格稳定。Bullard（2014）指出，在一个较长时期货币政策会经过扩张—收缩的多轮调整，其对收入分配不同方向的影响会被抵消。然而，事实并非如此简单，货币政策立场的变化会产生分配效应。中央银行调整利率、改变信贷条件或购买资产时，对通货膨胀、利率、资产价格等变量均会产生影响，如在实体经济工资报酬和资产市场财产性收入之间产生分配效应（纪敏，2020），进而影响居民收入和财富再分配，中央银行应对分配不平等问题予充分关注（BIS，2022）。进一步讲，一方面，分配不公形成贫富差距会使得中低阶层杠杆率攀升，富裕阶层快速增加的财富增值需求引发金融产品创新都会对金融稳定产生潜在负面影响（Rajan，2010；Bordo 和 Meissner，2012；Kumhof 等，2015）；另一方面，不平等程度上升会影响货币政策传导机制，进而降低货币政策有效性（BIS，2022；张启迪，2021；Eunseong Ma，2018；彭芸，2017）。因此，央行在制定政策时，要考虑政策对不平等可能产生的不良影响（吴立元和龚六堂，2018）。

（二）货币政策影响分配不平等的主要渠道

货币政策分配效应取决于其影响收入与财富的不同渠道。收入构成、金融市场分割、资产配置、储蓄再分配和金融救助等渠道对分配不平等产生影响。一是收入构成渠道。因家庭收入存在异质性，部分家庭主要依靠工资，而其他家庭的收入则来自商业和经济收益。扩张性货币政策增加的利润超过工资收入，使得资产所有者和企业主受益更多，使工资或固定收入家庭的实际购买力缩水（Algan 和 Ragot，2010）。二是金融市场参与渠道。那些经常参与金融市场交易的群体更易受货币供应量和价格的影响，扩张性货币政策将首先传导至金融市场，金融资产价值上升使与金融市场联系更密切群体财富快速上升（Williamson，2009；Ledoit 等，2011）。三是资产组合渠道。通常情况下，低收入家庭持有的主要是现金存款，而高收入家庭则倾向于持有房产、证券。扩张性货币政策通过造成通货膨胀和金融市场繁荣，将损害低收入家庭，使高收入家庭受益，加剧财富不平等（Samarina 和 Nguyen，2019）。四是储蓄再分配渠道。通货膨胀的意外上升将使借款者受益，损害贷款人的利益。考虑到通常贷款人比借款者更富有，扩张性的货币政策冲击将通过这一渠道减少不平等（Nakajima，2015）。Doepke 和 Schneider（2006）研究表明，积极的通货膨胀有利于年轻中产阶级家庭的固定利率抵押贷款债务，损害富裕和老年家庭。五是金融救助渠道。在救助特定金融机构和市场主体时，中央银行的定向支持带有明显的财政政策性质，央行资产方扩张的直接受益者是部分机构或人群，而负债方的扩张或资产方出现的损失则由公众承担，蕴含着收入分配效应（Prasad，2014）。

（三）货币政策分配效应的实证分析

从影响结果看，货币政策既可能导致不平等程度增加，也可能导致不平等程度减少。为准确评估货币政策的分配效应，一些学者开始转向实证研究。Eunseong（2018）、Furceri 等（2018）研究发现，在向市场经济过渡国家中，扩张性货币政策会产生温和通胀，名义工资合同刚性使实际工资下降，企业可雇佣更多工人，从而刺激经济增长，对就业、工资和收入产生正向影响来缓和不平等。Bivens（2015）发现，在财富方面，提高房地产价格会减少不平等，因为房屋净值在中产阶级的财富中占有较大的份额；提高股票价格会加剧不平等，且这两股力量在对财富不平等的影响方面可以部分相互抵消。有部分实证结果认为，货币政策宽松会加剧财富分配差距，甚至拉大收入分配差距。Berisha 和 Meszaros（2020）基于美国 1929—2009 年的宏观时间序列数据，利用广义脉冲响应和方差分解方法检验发现，低利率使富裕阶层所持有的资产价值增值，财富基尼系数近 10% 的变化可由利率波动来解释。Mumtaz 和 Theophilopoulou（2020）利用英国资产调查数据以月度频率构建了 2006—2018 年的财富不平等指标，基于 FAVAR 模型的实证结果表明，扩张性货币政策会推高房价和金融资产价格而使中产阶级和富裕家庭受益，进而扩大中等富裕家庭和低收入家庭之间的财富差距。此外还有观点认为，作为中央银行，应理性看待货币政策分配效应，权衡好短期与长期福利效应。例如，国际清算银行认为，中央银行将利率维持在较低水平以促进经济复苏会通过支持就业和减少收入不平等带来长期的巨大好处，但它也会短期提高资产价格，尤其是股票价格，加剧财富不平等，此类需要跨期权衡的问题构成货币政策制定的一个关键挑战（BIS，2021）。

（四）对已有研究的评述

总体来看，越来越多的文献认为中央银行应关注货币政策分配效应，并从收入构成、金融市场参与、资产组合等渠道，研究货币政策对贫富差距的影响。一些研究还意识到货币政策分配效应在短期和长期存在不同，需要跨期综合考虑。但是已有文献还存在不足：第一，不同国家货币政策分配效应的主要影响渠道和机制不同，现有文献缺乏对中国主要渠道和机制的判断与建模；第二，当前背景下，稳增长与促就业具有高度一致性，稳增长的首要是促就业，促就业是当前缩小贫富差距最重要的举措，现有研究较少将就业率直接纳入货币政策分配效应的模型之中；第三，已有研究多呼吁要综合考虑货币政策长期和短期分配效应，但尚未设计出一个理想的评价方案。本课题将基于经验分析，探寻中国货币政策分配效应的主要影响渠道和影响因素，据此建立经济模型，构建包含总产出（稳增长）、就业（收入分配）、资产价格（金融稳定）的社会总福利函数，从长、短期比较不同货币政策工具的总体优劣，为下阶段“稳增长”中货币政策操作提供参考，对于丰富共同富裕理论以及救助政策理论也具有十分重要的意义。

三、我国货币政策收入与财富分配效应的经验分析

货币在有效市场中表现为笼罩在实体经济上的一层面纱，仅仅影响价格。但货币在无效市场中却不是中性的，一个典型的例子是名义工资刚性使得货币政策可以影响总产出。作为一个转型经济体，中国信贷资源配置呈现出明显的规模偏好、所有制偏好、抵押偏好等特征，使得货币政策产生收入分配和财富

分配效应。

（一）货币政策的分配效应与信贷配置

货币政策收入与财富分配效应具有复杂性。一方面，货币政策通过多种渠道影响收入与财富分配，整体影响难以确定。货币政策通过通货膨胀、资产价格、利率、汇率贬值等变量，借助储蓄再分配渠道、投资组合渠道、工资异质性渠道、金融参与渠道影响分配（见表 1）。另一方面，传统与非常规货币政策的影响也不同。传统货币政策旨在降低通货膨胀和稳定总需求的传统货币政策有助于长期改善低收入人群状况。而应对 2008 年国际金融危机的非常规货币政策对利率期限结构和资产价格产生直接影响，从而可能拉大收入分配差距。此外，货币政策分配效应还受收入和财富的初始分配状态等因素影响。

我国货币政策收入分配效应具有特殊性。转型期特殊的经济和金融结构对我国货币政策的收入分配效应产生影响，导致收入在不同部门、不同地区、不同人群之间的分配存在较大差别。一是存在金融资源配置的失衡。货币宽松对国企与民企、东西部区域、城乡及居民内部获益出现差别。二是存在金融和实体经济的失衡。金融脱实向虚使货币在金融体系内循环并增值，加大金融体系和实体经济间收入差距。三是存在房地产业和实体经济失衡。货币宽松在助推房价上涨同时，加大不同城市之间的房价差距，从而使大中城市拥有住房的人群从货币扩张中获益更多。

表 1　货币政策宽松对居民收入与财富的影响

货币政策宽松		正/负影响	总效应
居民收入	工资性收入	降低失业，增加工资收入 鼓励增加生产，增加工资收入 工资黏性，通货膨胀上升，实际工资下降 资本替代劳动，工资收入降低	不确定，不同国家、不同发展阶段、不同时期均不相同
	经营性收入	企业生产规模扩大，所得提升	上升
	财产性收入	更容易随着资产回报率与通货膨胀率变动收益增加	上升
居民财富	存款现金	通货膨胀上升使得存款现金贬值 利率下降使存款收益下降	下降
	金融资产	金融资产升值	上升
	房地产	房地产升值	上升

信贷配置是我国货币政策影响收入与财富分配的重要渠道。信贷规模在不同经济部门表现出的结构性差异，信贷价格在社会不同产品与资产上表现出的涨跌不一，会对就业、收入和财富等造成明显的分化，货币政策通过对信贷市

场效率、金融结构及金融活动参与率等产生影响从而实现对产业结构、需求结构的调节，进而影响收入分配。将国内 31 个省份按人均 GDP 排名前十位的省份定义为高收入组，排名最后十位的省份定为低收入组，其余为中等收入组，结果发现：信贷资源高度集中于高收入组。2021 年高收入组常住人口占全国比重为 35%。存款余额占比为 56.1%，贷款余额占比为 53.6%，分别高于其人口占比 21.1 个和 18.6 个百分点（见表 2）。高收入组 2021 年人均存款、贷款余额分别为 25.9 万元和 20.3 万元，人均存款余额分别是中、低收入组的 2.1 倍和 2.8 倍。人均贷款余额分别是中、低收入组的 2 倍和 2.4 倍（见图 2）。

表 2　　各收入组信贷资源分布　　单位：%

收入组	常住人口占比	存款余额占比	贷款余额占比
高收入	35	56.10	53.60
中等收入	36.70	27.40	28.30
低收入	28.30	16.40	18.10

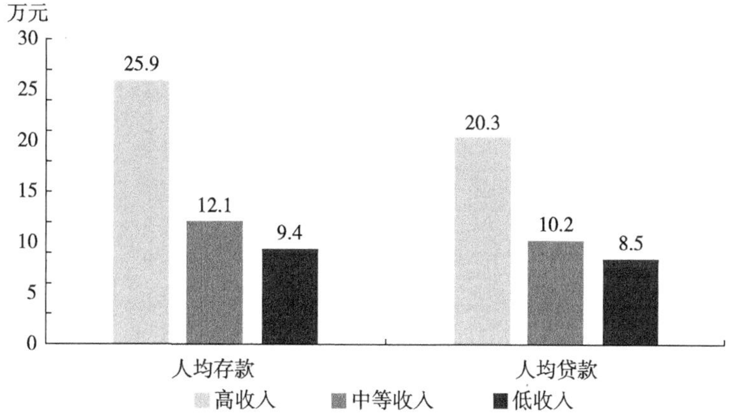

图 2　信贷配置与收入分组

（二）我国货币政策分配效应的典型事实

1. 货币政策的收入分配效应。信贷配置具有正向的就业分配效应。信贷规模增加的行业，其就业吸纳能力也相应更强。将各行业劳动力份额、劳动边际产量及信贷份额置于坐标轴，我们发现，获得信贷资金支持较多的行业，其劳动力参与份额相对较高（见图 3）。进一步发现信贷规模与劳动力边际产量间也存在明显正相关关系，劳动力边际产量比较高的行业，其获得银行贷款也越多（见图 4）。一些实证研究也印证信贷支持能显著增加该行业劳动力就业数量和劳动力分配比重。如钟宁桦等（2021）研究 2008 年国际金融危机期间，一揽子经济刺激计划搭配宽松货币政策的就业效应，发现由于新增信贷主要投向国有企业、大型企业与受支持行业，国企在此期间雇员平均增速为 9.2%，远高于民企的 0.45%；大企业雇员平均增速为 8.5%，也明显高于小企业。

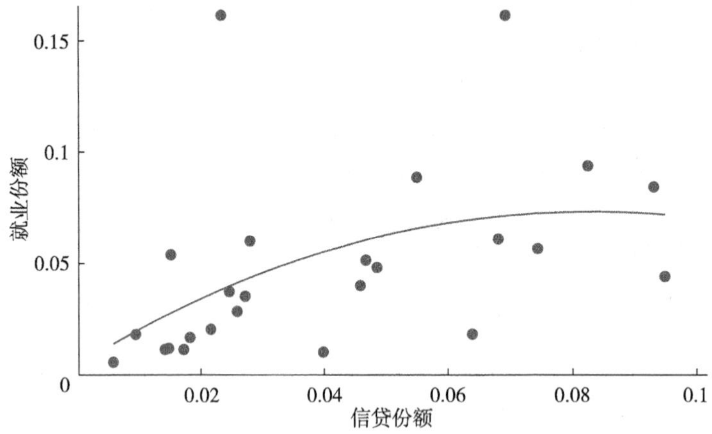

图 3 信贷资源配置与就业份额

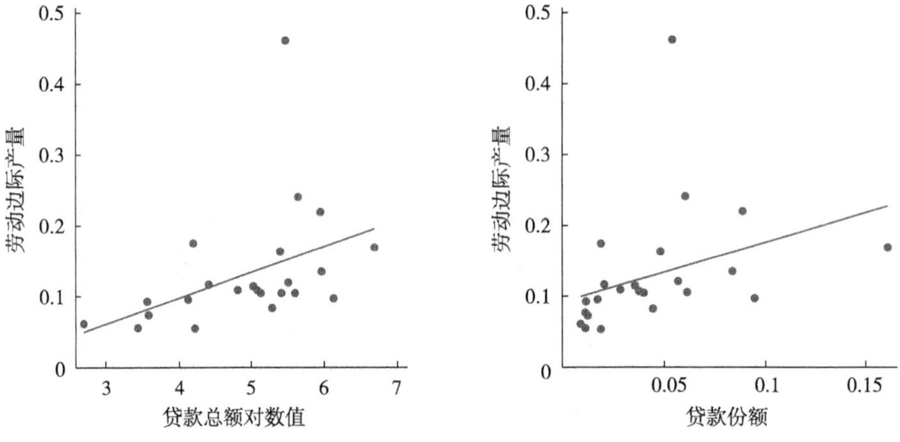

图 4 信贷资源配置与劳动边际产量

信贷资金区域非均衡配置引致地区收入差距扩大。人均信贷规模在我国省际层面出现分化，企业与居民贷款加速流向人均 GDP 较高省市，省际人均信贷规模与人均 GDP 有较强正相关关系（见图 5）。2021 年，京、津、沪、浙、苏、粤和闽七省市人均 GDP 是全国平均水平的 1.51 倍，流向上述七地的人均信贷规模是全国的 1.72 倍。与此同时，人均 GDP 越高地区，其人均可支配收入也越高，经济发展与居民收入水平高度耦合（见图 6）。上述人均 GDP 最高七省市的人均可支配收入是全国平均水平的 1.46 倍。

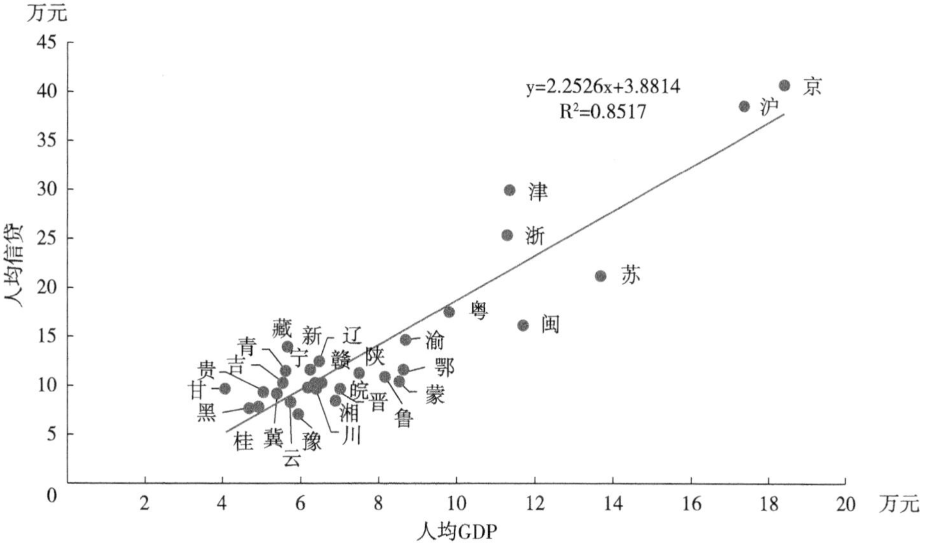

图 5　信贷资金区域非均衡配置

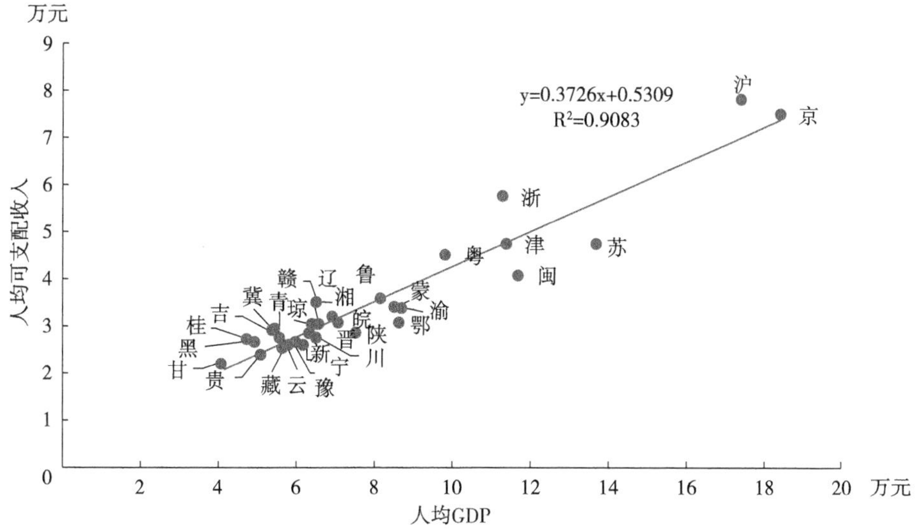

图 6　区域收入差距

信贷资金非均衡配置引致行业收入差距扩大。行业利润率差异使信贷资金流向增长更快、利润更高行业。以电力、燃气业为代表的国企部门与房地产、金融等高增长行业人均产出较高，其获取信贷资源也更多，这进一步加剧行业发展差距（见图 7）。同理，更高的产出支撑了更高收入，行业增长率与行业人均收入正相关。国有垄断企业、房地产、金融、信息科技行业相较于农业、住宿餐饮拥有更大比例的信贷资金配置，其行业人均收入也远高于后者（见图 8）。

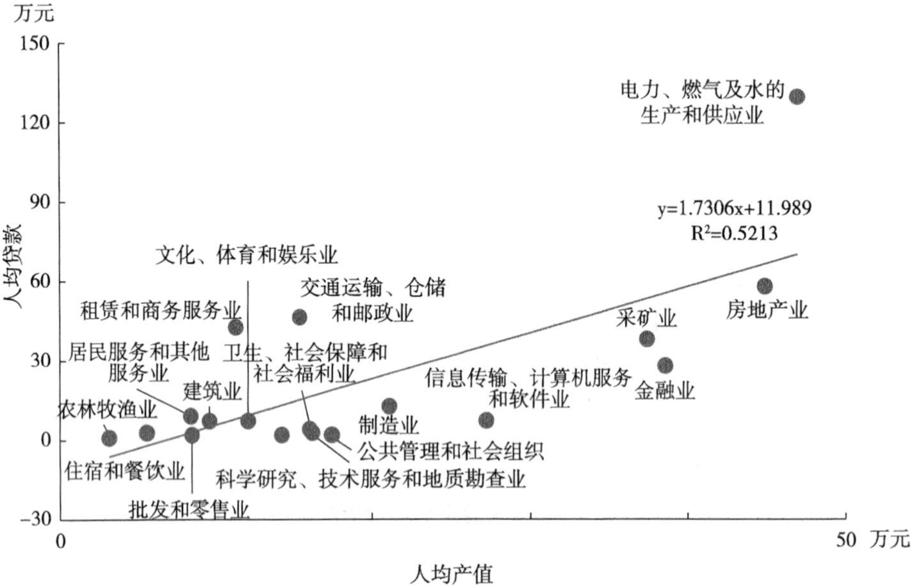

图 7　信贷资金行业非均衡配置

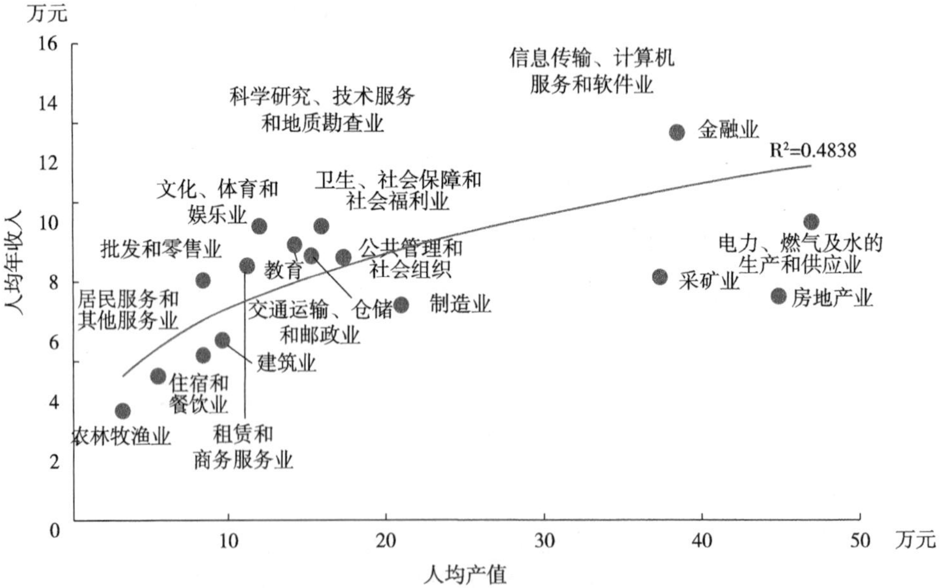

图 8　行业收入差距

信贷资金非均衡配置引致家庭收入差距扩大。一直以来，房地产作为最安全可靠的抵押品，是信贷资金青睐的重要领域。我们对2011—2019年的家庭金融调查数据（CHFS）进行整理与测算，结果显示：过去十年间，65%以上规模的住房贷款流入全国最富裕的20%家庭，仅有不到0.1%的住房贷款流入最贫穷的20%家庭（见图9）。富裕家庭可通过抵押房地产获得更高比例的信贷支持，提高自身举债能力，拓宽投资渠道，进而与其他家庭拉开收入差距。

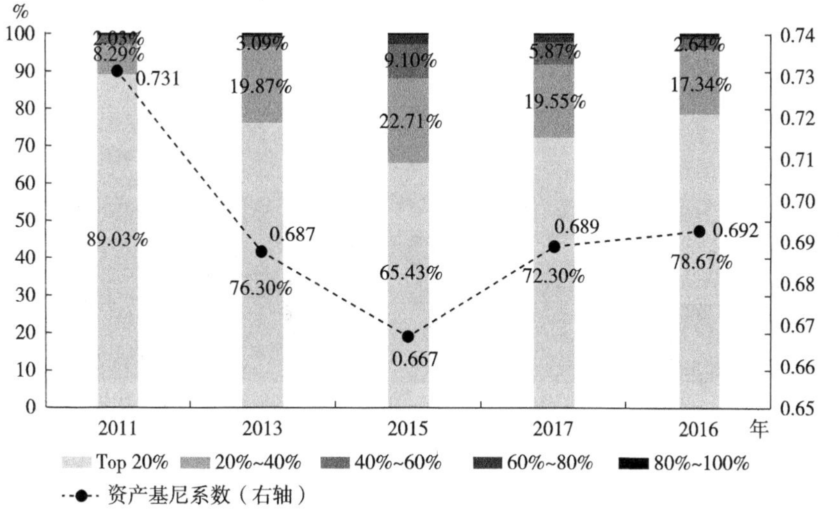

图9 信贷资金非均衡配置与家庭收入差距

2. 货币政策的财富分配效应。家庭财富集中于房地产，富裕群体房产越多，负债参与率更高。一是我国家庭资产以住房资产为主。利用CHFS数据测算可知，我国家庭总资产中房产占比达67.24%，远高于金融资产所占比例（见图10和表3）。二是富裕群体持有更多房产财富。经计算，我国房产基尼系数高达0.732，即在拥有房产群体中，前20%的富裕家庭拥有76%的房产，排末位的20%家庭仅持有不到0.1%的房产，有超过10%的家庭无任何房产。三是资产越多的家庭，负债参与率更高，越容易获得银行贷款。按家庭总资产排序，资产最高20%家庭的负债参与率最高，为63.3%，且负债中97.1%为银行贷款。资产最低20%家庭的负债参与率最低，为38.6%。

表3 2019年家庭房产配置情况 单位:%

家庭资产排序	该档家庭资产/总资产	房产/总资产
Top 20	72.16	68.55
20~40	16.74	65.84

续表

家庭资产排序	该档家庭资产/总资产	房产/总资产
40～60	7.40	62.45
60～80	3.04	59.82
80～100	0.66	47.01
总体	100.00	67.24

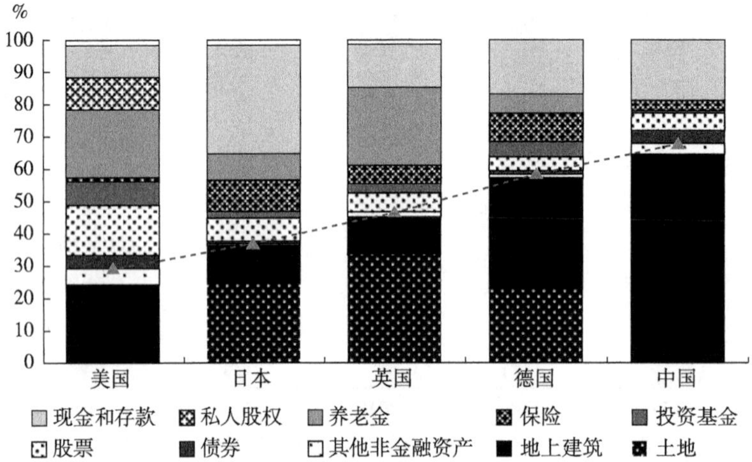

图 10　主要国家家庭住房资产占比

住房价格受货币条件影响较大，货币宽松期房价上涨快，财富分化明显。一方面，房价上涨期与货币宽松期有较高关联度。自 2005 年房地产宏观调控以来，在货币政策放松阶段，往往伴随住房价格环比增速快速上升，住房价格也快速上涨现象。这期间，有应对 2008 年国际金融危机期的货币宽松与一揽子经济刺激政策、面临 2014 年经济进入“新常态”，经济增速换挡的 6 次降息 5 次降准，以及应对 2020 年新冠疫情的大规模低息政策资金注入，也有为应对 2019 年中美贸易摩擦小型“稳增长”宽松政策。除因新冠疫情引致的需求收缩、供给冲击与预期减弱三重压力影响下未造成房价明显上涨以外，其余几次“稳增长”中货币条件宽松都与房价与房地产贷款增速的提升大致相关。图 10 表明，我国在一系列降准降息行动后，房地产贷款与房价在约两个月的政策时滞后开始快速上升。

另一方面，房价上涨越快，财富分化越明显。由图 11 可知，在 2015 年以后我国住房价格经历过一波快速上涨，用 CHFS 数据考察这波房价上涨后引发的财富分配效应。表 4 显示，这一时期内大部分家庭的资产出现正增长，其中，资产排序前 60% 的家庭资产增长 35% 以上，其房产价值增长 50% 左右，房产价值

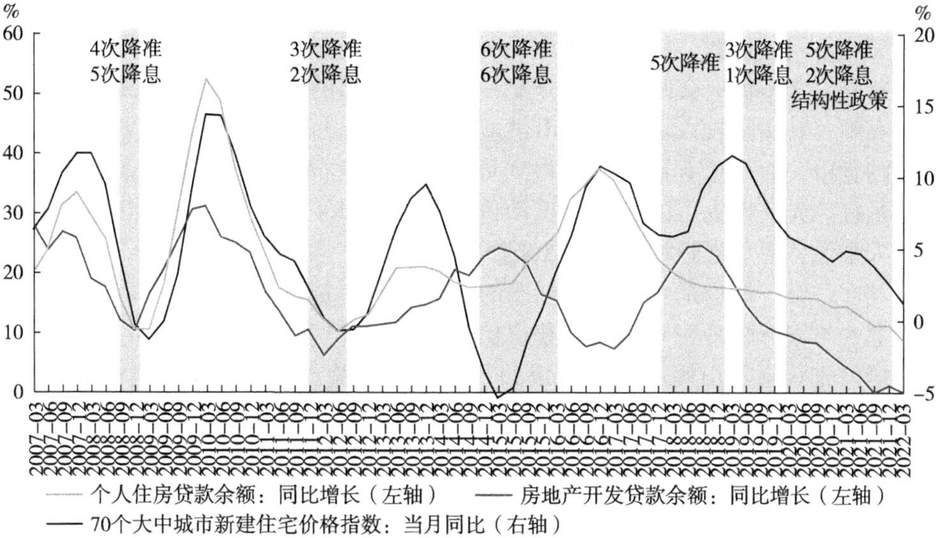

图 11　货币宽松周期与住房价格变动

增长对资产变动的影响占近八成。而资产排名后 20% 的低收入家庭在同一时期却经历财富负增长。从财富分配角度看，尽管房价上涨同时增加居民资产和债务，且房地产总资产增长远快于与住房相关的居民总债务增长，但房地产资产和相关债务在不同收入人群分布严重不均，人数众多的低收入人群财富仍会严重恶化。

表 4　房产增值对家庭财富的影响　　单位：万元，%

总资产高到低分组	资产均值		房产均值		2013—2017 年资产增长	2013—2017 年房产增长	房产对资产变化影响
	2013 年	2017 年	2013 年	2017 年			
0 ~ 20	254. 36	346. 76	161. 11	244. 1	36. 33	51. 51	89. 81
20 ~ 40	58. 07	82. 15	39. 41	58. 52	41. 47	48. 49	79. 36
40 ~ 60	27. 66	38. 16	17. 64	27. 02	37. 99	53. 15	89. 26
60 ~ 80	12. 09	15. 56	6. 59	10	28. 73	51. 76	98. 19
80 ~ 100	2. 84	2. 21	1. 09	0. 86	-22. 13	-20. 86	36. 25

数据来源：根据 CHFS 数据计算。

事实上，在过去较长时期中，房地产等资产价格上涨远超工资性收入增长，货币条件宽松“提振就业、改善低收入人群收入”的政策效应可能赶不上资产价格上涨引发的收入、财富分配恶化效应，导致政策空间和政策效果不断下降，相关金融风险也会不断积聚。基于以上经验分析可知，货币非中性的观察是非常真实存在的。正如爱尔兰经济学家理查德·坎蒂隆在其著作《商业性质概论》

中强调：货币流通具有非均衡性，货币发给谁，以什么样的方式注入对经济的影响完全不同，这就是货币投放的再分配效应。①

首先，货币供应会改变收入分配，先得到货币的人会更受益于宽松货币政策的实施，其实际收入增加。货币供应的增加不是每个人一夜之间都收到同等数量的货币，而是总有部分人先得到货币。货币发行之后，还伴随着一个再分配的过程。先获得货币的人更先推动价格上涨，对于后获得货币或无法获得货币的人来说，通货膨胀将给他们带来损失。

其次，银行信贷是我国货币创造的主渠道，信贷市场配置同样存在分配效应，那些与银行联系密切，率先获得信贷支持的部门受益最多。哪些地区、行业、居民先获得货币呢？这和货币的供应机制相关。如果货币来自银行信贷，则银行和信贷偏好的地区及部门最受益。信贷投放有先有后、有易有难，对于容易获得信贷（即信贷偏好）的地区和部门而言，其资本所有者和从业人员的收入和财富增长快，而其他部门的实际收入则可能因信贷扩张而下降，导致收入分配差距扩大。

最后，结合中国家庭资产配置实际，能提供房地产抵押品家庭部门获益更大。房地产是信贷最常见的抵押品，房价快速上升和信贷过度扩张相辅相成，其结构影响是加大贫富分化的重要渠道。一方面，体现在已有房产家庭更容易获得融资，占有更多社会资源；另一方面，房价上升本身加大财富分配差距，已经持有房产家庭财富增加，没有房地产的相对受损。

四、包含信贷偏好与房地产部门的货币政策分配效应模型

由前文可知，信贷偏好和房地产部门是我国货币政策产生收入、财富分配效应的重要原因和渠道。基于此，本部分将这两种因素纳入模型，构建包含家庭、企业等部门的经济模型，并参考以往文献校准参数。模型中家庭部门提供劳动并进行消费。家庭包含富人家庭与穷人家庭，富人家庭财富为房产，用于自住或出租；穷人家庭财富为储蓄，租房居住。企业部门分两类，分别是进行房地产开发的企业和消费品生产（假设以小微企业为主）的企业，它们在产出的同时也为劳动支付工资。中央银行拥有总量型（如利率）和结构性（如小微企业专项再贷款）货币政策工具，可以根据泰勒规则调控政策利率，也可以利用结构性工具，对消费品生产企业进行定向支持。

（一）DSGE 模型的构建

模型基本结构如图 12 所示，纳入房地产部门后，由于银行抵押偏好、规模

① 坎蒂隆观察到，货币量增加会导致不同商品和要素价格涨幅程度不一致。货币增量并不会同一时间反映在所有的价格上，这一观点不同于货币中性。货币增加对经济的影响，取决于货币注入的方式、渠道以及谁是新增货币的持有者。

偏好以及所有制偏好的存在，会在两个方面体现信贷偏好。一是在企业部门，银行权衡收益性、安全性，会优先满足房地产开发企业的信贷需求，再将剩余贷款投放给以小微企业为主的消费品生产企业。假设在银行自主决策下，小微企业的信贷缺口一直存在。二是在家庭部门，富人拥有房产作为抵押品，可以从银行获得抵押贷款，从而进一步扩大自身持有的资产。穷人无法凑足首付款，无法从银行获得信贷支持，只能从富人处租房满足生活需求。

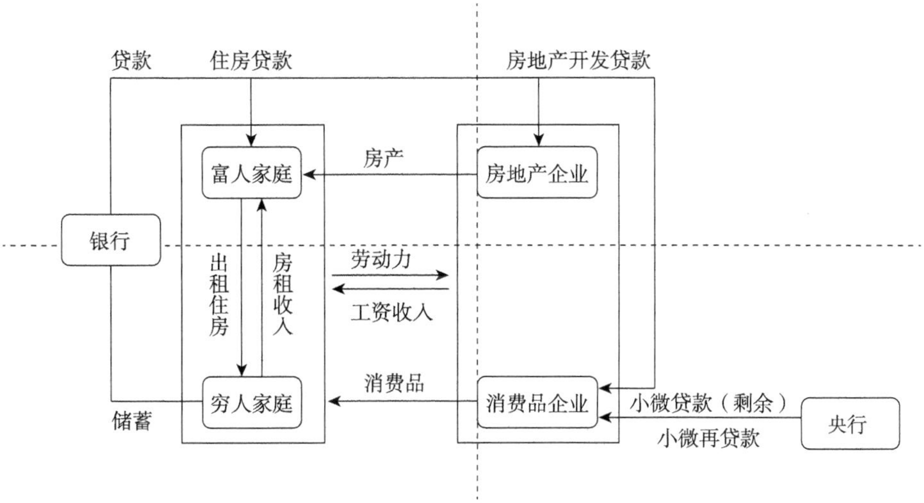

图 12　各部门 DSGE 模型关系

1. 家庭部门。设社会上共有N_t个就业家庭，其中$\phi_t N_t$个家庭为穷人家庭，$(1-\phi_t)N_t$个家庭为富人家庭。穷人家庭提供劳动，获得的收入进行储蓄、消费以及支付房租；富人除劳动所得外还有房租收入，并通过向银行进行住房抵押贷款扩大自身的资产负债表。本文设两类家庭拥有不同的贴现因子。

（1）富人家庭。富人家庭向银行申请个人住房抵押贷款买房，并决定供自己居住还是向穷人家庭出租的比例。富人家庭通过选择消费C_t^l，自有住房存量H_t^l，出租住房存量H_t^{Rl}和债务水平B_t^l，最大化其终身预期效用。β_l^t是富人家庭贴现因子，效用函数为

$$\mathbb{E}_t \sum_{t=0}^{\infty} \beta_l^t U_t^l(C_t^l, H_t^l)$$

预算平衡式如下：

$$\begin{aligned} C_t^I + P_t^H(H_t^I + H_t^{RI}) + R_{t-1} B_{t-1}^I &= P_t^R H_t^{RI} + B_t^I + P_t^H(1-\delta)(H_{t-1}^I + H_{t-1}^{RI}) + (1-\phi_t) Y_t^G \\ &\quad + (1-\phi_t) W_t N_t^H + \prod{}_t^H + (1-\phi_t) \prod{}_t^M \end{aligned} \tag{1}$$

式中，富人家庭的收入包括来自承租人的租金收入$P_t^R H_t^{RI}$，银行的个人住房抵押贷款B_t^I，上一期房产折旧后的市场价值 $P_t^H(1-\delta)(H_{t-1}^I + H_{t-1}^{RI})$，在消费品企业获得的工资和利润分红（$1-\phi_t$）$Y_t^G$，在房地产企业获得的工资（$1-\phi_t$）·$W_t N_t^H$ 和利润 $\prod_t^H$，以及政府（中央银行）利润的转移支付$(1-\phi_t)\prod_t^M$。支出费用包括消费 C_t^I，购买新房支出 $P_t^H(H_t^I + H_t^{RI})$，以及偿还上期贷款 $R_{t-1} B_{t-1}^I$。

富人家庭购买房产的跨期最优条件为：

$$\begin{aligned} U_{t,H^I}^I(C_t^I,H_t^I) + \mu_t m_t P_t^H + \beta_I \mathbb{E}_t[1-\delta) P_{t+1}^H U_{t+1,C^I}^I(C_{t+1}^I,H_{t+1}^I)] \\ = U_{t,C^I}^I(C_t^I,H_t^I) P_t^H \end{aligned} \tag{2}$$

式中，多购买一单位房产的边际效用涉及三个组成部分：额外房产增加用于居住带来正的居住效用 $U_{t,H^I}^I(C_t^I,H_t^I)$；更大房产总价带来了$m_t P_t^H$单位借款的增加，而每单位借款会带来μ_t（为负）单位效用；每单位房产中的（$1-\delta$）部分可以传递到下一个时期，带来（$1-\delta$）P_{t+1}^H 单位的正消费效用。均衡时，购买单位房产的总边际效用与进行P_t^H单位消费的边际效用相同。

富人家庭期内房屋出租的最优决策条件为：

$$U_{t,C^I}^I(C_t^I,H_t^I) P_t^R = U_{t,H^I}^I(C_t^I,H_t^I) \tag{3}$$

多出租一单位房子增加了P_t^R单位收入，均衡时其边际效用 $U_{t,C^I}^I(C_t^I,H_t^I) P_t^R$ 等于一单位房子自住的边际效用 $U_{t,H^I}^I(C_t^I,H_t^I)$。

富人家庭贷款的最优决策条件为：

$$U_{t,C^I}^I(C_t^I,H_t^I) = \mu_t + \beta_I \mathbb{E}_t[R_t U_{t+1,C^I}^I(C_{t+1}^I,H_{t+1}^I)] \tag{4}$$

假设穷人家庭比富人家庭更有耐心（$\beta_R^t > \beta_I^t$，这反映了社会保障体系的不平等不完善），隐含利率R_t比富人家庭的期内最优利率要低，所以富人家庭总是认为尽可能多地借钱是最优策略。同时，模型假设富人家庭的抵押贷款需求由于其安全性，将优先被银行满足。

贷款的抵押约束如下所示，表明最大贷款不能超过本期房产价值乘上贷款价值比m_t，由于富人倾向于多借钱，因此可以取到等号：

$$m_t P_t^H(H_t^I + H_t^{RI}) \leqslant B_t^I \tag{5}$$

（2）穷人家庭。穷人家庭因负担不起购房的首付款，无法进入抵押贷款市场投资房产，他们只能选择租房居住，把多余的资金存入银行。穷人家庭的比例ϕ_t越大，说明金融市场越不完善。为了突出本文的研究重点，本模型将银行简化为一个被动角色，简单地把存款资金传递给富人家庭和企业部门进行放贷，不赚取利差。

穷人家庭通过选择消费C_t^R、租房H_t^R和存款水平D_t^R来最大化其终身预期效用：

$$\mathbb{E}_t \sum_{t=0}^{\infty} \beta_R^t U_t^R(C_t^R, H_t^R)$$

β_R^t是穷人家庭贴现因子，预算约束如下：

$$C_t^R + P_t^R H_t^R + D_t^R = R_{t-1} D_t^R + \phi_t Y_t^G + \phi_t W_t N_t^H + \phi_t \prod\nolimits_t^M \tag{6}$$

在式（6）的预算约束中，P_t^R为住房租金价格，R_t为存贷款利率，$\phi_t Y_t^G$是在消费品企业获得的工资和利润分红，其中，Y_t^G为消费品企业的总产出，$\phi_t W_t N_t^H$是在房地产企业获得的工资，$\phi_t \prod_t^M$是政府（中央银行）利润的转移支付。

穷人家庭的跨期消费最优条件如下：

$$U_{t,C^R}^R(C_t^R, H_t^R) = R_t \mathbb{E}_t[\beta_R U_{t+1,C^R}^R(C_{t+1}^R, H_{t+1}^R)] \tag{7}$$

式（7）意味着当均衡时，穷人家庭当期多消费一单位的边际效用与这一单位消费节省下来在下一时期产生R_t单位消费的边际效用相等。

穷人家庭期内最优条件如下：

$$U_{t,H^R}^R(C_t^R, H_t^R) = P_t^R U_{t,C^R}^R(C_t^R, H_t^R) \tag{8}$$

式（8）意味着当均衡时，租房增加一单位的边际效用与增加P_t^R单位消费品的边际效用相等。

2. 企业部门。企业部门包括房地产开发企业和非房地产消费品生产商。房地产开发企业的开发贷款与富人家庭的住房贷款需求优先得到银行的满足，而消费品企业因企业规模小、信用风险高等原因，只能获得银行在满足房地产贷款和住房贷款后的剩余资金，融资始终存在缺口，生产无法达到利润最大化状态。

（1）房地产开发企业。房地产开发企业从银行获取贷款B_t^H，雇佣劳动力N_t^H，购买获得土地L_t，并用这些要素生产新房，资金约束满足：

$$B_t^H = W_t N_t^H + P_t^L L_t \tag{9}$$

新房生产函数为：

$$Y_t^H = A_t^H (N_t^H)^{\gamma} (L_t)^{1-\gamma} \tag{10}$$

企业下一期利润为：

$$\prod\nolimits_{t+1}^H = A_t^H P_{t+1}^H (N_t^H)^{\gamma} (L_t)^{1-\gamma} - R_t B_t^H \tag{11}$$

房地产企业选择最优的劳动力N_t^H、土地L_t与贷款B_t^H需求，来最大化下期的预期利润。

劳动力需求函数为：

$$\mathbb{E}_t[\gamma A_t^H P_{t+1}^H (N_t^H)^{\gamma-1} (L_t)^{1-\gamma}] = R_t W_t \tag{12}$$

表示每增加一单位的劳动力会使房屋价值增加 $\gamma A_{tP^H_{t+1}}(N_t^H)^{\gamma-1}(L_t)^{1-\gamma}$ 单位，而这样做的边际成本则是在本期为发放工资W_t借入的款项，以及到下期要偿还的借款成本R_tW_t，均衡时两边相等。

同理，可以推导出土地需求函数：

$$\mathbb{E}_t[(1-\gamma)A_t^H P_{t+1}^H (N_t^H)^\gamma (L_t)^{-\gamma}] = R_t P_t^L \tag{13}$$

综合上述式子可以得到：

$$R_t B_t^H = \mathbb{E}_t[A_t^H P_{t+1}^H (N_t^H)^\gamma (L_t)^{1-\gamma}] \tag{14}$$

房地产开发商的预期收入$P_{t+1}^H Y_t^H$刚好用于偿还债务$R_tB_t^H$，企业预期利润为零。而开发商事后的实现利润可以不为零，实现利润将成为富人家庭的一笔收入，体现在预算约束中。

（2）非房地产消费品生产企业。假设非房地产消费品生产企业的产出为Y_t^G，并以劳动力N_t^G为唯一生产要素：

$$Y_t^G = A_t^G (N_t^G)^\alpha \tag{15}$$

式中N_t^G为非房地产消费品行业实际雇佣的劳动力，工资支付通过经营贷款B_t^G与央行再贷款投放资金B_t^M获取：

$$B_t^G + B_t^M = W_t N_t^G \tag{16}$$

当利润最大化时，企业的劳动力需求N_t^D为：

$$\mathbb{E}_t[\alpha A_t^G (N_t^D)^{\alpha-1}] = R_t W_t \tag{17}$$

由于信贷偏好的存在，假设全社会总贷款在稳态时处于供不应求状态，即银行优先将贷款提供给富人家庭与房地产开发企业，剩余的贷款再授予消费品生产企业。这使消费品生产企业在信贷偏好下资金需求难以得到完全满足，企业无法实现利润最大化的产量，同时企业的劳动力需求也无法得到满足，于是产生了就业缺口N_t^U：

$$N_t^U = N_t^D - N_t^G \tag{18}$$

由于社会消费品企业主要由小微企业组成，使得模型与前些年我国“稳增长”时期信贷资金向房地产部门汇聚的现象相一致，即由于房地产市场过热，非房地产领域信贷受到融资歧视，房地产相关贷款占比持续上升，小微企业面临融资难等问题。

3. 中央银行。中央银行通过两类货币政策工具进行宏观调控：一是总量型货币政策工具，二是直达实体的结构性货币政策工具。

中央银行根据泰勒规则对存贷利率进行调控：

$$R_{t+1} = \kappa_i R_t + (1-\kappa_i)[\overline{R} + \kappa_Y \ln(Y_t/Y) + \kappa_\pi(\pi_t^{HR} - \pi^{HR})] \tag{19}$$

其中：

$$Y_t = Y_t^G + Y_t^H \tag{20}$$

$$\pi_t^{HR} = \frac{P_t^R}{P_{t-1}^R} \tag{21}$$

为了简化模型，本文假设消费品价格不变动，那么与以往泰勒规则盯住产出与通胀相比，本模型略有不同。模型中产出包括房地产和非房地产两类企业的产出，因此泰勒规则将盯住社会总产出Y_t，即式（18）。由于模型中消费品价格不变动，实际中房价并未纳入 CPI，但房租变化计入，因此，本文中的泰勒规则只盯住房租价格变化π_t^{HR}，即式（19）。κ_y和κ_π分别是利率对产出和房租变动的响应系数，κ_i是利率平滑参数。

模型中构建了类似当前的小微企业专项再贷款的结构性货币政策工具B_t^M，通过银行系统直达非房地产消费品生产部门，给予这些融资需求无法得到满足的企业以额外的资金支持。同时央行再贷款的利润 $\prod_t^M$ 作为政府部门收入，通过转移支付等手段分配给家庭部门：

$$\prod\nolimits_t^M = R_t B_t^M - 0.5\tau\,(B_t^M / B_{t-1}^M - 1)^2 \tag{22}$$

式（22）参考其他文献对结构性货币政策工具成本的建模，给予再贷款成本系数τ。

4. 市场出清。均衡状态下，所有市场出清。

房地产市场供需平衡：

$$H_t^{RI} + H_t^I - (1-\delta)(H_{t-1}^{RI} + H_{t-1}^I) = Y_t^H \tag{23}$$

租房市场出清：

$$H_t^R = H_t^{RI} \tag{24}$$

信贷市场出清：

$$B_t^G + B_t^H + B_t^I = D_t^R \tag{25}$$

劳动力市场出清：

$$N_t^G + N_t^H = N_t \tag{26}$$

土地市场出清：

$$L_t = \bar{L} \tag{27}$$

式（27）的经济学意义是，为了维持地价和财政收入，我国土地供应受到地方政府严格配给，因此假设每个时期的土地供应$\bar{L}$是常数，即总土地存量随着时间以恒定的速度增长。

两类家庭效用函数具体定义采用如下形式：

$$U_t^R(C_t^R, H_t^R) = \ln C_t^R + j\ln H_t^R \tag{28}$$

$$U_t^I(C_t^I, H_t^I) = \ln C_t^I + k\ln H_t^I \tag{29}$$

j、k 分别表示穷人与富人家庭对住房需求的效用系数。

（二）参数设定

本文参考已有文献和公开数据，在季度频率上对参数进行校准。如表 5 所示，穷人家庭折现因子β_R根据往年一年期基准存款利率校准为0.976。富人家庭折现因子β_I（0.85）和劳动在消费品生产中的份额α采用Gete（2020）的校准值，分别设定为0.85与0.67。房地产部门相关参数参考Bayoumi和Zhao（2020）的做法，穷人家庭占比ϕ_t可根据往年城镇居民平均住房拥有率计算得到，约为0.255；房地产开发的劳动力份额γ以中国五大房地产开发商劳动力成本占比的加权平均值0.0574估计；参照上述参数，通过匹配往年房地产产值实际占GDP约5%的份额，穷人家庭与富人家庭的住房效用权重j、k校准为0.03、0.578。房地产折旧率δ取Iacoviello（2005）的资本折旧标准参数0.025。土地供给L相对固定，设定为常数1。货币政策相关参数中，假定再贷款政策成本对经济影响较小，由于我国房租在CPI中的占比约2%，泰勒规则平滑系数、产出系数与房价通胀系数分别设定为0.7、1.5与0.04。

表5　　　　模型参数含义及校准

参数	含义	赋值
ϕ_t	穷人家庭占比	0.255
β_R	穷人家庭折现因子	0.976
β_I	富人家庭折现因子	0.85
δ	房地产折旧率	0.025
γ	房地产开发中的劳动力份额	0.0574
α	消费品生产中的劳动力份额	0.67
τ	央行再贷款成本系数	0.00003
κ_i	泰勒规则平滑系数	0.7
κ_Y	泰勒规则产出系数	1.5
κ_π	泰勒规则房价通货膨胀系数	0.04
$\bar{L}$	土地供给	1
j	穷人家庭的住房效用权重	0.03
k	富人家庭的住房效用权重	0.578

五、冲击模拟

实现“稳增长”目标时，总量型货币政策工具和结构性货币政策工具会产生不同的分配效应。本文在分析稳态时两类货币政策工具政策效应的基础上，设计了三种冲击场景，分别是总需求收缩冲击、生产供给中断冲击和房地产预期转弱冲击，用于比较总量型和结构性政策工具在推动货币政策目标实现的同时，对共同富裕的影响。最后，以不存在信贷偏好的理想经济为目标基准，构建了包含总产出（稳增长）、就业（收入分配）、资产价格（金融稳定）的社会总福利函数，比较不同货币政策工具的总体优劣。

（一）货币政策对共同富裕影响的指标

经济增长（“做大蛋糕”）是货币政策与共同富裕的一致目标，通常采用GDP来表示，本模型中GDP是房地产部门与消费品部门的产出之和。货币政策对共同富裕切好、分好“蛋糕”的影响，则从收入差距和财富差距两方面衡量，反映货币政策的收入分配效应和财富分配效应。收入方面包含两项指标：一是失业率，由于失业人群没有收入，失业率越高则极端收入差距越大；二是富人家庭和穷人家庭的收入比（下文也称收入基尼系数），比值越大，则社会收入差距越大。参考我国人均可支配收入的定义，将模型中的工资性收入、财产性收入、经营性收入和转移性支付之和作为总收入（见表6）。

表6　穷人和富人的收入与财富

	收入				财富	
	工资性收入	财产性收入	经营性收入	转移性支付	房产	存款
穷人	工资水平和劳动力决定	持有存款和利率水平决定	消费品企业利润决定	政府收入决定	无	持有存款
富人	工资水平和劳动力决定	持有房产和租金水平决定	房地产和消费品企业利润决定	政府收入决定	持有房产和房价水平决定	无

于是有穷人家庭人均收入：

$$income_t^R = \frac{R_{t-1} D_t^R + \phi_t Y_t^G + \phi_t W_t N_t^H + \phi_t \prod_t^M}{\phi_t} \tag{30}$$

富人家庭人均收入：

$$income_t^I = \frac{P_t^R(H_t^I + H_t^{RI}) + (1-\phi_t) Y_t^G + (1-\phi_t) W_t N_t^H + \prod_t^H + (1-\phi_t) \prod_t^M}{1-\phi_t} \tag{31}$$

在财富方面，我国居民以房产为主，将房产和存款之和作为总财富。富人家庭和穷人家庭人均财富比（下文也称财富基尼系数）的变动可反映货币政策的财富分配效应，比值越大则财富差距越大，有

穷人家庭人均财富：

$$wealth_t^R = \frac{D_t^R}{\phi_t} \tag{32}$$

富人家庭人均财富：

$$wealth_t^I = \frac{P_t^H(H_t^I + H_t^{RI}) - B_t^I}{1 - \phi_t} \tag{33}$$

穷人家庭与富裕家庭的收入差距和财富差距分别由式（34）和式（35）表示。

$$gini_t^{income} = \frac{income_t^I}{income_t^R} \tag{34}$$

$$gini_t^{wealth} = \frac{wealth_t^I}{wealth_t^R} \tag{35}$$

（二）稳态时货币政策工具效应分析

1. 总量型货币政策工具。施加瞬时降息（降息 1%）冲击，来分析稳态时总量型货币政策工具的效应。当降低利率时（见图 13），个人、房地产企业以及消费品小微企业信贷需求都会上升，但是由于金融机构对信贷安全性、营利性的偏好，宽松的货币会更多流向房地产部门，房价和租金上升，增加了富人的房产价值和财产性收入，同时也增大了房地产市场的不稳定性，带来更大的金融风险。信贷向房地产部门流动对生产消费品小微企业的信贷反而形成了“挤出”，消费品部门竞争力下降，吸纳就业规模收缩，穷人就业率与工资收入下降，同时利率下降也带来了穷人存款利息收入的下降，造成收入和财富差距的扩大。

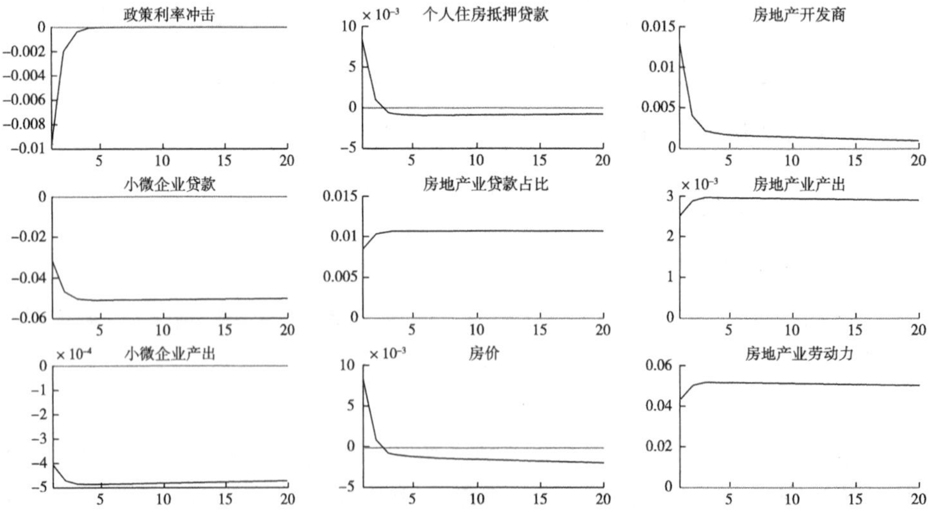

图 13 稳态时的总量型货币政策工具效应

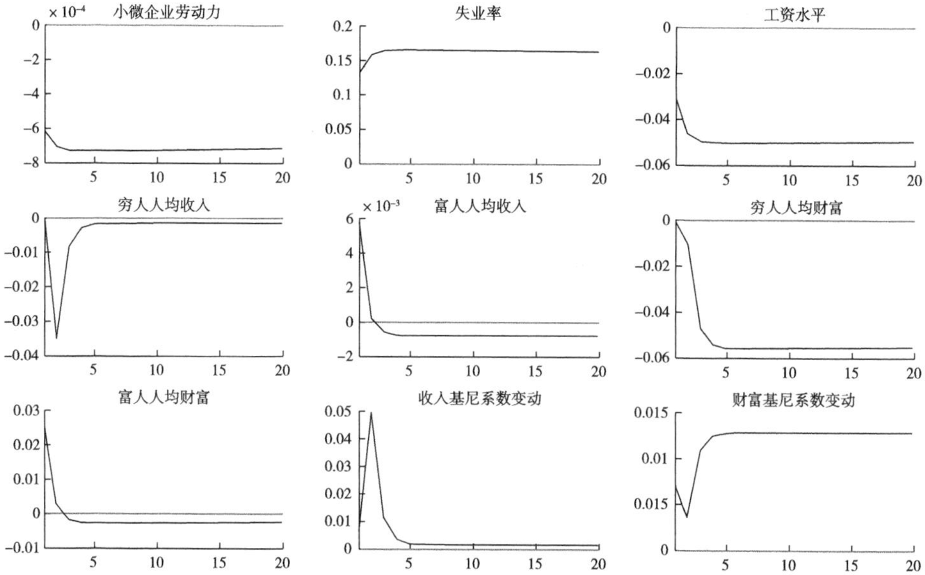

图 13　稳态时的总量型货币政策工具效应（续）

2. 结构性货币政策工具。稳态时，当采用结构性货币政策工具给予生产消费品的小微企业定向再贷款支持时（见图 14），小微企业的融资缺口得以部分满足，企业竞争力的提升也使劳动力从房地产部门向生产消费品的小微企业转移，提升了消费品生产部门的产出，也增强了吸纳就业的能力，失业率的降低与工资的提高，有利于以工资性收入为主的穷人增加收入。无论从短期还是长期来看，结构性货币政策工具都降低了收入差距。对于财富差距，由于结构性货币政策工具虽然是针对小微企业的，但它也增加了整个体系的货币供应，提升了房价水平，短期会扩大财富差距，但从长期来看，财富差距会得以缩小。

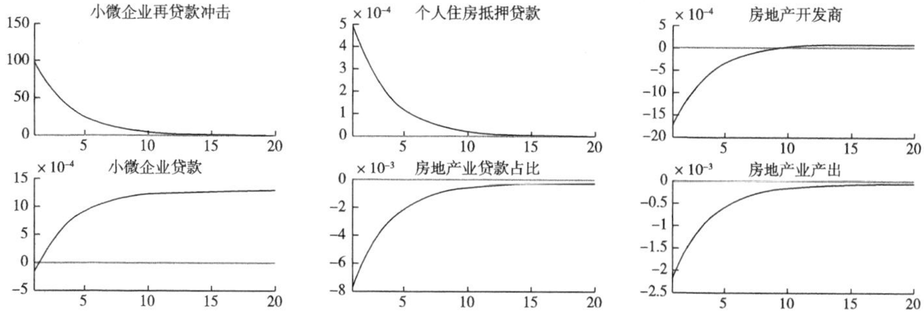

图 14　稳态时结构性货币政策工具效应

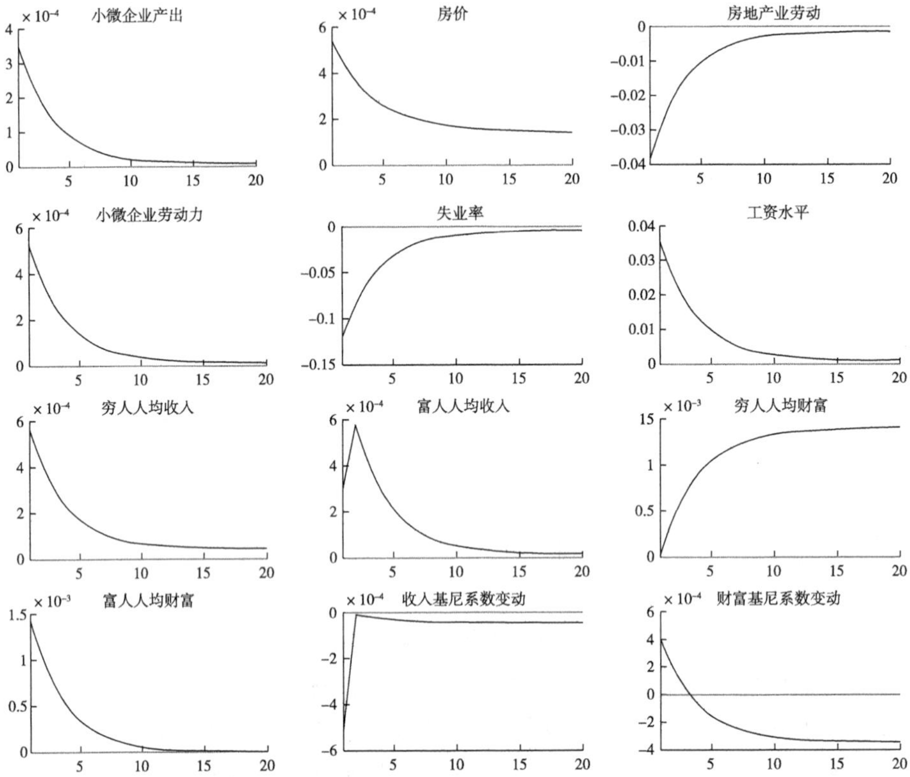

图 14 稳态时结构性货币政策工具效应（续）

（三）经济冲击下的货币政策工具效应分析

通常在稳态情况下，中央银行并不会进行货币政策调控，只有当经济遇到冲击时，中央银行才会采取措施。本模型模拟以下三种形式的经济负向冲击：一是房地产预期减弱冲击，即投资者对未来房价走势不再乐观，减少购房支出，在模型中采用富人家庭住房偏好 1% 的负向冲击，模拟购房需求下降的情景；二是总需求收缩冲击，即家庭由于对未来经济和收入的悲观，减少家庭的支出，模型中同时给予两类家庭消费以及富人家庭住房偏好 1% 的负向冲击，模拟消费需求与购房需求均有下降的情景；三是生产供给中断冲击，即国际上贸易保护主义和逆全球化趋势造成生产或供应链的中断，模型中给予两类企业部门全要素生产率 1% 的负向冲击，模拟生产供给不足的情景。由于居住是刚性需求，因此在总需求冲击中，对于租房偏好不进行调整。如图 15 所示，每类冲击下模拟对比中央银行的三种行动选择，分别是不采取措施（浅灰线）、总量型货币政策工具（虚线）、结构性货币政策工具（锯齿线）。

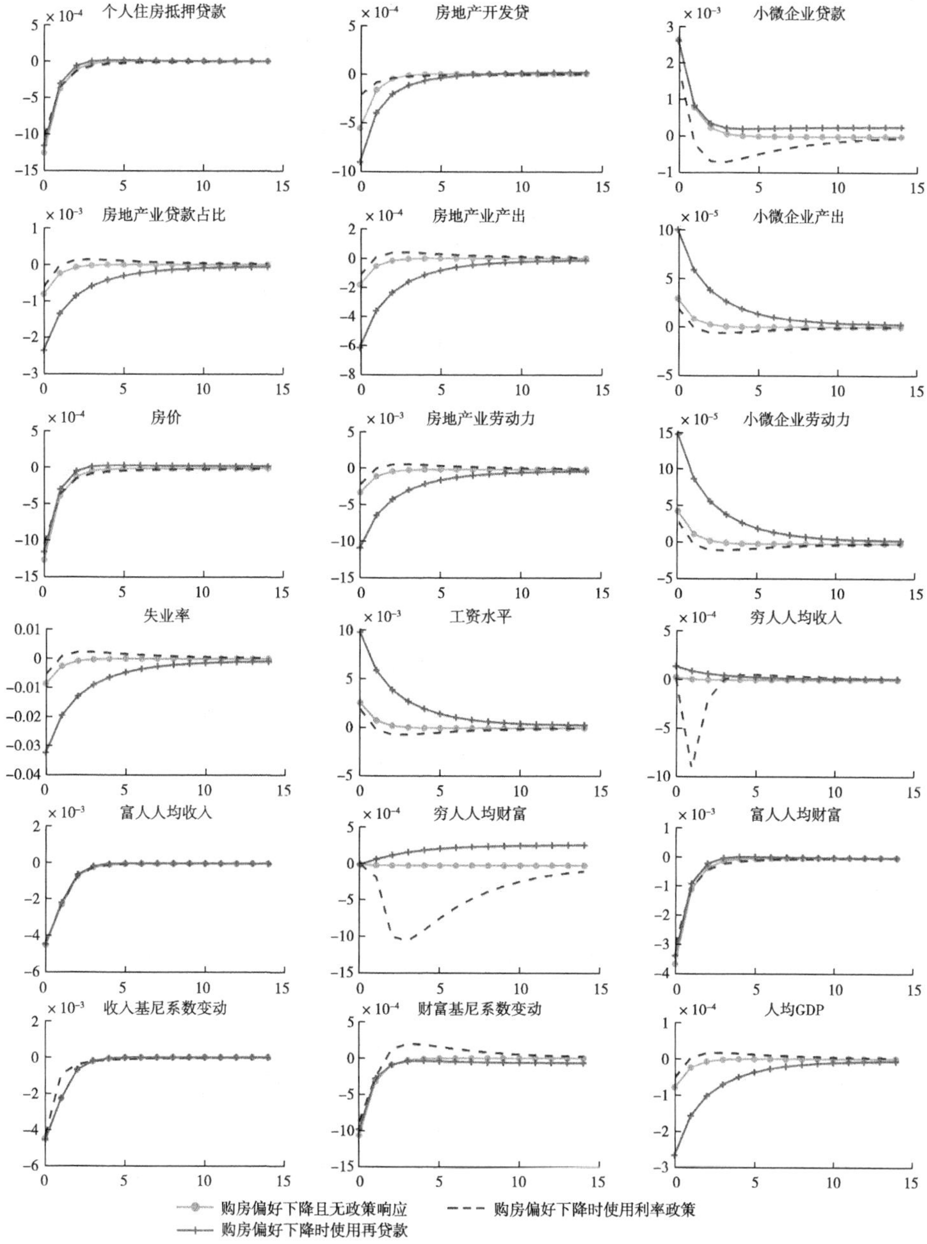

图 15　房地产预期减弱冲击模拟

1. 房地产预期减弱冲击。2021 年以来，我国房地产销售和开发数据下滑，在众多不确定因素的叠加下，房地产市场出现低迷走势、预期下降。房地产业是我国的支柱行业之一，如果不能有效做到“稳房价、稳预期”，将对经济增长造成压力。模拟显示，当房地产预期减弱时（浅灰线），富人家庭购房需求和房地产开发贷款需求均下降，对房地产业产出造成了负面冲击，拖累经济的增长。但是房地产预期减弱一定程度上降低了信贷偏好带来的资金配置不均，房地产贷款比重下降，部分信贷从房地产业流出进入其他消费品生产企业，使得这些企业获得了更多资金，可以雇用更多劳动力扩大生产，降低了失业率并提升了企业劳动工资水平。富人和穷人的收入与财富均会产生变化，在收入方面，房地产业萧条带来了租金价格的下降，富人租金收入降低，而穷人群体因工资收入的提升而受益；在财富方面，房价的下跌使得富人的财富大幅缩水，而穷人资产主要以存款为主，受影响较小。于是在房地产预期减弱冲击下，人均GDP、收入基尼系数、财富基尼系数均会下降。

此时，为了“稳增长”，中央银行可以选择总量型货币政策工具（虚线）刺激经济，或利用结构性货币政策工具（锯齿线）增加小微企业支持力度，顺势进行经济结构转型。从图15中可以看到，总量型工具有助于恢复总产出，但是可能加重失业和信贷分布的不均。三种应对方式下，总量型工具可以使总产出最快恢复，代价是房地产业贷款占比再次上升，扩大了部门间的差距，使失业率再次上升。小微企业产出在降息等总量型工具刺激下短暂增长以后，由于政策同样刺激了房地产业，使其对信贷资金吸引力恢复，信贷逐渐从小微企业流出，令小微企业产出在中长期受损，吸纳就业能力下降。降息引发的利息收入下降，以及小微企业信贷更难以得到满足，令穷人家庭的收入与财富受损，收入基尼系数和财富基尼系数均高于另两种应对方式。

若在房地产预期减弱时采用结构性货币政策工具给予小微企业定向支持来改善经济结构，则小微企业获得的信贷占比提升，小微企业产出快速恢复并提供大量就业，使信贷和经济结构得到优化，失业率明显下降。但是房地产市场预期下降和小微企业支持增加相叠加，会使劳动力等资本加速从房地产业流出，令房地产业的产出进一步下滑。考虑到房地产业是我国的支柱行业之一，牵扯面大，房地产业产出下滑可能完全侵蚀小微企业带来的经济增长，使得总产出出现下降。结构性货币政策工具增加了货币供应量，短期会使房价等资产价格出现一定上涨，不利于减少财富差距。但结构性货币政策工具提升了穷人家庭的工资收入和就业率，使中长期的财富积累增加，从中长期看会带来更低的财富差距。

2. 总需求收缩冲击。如图16所示，近年来除了房地产业外，我国其他消费需求也出现下降，社会面临总需求收缩压力。总需求收缩冲击来临时，房地产业信贷需求下降，资金一定程度流向小微企业，但随着冲击持续，房地产业和小微企业因需求不足均会出现产出下降，造成经济较大幅度下滑。若不采取措

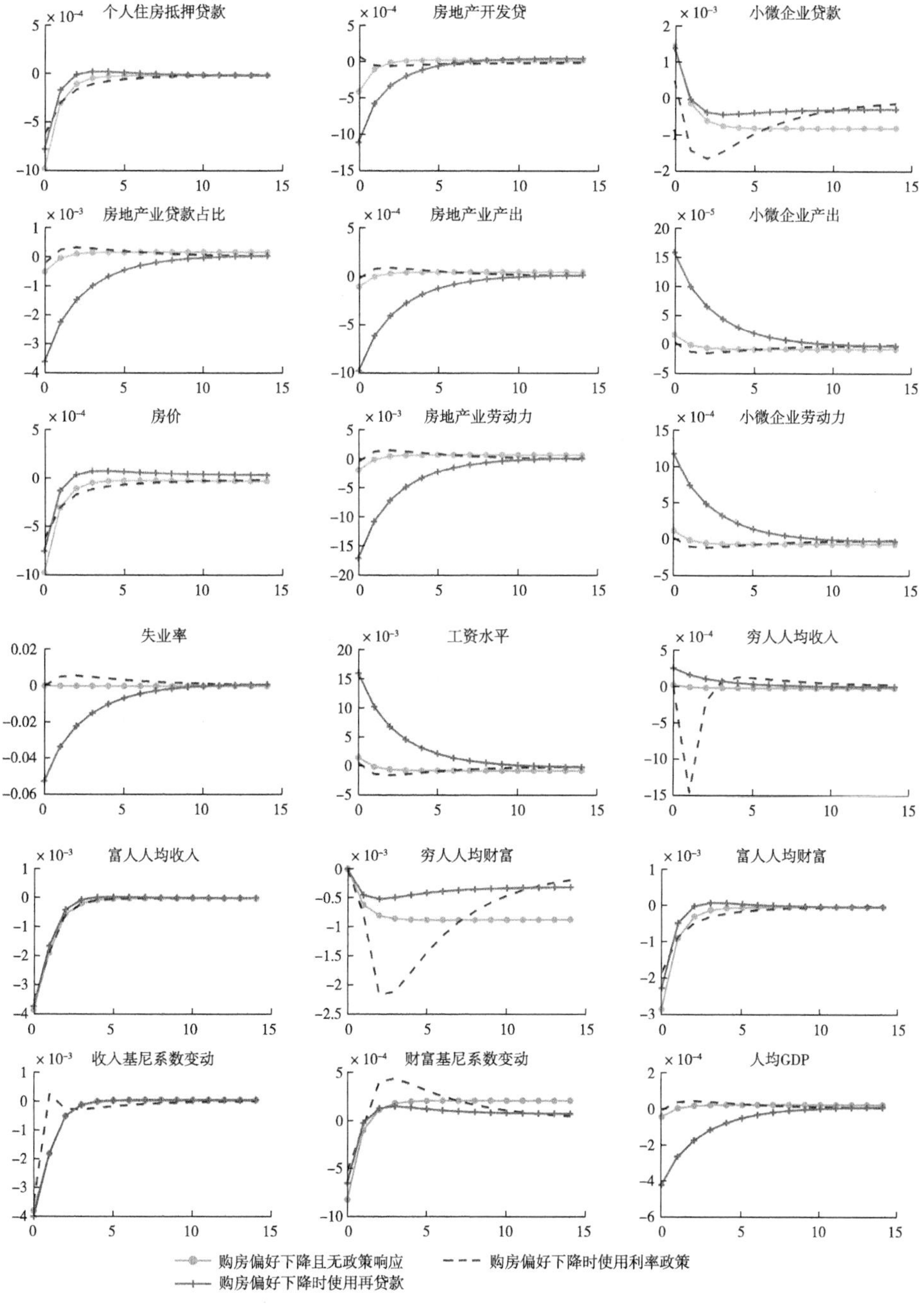

图 16　总需求收缩冲击模拟

施干预，总需求冲击会使穷人的就业率与工资收入下降，并影响储蓄。由于租金和房价下降，富人的收入和财富也同步缩水，短期内富人受到的冲击更大，贫富差距缩小。随着冲击的减弱，资产价格得以回升，富人的财富恢复到冲击前水平。但穷人群体在冲击中因收入下滑损失的财富积累无法弥补，使总需求冲击后，中长期来看财富差距会扩大。

此时“稳增长”的政策选择中，总量型货币政策工具依然是使总产出最快恢复的措施，但也伴随信贷不均加剧和失业率升高。总量型工具会损害以储蓄和工资收入为主的穷人，有利于以负债和房产为主的富人，短期内收入差距和财富差距都会扩大。从短期看，结构性货币政策工具更有利于防范贫富差距的扩大并有效降低失业，代价是经济恢复的速度较慢。同时，大量的结构性政策工具投放也会产生总量效应，资金流入房地产业后会使房价高于稳态值。

3. 生产供给中断冲击。我国处于世界产业链的低端，当前大国博弈、地缘政治冲突引发的贸易保护主义与逆全球化，导致能源、粮食、芯片等关键产业链供应链出现供给瓶颈，供给冲击已成为我国经济发展深层次的重大问题。在生产供给中断的负面冲击下，企业部门产出与利润下滑，全面影响了居民收入与财富。与总需求冲击的情况相似，信贷偏好的存在导致小微企业最终成为存贷款收缩的受害者，初期房地产贷款占比下降，供给中断恢复后房地产开发企业很快恢复生产，而消费品小微企业资金被挤占，就业收缩，穷人群体存款财富缩水，工资收入降低，在冲击减弱后资产难以恢复到稳态，贫富差距扩大（见图17）。

此时通过总量型货币政策工具来“稳增长”，其负面作用是资产价格剧烈上升，引发信贷资金大量流入房地产行业，增加了房地产业风险，并带动租金上涨，使小微企业面临的资金缺口增大，吸纳就业能力大大下降。这种资产泡沫抑制了穷人的就业、消费和储蓄，给经济发展带来隐忧。随着供给冲击持续，房价大涨后又可能大落，给经济和金融稳定造成风险。资产和租金价格大幅波动，短期内资产价格上涨，令富人收入和财富大幅增长，贫富差距扩大，但随着资产价格的再次回落，富人的收入和财富增长可能大幅低于稳态，以这种方式缩小了贫富差距。相对而言，结构性货币政策工具减少了资产价格引发的贫富差距剧烈波动，并降低了失业率，使财富差距在较长时间内低于不采取政策或总量型政策工具的场景。但是，供给冲击下结构性工具仍会使得财富差距长期高于稳态值。

（四）基于社会福利函数的对共同富裕影响分析

在三种冲击的应对中，降息这类总量型政策工具更有利于经济的恢复，做大共同富裕“蛋糕”。但从收入和财富分配效应来看，结构性货币政策工具更有利于资产价格稳定、就业率提升和推动小微企业产出增长，更有利于共同富裕

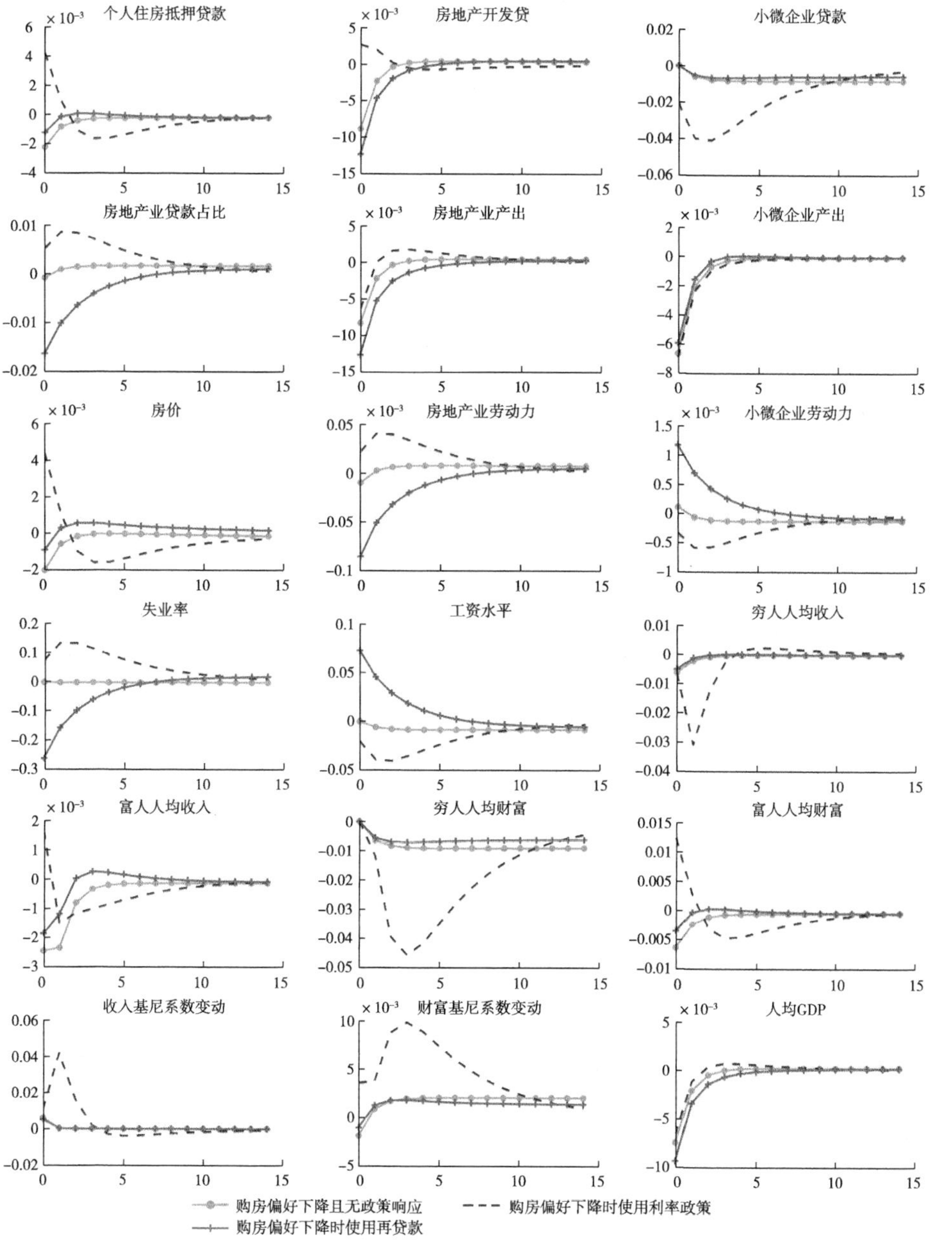

图 17　生产供给中断冲击模拟

的切好、分好“蛋糕”。那么两类货币政策对共同富裕的总效应如何，本文从社会总福利视角进行比较。

社会总福利由不同阶层居民的消费与住房效用构成，社会福利的提升意味着居民整体民生状况的改善与幸福感、获得感、安全感的提高，是促进经济高质量发展、实现共同富裕的必要条件。根据 Bilbiie（2008）和本文对企业生产函数的设定，社会总福利的损失函数可以推导得：

$$
\begin{aligned}
L_t = & \varphi_y(y_t^H + y_t^G - y^H - y^G)^2 \\
& + \varphi_N(y_t^H - y^H)\left[\left(\frac{n_t^G}{n^D}\right)^{\alpha} - 1\right] + \varphi_R(\pi_t^{HR} - \pi^{HR})^2 \\
& + \varphi_I(\pi_t^{HI} - \pi^{HI})^2
\end{aligned} \tag{36}
$$

式中y^H和y^G表示在经济不存在信贷偏好等因素下（理想状态下）两部门的目标产出，n_t^D表示理想状态下充分就业时小微企业雇佣的劳动力，π^{HR}和π^{HI}表示理想状态下房租和房价的自然增长率。π_t^{HR} 为房屋租金价格的波动（p_t^{HR}/p_{t-1}^{HR}），π_t^{HI}为住房价格的波动（p_t^{HI}/p_{t-1}^{HI}）。此时房地产生产部门平稳健康发展，不存在非理性的资金过热和价格泡沫；消费品生产部门（小微企业）融资需求得到满足；穷人家庭和富人家庭的收入与财富差距处于合理水平。φ_y、φ_N、φ_R、φ_I分别是推导获得的各变量在福利函数中的权重。

式（36）中，$\varphi_y(y_t^H + y_t^G - y^H - y^G)^2$ 表示总产出缺口带来的社会福利损失，冲击下社会总产出下滑越多，则带来的福利损失越大。由于经济中信贷偏好的存在，y_t^H更易在货币宽松中获得提升，使即便小微企业产出y_t^G较低，但总产出缺口仍可能缩小，总出产缺口带来的福利损失减少。$\varphi_N(y_t^H - y^H)\left[\left(\frac{n_t^G}{n^D}\right)^{\alpha} - 1\right]$ 显示了与就业高度相关的经济发展结构性因素，$\frac{n_t^G}{n^D}$ 为小微企业的劳动就业率。小微企业作为劳动密集型部门，与就业息息相关。该式表明，即便房地产等受信贷偏好部门的快速发展减少了总产出缺口，但就业不足会令 $\left[\left(\frac{n_t^G}{n^D}\right)^{\alpha} - 1\right]$ 的差值变大，增大社会福利损失。因此，要增加社会总福利，仅盯住总产出是不够的，必须要增加小微企业的资金供给，提升劳动就业水平，这也将促进居民增收。最后，$\varphi_R(\pi_t^{HR} - \pi^{HR})^2 + \varphi_I(\pi_t^{HI} - \pi^{HI})^2$ 意味着以π_t^{HR}、π_t^{HI}为代表的价格因素变动也与社会总福利有关，资产价格与物价波动越大，则经济金融的风险越大，社会福利的损失越多。可以看到，维持金融稳定与币值稳定并促进充分就业和经济增长的金融政策有助于社会福利的增加。

与不进行货币政策干预所遭受的福利损失相比，三种冲击下的福利如图 18 所示（正为带来更多福利损失），其中左图显示单期福利损失，右图显示累积福利损失。短期内，结构性货币政策工具由于对经济恢复的作用力度较小，带来的社会福利改善较少，如果要减少冲击下短期内的福利损失，则必须采用降息等总量型政策工具。但是在中长期随着冲击的减弱，由于经济结构中信贷偏好的存在，总量型货币政策工具会加剧金融资源配置的不平衡，加大资产价格的波动，令小微企业等弱势经济主体受损，带来失业率的增高，引发贫富差距的扩大，造成更多的社会福利损失。结构性工具虽然短期内难以充分应对冲击带来的经济压力与福利损失，但优化了经济结构，避免了资产价格的大起大落，有助于促进充分就业和金融稳定，有效控制了贫富差距的扩大。和总量型工具相比，结构性工具能持续带来一定量的边际福利改善。

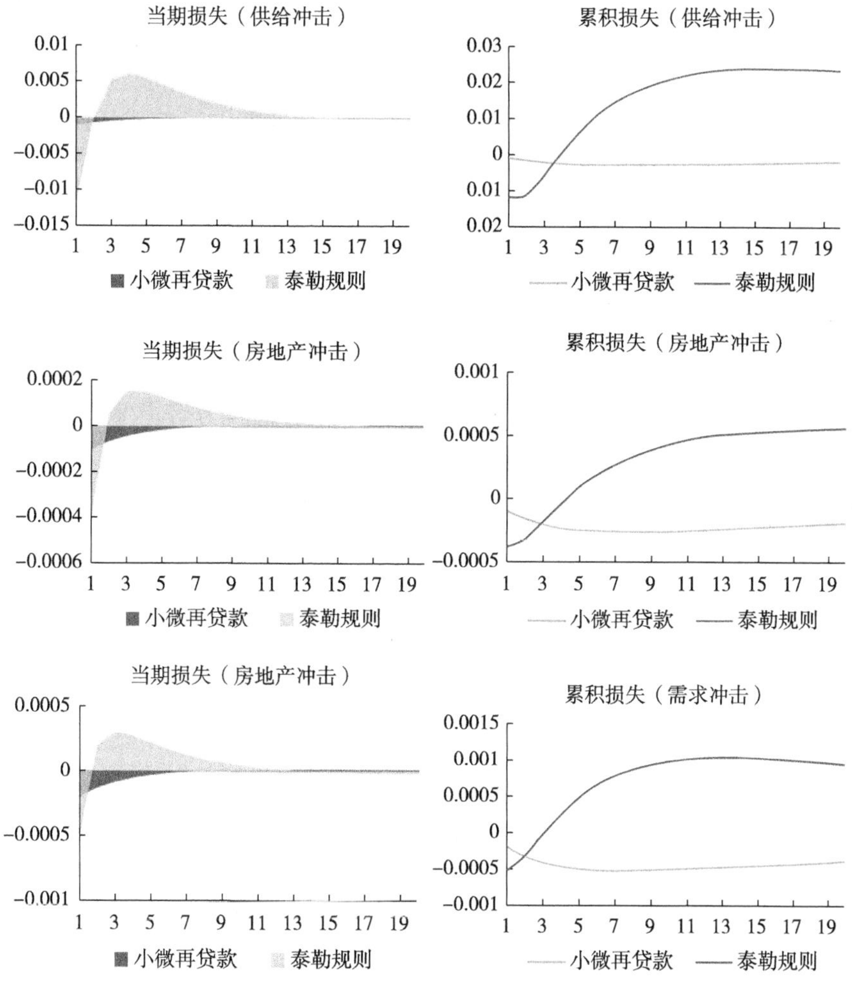

图 18 福利损失模拟

六、结论与政策建议

实现中国式现代化和共同富裕是中国共产党的中心任务，也是金融部门义不容辞的责任。由于我国的市场经济体系仍处在发展完善过程中，存在要素市场化改革、国企改革、财税体制改革不彻底等深层次结构性问题，使信贷资金配置存在规模偏好、所有制偏好、抵押偏好等问题，货币政策具有收入分配和财富分配效应。货币政策是货币的“总闸门”，“保持币值稳定并以此促进经济增长”是货币政策的首要考量，但从实现中国式现代化和共同富裕的宏伟目标看，货币政策的收入分配和财富分配效应也不容忽视。共同富裕是一个长期目标，关注共同富裕并非要调整货币政策目标，而是要关注货币政策收入分配和财富分配效应对产出、就业、资产价格等宏观经济变量的影响，从而在实现货币政策目标的前提下优化货币政策操作，为实现中国式现代化和共同富裕创造良好的货币金融环境。本文在信贷偏好的假设下，研究了总量型与结构性货币政策工具对经济增长、就业与工资、物价与资产价格等变量的影响，模拟了在总需求收缩、生产供给中断、房地产预期转弱等不同情景下，两类工具的政策效应差异。研究发现：

第一，总量型政策工具应对冲击、稳增长的效果更好，但会加剧信贷资源配置不均，造成资产价格泡沫和扩大贫富差距。这是因为信贷偏好客观存在，货币政策释放的资金偏好流入房地产等领域虽然有利于稳增长，但不利于缓解小微企业融资难，对于吸纳失业支持不足，还会推高房地产价格，造成居民收入和财富分配差距扩大。

第二，结构性政策工具可提升就业与工资水平，有利于改善经济结构和收入分配。这是因为结构性政策工具能有效缩减小微企业融资缺口，支持就业和提升工资水平，改善低收入群体收入状况。同时，结构性政策工具对房地产等资产价格的影响小。但结构性政策工具释放资金流入效率相对低的小微企业，对稳增长的作用力度也较小。

第三，本文引入包括总产出（经济增长）、就业（收入分配）和资产价格（金融稳定）的社会福利函数。从政策模拟的情况看，总量型政策工具在应对经济下行冲击方面，短期能够稳定总产出，大幅减少社会福利损失。但长期看由于总量政策工具对于吸纳就业支持不足，还会推高资产价格，降低社会福利水平。结构性货币政策工具短期对稳增长效果不及总量型货币政策工具，但长期看有利于支持就业和避免资产价格的大幅波动，持续带来社会福利的边际改善。

当前不确定、难预料因素增多，各种“黑天鹅”“灰犀牛”事件随时可能发生，中央银行应致力于实现币值稳定与金融稳定，并以此促进充分就业和经济增长，与其他深层次经济改革一起，助力实现全体人民共同富裕的中国式现代化。因此，提出以下建议：

第一，货币政策应更加突出就业目标。当前稳增长背景下，稳定金融市场并刺激经济复苏是中央银行的首要任务，但也应关注货币政策的收入分配效应，发挥好结构性货币政策工具“精准滴灌”的作用，更加突出就业目标，切实保护小微企业就业群体、个体工商户等自我雇用群体利益，为实现中国式现代化和共同富裕营造良好的货币金融环境。

第二，强化房地产金融审慎管理，防范相关金融风险。房产是中国居民持有的最重要资产，对于稳增长和稳预期具有重要影响。要关注货币政策的财富分配效应，既要防止资金流入房地产市场空转套利，脱实向虚；也要防止房价大起大落，引发相关金融风险。

第三，加强货币政策与供给侧结构性改革的协同，更好地服务经济高质量发展和共同富裕。货币政策不能包打天下，结构性货币政策工具是在经济存在深层次结构性问题，货币政策传导不畅背景下的次优选择。结构性货币政策工具同样具有总量效果，过度依赖结构性货币政策工具，同样会造成物价上涨、资产泡沫、市场寻租等问题，从根本上看，还是要通过国有企业、财税体制、市场准入等深层次结构性改革，切实提升经济增长和信贷需求的内生动力，货币政策才能更好地服务经济高质量发展和共同富裕。

参考文献

[1] 王桂胜. 福利经济学 [M]. 北京：中国劳动保障出版社. 2020.

[2] 纪敏. 从资产收入分配效应看转型期货币政策选择 [J]. 新金融评论，2020 (2)：63 -75.

[3] 吴立元，龚六堂. 异质性与货币政策传导机制研究进展 [J]. 经济学动态，2018 (11)：103 -119.

[4] 张启迪. 货币政策与不平等 [J]. 当代经济管理. 2021，43 (5)：86 -91.

[5] 钟宁桦，解咪，钱一蕾，邓雅琳. 全球经济危机后中国的信贷配置与稳就业成效 [J]. 经济研究，2021 (9)：21 -38.

[6] 张晓晶. 金融发展与共同富裕：一个研究框架 [J]. 经济学动态，2021 (11)：25 -39.

[7] Rajan, R. (2010), Faulty Lines: Fault Lines: How Hidden Fractures Still Threaten the World Economy, Princeton University Press.

[8] Acemoglu, D. (2002), "Technical Change, Inequality, and the Labour Market", Journal of Economic Literature, Vol. 40/1, March, pp. 7 -72.

[9] Feenstra, R. and G. Hanson (2004), "Global production sharing and ris-

ing inequality: A survey of trade and wages", Chapter 6 of Part I in K. M. Choi and J. Harrigan (eds), Handbook of International Trade.

[10] Heathcote, J., F. Perri, and G. Violante (2010), "Unequal we stand: an empirical analysis of economic inequality in the U. S., 1967 – 2006", Review of Economic Dynamics, Vol. 13/1, pp. 15 – 51.

[11] Karahan, F. and S. Ozkan (2013), "On the persistence of income shocks over the life cycle: Evidence, theory, and implications", Review of Economic Dynamics, Vol. 16/3, pp. 452 – 476.

[12] Bordo, M. D. and C. M. Meissner, "Does inequality lead to a financial crisis?" [J]. Journal of International Money and Finance, (2012) Vol. 31/8, pp. 2147 – 2161.

[13] Kumhof, M., R. Rancière, and W. Pablo (2015), "Inequality, leverage, and crises", American Economic Review, Vol. 105/3, pp. 1217 – 1245.

[14] Yellen, J. (2014), "Perspectives on inequality and opportunity from the survey of consumer finances", speech at the Conference on Economic Opportunity and Inequality, Federal Reserve Bank of Boston, Boston, Massachusetts, October 17.

[15] Bernanke, B. S. (2015), "Monetary Policy and Inequality" available at http://www.brookings.edu/blogs/ben – bernanke/posts/2015/06/01 – monetary – policy – andinequality.

[16] Draghi, Marion (2016), "Stability, Equity and Monetary Policy" 2nd DIW Europe Lecture.

[17] http://www.ecb.europa.eu/press/key/date/2016/html/sp161025.en.html.

[18] Acemoglu, Daron and Simon Johnson (2012), "Who Captured the Fed?", New York Times, 29.

[19] Stiglitz, J. (2015), "New theoretical perspectives on the distribution of income and wealth among individuals: Part IV: Land and Credit", Working Paper 21192, National Bureau of Economic Research.

[20] Romer, C. and D. Romer (1999), "Monetary Policy and the Well – being of the Poor", Economic Review, 84, 21 – 49.

[21] Furceri, D., P. Loungani, and A. Zdzienicka, (2018), "The Effects of Monetary Policy Shocks on Inequality," Journal of International Money and Finance 85: 168 – 186.

[22] Coeuré, B. (2013), "Monetary Policy in a Fragmented World", Speech delivered at the 41st Economics Conference of the Central Bank of the Republic of Austria.

[23] Samarina, A. and A. Nguyen (2019), "Does Monetary Policy Affect Income Inequality in the Euro Area?", Lietuvos Bankas Working Papers, No. 61.

[24] Coibion, O., Y. Gorodnichenko, L. Kueng and J. Silvia (2017), "Innocent Bystanders? Monetary Policy and Inequality", Journal of Monetary Economics, 88, 70-89.

[25] Florin O. Bilbiie (2008), Limited asset markets participation, monetary policy and (inverted) aggregate demand logic. Journal of Economic Theory, 140 (1): 162-196.

[26] Michael Woodford. Interest and Prices: Foundations of a Theory of Monetary Policy. Princeton University Press, 2003.

中小银行收入结构多元化与经营稳健性研究

中国人民银行浙江省分行课题组*

一、引言

（一）研究背景及意义

近期，新冠疫情多点反复、地缘政治扑朔迷离、美联储加息波及全球，世界经济金融形势面临深刻的不确定性，各界对基于系统性风险的宏观审慎监管愈加重视，而准确衡量金融机构风险对于防范化解金融风险至关重要。随着利率中枢不断下行、金融向实体经济让利的力度不断加大，银行机构资产端收益不断探底，而负债端成本呈现一定刚性，依赖信贷规模扩张赚取利差收入的粗放扩张模式难以为继，越来越多的银行机构逐步向“业务多元化—服务功能多元化—收入多元化”的模式转变。在这一过程中，大型商业银行因资产规模、市场份额、社会声誉等优势，风险趋于稳定，金融风险集中于地方中小银行，中小银行脆弱性越发凸显。在此背景下，考察地方中小银行收入结构现状以及风险形态的边际变化，探究对银行风险承担及稳健性的影响，进而促进中小银行机构高质量发展，具有现实意义。

（二）文献综述

发展非利息收入业务为银行机构带来多元化收益，降低了银行机构对利差收入的依赖性。但多元化收入结构带来的收益遵循边际递减规律，且发展非利息收入对银行特别是中小银行的发展战略、风险管理水平、展业能力提出较高要求，使非利息收入具有较高的波动性和周期性。因此，发展非利息收入对于银行机构风险承担和经营效益的作用存在不确定性。

国外对非利息收入业务影响银行业风险承担水平的研究开始较早，如 Smith 等（2003）研究认为欧洲银行非利息收入能够降低银行风险，Chiorazzo 等（2008）发现非利息收入有利于意大利商业银行经营绩效的提高；而 Stiroh，K. J. 和 Rumble，A.（2006）对美国金融控股公司的研究发现多元化战略的利益会被增加的风险所抵消，Huang，R. 和 Ratnovski，L.（2011）认为多元化经营导

---

* 课题主持人：杨　民

课题组成员：潘晓斌　吴　翔　王建斌　王艺林　曹　越　江　涵

致资源分散从而引起风险加大。

国内学者针对我国商业银行特点进行了更具有针对性的细致研究。部分学者考虑非利息收入与银行机构其他因素存有交互效应，如李久林（2019）认为非利息收入业务及其规模增速扩大增加了系统性风险，但考虑规模和收入结构之间的相互作用则能降低系统性风险。陆静等（2013）认为非利息收入和非存款融资对中国银行业的盈利能力有显著正相关，还能有效地分散风险。部分学者区分不同类型商业银行研究非利息收入影响，如赵丹丹（2021）认为中国的大型商业银行由于拥有雄厚的资金实力和丰富的风险管理经验，其拓展非利息收入业务会显著降低风险承担水平，股份制商业银行或城市商业银行增加非利息收入提升了银行业风险水平；王进（2021）认为提高非利息收入占比并不能显著提高农村商业银行的盈利能力。

国内学者不仅研究了商业银行收入业务结构对经营稳健性的影响，还探讨了收入地域结构对银行经营状况的影响。戴志敏等（2015）认为，目前中国部分中小型商业银行贷款业务依然以关系型为主，服务对象主要为中小企业、农村客户、个体居民，中小银行难以解决区域多元化经营带来的成本及风险增加问题，提高贷款的地理投放分散程度会降低其利润效率，应谨慎面对多元化经营问题，不可盲目随从。范香梅等（2010）也认为地域多元化经营导致中小银行收入下降和风险水平提高。

（三）研究内容及创新

本文第一部分基于当前银行机构面临收入结构转型及中小银行风险脆弱性凸显的时代特征，在银行原有资产负债管理的基础上，拓展分析银行收入结构，创新性研究中小银行收入结构变化对银行风险承担及稳健性的影响。接下来，第二部分主要论述当前中小银行经营现状及收入结构特征；第三部分梳理收入结构对中小银行可持续经营和风险承担的影响机理，厘清收入结构各部分，尤其是非利息收入对银行风险的正负面影响及路线；第四部分基于浙江省地方中小法人经营实际，通过建立动态面板系统广义矩回归模型（SYS - GMM）实证研究收入结构对银行风险承担的影响；第五部分基于实证研究结论提出针对性的政策建议。

本文创新之处：一是在银行资产负债管理的基础上，拓展银行经营管理的内涵，探索通过业务转型进而调整收入结构，以实现高质量发展的可行道路。二是将央行评级得分纳入被解释变量。央行评级数理模型对金融机构的经营管理和风险状况进行了综合评价，对全面反映银行风险情况具有较高的参考价值。

二、浙江省中小银行经营现状

目前，浙江省共有 169 家中小银行，包括 13 家城商行、82 家农信机构、72 家村镇银行和 2 家民营银行，各银行机构近年来业务规模逐步扩大，经营质效总体较好，发展稳健性基础不断夯实；非利息收入规模逐步扩大，除个别银行机构外，非利息收入占比自新冠疫情以来有所提升。

（一）资产规模实现稳步扩张，贷款为主要类型

浙江省中小银行积极响应地方政府号召，在金融管理部门的指导下，不断加大实体经济支持力度，经营规模实现稳步扩张，2017—2021 年总资产年均增速为 15.62%，高于同期全省银行业资产平均增速 3.55 个百分点。资产结构以贷款为主，截至 2021 年末，全省中小银行各项贷款占总资产比重 52.77%，较 2017 年末上升 8.11 个百分点。同时，全省中小银行也在不断创新同业业务服务形式，搭建同业业务合作平台，优化业务结构，同业资产占比较 2017 年末上升 11.74 个百分点。此外，各中小银行持续加快发展支付结算、银行卡、代理、财富管理等中间业务，积极提升综合金融服务能力，如理财产品规模较 2017 年末增长 22.35%。

（二）负债来源较为稳定，同业依存度有所下降

2017—2021 年，全省中小银行不断拓宽丰富资金来源渠道，总负债年均增速 15.6%，高于同期全省银行业负债平均增速 3.7 个百分点。负债结构以存款为主，截至 2021 年末，全省中小银行各项存款占总负债比重 72.3%，较 2017 年末上升 0.47 个百分点；同业负债（含同业存单）占总负债比重较 2017 年末下降 4.78 个百分点。

（三）净息差明显收窄，盈利能力有所下降，但仍处于较好水平

受利率中枢下行和减费让利政策等多种因素影响，近年来银行业资产端收益普遍有所下降，叠加负债端成本相对刚性，全省中小银行净息差自 2017 年末至 2022 年上半年下降 40BP，同期全省中小银行盈利能力也小幅回落，资产利润率下降 3BP，但整体上仍处于较好水平。

（四）利息收入为主要收入来源，不同机构收入结构差异较大，新冠疫情以来大部分机构非利息收入占比有所上升

2021 年，浙江省中小银行利息净收入占营业净收入为 84.37%、手续费及佣金净收入占营业净收入为 4.89%、投资收益占营业净收入为 9.19%，利息收入仍为主要收入来源。分机构看，城商行和民营银行非利息收入占比相对较高；农信机构和村镇银行或因业务模式相对简单，非利息收入占比处于较低水平。从时间序列看，2017—2021 年，浙江省中小银行非利息收入增速总体慢于营业净收入，但自 2019 年底新冠疫情暴发以来，多数机构非息收入占比有所提高，

其中城商行、民营银行波动上升特征显著，农信机构、村镇银行较为平稳。

（五）信用风险趋于收敛，拨备计提较为充足

总体来看，近年来全省中小银行信用风险呈收敛态势，截至2022年6月末，不良贷款率高出全省银行业平均水平0.25个百分点，较2017年末下降0.54个百分点。分机构看，除民营银行外，各类机构均有所下降，其中村镇银行下降最为明显，较2017年末下降1.41个百分点。全省中小银行拨备覆盖率较2017年末上升114.43个百分点，分机构看，除民营银行有所下降外，各类机构均明显上升，其中村镇银行上升幅度最大，较2017年末上升160.09个百分点。

（六）流动性状况总体平稳，村镇银行流动性水平两极分化现象较为突出

近年来，全省中小银行流动性水平整体较为充裕，未发生流动性风险事件。截至2022年6月末，全省中小银行流动性比例均符合监管要求，但少数村镇银行流动性匹配率触及监管红线。在流动性管理能力上，不同于城商行、民营银行、农信机构一般将流动性维持在合理水平，村镇银行流动性水平差异较大，如部分村镇银行大规模持有现金、存放同业及短期债券，流动性比例居于100%以上高位，而个别村镇银行短期流动性存在一定压力，流动性比例低于35%。

（七）资本水平整体处于合理区间，风险抵御能力较好

浙江省中小银行坚持内源性补充和外源性补充相结合，不断夯实资本实力。截至2022年6月末，全省中小银行资本充足率较2017年末上升0.03个百分点，其中核心一级资本充足率较2017年末下降0.48个百分点。分机构看，资本充足率、核心一级资本充足率最高的均为村镇银行，最低的均为民营银行。整体上，各中小银行资本充足率指标均满足监管要求，但个别机构资本补充存在一定压力。

三、收入结构对商业银行经营稳健性的影响分析

现有理论认为，多元化经营能分散银行风险，促进稳健经营。马克维茨的资产组合理论（MPT）认为管理者可以建立包含风险资产和无风险资产的最优资产组合，使投资组合的收益最高且风险最小。商业银行的非息收入主要来源为中间业务，不运用或较少运用银行的资产，以中间人或代理人的身份替客户办理收付、咨询、代理、担保、租赁等业务，与传统资产负债业务相比风险较低。非利息收入对利率波动和经济周期（特别是经济下行周期）不敏感，与利差收入不相关或弱相关，商业银行将非息业务与信贷等传统业务进行适当组合，能平滑非系统性风险带来的存贷款业务收入波动。

另有理论认为，多元化策略在一定范围内能够降低经营成本，超出特定范围后则使成本上升，增加了经营风险，代表理论为规模经济和规模不经济。随着商业银行经营规模的扩大，各项业务的有机结合产生了“1+1>2”的效应，

降低了平均成本。但在达到一定规模后，由于资金成本、营运成本等各项成本的增加，商业银行平均成本上升，收益下降。

从浙江省主要法人中小银行①情况来看，收入结构多元化通过营利性、安全性、流动性三大渠道影响其效益及风险水平。同时，与大型银行相较，中小银行更易因多领域展业受到负面冲击；且随着新冠疫情影响下经济恢复的不稳定性、不确定性加剧，收入结构适当多元化对经营稳健性水平形成局部促进作用。

（一）总体来看，随着收入结构多元化提升，银行经营稳健性水平存在“先升后降”趋势

盈利性影响渠道方面，截至2022年6月末，非息净收入占比位于6.5%～13%的机构数量最多，这部分机构平均资产利润率较相邻两区间分别高0.04个、0.06个百分点；平均资本利润率较相邻两区间分别高0.09个、0.08个百分点。适度开展非息业务产生规模经济及范围经济效应，通过提升综合服务水平、合理分配金融资源、协同发展表内外业务等扩大盈利空间。如某农商行投资收益、手续费及佣金收入同比分别增长9.73%、2.98%，带动净利润同比增长5.56%。但业务过度复杂推升人力、技术费用及代理成本，导致收入结构多元化呈现边际效益递减趋势；叠加非息业务更具波动性和周期性，且管理不善时资产减值、拨备计提、汇兑损失等易对利润形成侵蚀，如2020年某机构因投资亏损导致净利润同比下降4.81%。

安全性影响渠道方面，截至2022年6月末，非息净收入位于6.5%～13%的机构平均不良资产率较相邻两区间分别低0.1个、0.04个百分点；平均资本充足率较相邻两区间分别高0.02个、0.41个百分点。其中代理、中介等业务具有不涉及信用风险、不耗损资本、不计提拨备等特点，低风险投资或表外业务等则可在一定程度上分散风险。但个别机构为逃避监管约束过量开展非息业务，甚至出现“息转费”等合规风险事件。同时，相关机构多采取激进的客户下沉策略，投向高风险资产损耗大量资本，且投资、承兑、担保等风险暴露，导致表内资产质量恶化或引发声誉风险。

流动性影响渠道方面，截至2022年6月末，非息净收入位于6.5%～13%的机构平均流动性比例较相邻两区间分别低6.59个、1.61个百分点。多数非息业务不动用表内资金，部分机构则通过配置高流动性非息资产改善期限结构，如持有货币市场基金、开放式债券基金等。但过度展业反向加大流动性压力，从资产端看，收入结构多元化机构可能盲目投资估值、变现、流转难的资产，或存在短募长投等行为；从负债端看，将导致资金来源高度依赖非息业务。

---

① 包括12家法人城商行及28家资产规模大于500亿元的农商行，若无特别说明，以下分析均指上述机构；村镇银行及资产规模较小农商行收入结构单一，未纳入研究范围。

（二）从银行类型看，中小银行经营稳健性水平更易受收入结构多元化冲击

截至2022年6月末，各法人中小银行机构非息业务净收入占比14.37%，较上市银行低6.85个百分点；资产利润率、资本利润率、资本充足率、流动性比例较其分别低0.15个、1.21个、2.38个、1.18个百分点。大型银行具备客户资源、专业经验、技术手段等优势，更能通过整合传统及非息业务资源分散风险；中小银行盲目追求收入结构多元化则易偏离发展定位，并引发“规模不经济”现象。一是中小银行创新业务管理水平低、人力资本利用效率低等形成“硬约束”，导致非息业务风险计量、预警、控制体系不健全。二是中小银行信息系统建设不完备，金融科技发展滞后。中小银行自身实力难以吸引高科技信息人才，在系统建设上的资源投入也十分有限。如部分机构“搭积木式”建设信息系统，各系统之间并不联通，表外风险监测与表内割裂并依靠事后人工认定核算。三是中小银行资本及流动性补充渠道不通畅，吸收非息业务损失能力有限。

（三）从时间维度看，后疫情时代收入结构多元化对银行经营稳健性水平的影响趋于复杂

自新冠疫情暴发以来，浙江省中小银行经营稳健性水平由小幅下滑转为企稳回升，2020年末资产利润率、资本利润率、资本充足率、流动性比例同比分别下降0.17个、1.61个、0.33个、4.48个百分点，2021年末同比分别上升0.01个、0.14个、0.02个、0.11个百分点。其中，收入结构多元化机构盈利水平受负面冲击更为明显，而安全性、流动性指标下滑更缓、复苏更快。营利性影响渠道方面，减费让利政策下服务费用锐减，且存取款、支付结算、财富管理等业务仍处于数字化转型进程中，依赖传统网点及线下销售制约展业。2019年末非息净收入占比在5%以上的机构2020年末资产利润率、资本利润率较平均水平多降0.01个、0.16个百分点，2021年末较平均水平少升0.01个、0.02个百分点。安全性、流动性影响渠道方面，在金融支持及延期还本付息等政策作用下，风险加权资产加快上升、现金回收速度减慢等压力突出，不占用资本及资金的非息业务在一定程度上形成缓释效应。2019年末非息净收入占比在5%以上的机构2020年末资本充足率、流动性比例较平均水平少降0.08个、0.3个百分点，2021年末较平均水平多升0.02个、1.08个百分点。

四、银行收入结构对经营稳健性影响的实证分析

基于浙江省地方中小法人银行数据，构建银行收入结构与经营稳健性的面板回归模型，同时引入资产规模等作为控制变量，具体分析银行收入结构对经营稳健性的影响。

(一) 数据、变量与模型构建

1. 样本与数据来源

本文选取截至 2022 年 6 月末资产规模 500 亿元以上的法人城商行或农商行共 40 家（其中 12 家城商行、28 家农商行）作为研究主体，村镇银行及部分资产规模较小的农商行收入结构单一，非利息收入占比较小，未被纳入研究范围。研究期间为 2010 年至 2022 年上半年，时间频率选定为半年，共取得 25 期平衡面板数据。

2. 变量选取

（1）被解释变量

本文选取 Z 值和央行评级得分作为被解释变量。其中，将 Z 值作为主要分析对象，将央行评级得分用于稳健性检验。根据 Stiroh（2006）的研究，商业银行的破产风险表示为银行的亏损数额超过银行权益总额的概率，用公式表达为：

$$P(\pi + E \leqslant 0) = P(\pi \leqslant -E) = P(r \leqslant -k) = \int_{-\infty}^{-k} f(r)dr \tag{1}$$

式中，P 表示概率，π 表示税后利润，E 表示权益，r 表示资产收益率 ROA，k 表示权益总额/总资产规模（所有者权益比率）。由切比雪夫不等式可得：

$$P(r \leqslant -k) = P(\pi + E \leqslant 0) \leqslant \frac{\sigma^2}{(u+k)^2} = \frac{1}{Z^2} \tag{2}$$

式中，u 为 r 的期望值，σ 为 r 的波动率，由此将 Z 值进一步细化，得到：

$$Z = \frac{ROA + \frac{E}{A}}{\sigma(ROA)} \tag{3}$$

式中，ROA 表示资产收益率，E/A 为权益/资产，$\sigma(ROA)$ 是资产收益率的标准差。可以看出，Z 值主要受 ROA 及其波动率、所有者权益比率的影响。Z 值越大，银行破产概率 P 越小，经营越稳健。此外，在波动率的计算上，本文参照周开国和李琳（2012）的方法，以 3 年共 6 期的 ROA 值作为一个滚动区间，滚动向前计算。

在以 Z 值作为因变量完成回归后，为进一步验证模型的稳健性，本文还将使用 2018 上半年至 2022 年上半年（每年选取上半年末和年末两期数据）共 9 期央行评级的数量型得分替代 Z 值作为被解释变量再次进行回归，以对模型的有效性进行测试。

（2）核心解释变量及控制变量

本文选取银行非利息收入占比（ra）作为核心解释变量，用以反映银行的收入结构。同时，为考察异地收入对银行经营稳健性的影响，引入异地利息净收入占比（oi）作为核心解释变量。

本文选择资产总额取对数值（lnasset）、不良贷款率（npl）、拨备覆盖率（cov）、成本收入比（cost）、流动比率（liq）等其他可能影响银行经营稳健性的因素作为控制变量（见表1）。

表1　变量汇总

变量类型	变量名称	符号	定义/说明
被解释变量	Z值	zscore	见式（3）
	央行评级得分	score	央行评级专业评价得分中数量型指标得分
核心解释变量	非利息收入占比	ra	1－利息净收入/营业净收入
	异地收入占比	oi	1－浙江省内利息净收入/利息净收入
控制变量	资产规模	lnasset	总资产的对数
	不良贷款率	npl	（次级类贷款＋可疑类贷款＋损失类贷款）/各项贷款
	拨备覆盖率	cov	贷款减值准备金/（次级类贷款＋可疑类贷款＋损失类贷款）
	成本收入比	cost	（营业支出－营业税金及附加）/营业净收入
	流动比率	liq	流动性资产/流动性负债

3. 模型设定

为消除内生性影响，本文主要使用动态面板系统广义矩回归模型（SYS－GMM）考察上述变量、因变量与被解释变量之间的关系：

$$zscore_{i,t} = \alpha_0 + \beta_0 zsore_{i,t-1} + \beta_1 ra_{i,t} + \beta_2 control_{i,t} + \mu_i + \varepsilon_{i,t} \qquad (4)$$

式中，*control* 为表1中所列的控制变量组成的矩阵，用于控制不可观察的个体固定效应，$\varepsilon_{i,t}$为随机干扰项。

同时，本文还将对上述变量进行混合回归、固定效应回归、随机效应回归，并将其结果与SYS－GMM的回归结果进行对比。

（二）实证检验过程及结果

1. 单位根检验

进行回归前，需对数据进行平稳性检验。本文中样本为短面板数据，适合使用IPS方法检验数据平稳性。

表2显示了采用单位根检验的结果，可以看出，各变量P值均小于0.01，说明各变量均强烈拒绝原假设，文中变量均平稳，可进行进一步回归。

表 2　　面板数据 IPS 单位根检验结果

变量	t 统计量值	1% 水平临界值	p 值
zscore	-2.2000	-2.4600	0.0000
ra	-2.6027	-2.4600	0.0000
lnasset	-2.3192	-2.4600	0.0000
npl	-2.6168	-2.4600	0.0000
cov	-2.6476	-2.4600	0.0000
cost	-6.6155	-2.4600	0.0000
liq	-2.7902	-2.4600	0.0000

2. 银行经营稳健性与收入结构回归结果分析

本文分别采用混合效应回归 OLS、固定效应回归、随机效应回归和 SYS - GMM 回归考察非利息收入占比对银行经营稳健性的影响。根据表 3，前三种回归中核心解释变量均未通过显著性检验，而 SYS - GMM 回归消除了内生性影响，核心解释变量在 5% 水平内显著，因此本文选择此方法对回归结果进行分析。回归结果显示，非利息收入占比（ra）系数为负，说明在其他条件不变的情况下，随着非利息收入占比的提高，银行的经营稳健性会降低。

3. 稳健性检验

为了进一步探讨非利息收入占比对银行经营稳健性的影响，本文使用央行评级相关数据替换 Z 值作为因变量进行进一步研究。使用央行评级代替 Z 值的原因：一是 Z 值通过计算银行破产的概率来衡量经营稳健性，但在当前国内环境下，银行破产概率极低，导致 Z 值可能缺乏代表性；二是 Z 值仅通过 ROA 及其波动率，和所有者权益比率三个变量计算得出，而央行评级在评价稳健性方面涵盖了资本充足情况、资产质量、盈利能力等多个维度的指标，更能综合反映银行经营稳健程度。表 3 中动态面板系统广义矩的回归结果显示，资产规模（lnasset）、流动比率（liq）与 Z 值均为负相关，与一般情况下的经济意义不符，可能是 Z 值并未包含资产规模及流动性对银行经营稳健性的影响。

表 3　　银行收入结构对稳健性影响四种模型回归结果对比

变量	混合回归	固定效应模型	随机效应模型	动态面板系统广义矩
L. zscore				0.664***
ra	-2.035	-0.553	-0.719	-2.152**
lnasset	1.015***	0.684	0.741*	-0.401
npl	0.537	-0.277	-0.099	-0.112
cov	0.003	0.000	0.001	0.004***

续表

变量	混合回归	固定效应模型	随机效应模型	动态面板系统广义矩
cost	-0.044**	-0.034**	-0.038***	-0.034**
liq	0.011	0.034*	0.030*	-0.004
Constant	-11.601*	-6.327	-7.339	8.361

注：表内数字为解释变量的系统；*、**、*** 分别表示在10%、5%、1%水平上显著。L. zscore 为动态面板中 Zscore 一阶滞后项，Constant 为常数项。

为提高数据容量，时间频率仍选择半年，得到2018年上半年至2022年上半年共9期央行评级的数量型得分作为因变量对替换Z值，并再次进行SYS-GMM回归。此外，由于因变量不直接包含所有者权益比率（记作ea），还将在原控制变量的基础上加入ea进行此次回归。

由表4可知，在使用央行评级作为因变量后，非利息收入占比（ra）的系数依然为负，且依然在5%水平内显著，因此原模型可视为稳健，具有一定说服力。此外，其他各控制变量的系数均符合一般情况下经济意义，变量的显著水平也有了显著提高，说明相较于Z值，央行评级作为因变量反映银行经营的稳健性更加合理。

表4　　稳健性检验回归结果

变量	系数	标准差	z值	p值
L. score	0.227***	0.07	3.45	0.001
ra	-0.032**	0.02	-2.06	0.039
lnasset	0.335	0.74	0.45	0.651
npl	-1.720**	0.82	-2.11	0.035
cov	0.003**	0.00	2.14	0.003
ea	0.642**	0.25	2.57	0.01
liq	0.034***	0.01	3.36	0.001
cost	-0.015	0.02	-0.69	0.489
Constant	20.957	13.92	1.51	0.132

4. 银行异地收入占比对经营稳健性影响实证研究

本章节将银行收入的地域分布作为衡量收入结构的另一维度，进一步考察其对经营稳健性的影响。当前学界关于银行异地展业对经营稳健性的影响尚无定论。目前，浙江省辖内有7家城商行在省外开设了分支机构，7家机构自异地业务开展以来，各项经营指标趋于稳健，但从直观上难以将异地展业因素从经营管理因素中剥离。本文选取7家城商行2018—2022年上半年的每半年度数据，以央行评级数量型得分作为被解释变量，构建回归模型。由于异地非利息净收入占比时间序列不平稳，文章选取省外利息净收入占比（oi）作为新增解释变量衡量异地收入占比。

由于样本数较小，仅进行面板回归。豪斯曼检验结果表明应拒绝原假设"与解释变量不相关"，故应使用固定效应模型，而非随机效应模型，表 5 展示固定效应回归模型结果。结果显示，核心解释变量 oi 在 1% 水平内显著，且系数为负，说明在其他条件不变的情况下，随着 oi 的提高，银行的经营稳健性会降低。另一核心解释变量 ra 在此回归中结果不显著，且系数为正，可能由于该样本中的城商行发展已比较成熟，适当发展非息业务有利于其寻找新的收入增长点，抵御经营波动。

表 5　　加入异地收入占比进行固定效应回归结果

变量	系数	标准差	z 值	p 值
lnasset	1.709	1.584	1.08	0.322
npl	−2.529***	0.583	−4.33	0.005
cov	−0.008*	0.004	−2.32	0.060
liq	0.063***	0.008	7.73	0.000
ra	0.071	0.039	1.80	0.122
oi	−0.082***	0.015	−5.59	0.001
Constant	11.432	27.853	0.41	0.696

五、结论及建议

（一）研究结论

本文选取浙江省 40 家中小银行面板数据，通过动态面板系统广义矩及面板回归等方法，引入控制变量，研究银行收入业务结构和地域结构对经营稳健性的影响，研究结果表明：

1. 总体来看，非利息收入占比与中小银行经营稳健性呈负相关。中小银行非利息收入业务起步较晚，业务经验较大型银行有所欠缺。因受制于资金管理能力、风险管理水平、信息化程度不足，非利息收入的规模效应尚未形成，对非息业务过高投入将加重中小银行资本金压力，增大经营风险，盲目发展非息业务不符合中小银行自身规模及发展定位。此外，在对 7 家具有一定规模的城商行经营稳健性进行回归分析时，发现非利息收入占比与其经营稳健性呈正相关，但结论并不显著。

2. 从控制变量来看，当使用 Z 值作为被解释变量时，控制变量中的拨备覆盖率、成本收入比回归结果均显著，且拨备覆盖率对经营稳健性呈正相关，成本收入比对经营稳健性呈负相关，符合一般情况下的经济意义。由于Z值的计算过程并未考虑流动性、资产规模等因素对银行经营稳健性的影响，资产规模、流动性比率、不良贷款率回归结果均不显著，且资产规模、流动性比率与Z值为负相关，不符合一般情况下的经济意义。当使用央行评级数量型指标得分作为因变量进行稳健性回归后，控制变量的显著性及经济意义有了显著改善，稳健性回归结果表明银行经营稳健性与资产规模正相关，与不良贷款率呈负相关，与拨备覆盖率呈正相关，与成本收入比呈负相关，与流动比率呈正相关，均与一般情况下经济意义相符，表明央行评级结果相对于Z能更全面地体现商业银行的经营稳健性。

3. 对异地收入占比与经营稳健性的回归结果表明，银行省外利息收入占比对经营稳健性为负相关。7家城商行虽已具备了一定的经营规模，但其经营模式及知名度主要限于省内，省外经营面临诸多差异。一是省外客户资源缺乏，渠道建设成本较高，业务铺开难度较大，取得同样收入的资源投入往往高于省内；二是经营模式局限于本地，在省外复制难度较大，且对省外客户偏好不熟悉，经营“水土不服”，业绩往往不佳；三是省外知名度不够，业务被省外的本土银行及大型银行挤压，难以“突围”。

（二）政策建议

1. 中小银行应回归金融本源，充分发挥信用中介作用，坚持将利息业务作为收入“压舱石”，结合自身情况，明确发展定位，专注主业，服务小微，不盲目开展自身不熟悉的创新业务及有较高风险的投资业务。而对于在当地具有一定经营体量及水准的中小银行，在继续建立健全风控体系前提下，可适当发挥自身优势，选择自身具有一定积累的非息业务加以突破，打造可持续的盈利模式，形成经营特色。

2. 中小银行总体上应遵循聚焦本地、服务本地的原则，深入挖掘省内客户需求，不断扩大自身在省内的优势，强化自身“护城河”。在打牢省内基础的前提下，审慎在相邻省份开展业务，注重自身经营特色与当地实际情况相结合，开拓新的细分市场，遵循渐进式发展模式，提高客户的银行品牌的认知度和黏性，逐步推动中小银行省外业务“落地生根”。

参考文献

[1] 赵丹丹. 非利息收入与中国商业银行风险承担水平——基于动态面板SYS-GMM回归模型的实证分析[J]. 技术经济与管理研究，2021（03）.

[2] 王进. 利率市场化背景下农村商业银行收入结构对盈利能力的影响研究——基于湖北省69家农商行分析[J]. 区域金融研究，2021（01）.

[3] 李久林. 商业银行规模和收入结构对系统性风险的影响研究[J]. 金

融监管研究，2019（03）.

［4］陆静，阿拉腾苏道，尹宇明．收入结构和融资模式对商业银行盈利和风险的影响［J］．科技与经济，2013（09）.

［5］戴志敏，朱莉妍．中国商业银行贷款地理分布对银行利润效率的影响［J］．地理学报，2015，70（06）.

［6］范香梅，邱兆祥，张晓云．我国中小银行地域多元化风险与收益的实证分析［J］．管理世界，2010（10）：171－173.

［7］周开国，李琳．中国商业银行收入结构多元化对银行风险的影响［J］．国际金融研究．2011（05）.

［8］SmithR，Staikouras C，Wood G. Non-interest income and total income stability［R］．Bank of England，2003.

［9］Chiorazzo，Carlo，Francesca. Income Diversification and Bank Performance：Evidence from Italian Banks［J］．Journal of Financial Services Research，2008（33）.

［10］Huang，R. & Ratnovski，L. The dark side of bank wholesale funding［J］．Journal of Financial Intermediation，2011，20（2）.

［11］Stiroh，K. J. & Rumble，A. The Dark Side of Diversification：The Case of US Financial Holding Companies［J］．Journal of Banking & Finance，2006，30（8）.

金融支持中国（浙江）自由贸易示范区油气全产业链打造双循环格局的对策研究

——基于新加坡、韩国、中国的政策比较分析

中国建设银行浙江省分行课题组*

一、我国油气全产业链政策和中国（浙江）自由贸易试验区背景介绍

（一）我国油气全产业链发展历程

我国幅员辽阔、矿产丰沛，是世界上少数的能够将油气全产业链集中在境内的国家。改革开放以来，我国油气产业发展主要经历了以下四个阶段：

第一阶段（1978—1990年）油气“大包干”阶段。20世纪80年代，为鼓励国内原油和天然气产量增长，扭转国内油气储备量和开采量“双降”局势，中央将在粮食生产上取得较好成效的包干经验引入石油产业中，分别对原油和天然气作出产量包干决策，超产部分可以高价销售或出口，所获收入用作原油和天然气勘探开发专项基金。此举大幅激发国内油气行业生产动力。1981—1988年，通过此种方式共筹得勘探开发基金294亿元，充分缓解我国勘探开发资金紧张问题，到1990年我国石油产量已达1.4亿吨，为我国改革初期经济整体复苏起到重要的支撑作用。同时，国家引入国外海洋石油先进经验和设备，拓宽对外合作渠道，探索海洋石油储备，初步形成陆上石油和海洋石油“两条腿走路”的新格局。

第二阶段（1991—2000年）“引进来”和“走出去”阶段。由于我国经济持续快速发展，国内油气需求日益加大，油气探明储备增幅逐步低于国内油气消费增幅，我国原油进口量大幅提升。1993年，我国正式成为原油净进口国，国内石油、天然气等能源的生产销售格局亟待改变。1992年初，为充分提高我国油气产量，中央从开放、合作的角度提出了主体依靠国内市场、适度依靠国外市场，充分盘活内外双循环的整体思路，并从国家层面提出“引进来”和“走出去”战略。国内油气企业纷纷开始探索海外市场，从马六

---

* 课题主持人：邵　斌
课题组成员：林　强　张　悦　董鑫刚

甲到秘鲁，从中东到北非，从中亚到俄罗斯，从东南亚到南美，近十年间，全世界各地都留下了中国石油企业的足迹。通过同外资合作、与国外企业交流，我国石油企业逐步学习到矿税制、产量分成制、特许经营制等多种灵活先进的业务模式，逐步形成国内、海外共同作业模式，为后续石油公司国际化经营奠定了基础。

第三阶段（2001—2010 年）产业链上游“黄金十年”阶段。21 世纪初，国际油价持续增长，2008 年专业表达国际金融危机前达 150 美元/桶。在国内，国家层面较为重视油气体制的顶层设计，在市场主体建设、价格形成机制、矿权管理和纳税制度等方面都进行了充分政策梳理和创新。同时，对中石化、中石油、中海油进行了重组改制，丰富我国石油公司的产权主体；将非核心业务剥离整合后建设地方油气公司，实现多种体制、多种公司并存。这一阶段，国内将原油定价方式调整为普氏基准核定方式，不断提升我国油气领域管理水平。国内外联合作用、原油价格高企等原因充分刺激了国内油气产业发展，2010 年我国原油、天然气产量双双取得重大突破，分别达 2 亿吨和 1000 亿立方米。

第四阶段（2011 年至今）非常规油气大发展阶段。“黄金十年”后，国际油价泡沫破灭，油价逐步回落，我国原油产量 2017 年跌至 1. 9 亿吨。这一阶段，油价对油气领域发展的刺激逐步减少，顶层设计部署和油企内部优化作用凸显。中央层面在油气行业开展了更为细致、更为立体的政策改革创新。以中石化、中石油、中海油为代表的国内油企业也逐步破除壁垒，开展联合勘探和研究，共享资源和技术，促进行业水平稳步提升，非常规油气发展进入新时代。这一阶段，我国从重视油气产业链上游到大力引导发展中下游，成立国家管网公司承接中游储运业务，设立中国（浙江）自由贸易试验区提升油品商品下游的贸易自由化（见图 1）。

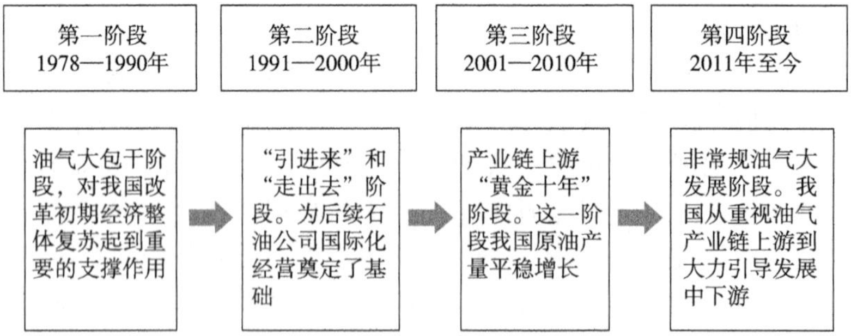

图 1　我国油气全产业链发展阶段

（二）中国（浙江）自由贸易试验区设立背景

2017 年 5 月，中共中央和国务院联合出台《关于深化××××若干意见》，实现了我国石油天然气体制的第四次改革。本次改革主要围绕“放宽准入、完善机制、加强管理”的主题，通过开放上游，整合中游，降低下游成本等政策，促进我国油气产业持续健康发展（见图 2）。

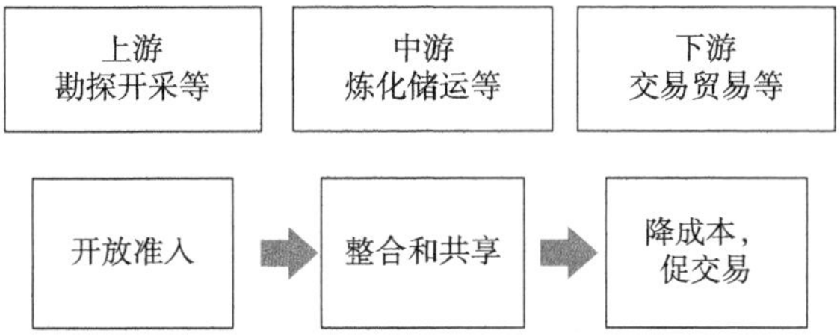

图 2　我国油气全产业链政策导向

中国（浙江）自由贸易试验区（以下简称浙江自贸区）的设立正是我国石油天然气第四次体制机制改革过程中国家为拓展我国油气全产业链中下游而作出的重要举措。

2017 年 3 月，国务院正式批复在浙江舟山设立中国（浙江）自由贸易试验区。浙江自贸区是我国唯一一个由陆地和海洋锚地共同组成的自由贸易园区，拥有舟山离岛、北部和南部三个片区。浙江自贸区拥有世界第一大货物吞吐港宁波—舟山港，并具备岸线、锚地、岛屿等丰富的自然资源和储罐、管道、驳船等多样化的产业配套设施，将重点建设完善我国油气全产业链的中下游，聚焦油品大宗商品交易和保税燃料油加注业务，拓展全面的国际海事服务。

2020 年 9 月，浙江自贸区在原有基础上进行扩区，增加宁波片区、杭州片区和金义片区等 120 平方公里，整体功能定位也进一步拓宽。本次扩区后，浙江自贸区将在舟山资源的基础上充分整合宁波资源，发挥宁波—舟山港的区位优势，并联动杭州和金义地区发挥特色能力，更好地促进自贸区建设具有国际影响力的国际油气交易中心、全球最大的油气储运基地、全球最大的石化炼化一体化中心、全球一流的海事服务基地和我国大宗商品跨境贸易人民币国际化示范区。

（三）浙江自贸区油气全产业链建设成效

1. 油气全产业链政策体系建设成效

浙江自贸区围绕国家提出的战略使命，不断探索完善油气全产业链政策，已形成了百余项制度政策创新成果，其中近半数为全国首创，并有多项被国务院复制推广（见表 1）。

表1 浙江自贸区油气全产业链主要政策

发布时间	发布机构	政策名称	主要内容
2017－7	舟山市人民政府	《中国（浙江）自由贸易试验区国际航行船舶保税油经营管理暂行办法》	批复9家地方牌照保税船用燃料油经营企业，成功引进新加坡协力石油公司参与合资，打破多年行业垄断局面
2017－7	自贸区管委会	《国际航行船舶保税燃油供应业务操作规范》	规范燃料油加注业务，形成相应标准，便于管理
2017－12	浙江省政府	《中国浙江自由贸易试验区条例》	提纲挈领明确浙江自由贸易试验区工作要求和管理规范
2018－2	商务部	《中国（浙江）自由贸易试验区企业申请原有非国营贸易进口资格条件和程序》	非国营企业第一次获得原油进口资质
2018－4	自贸区管委会	《船舶燃料油加注系统计量技术规范》	规范燃料油加注计量方式，同国际接轨
2019－10	中国海事委员会浙江仲裁中心	《中国海事仲裁委员会燃油供应标准合同》	便于海事仲裁效率提升
2020－3	国务院	《关于支持中国（浙江）自由贸易试验区油气全产业链开放发展若干措施的批复》	26项政策措施组合拳推动浙江自贸区油气全产业链政策发展，允许自贸区开展成品油非国营出口先试先行
2020－7	浙江省政府	《关于支持中国（浙江）自由贸易试验区油气全产业链开放发展的实施意见》	针对国务院26项措施提出具体意见并明确任务分工和推进路径
2020－8	自贸区管委会	《关于推动油气全产业链开放发展行动方案的通知》	针对国务院和省政府的措施意见制定具体行动方案明确时间进度安排
2020－8	自贸区管委会	《中国（浙江）自由贸易试验区锚地国际航行船舶物料供应监管操作规程（试行）》	规定船舶物料供应分工及流程，保障供应，吸引船舶

2. 油气全产业链建设成效

一是在原油进口领域，打破我国原有的原油进口资质仅授权给国营外贸代理公司的限制，率先在全国开展原油非国营贸易资格试点，目前已有物产中大石油和浙石油贸易两家企业获批原油非国营贸易进口资质和配额。

二是在油气加工领域，同沙特阿美、BP和霍尼韦尔等公司深入开展技术合作，推动浙石化绿色炼化一体化项目建设，打造国际绿色石化基地，发展炼化和精细加工。目前浙石化炼化项目一期项目已全面投产，二期已经开工，三期正在谋划筹备，三期全部建成后，年产将达6000万吨。

三是在油气储运领域，针对油品储运，建设黄泽山储运项目和岙山岛储运项目；针对LNG储运，建设新奥LNG接收站项目，推动4个码头列入交通运输部LNG码头规划。油气两类产品的两仓库容按照“总量核准、动态管理”的创新方式进行管理，支持各类主题建设油品接卸泊位、储运罐区、输油管道等，同时对符合条件的民企油罐租赁业务进行充分放开。

四是在油气交易领域，建设国际油气交易中心聚焦油气现货交易，与上海期货交易所联合探索油气“期现结合”交易模式，开展油品“批发无仓储”的内贸分销改革，多措并举提升油气贸易。同时，基于自贸区对离岸人民币投资等方面需求，积极引入金融机构驻点并丰富业务品类，深化油气交易的金融属性。

五是在燃料油加注领域，围绕保税燃料油供应涉及的海事服务开展一系列制度创新，如一船多供、不同税号混兑、跨关区直供、单一窗口申报、申报无疫放行、港外锚地供油等，充分提升加油效率，将原2－3天的加油申报流程缩减到12小时以下。将国际航行船的保税燃料油加注资质的许可权下放至舟山市政府，打破行业垄断。

六是在配套服务领域，创新船舶进出境“一单四报”，减少2/3的申报数据，船舶通关时间由16小时下降到2小时，联合海关、边检、海事等口岸监管等共同登临执法，将执法时间由3小时下降到1小时；拓宽跨境人民币结算范围，促进人民币国际化；对投资者权益进行保障，完善事中事后的监管与综合执法体系，打造“自贸通才”人才培养模式等。

浙江自贸区油气全产业链政策相关大事记如表2所示。

表2　浙江自贸区油气全产业链政策相关大事记

序号	内容	主要影响
1	浙江国际油气交易中心正式揭牌	为后续建设世界级油气交易中心奠定基础
2	国务院赋予浙江石油化工成品油非国营出口资格	民企首次获得成品油出口资格
3	上海期交所战略入股浙江国际油气交易中心，开展期、现结合，“浙江国际油品交易中心报价专区”正式在上期所标准仓单交易平台上线	实现油气期货现货交易结合

续表

序号	内容	主要影响
4	创新应用国际贸易“单一窗口”标准版运输工具（船舶）“一单四报”	船舶进出境申报数据大量减少
5	开展国际航行船舶进出境通关无纸化和口岸港航通关服务一体化“4 +1”功能	船舶通关时间大幅缩减
6	完成“两步申报”改革试点	企业从准备申报到准予提货流程缩短
7	推广应用国际航行船舶联合登临系统	海关、边检、海事等口岸监管联合查验，提升效率
8	创新推出跨关区港区直供、不同税号保税油品混兑、保税油“一口受理”平台、申报无疫放行、港外锚地供油、一船多供、先供后报、一库多供、油库功能整合、两仓库容“总量核准、动态管理”、进境保税油检验监管制度等油品贸易便利化举措，推动国家出台低硫燃料油出口退税政策	保税燃料油加注业务日趋成熟，宁波—舟山港成为国内第一大加油港
9	开展油品贸易跨境人民币支付便利化试点	实现支付便利化
10	开展油品转口贸易跨境人民币结算便利化试点	实现转口贸易支付便利
11	开展“境外船供油”跨境人民币结算试点	突破传统限制，提升效率
12	打造油品交易领域首个区块链“仓单通”融资平台	提升安全性、合规性和时效性
13	油品“批发无仓储”的内贸分销改革	拉动油品贸易额
14	发布舟山保税船用燃料油价格指数	减少同新加坡燃料油差价

浙江自贸区成立以来主要发展指标情况如表 3 所示。

表 3　　浙江自贸区成立以来主要发展指标情况

指标	计量单位	2017 年 4—12 月	2018 年	2019 年	2020 年
一、企业注册情况					
新增注册企业数	家	4167	7413	6927	7357
其中：内资企业	家	4108	7114	6865	7298
内资企业注册资本	亿元	2065. 12	1385. 99	1239. 43	870. 8
外商投资企业	家	59	299	62	59
外商投资企业注册资本	亿元	108. 09	639. 93	148. 17	50. 2
其中：新增油品企业	家	812	1998	2917	1880
新增油品企业注册资本	亿元	706. 9	703. 48	942. 03	456. 09

续表

指标	计量单位	2017年4—12月	2018年	2019年	2020年
二、进出口情况					
外贸货物进出口总额	亿元	231.94	642.17	861.29	1236.2
其中：进口	亿元	134.4	448	636.54	947.3
其中：油品	亿元	81.69	270.8	400.61	—
其中：出口	亿元	97.54	194.17	224.75	288.9
其中：油品	亿元	74.93	162.13	171.98	—
口岸进出口总额	亿元	149.6	259.87	389.82	—
其中：进口	亿元	145.03	250.66	355.26	—
其中：铁矿石及其精矿	亿元	136.3	210.56	290.91	—
其中：出口	亿元	4.57	9.21	34.56	—
三、利用外资情况					
合同外资	万美元	88873	389127	169604	91000
实际利用外资	万美元	9611	29418	10134	23000
办结境外投资项目	个	3	3	6	—
中方协议投资额	万美元	560	1450	4005	—
四、船用燃料油加注情况					
船用燃料油直供量	万吨	147.41	359.28	410.27	472.4
其中：港内锚地供油量	万吨	54.14	130.92	117.69	—
港外锚地供油量	万吨	30.16	60.18	94.31	—
跨关区供油量	万吨	63.11	167.55	198.27	—
船用燃料油调拨量	万吨	480.04	409.05	518.9	366.4
船用燃料油结算量	万吨	383.19	566.3	624.57	848.9
五、大宗商品线上交易情况					
大宗商品电子交易额	亿元	3242.45	1487.29	—	—
船用燃料油交易量	万吨	302.47	358.43	—	—
LNG交易量	万吨	122.56	136.56	—	—
PNG交易量	万吨	15.75	23.23	—	—
煤炭交易量	万吨	1596.02	2603.45	—	—
六、税收					
税收总额	亿元	37.04	61.99	77.33	—

续表

指标	计量单位	2017 年 4—12 月	2018 年	2019 年	2020 年
其中：油品	亿元	1.81	4.29	7.77	—
地方税收收入	亿元	20.59	32.04	40.4	—
其中：油品	亿元	1.01	2.66	4.51	—
七、金融					
持牌金融机构数	家	65	67	69	70
持牌金融机构营业收入	亿元	16.63	31.02	39.16	—
融资租赁企业数	家	49	263	266	277
融资租赁企业营业收入	亿元	4.25	0.71	—	—
人民币贷款余额	亿元	591.51	825.28	1042.14	—
跨境人民币结算金额	亿元	20.72	727.9	960.36	1048.3
八、港口					
港口货物吞吐量	万吨	10604	19063	20287	—
其中：铁矿砂	万吨	7070	11239	11800	—
油品	万吨	80	127	450	—
集装箱吞吐量	标箱	15035	20599	28825	—
九、科技					
新增专利申请	个	269	330	482	—
新增专利授权	个	145	252	322	—
年末高新企业数	家	20	30	45	—
本年业务经营额	亿元	24.98	15.51	21.99	—
十、企业经营情况					
规模以上工业总产值	亿元	126.08	48.37	217.28	—
限额以上批发业销售额	亿元	941.41	1973.94	1994.93	—

二、新加坡、韩国和中国油气全产业链政策情况对比

目前东北亚海域范围内，远洋船舶可以停靠加油的港口主要有新加坡、韩国釜山和浙江舟山。其中新加坡和韩国的整体情况同我国浙江自贸区情况较为相似，都存在原油对外依存度高、没有天然的油气勘探资源、炼化能力强规模大、注重发展保税燃料油加注业务等特点。

同浙江自贸区相比，新加坡和韩国的油气全产业链政策更为开放，对新加

坡、韩国的油气全产业链政策进行研究，有助于为后续对浙江自贸区政策发展方向提供参考。

由于新加坡、韩国和浙江自贸区的地理位置和资源禀赋原因，其油气全产业链中并不涉及上游勘探开采部分，因此后续的对比分析主要针对原油进口、油气加工、油气储运、油气交易、燃料油加注和配套服务这六个环节开展。

（一）原油进口政策

新加坡、韩国国土面积较小，油气自然资源稀缺，本国基本没有油气勘探业务和原油生产基地，两国的原油对外依存度均接近100%。

在原油进口方面，新加坡和韩国奉行企业自主原则，一切行为以商业合同进行约定，无须进行国家监管，因此没有进口资质、进口配额方面的限制，且不对进口原油进行质量检查（见表4）。

表4　新加坡、韩国原油进口政策同浙江自贸区比较

原油进口政策	新加坡	韩国	中国
原油对外依存度	100%	98%	73%
原油进口资质和配额	企业行为，无限制	企业行为，无限制	国营进口和非国营进口资质；进口配额分配与管控
进口原油质量管控	企业自检	企业自检	原为法定检查项目，2020年改为企业自检

（二）油气加工政策

在新加坡，油品炼化产业是其国内最大产业，经济产值占其国内生产总值的35%，境内裕廊岛油品工业区已成为世界第三大油品炼化中心。除油气类主要产品外，新加坡还较为注重炼化过程中的衍生产品，目前新加坡的化工制造业也成为国内第二大产业。

韩国是典型的外向型炼化，目前是亚洲最大的油品出口国，较为注重对大企业进行专项帮扶，鼓励财阀开展兼并重组，提升规模效应，目前全球前十大炼油厂中有3家位于韩国（见表5）。

表5　新加坡、韩国油气加工政策同浙江自贸区比较

油气加工政策	新加坡	韩国	中国
产业集群	裕廊岛油品工业区	蔚山石化基地	鱼山岛绿色炼化基地
集群炼化规模	6700万吨/年	7600万吨/年	4000万吨/年
企业政策	资金补贴和税收优惠	鼓励兼并重组提升规模	绿色炼化补贴
政策限制	无	无	油品冶炼禁止性条目

（三）油气储运政策

新加坡、韩国的油品储备以商业储备为主，国家限制较少，因此储罐资源较为丰富，利用率较高，管理机构可通过系统即时查阅各油罐的使用情况。在船舶停泊码头方面没有内贸泊船码头和外贸泊船码头之分，只要符合码头设计规范，均可停靠。在海岸线、海域的使用方面也有常规化的申请流程，效率较高（见表6）。

表6　　新加坡、韩国油气储运政策同浙江自贸区比较

油气储运政策	新加坡	韩国	中国
油气储备类型	商业储备为主	商业储备为主	国家储备为主
储罐使用	储罐通用，应用物联网技术	储罐通用	分进口、出口，保税、含税等专门储罐
码头泊位使用	码头通用	码头通用	分内贸、外贸码头
岸线海域使用	备案制	备案制	审批制

（四）油气交易政策

新加坡是世界石油交易中心之一，拥有三家国际油品交易所，在国际市场具有重要地位。新加坡的油品交易市场较为成熟，能做到期货、现货结合，并能够以相对较小的现货交易撬动3倍的非现货交易规模，充分利用杠杆发挥贸易影响力。

韩国的油品交易成熟度低于新加坡，在2012年才开始在交易所实行电子交易并开通期货交易，政府提供一定额度的税收优惠。韩国对油气交易的开放程度也低于新加坡，政府仍通过对税收的调整保留了一定的价格调控手段（见表7）。

表7　　新加坡、韩国油气交易政策同浙江自贸区比较

油气交易政策	新加坡	韩国	中国
国际影响力	世界第三大石油贸易中心	无排名	无排名
交易模式	现货，普氏、期货	现货、期货	现货、期货
交易所数量	三家	一家	浙江一家
主要交易品种	燃料油	成品油	各类均有，无突出品种
油品定价	亚洲石油产品定价中心	无影响力	无影响力

（五）燃料油加注政策

新加坡的燃料加注业务历史悠久，目前新加坡的保税燃料油加注量达5000万吨/年，遥遥领先鹿特丹、釜山等其他国际知名燃料油加注港口，连续多年为世界第一大加油港。新加坡以“一方主导，多方合作”的模式推动燃料油加注业务的发展，在政府内设立专门的“燃料油加注服务处”，联动税务局、海关、经济发展局、港务事务局、国内船东协会、燃料工业协会等联合管理燃料油加注业务。

韩国的燃料油加注业务主要集中在釜山港，受韩国政府价格管控和税务政策影响，韩国燃料油价格相对较高，因此燃料油加注规模少于新加坡。釜山港货物吞吐量世界领先，燃料油加注业务主要是货物吞吐船的延伸服务，并非是政府最为关注和支持的主导产业（见表8）。

表8 新加坡、韩国燃料油加注政策同浙江自贸区比较

燃料油加注政策	新加坡	韩国	中国
管理部门	燃料油加注服务处	无专门部门	浙江自贸区管委会
燃料油价格	退税政策多，燃料油价格最低	价格较高	价格居中
燃料油供应量	5000万吨	700万吨	410万吨
加油商资质	加注供应商认可计划	加油商审批制度	加油商审批制度
加油商监管	加油商评分制度受注船评价制度	无	无
加油商数量	50~80家	20家左右	15~20家
影响力传导	国际加注大会	无	世界油商大会
加油港排名	全球第一	全球第六	全球第八

（六）配套服务政策

新加坡针对油气产业的配套服务政策较为丰富，在综合海事服务方面，新加坡建设贸易网实现对多个政府机构、监管单位的连接，进出口贸易企业仅需面对单一数字化窗口即可完成各项相关业务；在金融环境方面，新加坡提倡贸易自由，不限制结算货币，汇率管控宽松，贸易融资氛围较好，且有较多的优惠政策，企业融资渠道畅通；在人才引进方面，新加坡政府通过提供高薪、住房吸引并留住人才，同时注重本国经营人才的培养；在法制体系方面，新加坡是英语国家，沿用英国案例法系，便于欧美国家对接理解。韩国的各项配套服务政策同新加坡较为类似（见表9）。

表9 新加坡、韩国配套服务政策同浙江自贸区比较

配套服务政策	新加坡	韩国	中国
综合海事	利用贸易网数字化单一窗口实现快速通关	充分利用数字化技术提升综合海事效率	海关联合登临检查，船舶进出境“一单四报”
金融环境	贸易结算货币自由，融资氛围好、条件优惠	贸易结算环境宽松，融资向大财阀倾斜	大力推行跨境人民币，贸易融资渠道单一
人才引进	提供高薪、住房吸引人才	注重对本国人才的培养	舟山本地人才稀缺，没有专门的人才引进措施
法制体系	英国法系案例法	大韩民国宪法	成立海事仲裁中心

（七）新加坡、韩国情况对我国的借鉴

经过上文对我国油气全产业链政策同新加坡和韩国相应政策的对比可知，新加坡和韩国政策更开放、更为市场化，相关政策对我国完善油气全产业链政策有一定的借鉴作用：

一是原油对外依存度过高的国家应在一定程度上放开原油进口管制，以便于形成充分竞争的市场环境、增加市场活力、提升原油进口质量、降低原油进口价格；

二是油气加工领域应鼓励形成产业集聚，提升单厂单体炼化能力，以便于运用规模优势降低成本、提升炼化效率、更好地开展环境保护；

三是油气储运设备建设占地大、成本高、管控复杂，应采用高科技技术、物联网设备进行管理和监督，充分提升使用效率；

四是油气交易过程具有高度的金融属性，油气交易越活跃，形成的国际影响力越大、其带来的经济效应越强，应探索创新油气交易模式，为后续经济发展奠定基础；

五是燃料油加注业务是提升综合海事需求的重要环节，也是油气加工产品的重要销售通道，大力发展燃料油加注业务能够有效提升港口活跃度和排名，进而提升经济效益。

下面将通过量化的形式，对新加坡、韩国和我国的油气全产业链政策进行横向的政策评估。

三、浙江自贸区油气全产业链政策评估

为进一步探讨浙江自贸区油气全产业链政策情况，采用定量的方法进行政策评估，通过浙江自贸区自身发展变化和同新加坡、韩国的对比进行纵向和横向的评估分析。

（一）政策评估模型建立

1. 政策评估思路

本次针对中国（浙江）自由贸易试验区油气全产业链政策评估将分为两个部分，一是针对政策实施前后情况开展的纵向评估；二是开展同国际先进国家新加坡、韩国对比的横向评估。

2. 构建因素集

邀请浙江自贸区管委会专业人士针对上述因素集中的原油进口、油气加工，油气储运、油气交易、燃料油加注、配套服务六个因素进行两两比较，采用1－9分标度法对其进行打分。根据判断量化表格进行两两比较，并形成判断矩阵，如表10、表11 所示。

表 10　　油气全产业链六部分内容权重判断矩阵

指标项	原油进口	油气加工	油气储运	油气交易	燃料油加注	配套服务
原油进口	1	0.2	0.33	0.33	0.17	0.5
油气加工	5	1	2	2	1.25	2
油气储运	3	0.5	1	1	0.33	1.43
油气交易	3	0.5	1	1	0.33	1.43
燃料油加注	6	0.8	3	3	1	2.5
配套服务	2	0.5	0.7	0.7	0.4	0.1

表 11　　矩阵判断 1－9 分标度法

标度	含义
1	表示两个因素相比，具有同样重要性
3	表示两个因素相比，一个因素比另一个因素稍微重要
5	表示两个因素相比，一个因素比另一个因素明显重要
7	表示两个因素相比，一个因素比另一个因素强烈重要
9	表示两个因素相比，一个因素比另一个因素极端重要
2，4，6，8	上述相邻判断的中值
倒数	A 和 B 相比如果标度为 3，那么 B 和 A 相比就是 1/3

如表 12 所示，使用和积法计算六因素特征向量机权重，计算出最大特征根 6.069，利用最大特征根计算得到 CI＝（最大特征根－n）/（n－1）＝0.014。

表 12　　油气全产业链六部分权重情况

指标项	特征向量	权重值	最大特征根	CI 值
原油进口	0.294	4.907%	6.069	0.014
油气加工	1.618	26.972%		
油气储运	0.799	13.313%		
油气交易	0.799	13.313%		
燃料油加注	1.845	30.747%		
配套服务	0.645	10.748%		

对本次分析进行一致性检验，n 阶为 6 的情况下随机一致性 RI 值为 1.26（见表 13）。

表 13　　随机一致性 RI 值

n 阶	3	4	5	6	7	8	9	10
RI 值	0.52	0.89	1.12	1.26	1.36	1.41	1.46	1.49

计算一致性指标 CR = CI/RI = 0.011。CR 值小于 0.1，一致性检验结果通过（见表14）。

表14　　一致性检验结果

最大特征根	CI 值	RI 值	CR 值	一致性检验结果
6.069	0.014	1.260	0.011	通过

在一致性检验通过的情况下，确定原油进口权重为4.907%，油气加工权重为26.972%，油气储运权重为13.313%，油气交易权重为13.313%，燃料油加注权重为30.747%，配套服务权重为10.748%。

可见经专家评判，在浙江自贸区油气全产业链政策评估的六因素中，燃料油加注环节权重最高，占三成权重，其次是油气加工，原油进口权重最少，主要原因如下：

保税燃料油加注业务是我国向新加坡学习油气全产业链发展的重要环节，保税燃料油加注业务能够吸引远洋船舶，同时带来油气生产和交易需求、综合海事服务需求、人才需求等，因此具有极强的油气产业集聚的功能。浙江自贸区通过向新加坡学习经验，以船用保税燃料油为切入点，在船舶加油过程提供各类航运辅助业务并构建上下游油品生态，进而促进油气全产业链发展，目前舟山已跃升为全国第一、全球第八大加油港。因此，在经专家评价对油气全产业链政策评估因素进行赋权时，燃料油加注政策权重最高（见表15）。

表15　　浙江自贸区保税燃料油供应情况　　单位：万吨

保税燃料油情况	2017年	2018年	2019年	2020年
船用燃料油直供量	147.41	359.28	410.27	472.40
其中：港内锚地供油量	54.14	130.92	117.69	—
港外锚地供油量	30.16	60.18	94.31	—
跨关区供油量	63.11	167.55	198.27	—
船用燃料油调拨量	480.04	409.05	518.90	366.40
船用燃料油结算量	383.19	566.30	624.57	848.90

资料来源：浙江自贸区官网。

油气加工是为油气全产业链注入交易流转标的重要过程。目前浙江自贸区的油气加工环节中，审批权限仍然是一个重要的限制点，我国商业部和海关总署前期发布的《加工贸易禁止类目录》中规定油品冶炼是禁止类项目。油气加工环节的政策情况对整个油气全产业链建设具有极为重要的意义，因此权重也较高。

原油进口从资质类型上划分，分为国营进口和非国营进口两种资质。目前，浙江自贸区内已有具备国营进口资质的企业，理论上来说，在不增加非国营进口资质的情况下，虽然存在市场主体受到一定限制的问题，但通过具备国营进口资质的企业也能够引入足够的原油供炼化和交易使用，因此该因素经专家评价权重最低。

3. 细化各因素评估指标

经过同专业人士座谈、文献阅读、数据查阅等多种方法，确定各因素具体评估指标，具体如表16所示。

表16　评价指标

目标层	准则层（因素集）	指标层
浙江自贸区油气全产业链政策实施有效性评价	原油进口	进口资质与配额
		进口原油质量管控
	油气加工	炼化规模
		产业集群内大型企业数量
		政策支持
	油气储运	油气储备类型
		储罐使用
		管网使用
		岸线和码头使用
	油气交易	交易中心数量
		油品定价影响力
		年油气吞吐量
	燃料油加注	燃料油价格
		加油商数量
		年加油量
		加油港口排名
	配套服务	综合海事
		金融服务
		人才引进
		法制建设

4. 确定指标权重

邀请浙江自贸区管委会专业人士对各因素的具体评估指标进行两两比较，采用1-9分标度法对其进行打分。如表17至表22所示，根据判断量化表格进行两两比较，并形成判断矩阵。根据判断矩阵采用和积法计算各指标权重。

表 17 原油进口各指标权重

项	特征向量	权重值	最大特征值	CI 值
进口资质与配额	1.333	66.667%	2.000	0.000
进口原油质量管控	0.667	33.333%		

表 18 油气加工各指标权重

项	特征向量	权重值	最大特征值	CI 值
炼化规模	0.648	21.601%	3.003	0.001
产业集群内大型企业数量	0.308	10.263%		
政策支持	2.044	68.136%		

表 19 油气储运各指标权重

项	特征向量	权重值	最大特征值	CI 值
油气储备类型	0.437	10.933%	4.010	0.003
储罐使用	1.403	35.071%		
管网使用	1.403	35.071%		
岸线和码头使用	0.757	18.925%		

表 20 油气交易各指标权重

项	特征向量	权重值	最大特征值	CI 值
交易中心数量	0.429	14.286%	3.000	0.000
油品定价影响力	1.714	57.143%		
年油气吞吐量	0.857	28.571%		

表 21 燃料油加注各指标权重

项	特征向量	权重值	最大特征值	CI 值
燃料油价格	1.316	32.900%	4.012	0.004
加油商数量	0.570	14.253%		
年加油量	1.074	26.840%		
加油港口排名	1.040	26.006%		

表 22 配套服务各指标权重

项	特征向量	权重值	最大特征值	CI 值
综合海事	1.470	36.741%	4.019	0.006
金融服务	1.229	30.717%		
人才引进	0.861	21.525%		
法制建设	0.441	11.016%		

对各指标权重分析进行一致性检验，CR 值均小于 0.1，一致性检验结果通过。则确定各因素、指标权重如表 23 所示。

表 23　各因素、指标权重表

目标层	准则层及权重	指标层及权重
浙江自贸区油气全产业链政策实施有效性评价	原油进口（4.907%）	进口资质与配额（66.67%）
		进口原油质量管控（33.33%）
	油气加工（26.972%）	炼化规模（21.60%）
		产业集群内大型企业数量（10.26%）
		政策支持（68.14%）
	油气储运（13.313%）	油气储备类型（10.93%）
		储罐使用（35.07%）
		管网使用（35.07%）
		岸线和码头使用（18.93%）
	油气交易（13.313%）	交易中心数量（14.29%）
		油品定价影响力（57.14%）
		年油气吞吐量（28.57%）
	燃料油加注（30.747%）	燃料油价格（32.90%）
		加油商数量（14.25%）
		年加油量（26.84%）
		加油港口排名（26.01%）
	配套服务（10.748%）	综合海事（36.74%）
		金融服务（30.72%）
		人才引进（21.52%）
		法制建设（11.02%）

在上述分析中发现，影响原油进口政策有效性权重最大的是原油资质与配额，影响油气加工政策有效性权重最大的是各类政策支持，影响油气储运政策有效性权重最大的是储罐和管网的使用，影响油气交易政策有效性权重最大的是油品定价影响力，影响燃料油加注政策有效性权重最大的是燃料油价格，影响配套服务政策有效性权重最大的是综合海事服务，具体原因如下：

在原油进口政策中，原油资质与配额体现了政策开放程度和对民营背景企业的接纳程度，因此权重最高。过去我国的原油进口资质是由商务部授权给若干家国营外贸代理公司，如我们熟知的“三桶油”公司等共 5 家，此 5 家公司进口数量无限制且无须缴纳关税（见表 24）。

表 24 我国原油国营进口资质企业

序号	企业名称
1	中国中化集团公司
2	中国国际石油化工联合有限责任公司
3	中国联合石油有限责任公司
4	珠海振戎公司
5	中海中石化联合国际贸易公司

我国在加入 WTO（世界贸易组织）时，曾承诺未来将指定一定数量的非国营公司经营原油进口事务。2017 年，国务院印发浙江自贸区总体方案时，履行入世承诺，提出准许 2 ~ 3 家浙江自贸区内企业获得原油非国营进口资质，并在 2018 年发布具体的资格申办条件和程序。目前自贸区内共 2 家企业获得原油非国营进口资质（见表 25）。

表 25 浙江自贸区原油非国营进口资质企业

序号	企业名称	获取资质时间
1	浙江物产中大石油有限公司	2019 年 3 月
2	浙石油贸易有限公司	2019 年 10 月

在油气加工政策中，政府的各类政策支持是促使炼化规模提升和企业集聚数量提升的重要原因，因此其权重最高。以在此指标获满分的新加坡为例，新加坡政府在裕廊岛建设的油气产业基地注重引进大型跨国企业，为其提供土地使用补贴各项配套公共设施，且新加坡税制较为简单、税负水平较低，这些都对大型油气炼化企业有较强的吸引力。在政府的各类政策支持下，新加坡这个原油对外依存度接近 100%，本身不产一滴油的国家引进了壳牌、霍尼韦尔等大型炼化企业，炼化规模高达 6700 万吨。

在油气储运政策中，储罐和管网的使用条件决定了储运能力是否能够充分发挥，因此其权重最高。我国海关规定油气类产品在出口申报前要运送至海关专门储罐内，且内外贸要严格执行分离，该政策导致油气加工企业和海关要重复建设储罐，且储罐容量利用率较低。在管网方面同时存在类似问题，国营管网和非国营管网间不通用，且不向第三方开放的限制导致我国管网设备未能充分发挥效用。

在油气交易政策中，油品定价影响力是油品交易规模和产业认可度的体现，因此权重最高。目前浙江仅有 1 家油气交易中心，且各项制度仍在摸索创新中，同新加坡的 3 家油气交易中心相比还显落后。

在燃料油加注政策中，燃料油价格是政府调控成果的体现，也是影响加注量和港口排名的最重要因素，因此权重最高。在远洋船运过程中，船用燃料油是最主要的运营成本，约占总成本的40% ~60%，船用燃料油加注价格决定了远洋船舶停靠港口的选择。目前东北亚海域范围内，远洋船舶可以停靠加油的港口主要有新加坡、韩国釜山和浙江舟山，其中浙江舟山的燃料油价格显著低于韩国釜山，但高于新加坡。浙江自贸区成立以来，舟山船用燃料油的价格同新加坡的差价不断缩小，由每吨差20美元逐步缩小到每吨6~8美元。

在配套政策中，综合海事服务能够最大限度提升各类企业的办事体验，因此权重最高。目前浙江自贸区的综合海事服务水平和服务效率已列世界前列，同新加坡和韩国相比也具有一定的优势。

5. 设定评语集

本次评价将设定四个等级，V = {优秀，良好，一般，较差}，其中在各项定量计算中设定优秀为4分，良好为3分，一般为2分，较差为1分。

6. 制定指标评估细则

经过对专业人士访谈等方法，确定各指标评估细则如表26所示。

表26　指标评估细则

目标层	准则层	指标层	优秀（4分）	良好（3分）	一般（2分）	较差（1分）
浙江自贸区油气全产业链政策实施有效性评价	原油进口	进口资质与配额	无进口资质与配额要求	有进口资质要求，无配额管控	有进口资质要求，区分国营和非国营进口资质，有配额管控	有进口资质要求，仅有国营进口资质，有配额管控
		进口原油质量管控	无检查要求	国家层面要求企业自检	国家层面要求企业自检并进行抽查	国家层面检查
	油气加工	炼化规模	7000万吨及以上	(5000，7000] 万吨	(3000，5000] 万吨	3000万吨以下
		产业集群内大型企业数量	10家及以上	5家及以上	2家及以上	1家及以下
		政策支持	资金补贴、税收优惠、用地支持、鼓励民营企业中有四项	资金补贴、税收优惠、用地支持、鼓励民营企业中有三项	资金补贴、税收优惠、用地支持、鼓励民营企业中有两项	资金补贴、税收优惠、用地支持、鼓励民营企业中有一项及以下

续表

目标层	准则层	指标层	优秀（4分）	良好（3分）	一般（2分）	较差（1分）
	油气储运	油气储备类型	全部商业储备	商业储备为主，国家储备为辅	国家储备为主，商业储备为辅	全部国家储备
		储罐使用	储罐通用	储罐区分国有和商业、进口和出口、保税和含税其中一项	储罐区分国有和商业、进口和出口、保税和含税其中两项	储罐区分国有和商业、进口和出口、保税和含税其中三项
		管网使用	管网归属各异、使用灵活开放	管网归属国家，使用灵活开放	管网归属各异，不向其他方开放	管网归属国家，不向其他方开放
		岸线和码头使用	岸线使用备案制、码头通用	岸线使用备案制、码头有区分	岸线使用审批制、码头通用	岸线使用审批制、码头有区分
	油气交易	交易中心数量	3家及以上	2家	1家	无
		油品定价影响力	影响全世界	影响所在州	影响所在国	无特别影响力
		年油气吞吐量	10000万吨以上	7000万吨以上	5000万吨以上	5000万吨及以下
	燃料油加注	燃料油价格	最低	较低	一般	较高
		加油商数量	超过50家	(30，50]家	(10，30]家	10家及以下
		年加油量	超过1000万吨	超过500万吨	超过300万吨	300万吨及以下
		加油港口排名	全球前3	全球前5	全球前10	10名以后
	配套服务	综合海事	船舶通关时间6小时以内，申报数据合并简化	船舶通关时间24小时以内，申报数据适当简化	船舶通关时间在3天以内，申报数据较多	船舶通关时间在3天及以上，申报数据烦琐

续表

目标层	准则层	指标层	优秀（4分）	良好（3分）	一般（2分）	较差（1分）
		金融服务	金融机构布点数量超过100个	且不超过100个（70，100]	且不超过70个（50，70]	金融机构部点数量50个及以下
		人才引进	提供高薪、住房、补贴、教育机会中的三项及以上	提供高薪、住房、补贴、教育机会中的两项	提供高薪、住房、补贴、教育机会中的一项	无特别人才政策
		法制建设	法系同国际接轨，具备海事仲裁中心、专门海事仲裁机构、专门法律制度中的三项	法系同国际接轨，具备海事仲裁中心、专门海事仲裁机构、专门法律制度中的两项及以下	使用本国法系，具备海事仲裁中心、专门海事仲裁机构、专门法律制度中的三项	使用本国法系，具备海事仲裁中心、专门海事仲裁机构、专门法律制度中的两项及以下

（二）浙江自贸区油气全产业链政策纵向评估

据对浙江自贸区成立以来各项数据和政策的梳理，确定自贸区油气全产业链政策有效性评估的纵向得分情况如表27所示。

表27　　政策有效性纵向评估

目标层	准则层	指标层	浙江自贸区2020年指标层得分	浙江自贸区2020年准则层得分	浙江自贸区2017年指标层得分	浙江自贸区2017年准则层得分
浙江自贸区油气全产业链政策实施有效性评价	原油进口（4.907%）	进口资质与配额（66.67%）	2	2.333	1	1.0000
		进口原油质量管控（33.33%）	3		1	
	油气加工（26.972%）	炼化规模（21.60%）	2	2.5788	1	1.0000
		产业集群内大型企业数量（10.26%）	1		1	
		政策支持（68.14%）	3		1	

续表

目标层	准则层	指标层	浙江自贸区2020年指标层得分	浙江自贸区2020年准则层得分	浙江自贸区2017年指标层得分	浙江自贸区2017年准则层得分
	油气储运（13.313%）	油气储备类型（10.93%）	2	1.8107	2	1.4600
		储罐使用（35.07%）	1		1	
		管网使用（35.07%）	3		2	
		岸线和码头使用（18.93%）	1		1	
	油气交易（13.313%）	交易中心数量（14.29%）	2	2.8571	1	1.5714
		油品定价影响力（57.14%）	3		2	
		年油气吞吐量（28.57%）	3		1	
	燃料油加注（30.747%）	燃料油价格（32.90%）	3	2.3290	1	1.0000
		加油商数量（14.25%）	2		1	
		年加油量（26.84%）	2		1	
		加油港口排名（26.01%）	2		1	
	配套服务（10.748%）	综合海事（36.74%）	4	3.0420	3	2.0420
		金融服务（30.72%）	3		2	
		人才引进（21.52%）	2		1	
		法制建设（11.02%）	2		1	
得分合计			2.4745		1.2493	

根据浙江自贸区2017年和2020年评估得分情况对比可知浙江自贸区油气全产业链政策有效性得分由1.25分提高到2.47分，评估结果由“较差”提升至“一般”。

研究过程中发现，浙江自贸区油气加工因素得分增加最多、油气储运因素得分增加最少，配套服务的得分始终高于其他因素，主要原因如下：

油气加工因素中权重最高的是配套政策指标，该指标分数提升较多，为油气加工因素得分提升贡献较大。浙江自贸区成立初期，政府并无相关的配套政策，随着浙江自贸区绿色炼化基地、油气交易中心等定位不断清晰，政府对绿色炼化项目提供的政策支持也逐渐丰富，提供包括绿色炼化补贴、鱼山岛炼化基地用地等政策。同时，随着鱼山岛项目的逐步建设投产，浙江自贸区的炼化规模大幅提升，炼化规模指标得分也有所体现。美中不足的是，自贸区目前仅引进了浙江石油化工一家大型炼化企业，尚未形成炼化产业集群。

油气储运因素得分提升较少的原因主要是政策监管影响了储运能力的释放。目前国内储罐和泊位都实行内外贸分离，一定程度上影响了储罐和泊位利用率，同时岸线使用采取审批制，涉及的审批部门众多、申请时效长，不便于相关企业申请使用并建设储运项目。油气储运能力提升之处在于2019年底国家成立管网公司收编了中石油、中石化、中海油的各类运输管网，将生产销售和运输环节相分离。重新整合梳理后的管网系统可以向符合条件的用户开放，因此提升了管网使用效率，增强了油气储运能力。

配套服务因素方面，浙江自贸区成立以来着力开展油气产业配套服务政策体系建设：在引进企业方面，对企业准入资质、税收优惠、证照办理方面都积极发挥地方主动性，为企业营商提供便利；在海事服务方面，对船舶出入境申报、无纸化操作、联合登临检查、疫情特殊政策方面都充分提升效率，减轻企业船舶负担。不论是自贸区管委会还是企业、船舶、个人，都受益于自贸区提供的配套服务，能够便利工作、便利生活，该部分政策有效性评估得分高于其他因素。

（三）浙江自贸区同新加坡、韩国对比的横向评估

根据对新加坡和韩国各项数据和政策的梳理，确定新加坡和韩国的油气全产业链政策有效性评估的横向得分情况如表28所示。

表28　政策有效性横向评估

目标层	准则层	指标层	新加坡细则	新加坡总分	韩国细则	韩国总分	中国细则	中国总分
浙江自贸区油气全产业链政策实施有效性评价	原油进口（4.907%）	进口资质与配额（66.67%）	4	4.0000	4	4.0000	2	2.3333
		进口原油质量管控（33.33%）	4		4		3	
	油气加工（26.972%）	炼化规模（21.60%）	3	3.7840	4	3.2160	2	2.5788
		产业集群内大型企业数量（10.26%）	4		3		1	
		政策支持（68.14%）	4		3		3	
	油气储运（13.313%）	油气储备类型（10.93%）	3	3.8907	3	3.8907	2	1.8107
		储罐使用（35.07%）	4		4		1	
		管网使用（35.07%）	4		4		3	
		岸线和码头使用（18.93%）	4		4		1	
	油气交易（13.313%）	交易中心数量（14.29%）	4	4.0000	2	3.1428	2	2.8571
		油品定价影响力（57.14%）	4		3		3	
		年油气吞吐量（28.57%）	4		4		3	

续表

<table>
<tr><th>目标层</th><th>准则层</th><th>指标层</th><th>新加坡细则</th><th>新加坡总分</th><th>韩国细则</th><th>韩国总分</th><th>中国细则</th><th>中国总分</th></tr>
<tr><td rowspan="8"></td><td rowspan="3">燃料油加注（30.747%）</td><td>燃料油价格（32.90%）</td><td>4</td><td rowspan="4">4.0000</td><td>1</td><td rowspan="4">1.9394</td><td>3</td><td rowspan="2">2.3290</td></tr>
<tr><td>加油商数量（14.25%）</td><td>4</td><td>2</td><td>2</td></tr>
<tr><td>年加油量（26.84%）</td><td>4</td><td>3</td><td>2</td><td rowspan="6">3.0420</td></tr>
<tr><td></td><td>加油港口排名（26.01%）</td><td>4</td><td>2</td><td>2</td></tr>
<tr><td rowspan="4">配套服务（10.748%）</td><td>综合海事（36.74%）</td><td>2</td><td rowspan="4">3.2652</td><td>2</td><td rowspan="4">2.8296</td><td>4</td></tr>
<tr><td>金融服务（30.72%）</td><td>4</td><td>4</td><td>3</td></tr>
<tr><td>人才引进（21.52%）</td><td>4</td><td>3</td><td>2</td></tr>
<tr><td>法制建设（11.02%）</td><td>4</td><td>2</td><td>2</td></tr>
<tr><td colspan="3">得分合计</td><td colspan="2">3.8482</td><td colspan="2">2.9005</td><td colspan="2">2.4745</td></tr>
</table>

根据对新加坡和韩国油气全产业链政策有效性评估可知新加坡得分 3.85 分，接近满分 4 分，政策有效性评估为“优秀”；韩国得分 2.90 分，政策有效性评估为“良好”。与此同时，浙江自贸区经过三年多的发展，政策有效性得分由 1.25 分提高到 2.47 分，政策有效性评估由“较差”提升至“一般”，但同新加坡和韩国还存在一定的差距。

在上述评估过程中发现，我国油气储运和原油进口政策同新加坡、韩国差距最大，我国燃料油加注和配套服务政策评估优于韩国，主要原因如下：

油气储运因素方面，新加坡和韩国的储罐、泊位、岸线、管网等使用均较为开放，政府对其限制管理较少。在我国，由于海关对“油气液体化工品”安全风险等级认定为高等级，油气产品出口前要运输到海关专用储罐待查，而岸线和泊位使用方面又考虑国家安全等因素设定了较多的门槛，上述政策较难在短时间内进行改变，因此同新加坡和韩国差距较大。

原油进口因素方面，尽管我国已批复同意 2 家企业获得原油非国营进口资质，但仍存在进口限额的限制，该部分政策同新加坡、韩国的完全无限制相比仍存在较大差距。在进口原油质量管控方面，我国在 2020 年才取消了对进口原油的法定质量检查改为企业自查，但企业报关时仍需要提供相应的质量检查报告，该部分政策但同新加坡和韩国完全不需要提供质量检查报告的宽松政策相比仍存在一定差距。

配套服务政策方面，浙江自贸区一直将新加坡视作学习对象，不断提升综合服务能力。经过三年多的努力，浙江自贸区配套服务水平同新加坡的差距不断缩小，并超过韩国。同韩国相比，我国的配套服务政策更为细致开放，对外资企业也较为友好，而韩国部分配套政策仅针对本国企业和人才，因此浙江自贸区此部分政策有效性评估已赶超韩国。

四、浙江自贸区油气全产业链政策不足和未来改进方向

（一）浙江自贸区油气全产业链政策存在的问题

经过对国外油气全产业链建设发达国家新加坡、韩国的政策进行对比分析发现，我国油气全产业链六环节的政策体制还存在较多不足，具体问题如下：

一是针对提升炼化产业聚集度的政策有所缺失。浙江自贸区内除了浙江石油化工公司陆续建设投产的鱼山岛绿色炼化项目外并没有其他炼厂，炼化产业集聚度不够，制造业数量不足。整个自贸区炼化能力等于鱼山岛项目炼化能力，油品来源较为单一，未形成充分的市场竞争环境。另外，自贸区内石化产业企业数量较少，不便于最大限度地利用油品炼化附属化工产品，产业链结构相对单一，未能最大限度发挥产业链价值。

二是提升市场开放水平的政策强度还不够，在原油进口领域虽然给予了一些企业原油非国营进口资质，但是在进口配额管控方面还是较为紧张；在储罐码头泊位的使用上虽然有一些创新的尝试，但是对内外贸的区分还是较为严格，未能充分释放储运能力；在油气交易领域，对成品油的批发和出口还存在较大程度的限制，未能从市场角度开放解决我国成品油供大于求的问题。

三是鼓励大宗商品交易和金融创新的政策还不丰富。原油是大宗商品之王，国际原油市场是全球宏观金融指标之一，但由于历史及体制原因，我国并没有形成欧美市场现货、中远期、掉期等场外衍生品及期货交易相结合的市场体系，现有政策对上述易也存在诸多限制，目前国家仍对交易市场连续竞价的交易模式创新实行明令禁止，因此在提升我国在国际油气市场的定价权等方面还是有一定的限制和阻力。

四是针对船用燃料油加注业务提质增量的政策还不够。目前舟山的船用燃料油价格同新加坡的价差在 10 美元左右，从远洋海运的路线选择、耗油量等方面综合考虑，部分行驶东北亚航线的船只选择舟山和选择新加坡加油的成本较为接近。但是从更多国际航线的角度来看，浙江自贸区船用燃料油价格仍偏高，也因此限制了燃料油加注业务规模的增长。

五是人才吸引和法制建设等方面政策不足。在全国各城市抢占人才政策频出的大背景下，浙江自贸区对于人才引进方面政策设置力度还不够。同时，虽然浙江自贸区拥有专门的海事仲裁机构，但是沿用的还是国内的各项法规制度，针对国际海事争端仲裁的经验还不够，相关的法律制度和仲裁规范建设还不齐备。

（二）后续政策改进方向

针对前文提出的问题，对我国油气全产业链政策后续可能的改进方向如下：

一是细化政策助推形成石油化工产业集群。应选定合适位置，改善营商环境，在土地使用、税费补贴等、公共事业配套等方面细化适用于石化企业的政策，吸引石化企业入驻，形成石化产业集群，发挥制造业集聚效应，最大限度运用油品炼化过程中的附属产品，提高经济效益。针对浙江自贸区，附近宁波的石化产业已具备相当规模的产业基础，如能够通过政策协调甬舟一体化发展，则能够能够加速两地绿色石化产业链的对接。

二是制定合适政策促进市场开放。在原油进口方面，应逐步比照具有国营进口资质企业的政策管控模式，适度放开对具有非国营进口资质企业的进口配额限制，允许企业按照自主需求进口原油。在油气储运方面，应逐步放开外贸限制，逐步弱化内外贸储运检查交易等环节完全不一致的要求，对企业的储罐进行系统性管控，减少储运能力的浪费。在油气交易方面，应适度放宽成品油出口资质和配额管理，赋予符合条件的贸易企业成品油出口资质和配额，进一步解决国内成品油产能过剩的问题。

三是完善大宗商品交易政策，促进金融环境开放。一方面促进原油等大宗商品以人民币进行计价结算，提升人民币的货币影响力；另一方面适度放宽外汇账户资金的进出限制，借助外资的力量提升我国的油气产业发展速度。还可以试点创新各类金融产品，如以交易所交易凭证作为贸易真实性审核依据的融资产品，充分提升贸易融资和资金进出效率。

四是降低我国船用燃料油价格并提升国际定价影响力。针对燃料油价格，在传统燃料油领域同新加坡有较大差距的情况下，应充分把握低硫燃料油崛起的机遇。目前全世界都更为注重环保可持续，低硫燃料油将取代原有的普通燃料油作为远洋船舶燃料，我国低硫燃料油产能显著高于新加坡，后续应进一步提升低硫燃料油的产能和质量，在低硫燃料油领域逐步占据国际优势地位，并提升国际定价的影响力。

五是细化人才引进政策并完善国际争端处理机制。在人才引进方面，可考虑设置油气全产业链人才库，从管理到技术等领域，分层分类建设人才库，为库内人才提供配套的住房、购车、个人培训和子女教育等方面的政策优惠。在法制建设方面，要重点向新加坡的国际商事仲裁机构取经学习，将国际判例同国内法律相结合，制定更为适应国际化环境的仲裁机制。

六是重视碳排放，扶持探索碳中和技术相关企业。油气产业碳排放量较大，从环保和控制温室气体角度，应大力发展绿色石化产业，促进产业链内企业生产炼化技术优化升级，首先从源头减排，后续再大力扶持具备碳中和、碳捕捉等技术的企业发展，同时通过碳排放权交易制度促进各类企业形成持续性低碳生产运营模式，为节能环保作贡献。

五、我国的相应金融机会研究

（一）石油化工产业集群建设下的金融机会

“十四五”期间，我国将以上海、宁波、舟山、嘉兴和上虞等为主体的杭州湾石化产业集群列为我国将重点培育的五大世界级石化产业集群。该产业集群拥有宁波舟山港和上海港两大世界级领先港口，有浙江自贸区世界级炼化基地和油气交易中心，有国内一流的营商环境和政府管理能力，被列为五大产业集群之首。

根据浙江自贸区扩区升级的宁波片区规划安排，未来舟山宁波将共同打造石油化工产业集群，在产业集群培育过程中将产生的金融机会主要有：一是产业集群所在园区建设成立产生的融资需求和原有居民、厂房腾挪搬迁产生的金融需求；二是园区智慧化、数字化管理应运而生的金融科技合作和融资需求；三是为适应新变化，大型企业合并、收购、新设立公司和大量企业扎根落户所产生的金融需求；四是针对化工板块专精特新产业领域孵化所带来的技术改造、知识产权类融资需求；五是产业集群内大型设备、大型资产的融资租赁和资产证券化类需求。

同时，随着浙江自贸区油气化工产业集群不断建设，油气储运和油气交易将更为活跃，因此催生出较多金融需求，如应收账款、订单仓单、出口退税等质押融资；油品期货交易中的仓单现货买卖资金清算和仓单质押融资服务；油品现货交易中的关外保税燃料油现货质押融资；保税油罐、码头等不涉及海域使用权的海洋特殊资产的动产抵押融资等。

（二）提升人民币国际影响力过程中的金融机会

大宗商品计价功能是货币国际化的重要体现，美元正是通过绑定石油这一重要大宗商品的定价权而获得全球霸主地位。尽管我国是全球大宗商品的主要交易国，但人民币的计价功能较为薄弱，我国原油进口量高居全球第一，却常陷入买涨卖跌的困局，严重制约了我国油气全产业链发展。

浙江自贸区是大宗商品交易的天然沃土，未来也将是人民币定价权竞争的主战场。后续浙江自贸区大宗商品的期货、现货交易必将持续推行人民币计价交易，并持续带动境内外企业使用人民币实现跨境结算。

在人民币国际化进程中，贸易投资便利化、结售汇便利化将是金融机构的必争之地。同时，合格境外投资者将有投资动机产生购买债券、基金、股票等国内金融产品的需求；境外市场主体将有为开展汇率风险管理而产生的人民币头寸和资产的对冲交易、套期保值的需求；跨国公司将会有本外币合一银行结算账户和跨境资金池等业务需求，这些都是金融机构的业务发展机会。如能为自贸区跨境及外贸企业提供跨境结算、跨境投融资、汇率避险、跨境资金管理、外汇衍生品等“一揽子”金融服务，则必将在业务拓展上迈上新台阶。

（三）浙江自贸区扩区升级的金融机会

2020年9月，浙江自贸区在原有基础上进行扩区，增加宁波片区、杭州片区和金义片区。三个片区的设立分别对应三地特色，并将带来一系列的金融机会：在宁波地区，应重点关注国际化交通枢纽改造升级、油气储运领域供应链金融创新、高新技术和新型材料研发等；在杭州地区，应重点关注便捷贸易的“互联网+口岸”和“数字口岸”催生出的支付结算创新、优质高效实验室科技成果转化和跨境电商新技术新业态新模式等；在金义片区，应重点关注小商品出口的结算、收付汇方式创新、仓储运输运单物权化探索等。

（四）“碳达峰、碳中和”背景下的金融机会

油气石化产业属于资源型和能源型产业，是技术要求高、产业关联度高的重要支柱产业，同时也是资源消耗量大，“三废”（废气、废水、废渣）产生量多的企业。统计数据显示，全球工业部门能耗占全球总能耗的40%，而石化行业碳排放量约占工业总排放的20%。“碳”目标提出后，油气化工行业首当其冲地面临着严峻的碳减排压力。

目前浙江自贸区及宁波片区均主打绿色炼化、绿色石化理念，并向新加坡学习花园式工厂和绿色生态石化基地经验。在此过程中，金融企业应聚焦碳排放权交易、碳排放权质押、绿色债券和围绕减碳的绿色资产证券化，还可以积极参与和筹建相关产业、行业基金，聚焦碳中和理念，通过金融的杠杆作用深度介入石化领域的碳中和过程。

（五）新加坡石油龙头破产启示

尽管新加坡的油气行业和金融配套全球领先，是浙江自贸区学习的对象，但是在学习的过程中仍需取其精华、去其糟粕，避免因过度的金融创新和过分宽松的金融环境带来灾难性后果。

2020年初，新冠疫情出现，全球原油价格大幅下跌，新加坡石油巨头兴隆贸易押注中国能够成功控制新冠疫情，因此在油价下跌时大大增加了燃油储备。但后续新冠疫情席卷全球，原油价格下跌了70%，兴隆集团的库存严重贬值，导致了大规模的信贷违约，也因此暴露出兴隆贸易财务造假问题，最终该公司申请破产，还欠了23家银行35亿美元。

本次事件银行大规模受损的主要原因在于银行对集团过于信任，对其大宗商品贸易的审查管理不严格，并且没有在油价下跌时及时追加保证或撤出业务。在浙江自贸区后续的发展过程中，当地金融业也应充分吸取新加坡石油巨头破产带来的经验教训，在便利油品贸易和收付汇、创新仓单质押等业务的同时，也要有效防控风险，及时关注国际市场变化，避免出现行业风险和大额损失。

参考文献

［1］陈佳佳．浙江自贸试验区油气全产业链制度建设研究［D］．浙江大学，2020.

［2］陈嘉茹，燕菲，陈建荣等．油气全产业链开放进入新时期——2019年中国油气政策综述［J］．国际石油经济，2020，28（2）．

［3］范炳龙，刘西红，孙霞．基于金融科技的油气产业供应链金融模式探究［J］．国际石油经济，2019，27（12）．

［4］桂海滨，方晨．浙江自贸试验区建设成品油贸易交易集聚区的政策建议［J］．特区经济，2019，366（7）．

［5］桂海滨，方晨．浙江自贸试验区推动油气全产业链发展研究［J］．北方经贸，2020，431（10）．

［6］韩景宽，黄祺茗，邢治河，等．发挥一体化产业链优势 全力推进提质增效［N］．中国石油报，2020－4－21.

［7］刘合，闫建文．提升油气产业链应急管理能力 应对重大突发事件［N］．中国石油报，2020－3－3.

［8］罗佐县，李捷理．油气体制改革的历史脉络与深化路径［J］．新视野，2020（5）．

［9］罗佐县．愿为读者奉上“一带一路”油气合作思想饕餮大餐［N］．中国石油报，2020－09－15（006）．

［10］天工．中国试水油气全产业链开放［J］．天然气工业，2020，40（4）．

［11］杨震．着力打造世界级油气交易中心［N］．中国石化报，2020－4－24.

［12］余晓钟，罗霞．“一带一路”能源合作伙伴关系内涵与推进策略［J］．亚太经济，2020（4）．

［13］张正．油气体制改革持续深化［J］．中国电业，2020（1）．

［14］赵昕．油气产业链视角下“一带一路”主要国家的油气贸易竞争力及其合作位势研究［J］．当代化工研究，2020，60（7）．

［15］杨震．着力打造世界级油气交易中心［N］．中国石化报，2020－4－24.

［16］傅郭鑫，孙佳．中日韩自贸区建设困难及建议［J］．合作经济与科技，2021（6）．

［17］武芳．新时期我国自贸区建设现状及展望［J］．中国远洋海运，2021（2）．

［18］丁一，李俊成．金融风险管理视角下的自贸区地方交易场所建设

[J]．重庆社会科学，2021（1）．

[19] 李磊，刘泽寰，马欢．自贸区协调内外双循环的机制与措施 [J]．贵州大学学报，2021，39（1）．

[20] 雷曜．为改革开放新格局提供浙江自贸区金融方案 [J]．浙江金融，2021（1）．

[21] 张学东，徐雅丽，盛翠梅．浙江自贸区杭州片区与周边联动发展的思考 [J]．杭州，2020（24）．

[22] 李追阳，季雪焦，诸佳風．保税船供油行业人才发展分析——以浙江自贸实验区（舟山）为例 [J]．特区经济，2020（8）．

[23] 颜天明，李子强．自贸区建设背景下国际海事服务人才的培养路径 [J]．航海教育研究，2020，37（2）．

[24] 赖新，陈嵘．长三角一体化背景下浙江自贸区场外交易市场发展对策 [J]．中外企业家，2020（10）．

[25] 胡紫阳，赖新，汪如朗，等．燃料油出口退税政策解读、影响及路径探索——以浙江自贸区保税燃料油行业发展为例 [J]．特区经济，2020（2）．

我国知识产权保险定位、创新与发展路径

——基于浙江创新实践的思考

国家金融监督管理总局浙江监管局课题组*

随着我国经济结构步入转型关键期，人口红利消失、资源约束趋紧、创新动力不足三大问题日益凸显，需求收缩、供给冲击、预期转弱三重压力不断加剧，局部武装冲突、经济逆全球化浪潮、国际供应链布局调整使我国外部环境更趋复杂和不确定。面对风险和挑战，在新一轮改革中如何持续激发市场主体活力、提振市场主体信心、提升企业全球竞争力成为了一项重要命题，知识产权发展和保护则构成了其中的关键一环。近些年，随着我国知识产权领域的政策工具不断丰富和完善，专利、商标、地理标志等知识产权申请量和授权量实现快速增长，仅专利领域2020年申请量和授权量就分别达到了519万件和364万件①。同时，知识产权运用效益显著提高，2020年专利密集型产业增加值达到12.13万亿元，同比增长5.8%，占GDP比重达到11.97%。与此同时，知识产权纠纷案件也日趋频发，2021年处理专利侵权纠纷行政裁决案件4.98万件，受理知识产权纠纷调解案件6.48万件，侦破侵权假冒犯罪案件2.1万起，涉案总价值95.3亿元②，涉外知识产权纠纷案件更是让进出口企业在国际市场竞争中处于不利地位。知识产权纠纷案件，一方面可能会造成相关企业生产、经营、研发的停滞，另一方面也会导致专利执行方付出大量的时间精力成本和高昂的法律诉讼费用。

党中央高度重视知识产权等创新驱动战略实施工作，党的二十大明确指出“坚持创新在我国现代化建设全局中的核心地位”“完善科技创新体系”“加快实施创新驱动发展战略”“加强知识产权法治保障”。保险作为一种风险管理工具，可以为知识产权创造、运用、保护、应用等环节提供全生命周期的风险保障，通过补偿机制分担保险责任范围内的财产损失，为激发科技企业创新活力、加快实现高水平科技自立自强提供有力支撑。2021年以来，党中央、国务院将知识产权保险工作相继写入一系列重大政策、行动和规划中，《知识产权强国建

---

* 课题主持人：王　军
课题组成员：卢　珩　章　铖　魏　博　张　浩

① 数据来源：国家知识产权局公开统计数据。

② 数据来源：国务院新闻办2021年知识产权发布会。

设纲要（2021—2035 年）》指出“建立规范有序、充满活力的市场化运营机制……鼓励开展各类知识产权混合质押和保险，规范探索知识产权融资模式创新”，《中共中央国务院关于构建更加完善的要素市场化配置体制机制的意见》中提出“积极探索通过天使投资、创业投资、知识产权证券化、科技保险等方式推动科技成果资本化”。因此，推进知识产权保险创新，是贯彻落实党中央、国务院部署，深入实施创新驱动发展战略、推动实现知识产权治理能力和治理水平现代化的具体举措。

本文将基于借鉴国内研究成果，结合国外知识产权保险发展路径、国内知识产权保险试点经验，梳理知识产权保险政策情况、市场情况、产品情况，分析知识产权保险面临的供给端和需求端的问题，研究将为推进知识产权保险创新，加快知识产权保险试点推广提供理论价值和政策启示。

一、知识产权保险的内涵

（一）知识产权风险和知识产权保险

知识产权（Intellectual Property）是“基于创造成果和工商登记依法产生的权利的统称”，可理解为“对知识的财产权”。按照《中华人民共和国民法典》的规定，知识产权包括著作权（版权）、专利权、商标专用权、发现权、发明权以及其他科技成果权。[①] 知识产权作为企业的一项重要无形资产，成为了市场竞争的重要工具，也由此引发了知识产权侵权、被侵权等诸多风险事件，在知识产权创造、运用、保护、应用等环节的风险表现形式也存在差异。

1. 知识产权创造环节风险

主要表现为专利、商标的确权风险，即专利未获得授权、商标未核准注册导致的损失，体现为官费和代理费。如表 1 所示，结合 2017—2021 年的申请授权数据来看，专利和商标申请的通过率相对稳定，从五年合计授权核准率来看，发明专利为 34. 2%、实用新型专利为 80. 7%、外观设计专利为 84. 2%、商标申请为 69. 7%。

表 1　　近五年专利及商标申请核准情况　　单位：万件

年份	专利						商标	
	发明		实用新型		外观设计			
	申请量	合计核准率	申请量	合计核准率	申请量	合计核准率	申请量	合计核准率
2017	138. 2	34. 2%	168. 8	80. 7%	62. 9	84. 2%	574. 8	69. 7%
2018	154. 2		207. 2		70. 9		737. 1	

① 《中华人民共和国民法典》第一百二十三条规定“知识产权是权利人依法就下列客体享有的权利：（一）作品；（二）发明、实用新型、外观设计；（三）商标；（四）地理标志；（五）商业秘密；（六）集成电路布图设计；（七）植物新品种；（八）法律规定的其他客体。”

续表

年份	专利						商标	
	发明		实用新型		外观设计			
	申请量	合计核准率	申请量	合计核准率	申请量	合计核准率	申请量	合计核准率
2019	140.1	34.2%	226.8	80.7%	71.2	84.2%	783.7	69.7%
2020	149.7		292.7		77.0		934.8	
2021	158.6		285.2		80.6		945.1	
合计	740.8		1180.7		362.6		3975.5,	

2. 知识产权运用环节风险

主要表现为知识产权的许可、转让、质押融资等运用环节中面临的信用风险，即违约风险。知识产权的相关主体受现金流等因素影响，可能会导致知识产权的许可、转让和质押融资协议违约，例如专利许可合同多采用“年付”方式，若表2所示，“十三五”期间平均许可年限为5年，年均合同金额为67万元，形成了较大的长尾风险敞口。

表2　　“十三五”国民经济行业（门类）专利实施许可统计

单位：笔，年，万元

国民经济行业（大类）	按固定或可折算金额支付		
	合同总量	平均许可年限	年均合同金额
制造业	4743	5.2	66.0
科学研究和技术服务业	1167	5.0	97.0
建筑业	288	4.2	34.0
信息传输、软件和信息技术服务业	159	3.6	42.3
批发和零售业	174	5.0	20.3
电力、热力、燃气及水生产和供应业	36	3.6	104.7
农、林、牧、渔业	112	2.9	14.8
居民服务、修理和其他服务业	20	3.6	6.5
合计	6699	5.0	67.4

数据来源：国家知识产权局《“十三五”期间专利实施许可使用费有关数据发布》。该表仅体现发布合同量较多的国民经济行业大类，而“十三五”期间在国家知识产权局完成备案的专利实施许可合同共计11371份，涉及专利31147件。

3. 知识产权保护环节风险

主要表现为知识产权相关主体在因侵权行为而产生的权利主张费用、被侵权损失和侵权赔偿责任的风险。知识产权保护环节风险与地方法律环境和维权意识显著相关，我国出口企业在国际市场竞争中往往面临较大的侵权责任风险。

如 2014 年爱立信印度公司诉小米专利侵权案、牛磺酸龙头企业永安药业在美被诉专利侵权案，上述案件一旦败诉，被诉公司往往面临巨额赔偿以及全面禁售的风险。

4. 知识产权应用环节风险

主要表现为围绕知识产权转化应用过程中的一揽子风险。知识产权转化应用到实际成果产出要经历漫长的过程，不仅要求知识产权本身达到“可转化”的程度，还需要在可适用性、可操作性、可复制性等方面作出改进工作，往往需要投入大量的人力财力物力，一旦转化失败将会给企业带来严重损失。据《2019 年中国专利调查报告》，国内有效专利实施率为 55.4%，大量专利成为了“沉睡专利”，与之相对的是我国企业仍有大量的技术需求亟须满足，转化失败的损失风险则是造成供需不匹配的重要因素。

关于知识产权保险的定义，学术界尚无权威定义，综合既往文献，课题组认为，知识产权保险可定义为：围绕知识产权创造、运用、保护、应用等环节，以知识产权作为保险标的，对知识产权权利人、义务人等相关主体所面临的财产损失风险和依法应负的民事赔偿责任，以支付保费作为对价换取保险责任范围内损失补偿的一项风险管理工具。

（二）知识产权保险产品体系和主要应用场景

1. 知识产权保险产品体系

参考既往文献分类方法，梳理现有的知识产权保险产品，结合目前企业风险保障需求，可将现有知识产权保险产品分为以下四类：

（1）知识产权创造环节：包括知识产权申请费用补偿保险、知识产权代理人职业责任保险等。

（2）知识产权运用环节：知识产权质押融资保证保险、知识产权交易合同责任保险、知识产权交易合同履约保证保险、知识产权许可信用保险、知识产权资产评估职业责任保险等。

（3）知识产权保护环节：知识产权执行保险、知识产权侵权责任保险、知识产权被侵权损失保险、知识产权非授权泄密险等。

（4）知识产权应用环节：科技成果转化损失补偿保险、首台（套）重大技术装备保险、重点新材料首批次应用保险、首版次高端软件保险、产品研发责任险等。

专栏 1 知识产权领域典型保险产品及保险责任

（一）申请费用补偿保险。包括专利申请费用补偿保险、专利国际申请（PCT 途径）费用补偿保险、工业品外观设计国际注册申请（海牙体系）费用补偿保险、商标申请费用补偿保险、马德里商标国际注册申请费用补偿保险等。若专利、商标等知识产权申请失败，保险人对其申请阶段的官费、代理费进行补偿。

（二）法律费用补偿保险。包括商标执行保险、专利执行保险等。若被保险人的知识产权受到侵犯，保险人对其进行权利主张的相关费用进行补偿，主要包括调查阶段的调查费、公证费、交通费、住宿费等费用，以及诉讼阶段的律师费，仲裁、诉讼费用或行政处理费等。

（三）侵权责任保险。包括专利侵权责任保险、专利海外侵权责任保险等。若被保险人从事相关产品的制造、使用、保管、进口、销售或许诺销售、持有、许可、分销或提供过程中，因侵犯第三方知识产权而引起知识产权侵权诉讼，保险人对其侵权责任承担赔偿。

（四）被侵权损失保险。包括商标被侵权损失保险、专利被侵权损失保险等。对于被保险人因由第三方侵犯注册商标专用权的行为，导致的被保险人直接经济损失，保险人予以赔偿。

（五）融资性保证保险。包括商标质押融资保证保险、专利质押融资保证保险等。若投保人未能按照与被保险人签订的《借款合同》（以知识产权作为质押担保）的约定履行还款义务，保险人对投保人应偿还而未偿还的贷款本金和利息按照本保险合同的约定承担赔偿责任。

（六）科技转化损失保险。包括科技成果转化损失补偿保险、集中电路流片费用损失保险等。若科技成果转化项目经有关科技主管部门或机构认定失败的，保险人对其科技成果转化活动直接消耗的材料、燃料和动力费用、研发人员以及外聘研发人员的相关劳务费用、中间试验和产品试制的模具装备开发及制造费、设备调整及检验费等进行赔偿。

2. 知识产权保险重点应用场景

（1）专精特新领域——助力知识产权应用转化。“专精特新”中小企业虽规模较小，但拥有自主创新能力和核心竞争力，在细分领域中往往居于前列，其专业化、精细化、特色化、新颖化的特点，对提升产业链供应水平具有重要支撑作用，但由于其自身规模较小，抵御风险能力天然较弱，在专利应用转化及新研发设备应用投产的过程中始终面临投入大、周期长、风险高的难题。知识产权保险可为“专精特新”中小企业提供精准风险保障，从知识产权质押融资保证保险、知识产权转化损失补偿保险、首台（套）重大技术装备保险等产品可从融资增信、专利转化、设备应用等方面提供风险保障支持，形成良好的创新培育土壤。

（2）海外贸易领域——防范应对海外诉讼风险。近年来，国际市场竞争越来越集中于知识产权和科学技术的竞争。2021 年，中国知识密集型服务出口额为 2.33 万亿元，2013—2021 年年均增长 9.3%，占服务贸易进出口比重由 2012 年的 33.6% 提升至 2021 年的 43.9%，出口增长较快的是知识产权使用费、电信计算机和信息服务、保险服务。① 尽管知识产权使用费支出在不断增加，但中国企业遭遇海外知识产权纠纷风险却趋于上升，2020 年，中国企业在美国的知识产权涉诉案件共计 511 件，其中专利诉讼为 246 件；商标诉讼为 248 件；商业秘密诉讼案件为 17 件。② 其中最为典型的就是美国"337 调查。"③ 如表 3 所示，2012 年至 2021 年十年间美国共计开展了 464 项调查，其中有 161 项针对中国企业，占比 34.7%，其中对中国的知识产权侵权调查达 160 项。可见，海外知识产权诉讼风险已成为"走出去"企业面对的一项重要难题，而知识产权执行保险、知识产权被侵权损失保险、知识产权侵权责任保险可为参与国际市场竞争的出口企业保驾护航。

表 3 近十年美国"337 调查"案件情况统计 单位：件

年份	全球案件总量	涉及中国企业案件数量					
		中国案件总量	专利侵权	商标、商业外观侵权、虚假来源标识、虚假宣传	著作权侵权	侵犯商业秘密及不正当竞争	反垄断
2012	40	13	11		1	2	
2013	42	14	13			3	
2014	39	13	11	3	1		
2015	36	8	7	2			
2016	54	18	16	3		2	1
2017	59	22	21	4	2	1	
2018	50	19	19				
2019	45	22	18	3	1	2	
2020	48	19	19	1			
2021	51	13	11	2		1	

资料来源：冉瑞雪、黄胜等.《2021 年度中国企业应诉美国 337 调查综述》。其中单个案件可能涉及两个以上的知识产权类型。

---

① 数据来源：中国知识产权报。

② 国家海外知识产权纠纷应对指导中心：《2020 年中国企业涉美知识产权诉讼报告》，其中单个案件可能涉及两个以上的知识产权类型。

③ "377 调查"是美国国际贸易调查委员会（International Trade Commission）依据《1930 年关税法》（Tariff Act of 1930）第 337 节的规定，针对向美国出口过程中所谓不公平贸易行为进行调查，并采取制裁措施的做法，实践中主要针对进口产品侵犯美国只是产权的行为。

(3) 电子商务领域——打击电商侵权盗版和保护消费者权益。电商知识产权侵权主要表现为未经知识产权人同意，擅自使用、仿冒、售卖相关产品，其中最主要的形式是商标侵权。电商具有线上性、虚拟性的特点，消费者在收到实体货物之前难以辨别商品真伪、质量好坏，商标则成为消费者购买商品的一项重要依据。因此，众多中小型电商经营主体为获得市场竞争优势，售卖侵权商标产品，扰乱市场竞争，严重损害了商标权利人和消费者的合法权益。《电子商务法》规定了电商平台和平台内经营者对知识产权侵权案件负有相关法律责任，但长期以来，电子商务领域知识产权纠纷案件多发，2019—2021 年，仅浙江省知识产权研究与服务中心累计完成了电商专利侵权纠纷处理 20 余万件。知识产权保险可分别从侵权人、被侵权人的角度出发，通过保险服务提供侵权风险防范、被侵权损失补偿，推动形成公平、有序的电商经营环境。

(4) 地理标志产品领域——发挥区域资源禀赋。地理标志产品是指在某个有限核心地域内，多个经认证的生产经营主体利用区域优质资源禀赋，打造具有显著地域特点、产业特色、市场核心竞争力的优质产品，地理标志产品多以工艺品、农产品为主，如“景德镇瓷器”“三门青蟹”“仙居杨梅”等。众多学者研究发现，区域公用品牌对带动地方特色产业发展、促进乡村振兴、区域产业规模化水平提升发挥了重要作用。据统计，截至 2022 年 6 月，国家知识产权局累计批准地理标志产品为 2493 个，核准地理标志作为集体商标、证明商标注册为 6927 个，核准使用地理标志专用标志市场主体为 19350 家，地理标志专用标志改革试点由 12 个省份扩展到 20 个省份，涉及 1951 件产品，占地理标志保护产品总数的 82.9%。近年来，地理标志侵权案件时有发生，如上海“南汇 8424 西瓜”假冒案，虽然市场监管部门对假冒的供货商作出罚款 40 万元的行政处罚，但商标权利人浦东农协却未能得到赔偿和道歉。地理标志保险可从宣传、认证、保护等方面出发，保护商标权利人的合法权益，助力地理标志产品高质量发展。

专栏 2　上海“南汇 8424 西瓜”假冒案

2021 年 7 月，上海某知名卖场出现了售价较低的“南汇 8424 西瓜”，消费者发现除了售价低之外，西瓜上的标识也与官方公布的商标不同，于是将此事反映给了上海市消保委。很快，上海市消保委将情况告知“南汇 8424 西瓜”的商标权利人上海市浦东新区农协会，经调查，该卖场内假冒“南汇 8424 西瓜”的供货商是上海的一家配送公司，该公司没有经过浦东农协许可，在非特定地区生产的西瓜上使用与“南汇 8424 西瓜”地理标志集体商标近似的商标，侵犯了浦东农协的注册商标专用权。2021 年 9 月，市场监管部门对该供货商作出罚款 40 余万元的行政处罚。

虽然侵权人已经被行政处罚，但商标权利人一直未能等来赔偿和道歉。商标侵权成本低、维权成本高的现象往往导致商标权利人维权意愿不强，时隔一年，由浦东新区检察院支持起诉的“南汇 8424 西瓜”地理标志集体商标公益保护案，被法院受理立案。

二、知识产权保险发展状况

（一）国外发展特点

知识产权保险起源于美国，后在英国、日本等国家得到迅速发展，并形成了较为成熟的业务模式，主要呈现出以下特点：

1. 注重事前风险控制

如美国在知识产权执行保险、知识产权侵权责任保险投保前，往往会采取大量的风险控制措施，通过知识产权检索、律师专利权分析、专利交易机构诉讼风险和成本估算等多方审核。英国要求企业投保前经过会计师和律师审查，同时由于投保时已经接受过多方审查，企业在申请专利时还能加快审查速度。日本的海外知识产权许可保险将对许可国家及投保企业的信用等级进行风险评估，有效评估风险状况。

2. 保险险种呈现多样性

美国等发达国家知识产权保险制度具有一定的差异性，主要与各国的外部市场环境、在国际贸易中的地位以及知识产权发展情况密切相关，相关保险产品也具有本国经济发展特点。如美国主要围绕知识产权保护设置知识产权执行保险、知识产权侵权责任保险；日本围绕国际贸易领域设置海外知识产权许可保险、专利授权保险、专利侵权保险；韩国围绕小型经营主体设置出口安全知识产权团体保险、农产品品牌和设计安全专项保险；德国和丹麦则针对费用损失设置专利申请费用保险和诉讼费用保险。

3. 多采用政府与社会资本合作（Public Private Partnership，PPP）模式

由于知识产权保险专业性强、风险程度高、保险标的额大，单靠政府主导或是商业机构运营都难以维系，因此各国多采用了 PPP 模式来解决公共财政负担大、运行效率低的问题。如日本经济产业省、英国专利保险局、韩国专利厅和知识财产保护院有效推动了本国知识产权保险发展，部分国家如英国和丹麦还成立了知识产权保险协会来进一步发挥风险抵御的功能。

（二）国内发展状况

相较于发达国家，我国知识产权保险起步较晚，2009 年，佛山市禅城区建立由政府主导，企业、代理机构、保险公司联合组成的专利保险合作社，整合

各方资源打击知识产权侵权行为，开创了我国知识产权保险先河。2015 年，国家先后印发《关于新形势下加快知识产权强国建设的若干意见》《关于进一步推动知识产权金融服务工作的意见》，国家知识产权局在全国 28 个地区（单位）牵头开展专利保险试点。2020 年，我国知识产权保险的风险保障已突破 200 亿元，惠及 4295 家企业。① 由于知识产权保险在我国正处于试点探索阶段，各地试点开展情况存在一定差异。

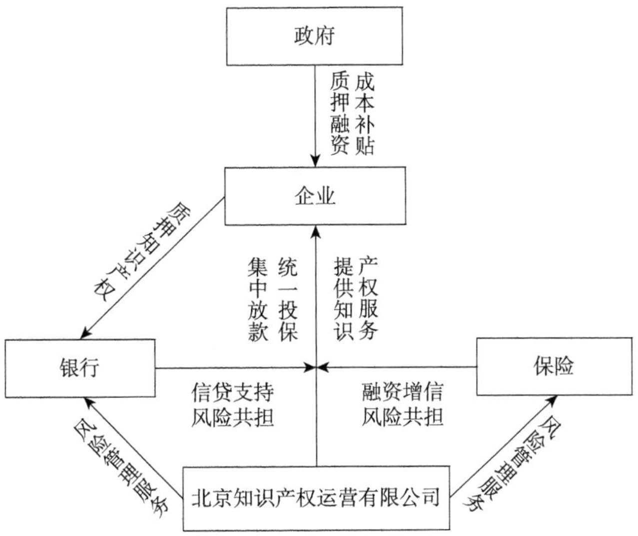

图 1　知识产权保险“中关村模式”运营流程

1. 运营模式各具特色

如图 1 所示的北京中关村知识产权质押融资保险项目，企业无须单独投保，由北京知识产权运营管理有限公司集中投保并缴纳保费，简化了企业的贷款流程，有效缩短了贷款申请周期。中山知识产权质押融资保险项目中，银行、政府、保险公司、知识产权服务公司各方按照 26∶54∶16∶4 的比例进行风险分担。佛山禅城区由知识产权局、知识产权保护协会牵头组建专利保险合作社，为企业提供知识产权保险及维权、诉讼等法律咨询服务。中国集成电路共保体则是由 18 家保险机构组建成立，为集成电路产业提供精准化、定制化的风险保障方案，据公开信息披露，集共体为首批合作意向客户提供 3800 亿元风险保障。

2. 覆盖范围各有侧重

如《2022 年北京市知识产权保险试点工作实施指南》对制造业单项冠军企业、外资隐形冠军企业、北京市硬科技中小微创新企业、北京市十大高精尖产

① 数据来源：国家知识产权局 2021 年第一季度例行新闻发布会。

业小微企业提供知识产权执行保险、知识产权被侵权损失保险、知识产权海外纠纷法律费用保险。再如《关于印发中山市知识产权专项资金管理办法（2021年修订）的通知》为专利执行保险、商标侵权责任保险、海外侵权责任保险、知识产权质押融资贷款保证保险提供相应材质补贴。

3. 保险需求尚未激发

鉴于国内知识产权保险仍处于局部探索试点阶段，尚未形成对知识产权保险的统计规则及相应的公开信息披露，难以掌握现行市场规模情况。课题组结合目前国内市场开展情况，考虑知识产权核心的保险保障需求，依据部分保险机构的精算预测值及国内地区试点经验数据，做出以下潜在市场规模测算，供参考。如表 4 所示，从潜在市场情况来看，潜在保费规模达 22 亿元，潜在风险保障达到 1379 亿元，从目前的市场反馈来看，知识产权风险保障需求远远未被激发。

表 4　　主要知识产权保险产品潜在市场规模测算①

单位:%，万件，万元

保险产品	市场×投保率	投保件数	平均保额	平均费率	总保费	总保额
专利执行保险	1124×1	11.24	20	4	89920	2248000
专利被侵权损失保险	1124×1	11.24	100	1	112400	11240000
专利侵权责任保险	1124×0.01	0.11	200	4	8992	224800
商标申请费用补偿保险	912×2	18.24	0.15	20	5472	27360
专利申请费用补偿保险	502×2	10.04	0.5	25	12550	50200
合计					229334	13790360

注："市场"指标源自国家知识产权局关于国内专利、商标的申请量及有效量数据，统计时间为 2020 年末。投保率、平均保额、费率等数据来自保险机构精算预测值和国内地区试点经验数据。

（三）浙江创新实践探索

近年来，浙江为落实创新驱动、数字化改革等战略，积极创新发展知识产权保险，着力破解知识产权创造投入多、转化风险大、维权成本高等问题，取得了阶段性成效。特别是 2022 年以来，浙江开展知识产权保险创新试点改革，将保险机制全面融入知识产权治理体系，助力共同富裕示范区建设，形成了具有浙江特色的知识产权保险改革创新模式。主要做法有以下几方面：

① 结合目前国内知识产权保险业务开展情况，课题组以专利执行保险、专利侵权损失保险、专利侵权责任保险、商标申请费用补偿保险、专利申请费用补偿保险五个市场主要险种开展规模测算。专利质押融资保证保险虽有一定的市场需求，但由于质押物的特殊性，平均保额难以评估且整体市场业务开展较少，故此处不再探讨。

1. 加强政策引领

浙江银保监局联合浙江省市场监管局、宁波银保监局印发《浙江省知识产权保险创新试点改革方案》，选择丽水等5个地市作为试点地区，将保险机制全面融入知识产权治理体系，明确2022年建立知识产权保险政策支撑体系和公共服务体系，投保企业力争突破2000家，保额同比增长20%以上，2025年保额力争突破10亿元。同时，方案明确保费补贴政策，将知识产权保险工作纳入各地年度考核，金华、台州、丽水、绍兴等地市出台了配套激励政策，部分地区保费补贴比例超过90%，财政激励水平和覆盖产品范围逐步扩大，形成了有力的知识产权创新支撑体系。

2. 创新保险产品

浙江银保监局指导浙江保险机构围绕知识产权各流程环节，深耕"专利研发""国际贸易""网络交易""区域品牌"等重点领域，提升保险产品供给水平。组织财险机构集中攻关推出PCT[①]国际专利、海牙工业品外观设计国际注册、马德里商标国际注册申请费用补偿保险及专利实施失败费用损失保险、区域公用品牌综合保险共5个创新型险种，助力浙江共同富裕示范区建设，为"走出去"企业保驾护航。目前浙江（数据不含宁波，下同）主要保险机构共计提供了65款知识产权保险产品，基本覆盖了知识产权注册申请、融资增信、法律纠纷、转化应用等多样场景，有效满足企业的知识产权风险保障需求。

3. 提升保障水平

2022年，浙江知识产权保险共提供风险保障近20亿元，数额是2021年的20多倍。从承保情况来看，推出专利及商标申请费用补偿保险、地理标志农产品综合保险、知识产权执行保险、知识产权被侵权损失保险、专利实施失败费用损失保险等多样保险产品，覆盖知识产权各个环节。同时，保险服务也在不断优化，部分地区在主管部门的支持下成立地方性保险服务中心，如嘉兴设立知识产权保险服务中心，广泛汇集保险机构、行业协会、产业园区、知识产权运营机构等各方力量，提供知识产权保险资产评估、资产处置、产品设计、风险管理、损失理算、法律咨询等多元服务。

4. 完善工作机制

组织召开全省知识产权保险推进会和发布会，推动成立浙江省知识产权保险创新支持中心，引导保险机构积极对接行业主管部门、知识产权交易和保护

---

① 专利合作条约（PATENT COOPERATION TREATY，PCT），是在专利领域进行合作的国际性条约。其目的是为解决就同一发明创造向多个国家申请专利时，减少申请人和各个专利局的重复劳动。在此背景下，《专利合作条约》（PCT）于1970年6月在华盛顿签订，1978年1月生效，同年6月实施，我国于1994年1月1日加入PCT，同时中国国家知识产权局作为受理局、国际检索单位、国际初步审查单位，接受中国公民、居民、单位提出的PCT国际申请。

中心、行业协会等主体，深化知识产权与金融保险的融合发展，优化升级知识产权金融服务体系，为全省创新开展知识产权保险试点提供技术支撑。目前，已有 8 家机构入驻“浙江知识产权在线”平台，推出了多样化的知识产权保险产品，提供了知识产权申请费用、法律纠纷、研发损失、职业责任等多样化的保险保障。部分保险机构充分挖掘保险需求，聚焦接洽高校，就专利申请、许可、转化过程开展合作，提供了专利申请费用损失保险、专利许可信用保险、专利转化失败损失保险等产品，支持高校科研创新（见图 2）。

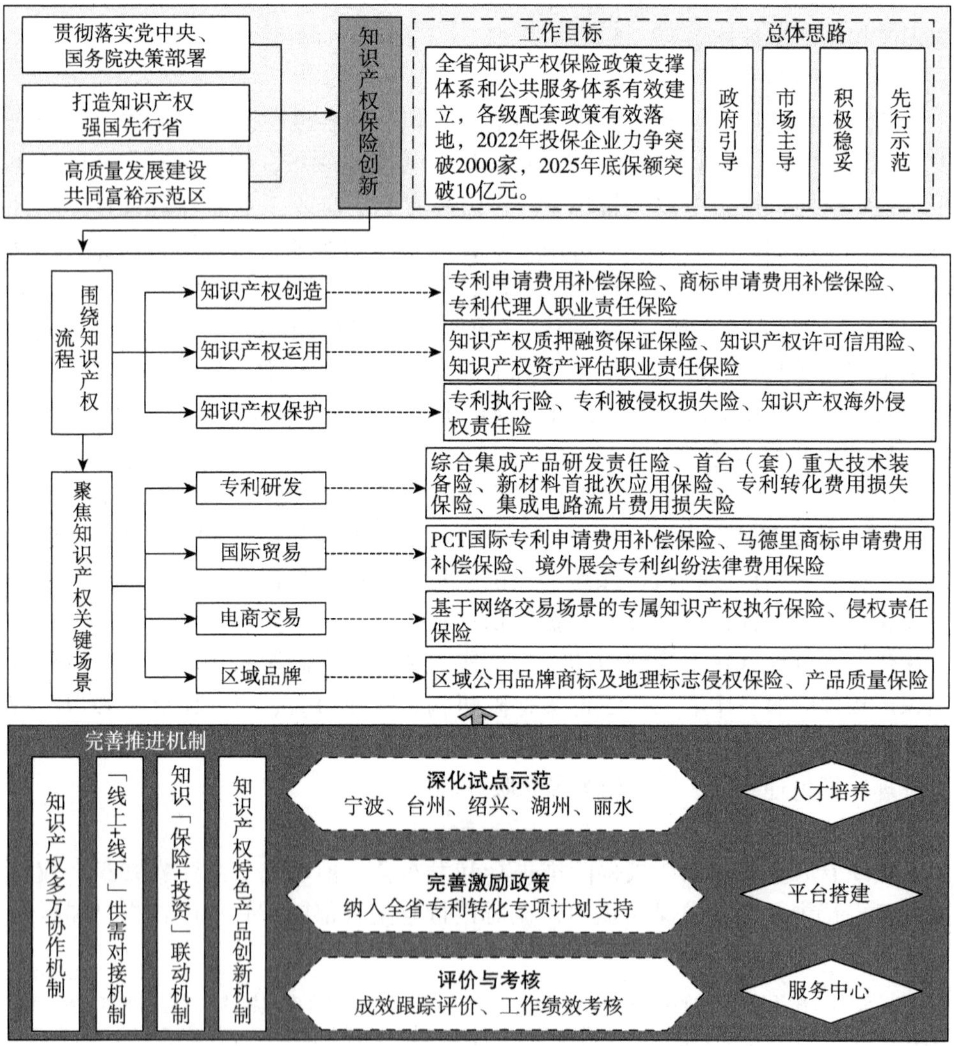

图 2　浙江知识产权保险创新试点工作机制

三、知识产权保险发展面临的问题

（一）产品定价问题

一是知识产权保险价值难以计量。保险价值是保险金额和损失金额理算的基础，知识产权保险价值的确定依赖于对知识产权的价值评估，但从部分知识产权保险产品来看，保险公司在实际核保过程中往往绕开了知识产权的价值评估。如某财险公司开展的知识产权质押融资保证保险，其费率厘定依据参照中小企业贷款保证保险费率，实际上与知识产权本身的价值无关，缺乏公允性。二是缺乏历史数据、精算定价难。知识产权领域专业性强、风险程度高，部分保险产品如侵权责任保险、转化损失补偿保险不仅与知识产权本身的价值和风险有关，同时还依赖于企业的经营能力，知识产权的相关风险还会随着企业的发展策略和经营范围动态变化，使之难以通过大数法则形成风险定价，相关保险产品往往缺乏足够的定价依据，但保险公司为了保证足够的风险边际，往往谨慎确定保险费率，最终导致保费高昂。

（二）服务能力问题

一是服务能力弱、专业人才匮乏。部分保险公司缺乏知识产权领域和保险领域的复合型人才，在产品开发精算、保前风险评估、保后风险控制、损失情况核验等方面存在短板，其风控管控能力不足以承保风险程度高、保险金额大的知识产权保险产品。二是承保门槛高、中小公司参与难。一方面，相关监管规定提出了明确的承保要求，如首台（套）保险对承保机构的注册资本金、偿付能力充足率、风险管理能力、机构网点设置、承保理赔服务质量、政保项目经验等方面提出了一定要求，部分中小机构不具备相应的承保资质；另一方面，由于单一危险单位保额较高对承保能力提出了较高要求，导致单一保险公司难以进行承保。

（三）生态构建问题

一是数字化建设明显滞后，信息交互平台有待建立。由于国内尚未形成知识产权保险的统计制度，也未建立相应的数据统计平台，无法实现与知识产权局、知识产权交易中心等单位的数据互联共享，保险公司与投保企业间存在信息不对称，保险公司难以有效触及知识产权投保企业，同时提供的保险产品也难以精准对接投保企业需求，容易导致“供需双冷”的现象。二是第三方中介、服务机构缺位。现阶段保险公司由于人才缺乏、服务能力有限，一定程度上需要依靠具有知识产权专业背景的第三方中介、服务机构，然而由于目前知识产权保险市场规模较小，专业第三方中介、服务机构数量也相应较少，其价值评估、风险评估、信用评估等专业服务功能也未能得到有效发挥，第三方服务主体仍有待培育。

（四）市场环境问题

一是知识产权相关主体参保意愿低。以知识产权为核心的科技企业更多的是倾向于寻求投资、贷款、担保等前端支持的传统方式，其中大多科技企业具有较高的风险容忍度，导致对事后补偿性质的知识产权保险不太热衷，加之部分知识产权保险产品费率高昂、保障范围有限、条款设计复杂，如非政府部门推动或财政补贴，主动投保知识产权保险的企业比较有限。二是知识产权滥用和维权意识不足并存。一方面，知识产权申请量和知识产权纠纷案件都在快速增长，但同时也出现了知识产权恶意诉讼灰色“产业链”、滥用知识产权排除和限制竞争等现象，知识产权保险如何有效防范知识产权滥用的逆选择行为成为了一大重要命题；另一方面，公众的知识产权保护意识仍然薄弱，部分法务实力不强的中小企业不注重知识产权保护，市场中对于商标、地理标志的侵权行为更是屡见不鲜，加之知识产权侵权行为隐蔽性强、取证难度大，导致企业维权意识和积极性不足。

（五）政策激励问题

一是知识产权保险概念有待厘清，财政激励范围较为狭窄。目前，国内尚未形成对知识产权保险的明确定义和统计规则，大部分地区的知识产权保险财政激励政策局限在知识产权申请费用补偿保险、知识产权侵权责任保险、被侵权损失保险等少数几个保险产品，且财政补贴政策普遍延续性不强、不同地区差异性大、覆盖险种少、办理手续繁杂，不利于知识产权保险产品的创新和推广。二是政策支持有限、激励手段简单化。政策措施局限于对保险业务的财政补贴，相关职能部门、行业协会往往忽视知识产权保险的机制构建、生态建设、宣传教育等工作，对于知识产权保险产品创新、知识产权第三方服务主体培育、知识产权保险宣传教育缺乏专项的激励政策，导致政策激励作用有限，容易造成激励一停、业务即断的现象。

四、相关政策建议

（一）创新产品设计，优化条款费率

保险公司应精准对接知识产权相关主体需求，创新知识产权保险产品设计，提升保险产品的针对性，探索将间接财产损失、无形财产损失纳入保险保障范围内，结合限额责任和比例分担的条款设计，实现充分保障、风险共担的目的。针对知识产权价值难以度量的问题，应结合银行、知识产权评估机构、法律服务机构等主体的评估结果，对知识产权的评估价值进行风险定价，在不断的精算、定价过程中逐步培育对知识产权的评估方法和评估体系。保险公司应充分参与到地方的知识产权保险试点推进工作，在风险可控的基础上，探索开展创新型的知识产权保险业务，逐步积累损失数据、修正优化条款费率，推动保险费率修正至合理区间，在风险可控的基础上对国家重点领域企业提供优惠费率，减轻知识产权相关主体的资金占用压力。

（二）引入多方主体，提升综合能力

保险公司可积极引入同业主体，采用共保、合约再保、临时分保等方式，应对单一危险单位大额风险问题，提升共同承保能力；通过形成行业协同会商机制，在产品条款创新等方面发挥行业合力，重点满足专精特新等领域企业的保险需求；在知识产权质押融资保证保险等领域可引入银行、担保等金融机构，按照比例分担或责任分担等风险分担方式，共同分担企业的融资风险。同时，应积极对接知识产权专业服务机构，借助知识产权专业服务机构的咨询、评估、审查、预警、法务等方面的专业能力，统筹形成涵盖知识产权风险预警、纠纷处理、损失赔付的保险服务；对于面临海外诉讼纠纷的中小企业，积极联系提供海外法律援助服务，降低出口企业风险与成本，推动保险从单一损失补偿转向风险减量管理。

（三）加强宣传教育，强化维权意识

各相关主体应不断加强知识产权保险宣传教育，强化企业知识产权风险防范意识，以契合企业核心需求的优质产品，助力企业加强海外知识产权谋划布局，通过 PCT 国际专利申请费用补偿保险、海牙工业品外观设计国际注册申请费用补偿保险、马德里商标国际注册申请费用补偿保险等产品有效降低企业的知识产权申请成本，通过知识产权的合理部署与配置，有效降低海外侵权风险。同时，行业主管部门应组织实施知识产权保护专项培训，分享国际知识产权纠纷应诉策略经验，推动相关企业加强知识产权保护意识，积极应对海外知识产权侵犯，通过知识产权执行保险提供法律费用补偿和法律服务支持，积累应对海外知识产权风险及纠纷案件处理经验，不断提升应对能力。

（四）优化激励政策，推动数字改革

相关职能部门应加强知识产权保险发展的顶层设计，出台政策意见，明确知识产权保险内涵及外延，开展专项统计，指导各地区因地制宜制定稳定、有针对性、多样化的知识产权保险激励政策，加强对保险产品创新、服务机构培育、宣传教育培训、人才队伍建设、信息平台建设等方面的政策支持，推动构建良好的知识产权保险生态体系。同时，应推动建立健全涵盖知识产权交易、保险需求对接、海外专利检索、风险查询预警等不同场景的知识产权信息集成平台，打通各不同行业、部门间的数据壁垒，共同开发挖掘数据资源，为保险产品精算定价、涉外企业风险规避等提供充分的数据支撑。

参考文献

[1] 李顺德. 知识产权战略——创新驱动发展的重要抓手 [J]. 中国科学

院院刊，2014，29（05）：537－547.

［2］魏雅丽．美国应对海外知识产权风险和纠纷政策举措及对我国的启示［J］．商业经济，2021（11）：149－151.

［3］梁玲玲．国内外知识产权保险现状研究及对我国的启示［J］．全球科技经济瞭望，2021，36（05）：48－55.

［4］龙小宁，林菡馨．专利执行保险的创新激励效应［J］．中国工业经济，2018（03）：116－135.

［5］刘运华．专利执行保险中专利权经济价值分析研究［J］．保险研究，2014（03）：79－86.

金融助力共同富裕的理论机理、模式探索与评价体系

——基于商业银行的视角

中国银行浙江省分行课题组*

一、引言

共同富裕是社会主义的本质要求，是中国式现代化的重要特征。新时代的前十年，中国共同富裕建设取得显著成效，奠定了坚实的物质基础。党的十八大以来，中国居民人均可支配收入从2012年的1.65万元跃升至2021年的3.51万元，城镇新增就业年均在1300万人以上；2021年全国GDP高达114.37万元，占世界比重达18.5%，比2012年提高7.2个百分点，稳居世界第二位；我国已经建成世界上规模最大的教育体系、社会保障体系、医疗卫生体系，基本养老保险覆盖达10.4亿人。我国在2020年历史性地解决了绝对贫困问题，现行标准下9899万农村贫困人口全部脱贫，832个贫困县全部摘帽，12.8万个贫困村全部出列，完成了消除绝对贫困的艰巨任务，全面建成了小康社会，进一步夯实了扎实推进共同富裕的物质基础。

党的二十大报告指出，必须坚持在发展中保障和改善民生，鼓励共同奋斗创造美好生活，不断实现人民对美好生活的向往。同时，党的二十大报告强调，中国式现代化是“全体人民共同富裕的现代化”，中国式现代化的本质要求之一就是“丰富人民精神世界，实现全体人民共同富裕”。这些论述明确了共同富裕在中国现代化建设中的重要地位和基础作用，是对马克思主义的继承和发展。针对实现路径，习近平总书记强调要在高质量发展中促进共同富裕，构建初次分配、再分配、三次分配协调配套的基础性制度安排，使全体人民朝着共同富裕目标扎实迈进。

金融助力实现共同富裕的路径很多，内容庞杂、涉及面广，是一项巨大的系统性工程。近年来，商业银行在支持乡村振兴、普惠金融、科技金融、绿色金融以及防范化解金融风险等方面做了大量工作，但仍处于探索阶段，导致共

---

* 课题主持人：吴　敏

课题组成员：郭新元　林　群　陈　捷　曹凯强　黄　超　徐丹洋

性举措多、个性化方法少。当前商业银行仍需要从传统的思维模式中走出来，立足各地经济社会发展特点，在借鉴同业优秀实践经验的基础上，打造“一地一策”的独特模式，探寻金融推进共同富裕目标实现的有效路径。

二、金融助力共同富裕的理论机理

（一）关于共同富裕内涵的研究

1. 马克思主义共同富裕思想的本质探索

西方空想社会主义者批判了资本主义私有制的罪恶，设想了物资充沛、财产公有、人人劳动、集体消费的未来理想社会，展现了初步的共同富裕思想（《圣西门选集》，1962；《傅立叶选集》，1982；《欧文选集》，1965）。但这一阶段仅从主观愿望和理论角度出发，缺乏实践指导和物质条件。马克思、恩格斯批判继承了前人思想，在实践中对共同富裕思想进行改造、运用和发展。哲学层面，马克思主义认为旧社会形态被新社会形态取代符合历史演进趋势，所以资本主义社会被共同富裕的社会主义社会取代是历史必然。政治经济学层面，马克思主义运用剩余价值理论揭示了资本主义社会的剥削本质，明确了消灭私有制、解放生产力，最终达到共同富裕的实践路径（《马克思恩格斯选集》，1995）。

2. 马克思主义中国化共同富裕思想的继承发展

毛泽东在探索共同富裕道路的过程中，将马克思主义与中国社会主义建设的实践相结合，形成了以生产资料公有、按劳分配、社会公平、集体致富等为特征的共同富裕思想（《毛泽东文集》，1999）。这一时期的共同富裕理论明确了发展生产力和社会主义改造的必要性，但因历史背景原因，实践中首要关注农民的共同富裕问题。中共十一届三中全会后，邓小平对共同富裕理论进行了创新发展和高度凝练，提出部分先富、先富带动后富的发展战略。他指出，共同富裕是社会主义的本质、目的和根本原则，也是最能体现社会主义优越性的特征（《邓小平文选》，1993）。

3. 新发展阶段共同富裕思想的实践研究

党的十八大以来，习近平总书记科学判断新时代社会主要矛盾的变化，对为什么推进共同富裕、如何推进共同富裕、实现怎么样的共同富裕等重大问题进行了深刻而全面的阐释。对于为什么推动共同富裕，习近平总书记明确了共同富裕作为新时代奋斗目标的重要意义，指出实现共同富裕既是经济问题，更是重大政治问题，符合人民群众的根本利益。对于如何推进共同富裕，提出了分阶段的实践指引，坚持鼓励勤劳创新致富、坚持基本经济制度、尽力而为量力而行、坚持循序渐进的原则，强调在高质量发展中正确处理效率与公平的关系，形成橄榄型分配结构。对于实现怎么样的共同富裕，习近平总书记强调要坚持以人民为中心的发展理念，指出共同富裕是全体人民共享发展成果，实现物质和精神财富的全面提升。同时，他指出实现共同富裕的时间和程度不可能齐头并进，要选取部分地区先行先试、作出示范，赋予浙江高质量发展建设共同富裕示范区的使命，为推动共同富裕取得实质性进展指明了方向（《求是》，2021）。

4. 现有研究关于共同富裕内涵、外延的阐释

现有研究主要基于马克思主义、马克思主义中国化共同富裕思想，结合我国社会发展现状，从政治、经济、社会等宏观角度和金融专业视角对共同富裕的基本内涵进行讨论分析。从宏观层面来看，政治上，共同富裕是中国特色社会主义社会契约；经济上，共同富裕体现在人民对于物质和精神财富的共创共享；社会上，共同富裕表现为以中等收入群体为主体的稳定社会结构（刘培林、钱滔、黄先海、董雪兵，2021）。从金融专业视角来看，共同富裕是经济发展水平达到一定程度后整个社会对效率与公平问题的反思及行动，是经济体发展到一定阶段后的必然选择（肖宇、汪溢博，2022）。在共同富裕的社会状态下，原生财富应满足全体成员人均需要，同时全体成员掌握的次生财富需达到一定数量水平（陈弼文，2021）。

（二）关于金融对共同富裕影响的研究

共同富裕实现的首要前提是达到较高的经济发展水平，国内外众多学者通过研究论证了金融在促进经济高质量发展过程中的积极作用。本文在梳理传统金融发展理论的基础上，结合我国金融具体实践，借助经济增长模型、金融发展理论、金融可持续发展理论来分析金融对促进共同富裕的正向影响效应。

西方古典经济理论认为，土地、劳动和资本三大生产要素，是推动经济持续增长的最重要因素。18 世纪英国经济学家亚当·斯密和大卫·李嘉图作为西方古典经济理论学派代表人物，二人认为，资本的积累和扩大是经济增长的关键因素，强调资本在生产要素当中的重要作用。20 世纪 40 年代，经济学家哈罗德和多马提出经济增长理论，指出社会经济增长率由储蓄率、资本积累、投资效率与资本生产率等要素共同决定，而金融发展又是企业和居民储蓄、资本积累和扩大、社会投资效率及资本生产率的决定性因素。因此，金融发展水平的提高能够有效带动储蓄率提升，并积极作用于资本积累和资本效率，从而对经济增长起到正向推动作用。

（1）金融发展理论

约翰·格利（John G Gurley）和爱德华·肖（Edward S. Shaw）在文献中构建金融发展模型，将全社会经济结构主要划分为三个层次：盈余单位、赤字单位和平衡单位，同时深入分析储蓄——投资的转化过程，认为金融的作用主要表现为促进企业和居民储蓄（盈余单位）向投资（赤字单位）转化，从而提高

全社会的生产性投资水平，提升经济增长率，进而论证出金融在经济发展过程中扮演重要作用（薛阳，2018）。爱德华·肖在所著的《金融发展中的金融深化》一文中指出，区域经济的快速发展不仅可以有效提升居民的收入水平和储蓄比率，同时能够扩大市场主体生产性投资需求，因此，经济水平的提升通过引导并刺激储蓄—投资两方面主体对金融服务的需求，进而推动金融产业更好发展，促进金融水平和效率的提升。

（2）金融可持续发展理论

1998年亚洲金融危机爆发以来，白钦先等国内学者以金融资源学说为基础，通过分析危机产生的原因以及应对举措，针对性地提出金融可持续发展理论（豆雯雯，2012）。该理论将金融视为兼具一般资源属性和特殊资源属性的稀缺资源，其中特殊资源属性是指金融资源可以通过自身资源配置进而配置社会、土地、劳动力等在内的其他一切资源（白钦先，2003），正是由于这一特殊属性的存在，使得金融发展程度往往决定了该国社会经济发展水平。由此推出，更好地发挥金融资源配置效率是推动实现可持续发展的关键所在。根据金融可持续发展理论，一国在“构建金融体系—发挥金融功能—提升金融效能—提高经济发展水平”的经济可持续发展过程中，首先要结合金融资源的双重属性，充分了解本国金融资源分配状况，从而在国民经济各部门合理配置并不断优化金融资源，着力构建资源友好型金融生态环境，才能有效促进社会生产，提升全社会公共服务水平，推动实现高质量发展。

（三）关于金融推动共同富裕实现路径的研究

习近平总书记在《扎实推动共同富裕》一文中强调，要坚持以人民为中心的发展思想，在高质量发展中促进共同富裕，构建初次分配、再分配、三次分配协调配套的基础性制度安排。现有研究认为，金融支持共同富裕要对应三次分配的不同模式，分别与高质量发展、财政政策和社会治理形成合力（郑亚莉、姚星垣，2022）。与此同时，要牢牢守住金融风险底线，为共同富裕提供稳定的经济金融环境（何德旭、王学凯，2022）。目前，金融推动共同富裕的研究主要包括以下四方面：

1. 初次分配：与高质量发展协同方面

初次分配聚焦增加社会财富，从根本上把“蛋糕做大”，金融着力点更多放在推动高质量发展领域。从货币政策层面，社会融资规模增速要与名义经济增速相称，推动经济周期性繁荣、提高就业率（肖宇、汪溢博，2022）。同时，充分发挥结构性货币政策工具作用，通过再贷款、定向降准、定向中期借贷便利等手段，引导资金流向重点领域和薄弱环节，持续优化经济结构（张明、刘瑶，2022）。从金融工具层面，要进一步深化金融供给侧改革，大力发展普惠金融、科技金融、绿色金融、农村金融、财富金融，积极服务实体经济，为企业和居民提供具有高度适应性、竞争力和普惠性的金融服务（殷兴山，2022；陆岷峰，2022）。从金融基础设施层面，要借助区块链、大数据、人工智能等科技手段，架设安全的金融网络，布局高效的算力系统，研发丰富的线上产品，推动金融数字化转型，提高金融资源的普惠性和可获得性（李扬，2022）。

2. 二次分配：与财政政策协同方面

政府在二次分配中发挥重要作用，主要职能是加快推进基本公共服务均等化，包括加大普惠性人力资本投入、完善养老和医疗保障体系、兜底救助体系、住房供应和保障体系四方面内容（《求是》编辑部，2021）。针对教育、医疗、养老、租赁住房等公共基础设施建设，金融机构要强化银政合作，根据地方政府需求提供个性化金融服务，借助信托、银团、债券承销、资产证券化等方式，引导多方资本参与公共服务建设（何德旭、王学凯，2022）。同时，要加快个人信用体系、金融服务平台、支付网络的建设，通过全面、准确的大数据支撑来提高税收、社保、转移支付的精准性和合理性，破解财政转移存在浪费、效率不高等痛点（贾磊，2022；成依阳，2022）。

3. 三次分配：与社会治理协同方面

三次分配主要依靠全社会力量，在自愿原则上推动共同富裕。现有研究认为，金融机构要积极履行社会责任，在第三次分配中起示范作用（陆岷峰，2022）。具体路径上，产品层面可建立共同富裕基金和慈善信托，支持社会公益慈善基金治理和运行，助力慈善资金保值增值（《国际金融》，2022）。渠道层面可借助众多的物理网点、发达的网上银行为“慈善公益产品”提供销售通道。资源层面可搭建募捐平台，给客户慈善捐赠和志愿服务提供信息服务，将其引流至众多慈善机构，同时将私行客户、大型企业客户的资源汇集，引导全社会支持共同富裕（郑亚莉、姚星桓，2022）。

4. 防范化解金融风险，助力共同富裕方面

金融业是我国经济的重要支柱产业，金融风险相较于其他风险具有更大的传播性，因此，加强金融风险防范能力建设是促进共同富裕的关键保障。从强化金融监管角度看，要加快完善宏观审慎管理体系，聚焦地方政府隐债风险、房地产市场风险、信贷资产质量风险等重点领域，做好系统性预警，防止由市场漏洞衍生加剧财富失衡（张明、刘瑶，2021）。从规范资本发展角度看，要正确把握社会主义市场经济中数字资本的运行模式，制定针对性法律法规，有效打击数字资本无序扩张，设置资本“红绿灯”（蒋永穆、亢勇杰，2022）。从强化金融乱象治理角度看，要持续加大对违法行为的查处力度，取缔非法收入，保护人民群众的合法权益，进一步维护金融系统和社会稳定（肖宇、汪溢博，2022）。从提升社会基本面抗风险能力角度看，要完善保险机制增加社会“兜底”保障，促进风险共担，缩小贫富差距（杨金正、张宸铭，2022）。

自从共同富裕概念提出后，相关理论和实践研究颇丰。现有研究对共同富裕的概念内涵、重要意义、金融与共同富裕的关系、金融推动共同富裕的探索实践等，均进行多维度的探讨，对实践工作有重要的指导意义。但问题在于，不同区域的经济发展水平与居民富裕程度差异较大，三种分配方式所发挥的作用也各有侧重，金融推动共同富裕的模式不应“千人一面”，而应根据当地资源禀赋“一地一策”，以便工作举措更加有的放矢、精准高效。从现有研究看，探讨金融推动共同富裕的共性举措丰富，但差异化模式相对匮乏，且尚未构建商业银行推动共同富裕的科学评价体系，导致社会、政府、监管部门无法对金融机构的支持力度进行有效反馈和正向引导。

本文的研究逻辑与创新之处在于，在梳理目前关于金融推动共同富裕研究成果的基础上，全面分析商业银行当前推动共同富裕的实践案例，并提炼出借鉴意义高、操作性强、易复制推广的业务模式。在此基础上，从 GDP 与人均可支配收入两个维度概要分析当前经济社会的四种形态，进而探讨商业银行推动当地实现共同富裕的四种模式。同时，针对四种模式构建相应的商业银行评价体系，为充分发挥共同富裕过程中金融作用提供可借鉴的现实经验。

三、金融推动共同富裕的案例分析

金融在促进全社会共同富裕的过程中扮演着关键角色，我国银行类金融机构数量庞大，截至 2021 年末，银行类金融机构数量规模达到 4604 家，已经成为助力三次分配协调发展的中坚力量。为进一步直观了解金融助力共同富裕的总体实践情况，本文以 2021 年中央财经委员会第十次会议为元年，按照不同银行种类进行划分，通过收集门户网站、微博、新闻等各类公开信息，量化统计两年来各类金融机构助力共同富裕的实际举措。

经对 200 个典型案例进行观察，可以发现：协同一次分配案例数为 144 个，占总样本数的比例为 72%，绝对额比协同二三次分配的总和多 88 个，说明通过信贷融资支持等传统方式推进经济高质量发展仍然是银行助力共富的最主要手段，这与我们对当前金融推动共富的实现路径判断基本相符。金融支持共富与二三次分配协同比例达到 28%，说明二三次分配无法独立于第一次分配之外，金融机构合理介入能够更加活跃整体市场发展，促进发挥金融配置资源的功能（见图 1）。

同时，从不同类型银行机构参与推动共同富裕的数据分析不难发现：国有商业银行通过协同三次分配助力共富案例数高达 81 个，占比为 41%，说明在推动共同富裕的重大战略部署中，国有商行引导资源集聚、激发市场活力、推动产品创新的金融能力占据了主导地位，应进一步发挥其对于共同富裕建设的战略支持作用。另外，城商行助力共富举措案例数为 63 个，数量仅次于国有商业

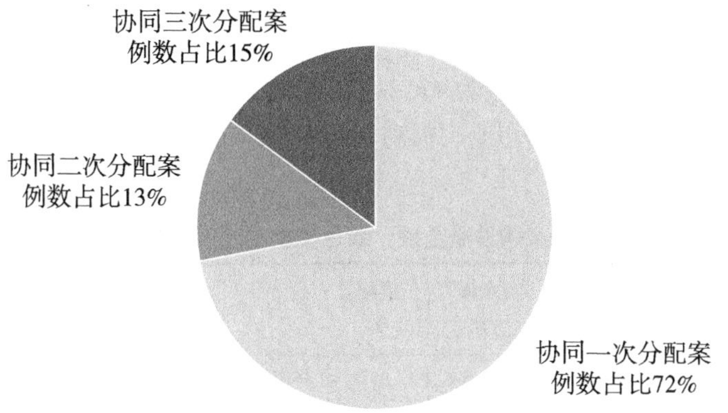

图1　2021年以来商业银行助力三次分配实证案例分布

银行，这说明此类型银行多元化扩张正在提速，涉及的业务面更加宽广、种类更加多维，诸多领域金融业务的弯道超车让它们也成为了助力共富发展的重要力量（见图2）。

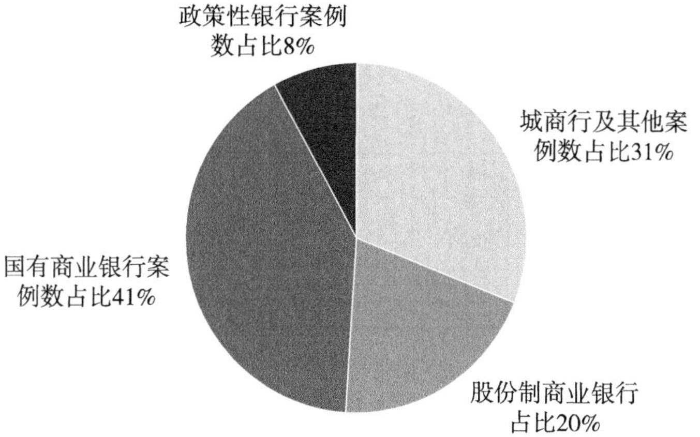

图2　2021年以来不同类型商业银行助力共富分布

通过统计分析商业银行助力三次分配协调发展的实践案例，我们总结各自分配形式中金融机构的典型做法。

（一）聚焦初次分配，加大贷款投放，助力提升实体经济发展水平

改革开放后，特别是党的十八大以来，我国银行业坚持融入国家发展大局，以加大信贷投放为重要手段，以积极响应实体经济融资需求为服务宗旨，应国家发展战略和城市建设规划要求，在政府部门和监管单位的统筹安排和协调部署下，有力传导货币信贷政策，支持国民经济发展的重要领域和薄弱环节，构建金融发展与实体经济良性循环，协助推动初次收入分配，持续增强区域、城

乡和居民收入的协调性和可持续性。截至 2021 年末，我国银行业总资产规模达 344.76 万亿元，人民币贷款余额合计为 192.69 万亿元，分别较上年增长 7.8% 和 11.6%；其中涉农贷款余额为 43.21 万亿元，普惠小微贷款余额为 19.23 万亿元，授信户数超过 4400 万户，为国民经济平稳健康发展、居民收入水平提高发挥重要作用（见表 1）。

表 1　　2021 年金融机构普惠金融、绿色贷款、涉农贷款增长情况

贷款种类	类别	余额（万亿元）	增幅（%）	增长情况
普惠金融	人民币普惠贷款	26.52	23.2	全年增加 5.02 万亿元，同比多增 7819 亿元
	普惠小微贷款	19.23	27.3	全年增加 4.13 万亿元，同比多增 6083 亿元
	农户生产经营贷款	6.84	14.1	
绿色贷款	本外币绿色贷款	15.9	33	全年增加 3.86 万亿元，高于各项贷款增速 21.7 个百分点
	电力、热力、燃气以及水生产和供应业绿色贷款	4.41	25.7	全年增加 8850 亿元
	基础设施绿色升级产业贷款	7.4	28.3	
涉农贷款	本外币涉农贷款	43.21	10.9	全年增加 4.57 万亿元，同比多增 6343 亿元
	农村（县及县以下）贷款	36.15	12.1	全年增加 4.15 万亿元，同比多增 6007 亿元
	农户贷款余额	13.47	14	全年增加 1.68 万亿元，同比多增 1704 亿元

数据来源：中国人民银行。

具体来看，在服务大项目方面，国内银行业通过投放中长期贷款、组建银团贷款、筹建产业基金等方式，针对“一带一路”建设、长三角一体化发展、粤港澳大湾区建设等国家重点战略，持续加大货币信贷投放力度，不断提升金融服务创新水平，建成一大批标志性、示范性重点工程，进而推动形成以城市群建设、城市化发展为主要形态的经济增长动力源。在服务“三农”方面，银行业通过信贷投放积极支持我国农业现代化建设，同时通过增设农村金融网点，不断下沉金融服务重心，有效提高“三农”金融服务能力。在服务普惠金融、小微企业方面，通过加强对个体工商户、灵活就业人员等市场主体支持力度，扩大普惠金融覆盖范围，推动低收入群体增收。2012—2021 年，我国银行业贷款总量由 62.99 万亿元增长至 192.69 万亿元，10 年年均增速达 13.1%，与名义 GDP 和居民人均可支配收入增速基本匹配（见图 3）。

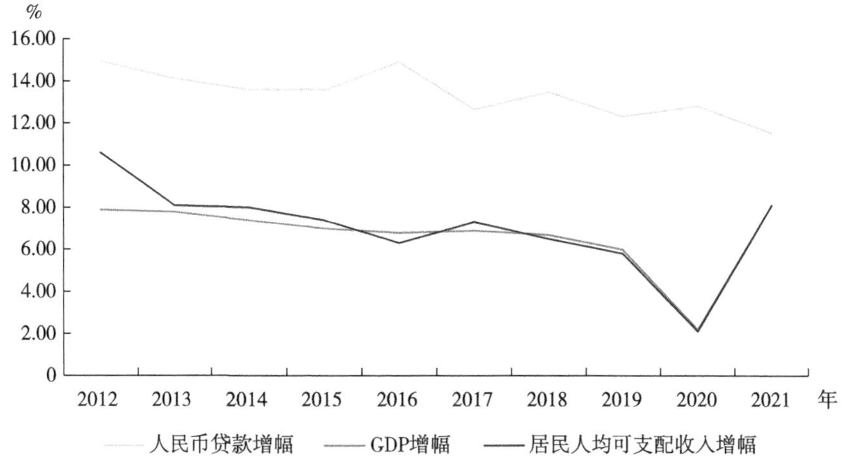

图3 2012—2021年我国银行业人民币贷款与GDP总量、居民人均可支配收入增速比较

（数据来源：国家统计局网站）

（二）聚焦二次分配，协同财政政策，助力提高财政转移支付效率

在通过初次分配有效提升劳动生产效率，进而促进社会财富快速增长并不断积累的基础上，注重宏观层面的转移支付和公平合理的收入分配，是维持社会稳定、促进社会公正、推动可持续发展的重要机制。党的十八大以来，国内某大型商业银行GS通过加强金融科技研发投入，持续完善个人信用体系、支付网络、消费金融平台等金融基础设施建设，支持提高税收、社保等转移支付的精确度和普惠性，助力增加居民收入，提升民生福祉。

GS银行依托自身较为完善的财政支付服务体系，在国家的统一安排下，有效对接当地财政单位，助力推动地方财政非税收入收缴电子化改革，代理业务的覆盖范围以及业务规模保持同业领先。同时，该行率先推出社保综合服务平台“E社保”，是首家全国范围内实现社保综合服务全覆盖的银行，有力地推动我国不断完善社保支付体系建设。在市场上率先推出“数字乡村”综合服务平台，助力提升乡村公共服务和社会治理水平，覆盖全国31个省区、260个地市，与770家区县级农业农村部门达成信息化合作，被农业农村部评为“2021数字农业农村新技术新产品新模式优秀项目”。

（三）聚焦三次分配，协同社会治理，助力开创共同富裕新局面

为促进第三次分配积极作用，推动慈善事业高质量发展，2018年6月，国内某大型商业银行ZG运用“互联网+”思维，融合公益理念、市场力量、政府支持、金融服务和区块链技术，设立在线公开募捐信息系统——ZY公益平台，为全国范围内各类慈善组织、捐赠人、社会公众等主体提供包括募捐支付、信息披

露、举报处理等环节在内的全流程慈善捐赠服务。截至 2021 年末，已有 157 家公募组织及非公募组织入驻该平台，覆盖全国 27 个省份及地区，先后组织扶贫济困、助学助老、大病救助等各类募捐活动 383 个，累计筹集善款 8300 余万元，发动群众参与近 76 万人次，其中直接捐赠人次超过 74.7 万人次（见图 4）。

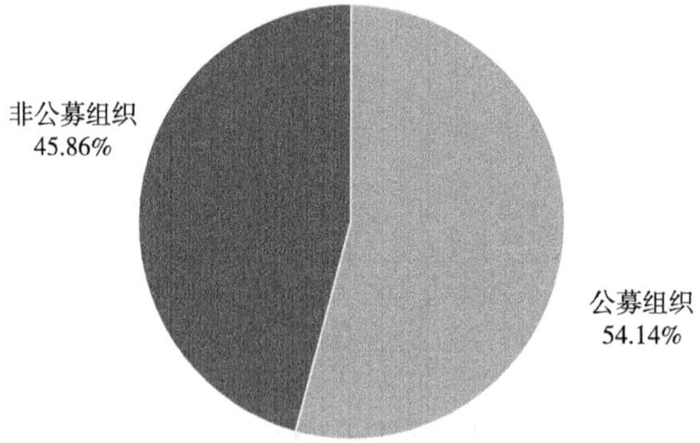

图 4　ZY 公益平台入驻慈善组织类型

ZY 公益平台依托渠道资源，持续扩大惠民服务半径。线下渠道方面，该行利用遍布全国各省份的物理网点和客户资源，开展“深爱中、善随行”系列主题公益活动，带动社会大众关注并投身参与公益慈善活动。线上渠道方面，该行将平台接入手机银行 App“微银行”服务菜单，致力于为平台有效引流，已成功入驻 15 家机构，上线 115 个项目，募集资金近 310 万元。同时，推动公益慈善项目捐赠与个人信用卡积分融合，使消费积分转化为平台公益筹款金额，为客户提供参与慈善捐赠新渠道。

四、商业银行助力共同富裕的模式探索与评价体系

共同富裕内容宽泛、涉及面广，反映了社会发展的综合状态，现有测度共同富裕实现程度的指标较为庞杂，涵盖社会经济、文化、制度、生态环境等各方面。从金融角度看，推动共同富裕主要体现在物质层面，特别是经济发展水平和人均可支配收入。为概括提炼金融推动共同富裕的主要模式，本研究选取以上两个指标的近三年平均值，反映当前全国各省（港、澳、台地区暂不体现）在共同富裕程度上的四种形态。

如表 2 所示，以近三年全国各省市 GDP 平均值中位数（25816 亿元）为界限，排名前 16 位的省市经济发展水平相对较高，特别是从广东到河北的 13 个省份 GDP 均优于全国平均水平（33655 亿元），但 GDP 与人均可支配收入倒挂情况差距较大。以河南、四川为例，当地 GDP 位居全国前列，但人均可支配收入却处于全国中下游水平，经济发展与个人财富出现较为明显的“倒挂”，呈现

“地强民贫”的显著特征。而广东、江苏、浙江、上海、北京则为经济发展与个人财富“双优”省市，属于典型的“地强民富”。

表 2　　近 3 年 GDP 平均值排名前 16 位省市

序号	省份	GDP 平均值（亿元）	GDP 排名	人均可支配收入平均值（元）	人均可支配收入排名	GDP 与人均可支配收入倒挂情况
1	广东	114502	1	41678	6	-5
2	江苏	105942	2	44097	5	-3
3	山东	75478	3	33396	8	-5
4	浙江	66888	4	53279	3	1
5	河南	55621	5	25174	24	-19
6	四川	49572	6	26768	18	-12
7	湖北	46148	7	29009	13	-6
8	福建	44915	8	37825	7	1
9	湖南	42499	9	29684	12	-3
10	上海	40055	10	73233	1	9
11	安徽	39288	11	28474	14	-3
12	北京	37219	12	70730	2	10
13	河北	37127	13	27394	17	-4
14	陕西	27202	14	26486	19	-5
15	江西	26689	15	28296	16	-1
16	辽宁	25816	16	33223	9	7

表 3 反映了 GDP 排名靠后省份的居民富裕情况，其中重庆、内蒙古、天津三省（市）的经济发展水平不算优越，但人均可支配收入排名靠前，属于典型的“地弱民富”类型。云南、贵州则在经济发展水平较低的情况下，人均收入排名与其 GDP 呈现一致性，属于典型的“地弱民贫”类型。

表 3　　近 3 年 GDP 平均值排名后 15 位省（市）

序号	省份	GDP 平均值（亿元）	GDP 排名	人均可支配收入平均值（元）	人均可支配收入排名	GDP 与人均可支配收入倒挂情况
17	重庆	25513	17	31182	11	6
18	云南	24975	18	23681	28	-10
19	广西	22699	19	24872	25	-6

续表

序号	省份	GDP 平均值（亿元）	GDP 排名	人均可支配收入平均值（元）	人均可支配收入排名	GDP 与人均可支配收入倒挂情况
20	山西	19129	20	25489	22	-2
21	内蒙古	18328	21	32053	10	11
22	贵州	18072	22	22062	30	-8
23	天津	14586	23	44569	4	19
24	新疆	14460	24	24341	26	-2
25	黑龙江	14019	25	25438	23	2
26	吉林	12406	26	26028	20	6
27	甘肃	9313	27	20513	31	-6
28	海南	5790	28	28346	15	13
29	宁夏	4075	29	26017	21	8
30	青海	3099	30	24190	27	3
31	西藏	1893	31	22065	29	2

数据来源：国家统计局网站。

通过图 5 分析可知，尽管全国各省市经济发展水平、居民富裕程度千差万别，但基本可以分为以下四类，如图 6 所示。

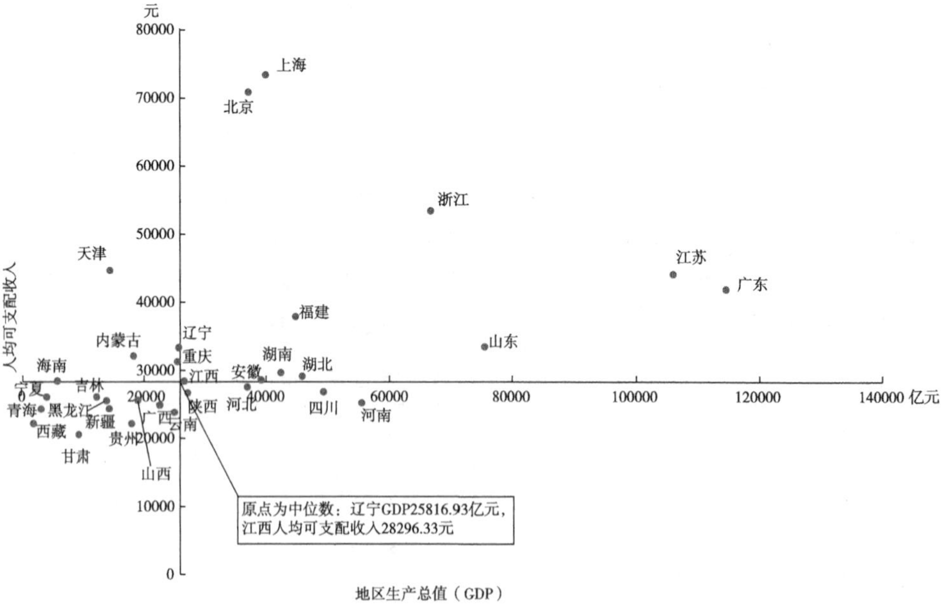

图 5 全国 31 省（市）共同富裕形态分析散点

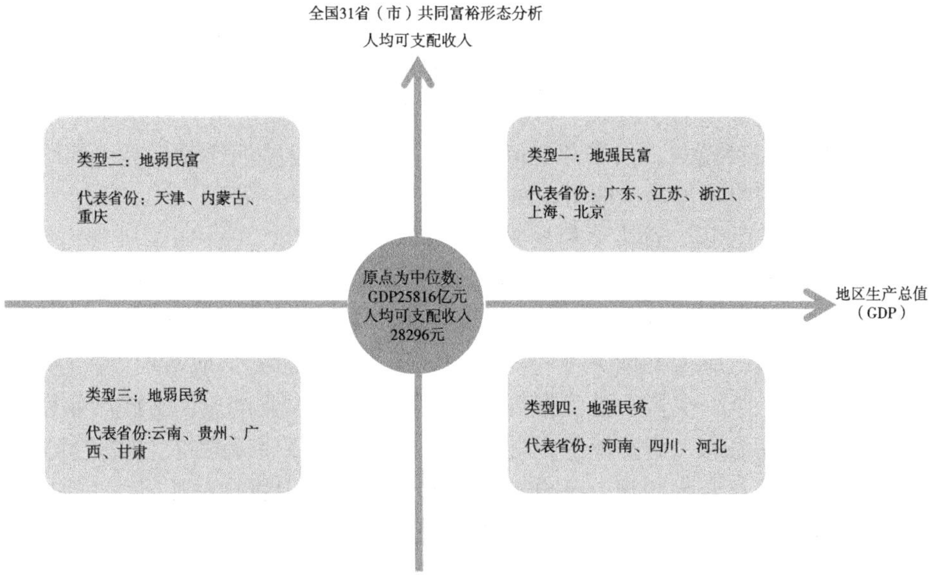

图 6　全国 31 省（市）共同富裕形态分析象限

（一）“地强民富”地区：金融助力产业转移与三次分配

以长三角、粤港澳为代表的“地强民富”地区，经济发展水平高，营商环境优越，产业机构合理，创新突破领先，居民普遍富裕，属于典型的“先富”区域。在推动全国实现共同富裕的大格局下，该地区的主要功能在于通过产业和技术转移带动中西部地区经济发展、打造慈善公益平台等举措提高当地居民生活水平，切实发挥“先富带动后富”作用。商业银行的助力模式则相应聚焦于推动产业转移和促进第三次分配方面。

1. 搭建撮合平台，支持“飞地经济”

依托“地强民富”地区产业结构优化需求旺盛、股权投融资市场较为发达的优势，商业银行可联动市场化投资机构、优质企业客户与“飞入地”（欠发达地区）政府招商引资部门，共同搭建“连连看”撮合平台。通过定期举办项目对接会、座谈会、金融产品推介会等，增强政银企之间的信息沟通与交流，推动双方在综合评判区位、资源、规划与产业配套的基础上，把“飞出地”发展项目转移到承接区域（“飞入地”）。商业银行则为“飞出地”企业提供信贷资源，同时配套一系列的综合金融服务。

2. 调动各方资源，提供多元融资

飞地项目大多处于投产建设初期，销售规模尚未成形，稳定的收入和现金流匮乏，较难符合商业银行的贷款准入条件。“地强民富”地区的商业银行可积极调动各方资源，建立直接融资渠道，帮助企业用好信贷、债券、股权等多种融资方式，达到分担风险、降低利率成本的目的。如某商业银行 Z 在搭建“连连看”撮合平台的基础上，积极联动集团综合经营公司、市场化投资机构、高端私行客户等资源，初步形成“母行贷、子公司投”“表内贷、表外投”“我来贷、他来投”三种模式，仅半年时间共开展 14 场创投路演活动，吸引 50 家企业及数十家投资机构参与，取得积极成效。

3. 强化协同发展，助力乡村振兴

尽管从宏观视角看，“地强民富”地区整体富裕，但聚焦微观视角后区域内发展不平衡现象依然存在，特别是山区、农村、城郊地区。针对区域内的先发达地区，商业银行应做好助力乡村振兴的顶层设计，加大当地基础设施建设的信贷投入力度，全力扶持小微普惠型企业，推进特色农业产业、文旅产业发展，建立特色农产品品牌，研发特色金融产品等。如浙江 Y 银行在农村设立金融服务点，为村民普及金融知识、反电信诈骗知识和提供专属金融服务，并加大信贷资金投放，协助建立特色农产品销售渠道。N 银行则围绕产业振兴、生态振兴，陆续推出“都市农业”“农业产业链金融”“农村创新创业”等金融助力乡村振兴特色业务模式，扎实推进农民农村共同富裕。

4. 打造公益平台，汇聚慈善力量

为引导“地强民富”地区的企业、居民自愿参与到“第三次分配”工作中，商业银行应以“金融 + 公益 + 互联网”思维，积极探索互联网公益与银行金融业态的融合发展。通过搭建慈善公益平台，给客户慈善捐赠和志愿服务提供信息服务，并引流到慈善基金会等慈善机构，充分发挥“金融 + 慈善”的最大效用。如某国有银行 A 将公益平台接入手机银行中，同时引入慈善机构组织发布募捐活动，引导客户进行捐赠。在赋能慈善组织方面，为慈善组织开展资产保值增值培训，提供资产管理咨询服务。同时，借助线下银行网点资源，将线上募捐与线下宣传结合起来，构建“O2O”联合募捐模式。

5. 创新公益产品，提高财富价值

在“共同富裕”国策引导下，发达地区的企业家从单纯关注财富增值逐渐向提升财富社会价值转化，即践行社会责任，提升财富价值。商业银行应深入践行“财富价值管理”理念，创新研发爱心公益系列慈善产品，推动设立慈善基金或慈善信托，积极打造“银行—爱心客户—政府—公益机构”链式金融公益生态圈。如某商业银行针对企业家和私行客户推出爱心公益理财产品，产品的超额收益将用于捐赠山区“乡村幼儿童书益站”，助力欠发达地区的教育事业。同时，该银行还探索个人综合积分捐赠新模式，专门用于支持乡村儿童教育公益活动。

目前，国内学者对金融助力共同富裕的实践举措研究较多，但尚未深入研究测度指标体系，难以评判商业银行在推动共同富裕中的力度和效果。本研究将金融助力共同富裕的四种模式与指标设计原则相结合，针对“地强民富”地区的主要功能，将商业银行的评价指标设置为资金支持、项目撮合、平台建设、产品创新四个一级指标，在此基础上构建二级指标体系，进一步探究商业银行助力共同富裕的定量测度（见表4）。

表4　　“地强民富”地区商业银行助力共同富裕评价体系

一级指标	二级指标	计分方法	权重
资金支持	支持产业转移贷款增长（发达地区向欠发达地区）	得分＝增量（50%）＋增速（50%） 增量、增速得分：对各商业银行增量、增速分别进行大排名，第一名得基本分×权重×130%，最后一名得基本分×权重×50%，中间位次按排名等差赋分。若贷款增量、增速为负，得0分	40%
	支持区域内乡村振兴贷款增长（含城郊地区）	得分＝增量（50%）＋增速（50%） 增量、增速得分：对各商业银行增量、增速分别进行大排名，第一名得基本分×权重×130%，最后一名得基本分×权重×50%，中间位次按排名等差赋分。若贷款增量、增速为负，得0分	
	综合融资成本	综合融资成本管控低于同业平均水平，得满分，反之得0分	
	风险控制	支持产业转移/乡村振兴贷款不良率不超过当地银行贷款平均不良率3个百分点，得满分；其余情况，得0分	
项目撮合	联动落地“飞地项目”	落地“飞地项目”户数增速≥20%，得分＝基本分×130%；增速位于［0%，20%）区间，得分＝基本分×（5×增速＋30%）；增速＜0，得0分	30%
	综合化融资支持情况	得分＝直接融资增量（50%）＋直接融资增速（50%）	
平台建设	公益慈善平台搭建	搭建平台者得基本分，否则得0分；根据平台功能设置、注册规模、募捐情况进行综合排名赋分	10%
产品创新	公益产品研发投入	得分＝研发投入占比（50%）＋研发投入增速（50%）	20%
	公益产品价值实现	根据社会影响力和资助实效给予额外加分	

（二）“地弱民富”地区：金融助力区域协同与消费提质

以重庆、内蒙古、天津等省（市）为代表的“地弱民富”地区，整体经济规模偏小，综合发展实力、产业竞争能力、市场主体数量等方面还存在较大的提升空间。但由于人口规模较小，与偏低的经济总量达到了相对平衡，该地区居民的富裕程度仍然保持较高水平。在全国扎实推进共同富裕的大格局下，该地区可通过强化区域协同、引进产业项目、深挖内需潜力等举措进一步提升经济发展质量，推动经济规模与人口规模实现更高水平均衡。商业银行的助力模式则应聚焦于服务区域合作和助力消费扩容方面：

1. 推进区域协同，强化发展合力

该地区毗邻省市经济发展水平较高，叠加“京津冀”协同发展、“一带一路”建设、成渝双城经济圈、西部大开发等战略政策引导，能与周边区域优势互补、良性互动，将战略势转化为发展动能。一方面，商业银行可积极开展银银合作，整合区域金融资源，为区域内各重点领域提供融资支持。如重庆 Q 银行运用成渝经济圈区位优势，与成都 D 银行就共同服务地区经济签署战略合作协议，开展两地银行双向现金代理合作，目前已组团为区域主体提供了超过 30 亿元的债券融资支持。另一方面，可充分运用自身的金融服务网络和综合经营能力，跟进地区内重点领域建设项目，通过强化内部协作提供持续性的金融支持。如 B 银行重庆分行积极深化与四川分行的高层互访和联动签约，签署共同行动纲领，成立专项推进工作小组，目前已为某重大科技建设项目提供多项金融服务。

2. 放大区位优势，助力产业承接

该地区自然生态和历史人文资源丰富，可围绕旅游、农业等特色优势，有针对性地组织开展招商合作、产业合作、园区合作，高质量承接周边地区产业转移。如某草原旅游项目构建了多方配合、线上线下融合的经营模式，一方面，引进外部投资公司开发旅游娱乐设施、高端酒店住宿，配套基础服务、平价餐饮民宿则由当地村镇承接，助力农村发展、农民创收；另一方面，开发“云”智能农业，为周边区域游客提供线上认领服务与培育农产品的个性化服务，线下则由投资公司与当地村镇农民合作运营，通过远程方式承接客户需求，进而推动当地产业发展。在此过程中，商业银行应提高银企对接效率，主动了解项目方投资计划、进度和资金需求，为企业和商户提供优惠支持政策，营造产业承接的良好金融环境。如 Z 银行为该项目提供 2.5 亿元的信贷支持，同时独家发行主题信用卡，融合缤纷生活、休闲旅游、购物优惠等专属服务，为客户带来全新的消费体验。

3. 促进消费升级，加速经济发展

该地区居民富裕程度相对较高，具备深入挖掘内需、扩大消费的基础和条件，地区政府均将促进消费扩容作为引领增长的重要引擎，以消费带动产业提升以实现地方经济发展。商业银行应抓住消费金融业务的战略窗口期，紧跟本地区特色商圈地标建设、多元消费场景发展，通过信贷支持、产品创新、减费让利等方式，从为市场主体"减担子"、为民生消费"增动力"两个方面助力消费扩容。市场主体端，如重庆S银行为贯彻减轻消费负担、落实减费让利的政策要求，制定了小微企业及个体工商户费用减免政策，降低8大板块20项手续费，累计让利超过1.3亿元。民生消费端，如天津A银行加大信用贷款支持力度，仅一个季度发放用于购物、家装、旅游、教育、汽车等消费额度5亿元，有效满足民众需求。Y银行与某演艺集团开展合作，创新推出联名信用卡，提供百元补贴、看剧优惠等服务，累计带动演出2.7万余场，演出票房超过4亿元。

针对"地弱民富"地区的主要特点，将商业银行的评价指标设置为区域协同、产业承接、消费升级三个一级指标，在此基础上构建二级指标体系，为探究商业银行助力共同富裕的定量测度提供参考（见表5）。

表5　"地弱民富"地区商业银行助力共同富裕评价体系

一级指标	二级指标	计分方法	权重
区域协同	联动区域内金融机构提供融资（包括但不限于贷款、债券增长等）	得分=增量（50%）+增速（50%） 增量、增速得分：对各商业银行增量、增速分别进行大排名，第一名得基本分×权重×130%，最后一名得基本分×权重×50%，中间位次按排名等差赋分。若融资增量、增速为负，得0分	40%
	综合融资成本	综合融资成本管控低于同业平均水平，得满分，反之得0分	
	风险控制	联动项目贷款不良率不超过当地银行贷款平均不良率3个百分点，得满分；其余情况，得0分	
产业承接	从发达地区承接产业项目情况	落地项目数增速≥20%，得分=基本分×130%；增速位于［0%，20%）区间，得分=基本分×（5×增速+30%）；增速<0，得0分	30%
	综合化融资支持情况	得分=直接融资增量（50%）+直接融资增速（50%）	
消费升级	带动个人消费贷款增长	得分=增量（50%）+增速（50%）。 增量、增速得分：对各商业银行增量、增速分别进行大排名，第一名得基本分×权重×130%，最后一名得基本分×权重×50%，中间位次按排名等差赋分。若融资增量、增速为负，得0分	30%
	消费平台搭建、产品创新	根据平台影响力、产品带动实效给予额外加分	

（三）“地弱民贫”地区：金融助力当地优势特色产业

以云南、贵州以及甘肃、广西为代表的“地弱民贫”地区，城镇化率相对偏低，营商环境有待优化，经济发展较为落后；科技、教育、人才对产业发展支撑力不足，劳动力“净流出”特征明显，创新创业氛围不浓，居民收入增长乏力，属于欠发达和后发展的“后富”区域。在推动全国实现共同富裕的大格局下，该地区的主要功能在于坚持产业兴省富民理念，深化开放型经济体制改革，积极改善营商环境，吸引产业和技术转移带动地区经济发展，做大共同富裕“蛋糕”；同时依托财政转移支付、慈善公益捐赠等举措，发挥第三次分配功能，提升居民生活水平。商业银行的助力模式则相应聚焦于加大金融要素供给、优化金融生态、提高普惠型、保障型金融服务水平等，积极培育跨越发展新动能。

1. 融入地区规划，提升发展能级

为积极推动“地弱民贫”地区工业和城镇化进程，提升基础设施建设水平，助力产业强省建设，商业银行应全力支持当地现代综合交通、水利基础设施、现代流通体系等民生领域建设，积极响应电力、有色、能源等传统产业，以及新材料、信息技术、生物医药、智能制造、现代服务业等新兴产业融资需求，与当地经济社会发展同频共振、同向发力。如某商业银行 Z 紧跟地区战略重点，通过与省政府及省内多个地市、重点区县签署战略合作协议，2021 年全年为 339 个亿元以上重点项目新增贷款支持额达 1058.85 亿元，有力促进了区域协调发展。

2. 依托比较优势，助力乡村振兴

“地弱民贫”省内地区有着不同的资源禀赋和产业基础，错位发展、融合发展、特色发展潜力巨大。商业银行可聚焦区域资源禀赋和产业特色，围绕绿色金融、乡村振兴等可持续发展战略，助力推进新型工业化、信息化、农业现代化建设。如某商业银行 Z 为某地山区 26 县专项推出助力乡村振兴行动方案，坚持“一县一业”“一县一策”，全力服务区域特色农业、全域旅游、康养旅游等产业发展。同时研发“乡村振兴主题卡”等创新产品，促进支付结算从服务居民生活向农业生产、农村生态有效延伸，推动“政务 + 金融”农村政务智慧化系统场景建设，打通金融服务乡村振兴“最后一公里”。

3. 落实“六稳”“六保”，激发主体活力

中小微企业是吸纳社会就业的主力军，是稳定增加城乡居民收入的主渠道，“地弱民贫”地区的商业银行应着力构建“敢贷、愿贷、能贷、会贷”长效机制，助力优化营商环境，为中小微企业和个体工商户等市场主体提供资金支持，通过小微市场主体创新创业和带动就业增强一次分配的实力，缩小收入差距，促进可持续发展。如某商业银行 Z 大力推进普惠线上产品先行先试，持续提升

普惠金融供给效能，2021 年末普惠贷款余额达 1154.69 亿元，较年初提升 51.49%，增速居当地四大行首位，有效提升中小微企业信贷资源可获得性。

4. 拓宽服务渠道，增进民生福祉

民生领域是促进共同富裕的关键一环，“地弱民贫”地区的商业银行应不断优化并完善老年人、农民工、大学生等特定群体的基础性、保障性金融服务，发挥渠道优势，配置优质资源，积极探索养老、教育、医疗、出行等民生场景项目建设，并通过支付结算、资金监管、慈善信托等服务为第三次分配提供金融支持。某商业银行 Z 以“教育、银发、运动、养老”四大场景建设为重点，结合区域特色，积极服务建筑工地、智慧园区、垃圾分类、绿色社区等场景建设，运用金融科技手段，注重提升用户体验，助力增强当地居民的获得感、幸福感、安全感。

针对“地弱民贫”地区的主要功能，本文将商业银行的评价指标设置为区位融入、产业扶持、乡村振兴、要素保障四个一级指标，在此基础上构建二级指标体系，进一步探究商业银行助力共同富裕的定量测度（见表 6）。

表 6　　“地弱民贫”地区商业银行助力共同富裕评价体系

一级指标	二级指标	计分方法	权重
区位融入	支持当地现代综合交通、水利基础设施、现代流通体系等国家、省、市级重点工程、重点项目建设	得分 = 增量得分（50%）+增速得分（50%） 增量、增速得分：对各商业银行本外币贷款增量、增速分别进行大排名，第一名得基本分×权重×130%，最后一名得基本分×权重×50%，中间位次按排名等差赋分。若贷款增量、增速为负，得 0 分	30%
	综合化融资支持情况	得分 = 直接融资增量（50%）+直接融资增速（50%）	
产业提升	民营企业及制造业	得分 = 增量得分（60%）+增速得分（40%） 增量、增速得分：对各商业银行民营企业贷款、制造业中长期贷款增量、增速分别进行大排名，第一名得基本分×权重×130%，最后一名得基本分×权重×50%，中间位次按排名等差赋分。若贷款增量、增速为负，得 0 分	30%
	战略性新兴产业	得分 = 增量得分（60%）+增速得分（40%） 增量、增速得分：对各商业银行高新技术企业及科技型中小企业授信（包括公司贷款及贸易融资）增量、增速分别进行系统内大排名，第一名得基本分×权重×130%，最后一名得基本分×权重×50%，中间位次按排名等差赋分。若贷款增量、增速为负，得 0 分	

续表

一级指标	二级指标	计分方法	权重
战略发展	普惠型小微企业支持	得分 = 增量得分（50%）+增速得分（50%） 增量、增速得分：对各商业银行普惠型小微企业贷款增量、增速分别进行大排名，第一名得基本分×权重×130%，最后一名得基本分×权重×50%，中间位次按排名等差赋分。若贷款增量、增速为负，得0分	20%
	乡村振兴金融服务	得分 = 增量得分（50%）+增速得分（50%） 增量、增速得分：对各商业银行新型农业经营主体贷款、农林牧渔业贷款、农村基础设施建设贷款、农户信用贷款的增量、增速考核，若贷款增量、增速为正，对各行增量、增速分别进行系统内大排名，第一名得分为基本分×权重×130%，最后一名得分为基本分×权重×30%，中间位次按排名等差赋分。若贷款增量、增速为负，得0分 监管机构评价结果为“勉励”的，减0.5分；“一般”的，不加分；“良好”的，加0.2分；“优秀”的，加0.5分。如遇监管考评等级变化，档次相应调整	
	重点城市信贷投放规模（表内+表外）	对各商业银行在重点地市、县（区）贷款规模（表内+表外）、资产质量、纳税情况等进行大排名，第一名得基本分×权重×130%，最后一名得基本分×权重×50%，中间位次按排名等差赋分	
民生服务	养老、教育、医疗、出行等民生场景项目建设研发投入	得分 = 研发投入占比（50%）+研发投入增速（50%）	20%
	公益产品价值实现	根据社会影响力和资助实效给予额外加分	

（四）“地强民贫”地区：金融助力产业升级与民营经济

以河南、四川、湖北为代表的“地强民贫”地区，属于中国中部及以西地区，受大基建扩张、制造业发展牵引作用，煤电能源、粮油食品、物流运输等基础性产业较为发达，国有经济实力雄厚，民营经济相对薄弱。2020年末，四川、湖北、河南国有工业企业占比分别达到27.3%、25.6%、21.8%，显著高于浙江（15.2%）、广东（14.8%）等典型民营经济发达地区水平，导致民间经济创富动能不够活跃。为进一步推动中西部地区从中间向四周辐射式协调发展，更好地满足当地群众对美好生活的需要，商业银行的助力模式应聚焦于助力当地产业升级转型、助力民营经济成分发展、畅通小微企业融资渠道和促进第一次分配方面。

1. 加强创新驱动，赋能动能转换

该部分地区在近期政府工作报告中都明确提到，要加快构建现代产业体系，聚焦打造战略性新兴产业引领、先进制造业主导、现代服务业驱动的现代产业体系。商业银行可以结合科技金融、绿色金融、供应链金融等自身发展策略，进一步发挥行业投向指引的定性引导作用，在服务当地实体经济、践行新发展理念责任担当的同时，做到顺应产业发展趋势，更快抢抓发展机遇。如某银行围绕科技型企业“创业型、创新性、成长性”三大特征，采取“全生命周期覆盖+增值服务”的服务策略，围绕企业所处的生命周期，打造以“人才贷”为入门级产品，“科技通宝”“数字经济贷”“园区贷”“智造贷”为成长型产品，“投贷联动”“供应链金融”“跨境撮合”为培育型产品的全产品服务体系，有效助力科技企业攻克了一批“卡脖子”关键核心技术，同时有效为当地制造业“强基补链”。

2. 壮大民营经济，激发市场活力

近年来，民营企业对促进国民经济与社会发展的作用愈加明显，发展民营经济是改善“地强民贫”现状的关键一招。在中西部地区经济崛起过程中，国有经济的竞争力与控制力都得到进一步加强，但也应注意到民营经济本质上是富民经济，与国有经济是相互呼应、共生共荣的关系。商业银行应立足各地经济发展特色，在支持民企发行债券、并购重组、优化授信政策、完善担保制度、落实尽职免责、加大民企业帮扶等方面出台细化措施，推动政策落地，稳健全面推动民营业务发展。如某银行建立民营企业白名单制度，支持民营龙头企业参与重大项目和 PPP 项目，各分支机构叙做民营企业项目的内生动力显著提高。又如某银行针对民企的经营发展特色，在贷款审批、发放上配套设立个性化方案，解决了一批技术应用优秀、发展空间良好企业的“融资难”问题。

3. 聚焦小微主体，做大普惠金融

国家“十四五”规划明确提出“增强金融普惠性”等要求，各地政府也将强化就业优先导向摆在突出位置，强化惠企政策创新供给，加强对中小微企业、个体工商户的精准帮扶，更大力度激发各类市场主体活力，普惠金融业务迎来新一轮战略机遇期。商业银行可以“小微企业贷款”为核心，改进和提升金融服务水平，在开辟市场空间、重构业务模式的同时，体现普惠金融服务的普及性、便利性和优惠性。如某银行落实“双保”要求推出“惠如愿”普惠金融行动计划，以“惠至千岗、惠达万家”为目标，通过提供授信融资、就业供需撮合等服务，有效加强对生产制造、餐饮住宿、民生消费、交通物流等小微客户的金融服务支持，已初步形成普惠产品体系效应。

针对“地强民贫”地区的主要功能，考虑将商业银行的评价指标设置为服务战略性新兴产业、民营企业及制造业、普惠型小微企业贷款增长三个一级指标，并完善二级指标体系，为差异化测度此类地区商业银行助力共同富裕成效作参考（见表7）。

表7 “地强民贫”地区商业银行助力共同富裕评价体系

一级指标	二级指标	计分方法	权重
服务战略性新兴产业	战略性新兴产业贷款	得分 = 基本分 × 完成率 × 调节系数，考核战略性新兴产业贷款新增计划完成情况 调节系数：完成率≤50%，调节系数为0；50% < 完成率≤75%，调节系数为0.5；75% < 完成率≤100%，调节系数为0.8；完成率 > 100%，调节系数为1	40%
	科技型企业贷款	得分 = 增量得分（60%）+ 增速得分（40%），考核科技型企业贷款增长情况 增量、增速得分：对各商业银行增量、增速分别进行大排名，第一名得基本分 × 权重 × 130%，最后一名得基本分 × 权重 × 50%，中间位次按排名等差赋分。若贷款增量、增速为负，得0分	
民营企业及制造业	民营企业贷款	得分 = 增量得分（60%）+ 增速得分（40%），考核民营企业贷款增长情况 增量、增速得分：对各商业银行增量、增速分别进行大排名，第一名得基本分 × 权重 × 130%，最后一名得基本分 × 权重 × 50%，中间位次按排名等差赋分。若贷款增量、增速为负，得0分 对民营企业贷款新投放占比较上年下降的商业银行，每下降0.2个百分点，扣1分，最多扣10分；对民营企业有贷款余额户数较上年下降的商业银行，每下降0.5个百分点，扣1分，最多扣2分	30%
	制造业贷款	得分 = 基本分 × 完成率，考核制造业中长期贷款新增计划完成情况 对于未达到制造业整体贷款增量目标90%的商业银行，每低于1个百分点扣0.2分，最多扣5分	
普惠型小微企业贷款增长	普惠型小微企业贷款增长	得分 = 增量得分（70%）+ 增速得分（30%）	30%

五、结论与建议

（一）本研究结论

第一，实现共同富裕要坚持以人民为中心的发展思想，在高质量发展中促进共同富裕目标达成，构建初次分配、再分配、三次分配协调配套的基础性制度安排。金融支持共同富裕要对应三次分配的不同模式，分别与高质量发展、财政政策和社会治理形成合力。同时，要牢牢守住金融风险底线，为共同富裕提供稳定的经济金融环境。

第二，不同区域的经济发展水平与居民富裕程度差异较大，三种分配方式所发挥的作用也各有侧重，金融推动共同富裕的模式不应“千人一面”，而应根据当地资源禀赋“一地一策”，以便工作举措更加有的放矢、精准高效。

第三，全国各省市经济发展水平、居民富裕程度千差万别，若以经济发展水平和人均可支配收入两个维度考量，则全国各地区共同富裕程度大致可分为“地强民富”（代表地区浙江、上海）、“地弱民富”（重庆、内蒙古）、“地弱民贫”（代表地区云南、贵州）、“地强民贫”（代表地区河南、四川）四种类型。

第四，金融推动共同富裕应根据四种地域特征，构建差异化助力模式：“地强民富”地区的金融机构应着重助力产业转移与三次分配，“地弱民富”地区的金融机构则以助力区域协同与消费扩容为重点，“地弱民贫”地区则应在特色产业培育与民生富裕方面双管齐下，“地强民贫”地区则更偏重产业升级与民营经济发展。

第五，针对四种模式构建相应的商业银行评价体系，按照金融扶持的重点领域设立相匹配的一级指标和二级指标，计分方法综合考量完成率、增量和增速等，并分别赋予不同权重标准，从而构建不同模式下金融机构助力共同富裕的科学化、系统化、可量化的评价体系。

（二）相关建议

第一，政府每年应定期评选商业银行助力共同富裕的优秀标杆，加大宣传推广力度，积极营造“金融向善”的良好氛围。同时，对于助力共同富裕表现突出的机构，在行政事业存款招投标、地方债额度、重点资格账户等领域给予一定倾斜，解决金融机构追求商业可持续性与贯彻共富国策政策性之间的矛盾，正向激励商业银行加大资源投入和创新力度，全力服务共同富裕国策。

第二，监管机构应加强对商业银行在支持共富领域的创新探索领域的指导，并适当给予政策支持。特别是在支持小微企业、助力乡村振兴、促进个人消费等领域，为商业银行授权放权、简化手续、优化流程提供政策依据。同时，参考本研究四种模式下的评价体系，对商业银行支持共富的工作成效进行赋分，其结果将成为商业年度考核评比的重要参数。

第三，建议商业银行将贯彻落实共同富裕国策纳入整体发展战略与顶层设计中，在此基础上形成原则、思路和整体框架。同时，将助力三次分配的经营举措与现有发展战略进行配套协同，区分宏观战略与微观举措。在此基础上，提出支持共同富裕三次分配的预期目标、考核办法，明确责任主体与时间线，进一步增强工作举措的指向性与操作性。

参考文献

[1] 何清新译. 圣西门选集 [M]. 北京：商务印书馆，1962.

[2] 汪耀等译. 傅立叶选集 [M]. 北京：商务印书馆，1982.

[3] 柯象峰等译. 欧文选集 [M]. 北京：商务印书馆，1965.

[4] 马克思，恩格斯. 马克思恩格斯选集 [M]. 北京：人民出版社，1995.

[5] 毛泽东. 毛泽东文集 [M]. 北京：人民出版社，1999.

[6] 邓小平. 邓小平文选 [M]. 北京：人民出版社，1993.

[7] 习近平. 扎实推动共同富裕 [J]. 求是，2021 (20)：4 -8.

[8] 习近平. 决胜全面建成小康社会夺取新时代中国特色社会主义伟大胜利 [N]. 人民日报，2017 -10 -28 (001).

[9] 中共中央　国务院关于支持浙江高质量发展建设共同富裕示范区的意见 2021 - 5 - 20Http：//www. gov. cn/gongbao/content/2021/content_ 5621189. htm。

[10] 刘培林，钱滔，黄先海，等. 共同富裕的内涵、实现路径与测度方法 [J]. 管理世界，2021 (8)：117 -127.

[11] 肖宇，汪溢博. 金融支持共同富裕的理论机理和路径选择 [J]. 农村金融研究，2022 (1)：35 -41.

[12] 陈弼文. 共同富裕的内涵再思考及其货币政策环境研究——基于马克思主义政治经济学的视角 [D]. 杭州：浙江大学，2021.

[13] 威廉·配第. 赋税论. 选自配第经济著作选集 [M]. 北京：商务印书馆，1997.

[14] 萨伊. 政治经济学概率 [M]. 北京：商务印书馆，1997.

[15] 白钦先. 以金融资源学说为基础的金融可持续发展理论和战略——理论研究的逻辑 [J]. 华南金融研究，2003 (3)：1 -6.

[16] 郑亚莉，姚星垣. 金融发展支持共同富裕的内在逻辑和路径选择 [J]. 浙江金融，2022 (1)：10 -15.

[17] 何德旭，王学凯. 金融如何助力共同富裕 [J]. 财经智库，2022，7 (1)：5 -20.

[18] 黄益平．金融支持共同富裕主要在于“一次分配”［J］．经济学圈，2021（9）．

[19] 肖宇，汪溢博．金融支持共同富裕的理论机理和路径选择［J］．农村金融研究，2022（1）：35－41.

[20] 张明，刘瑶．金融三方面助力实现共同富裕，中国知网．

[21] 殷兴山．深化金融改革创新 助力共同富裕示范区建设［J］．浙江金融，2022（1）：6－10.

[22] 陆岷峰．共同富裕政策背景下金融的历史使命与着力点选择［J］．金融理论与实践，2022（1）：1－8.

[23] 李扬．寻找金融助力共同富裕的合理路径，中国知网．

[24]《求是》编辑部，新发展阶段促进共同富裕的战略擘画［J］．求是，2021（20）：9－16.

[25] 贾磊．共同富裕的时代内涵、现实挑战和实践路径［J］．西华师范大学学报（哲学社会科学版），2022（3）：1－8.

[26] 成依阳．数字经济驱动共同富裕的机制路径研究［J］．经营与管理，2022（2）．

[27] 梁春晓，陶传进，刘志国，等．创新金融服务模式　助力促进共同富裕［J］．国际金融，2022（2）：26－33.

[28] 蒋永穆，亢勇杰．数字经济促进共同富裕：内在机理、风险研判与实践要求［J］．经济纵横，2022（5）：21—30.

[29] 杨金正，张宸铭．金融助力实现共同富裕路径探析［J］．西部财会，2022（5）：45—48.

公益金融、企业家财富升维与家族企业治理

浙商银行课题组*

一、引言

党的二十大报告指出中国式现代化的本质要求是实现高质量发展，实现全体人民共同富裕。这对于面临传承与转型的民营企业而言，如何在新发展阶段向基业长青的可持续状态迈进，实现高质量发展既是企业发展的内生需求，也是时代赋予的使命。习近平总书记在不同场合多次强调了民营企业家应把握时代大势，坚定发展信心，成为共同富裕的重要构建者。如何提升以家族企业为代表的民营企业群体的增长动能，不仅是一个经济命题，而且是一个社会难题，关系到整体社会的良性发展（辜胜阻和韩龙艳，2017）。

根据《2020瑞银集团—普华永道亿万富豪年度调研》可知，中国内地98%的亿万富豪（财富规模10亿美元）系白手起家，相比之下，欧洲、中东和非洲地区白手起家的富豪仅为61%，美国为72%。随着创一代企业家群体年龄的增长，企业家对财富管理的需求、财富价值的增长将从个人财富的保值增值拓展至对家族成员、家族企业甚至对社会多方利益相关者的整体财富保护、管理、治理与传承，家族企业的财富升维成为一项更具宏观视角的重要课题。当前，民营企业家的家族财富升维有以下四个核心问题值得我们关注：（1）从数量维度看，关注如何实现财富的持续增长。过去经济的高速发展带动了企业家财富规模的快速增长，但随着经济发展下行的宏观趋势凸显，企业家在企业发展过程中如何保持财富的安全和财富的价值升维成为一道难题。（2）从空间维度看，企业家财富分布及财富持有方式是实现财富保值增值的重要突破口。它涉及企业家资产的全球配置、企业经营的全球分布、家族资产的持有形式以及对家族和社会的财富规划布局。（3）从时间维度看，企业家财富的长久存续是个难题。它涉及财富管理生命周期、家族企业传承顶层设计以及企业接班传承安排。（4）从价值维度看，如何实现家族企业财富的社会价值是当前及未来中国民营企业家需要着重关注的要点。一方面，企业家群体在经营企业过程中贡献税收、

---

* 课题主持人：陆建强
课题组成员：杜　权　庄瑾亮　许宇鹏

提供就业、促进社会创新；另一方面，企业家的社会责任行为使得财富被赋予增加社会福祉的深刻内涵，凸显财富的社会价值。

上述关于企业家财富升维四个核心问题的分析表明，家族企业的发展是多维度的，当企业家面对越来越复杂的经营环境，与政府、社会、投资者、社区、公众等相关者呈现的关系越发紧密，企业家本身的财富升维逻辑也在变化，在这个过程中，一般营利性商业企业开始具备某些社会企业的特点和表现，其中企业承担更多样化的社会责任就是重要的表现。在经济社会的现实中可以看到，有相当一部分企业家，在其事业发展及个人生涯的特定时期，会产生投身社会公益的行为倾向和创新愿望，慈善基金、公益创投或社会影响力投资等体现社会企业特点的公益金融使得民营企业家财富的意义呈现更加宏大的历史价值。如万向三农集团通过将6亿元原始股权（目前市值超过100亿元）无偿授予基金会，设立了国内最大规模的“鲁冠球三农扶志基金慈善信托”，永久存续用于农村发展、农业现代化和农民富裕，首创国内股权慈善信托新模式。现实中民营企业家在公益金融中的探索与实践反映了其社会企业家转型的趋向，具有很强的利他主义动机。有学者同时也指出，企业追求卓越，自觉承担更多社会责任，是同理心的行为化，即同理心驱动的社会行为（金碚，2022），正是基于利他主义，企业家获得了比单一追求利润最大化目标更为丰富的财富增量。

目前，中国家族企业正经历从创立一代到家族二代企业传承热潮期（焦康乐等，2019），如何进行有效的家族管理是创造竞争优势、确保企业财富稳定增长的内在动力（De Massis 等，2013）。然而家族企业面临着传承与转型的双重困境，如何构建有效的家族治理模式和领导模式、以有效促进企业家财富价值升维是本研究的主要内容。当前，经济社会进入了高质量发展阶段，民营企业家的使命也发生了很大的变化，中国企业家要在高质量发展中做共同富裕的促进者，太通俗化将社会问题转化为商业发展的机会以满足社会的需要是企业的职能。同时，企业始终需要把对社会产生的不良影响转化为对本企业的机会，企业向善不是简单的捐款，而是企业家能挖掘和发现商业活动中的公益价值，用商业与社会的双重逻辑，更有效地解决社会问题，让企业家在创造经济价值的同时创造社会价值。要实现上述目标需要以公益金融作为中间的协调手段，这是实现企业家财富升维的可行路径。

公益金融在国内仍属于新生事物，是金融发展到一定阶段，开始具备向善经济转变的新型金融模式。其核心观点是通过金融工具让社会更加美好，让投资行为更富有社会责任，使财富创造出更大的社会价值。一般而言，金融的基础功能包括服务功能和中介功能，其核心功能则是为实体经济提供有效的资源配置，金融的扩展功能则包含了经济调节和风险规避两方面，而衍生功能则更为丰富，风险交易、信息传递、公司治理、引导消费、区域协调和财富再分配等都是金融不断面向多元利益相关者所自我演化的功能（白钦先和谭庆华，2006）。公益金融是金融功能对企业（包含金融企业）和社会融通关系起到促进作用，兼顾财务回报、影响社会的投资行为。一方面，从企业家角度看，公益金融将更多地体现企业家的社会责任；另一方面，从金融供给侧看，公益金融则体现普惠金融的服务实体功能。现有研究尚未从上述两个维度对家族企业管理与企业家财富升维之间的关系及影响机理开展系统研究。本研究认为，分析公益金融在中国家族企业在传承与转型挑战下，如何增进财富价值，实现利益相关者的多方共赢，意义需要从企业家本身与金融供给侧两个方面进行系统的理论分析和实证检验，以此来探索一个具有理论和实践价值的研究问题：家族企业在传承过程中，财富升维对个体和社会的价值意义是什么？家族企业治理模式对企业价值的影响是什么？当家族企业在面对宏观环境的变化时，公益金融对他们而言意味着什么？

基于上述分析，本研究以 2008—2020 年 A 股上市家族企业为研究对象，采取理论模型构建与大样本实证检验的方法，研究传承与转型挑战下家族企业治理模式选择对企业家财富升维影响机理及公益金融在其中的调节作用。本研究旨在增进中国民营经济理论与实践的边际贡献，强化金融模式创新在实现企业和社会财富共生共荣方面的积极效应。研究结果发现：家族企业代际共治治理模式能够有效促进企业可持续发展、提升企业市场价值，而其中的一个重要的实现机制是企业家维度的公益社会责任和金融供给侧维度的普惠金融，能够正向调节民营企业财富升维和企业可持续发展。本课题的研究结论表明，在高质量发展背景下，以家族企业为代表的民营企业家需要为整个社会的发展注入更多的力量，以公益金融方式呈现的社会责任能够激活企业家内在的道德基因、与国家、社会互利协作的共生成长能够最终实现财富的正向增长，体现中国社会主义人民性的国家底色。

二、文献综述、理论分析与研究假设

（一）公益金融：理论分析与实践探索

1. 公益金融的内涵和基本功能

公益金融（Philanthropic Finance）的理念最早可追溯至 20 世纪 70 年代，约翰·洛克菲勒三世提出“公益创投”（Venture Philanthropy），即运用有一定风险的资助形式来解决特殊的社会问题（赵萌，2010）。目前，“公益金融”的概念已成为社会创新实践和理论研究中的“新宠”，但对于它的概念认知、体系理解以及功能探讨尚需深入探究。与传统的商业金融相比，公益金融更强调社会责任、社会价值和社会影响力。在实现方式上，它包括公益创投、公益信托、小额信贷、社会效益债券、社会价值投资、互联网公益众筹等各类创新产品。公益金融在组织形式上是丰富的，公司制形式和社会组织形式都是当前践行的载体。当下，学术界对公益金融的研究主要集中于投资者的动机（McWade，2012），影响力投资的伦理道德因素（Eadery，2006；Buttle，2007）以及其中的投资组合（Ottinger，2007），此外，Edwards（2009）对慈善资本的优缺点也做了系统的论述，对我们认识公益金融有积极的借鉴作用。

公益金融最大的特征是与社会创新紧密相连。Moore 等（2012）认为，社会进入更高层级的发展阶段时，必然需要金融资源的支持，传统金融机构出于对社会创新高风险和高投资回报的考虑，“施以援手”的动力略显不足。公益金融通过新机构、新机制和新工具利用金融资源，创造具有变革性的想法、项目或产品，以此获得社会与环境价值（Nicholls 和 Pharoah，2010）。与普惠金融和社会金融相比，公益金融融合了经济目标和社会目标的双重“共治”理念，它强调所有组织为同一目标而充分发挥自身优势，共同努力，形成趋同型合作。表 1 给出了普惠金融、社会金融和公益金融三者的比较。

表 1　　普惠金融、社会金融和公益金融的比较认识

概念	缘起	建设理念	受益群体	功能范围	机构种类
普惠金融	小额信贷、微型金融	商业金融体系的完善	全社会成员	小额信用贷款、存款、保险、汇款、资金转账、代理、理财、养老金等	商业性金融机构、政策性金融机构
社会金融	慈善或社会救助	通过跨界合作、借助金融工具更好地进行慈善活动	弱势群体	公益创投、公益信托、小额贷款、社会效益债券、社会价值投资等	商业性金融机构、政府、非营利性组织、社会企业
公益金融	社会创新	在共治理念下，借助金融工具实现社会价值，并重构社会信用机制	全社会成员	公益创投、公益信托、小额信贷、社会效益债券、社会价值及影响力投资、互联网公益等	商业性金融机构、政府、非营利性组织及社会企业

公益金融的基本功能是多维度的，包含着变革创新的基本理念。首先，金融对于公益的功能来自财富与责任共同增长。更多的民营企业家意识到其创办的企业不仅是区域经济的基本组织，更是区域社会甚至全球社会的基本细胞，它所面对的利益相关群体是最为广泛的。金融一方面为企业提供了财富增长的支持，但作为公益社会支持系统的一部分，金融也为企业履行社会责任提供了更多的便利，它能够推动各类社会公益项目的开展。作为社会责任，它从企业的战略规划和价值取向出发实现各利益相关者的共赢。其次，公益金融为企业发展带来了商业思维的创新。通过商业思维充分发挥金融的杠杆效应，实现资

金增值来推进社会价值的实现。公益金融自最初就尝试挖掘并利用金融资本的道德面，以商业思维运营公共服务的兑付及推动社会公益的发展，促进社会价值的真正实现和信用契约的重构。最后，公益金融是现代金融体系的重要内容，同时也是金融回归到对实体经济的重要支撑，是重塑金融机构的社会信用、注重实际兑付价值体系的重要手段。

2. 公益金融的中国实践探索

中国公益金融的实践开展虽然起步较晚，发展却较为迅速。目前，其表现形式主要以企业家主导的慈善基金为主。以基金会为例，截至 2022 年 4 月 22 日，基金会总数已经达到 8866 家。2020 年，全国 6737 家基金会净资产总额约 2186 亿元，同比增长 18.61%。捐赠收入与公益支出相较于 2019 年分别同比增长 38.32% 和 40.32%，而投资收入占净资产比例约为 3.2%，基金会资产保值增值尚显薄弱。基金会项目主要集中在教育、扶贫助困、公共服务等领域，体现了公益金融的社会价值（见图 1）。

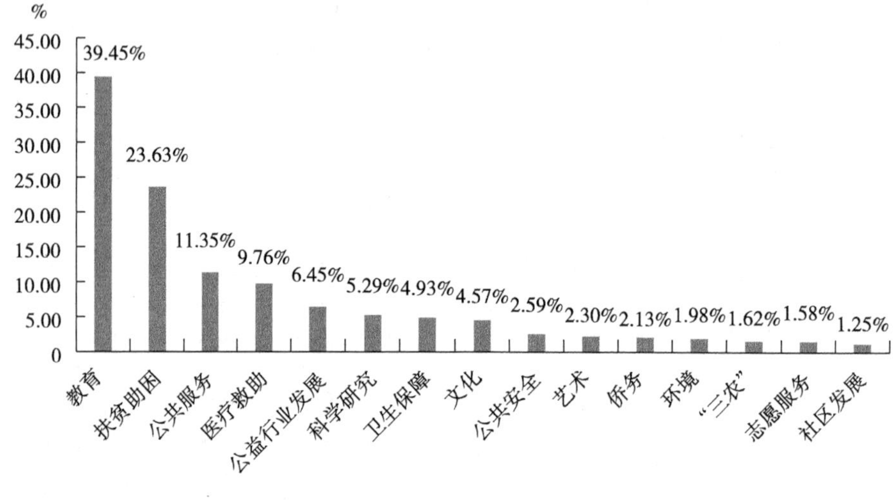

图 1　基金会项目占比（2020 年）

（数据来源：http：//www.foundationcenter.org.cn/report/list）

如桃源居公益事业发展基金会是具有代表性的社区型基金会，也是中国民营企业家探索商业价值和社会价值融合、承担社会责任的重要实践。该基金会成立于 2008 年，是我国首个专责培育社区公益组织的非公募基金会，由深圳桃源居集团董事长李爱君女士发起。该基金会致力于社区公益服务的良性循环，通过提供资金、发展规划以及内部制度建设等方面，肩负起培育社会公益组织的职责，扮演着社会公益事业“风险投资者”的角色，实现社会价值的可持续增长。

值得注意的是，作为公益金融的主要内容，慈善金融的发展在中国正日益兴盛，越来越多的民营企业家开始探索慈善金融的运行模式。从目前发展实践看，民营企业家捐赠后的慈善基金保值增值的财富管理是未来慈善金融需要关注的重要制度创新（见表2）。

表2　　企业家百亿级慈善金融统计

时间	捐赠方	金额	捐赠方式	资产类型	受赠方/执行方	用途
2022年，京东公告	刘强东	约149亿元	京东集团6238万B类普通股（公告当日市值约148.8亿元，约为其个人在京东持股量的15%）	境外上市公司股票	第三方基金会（未披露境内/境外）	教育、环保等社会公益事业
2021年，安踏30周年会议宣布	丁世忠家族	100亿元	丁世忠家族向拟成立的和敏基金会捐赠安踏体育8450万股股票（市值约97.6亿港元）+现金	境外上市公司股票	家族基金会（境外）	医疗（20亿元在家乡晋江全资捐建三甲医院福建和敏医院）；体育；乡村振兴；环境保护
2021年，阿里巴巴公告	阿里巴巴集团	100亿元	公司内部成立常设机构，2025年前落实	现金或服务	阿里巴巴助力共同富裕工作小组负责执行	科技创新、经济发展、高质量就业、弱势社群关爱、共同富裕发展基金（200亿元）等
2021年，美团公告	王兴	约145亿元	王兴将5731.9万股美团A类股转为B类股捐赠王兴基金会（约为其个人在美团持股量的10%）	境外上市公司股票	个人基金会（境外）	教育、科研等公益事业（如清华大学、福建龙岩一中）
2021年，河仁基金会公告	河仁慈善基金会	100亿元	基金会自有资产（曹德旺家族捐赠的福耀玻璃股票，市值约112亿元）	A股上市公司股票	家族基金会（境内	筹建福耀科技大学（暂名），定位为理工类研究型民办非营利性大学，培养国内新兴产业急需的研究型、复合型、实用型人才

续表

时间	捐赠方	金额	捐赠方式	资产类型	受赠方/执行方	用途
2021 年，宁波镇海区政府官网公告	虞仁荣	约 286 亿元	虞仁荣拟捐赠 1 亿股上海韦尔半导体股份有限公司股份给宁波市虞仁荣教育基金会（约为其个人在韦尔股份持股量的 36%，公告当日市值约为 286 亿元）	A 股上市公司股票	个人基金会（境内）	筹建东方理工大学（暂名），定位为新型研究型大学，立足全球科技前沿、紧扣国家重大需求，打造面向未来的科技创新生态体系，为突破“卡脖子”技术难题和发展“高精尖”产业提供源头支撑
2019 年，万向 50 周年会议宣布设立鲁冠球万向事业基金；2018 年，鲁伟鼎设立鲁冠球“三农”扶志基金慈善信托	鲁伟鼎家族	数百亿元	拟由万向集团公司（2021 年营收 1267 亿元）截至 2018 年度审计报告的资产全部捐赠设立鲁冠球万向事业基金； 鲁伟鼎捐赠万向“三农”集团 100% 股权设立鲁冠球“三农”扶志基金慈善信托，为目前国内资产规模最大的慈善信托（2020 年 6 月末资产净值 141.79 亿元）	境内非上市公司股权	慈善信托（境内）	鲁冠球万向事业基金：研发新技术，高端人才教育，开展科技研究，支持设立理工类应用型科研机构；鲁冠球“三农”扶志基金慈善信托：助农、助学、帮扶弱势群体、辅助欠发达村镇等

数据来源：来自各企业相关公告。

综合上述研究，我们认为公益金融具有丰富的内涵，企业家、银行等金融机构都是公益金融的重要参与者和践行者。企业（企业家）层面公益金融行为以慈善捐赠、慈善信托、公益创投等为主，并表现出与金融机构共同合作的趋势；金融机构层面的公益金融以普惠金融为主要表现形式，并逐渐开始深度参与企业（企业家）慈善信托基金，助力公益金融向更高层次发展。

（二）家族企业治理模式的演进分析

家族企业是人类商业历史上最为古老的组织形态，同时也是经济社会中具有较强生命力和影响力的现代组织（Arteage 和 Escriba – Esteve，2020；李新春等，2020）。普华永道 2016 年的调查显示，我国家族企业占民营企业比重高达 85.4%，对经济社会的贡献也占绝大多数。不同于普通企业，家族企业治理是家族和企业双重视角下的行为，甚至是家族、企业和社会多场域下的治理（Cicek 等，2021）。随着家族企业的不断成长，家族成员参与企业经营的不断深入，家族治理的重要性也日益凸显，加之我国家族企业正值代际传承关键时期，如何确保家族企业稳定繁荣，防止家族内部不同利益相关者之间的冲突是当前中国家族企业面临的重要管理问题（Gersick 和 Feliu，2014；Zellweger 和 Kammerlander，2015；Alvarado－Alvarez 等，2020）。同时，家族企业的财富升维已不局限于股权和现金，非经营性资产（如企业声誉、社会价值）的增长和转变也成为家族企业财富布局等重要内容，都仰赖于家族企业管理的合理性、持续性。

家族企业面临的治理挑战在不同的家族企业中各有不同，主要受到家族、股权和管理结构的发展阶段和复杂程度的影响。鉴于家族、股权和企业结构的异质性，事实上并不存在家族企业治理问题的万全解决方案。根据家族企业管理的实践，本研究归纳了三种典型的治理模式（见表 3）。

表 3　　家族企业的典型治理模式

	股东管理	兄弟合伙	家族企业
定义	股权和管理权均由一位家族成员掌控	股权和管理权由兄弟姐妹所有	扩大家族掌控多元化的企业组合
典型企业结构和阶段	通常为创始阶段的小型企业	通常为中型企业	通常为大型企业，包括多个业务的投资组合
家族构成	单一家族成员（往往为第一代创始人	来自同一家族分支的兄弟姐妹（为第二代家族成员）	在不同家族和企业治理实体中，担任不同角色的创始家族后代
股权构成	单一家族股东	兄弟姐妹共有公司；一般有 2～3 名股东	通常有多位股东，非家族股东也会参与
管理构成	股东—经理人	兄弟姐妹作为联合创始人	通常授权给非家族职业经理人
主要优点	对企业的强有力掌控，决策迅速，治理高效	兄弟姐妹之间信任关系，共同价值观和目标	家族作为企业家型及耐心型投资者，收购、创办并退出企业
主要挑战	外部专业权力的获取和采纳，权力滥用，对股东—经理人的依赖，传承问题	竞争，任职资格，互补的能力要求，责任分配，股权锁定	企业家和投资者角色的身份认同，家族中的决策，角色和资质，和睦，业务复杂性
典型治理活动	董事会，传承规划	董事会，股东协议，聘任政策，绩效薪酬，决策制定的公平程序	董事会，股东协议，家族会议和家族协议，培养职业股东，家族委员会，家族基金会，家族办公室，建立共同愿景，培养企业家精神

资料来源：作者整理所得。

合适的治理模式对家族企业健康发展至为关键，当中国家族企业进入代际传承的关键时期，面对原始财富的积累初步完成、企业转型的客观需求、国家社会进入一个以高质量发展实现共同富裕为目标的新阶段，家族企业的内生需求与国家、社会的发展轨迹高度关联。企业不仅是一个关于产品或服务的产出系统，在未来，它更是一个经济、社会、生态系统发展的综合系统。Habbershon（2006）将社会经济环境变量引入家族企业综合系统模型之中，拓展了家族企业与社会发展互动的关联度，尤其是在企业社会责任领域。图 2 的模型显示了不同情景因素的同心圆和它们彼此之间的输入—输出关系。外环代表外部环境中影响家庭、个人和企业的社会和经济因素。中环将家族企业描绘为家族、个体家庭成员和企业之间的相互作用。当这些子系统部分在生态系统内相互作用时，它们产生独特的资源和能力，形成内环所示的资源概要。资源概要既是系统中相互作用产生的输出，也是返回到系统中用于创业过程的输入。因此，生态系统模型显示家族企业的组织生态是如何塑造企业家精神的，这也成了管理实践的来源。家族企业特殊的资产组织包括家族企业独有的治理和领导模式，它往往是决定家族企业发展成功的关键（Knight 和 Cavusgil，2004；McDougal 和 Oviatt，2003）。

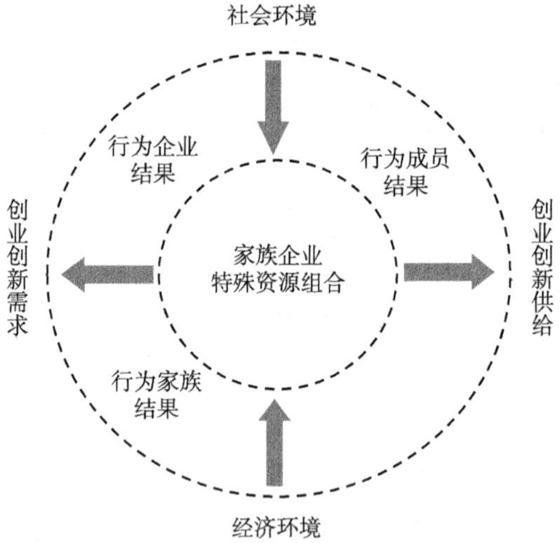

图 2　家族企业生态系统模型（Habbershon，2006）

（三）家族企业治理模式对企业家财富升维的影响机制

正是由于家族内部的复杂性（张永健，1994），家族企业治理的重要性和复杂性往往使得家族企业的内部代理问题表现出与非家族企业不一样的现象和动因。早期的研究普遍认为家族企业是一类代理成本很低的组织（Jensen 和 Meckling，1976），然而，随着对家族内部治理结构的深入剖析，许多学者已经注意到家族成员的目标并非是完全一致的，Brannon 等（2013）认为不同家族成员在企业管理中存在着利益冲突和权力争夺，家族企业代理问题依然不可忽视。当中国家族企业迎来代际传承的高峰，两代人共同治理（Co-governance）模式的客观存在使得该家族企业治理模式具有相较于其他如兄弟姐妹共治的治理模式更独特的竞争优势。代际共治暗含着家族企业可持续发展、家族财富保值增值的内在动机，本研究决定从父辈对家族企业传承的社会情感财富最优化和父辈对家族企业传承的父爱主义视角、家族子辈成员对家族企业可持续发展的企业家精神的激化的视角进行分析。

家族企业控制人在做出决策时，社会情感财富的保全成为了其重要的决策因素（许永斌和惠男男，2013；Berrone 等，2010），社会情感财富理论内涵包括家族控制和影响、家族成员对企业的认同、紧密的社会联系、情感依恋以及家族企业的延续。当家族企业第一代创始人明确培养接班人，并与接班人共同管理家族企业的时候，家族企业的投资行为就具有了长期导向（Miller 和 Le Breton - Miller，2014），对家族企业可持续发展的诉求和动机也更强烈。因为可持续发展所带来的家族企业财富升维有助于家族企业资源能力与竞争能力的提升，从而增强企业的绩效及家族地位，延续家族社会情感财富的功能（Gomez - Mejia 等，2014）。在两代人共同治理家族企业以此确保内部人继任所有权和管理权的治理模式驱动下，家族企业的生存和保护核心家庭的利益成为了两代人共同治理的首要目标。代际之间深厚的情感依恋有助于家族成员增强对企业的认同和承诺，有助于形成家族统一的发展目标和价值观，有利于克服企业经营中的风险和不确定性（Habbershon 和 Pistrui，2002）。

上述分析从中国家族企业父爱主义的视角看，更加具有现实意义。代际共治过程中，父辈创始人对家族接班人的帮扶和关爱行为使得家族企业的管理风格具有更多的利他主义色彩（Miles，1987），并且具有更多的深谋远虑效应（Wu 和 Parker，2013）。祝振铎等（2018）借用“扶上马、送一程”的隐喻，研究发现代际传承的初期阶段父辈会为子女接班进行战略上的调整，而在接班后期则以战略的平稳过渡为主，更进一步体现了父辈为子女顺利接班企业提前谋划的深谋远虑效应。因此，这些以血缘和亲情为纽带的父爱，尤其是代际传承中父辈牺牲自我对子女慷慨仁慈的父爱之情，为解释中国特色文化的父爱主义帮扶行为和深谋远虑效应提供新的理论证据。现实中，方太集团、福耀集团的家族企业治理安排无不体现着代际共治下对家族企业可持续发展的长远机制设计。

与如兄弟姐妹共同治理下存在明显的代理问题相比，家族企业代际共治的治理模式更多地聚焦于如何保护好家族企业的财富，家族企业基业长青的目标共识如何能够在具体的企业经营过程中得到充分的体现，代际共治是家族企业传承意愿的清晰表达，追求代际传承的家族企业往往会采取长期导向战略。当家庭企业二代进入董事会或成为高管时预示着该企业相比其他家族企业更有可能在未来进行代际传承，该企业的投资视野相比一般的家族企业来说肯定更长，因此更有可能进行创新等长期性的战略布局（黄海杰等，2018）。

总体而言，家族企业代际共治深刻反映了代际家族成员对家族企业保持长期竞争优势，稳步发展的愿望和期待，代际共治能够形成更多的合力，俗语说“上阵父子兵”，代际共治的家族企业治理模式更具长期价值导向，能够有效激活家族成员对家族企业情感财富价值的保护，提升家族企业未来的可持续发展能力。基于此，本研究提出以下假设。

H1：相较于其他治理模式下的家族企业，代际共治能够有效提升家族企业的可持续发展能力，增进企业财富保值增值。

（四）公益金融对企业家财富升维的调节机制

公益金融是提升企业（家）的社会责任的重要体现，对于家族企业的成长与发展具有极为重要的意义，同时也是由家族责任向社会责任的过渡，提供家族二次创业的关键动力（Campbell 等，2017）。家族企业履行社会责任是一种非自利性的行为，它有助于家族企业积累道德资本和社会资本，与利益相关者形成较为和谐的关系，如此一来，当家族企业面临困境时，企业社会责任所激发的保护机制能成为家族企业的保险资产，从多个方面对企业绩效产生积极影响（OBoyle 等，2010）。从关联观的视角看，公益金融的作用恰恰扩大了家族企业履行社会责任的价值维度，家族企业履行社会责任是由于组织处于一个与利益相关者存在密切关联的环境中，需要通过社会责任的履行来实现与利益相关者的协同与共融，如此才能确保家族企业获得社会和市场的持续认可，其传承的社会合法性（Social Legitimation）才可以得到保障。

从提升家族企业的声誉方面看，公益金融所发挥的作用能够有效促进家族企业声誉的提升，增强其无形资产的价值。家族企业一般都会希望通过优异的社会责任表现来获得包括消费者在内的各个利益相关群体的赞誉度，从而助力家族企业的可持续成长。家族企业注重家族财富的传承，追求企业的长期价值（Evert 等，2016），其通过公益金融等方式积累良好的企业声誉，为其持续发展营造良好的外部环境。良好的企业声誉能够作为一种道德资本来帮助家族企业获得更多的外部支持。家族企业社会责任同时也是一种具有价值导向的战略资源配置方式（Brammer 和 Millington，2005；Gautier 和 Pache，2015）。在代际共治的家族企业治理模式下，诸如慈善捐赠等公益金融方式往往能够更好实现社会情感财富的保护和增值，维护家庭团结和凝聚力、保护家庭价值观（Breeze，2009；Schwass 和 Lief，2008；Dou 等，2014），而且二代参与公益金融等慈善事业，可以加强代际关系，促进代际治理之间的沟通与交流，Suisse（2010）的研究指出，家族企业对公益事业感兴趣的一个重要原因是它为家族成员了解家族过去的所作所为提供了一个媒介，实现了组织内部对企业发展的共识（Bingham等，2011）。公益金融作为一类企业家社会责任，它使得家族企业的发展视野从关注家族和企业本身，朝着更为宽阔的组织发展模式迈进，即具备社会企业的某些关键特征成为了可能，这对于提升企业整体价值，实现可持续增长具有重大意义。基于上述分析，本研究认为公益金融发展水平既包括家族企业自身的公益金融行为，也包括外部制度与环境下公益金融的发展水平，一个地区公益金融发展水平较高，就会形成一定的文化与制度氛围，能够形成正向的反馈循环机制，从而有利地促进微观经济主体的可持续发展。因此，本文认为宏观和微观两个维度的公益金融发展水平能够正向促进家族企业可持续增长，并提出以下两个假设。

H2：企业侧的公益金融发展水平能够增强家族企业的可持续发展能力，提升企业价值。

H3：金融供给侧的公益金融发展水平能够增强企业的可持续发展能力，提升企业价值。

三、研究设计

（一）样本选择与数据说明

本研究以2008—2020年A股上市家族企业为初始样本。参考以往的研究，本研究以下述三条标准来认定家族企业：（1）实际控制人最终可追溯到某一自然人或者家族，并且是企业的第一大股东（刘白璐和吕长江，2016）；（2）实际控制人直接或间接持有上市家族企业至少10%的控制权（持股比例）（Anderson和Reeb，2003；Villalonga和Amit，2006）；（3）至少有两位及以上家族成员持有企业股份或者担任上市家族企业的高管职务（包括董事长、董事和高级经营管理人员）（刘星等，2020）。本研究通过CSMAR数据库中民营上市公司子库、家族企业子库进行手工整理。同时，研究中剔除了当年ST的样本，剔除了金融类样本，并对无法获得数据的公司样本进行了进一步补充。最终样本为10149个公司年度观测值。

在公益金融的测度方面，本文从家族企业履行社会责任的视角进行测度，企业家公益金融是社会责任的重要组织部分。企业社会责任，是指企业在创造利润最大化的同时，还应对国家和社会的全面可持续发展、自然环境和资源，以及股东、债权人、职工、客户、消费者、供应商以及社区等利益相关方承担相应的责任。企业社会责任越来越被人们所关注，成为衡量一个企业可持续成长的重要标准。为此，本文关于公益金融领域的代理变量选择来自CSMAR数据库中的社会责任数据子库和共同富裕合作数据库中的公益慈善关键指标。另外，本文从金融机构的普惠金融视角，进行了进一步的检验。数据来源于北京大学数字普惠金融指数指数（The Peking University Digital Financial Inclusion Index of China，PKU_ DFIIC），本指数包括 2011—2020 年的省级和城市级指数，2014—2020 年的县域指数。该指数涵盖数字普惠金融覆盖广度、数字金融使用深度和普惠金融数字化程度三个维度，构成了系统的指标体系（郭峰等，2020）。其他相关财务数据来自 CSMRA 数据库。此外，所有的连续变量均进行了上下 1%、99% 的缩尾处理（Winsorize），统计软件为 Stata 15.0。

（二）变量定义和模型构建

1. 变量定义

（1）被解释变量：从企业家财富升维的角度看，企业的可持续增长是企业家财富保值增值的长期指标，本研究采取企业可持续增长率（SGR）作为核心被解释变量，同时使用托宾 Q 值（Tobin - Q）作为替代变量。

（2）解释变量：本研究将家族企业代际是否共治来衡量家族企业管理，代际共治与非代际共治对企业发展以及企业家财富升维具有关键影响。因此，本研究的代际共治是二代接班人进入企业高管层担任核心职务，且父辈仍然作为董事长共同治理（Co-Governance），若上述家族治理模式存在，则赋值为 1，否则赋值为 0。

（3）影响机制—调节变量：公益金融（PF），公益金融是一个非常丰富的概念，它既包括企业（企业家）层面的公益金融行为，也包括金融供给侧层面的金融机构的公益金融行为，并且两者是高度关联，企业（企业家）的公益金融与银行等金融机构的合作是密不可分的。因此，本研究定义了企业层面的公益金融和金融供给侧层面的公益金融：根据数据可获得性和既有关于企业社会责任的研究成果，本研究以每股社会贡献值、社会捐赠额、是否参照 GRI《可持续发展报告指南》、是否披露环境和可持续发展、是否披露公共关系和社会公益事业等指标作为企业层面的公益金融发展水平（EPF），并作为关键调节变量研究公益金融对企业家财富升维的影响；采取了中国数字普惠金融指数作为关键的调节变量来代表金融供给侧层面的公益金融发展水平（DFI），来研究公益金融对企业家财富升维的影响。

（4）控制变量：参考相关研究的做法，本研究将上市年限（Age）、公司规模（Size）、杠杆水平（Lev）、董事会持股（Board_ share）、股权制衡度（Balance）、独董比例（Indp）、机构投资者持股（Blockhold）。此外，我们也控制了年度（Year）、行业（Industry）的虚拟变量。

2. 模型构建

为了考察家族企业管理、公益金融和企业家财富升维的影响机制，本文构建了如下基础模型（见表4）。

$$Corporate\_ Value_{i,t} = \alpha_0 + \alpha_1 Co\_ Governance_{i,t} + X_{i,t} + \varepsilon_{i,t} \quad (1)$$

在寻求公益金融对家族企业管理与企业家财富升维的影响机制研究中，本文构建了如下模型：

$$Corporate\_ Value_{i,t} = \alpha_0 + \alpha_1 Co\_ Governance_{i,t} + \alpha_2 EPF_{i,t} / DFI_{i,t} \times Co\_ Governance_{i,t} + \alpha_{i,t} PF_{i,t} + X_{i,t} + \varepsilon_{i,t} \quad (2)$$

表4　变量定义及说明

变量	变量名	变量含义
SGR	企业可持续增长率	衡量企业长期价值增长的发展指标
TobinQ	企业市场价值	衡量企业市场价值
Co-Governance	家族企业代际共治	测度家族企业治理模式，如果二代接班人进入企业高管层担任核心职务，且父辈仍然作为董事长共同治理，则赋值为1，否则为0
EPF	企业侧公益金融	社会捐赠额（*Social donation*）、每股社会贡献值（*Cps*）、是否披露公共关系和社会公益事业（包含相关金融公益事业）（*Public welfare*）作为公益金融的代理变量
DFI	金融供给侧公益金融	北京大学数字普惠金融指数（2011—2020）
Age	上市年限	当年减去*IPO*年份的自然对数
Size	公司规模	企业规模，上市公司总资产的自然对数
Lev	杠杆水平	总负债/总资产×100%
Board_ share	董事会持股	董事会成员持股数量的自然对数
Balance	股权制衡度	第一大股东持股数/第二大股东持股数
Indp	独董比例	董事会独立董事占比
Blackhold	机构投资者持股比例	上市公司机构投资者持股数/总股数 ×100%
Year/Industry	年份/行业	年度/行业虚拟变量

四、实证结果分析

（一）描述性统计

主要变量的描述性统计如表5所示。其中，企业可持续增长率和企业市场价值是测度企业家财富价值升维的代理变量，其最大值分别为0.359和14.125，最小值分别为-0.336和0.570，平均值分别为0.084和4.827，标准差分别是0.255和2.794，说明样本上市家族企业间在企业可持续增长和价值方面差异较大。Co-Governance是家族企业治理的虚拟变量，其均值为0.528，表明样本中有近52.8%的上市家族企业存在代际共治的家族治理模式。Social donation、Cps 和 Public welfare 代表了家族企业在公益金融、社会责任方面的代理变量，社会捐赠额的平均值为3.804，每股社会贡献值（Cps）的均值为6.216，公益事业披露的均值为0.567，说明有近56.7%的上市家族企业披露了相关的社会公益事业。整体样本分布是符合本文进一步进行实证检验的。

表5　　　　描述性统计

VarName	Obs	Mean	SD	Min	Median	Max
SGR	10149	0.084	0.255	-0.336	0.061	0.359
TobinQ	10149	4.827	2.794	0.570	2.176	14.125
Co-Governance	10149	0.528	0.445	0	1	1
Social donation	10149	3.804	2.131	0.150	0.720	17.000
Cps	10149	6.216	7.138	0.17	1.798	11.370
Public welfare	10149	0.567	0.496	0	1	1
DFI	10149	203.505	110.783	18.330	360.610	381.610
Age	10149	19.071	3.515	8	19	24
Size	10149	21.730	0.602	16.117	21.956	26.433
Lev	10149	0.272	0.209	0.108	0.242	0.673
Board_ share	10149	25.247	6.834	8.970	26.650	55.616
Balance	10149	1.177	0.665	0.237	0.909	2.021
Indp	10149	0.366	0.043	0.300	0.333	0.444
Blackhold	10149	24.974	19.899	2.717	14.529	72.650

表6中主要变量的相关系数表显示，各变量之间相关系数基本小于0.4，没有超过0.5，证明模型本身不存在严重的多重共线性。

表6　　　　相关性检验

VarName	SGR	Co-Governance	Age	Size	Lev	Board - share	Balance	Indp	Blackhold
SGR	1.000								
Co-Governance	-0.460 *	1.000							
Age	0.406 *	-0.298 *	1.000						
Size	-0.367 *	0.355 *	-0.458 *	1.000					
Lev	0.150 *	0.150 *	-0.261 *	0.126 *	1.000				
Board - share	-0.468 *	0.400 *	-0.331 *	0.461 *	-0.063 *	1.000			
Blance	-0.440 *	0.488 *	-0.150 *	0.386 *	-0.116 *	0.074 *	1.000		
Indp	-0.062 *	-0.130 *	-0.197 *	0.136 *	0.174 *	-0.404 *	-0.365 *	1.000	
Blackhod	-0.007	0.368 *	-0.078 *	0.321 *	0.392 *	0.034 *	-0.244 *	0.328 *	1.000

注：*表示10%的显著性水平。

（二）回归结果基本分析

家族企业代际共治治理模式与企业家财富价值升维之间关系的检验结果如表7 所示。模型（1）是SGR 对家族企业代际共治治理模式的回归结果，结果显示，代际共治治理模式显著正向促进了企业可持续增长。模式（2）是TOBINQ 对家族企业代际共治治理模式的回归结果，结果显示，代际共治治理模式显著正向促进了企业市场价值的增长。说明家族企业在面临代际传承的客观现实中，代际共治治理模式能够缓冲过于激烈的管理权交接，两代人共同经营管理家族企业能够帮助企业实现平稳健康发展。假说1 得到验证。

表7　　基本回归结果

	(1)	(2)
	SGR	TOBINQ
Co-Governance	0.020 *** (5.69)	0.769 *** (6.97)
Age	0.020 *** (5.04)	0.006 (0.51)
Size	0.003 (1.34)	0.859 *** (12.84)
Lev	-0.013 *** (-4.06)	-0.075 (-0.80)
Board-share	0.001 *** (4.11)	0.042 *** (3.72)
Blance	-0.013 *** (-2.82)	-0.324 ** (-2.08)
Indp	0.096 ** (2.24)	0.299 (0.25)
Blackhod	0.0001 (0.62)	0.018 *** (7.25)
Constant	0.159 *** (2.61)	0.077 *** (12.71)
年度	Yes	Yes
行业	Yes	Yes
N	10149	10149
R^2	0.763	0.791

注：*** 、** 分别表示1%、5%的显著性水平。

家族企业代际共治治理模式下，企业家维度的公益金融对企业家财富价值升维的影响关系的检验结果如表 8 所示。在表 8 中，模型（1）是家族企业公益捐赠方式在家族企业代际共治下对企业家财富价值升维的影响。交叉项 *Social donation* × *Co-Governance* 对 *SGR* 的回归系数是 0.001，并且在 1% 的水平上显著，说明家族企业公益捐赠提升了企业的社会美誉度，长期来看有助于企业可持续增长，增进企业家财富价值。模型（2）中，交叉项 *Cps* × *Co-Governance* 对 SGR 的回归系数是 0.002，并且在 1% 的水平上显著，说明上市家族企业每股社会贡献值正向调节家族企业代际共治与企业家财富价值升维之间的关系，对家族企业财富增长具有积极的促进作用。模型（3）中，交叉项 *Public welfare* × *Co-Governance* 对 SGR 的回归系数是 0.277，并且在 1% 的水平上显著，说明上市家族企业披露社会责任，其中包含社会公益事业的信息披露正向调节家族企业代际共治与企业家财富价值升维之间的关系，对家族企业财富增长具有积极的促进作用。假说 2 得到检验。

表 8　企业家维度公益金融对企业价值增长的影响

	(1)	(2)	(3)
	SGR	*SGR*	*SGR*
Social donation × *Co-Governance*	0.001*** (4.06)		
Social donation	0.058** (2.23)		
Co - Governance	0.002** (2.50)		
Cps × *Co-Governance*		0.002*** (5.24)	
Cps		0.061** (2.48)	
Co - Governance		0.195*** (4.72)	
Public welfare × *Co-Governance*			0.277*** (7.50)
Public welfare			0.381*** (8.39)
Co-Governance			0.791*** (9.23)

续表

	(1)	(2)	(3)
	SGR	*SGR*	*SGR*
Age	0.001*** (2.71)	0.0202*** (6.26)	0.011*** (4.30)
Size	0.018*** (3.34)	0.531*** (5.66)	0.780*** (6.81)
Lev	-0.014 (-1.10)	-0.287** (-2.18)	-0.951*** (-6.41)
Board-share	0.006*** (7.68)	0.049*** (4.04)	0.085*** (9.95)
Blance	-0.073*** (-6.15)	-0.231*** (-5.60)	-0.393*** (-2.94)
Indp	0.232*** (6.52)	0.566*** (3.07)	0.493* (1.82)
Blackhod	0.001*** (8.45)	0.009*** (8.69)	0.010*** (3.54)
Constant	0.452*** (9.70)	0.276*** (5.56)	0.034*** (3.49)
年度	*Yes*	*Yes*	*Yes*
行业	*Yes*	*Yes*	*Yes*
N	10149	10149	10149
R^2	0.278	0.593	0.743

注：***、**、*分别表示1%、5%、10%的显著性水平。

家族企业代际共治治理模式下，金融供给侧维度中，企业所在地的普惠金融发展水平具有积极的制度正向溢出效应。表9的回归结果体现了假说3的检验情况，模型（1）是数字普惠金融指数在家族企业代际共治下对企业家财富价值升维的影响。交叉项 *DFI* × *Co-Governance* 对 SGR 的回归系数是0.085，并且在1%的水平上显著，说明金融供给侧层面，上市家族企业所在省份的公益金融发展水平具有正向调节家族企业代际共治与企业家财富价值升维之间的关系，对家族企业财富增长具有积极的促进作用。由此，假说3得到检验。

表 9　　金融供给侧维度公益金融对企业价值增长的影响

	(1)
	SGR
DFI × *Co-Governance*	0.085 *** (3.17)
DFI	0.085 *** (5.69)
Co-Governance	0.031 * (1.77)
Age	0.002 ** (2.27)
Size	0.006 * (1.68)
Lev	-0.021 *** (-4.50)
Board-share	0.002 *** (4.66)
Blance	-0.023 *** (-3.33)
Indp	0.173 ** (2.06)
Blackhod	0.001 (0.28)
Constant	0.171 ** (2.01)
年度	*Yes*
行业	*Yes*
N	10149
R^2	0.566

注：***、**、*分别表示1%、5%、10%的显著性水平。

五、研究结论与政策建议

（一）研究结论

第一，公益金融对民营企业实现财富升维具有显著的促进作用。传统观点认为企业从事公益金融会增加企业成本，减少企业利润，从而对企业价值造成不利影响，而本课题的研究结果发现公益金融对企业实现财富升维具有正向促进作用。一方面，企业家层面驱动的公益金融能够显著提升企业的社会美誉度，强化企业无形资产的集聚，对企业可持续发展有积极意义；另一方面，金融供给侧层面的公益金融发展水平能够正向影响企业的可持续发展，公益金融正行向善的功能对于民营企业社会责任的提升以及由此带来的企业价值的增进具有积极的促进作用。

第二，选择合理的治理模式对于企业可持续发展有重要的价值。相较于其他类型的治理模式，传承过程中代际共治的家族企业治理模式既能稳定企业的发展节奏，为企业财富的安全提供保障，又能有足够的战略空间，去追求更具持续发展内涵的经营策略，并且在这个过程中，家族企业在思考企业家责任的时候也会投入更多的精力，以此提升企业的整体价值。

（二）政策建议

第一，政府部门可出台相关政策措施，积极推动公益金融发展。公益金融作为新生事物，处于初步探索的阶段，无论是企业家还是相关金融机构，对公益金融的认知和模式创新实践都需要有一个共向性的探索和合作。一方面，政府及相关部门要在公益金融的理念和实践创新上给予更多的舆论呼吁和正向宣传，让公益金融的理念在企业家、金融机构甚至社会公众中得到广泛传播与交流，培育公益金融发展的良好环境；另一方面，政府可为践行公益金融的企业和机构提供如税收减免政策、支持公益创新等政策工具，推动新型公益金融创新试点。总结经验和形成可复制的运行模式，让公益金融的功能价值得到彰显，为重塑资本使命，探索发挥金融向善的价值实现路径，营造和谐的生态。

第二，金融机构应当积极开展金融创新，推动公益金融模式有效落地。公益金融作为一种新兴的金融模式，传统的金融工具难以形成有效的支撑，难以将公益金融有效推动落地。在新时代背景下，金融机构应加大公益金融的创新探索。一是可以大力推进金融助力“资本向善公益计划”。围绕企业家财富升维制订资本向善公益计划，创新设计可落地的金融服务模式，匹配资产托管、金融咨询、融资等服务。二是积极与各类慈善组织建立良好合作。探索公益金融专业化经营，积极组织开展公益场景专项营销活动，依托银行等金融机构良好的业务基础和丰富的金融产品，与各类公益组织开展业务合作，优化综合金融服务。三是完善公益信托的相关配套措施，大力推动信托在公益领域的实践。推动以股权、资金等设立慈善信托，为企业家和高净值人群提供公益金融工具，助力实现财富升维。四是积极推动公益资管服务创新。搭建为公益慈善资产提供“可信任、低风险、收益稳定和可持续”的专业投资服务平台，聚集金融投资领域专业力量。针对慈善公益组织现金流和风险偏好特征，有针对性地设计相关产品，提升慈善资产管理能力，为第三次分配促进共同富裕提供坚实的基础。最后，优化普惠金融供给结构。加快数字技术和实体经济深度融合的步伐，以全流程数字化支持中小微企业的金融服务。对业务基础薄弱又是国家重点需要支持的地区开展普惠金融服务，提高供需对接效率，提升普惠金融服务水平。

第三，社会各方应积极探索推动公司治理的模式创新，为民营企业探索公益金融、实现企业财富升维提供有效支持。企业家有社会价值实现的愿望，有能力也有资源去服务社会，而单靠民营企业自身的力量略显薄弱，需要联合各方力量，诸如高校、研究机构、慈善机构、协会社团等非营利性社会组织，形成合力，帮助民营企业更好服务社会。如浙商总会金融服务委员会创新推出的“金融顾问制度”是从公益角度推动金融助力实体经济发展的一项重大举措。该制度让金融专业人士跳出机构，走进量大面广的特别需要金融服务的中小微企业，全面提升金融服务质效。各方社会力量还可把慈善信托、公益资管等金融工具引入公益事业，构建以企业家为主导，自觉自愿、自主可控做慈善的机制，推动企业家财富升维。

参考文献

[1] 焦康乐，李艳双，胡望斌．家族企业传承模式选择动因研究——基于社会情感财富视角［J］．经济管理，2019，41（1）．

[2] 李新春，贺小刚，邹立凯．家族企业研究：理论进展与未来展望[J]．管理世界，2020，36（11）．

[3] 赵萌．慈善金融：欧美公益风险投资的含义、历史与现状［J］．经济社会体制比较，2010（4）．

[4] 许永斌，惠男男．家族企业代际传承的情感价值动因分析［J］．会计研究，2013（7）．

[5] 郭峰，王靖一，王芳，孔涛，张勋，程志云．测度中国数字普惠金融发展：指数编制与空间特征［J］．经济学（季刊)，2020，19（4）．

[6] 祝振铎，李新春，叶文平．“扶上马、送一程”：家族企业代际传承中的战略变革与父爱主义［J］．管理世界，2018，34（11）．

[7] 刘白璐，吕长江．中国家族企业家族所有权配置效应研究［J］．经济研究，2016，51（11）．

[8] 白钦先，谭庆华．政策性金融功能再界定：功能演进视角［J］．生产力研究，2006（11）．

[9] 黄海杰，吕长江，朱晓文．二代介入与企业创新——来自中国家族上市公司的证据［J］．南开管理评论，2018，21（1）．

［10］辜胜阻，韩龙艳．当前民间投资存在的问题及对策思考［J］．新疆师范大学学报（哲学社会科学版），2017，38（5）．

［11］张永健．婚姻丧葬礼俗与中国传统农民家庭制度［J］．社会学研究，1994（1）．

［12］刘星，苏春，邵欢．代际传承与家族董事席位超额控制［J］．经济研究，2021，56（12）．

［13］金碚．社会企业精神是优秀企业的锐意求进旨向［J］．经济研究参考，2022（8）．

［14］Alvarado - Alvarez C, Armadans I, Parada M. Tracing the Roots of Constructive Conflict Management in Family Firms［J］. *Negotiation and Conflict Management Research*, 2020, 13（2）.

［15］Berrone P, C Cruz, L R Gomez - Mejia and L Martin. Socioemotional wealth and corporate responses to institutional pressures: Do family - controlled firms pollute less?［J］. *Administrative Science Quarterly*, 2010, 55（1）.

［16］Bingham J B, Dyer W G Jr, Smith I, et al. A stakeholder identity orientation approach to corporate social performance in family firms［J］. *Journal of Business Ethics*, 2011, 99（4）.

［17］Brannon D L, J Wiklund, J M Haynie. The Varying Effects of Family Relationships in Entrepreneurial Teams［J］. *Entrepreneurship Theory and Practice*, 2013, 37（1）.

［18］Breeze B. *Natural philanthropists: Findings of the family business philanthropy and social responsibility inquiry*［M］. London: Institute for Family Business, 2009.

［19］Buttle M. "I'm not in it for the money": constructing and mediating ethical reconnections in UK social banking［J］. *Geoforum*, 2007, 38（6）.

［20］Campbell J M, Park J. Extending the resource - based view: Effects of strategic orientation toward community on small business performance［J］. *Journal of Retailing and Consumer Services*, 2017（34）.

［21］Cicek A, R Kelleci and P Vandekerkhof. Determinants of family meetings in private family businesses［J］. *Journal of Family Business Management*, 2021, forthcoming.

［22］De Massis A, J, Kotlar, G. Campopoano, L. Cassia. Dispersion of family ownership and the performance of small-to-medium size private family firms［J］. *Journal of Family Business Strategy*, 2013, 4（3）.

［23］Dou J S, Zhang Z Y, Su E. Does family involvement make firms donate more? Empirical evidence from Chinese private firms [J]. *Family Business Review*, 2014, 27 (3).

[24] Eadery Y. Ethical developments in finance: implications for charities and social enterprise [J]. *Social Enterprise Journal*, 2006, 2 (1).

[25] Gautier A, Pache A C. Research on corporate philanthropy: A review and assessment [J]. *Journal of Business Ethics*, 2015, 126 (3).

[26] Gomez – Mejia L R, J T Campbell, G Martin, R E Hoskisso, M Makri and D G Sirmon. Socioemotional wealth as a mixed gamble: Revisiting family firm R&D investments with the behavioral agency model [J]. *Entrepreneurship Theory & Practice*, 2014, 38 (6).

[27] Habbershon T G. Commentary: A framework for managing the familiness and agency advantages in family firms [J]. *Entrepreneurship Theory and Practice*, 2006, 30 (6).

[28] Habbershon T, J Pistrui. Enterprising families domain: Family-influenced ownership groups in pursuit of transgenerational wealth [J]. *Family Business Review*, 2022, 15 (3).

[29] McWade W. The role for social enterprises and social investors in the development struggle [J]. *Journal of Social Entrepreneurship*, 2012, 3 (1).

[30] Miles S. Making sense of two-sided altruism [J]. *Journal of Monetary Economics*, 1987, 20 (2).

[31] Miller D, and B L Miller. Deconstructing socioemotional wealth [J]. *Entrepreneurship Theory and Practice*, 2014, 38 (4).

[32] Moore, M. L., et al. *The loop, the lens, and the lesson: using resilience theory to examine public policy and social innovation* [M]. In A. Nicholls & A. Murdoch (eds.), Social innovation. Basingstoke, UK: Palgrave MacMillan, 2012.

[33] Nicholls A. The institutionalization of social investment: the interplay of investment logics and investor rationalities [J]. Journal of Social Entrepreneurship, 2010, 1 (1).

[34] Ottinger R. Portfolio philanthropy: how philanthropists can apply portfolio theory to make wiser social investments [J]. *Stanford Social Innovation Review*, 2007, 5 (4).

[35] Suisse C. Funding as a family: Engaging the next generation in family philanthropy [R]. Private Banking: Credit Suisse Securities, 2010.

[36] Wu C H, Parker S K. Thinking and acting in anticipation: A review of research on proactive behavior [J]. *Advances in Psychological Science*, 2013, 21 (4).

[37] Zellweger T, N Kammerlander. Family, wealth, and governance: An agency account [J] . *Entrepreneurship Theory and Practice*, 2015, 39 (6) .

[38] O Boyle E H, M W Rutherford, J M Pollack. Examining the relation between ethical focus and financial performance in family firm: An exploratory study [J] . *Family Business Review*, 23 (4) .

基于合成控制法的普惠金融改革试点成效评估：以宁波市为例

宁波市金融学会课题组*

一、引言

党的十八大以来，中国人民银行深入贯彻创新、协调、绿色、开放、共享五大新发展理念，有针对性地开展了普惠金融改革试点工作，改革涉及11省18地（见附表1），范围覆盖东部沿海发达地区、中部工业化转型地区、西部欠发达地区和边疆民族地区。浙江省先后承担了丽水农村金融改革、台州小微金融改革、宁波普惠金融改革等任务，是全国区域金融改革项目最为密集的省份。

总体来看，我国普惠金融改革采取"先试点、再总结、后推广"模式。在试点环节，要求适应经济社会发展和区域协调发展需要，对有试点意义的改革方案成熟一个推出一个；在总结环节，要求建立健全改革试点阶段性评估机制和激励约束机制，及时跟踪评估试点发展创新情况；在推广环节，要求通过各种渠道报送经验介绍和总结材料，加强宣介、提炼标准，推动改革成果外溢。其中总结环节至关重要，起到承上启下作用，各地不仅要创新推出各项改革试点举措，还要从政策、影响、效果等方方面面加强对改革情况的评估（潘功胜，2014），但客观、系统评价区域金融改革成效是一项复杂的工作，目前如何能更加有效地对区域金融改革试点开展评估还处在探索阶段。在评估实践中，中国人民银行研究局强化了对试点工作的评估引导，对评估结果进行通报，并研究制定了相应的激励约束政策，对于评估结果显示无特殊需要的地方可以及时结束试点；对于评估结果显示做得比较好的试点可在第三方评估基础上动态调整试点任务，最终建立"有进有退"的区域金融改革工作机制（王信，2019）。

基于多次参加普惠金融评估指标横向比较的工作实践，我们发现目前的评估方法对改革内容做了全面考察，以定性评价内容居多，虽有定量指标的约束，但仅基于纵向历史数据的比较，既难以剔除内外部环境因素的影响，也难以发现主要政策的关键效应，所以定量评估的科学性有待提升。同时，目前的普惠

---

* 课题主持人：张全兴
课题组成员：王去非　张超群　黄　健　齐结斌　俞佳佳　陈　科

金融改革实践在更多情况下是在现有政策制度大框架下的集成创新，仅靠一套方法可能无法得到不同条件下的评估结果，这为不断探索新的评估方法提供了动力。

本文以宁波市普惠金融改革试验区为例，发现合成控制法在改革试点评估中具有天然的优势：一是可以有效克服经济、金融内含的趋势性影响，从而减少将宏观基本面引致的“水涨船高”认定为改革成效的偏误；二是可以通过比较同一批试点“净效应”的大小，克服同类试点地区因经济、金融基本面差异过大而不能直接比较的问题；三是合成控制法具有易操作性，不像其他自然实验法需要采集大量微观数据，只要有一定的金融时间序列数据就可以随时进行评估与监测，有效地降低了评估与监测成本。借助合成控制等自然实验评估方法，有助于发现在改革推进过程哪些领域的探索取得了实质性进展，并由此找到向外推广可复制经验做法的量化依据。普惠金融改革试验区的独特性，加之使用的人民银行分支机构未对外发布的内部金融数据，使得本研究选题较为稀缺。

本文结构安排如下：第二部分对现有金融改革评估方法进行述评；第三部分对宁波普惠金融改革试验区的成效做一个基本的描述，从而为后文更为严谨的评估打下基础；第四部分介绍评估方法与评估指标；第五部分利用合成控制法对融资服务、数字支付、风险防范以及金融知识教育四方面的成效进行检验；第六部分对同类试点的一些共性指标进行对比评估；第七部分总结全文，提出政策建议。

二、研究述评

目前普惠金融改革试点评估方法主要包括调研座谈法、问卷调查法、指数构建法、赋分互评法及自然试验法，这五种方法在其他区域金融改革评估中也有应用，但也有各自的适用条件。

（一）调研座谈法

调研座谈法一般适合第三方评估。2018 年 9 月，“中国数字普惠金融创新发展座谈会”于河南兰考召开，中国人民银行、国家发展改革委、财政部、农业部、银保监会、证监会相关专家调研了国家级普惠金融改革试验区建设情况（徐诺金，2021）。2019 年 4 月，中国人民银行研究局、中国人民银行浙江省分行、浙江省地方金融监管局作为评估组织方，邀请来自国务院发展研究中心、中国社会科学院、中央财经大学、复旦大学、南京大学、浙江大学的专家，考察了台州市金融服务信用信息共享平台、银行风险监测预警系统、台州市小微企业信用保证基金运行情况，并召开座谈会对试验区建设情况进行评估（台州市小微金改领导小组办公室，2021）。2021 年 4 月，中国人民银行研究局邀请国家发展改革委、财政部等部委专家，以及中国人民大学普惠金融研究院、上海新金融研究院等机构学者组成第三方评估小组，通过实地调研与座谈汇报会，对丽水市农村金融改革试点工作开展评估。

（二）问卷调查法

问卷调查法以调查走访的形式了解实际情况、创建数据库，可以分析及审视更多常规统计以外的情况。国际上，世界银行通过调查问卷获取了 139 个国家超 13 万家企业的融资可得性情况，欧洲中央银行和美国全国独立企业联合会（NFIB）为获得中小企业融资情况采用的也是问卷调查法（齐结斌，2020）。转向国内，为探析普惠金融的“痛点”和重点，兰考普惠金融改革试验课题组（2018）对兰考县 450 个行政村进行问卷调查，收回有效问卷 4320 份，掌握了农户大量一手资料。赵萍和王纯杰（2020）构建三层立体评价体系，以受益者视角对辽宁省 117 个贫困村进行实地走访以评价农村普惠金融的扶贫效应。为评估普惠金融财税支持政策实施效果，王道新（2020）向 183 家金融机构发放问卷，调查 11 项中央政策、4 项地方政策的激励作用。

（三）指数构建法

2015 年 12 月 31 日，国务院印发《推进普惠金融发展规划（2016—2020 年）》后，构建普惠金融指标体系开始流行。知网数据显示，目前相关文献突破 200 篇，涵盖县、市、省、全国及国际各个层面的普惠金融指标体系。但比较权威的主要有三个版本：一是《G20 普惠金融指标体系》，由 GPFI（全球普惠金融合作伙伴）发布，共包含 19 大类 35 个指标，包括账户、信贷、保险、支付、网点、金融知识和行为、纠纷解决机制等内容①；二是《中国普惠金融指标体系》，由中国人民银行组织分支机构开展指标填报，主要包括账户、银行卡、支付、投资、信贷、保险、金融服务点、金融知识和行为、融资担保、信用体系等内容，从使用情况、可得性、质量等多维度反映普惠金融发展情况②；三是《数字普惠金融指数》，由北京大学数字金融研究中心和蚂蚁科技集团研究院的研究团队自 2016 年开始编制，涵盖全国内地 31 个省（直辖市、自治区，统称“省”）、337 个地级以上城市（地区、自治州、盟等，统称“城市”），以及约 2800 个县（县级市、旗、市辖区等，统称“县域”）三个层级的数字普惠金融指数（郭峰等，2020）。上述指标体系的分项指标以及加权形成的综合指数能够从一个侧面反映试点地区的普惠金融发展情况。

（四）赋分互评法

赋分互评法是中国人民银行研究局在实践中摸索形成的一套方法，即充分

① 详见 https：//www. gpfi. org/news/g20 – financial – inclusion – indicators。

② 可参见中国人民银行官网发布的《中国普惠金融指标分析报告（2021 年）》。

发挥试点地区对评价指标比较熟悉、情况相互了解的优势，在同类试点之间开展相互评价。互评法从试点组织与保障、试点落实情况及试点效应三个维度进行全面考察，涉及30项细分指标、80个评估参数，满分100分。其中“试点落实情况”为评价主体，包括构建普惠金融组织体系、普惠金融服务、数字普惠金融发展、普惠金融基础设施、政府引导与推动、重大创新、金融风险防范等内容。

（五）自然实验法

自然实验法主要包括四种：一是倾向得分匹配法，将改革试验区与非改革试验区进行分组，根据相似度进行匹配，在相似的试验样本与对照样本之间进行比较，评估改革效果（Abadie和Imbens，2016）；二是双重差分法，将新政策视作为外生于经济系统的一次“自然实验”，先比较处理组在政策发生前后的变化，再使用对照组在政策发生前后的变化来剔除处理组中包含的时间效应，从而得到政策影响的净效应（Goodman－Bacon，2021）；三是断点回归法，将控制研究的样本近似于随机分布在临界值附近，小于临界值的样本作为控制组，大于临界值的样本作为实验组，通过比较它们的差别可识别改革效果（Villamizar－Villegas等，2022）；四是合成控制法，当被考察的对象是少量集合体时，将没有受到影响的个体集合作为对照，与事实上受到干预的实际数据进行对比，二者之差即为“处理效应”（Abadie，2021）。

（六）方法简评

调研座谈法可以直接向调研、座谈对象获取第一手资料，可以就关心的问题做深入交流，但受双方交流时间、深入交流意愿等条件制约。问卷调查法也可以获取第一手资料，但问卷设计过于复杂会影响参与意愿，涉及敏感问题也不容易获取真实答案，调查问卷样本较小或非随机发放时存在较大选择性偏误。指数构建法可以实现向社会公众呈现一些较易感知的量化指标，但最大的问题是可能存在合成谬误，不同性质的指标难以加总，不同的专家有不同的看法，不同的加权方法对指数结果影响较大，赋分互评法也存在指标分值难以客观确定的问题。自然实验法是被经济学家公认的更具科学性的评估方法，可以克服内生性，避免掉入无法区分“鸡生蛋”还是“蛋生鸡”的评估陷阱中，其中双重差分、倾向得分匹配以及断点回归法需要大量微观样本支撑，而合成控制法虽不需要大量微观数据支持，但需要同时获取试点地区与非试点地区时间序列数据。

三、宁波市普惠金融改革试验区概况

2019年11月，经国务院同意，中国人民银行、国家发展改革委、财政部、中国银保监会、中国证监会五部门联合印发《浙江省宁波市普惠金融改革试验区总体方案》，提出充分发挥数字技术优势，完善融资服务体系、数字支付体系、金融风险防控体系和数字化金融教育体系；以线上线下相结合的方式实现融资服务、支付服务、风险防范、金融教育“四个全覆盖”。

（一）总体成效

2014 年，中国人民银行开始着手研究建立中国普惠金融指标体系，2016 年 12 月，中国人民银行正式下发《中国普惠金融指标体系填报制度（试行）》，制定了《中国普惠金融指标体系（2016 年版）》。经过几年的调整和完善，形成了包含金融服务的可得性、使用情况和质量三个维度的 23 类 56 个指标的《中国普惠金融指标体系（2021 版）》。根据《中国普惠金融指标体系（2021 版）》评估（指标详情见附表 2），2019—2021 年，宁波市普惠金融发展指数分别为 131. 0、139. 2、147. 5，试点后增长了 12. 6%；分维度看，使用指数分别为 155. 9、167. 2、168. 6；可得性指数分别为 107. 8、111. 1、111. 0，试点后增长了 3. 0%；质量指数分别为 129. 2、140. 2、164. 5，试点后增长了 27. 3%。[①]

（二）小微融资服务成效

宁波普惠金融改革试验区的重点是依托数字技术赋能民营、小微企业融资。一是打造宁波市普惠金融信用信息服务平台，纵横贯通国省市县四级多个信息和数据平台，形成信息查询、常态对接、精准获客、风险预警四大核心场景，聚焦量大面广的小微企业，提供融资全流程支撑，目前已有 2. 06 万家企业通过平台线上申贷获得融资。二是借助大数据、云计算等科技手段，创新推出银税互动、快审快贷、智甬贷、外汇金管家、出口微贷等数字普惠金融产品 90 余项，其中，纯线上产品 50 余个。三是开展跨境金融区块链服务平台试点，运用区块链和大数据技术，为银行办理企业贸易融资业务提供在线报关单核验服务，可节约 90% 以上报关单核验时间，融资时间由 3 ~ 7 天缩短至 1 天。截至 2022 年末，累计业务办理笔数为 9. 6 万笔，服务企业家数为 2277 家，分居全国第一、第三。同时，在线下实施首贷户拓展、制造业中长期贷款提升、小微企业园“伙伴银行”、金融助企纾困等专项行动，截至 2022 年末，宁波市企业有贷户（含个体工商户）40. 5 万户，试点以来增长了 131%。改革启动后，宁波小微企业贷款占比从历史低点（2020 年第一季度末）迅速反弹 4. 7 个百分点；横向比较，自 2020 年第三季度开始，宁波小微企业贷款占比重新超越全省均值。

（三）数字支付服务成效

数字支付是宁波普惠金融改革试验区的一大亮点，逐步形成了便民惠企的数字支付体系。一是推动农村数字支付全覆盖。试点以来，宁波持续优化助农金融服务平台建设，开发金融服务地图移动 App，实现对行政村的全覆盖，图 2

① 按目前的数据填报机制，普惠金融指标体系数据采集发生于下一年，暂无 2022 年数据。

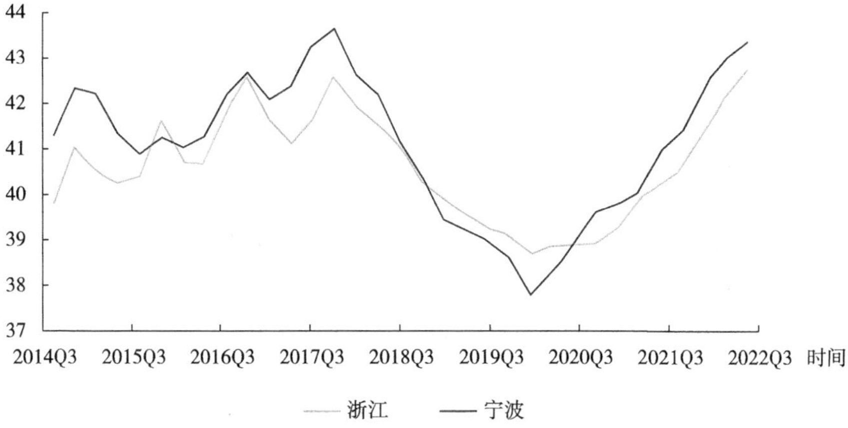

图1　宁波与浙江省小微企业贷款占比走势

显示，宁波农村网上支付户均金额在2020年第三季度之后上升了一个台阶，由2017—2019年的户均为19.6万元上升至2020年第三季度至2022年第三季度的户均为22.9万元，增幅达16.8%；相对全省均值也呈现攀升之势，宁波与浙江户均支付比由2019年第四季度末的1.39上升至2022年3月末的1.89。二是推动移动支付和数字人民币在民生领域的应用，已基本实现交通、医疗、商务、旅游等领域全覆盖，其中人脸识别线下支付安全应用领跑全国，业务量约占全国的60%，稳居全国首位。三是境内运费外汇支付在全国范围内率先实现“凭证数字化、办理线上化、审核自动化”。

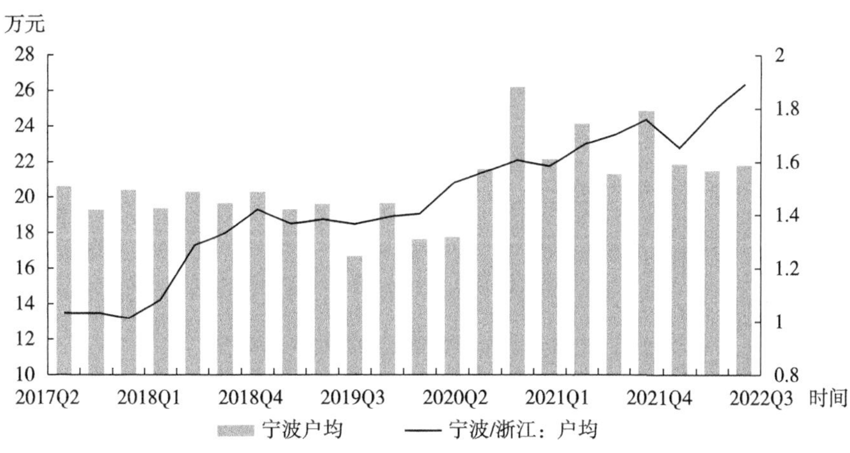

图2　宁波农村网上支付情况

（四）金融风险防范成效

创新风险分担机制，实现普惠金融的商业可持续是宁波普惠金融改革试验区的关键任务。一是打造聚焦小微的“1+3+5”政策性融资担保体系，明确担保机构“准公共服务平台”的定位，推动“想担愿担敢担”机制建设，截至2022年9月末，全市政策性融资担保在保户数为20039户，余额为400.4亿元，同比分别增长91.5%和110.3%，持续保持全省和计划单列市第一。全国首创“微担通”业务，采用“财政+银行+担保”模式降息免费，15款子产品累计惠及1万余家中小微企业、个体工商户及“三农”主体。二是实施城乡小额贷款保证保险，2020年以来支持1.2万家次小微企业、城乡创业者和农业种养殖户获得贷款126亿元，居全省前列。三是建立智能风控预警系统。依托普惠金融信用信息服务平台风控功能，供金融机构设置阈值实时监测，截至2022年11月末，累计推送预警信息为14.5万条，涉及主体为2.55万家。推动商业银行建立基于数字技术的风险控制模型，如宁波银行“快审快贷”产品成为全国首批6个“监管沙盒”试点项目之一。图3显示，宁波小微企业贷款不良率自2016年第三季度达到阶段性高点之后就呈现下行态势；横向比较，试验区获批后，小微企业贷款不良率自2020年第三季度起，相对全省均值不断收窄，并于2022年第三季度低于全省。

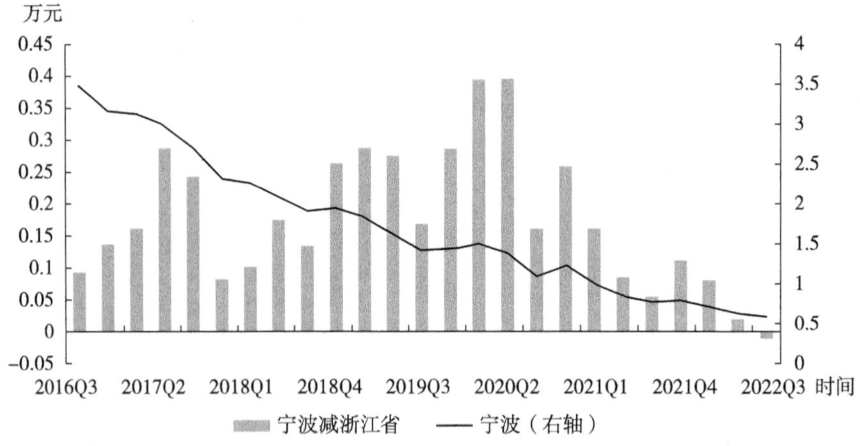

图3 宁波与浙江省小微企业贷款不良率情况

（五）金融知识教育成效

构建线上线下相结合的全新金融教育体系，是宁波普惠金融改革试验区的特色内容。一是线下打造国民教育品牌体系。开展国民金融素质教育提升工程和“双百双千”工程，实现金融知识教育各社区、各村镇、各教育阶段全覆盖，制作《老年人金融一本通》宣传读物及配套视频、参与编制小学高年级版和初中版全国版读本《金融诚信伴我行》，打造了省级金融教育示范基地。二是线上开辟金融教育新阵地。开发全国首个金融知识宣传教育专属 App“金语满堂”，设置“课堂”“新知”“法规”等各类学习模块，目前，注册会员已达 5.35 万人，累计阅读量为 162.50 万次。据统计，2020 年以来宁波市中支各类金融实践获中国人民银行官微宣传报道 14 篇，领先于其他地市。①

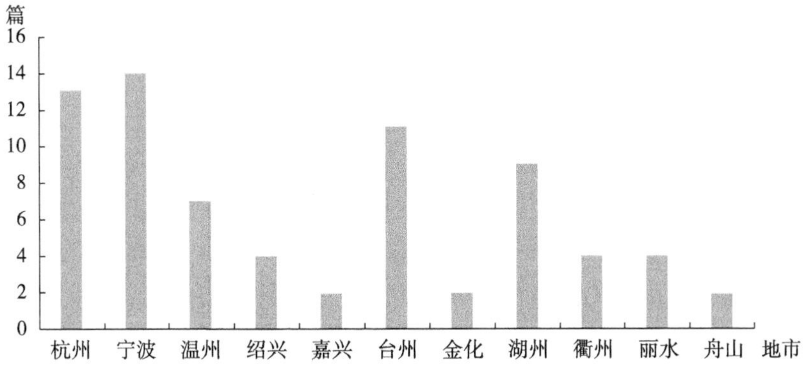

图 4　2020 年以来浙江各地市金融实践获中国人民银行官微宣传篇数

四、评估方法与指标说明

要评估普惠金融改革试点的成效，一个简单的量化做法是考察试点前后关键指标如何变化，但所考察的指标容易受时间趋势和其他事件的影响。为克服以上不足，更好的办法是找到与试点地区基本面相似，但未受干预的地区进行比较，但现实情况是找到相似的“替身”相当困难，一个变通的做法是对有一定共性的地区以一定的权重进行线性组合，构造一个“合成控制组”，通过比较合成控制样本与试点样本的差异，即可量化改革试点产生的“净效应”，比如要评估普惠金融改革试点在宁波的成效，可以找一些有共性的城市构造“合成宁波”，并与真实宁波比较，从而实现对宁波普惠金融改革试点成效的量化评估。

（一）合成控制法

2019 年 11 月，宁波市获批的国家级普惠金融改革试验区相当于一次自然试验：普惠金融改革试验区的确定将试点对象划进实验组，非试点对象划进对照组。理论上，通过对实验组与对照组进行比较，即可评估试点成效；但实际上，试点地区一般都非常特殊，严格来说，没有其他地区与试点地区是完全相似的。而合成控制法的思想：虽然难以在其他没有试点的地区找到合适的反事实对照

① 中国人民银行官方微信公众号是宣传人民银行分支机构金融实践的重要载体，是普通老百姓能够便利地获取金融知识的权威自媒体，可以从一个侧面反映浙江各地市金融知识教育的成效。

组，但是通常可以对其他没有试点的地区进行适当的线性组合，构造出一个合成的反事实控制组。接下来，本文以宁波市普惠金融改革试验区为例，阐述如何利用合成控制法对试点成效进行评估，由于经济结构、发展模式较为接近，同时兼顾数据可得性，利用浙江省其他未进行类似改革的地级市构造反事实控制组。①

第一步：计算权重。本文选择将浙江省其他非普惠金融改革试点地级市进行合成，将合成对象对应的权重设为 $\omega = (\omega_2, \cdots, w_{11})'$，选择不同权重最小化：

$$\min_{\omega}(x_1 - X_0\omega)'V(x_1 - X_0\omega)$$

$$s.t.\ \ \omega_j \geqslant 0, j = 2, \cdots, 11; \sum_{j=2}^{11} \omega_j = 1$$

其中，x_1 为宁波的预测变量，X_0 为其他地市相应的预测变量，V 为对角线元素均为非负数的对角矩阵，反映了预测变量对普惠金融指标的重要性，其仅影响估计的均方误差，即我们的目标是寻找一个权重向量 ω 使得 $X_0\omega$ 尽可能接近 x_1，使得合成控制地区的经济特征尽可能接近宁波。

第二步：比较“合成宁波”与真实宁波的相似度。比较普惠金融改革试点前，“合成宁波”与真实宁波主要普惠金融评估指标的走势，如果相似则说明“合成宁波”的权重是合理的。

第三步：计算改革试点的净效应。将改革试点后，宁波市的主要普惠金融指标减掉“合成宁波”对应的值，即为普惠金融改革试点的净效应。

（二）评估指标

根据中国人民大学普惠金融研究院历年发布的《中国普惠金融发展报告》（2015—2020）、中国人民银行发布的《中国普惠金融指标分析报告》（2017—2021），同时考虑到本文的研究目标以及数据可得性，本文使用小微企业贷款占比、农村网上支付户均金额②、小微企业贷款不良率以及金融知识教育指数依次考察普惠金融试验区在融资服务、支付服务、风险防范、金融教育等方面的成效。前三个指标分别用小微企业贷款余额除以企业贷款余额、农村网上支付金额除以农村网上支付开户数、小微企业不良贷款余额除以小微企业贷款余额衡量，各数据来自中国人民银行浙江省分行③；对于第四个指标，目前浙江各地市还没有一个反映金融知识教育程度的时间序列数据，为此，本文利用知网数据库统计了各地官方发行的日报中有关金融主题的报道④，作为当地金融知识教育

---

① 关于合成控制法的技术细节可参考 Abadie（2021），本文不再详述。

② 数字支付在市区已非常便利，只有在农村还存在打通支付服务“最后一公里”问题。

③ 由于数据可得性，支付服务方面，我们仅使用 2018 年以来农村网上支付的季度数据用于分析。

④ 由于杭州日报数据缺失，所以此处不将杭州纳入合成样本。

指数的一个替代指标，为尽可能覆盖各地金融知识教育实践的内容，我们在知网搜索的主题包括16个：货币、信贷、信用、融资、征信、反洗钱、支付、外汇、汇率、国际收支、经常项目、资本项目、银行、保险、证券、债券，由于无法区分各篇报道的重要性，本文赋予各类报道相等权重，直接加总各类主题报道篇数来构建金融知识教育指数。

我们的目标是用其他地市的加权平均来模拟没有进行普惠金融改革试点的宁波市潜在指标，然后与真实的宁波市指标进行对比来评估普惠金融改革试验区的成效。根据合成控制法的思想，我们选择权重时要使得在普惠金融改革试验前，合成宁波各项决定融资服务、支付服务、风险防范、金融教育的因素和宁波尽可能一致。我们选择民营企业占比、金融企业占比、小微企业贷款不良率作为小微企业贷款占比的预测控制变量：浙江省各地市民营企业众多，构成小微企业的主体，民营企业占比越高，对信贷需求越强烈；金融企业占比越高，意味着金融资源供给越足，小微企业信贷可得性提升；小微企业贷款不良率越高，会导致银行机构在放贷时趋于谨慎。选择第一产业增加值占比、农村居民人均可支配收入增速、县域金融机构占比作为农村网上支付的预测控制变量：第一产业主要分布在县域，其增加值在GDP中占比越高，农村网上支付需求量越大；农民收入水平越高，对网上支付需求更强烈；县域金融机构占比越高，说明农村地区支付服务可得性越高。选择规上工业增加值占比、金融企业占比、小微企业贷款占比作为小微企业贷款不良率的预测控制变量：规上工业增加值占比越高，说明当地大企业多，贷款不容易发生不良；金融企业占比高，说明机构之间竞争激烈，更容易冒险向小微企业贷款；小微企业生命周期较短，更容易发生不良。选择教育企业占比、金融企业占比、60岁以上老年人口占比作为金融知识教育指数的预测控制变量：教育企业占比越高，说明当地比较重视教育，金融知识更容易传播；金融企业占比越高，进行金融知识宣传的主体更多；60岁以上老年人占比越高，越容易面临金融知识鸿沟，对金融知识教育的需求越强烈。以上各地市预测控制变量数据均来自Wind数据库，同时由于Wind数据未及时更新，本文选择2013—2021年各季度数据开展研究。

通过合成控制法的计算，表1展示了构成合成宁波的权重组合，共涉及6个地市。[①] 融资服务合成权重最大的为杭州（0.739），支付服务合成权重最大的是台州（0.928），风险防控合成权重最大的为绍兴（0.746），金融教育合成权重金华与舟山相当。

---

① 在考察小微融资服务成效时，剔除了台州金改样本；在评估农村普惠金融（农村网上支付）成效时，剔除了丽水金改样本。

表 1　　合成宁波的地市权重

指标	融资服务			风险防控	
地区	杭州	金华	舟山	嘉兴	绍兴
权重	0.739	0.146	0.115	0.254	0.746
指标	支付服务			金融教育	
地区	杭州	台州		金华	舟山
权重	0.072	0.928		0.48	0.52

注：以融资服务为例，合成宁波包括 73.9% 的杭州，14.6% 的金华，11.5% 的舟山，加总权重为 1。

表 2 给出了在 2019 年第四季度宁波市普惠金融改革试验区获批之前真实宁波与合成宁波的一些重要经济指标对比。可以看出，在所选取的对改革成效影响因素中，民营企业占比、金融企业占比、规上工业增加值占比、第一产业增加值占比、农村居民人均可支配收入增速、县域金融机构占比、教育企业占比以及 60 岁以上老年人口占比的真实变量与合成变量都比较接近，两者差距与宁波的实际值和其他 10 个地市的实际值的差距相比都要小，差距对比分别为0% <5.3%，10.25% < 29.09%，0.15% < 14.55%，3.21% < 51.28%，5.57% < 8.36%，1.47% <76.47%，0% <21.15%，1.27% <7.8%。因此，合成控制法很好地拟合了宁波在普惠金融改革试验区建设之前的特征，用于评估普惠金融改革试验区效果是合适的。

表 2　　预测变量的拟合与对比　　单位：%

	宁波市	十地市	合成宁波	差距 1	差距 2
民营企业占比	90.72	85.91	90.72	0	5.3
金融企业占比	3.61	2.56	3.24	10.25	29.09
规模以上工业增加值占比	34.36	29.36	34.31	0.15	14.55
第一产业增加值占比	3.12	4.72	3.22	3.21	51.28
农村居民人均可支配收入增速	8.61	9.33	9.09	5.57	8.36
县域金融机构占比	0.68	1.20	0.69	1.47	76.47
教育企业占比	0.052	0.041	0.052	0	21.15
60 岁以上老年人口占比	23.59	21.75	23.29	1.27	7.8

注：差距 1 为实际宁波与合成宁波的相对差距，差距 2 为宁波市与十地市的相对差距。

五、合成控制法评估结果分析

前文虽然呈现了宁波普惠金融改革试验区获批后的建设成效，但其中并没有考虑时间趋势的影响，即无法推断所考察的指标变化是试验区引致的还是自然变化；更没有过滤外部冲击的影响，巧合的是试验区建设期间也是受新冠疫情冲击较大的时段，期间试验区出台了大量政策，所以如果不剔除外部冲击的影响，评估结果也可能出现较大偏差。而合成控制法利用真实变量与合成变量的差值可以过滤时间趋势与外部冲击的影响，在一定程度上克服以上不足，为此，本部分呈现利用合成控制法开展评估的结果。

（一）融资服务情况

图5比较了普惠金融改革试验区获批前后实际宁波与合成宁波小微企业贷款配置情况。在试验区获批之前，实际宁波小微企业贷款在各类企业贷款的占比在2013年第四季度至2017年第四季度经历过一段"沉浮"期后，于2018年第一季度开启了一波较深的下行周期，合成宁波小微企业贷款占比与实际宁波有一定相似之处，不过在2018年第一季度后下降幅度更猛烈；而在试验区获批之后的2020年第一季度，实际宁波与合成宁波小微企业贷款占比走势同时出现拐点，但前者一直保持上扬，后者则呈现波动平稳态势。这意味着相对于没有实施普惠金融改革试验区的宁波，普惠金融改革试点突破了原来的信贷资源配置惯性，使得小微企业相对大中型企业获得了更多信贷资源。图5显示，2021年第四季度末宁波小微企业贷款占比41.4%，而其潜在（合成宁波）占比为33.6%，两者相差7.8个百分点。

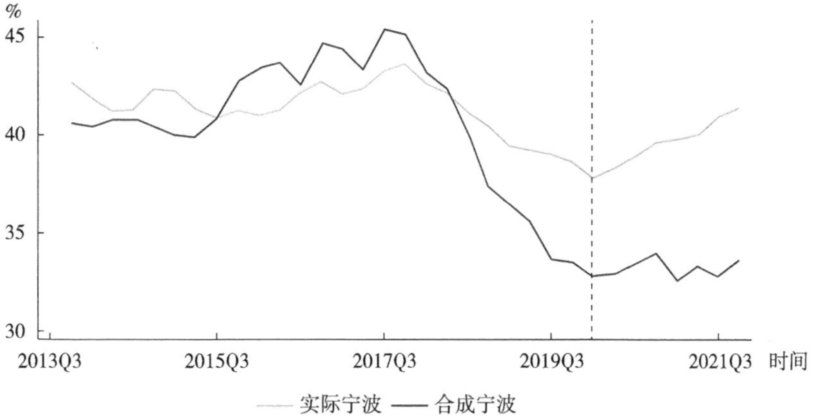

图5　实际宁波和合成宁波小微企业贷款占比

为了更直观地观察宁波普惠金融试验区对小微企业信贷资源配置的影响，本文计算了改革前后实际宁波与合成宁波的小微企业贷款占比差距。图6显示，2013年第四季度至2019年第四季度，两者占比差距均值为0.62个百分点，但2020年第一季度至2021年第四季度，两者占比差距均值拉大到6.5个百分点，从各季度末数据看，实际宁波的小微企业贷款占比分别比合成宁波高5.03个、5.43个、5.53个、5.65个、7.25个、6.74个、8.20个、7.77个百分点。通过合成控制法计算出的小微企业融资状况的改善与实际数据的表现也是一致的，至 2022 年第三季度末，宁波小微企业融资占比相对试点获批前提升幅度位居全省前列，特别是普惠小微群体贷款占比提升更为明显。

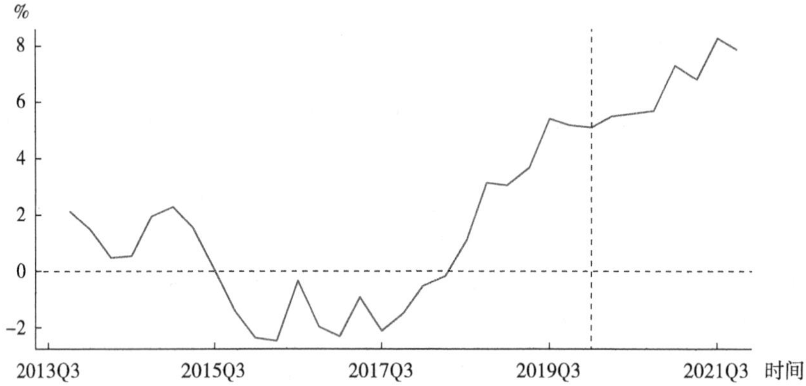

图 6　实际宁波和合成宁波小微企业贷款占比差距

（二）支付服务情况

图 7 比较了宁波普惠金融改革试验区获批前后合成宁波与实际宁波数字支付情况。在试验区获批之前，实际宁波与合成宁波农村网上支付户均金额在 2017 年第一季度至 2019 年第四季度走势大体一致，并于 2018 年第三季度开始出现一个正的“剪刀差”。在试验区获批之后的 2020 年第一季度至 2021 年第四季度，此“剪刀差”有明显扩大趋势。这意味着相对于没有实施普惠金融改革试验区的宁波，普惠金融改革试点在农村“数字支付”方面取得积极进展，而且由图 7 可以看出，2021 年第四季度末宁波农村网上支付户均 48.5 万元，而其潜在（合成宁波）支付户均为 23.8 万元，两者相差 24.7 万元。

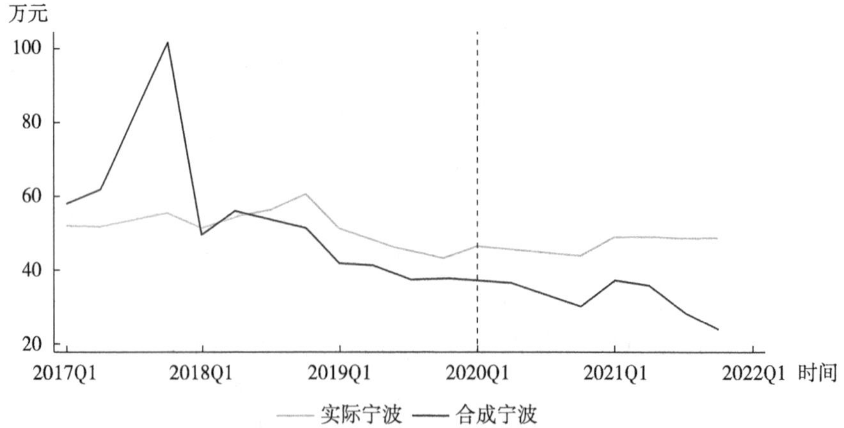

图 7　实际宁波和合成宁波农村网上支付户均额

为了更直观地观察宁波普惠金融改革对农村网上支付的影响，本文同样计算了改革前后实际宁波与合成宁波的农村网上支付户均差距。图8显示，2017年第四季度至2019年第四季度，两者差距均值为3.91万元。但2020年第一季度至2021年第四季度，两者差距均值拉大到14.09万元，2020年第一季度至2021年第四季度，实际宁波的农村网上支付分别比合成宁波户均要高9.16万元、9.08万元、10.98万元、13.96万元、11.70万元、13.17万元、19.99万元、24.71万元，农村支付“最后一公里”问题得到有效解决。

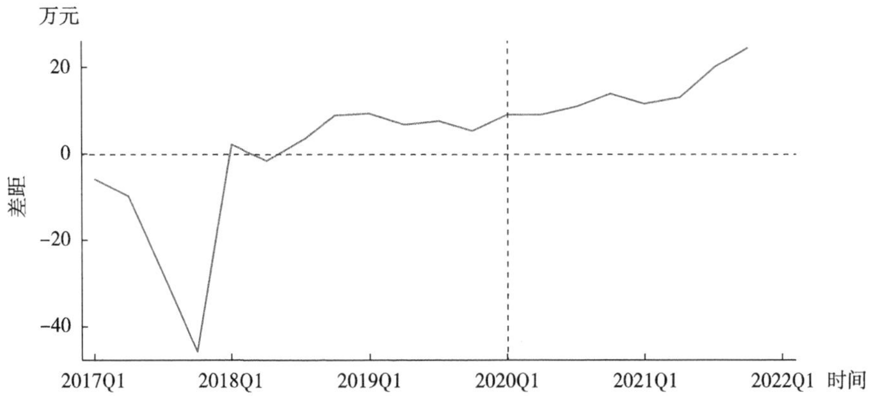

图8　实际宁波和合成宁波农村网上支付差距

（三）风险防范情况

图9呈现了普惠金融改革试验区获批前后实际宁波与合成宁波小微企业信用风险下降情况，即以2016年第一季度末为基期，其他各季度小微企业不良率相对基期的下降幅度。在试验区获批之前，实际宁波的小微企业贷款不良率自2016年第四季度起相对基准期开始下行，合成宁波小微企业贷款不良率也呈现类似走势，不过下降幅度相对实际宁波要小一些；但自试验区获批之后的2020年第一季度起，合成宁波的小微贷款不良率停止了下行趋势，相对基期降幅保持相对稳定；但实际宁波的小微贷款不良率相对基期的降幅还在扩大，这意味着相对于没有实施普惠金融改革试验区的宁波，普惠金融改革试点在防控小微企业风险方面取得了更为明显的成效，由图9可以看出，2021年第四季度末宁波小微企业贷款不良率相对基期下降2.49个百分点，而其潜在（合成宁波）降幅为1.49个百分点，两者相差1个百分点。

为了更直观地观察普惠金融改革对小微企业风险防控的成效，此部分计算了改革前后实际宁波与合成宁波的小微企业贷款不良率降幅差距。图10显示，2016年第一季度至2019年第四季度，两者降幅差距均值为0.29个百分点，但2020年第一季度至2021年第四季度，两者降幅差距均值拉大到0.73个百分点，

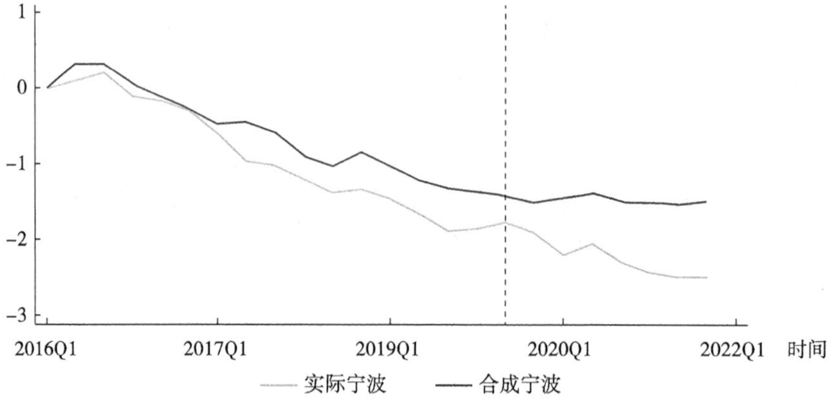

图 9　实际宁波和合成宁波小微企业贷款不良率降幅

各季度末实际宁波的小微企业贷款不良率降幅分别比合成宁波高 0. 35 个、0. 39 个、0. 75 个、0. 67 个、0. 79 个、0. 92 个、0. 97 个、1. 0 个百分点，在小微企业贷款占比实现较快提升的情况下，其不良率却不断下行，在一定程度上说明了宁波普惠金融在做大小微企业融资覆盖面的同时很好地兼顾了商业可持续性。

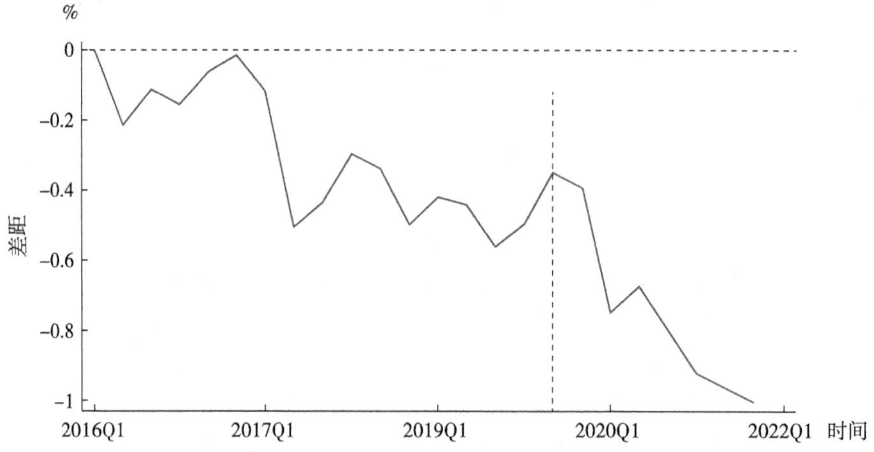

图 10　实际宁波和合成宁波小微企业贷款不良率降幅差距

（四）金融教育情况

图 11 比较了普惠金融改革试验区获批前后实际宁波与合成宁波金融知识教育情况。在试验区获批之前，实际宁波获宁波日报报道的新闻篇数与合成宁波相比互有多寡、总体略多；在试验区获批之后的 2020 年第二季度起，实际宁波获宁波日报报道的新闻要稳定多于合成宁波，这意味着相对于没有实施普惠金融改革试验区的宁波，普惠金融改革试点促进了本地金融知识教育水平。由图

12 可以看出，2021 年第四季度宁波日报报道金融类新闻 11 篇，而合成宁波为 5.1 篇，两者相差 5.9 篇。

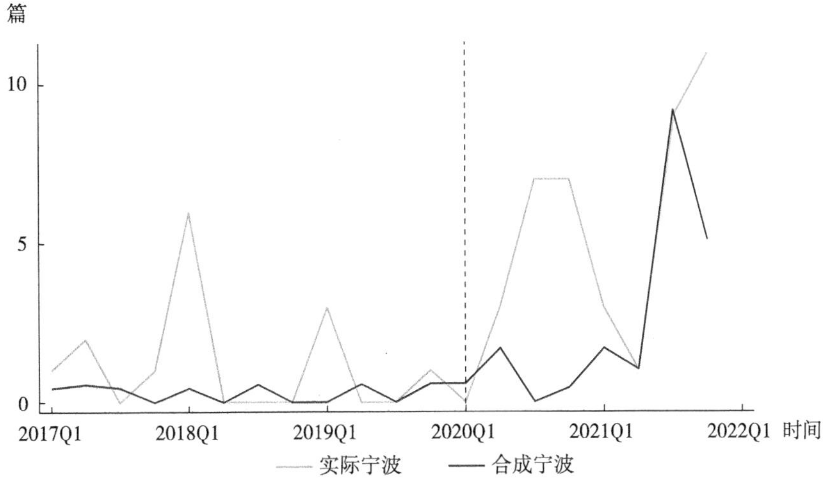

图 11　宁波实际和合成宁波金融知识宣传篇数

为了更直观地观察宁波金融知识教育取得的成效，此部分计算了改革前后实际宁波与合成宁波的金融知识教育存在的差距。图 12 显示，2017 年第一季度至 2019 年第四季度，两者获宣传报道篇数差距的季度均值为 0.87 篇，但 2020 年第一季度至 2021 年第四季度，两者差距的季度均值拉大到 2.67 篇，2020 年至 2021 年第四季度，实际宁波的金融知识宣传报道篇数分别比合成宁波多 -0.56篇、1.32 篇、7 篇、6.56 篇、1.31 篇、0 篇、 -0.2 篇、5.93 篇。值得注意的是，宁波在试验区获批的后两年在金融宣传上的积极表现并不一定是常态，因为浙江各地市承担的金融改革项目较多，一般在试点获批的初期都会进行大力宣传，恰巧在这段时期其他地市没有国家级金融改革试点获批。

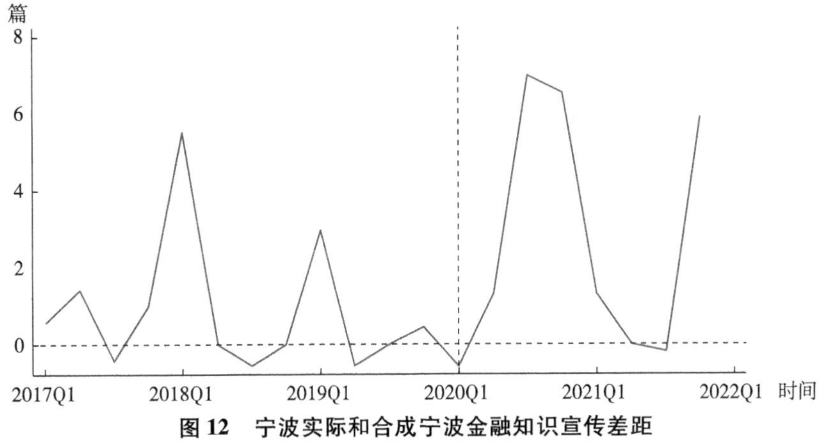

图 12　宁波实际和合成宁波金融知识宣传差距

六、同类试点的比较

同类试点改革成效的比较，是升级改革标准的重要依据，但由于试点地区之间的经济、金融基本面差异巨大，难以直接比较。合成控制法为同类试点的间接比较提供了思路，即各自计算出改革的“净效应”进行比较：第一步，构造一个与A试点地区基本面相似、但未进行试点的“合成控制地区”；第二步，与真实A地比较，计算出A地改革的“净效应”；第三步，同样的原理，可以计算B地改革的“净效应”，再比较A地改革“净效应”与B地改革“净效应”的大小。近年来，浙江省承担的区域金融改革项目较多，恰好为对比同类试点——普惠金融改革的成效提供了样本，根据《浙江省宁波市普惠金融改革试验区总体方案》提出的四大目标，在融资服务方面，宁波与台州同样聚焦小微企业，可比性较强；在数字支付方面，宁波注重农村地区服务的全覆盖，与丽水农村金融改革也有一定的比较基础。①

（一）宁波普惠金改与台州小微金改

2015年12月，中国人民银行等七部门印发了《浙江省台州市小微企业金融服务改革创新试验区总体方案》（银发〔2015〕375号），目标是解决小微金融服务中的问题，包括提高小微企业融资覆盖率、降低融资成本、扩大融资规模、提升金融服务质量等内容。台州小微金改与宁波普惠金融改革试验区虽然获批时间不一样，但宁波“完善小微企业融资服务体系”的目标与台州相比是高度一致的。台州与宁波经济、金融基本面差异很大，2022年宁波GDP达15704亿元，而台州只有6041亿元，前者为后者的2.6倍；2022年末，宁波小微企业贷款余额达8301亿元，而台州只有3409亿元，前者为后者的2.4倍，所以不能直接对宁波普惠金改与台州小微金改进行比较，本文通过合成控制法间接比较两地改革成效。

图13呈现了试点获批后宁波与台州小微企业贷款占比的“净效应”。可以看出，台州小微金改获批后，真实台州与合成台州小微企业贷款占比的差值比较小，在改革后的第4个季度末、第8个季度末、第12个季度末的“净效应”分别为-0.05个、0.02个、0.87个百分点；而宁波普惠金融改革试验区获批后的第4个季度末、第8个季度末相对应的“净效应”分别为5.65个、7.77个百分点。这说明，宁波普惠金融改革试验区在促进小微企业贷款份额提升方面的成效更为显著，其背后的原因可能是在试点初期宁波小微企业贷款占比相对较低，改革更容易推进：数据显示，台州在试点获批的2015年末小微企业贷款占

① 本来最迫切的是对同一批次的普惠金融改革进行比较，但跨省试点的比较难以获取数据。对于宁波普惠金融改革试验区的另两个目标：风险防控与金融教育，由于无法找到类似的改革对象，所以不进行比较。

比为47.3%，而宁波在试验区获批的2019年末小微企业贷款占比为38.6%，两者改革起点不一样。

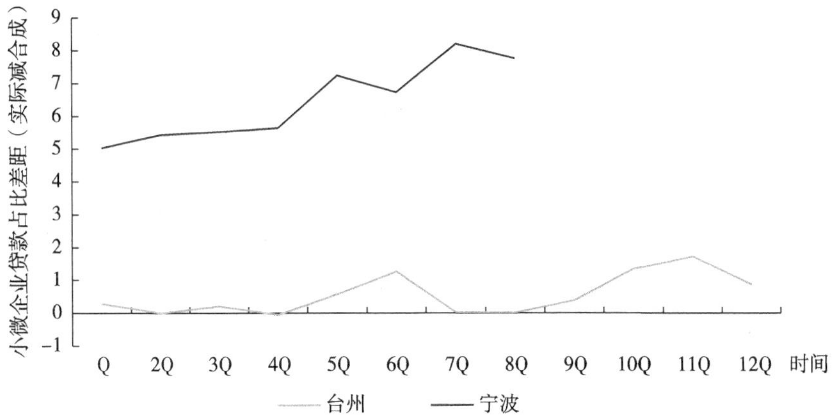

图13 宁波和台州金融改革“净效应”比较之一

图14呈现了试点获批后宁波与台州小微企业贷款增速的“净效应”。可以看出，台州小微金改获批后，真实台州与合成台州小微企业贷款增速的差值相对较大，在改革后的第4个季度末、第8个季度末、第12个季度末的“净效应”分别为6.27个、8.36个、11.96个百分点；而宁波普惠金融改革试验区获批后的第4个季度末、第8个季度末相对应的“净效应”分别为-2.39个、-2.63个百分点。宁波普惠金融改革试验区在促进小微企业贷款增速提升方面的成效不太理想，主要是基数太大。数据显示，台州在试点获批的2015年末小微企业贷款余额刚超过1000亿元，而宁波在试验区获批的2019年末小微企业贷款余额已经接近5000亿元，两者不是一个量级。

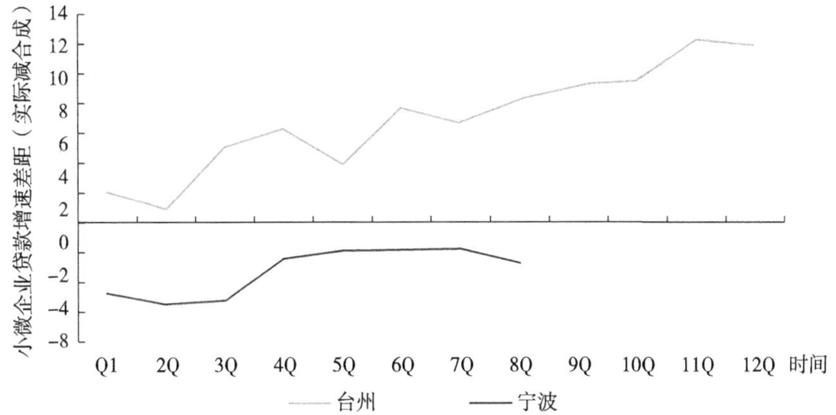

图14 宁波和台州金融改革“净效应”比较之二

（二）宁波普惠金改与丽水农村金改

2012 年 3 月，浙江省丽水市成为全国首个人民银行与地方政府“行省共建”的农村金融改革试点地区。经过近 10 年的改革，丽水市在金融体系建设、融资的质量和数量以及农村产权融资改革等方面，都取得了良好的效果，为解决普惠金融服务的“最后一公里”问题提供了许多借鉴经验。而宁波普惠金融改革试点在改善农村数字支付服务方面也起到了打通“最后一公里”的作用。为考察试验区获批后宁波在农村数字支付方面取得的成效，本部分继续利用合成控制法对比宁波与丽水金融改革的净效应。由图 15 可知，丽水农村网上支付户均金额自 2018 年开始持续低于合成丽水，并且 2020 年起两者差距还有所扩大；而实际宁波的农村网上支付户均金额与合成宁波的差值走势与丽水刚好相反。通过与丽水市进行对比，进一步说明宁波普惠金融改革试验区在数字支付领域取得了更好的成效。

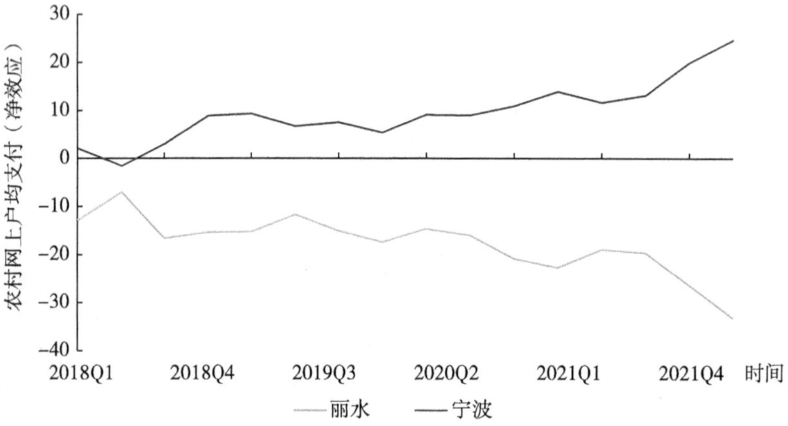

图 15 宁波和丽水金融改革“净效应”比较之一

为了克服变量选择引起的偏误，我们也对宁波、丽水两地的农村网上支付金额、笔数的同比增速进行考察。利用合成控制法计算“净效应”后，发现改革正式启动后，实际宁波的农村网上支付金额、笔数相对合成宁波均呈现较快增长势头；但利用丽水进行反事实检验的结果却表明，实际丽水的农村网上支付金额增速相对合成丽水要低，尽管笔数的相对增速一开始为正，但并不稳定，2021 年第二季度后转为负。所以根据农村网上支付金额、笔数的相对增速考察，宁波在数字支付方面取得的成效仍然是显著的，这也从一个侧面反映了数字支付不是丽水市农村金融改革的重点。

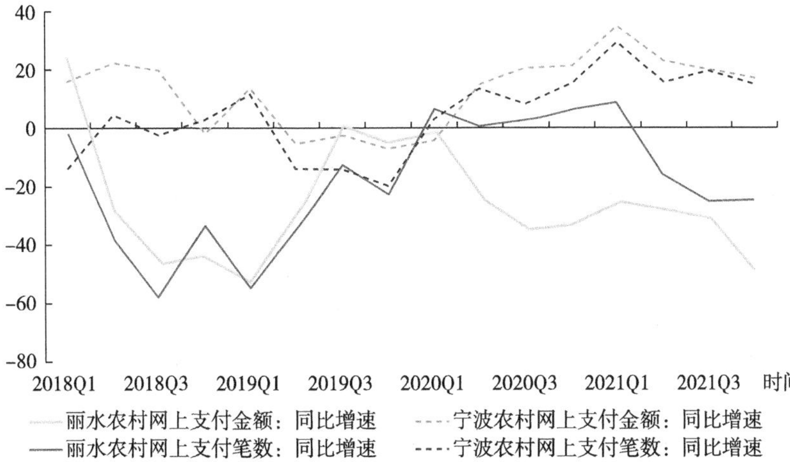

图 16　宁波和丽水数字支付“净效应”比较的稳健性检验

七、结论与政策建议

本文利用 2019 年 11 月获批的国家级普惠金融改革试验区宁波市作为自然实验对象，采用项目评估中的合成控制法对该试验区总体方案提出的目标进行了量化评估，从而为提升普惠金融改革相关试验区的创建、评估及推广质量提供经验借鉴。

（一）主要结论

一是从纵向对比看，评估指标在试验区获批时点附近均出现拐点，并在试点期间表现突出；与全省均值横向比较看，宁波的量化指标表现也更优异。说明从传统视角看，经过几年的先行先试，宁波市普惠金融改革试验区较好地实现了总体方案中提出的融资服务、支付服务、风险防范、金融教育“四个全覆盖”目标。

二是基于合成控制法评估，克服时间趋势及外部冲击的影响，宁波普惠金融改革试点成效依然显著：在融资服务方面，实际宁波的小微企业贷款占比相对合成宁波明显提升，平均提升了 6.5 个百分点，最高提升了 8.2 个百分点；在数字支付方面，实际宁波的农村网上支付比合成宁波户均增长了 14.09 万元，最高增长 24.71 万元；在风险防控方面，实际宁波的小微企业贷款不良率比合成宁波平均多降 0.73 个百分点，最多下降 1 个百分点；在金融教育方面，实际宁波的金融报道篇数相对合成宁波平均多增 2.67 篇，最多增加 7 篇。

三是通过合成控制法核算同类试点的“净效应”大小，克服不同试点地区之间因经济、金融基本面差异巨大而难以直接比较的问题。

研究发现：试点后实际宁波的小微企业贷款占比取得了更大的“净效应”，但受制于基数效应，贷款增速取得的“净效应”相对较小；在数字支付方面，试点后实际宁波的农村网上支付金额、笔数等流量指标取得了更大的“净效应”。

（二）政策建议

一是构建立体多维的评估体系。月度评估以自我监测为主，充分发挥金融统计月度时间序列数据价值，密切跟踪主要评估指标的纵向走势；季度评估可以结合省内地市数据，将合成控制法引入评估实践中，通过比照兄弟地市的表现反观改革成效；年度评估可以组织同类试点的横向比较，采用合成控制法间接比较改革的“净效应”，发现主要政策的关键影响。此外，在中期评估与结项评估时，可通过座谈调研了解试点对象获得感，以问卷调查采集第一手数据，结合全量逐笔数据，通过合成控制等自然实验方法对各项政策效果进行评估，进而将成效比较明显的实践经验进行复制推广。

二是加强数据库建设与数据共享。加强常规统计数据的全量逐笔采集，维度既要包括金融数据，也要包括反映企业身份、用能、经营等方面的数据，方便经济、金融数据在微观层面进行匹配，实现对企业精准画像、动态比对；同时要加强非标准化数据的标准化处理，实现调查问卷等非标准化数据的系统归集、调用。为破除横向比较障碍，对于区域宏观数据做到非涉密尽量共享，对于涉及市场主体隐私的数据可设置一定权限进行共享；对于同类试点的比较，要建立试点地区数据共享机制，制定数据共享目录，定期在试点地区之间进行数据披露。

三是加快数字普惠金融模式推广。依托各地信用信息平台，集成机构数据应用场景，通过大数据“多跑路”，充分释放数据作为生产要素的价值与潜力，进一步提升融资、支付、风控、教育等领域的数字普惠覆盖率和智能化水平，构建数字普惠金融全域共建生态。注重数字普惠金融标准化建设，以团体标准为主要载体，向行业标准看齐，积极推进数字普惠金融改革成果系统集成，提炼形成工作指引、规范和建设标准，特别注重数字金融基础设施建设、数字金融产品和服务创新、智能风险控制、线上金融知识教育等环节和领域的标准化建设，并强化经验标准的应用和推广。

参考文献

[1] 郭峰，王靖一，王芳，孔涛，张勋，程志云．测度中国数字普惠金融发展：指数编制与空间特征［J］．经济学（季刊），2020，19（4）：1401－1418.

[2] 潘功胜．“自下而上”的区域金融改革：探索、成效与经验［J］．清华金融评论，2014（7）：20－24.

[3] 齐结斌．中小企业融资可得性的国际比较及影响因素分析［J］．上海金融，2020（6）：2－10.

[4] 台州市小微金改领导小组办公室．小微企业金融服务改革在台州[M]．杭州：浙江工商大学出版社，2021.

[5] 兰考普惠金融改革试验课题组，徐诺金，崔晓芙．普惠金融落地路径探析：基于兰考县的实证［J］．征信，2018，36（3）：7－14.

[6] 王信．深化区域金融改革创新［J］．中国金融，2019（20）：27－29.

[7] 徐诺金．普惠金融的兰考实践［M］．北京：中国金融出版社，2021.

[8] 赵萍，王纯杰．农村普惠金融扶贫：成效、差异与审思——基于辽宁省117个贫困村的实证调查［J］．金融理论与实践，2020（8）：103－111.

[9] 王道新．普惠金融财税支持政策效果评估——以湖南省为例［J］．金融经济，2020（06）：47－51.

[10] Abadie A, Imbens G W. Matching on the estimated propensity score [J]. *Econometrica*, 2016, 84 (2): 781-807.

[11] Goodman-Bacon A. Difference-in-differences with variation in treatment timing [J]. *Journal of Econometrics*, 2021, 225 (2): 254-277.

[12] Villamizar-Villegas M, Pinzon-Puerto F A, Ruiz-Sanchez M A. A comprehensive history of regression discontinuity designs: An empirical survey of the last 60 years [J]. *Journal of Economic Surveys*, 2022, 36 (4): 1130-1178.

[13] Abadie A. Using synthetic controls: Feasibility, data requirements, and methodological aspects [J]. *Journal of Economic Literature*, 2021, 59 (2): 391-425.

附表 1

党的十八大以来普惠金融相关改革试点情况（截至 2022 年末）

时间	地区	类型	试点层级
2013 年	湖南长株潭	长株潭城市群金融改革	国务院
2015 年	四川成都	农村金融服务综合改革试点	国务院
2015 年	吉林省	农村金融综合改革试验区	国务院
2015 年	浙江台州	小微企业金融服务改革创新试验区	国务院
2016 年	陕西宜君	农村普惠金融综合示范区	中国人民银行
		普惠金融全球倡议（FIGI） 中国项目试点县（2018）	世界银行、中国人民银行
2016 年	青海省	普惠金融综合示范区	中国人民银行
2016 年	江苏泰州	金融支持产业转型升级改革创新试验区	国务院
2016 年	湖南平江	普惠金融综合试点县	世界银行、中国人民银行
		普惠金融全球倡议（FIGI） 中国项目试点县（2018）	世界银行、中国人民银行
2016 年	河南兰考	普惠金融改革试验区	国务院
2019 年	福建宁德、龙岩、浙江宁波		
2020 年	江西赣州、吉安		
2022 年	陕西铜川		
2020 年	山东临沂	普惠金融服务乡村振兴改革试验区	国务院
2022 年	浙江丽水、四川成都		

附表 2

中国普惠金融指标体系（2021 版）

维度	类别	指标
使用情况指标	账户	个人银行结算账户人均拥有量
		企业法人单位银行结算账户平均拥有量
	拥有活跃账户的成年人（15 岁以上）比例	—
	银行卡	银行卡人均持卡量
		银行卡人均交易笔数
		信用卡人均持卡量
	人均非现金支付笔数	—

续表

维度	类别	指标
使用情况指标	数字支付	使用数字支付的成年人（15 岁以上）比例
		人均移动支付笔数
		人均移动支付开通量
		人均网上支付笔数
		人均网上支付开通量
	储蓄倾向	在吸收存款的银行业金融机构办理过存款的成年人（15 岁以上）比例
	购买投资理财产品的成年人（15 岁以上）比例	—
	个人信贷	成年人（15 岁以上）个人未偿还贷款笔数
		在银行有贷款的成年人（15 岁以上）比例
		在银行以外的机构、平台获得过借款的成年人（15 岁以上）比例
		人均个人消费贷款余额
		个体工商户经营性贷款余额占比
		个人经营性互联网贷款余额占比
	小微企业信贷	单户授信小于 1000 万元的小微型企业贷款余额占比
		小微企业主经营性贷款余额占比
		小微企业互联网贷款余额占比
	民生信贷	创业担保贷款余额占比
		助学贷款余额占比
	涉农信贷	农户生产经营贷款余额占比
		有贷款的农户占比
		农户消费贷款余额占比
	精准扶贫信贷	精准扶贫贷款余额占比
		建档立卡贫困人口人均贷款余额
		建档立卡贫困人口消费贷款余额占比
	保险	保险密度
		保险深度
		购买过保险产品或服务的成年人（15 岁以上）比例

续表

维度	类别	指标
可得性指标	金融服务点	每万人拥有的银行网点数
		银行网点乡镇覆盖率
		每万人拥有的具有融资功能非金融机构数
		每万人拥有的 ATM 数
		每万人拥有的联网机具数
	助农取款服务点	金融服务村级行政区覆盖率
		银行卡助农取款服务人均支付业务笔数
	服务终端的互通性	ATM 网络的互通性和 POS 终端的互通性
	每万人拥有的借记卡数	—
质量指标	金融知识	—
	金融行为	—
	金融服务投诉	纠纷解决机制
		银行业金融机构每万人投诉量
		银行业金融机构投诉办结率
	信贷障碍	银行卡卡均授信额度
		小微企业信用贷款比例
		农户信用贷款比例
	融资担保	政府性融资担保机构直保余额占比
	信用建设	个人信用档案建档率
		企业信用档案建档率
		农户信用档案建档率
		建档农户信贷获得率

资料来源：中国人民银行消费者权益保护局《中国普惠金融指标体系（2021 版）》。

美联储量化宽松政策退出对我国跨境资本流动的影响研究

国家外汇管理局浙江省分局课题组*

一、引言

随着中国汇率市场化程度和资本项目可兑换程度逐步提升，外部冲击的溢出效应日益突出，对人民币汇率的波动性和跨境资本流动影响不断增强。布雷顿森林体系瓦解后，经济全球一体化程度不断加深，美元在国际货币体系中的主导地位逐步得到强化，美联储货币政策对其他国家的溢出效应也越发明显。当前外部环境有所恶化，“黑天鹅”“灰犀牛”事件时有发生，跨境资金异常流动风险不容忽视。因此，研究美联储货币政策对我国跨境资本流动的影响，在提高风险防控和应对能力，防止资本大进大出、汇率大起大落，维护国家经济金融安全等方面具有重要意义。

2008 年国际金融危机爆发后，美联储通过购买国债等渠道向市场投放天量流动性，开启了量化宽松政策的时代，先后推出了四轮量化宽松货币政策。2020 年初，新冠疫情暴发，为应对疫情影响下的经济下行压力和股市动荡，2020 年 3 月美联储第五次启动量化宽松政策，购买 5000 亿美元国债和 2000 亿美元 MBS，同时将联邦基金利率目标区间再次下调至 0～0.25%的超低水平。两年来，无限量化宽松政策使得美联储的资产负债表快速扩张了 1 倍多，美国通货膨胀率高达 8.3%。为了抑制高企的通货膨胀，2022 年 3 月以来美联储开启加息步伐，已连续六次分别加息 25 个基点（3 月 17 日）、50 个基点（5 月 5 日）、75 个基点（6 月 16 日）、75 个基点（7 月 28 日）、75 个基点（9 月 22 日）和 75 个基点（11 月 3 日），年内加息幅度已达到 375 个基点，联邦基金利率目标区间上调至 3.75%～4%，创下自 1981 年以来的最大密集加息幅度。美联储大幅度加息，强势退出量化宽松政策，搅动全球金融市场，扰乱全球经济。一段时间以来，美元指数强势攀高，非美元货币应声下跌。同时，以美元计价的石油、天然气等大宗商品价格飙升，各国输入性通胀压力加剧。美国退出量化宽

---

* 课题主持人：陆巍峰
课题组成员：李巧琴　朱培金　俞业夔　秦　楠　冀雅文　王紫薇　江　楠

松政策将会作用于货币市场、外汇市场和资本市场，从通货膨胀、货币供给、宏观经济波动等传导渠道影响全球各国经济。

中国是经济全球化的重要参与者和推动者，随着金融对外开放程度的进一步提高，跨境资本流动格局发生了较大变化。中国从过去国际资本的被动接收者，逐步成为重要的国际资本输出者，国际资本流动由过去长期的净流入转变成当前的双向流动，跨境资本流动的规模和波幅进一步加大，也加剧了国内金融资产价格的波动。在此背景下，研究全球流动性变化，尤其是美联储量化宽松政策退出形成的冲击对我国跨境资本流动的影响，具有十分重要的现实意义。

本课题采用理论和实证研究相结合的方式，在当前美国持续加息，引发量化宽松政策退出引发全球流动性紧缩的背景下，通过梳理自 20 世纪 90 年代以来，美联储四轮加息操作对全球新兴市场经济体跨境资本流动的影响，比较各国宏观政策的应对举措，结合全球产业链变化以及金融市场开放等因素，分析量化宽松政策退出对我国跨境资金流动的溢出效应。

本课题可能的贡献聚焦两方面。一方面，基于传导机制分析，在构建向量自回归模型（VAR）基础上，采用向量误差修正模型（VEC）分析美联储量化宽松政策退出后对包括跨境资本流动、全球原油价格、我国货币政策、汇率、物价水平在内的长期均衡关系。该建模方式结合短期波动与长期均衡，可以更好地刻画变量之间的动态关系，从而为跨境资本流动监测以及宏观审慎管理提供实证基础。另一方面，创新性地通过横向对比分析，全面剖析了美联储退出量化宽松货币政策对新兴市场经济体的影响渠道，并分析本轮退出面临较高风险经济体的共有特征，以期为进一步分析对我国的潜在冲击提供借鉴经验。

二、文献综述

（一）量化宽松相关的理论研究

凯恩斯学派认为当中央银行实行过低利率，投资者和消费者对利率的变化并不敏感，货币政策失效，对实体经济的改变并不大，即所谓流动性陷阱。而货币学派则认为，货币需求不会因为利率下调而消减，从而使货币政策依然有效，并不会出现流动性陷阱。量化宽松起源于这两个学派的争论。量化宽松货币政策属于非常规的货币政策。1991 年，英国经济学家 Werner 提出了“量化宽松”（Quantitative easing，QE）的概念，通过规模化和量化的政府资产购买债券方式，提高信用创造的能力，让流动性充分释放到经济体中，使经济体尽快地从萧条走向复苏。新凯恩斯学派（Paul Krugman，2000）认为，流动性陷阱的本质是“信心”或预期问题，通货膨胀预期降低实际利率，从而刺激消费和投资。Eggertsson（2003））进一步认为中央银行运用量化宽松货币政策产生通货膨胀的预期，避免经济体陷入流动性陷阱，为量化宽松货币政策奠定了理论基础。

日本是世界首个实施量化宽松货币政策的国家。2001 年，日本经济增长缓慢，银行的信贷水平持续下降，面临着严重的通货紧缩风险。而当时日本市场利率水平已降至零，但经济发展依然没有起色。因此，日本政府通过量化宽松货币政策增加金融系统的流动性，刺激消费和投资以振兴经济。日本学者 Hamada（2000）认为，政府可以运用量化宽松货币政策来调节经济，从而在金融危机中慢慢恢复。潘成夫（2009）系统总结了日本实施量化宽松货币政策的经验和教训，并分析美国实行量化宽松货币政策对全球的影响。Eggertsson（2003）认为中央银行购买证券资产可以将流动性直接注入私营企业部门，从而增加市场流动性。Bernanke（2004）研究表明，当名义利率接近零时，中央银行可以采用量化宽松货币政策，通过大量购买债券资产改变中央银行资产负债表结构并扩大其规模，引导处于流动性陷阱中投资者的市场预期。

2008 年国际金融危机之后，美、英和欧盟等西方经济体中央银行都纷纷仿效日本央行做法，采用量化宽松货币政策刺激经济复苏。中国人民银行在 2009 年首次定义量化宽松政策，"一种在已经实施近似零利率或零利率政策的基础上中央银行凭借购买中长期债券如国债等手段，提高基础货币供给来向市场提供大量流动性的干预方式"。

（二）美国退出量化宽松政策的相关研究

面对 2008 年国际金融危机，美联储的量化宽松货币政策在提供市场流动性、稳定市场预期、促进消费投资等方面有明显作用。但在经济回暖、金融市场反弹之后，如果不及时回收量化宽松产生的巨额流动性，也可能引发新一轮的通货膨胀和资产泡沫。QE 退出是个循序渐进的过程，不仅会受到较高财政赤字和失业率的约束，还会受到美联储自身货币政策工具运用的制约。因此，量化宽松货币政策的退出时机和退出方式值得深入探讨。

1. 在退出方式方面。2009 年，时任美联储主席的伯南克（Bernanke，2009）提出了退出量化宽松货币政策的具体路径：向商业银行发行定期存款凭证，出售美联储持有的长期资产，提高联邦基金利率和再贴现率，降低短期借贷规模，对商业银行超额准备金支付利息等。Dujovne 和 Guidotti（2009）认为除量化宽松货币政策的退出策略之外，美联储应该重视银行的道德风险问题，通过整顿银行业，让市场预期回到危机之前的状态。Levy（2011）针对美联储第二次量化宽松政策（QE2）的退出，提出以下路径：一是逐步减少购买国债和资产抵押证券的规模，二是逐步减少商业银行准备金，三是通过准备金回购工具推高联邦基金利率，四是出售持有的非传统资产以收缩资产负债表规模。谭小芬（2010）认为美联储执行广义的量化宽松退出策略时有几种方法：一是提高基准利率和超额准备金的利率，二是停止短期债券的购买，三是吸收银行超额准备金，四是开展道德劝说。韩秀云（2013）对 2011 年 4 月美联储制定的退出策略开展分析，认为主要有以下几种路径：一是减少每月的债券资产的购买量，二是提升联邦基金利率水平，三是美联储逐步恢复出售长期债券资产。

2. 在退出时机方面。Bagus（2009）认为美联储如果贸然大幅减持国债和资产抵押证券，会减少商业银行准备金，从而影响银行间市场的流动性。美联储应该在减持资产抵押证券等非传统资产时，同时增持国债，从而保证商业银行的准备金处于增长的状态。韩秀云（2013）强调美联储通常在出现以下情形才考虑退出量化宽松货币政策：一是美国经济全面稳定逐步走向复苏，二是失业率水平出现显著下降，三是家庭部门消费的持续回升。杨力、李蕊（2014）对量化宽松货币政策的两种方式（渐进式、一次性）开展分析，指出美联储退出量化宽松货币政策会是渐进式的，退出时机上还呈现交叉性、过程性和反复性的特点。谭小芬（2010）强调量化宽松政策退出时机的重要性，过早退出会阻碍经济复苏，但过晚退出会导致资产泡沫和通货膨胀。量化宽松退出主要分两个阶段，当金融机构资产负债表得到修复后，主要采取数量工具退出 QE；当家庭和企业资产负债表修复时，同时使用数量工具和价格工具退出 QE。

总体上看，从退出方式上看，美联储的量化宽松退出包括中央银行资产负债表增量调整（减少购买和停止购买）、中央银行资产负债表存量调整（结构性调整）及加息（联邦基金利率和银行准备金利率）三种方式；从退出时机上看，主要根据实体经济的复苏程度和通胀水平、失业率的制约程度，量化宽松政策退出是个渐进式的过程，不同阶段需要采用不同的退出方式（数量工具和价格工具）。

（三）美联储退出 QE 的溢出效应分析

由于各国货币政策、汇率制度及经济发展阶段不同，美联储退出 QE 政策对其他国家（新兴市场经济体、发达经济体）影响也有所差异，因此探讨美联储退出 QE 政策对我国经济的影响具有很强的启发意义。本课题梳理现有的国内外研究文献，从新兴市场经济体、发达经济体及我国经济三个维度，分析美联储退出 QE 的溢出效应。

1. 美联储退出 QE 对新兴市场经济体的影响

Carvalho 和 Nechio（2014）研究表明，新兴市场经济体的资本账户开放程度越高，美联储退出 QE 对该经济体的影响程度越大。新兴市场经济体的汇率在短期内出现贬值，进一步加剧资本外流，引起金融市场大幅波动。王大为和孙文奕（2016）进一步分析了美联储退出 QE 对新兴市场经济体的影响渠道。美联储退出 QE 主要通过汇率和贸易渠道影响新兴经济体的发展，直接引发新兴经济体资产价格和汇率大幅波动，并强调新兴市场经济体应采取外汇管制政策减少美联储退出 QE 政策所引发的负面冲击，同时还应该加强区域货币合作。李天国（2014）利用十余个新兴市场经济体 1993—2013 年的各类经济数据，实证分析了美国退出 QE 对新兴经济体的影响。在短期内看，美国退出 QE 会使新兴市场经济体出现资本外流、流动性收缩等问题，但从长期看，却有利于新兴经济体摆脱美联储货币政策的影响。

2. 美联储退出 QE 对发达经济体的影响

Buch（2019）研究表明，美联储退出 QE 导致欧洲、日本以及英国等发达经济体的货币政策收紧，进一步导致这些发达国家的国内银行贷款规模大幅缩减。在影响渠道方面，Barbosa（2018）的研究表明，美联储和英格兰银行的货币政策对爱尔兰等欧洲国家国内信贷存在较大影响，尤其以“融资渠道”“投资渠道”的作用较为明显。刘金全等（2020）分析了美联储退出 QE 时，不同发达经济体面临冲击时存在差异，尤其是冲击的持久性方面。发现不同经济体汇率政策以及贸易结构的差异，其受到退出 QE 影响程度也有所不同，且不同方式的影响会存在相互抵消的可能。孙焱林和张倩婷（2016）研究表明，根据利率平价理论，美联储退出 QE 导致发达经济体之间的利差产生变动，从而导致引起资本快速跨境流动，影响投资者的资产配置，尤其是对于金融自由化程度较高的发达经济体。

3. 美联储退出 QE 对我国经济的影响

一是在具体影响方面。邢天才和唐国华（2011）研究表明，2008 年国际金融危机后，我国货币政策很大程度上受制于美国的货币政策，与大多数新兴市场经济体一样，独立性较弱。当美联储退出 QE 利率上升时，我国会被动跟随而未考虑国内经济的实际情况，从而对我国经济增长产生负面影响。潘锡泉（2014）研究表明，一方面，美联储退出 QE 有利于我国的出口；另一方面，美元流动性收紧将导致人民币汇率贬值，资本外流压力加大。李欢丽和李石凯（2017）研究美联储退出 QE 对我国企业外债融资成本的影响。随着美元流动性收紧，出现资本外流美元利率走高，导致我国企业的外债融资成本提高，我国外债的履约风险将进一步放大。肖卫国（2017）研究表明，随着人民币汇率形成机制的进一步完善，美联储退出 QE 对我国跨境资本流动的冲击影响程度小于以往。

二是在政策应对方面。潘锡泉（2014）提出在面临美联储退出 QE 时，应扩大人民币汇率弹性，适度加强“热钱”跨境流动的管制，并实施适度宽松的货币政策。王铁山（2014）研究表明中国应利用积极调整货币政策、改革人民币汇率形成机制和加强短期跨境资本监管，进一步推动人民币国际化与“一带一路”建设等多方面政策工具组合，降低美联储退出 QE 的负面影响。王永利（2014）建议美联储退出 QE 并不一定面临大规模资本外流压力，重要的是我国要保持货币政策的独立性，做好自己的事情。

总体上看，美联储退出 QE 对中国经济的影响具有两面性。一方面，美联储退出 QE 意味着美国国内经济开始走向复苏，同时美元也逐渐升值（人民币汇率贬值），从而大幅提升中国的出口；另一方面，美联储退出 QE 导致美国的国内利率水平上升（联邦基金利率），中美利差进一步缩小甚至产生倒挂，中国面临资本外流的压力不容忽视。美联储退出 QE 导致外部金融环境进一步复杂化，这意味着中国的宏观经济金融政策要更为灵活、更具有独立性，在确保经济增长的同时并也要维护人民币汇率稳定。

三、美联储 QE 退出对我国跨境资本流动的影响分析

（一）美联储政策调整对我国跨境资本流动的冲击日益显著

从 2008 年 11 月至今，美联储执行了五轮量化宽松货币政策，向全球注入了天量流动性，而我国在此期间由于经济高速增长、贸易竞争优势突出、人民币连续升值、金融市场高利率等有利环境，吸引了大量资本流入。尤其近年来，随着我国金融开放步伐的不断加快，金融市场也成为跨境资本流入的主要引力之一。从银行代客涉外收付款数据变化看（见图 1），当前我国跨境资本流动整体呈现以下趋势和特点：一是流动规模不断加大，资本流入从 2010 年的 18666 亿美元增至 2021 年的 60399 亿美元，增长了 224%；资本流出从 2010 年的 15830 亿美元增至 2021 年的 56835 亿美元，增长了 259%。二是流动波幅不断扩大，特别是 2020 年新冠疫情之后资本流动的月度波幅明显大增，如资本流入从 2021 年 12 月的 6276 亿美元大幅降至 2022 年 2 月的 4126 亿美元，最大月降幅达 34%。三是跨境资本呈双向波动态势。在 2015 年“811”汇改之前，我国跨境

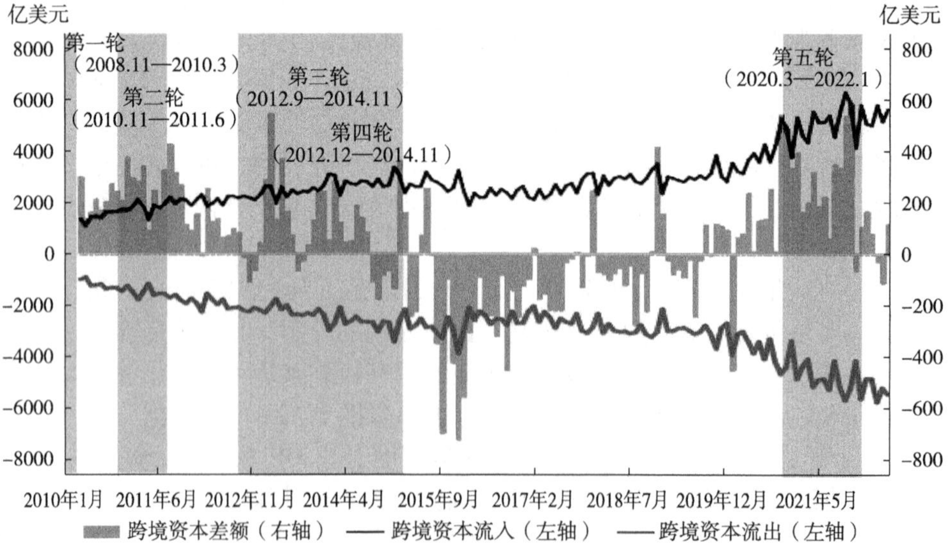

图 1　2010 年以来我国跨境资本流入流出变化情况

资本基本维持净流入态势，但汇改之后，跨境资本流动进入了双向波动，2015—2018 年呈资本净流出，2019—2021 年呈资本净流入，特别是 2020—2021 年的银行代客涉外收付顺差额增速分别高达 377%、205%。2022 年 1 ~ 8 月跨径资本流动有进有出，但整体顺差额同比下降 64%。

毋庸置疑，美联储货币政策转向会对美国、新兴市场、中国等经济体的利率、汇率、资本流动、资产价格产生显著溢出效应，而且其对我国跨境资本流动的冲击力正随着我国金融市场的开放而不断扩大化。通过对国内银行代客涉外收付款数据的观察进一步发现：前两轮美联储宽松货币政策退出对我国跨境资本流动基本没有大的影响。第三、第四轮政策退出后，我国银行代客涉外收入（跨境资本流入）有所收缩，涉外支出（跨境资本流出）则有所上升。2015 年 1 ~ 8 月，银行代客涉外收入从 2996 亿美元降至 2631 亿美元，降幅为 12%；银行代客涉外支出从 2638 亿美元大幅增至 3331 亿美元，增幅达 26%；银行代客涉外收支差额从顺差 358 亿美元直接转为逆差 700 亿美元。第四、第五轮政策退出后，我国银行代客涉外支出明显有所增长。典型如第五轮退出，2022 年 1 ~ 8 月，银行代客涉外支出月均为 5191 亿美元，同比增长 14%，银行代客涉外收支差额也出现了根本性逆转，1 月顺差 584 亿美元，2 月、6 月、7 月分别逆差 65 亿美元、28 亿美元、111 亿美元，表明在我国金融市场开放度提升的大环境背景下，美联储货币政策调整对我国跨境资本流动的冲击会越来越显著。

（二）汇率和利差是影响我国跨境资本流动的主要因素

1. 中美利差走势与我国跨境资本流动息息相关。2008 年国际金融危机后，美联储急剧降低利率，实施了长达 7 年的零利率目标政策，直至 2015 年之前，中美利差一直高于 5%。第一轮和第二轮政策退出后，即使美元升值，也未对我国跨境资本流动造成明显的压力。但随着我国金融市场的扩大开放，第四轮和第五轮政策退出后，中美利差大幅缩减、境内外套利空间收缩，逐步引发了金融市场上的热钱异常流动。2015 年，我国为缓解国内流动性而多次降息降准，而 2016—2019 年，美国则在经济改善向好、就业人数增加、失业率低下的前提下，连续实施了 9 次加息，导致中美利差最小时仅为 1.81%。因此，在 2015 年 8 月至 2016 年 12 月、2018 年 6 月至 2020 年 5 月，人民币走出了两波大幅贬值的行情，同时也伴随了我国跨境资本流动的异常波动。2022 年以来，美联储在高通胀压力下已连续 5 次加息至 3.25%，中美利差从新冠疫情暴发初期的 2.8% 缩窄至 0.4%，因此 2022 年我国的跨境资本流动结束了单边流向而逐步转为双向波动。

2. 跨境资本流动与汇率波动存在联动关系。当跨境资本从境内流出时，本币需要兑换成外币，外汇市场本币供给增加，而本币需求相对不变，从而导致本币产生贬值压力。而汇率的贬值压力也会对跨境资本流动产生影响，进一步加剧汇率的贬值程度，即跨境资本流动与汇率波动两者之间存在联动关系。

具体来看，在历轮量化宽松货币政策期间，美国都实施了低利率甚至零利率政策，在国际金融市场上有意营造了美元大幅贬值或长期下行的货币氛围。而其宽松政策一旦退出，就会直接导致美元升值，给全球汇率市场带来震动，我国也不例外。在前两轮美联储量化宽松政策退出期间（见图 2），我国汇率波动整体较小，2010 年 3—11 月，人民币汇率升值 2.2%；2011 年 6 月至 2012 年 9 月，人民币汇率升值 2.02%。即美联储政策退出并没有根本改变当时人民币汇率持续升值的长期性趋势，对国内跨境资本流动的影响整体也较小。

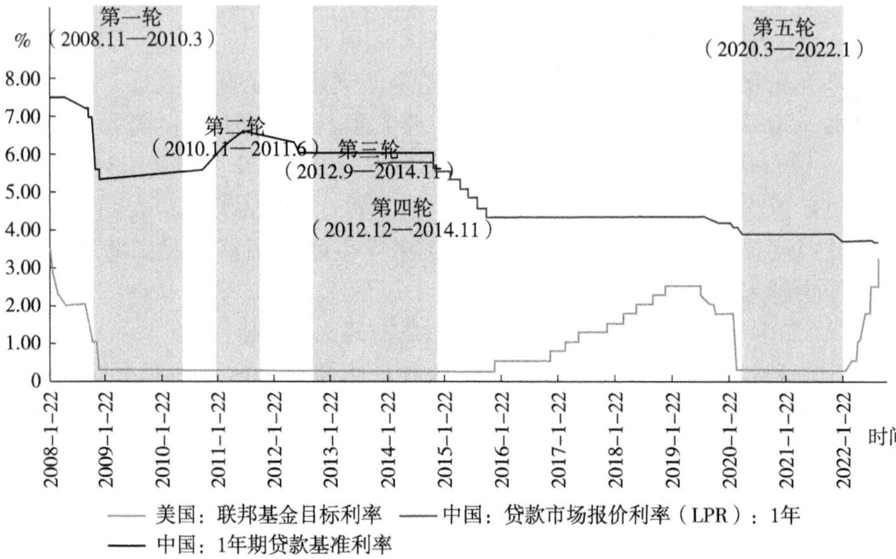

图 2　2008 年以来中美利率变化情况

自 2015 年 8 月 11 日以后，我国进一步改革了人民币中间汇率形成机制，提升了人民币汇率弹性，允许人民币对美元“双向波动”，并不断减少对人民币单向升值或贬值的干预。在此背景下，美联储第四轮、第五轮 QE 政策退出对我国汇率的影响明显扩大化。2014 年 11 月至 2020 年 3 月，人民币汇率最低为 7.0986，最高为 6.1143，贬值幅度最高达 13.9%；2022 年以来，人民币汇率也一路从 6.3588 上升到 7.21，贬值 13.4%。与此同时，汇率波动和国内跨境资本流动的波动也均呈扩大化态势（见图 3）。

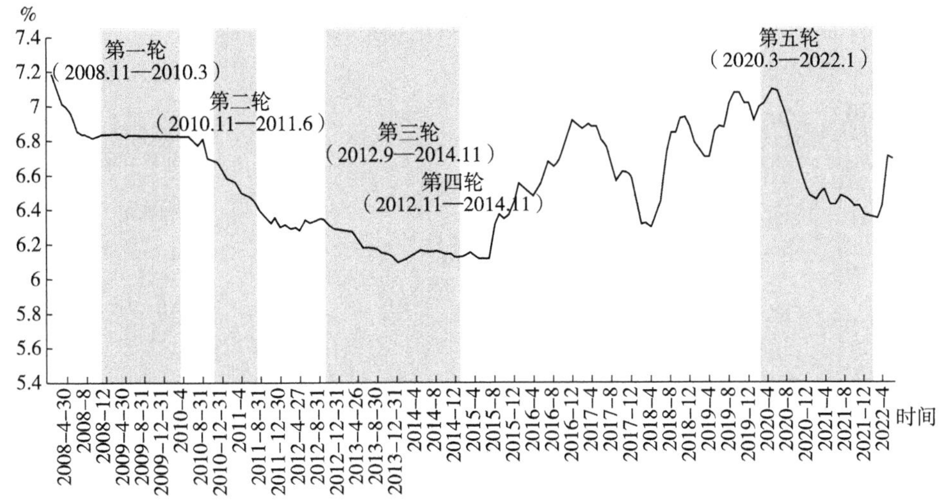

图 3　2008 年以来我国汇率变化情况

(三) 美联储 QE 政策退出影响我国跨境资本流动的三渠道剖析

1. 贸易渠道，美国政策转向并没有改变我国跨境资本净流入态势。自 1994 年以来，我国经常项下连续 28 年保持跨境资本净流入态势。观察最近一轮美联储宽松政策退出的前后一段时期，我国对美出口规模反而呈扩大化态势。一方面，美联储退出量化宽松货币政策是以经济复苏为前提。2020 年受新冠疫情影响，美国 GDP 增速为 -3.5%，而 2021 年 GDP 增速则达到了 5.7%，创 1984 年以来最高值，因此在 2022 年开始就选择了退出 QE。在经济回暖的情况下，美国国内的生产和消费需求增加，从而带动大量的生产原材料以及日用消费品的进口需求。由于我国在全球率先有效控制了疫情，加上国内制造业是全球产业门类最齐全、体系最完整的制造业，因此，国内出口贸易近年来走出了一波逆势增长态势，2020—2021 年出口额同比增速分别达到 4%、21.2%。另一方面，美联储开始退出量化宽松政策后，美元持续升值也导致我国向美国出口的产品价格相对降低，进一步提高了国内出口产品的价格竞争力。2022 年 2 月至 8 月，我国对美出口额从 398 亿美元增长至 498 亿美元，增幅为 25%，其中 6 月达到波峰，增长了 41%（见图 4）；对美出口总额为 3459 亿美元，同比上年（3101 亿美元）增长 11.5%，剔除美元汇率同比升值 3.5% 的影响，我国对美出口总额仍增长了 8%。

从进口渠道看，美联储量化宽松政策退出短期内会抑制我国跨境资金流出。美元升值导致我国从美国进口的商品价格上升，在一定程度上抑制了我国国内的进口需求。我国从美国进口的商品种类中，以机电、运输设备，化工制品和植物产品，高科技产品（如手机等）以及高端奢侈品等为主要部分，这类产品非生活必需品，美元升值会相应降低我国对这类产品的进口需求。

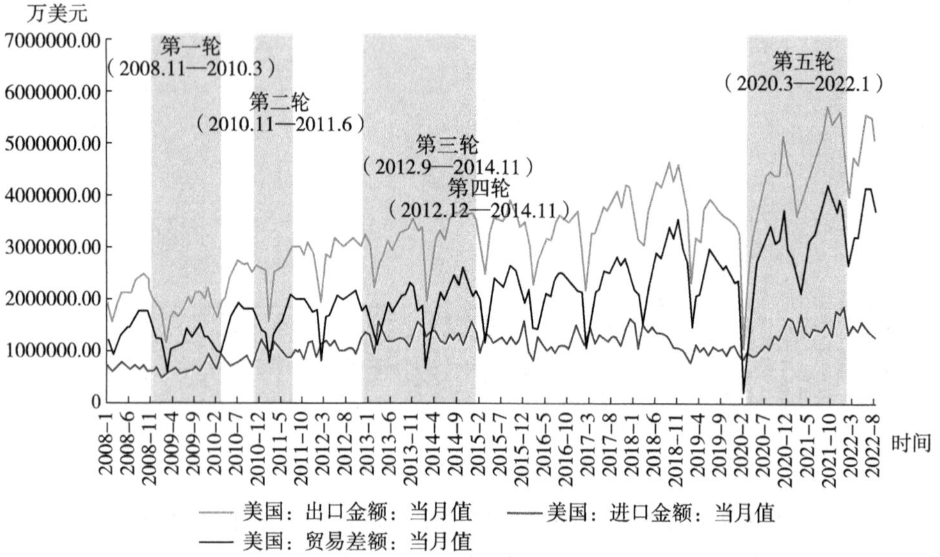

图 4　2008 年以来我国对美国的进出口贸易情况

2. 直接投资渠道，受到国际投资整体环境的影响。新冠疫情暴发以来，全球外国直接投资形势和格局也逐步发生变化。长期以来，美国是全球最大的外商投资来源国和接收国，但受到新冠疫情的严重影响，2020 年美国对外直接投资（ODI）流量为 928.1 亿美元，同比下降 7.9%，占 GDP 的比重为 0.4%，流量规模降至全球第五。[①] 同年，我国 ODI 同比增长 12.3%，达到 1537.1 亿美元，首次跃居世界第一；外商直接投资（FDI）增长 5.7%，并在 2021 年进一步增长 20%、吸引外资约 1790 亿美元。2022 年以来，美国宽松货币政策退出叠加各国民族主义和保护主义趋势越发凸显，世界不确定性陡然增大，为中国招商引资和对外投资都带来了前所未有的困难和挑战。上半年，直接投资项下仍呈资本净流入状态，下半年因我国 ODI 增势较强，开始转向为资本净流出状态。

3. 证券投资渠道，是我国金融开放背景下受美国政策调整影响最主要的渠道，也正成为影响我国跨境资本流向的主要力量之一。2017 年，第五次全国金融工作会议提出，要积极稳妥推动金融业对外开放。2019 年，为贯彻落实党中央、国务院关于进一步扩大对外开放的决策部署，按照“宜快不宜慢、宜早不

---

① 王文，蔡彤娟．“后疫情时代”中国对外直接投资分析——与发达国家比较的视角［J］．亚太经济，2022（4）：106－113.

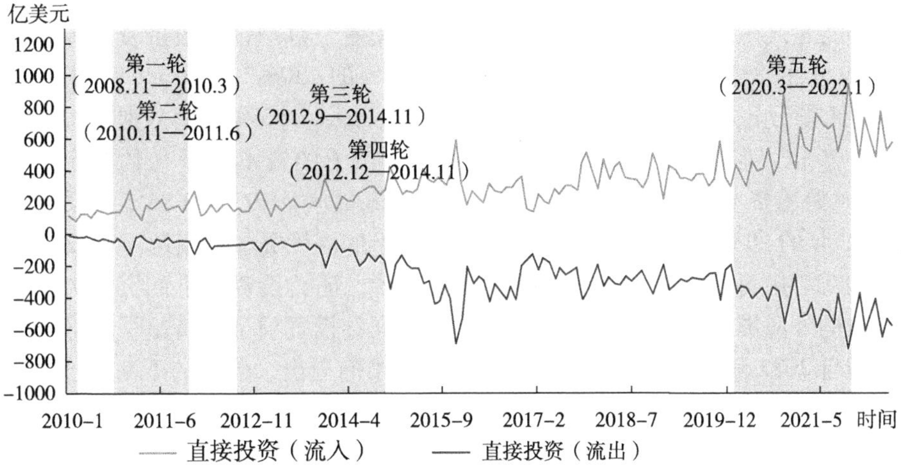

图 5　2020 年以来我国直接投资项下的跨境资本流动情况

宜迟”的原则，国务院金融稳定发展委员会办公室推出 11 条金融业对外开放措施，自此开启了我国金融进一步扩大开放的步伐。近年来，我国逐步取消了各类金融机构的外资持股比例限制，放开了 QFII 投资额度，开通了沪港通和深港通开通，并推动 A 股和债市先后纳入 MSCI 新兴市场指数等。随着金融业的全面开放，证券投资项下的跨境资本流动也越来越有影响力，近年来呈现出明显的“喇叭口”形态（见图 6）。

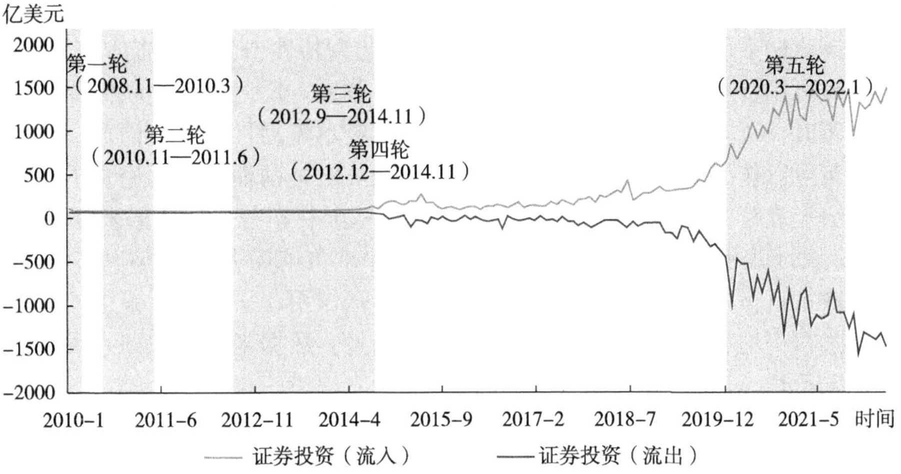

图 6　我国证券投资项下的跨境资本流动情况

由图 6 可见，美国前四轮政策退出对我国证券投资项下的跨境资本流动几无影响，但第五轮退出时，证券投资项目已经成为左右我国跨境资本整体流向的主导力量之一。从跨境资本流动的绝对规模看，月均证券投资资本流入规模从 2019 年的 335.5 亿美元快速上升至 2022 年的 1306.1 亿美元，流出规模从 273.7 亿美元上升至 2022 年的 1491.8 亿美元，即不到 3 年时间分别扩增了 2.89 倍、4.45 倍，但绝对规模整体还远低于经常项下的资本流量（约 3.5 万亿美元）。从跨境资本流动的差额规模看，月均净流量从 2019 年的 86.5 亿美元扩大到 2022 年的 203.6 亿美元，基本能与经常项下的跨境资本净流量（2022 年月均差额约 227 亿美元）相当。从跨境资本流向看，证券投资项下的资本流动受美国政策的外溢影响最大。2021 年之前，我国证券投资项下一直呈资金净流入状态，但自 2022 年 2 月以来，随着美国宽松政策的退出、美元的不断升值、中美利差的收窄，证券投资项下跨境资金一直转呈净流出状态，2 月和 3 月高峰时期净流出资金分别达到 323 亿美元和 414 亿美元。

四、美联储 QE 退出对我国跨境资本流动的实证分析

（一）数据选取及处理

跨境资本流动主要受利率、汇率、宏观经济形势、通货膨胀以及大宗商品冲击等影响。由于经济系统是一个复杂的关联系统，变量之间存在相互之间的反馈，因此，本课题采用向量自回归模型可以较好反映非结构化的互反馈经济系统，指标起讫时间为 2000 年 1 月和 2022 年 8 月。

1. 利率指标

美元的全球霸权地位决定了美联储货币政策收紧直接影响全球货币松紧问题。当美联储采取加息收紧货币政策时，资本趋利特性引发全球资本流入美国，造成全球可用资本减少，引起全球资本流动性收缩。反之，当美联储降息放松货币政策时，资本在全球寻求利润，引起全球资本流动性充裕。因此，美联储利率政策可以作为全球流动性松紧的替代变量。对一国而言，无论资本流入与流出都会形成跨境资本流。美联储利率用联邦基金利率替代，数据来源于 Wind 数据库，用 r 表示。在我国，中央银行通过货币政策调控货币市场利率，从而实现货币政策目标。由于银行在货币市场中的特殊作用，采用 7 天银行间同业拆借市场加权平均利率作为货币政策利率替代变量，数据来源于中国人民银行网站，用 i 表示。

2. 汇率指标

美元是主要的国际货币，美元兑人民币汇率成为重要的汇率指标，是我国进出口、资产价格乃至宏观经济稳定的重要参考指标。本课题采用美元兑人民币汇率的月度平均值作为替代变量，数据来源于 Wind 数据库，为降低异方差性，取对数处理，用 e 表示。为做好稳健性检验，本课题用人民币名义有效汇

率，数据来源于 Wind 数据库，取对数处理，用 neer 表示。

3. 大宗商品冲击

原油是重要的全球战略和能源，它受到地缘政治、国际流动性影响。美国得克萨斯轻质原油是世界原油市场上的三大基准价格之一，即期合约被很多投资者视为国际能源市场的基准价，因此，本课题用美国得克萨斯轻质原油价格作为大宗商品冲击的替代变量，数据来源于世界银行，取对数处理，用 WTI 表示。

4. 通货膨胀指标

衡量通货膨胀的变量很多，学术界通常采用消费者物价指数衡量通胀水平，因为它涉及很多民生问题，理所当然成为了货币政策制定者关注的重要变量。本课题采用消费者物价作为衡量指标，数据来源于国家统计局网站，用 CPI 表示。

5. 经济增长指标

国际资本流动不仅反映投资者风险偏好，受到短期供给需求影响外，还受到经济产出的影响。由于各国 GDP 的公布频率都是季度数据，为寻找 GDP 的高替代指标，本课题采用工业增长率作为衡量经济增长的替代变量，数据来源于国家统计局网站，用 y 表示。

6. 跨境资本流动指标

从国际收支平衡表看，跨境资本流动包含直接投资、证券投资和其他投资三大块。本课题研究是总量问题，因此并不对三项进行结构性分析。数据来源于国家外汇管理局网站，取对数处理，用 cf 表示。

（二）相关性检验

1. 相关性分析

相关性分析是通过统计学的方法，对两个或多个具有相关性变量的元素进行分析，以更好地衡量变量之间的密切程度。表 1 列出了各变量之间的相关性。

表 1　　各变量相关性分析

变量	r	WTI	e	neer	i	cf	cpi	y
r	1							
WTI	-0.2847	1						
e	0.6892	-0.6530	1					
neer	-0.5731	0.1799	-0.7734	1				
i	-0.1899	0.4182	-0.5045	0.2724	1			
cf	-0.5258	0.4857	-0.7730	0.8081	0.2766	1		
CPI	-0.0248	0.5197	-0.1910	-0.1601	0.4326	0.1736	1	
y	0.2519	0.0332	0.3837	-0.6253	-0.1468	-0.4336	0.0513	1

由相关性分析可知，部分指标之间存在较为显著的相关性。其中，跨境资本流动与美联储利率和美元兑人民币汇率之间呈负相关关系，相关系数为分别为－0.5258和－0.7730，与名义有效汇率之间呈高显著的正相关关系，相关系数高达0.8081。同理，相关性分析结果也显示，美元兑人民币汇率、名义有效汇率受美联储利率影响较大，呈现较高相关性，其相关系数分别为0.6892和－0.5731。美元兑人民币汇率、跨境资本流动以及通货膨胀受以原油价格冲击的影响也较为显著，其相关系数分别为－0.6530、0.4857和0.5197。

2. 平稳性检验

在学术界，普遍采用平稳性检验的方式防止时间序列分析中出现伪回归问题。为更好检验数据的平稳性，本课题同时采用ADF检验方法，结果如表2所示。

表2　　数据平稳性检验结果

变量	ADF值	ADF临界值（1%）	ADF临界值（5%）	ADF临界值（10%）	检验形式（C，T，N）	是否平稳
r	－2.639	－3.454	－2.872	－2.572	(*c*，0，1)	是
WTI	－2.630	－3.454	－2.872	－2.572	(*c*，0，1)	是
e	－1.439	－3.454	－2.872	－2.572	(*c*，0，1)	否
D（*e*）	－9.664	－2.574	－1.942	－1.616	(0，0，1)	是
Neer	－2.315	－3.992	－3.427	－3.137	(*c*，*t*，1)	否
D（*neer*）	－11.392	－3.454	－2.872	－2.572	(*c*，0，1)	是
i	－4.984	－3.454	－2.872	－2.572	(*c*，0，1)	是
Cf	－1.055	－3.454	－2.872	－2.572	(*c*，0，1)	否
D（*cf*）	－62.397	－3.454	－2.872	－2.572	(*c*，0，1)	是
CPI	－2.716	－3.454	－2.872	－2.572	(*c*，0，1)	是
y	－4.342	－3.454	－2.872	－2.572	(c，0，2)	是

注：检验形式（C，T，N），C代表截距项，T代表趋势项，N代表滞后阶数。

从平稳性检验结果看，利率（i）和产出（y）指标在1%的显著性水平下接受平稳性检验，美联储利率（r）、原油价格（WTI）和通货膨胀（CPI）指标在10%的显著性水平下接受平稳性检验。而美元兑人民币汇率（e）、名义有效汇率（neer）和跨境资本流动（cf）指标在10%的显著性水平下均拒绝接受平稳性检验，但其一阶差分均在1%的显著性水平下接受平稳性检验。

3. 格兰杰因果检验

格兰杰因果检验通过引入变量的滞后值，旨在解释变量在多大程度上能被过去的解释变量所解释，因此它是一种统计意义上的方法，并非是实际意义上的因果关系。它最早由格兰杰（Granger，1969）提出，并在 VAR 模型分析时间序列变量之间的因果关系中广泛应用。表 3 显示了各变量之间的格兰杰因果检验结果。

表 3　　　　格兰杰因果检验结果

原假设	F－sta	P 值	原假设	F－sta	P 值
r 不是 WTI 的格兰杰原因	0.4301	0.6509	cf 不是 e 的格兰杰原因	0.6562	0.5197
WTI 不是 R 的格兰杰原因	1.3876	0.2525	e 不是 cf 的格兰杰原因	0.3151	0.730
e 不是 r 的格兰杰原因	1.4719	0.2313	CPI 不是 e 的格兰杰原因	2.8739	0.0582
r 不是 e 的格兰杰原因	0.1151	0.8914	e 不是 CPI 的格兰杰原因	0.0763	0.9265
i 不是 r 的格兰杰原因	2.4053	0.0922	y 不是 e 的格兰杰原因	0.6886	0.5032
r 不是 i 的格兰杰原因	0.2238	0.7996	e 不是 y 的格兰杰原因	5.4378	0.0048
cf 不是 r 的格兰杰原因	0.2421	0.7852	i 不是 neer 的格兰杰原因	2.0520	0.1305
r 不 cf 的格兰杰原因	0.0416	0.9593	neer 不是 i 的格兰杰原因	1.8176	0.1644
cpi 不是 r 的格兰杰原因	1.1984	0.3033	cf 不是 neer 的格兰杰原因	3.5521	0.0300
r 不是 cpi 的格兰杰原因	1.3232	0.2680	neer 不是 cf 的格兰杰原因	0.4849	0.6163
y 不是 r 的格兰杰原因	4.3970	0.0132	CPI 不是 neer 的格兰杰原因	3.7827	0.0240
r 不是 y 的格兰杰原因	1.2604	0.2853	neer 不是 CPI 的格兰杰原因	1.3002	0.2742
e 不是 WTI 的格兰杰原因	1.7803	0.1706	y 不是 neer 的格兰杰原因	2.2944	0.1028
WTI 不是 e 的格兰杰原因	1.3485	0.2614	neer 不是 y 的格兰杰原因	19.294	0.0000
neer 不是 WTI 的格兰杰原因	1.0161	0.2655	cf 不是 i 的格兰杰原因	5.6730	0.0039
WTI 不是 neer 的格兰杰原因	3.8708	0.0220	i 不是 cf 的格兰杰原因	1.9962	0.1379
i 不是 WTI 的格兰杰原因	0.0826	0.9207	CPI 不是 i 的格兰杰原因	2.0015	0.1372
WTI 不是 i 的格兰杰原因	2.9026	0.0566	i 不是 CPI 的格兰杰原因	1.1769	0.3098
cf 不是 WTI 的格兰杰原因	1.5934	0.2052	y 不是 i 的格兰杰原因	0.3975	0.6724
WTI 不是 cf 的格兰杰原因	1.4470	0.2371	i 不是 y 的格兰杰原因	2.1075	0.1236
CPI 不是 WTI 的格兰杰原因	0.2157	0.8061	CPI 不是 cf 的格兰杰原因	0.4362	0.6470
WTI 不是 CPI 的格兰杰原因	5.4275	0.0049	cf 不是 CPI 的格兰杰原因	1.1433	0.3203
y 不是 WTI 的格兰杰原因	3.9907	0.0196	y 不是 cf 的格兰杰原因	1.1758	0.3102
WTI 不是 y 的格兰杰原因	1.0962	0.3356	cf 不是 y 的格兰杰原因	6.2697	0.0022
neer 不是 e 的格兰杰原因	3.4616	0.0328	y 不是 CPI 的格兰杰原因	24.166	0.0000
e 不是 neer 的格兰杰原因	4.7017	0.0099	CPI 不是 y 的格兰杰原因	0.8635	0.4229
i 不是 e 的格兰杰原因	1.2170	0.2978			
e 不是 i 的格兰杰原因	2.9374	0.0547			

从格兰杰因果检验结果看，在5%的显著性水平下，美元兑人民币汇率与名义有效汇率之间存在互为因果的关系。在5%的显著性水平下，经济增长可以在一定程度上解释美联储利率、原油价格和通货膨胀。在5%的显著性水平下，跨境资本流动可以在一定程度上解释人民币名义有效汇率、利率水平和经济增长。

4. 协整检验

协整理论认为，即使时间序列之间并不平稳，只要它们之间的线性组合具有不随时间变化的性质，即存在平稳的或 I（0）的线性组合，那么变量之间存在长期的稳定关系。当前，主流的方法是通过 Johansen 协整检验方法检验变量之间的协整关系。如表4所示（r，WTI，e，i，cf，CPI，y）向量组的协整检验结果显示，在5%的显著性水平下，美联储利率、原油价格、美元兑人民币汇率、跨境资本流动、通货膨胀和经济增长至少存在1组协整关系。

表4 协整检验结果

原假设	特征根	迹统计量	临界值（5%）	P值
0个协整向量	0.1569	133.373	125.615	0.0154
至少1个协整向量	0.0897	58.6278	69.8188	0.2799
至少2个协整向量	0.0583	33.5433	47.8561	0.5269
至少3个协整向量	0.0483	17.4889	29.7970	0.6039
至少4个协整向量	0.0149	4.26929	15.4947	0.8806
至少5个协整向量	0.0009	0.25892	3.84146	0.6109

（三）实证分析

由于向量误差修正模型（VEC）仅适用于协整序列，在上述 Johansen 协整检验基础上，确定协整系数。

1. VEC 模型拟合

经过拟合，得到如下的 VEC 拟合方程：

$$\begin{bmatrix} \Delta r_t \\ \Delta WTI_t \\ \Delta e_t \\ \Delta i_t \\ \Delta cf_t \\ \Delta CPI_t \\ \Delta Y_t \end{bmatrix} = \begin{bmatrix} -0.0011 \\ 0.0043 \\ -0.0003 \\ -0.0009 \\ 0.0207 \\ 0.0094 \\ -0.0869 \end{bmatrix} + \begin{bmatrix} 0.0019 \\ 0.0044 \\ -0.0004 \\ 0.0053 \\ -0.0033 \\ 0.0259 \\ -0.3529 \end{bmatrix} ecm_{t-1}$$

$$+\begin{bmatrix} 0.7135 & 0.0332 & 0.0020 & 0.1693 & -0.0442 & 0.2004 & -1.1614 \\ -0.0572 & 0.2044 & -0.0046 & -0.0530 & 0.2428 & 0.7818 & 1.9811 \\ 1.8387 & -0.0672 & 0.4535 & -1.2436 & -0.1543 & 8.1498 & -2.7436 \\ -0.0021 & 0.0028 & -0.0003 & -0.2309 & -0.0526 & 0.0927 & -0.5404 \\ 0.0098 & -0.0411 & -0.0015 & 0.4298 & -0.3339 & 0.1034 & 0.1261 \\ 0.0041 & 0.0023 & 0.0008 & 0.0331 & 0.0146 & 0.1246 & 0.9001 \\ 0.0026 & -0.0018 & 0.0003 & -0.0017 & 0.0001 & 0.0132 & -0.0546 \end{bmatrix} \begin{bmatrix} \Delta r_{t-1} \\ \Delta WTI_{t-1} \\ \Delta e_{t-1} \\ \Delta i_{t-1} \\ \Delta cf_{t-1} \\ \Delta CPI_{t-1} \\ \Delta Y_{t-1} \end{bmatrix} + \varepsilon_t \qquad (1)$$

由于VEC模型拟合参数较多，模型中有些参数并未通过显著性检验，但它却结合了VAR模型的短期波动和长期均衡调整的优势，衡量了变量的之间偏离均衡关系到调整到均衡状态的调整速度。一般可通过脉冲响应分析各种冲击效应，以及通过方程分解分析各种冲击的相对贡献度，从而为各种冲击提供实证基础。

2. 脉冲响应函数

脉冲响应通过引入某种冲击对系统造成的动态影响，通过美联储利率政策对系统的脉冲响应函数（见图7）和各种冲击对我国跨境资本流动的脉冲响应（见图9）。

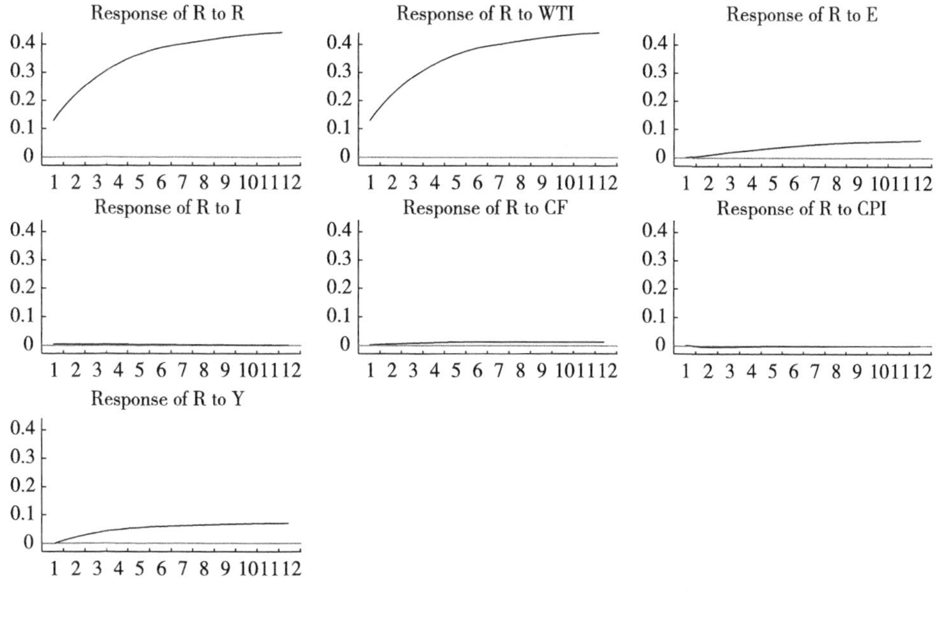

图7　美联储利率对系统的脉冲响应函数

图7美联储利率政策冲击效果看，美联储货币政策对原油价格以及美元兑人民币利率以及我国经济增长影响较为明显。作为全球主要的大宗商品，原

油价格受到全球流动性影响十分显著。从美联储利率与 WTI 价格走势情况看（见图 8），美联储利率政策对 WTI 价格走势具有一定的先导性，比如在 2007 年美联储利率下行后，时隔一年之后的 2008 年，WTI 价格开始下滑；在 2015 年美联储利率开始上行时，2016 年 2 月 WTI 价格止跌回升；2019 年美联储利率又转入下行时，2020 年 2 月 WTI 价格紧接着开始下滑。若国际经济整体较为平稳，随着 2022 年 3 月美联储步入加息周期，预计未来 WTI 价格也将止跌回升。

实际上，美元兑人民汇率深受美联储货币政策影响。美元的世界霸主地位决定了，美联储加息引发的美元走强，必然引起非美元货币走贬。从脉冲响应看，1 个标准差的美联储利率冲击，会对美元兑人民币汇率形成一个持久的影响，大概在三个季度后维持在 0.8 个单位。自从 2022 年 3 月，美联储启动加息以来，2022 年 9 月 22 日再次加息 75 个基点，这是美联储 2022 年的第五次加息。人民币汇率震荡趋贬，2022 年 4 月，美元兑人民币汇率呈现贬值，8 月后贬值有所加速，截至 2022 年 9 月末，累计贬值已超过 8%。

同时，美联储利率冲击将对我国经济增长产生一个正向冲击。根据汇率传导机制，在其他条件不变的前提下，美元走强引发的本国汇率贬值，使同类产品出口价格下降，有助于出口。随着本来美联储加息周期的开启，并预期未来仍将继续加息，预期未来我国对美出口将有所增长。

美联储利率政策对我国跨境资本流动具有一定的正向作用，具体以下分析。

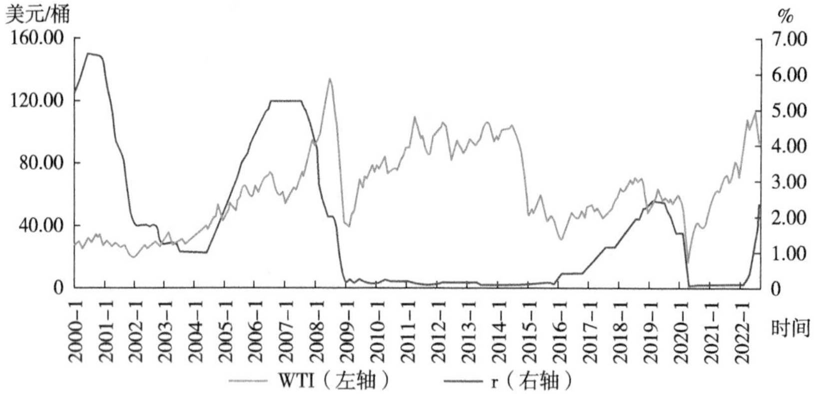

图 8　美联储利率与 WTI 价格走势情况

从各种冲击对我国跨境资本流动的影响脉冲情况看，冲击方向和大小有所差异。具体而言，美联储利率对跨境资本流动具有一个正向的影响，大概在 11 个月后，美联储利率对跨境资本流动冲击维持在 0.012 个百分点。理论上讲，美联储加息带动全球流动性收紧，必将导致国际资本回流美国，从而造成全球

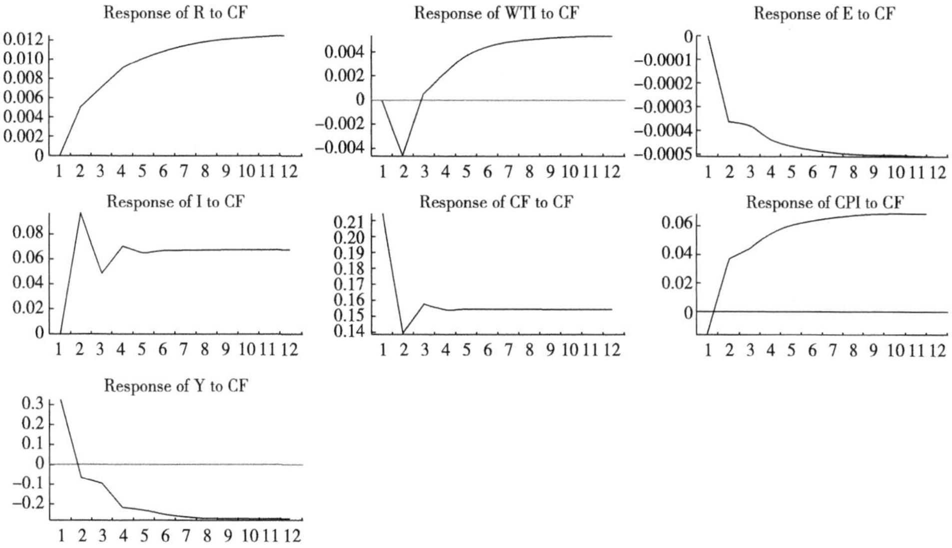

图9　各种冲击对跨境资本流动的脉冲响应函数

资本流动的趋美国化，对我国跨境资本也是如此，企业将通过境外投资、利润汇出等渠道向境外流出，2022 年 1—9 月，FDI 资金净流入同比减少 15%，ODI 资本金净流出同比下降 28%。原油价格 WTI 价格冲击跨境资本影响微弱，呈现一种先下降后上升的趋势。美元兑人民币汇率对跨境资本流动的影响呈现负向效应，表明随着汇率上升，即本币贬值，将导致跨境资本弹性下降。我国货币政策对跨境资本流动具有显著的正效应，随着我国利率水平的提高，跨境资本可能获得更好的收益率，资本流入将会增加。通货膨胀对跨境资本流动先有一个负向效应，然后转正，大概在三个季度后效用达到最大，这是因为通货膨胀上升，本币相对贬值，资本具有外流的趋势。如果一国通胀水平长期较高，跨境资本流出的风险就越大。经济增长冲击首先对跨境资本流动有一个正向效应，但两个月后这种效应由正转负。或许因为经济增长提高资本收益率，带动跨境资本流入增加，但这种促进作用是暂时的，因为经济增长将带动本国汇率上升。我国就因为长期高速经济增长面临以美国为首的西方阵营逼迫人民币升值的压力。

3. 方差分解

方差分解旨在通过分析每一个结构冲击对内生变量变化的贡献度，从而评价不同结构冲击的重要性。因此，方差分解给出了每个随机扰动的相对重要性信息（见表5）。

表 5 结构冲击对跨境资本流动的方差分解

	S. E.	r	WTI	e	i	cf	CPI	y
1	0. 21754	0. 34887	0. 04251	0. 04566	2. 03546	97. 5274	0. 00000	0. 00000
2	0. 26065	0. 39747	0. 62970	0. 03366	1. 45166	96. 4840	0. 30874	0. 69467
3	0. 30609	0. 39196	0. 79648	0. 02488	1. 21040	96. 4809	0. 29473	0. 80060
4	0. 34402	0. 37342	0. 91830	0. 02029	0. 98957	96. 4783	0. 31336	0. 90664
5	0. 37818	0. 35174	1. 00031	0. 01704	0. 86156	96. 4946	0. 31773	0. 95690
6	0. 40960	0. 33109	1. 05726	0. 01463	0. 76776	96. 5155	0. 32169	0. 99200
7	0. 43872	0. 31273	1. 10169	0. 01279	0. 69857	96. 5323	0. 32444	1. 01743
8	0. 46604	0. 29667	1. 13638	0. 01135	0. 64521	96. 5471	0. 32640	1. 03686
9	0. 49183	0. 28275	1. 16451	0. 01020	0. 60271	96. 5594	0. 32791	1. 05246
10	0. 51634	0. 27067	1. 18770	0. 00925	0. 56811	96. 5699	0. 32909	1. 06526
11	0. 53974	0. 26016	1. 20714	0. 00847	0. 53938	96. 5787	0. 33004	1. 07600
12	0. 56216	0. 25098	1. 22367	0. 00780	0. 51514	96. 5864	0. 33081	1. 08516

从方差分解结果看，跨境资本流动除受到自身冲击影响最大外，其他冲击受到的贡献率从大到小依次为原油价格冲击（1. 22%）、经济增长冲击（1. 09%）、利率冲击（0. 52%）、美联储利率冲击（0. 25%）、通货膨胀冲击（0. 33%）和汇率冲击（0. 01%）。从模型实证角度可知，跨境资本流动受影响最大的是来源以原油价格波动为代表的国际市场冲击，其次是来自我国自身经济基本面的影响，而利率冲击、美联储利率冲击以及汇率冲击的影响相对有限。这也可以理解为，从长期来看，我国跨境资本流动更多受到来自国际市场冲击以及自身经济发展的影响，而短期的货币政策以及汇率波动影响较为有限。如 2022 年 8 月 30 日，国际金融协会（IIF）发布的《经济观点：中国债券市场资本持续外流》中指出，中国债券市场资本持续流出与中央银行储备资产管理无关，是与投资者对中国地缘政治风险的再评估密切相关。因此，以债券市场资本流动而言，受到包括地缘政治在内的大宗商品冲击影响更为显著，而受短期的汇率波动影响相对较小。

（四）稳健性检验

1. VEC 模型拟合

为更好地分析系统的稳健性，用名义有效汇率替代美元兑人民币汇率，进行响应的检验。经过拟合，得到如下的 VEC 拟合方程：

$$\begin{bmatrix} \Delta r_t \\ \Delta WTI_t \\ \Delta neer_t \\ \Delta i_t \\ \Delta cf_t \\ \Delta CPI_t \\ \Delta Y_t \end{bmatrix} = \begin{bmatrix} -0.0015 \\ 0.0061 \\ 0.0008 \\ -0.0138 \\ 0.0205 \\ 0.0110 \\ -0.0399 \end{bmatrix} + \begin{bmatrix} 0.0017 \\ 0.0026 \\ -0.0001 \\ 0.0049 \\ -0.0014 \\ 0.0191 \\ -0.3115 \end{bmatrix} ecm_{t-1}$$

$$+ \begin{bmatrix} 0.7227 & 0.0242 & -0.0006 & 0.1857 & -0.0430 & 0.2267 & -1.5461 \\ -0.1004 & 0.1769 & 0.0008 & 0.0048 & 0.2469 & 0.5119 & 3.5695 \\ -0.5577 & -1.3185 & 0.3602 & 3.6684 & 0.3027 & -4.8211 & -2.1819 \\ -0.0013 & 0.0086 & -0.0008 & -0.2319 & -0.0555 & 0.1144 & 0.3163 \\ 0.0141 & -0.0355 & -0.0015 & 0.4427 & -0.3379 & 0.1501 & -0.6129 \\ 0.0013 & 0.0009 & -0.0009 & 0.3178 & 0.0127 & 0.1043 & 1.2497 \\ 0.0020 & -0.0012 & 0.0003 & -0.0024 & -0.0011 & 0.0115 & 0.0138 \end{bmatrix} \begin{bmatrix} \Delta r_{t-1} \\ \Delta WTI_{t-1} \\ \Delta neer_{t-1} \\ \Delta i_{t-1} \\ \Delta cf_{t-1} \\ \Delta CPI_{t-1} \\ \Delta Y_{t-1} \end{bmatrix} + \varepsilon_t \tag{2}$$

同理，由于 VEC 模型拟合参数较多，模型中有些参数并不通过显著性检验，可以通过脉冲响应函数和方差分解分析冲击效应以及相对贡献度。

2. 脉冲响应函数

从美联储利率冲击对各变量的脉冲响应函数（见图 10）和各冲击对跨境资本流动的脉冲响应函数（见图 11）情况可知，以名义有效汇率替代美元兑人民币汇率，脉冲响应的效果大小大致相同，间接说明构建的 VEC 模型具有较高的稳健性。

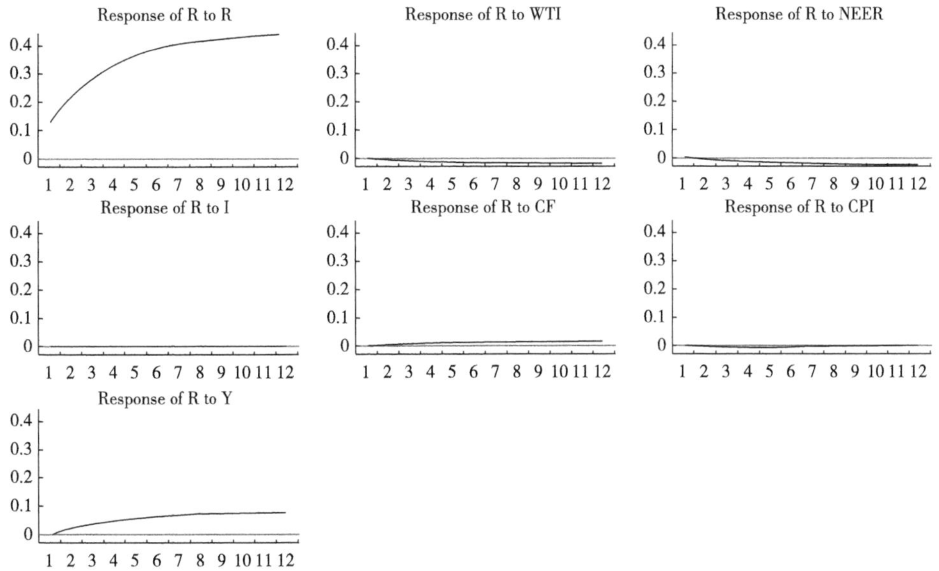

图 10　美联储利率对系统的脉冲响应函数

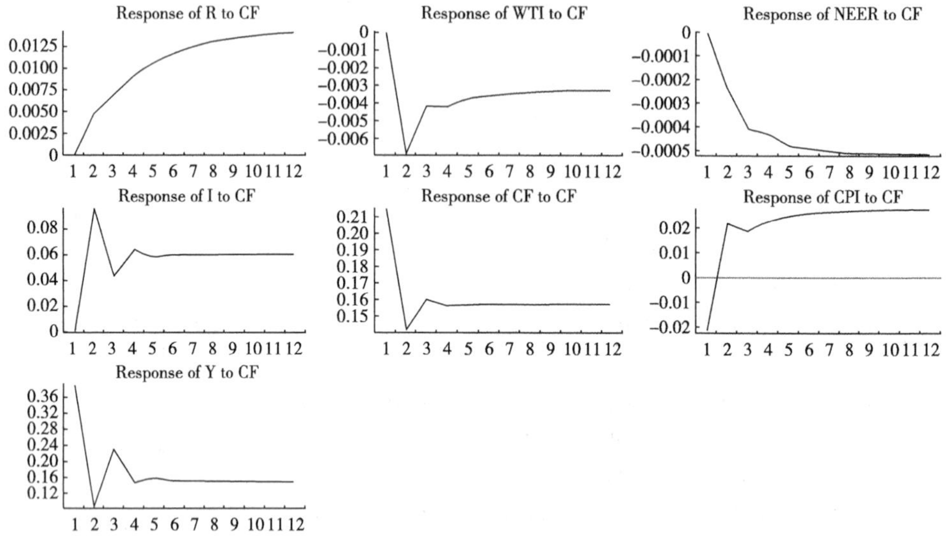

图 11 各种冲击对跨境资本流动的脉冲响应函数

3. 方差分解

以名义有效汇率替代美元兑人民币汇率的方差分解（见表6）结果看，两者也较为一致。跨境资本流动除受到自身冲击影响（97%以上的贡献率）最大外，其他冲击受到的贡献率从大到小依次为原油价格冲击、利率冲击、经济增长冲击、美联储利率冲击、通货膨胀冲击和名义有效汇率冲击。

表 6 结构冲击对跨境资本流动的方差分解

	S. E.	r	WTI	neer	i	cf	CPI	y
1	0.21821	0.32805	0.12213	0.00750	2.04589	97.4964	0.00000	0.00000
2	0.26153	0.34619	0.46935	0.01019	1.46716	97.0523	0.18940	0.46531
3	0.30748	0.32402	0.51876	0.03269	1.22962	97.3322	0.15141	0.41121
4	0.34580	0.29337	0.58197	0.04573	1.00451	97.5110	0.15442	0.40890
5	0.38026	0.26461	0.63100	0.05618	0.87611	97.6358	0.15000	0.38625
6	0.41197	0.23947	0.66830	0.06383	0.78213	97.7285	0.14884	0.36884
7	0.44134	0.21827	0.69922	0.06968	0.71305	97.7971	0.14809	0.35454
8	0.46889	0.20043	0.72400	0.07423	0.65990	97.8507	0.14760	0.34304
9	0.49489	0.18537	0.74448	0.07784	0.61762	97.8935	0.14730	0.33386
10	0.51960	0.17258	0.76147	0.08075	0.58323	97.9284	0.14706	0.32640
11	0.54318	0.16163	0.77576	0.08314	0.55469	97.9575	0.14688	0.32028
12	0.56578	0.15218	0.78792	0.08513	0.53063	97.9821	0.14673	0.31518

五、美联储货币政策收紧对新兴市场国家的影响

2022年以来，随着全球新冠疫情步入后半程，叠加俄乌冲突造成的地缘政治动荡，通货膨胀（以下简称通胀）成为世界各国普遍面临的重大挑战。为对抗居高不下的通货膨胀水平，美联储货币政策紧缩步伐不断加速，近期已连续四次单次加息达75个基点，创下1994年11月以来最大幅度。为更好地了解美联储加息政策对新兴市场国家的溢出效应，本课题采用面板数据模型，既可以检验美联储货币政策对不同国家的影响，也可以为我国应对提供国际层面的决策依据。

（一）模型设计

面板数据模型结合了时间序列和横截面数据模型的优势，由于跨境资本流动具有一定的平滑性，因此设定如下的动态面板数据模型：

$$cf_{it} = \alpha_i + \beta cpi_{it-1} + \varphi y_{it-1} + \delta i_{it-1} + \eta e_{it-1} + \phi r_t + \lambda WTI_t + u_t + \mu_{it} \quad (3)$$

其中，cf 为跨境资本流动，cpi 为用消费者物价指数衡量通胀水平，y 为采用工业增长率作为衡量经济增长的替代变量，i 为各国货币政策利率替代变量，e 为各国对美元的汇率指数，r 为美联储利率用联邦基金利率，上述数据均来源于Wind数据库。WTI 为美国得克萨斯轻质原油价格，作为大宗商品冲击的替代变量，数据来源于世界银行，采取对数化处理。α_i 代表个体效应，u_t 代表时间效应，μ_{it} 是残差，代表未被解释变量解释的其他因素。新兴市场国家包括中国、韩国、巴西、印度、南非、土耳其、印度尼西亚、马来西亚8个国家，样本时间维度从2004年1月至2022年8月。

（二）相关性检验

1. 平稳性检验

学术界一般认为面板数据个体大于时间数，则可以不进行平稳性检验。但本课题时间样本为80期（2004年1月至2022年8月），而个体为8个，因此需要检验数据平稳性。目前，面板数据模型平稳性检验方法主要采用相同单位根检验LLC和不同单位根检验ADF－Fisher两种方法，若均拒绝存在单位根的原假设，便可认为此序列是平稳，反之则是非平稳。平稳性结果（见表7）显示，除了美元兑各国汇率以及美联储利率不平稳外，其他所有变量均接受在5%的显著性水平下是平稳的假定。继而对模型进行面板数据模型协整检验，发现在1%的显著性水平下存在协整。

表7　变量的平稳性检验结果

LLC检验			
变量	LLC统计量	P值	是否平稳
cf	－8.09506	0.0000	是

续表

变量	LLC 统计量	P 值	是否平稳
cpi	-3.20794	0.0006	是
y	-9.07156	0.0000	是
I	-1.92471	0.0271	是
E	3.0513	0.9989	否
D (*e*)	-41.7317	0.0000	是
r	0.47282	0.6818	否
D (*r*)	-14.389	0.0000	是
WTI	-3.30534	0.0005	是
	ADF - Fisher		
变量	ADF - Fisher 统计量	P 值	是否平稳
cf	396.451	0.0000	是
cpi	49.2662	0.0000	是
y	208.778	0.0000	是
I	49.7045	0.0000	是
E	7.16949	0.9699	否
D (*e*)	784.692	0.0000	是
r	10.8097	0.8211	否
D (*r*)	239.84.389	0.0000	是
WTI	75.5886	0.0000	是

2. 面板数据模型的豪斯曼检验

在检验变量平稳性之后，进行豪斯曼检验确定模型是固定效应还是随机效应。豪斯曼检验结果（见表 8）显示为个体固定效应模型。

表 8　　　　个体效应约束检验结果

效应检验	统计量	d.f	P 值
Cross - section Chi - square	161.3771	7	0.0000

（三）面板数据模型估计

经过拟合，得到以下个体随机效应模型，如表 9 所示。

表 9　　　　面板数据拟合结果

变量	系数	标准差	t 统计量	P 值
C	5.803118	0.753756	7.698936	0.0000
CPI	-0.007847	0.007151	-1.097330	0.2726

续表

变量	系数	标准差	t 统计量	P 值
Y	-0.000183	0.003769	-0.048505	0.9613
I	-0.027804	0.015496	-1.794312	0.0729
E	0.215526	0.130178	1.655628	0.0980
R	-0.090698	0.024449	-3.709615	0.0002
WTI	0.301161	0.112501	2.676964	0.0075
个体固定效应				
_ CHN - - C	1.151429			
_ KOR - - C	-1.568846			
_ BRA - - C	0.805578			
_ IND - - C	0.453339			
_ RSA - - C	-0.677370			
_ TUR - - C	1.148961			
_ INA - - C	-1.653248			
_ MAS - - C	0.340157			
R^2	0.351281	Mean dependent var	7.522657	
Adjusted R^2	0.346147	S. D. dependent var	1.258368	
S. E. of regression	1.017532	Akaike info criterion	2.881009	
Sum squared resid	1831.570	Schwarz criterion	2.927141	
Log likelihood	-2554.860	Hannan - Quinn criter.	2.898046	
F - statistic	68.42232	Durbin - Watson stat	2.111790	
Prob (F - statistic)	0.000000			

从面板数据拟合结果看，拟合效果较好。一方面，各项参数估计较为合理；另一方面，相关检验统计量也较为显著，DW 统计量为 2.11，残差自相关性得到有效排除。

从新兴市场国家差异看，美联储加息对各国跨境资本流动影响是不同的。实证检验也表明，各国跨境资本流动的截距项是有差异的。从资本流动渠道看。美元利率上升使新兴市场经济体利差收窄甚至倒挂，进而加剧本币贬值和资本外流压力。根据国际货币基金组织（IMF）统计，流入新兴市场的资金规模由 2021 年上半年月均 290 亿美元下降至下半年的月均 185 亿美元。据国际金融协会（IIF）统计，2022 年 3—6 月，新兴市场资本净流入连续四个月为负，合计净流出超 300 亿美元。究其原因，一方面，美债收益率随美元加息水涨船高，使得新兴市场经济体同美元的利差大幅收窄，新兴经济体资产的吸引力明显下降，投资者转而追寻美元资产导致流入新兴市场的资金减少；另一方面，美元加息推动美元汇率持续走强，非美货币普遍贬值，引发短期套利资本大量流出。

从商品贸易渠道看。美元加息一定程度上压制经济复苏，外需减弱直接引发新兴市场出口放缓。2022 年，全球经济活动正经历广泛且超出预期的放缓，高通胀引发生活成本危机及日益收紧的流动性环境，加之俄乌冲突持续发酵，IMF 发布的《世界经济展望》（2022. 10）指出，预计全球经济将从 2021 年的 6% 放缓至 2022 年的 3. 2% 和 2023 年的 2. 7%，为自 2001 年以来最疲软的增长态势（见表 10）。其中，美元加息周期将进一步导致全球贸易放缓。一方面，美元利率上升将降低居民的消费意愿，这直接导致发达经济体对新兴市场经济体的进口需求大幅滑坡；另一方面，当前美元加息仍尚未扭转美国的高通货膨胀走势，未来若通胀预期持续也将大幅冲击消费意愿。

表 10　　IMF 对各国经济展望增速的预测（2022 年 10 月）　　单位:%

	2021 年	预测		较 7 月预测变动	
		2022 年	2023 年	2022 年	2023 年
世界产出	6	3. 2	2. 7	0	-0. 2
发达经济体	5. 2	2. 4	1. 1	-0. 1	-0. 3
美国	5. 7	1. 6	1	-0. 7	0
欧元区	5. 2	3. 1	0. 5	0. 5	-0. 7
德国	2. 6	1. 5	-0. 3	0. 3	-1. 1
法国	6. 8	2. 5	0. 7	0. 2	-0. 3
意大利	6. 6	3. 2	-0. 2	0. 2	-0. 9
西班牙	5. 1	4. 3	1. 2	0. 3	-0. 8
日本	1. 7	1. 7	1. 6	0	-0. 1
英国	7. 4	3. 6	0. 3	0. 4	-0. 2
加拿大	4. 5	3. 3	1. 5	-0. 1	-0. 3
其他发达经济体	5. 3	2. 8	2. 3	-0. 1	-0. 4
新兴市场和发展中经济体	6. 6	3. 7	3. 7	0. 1	-0. 2
新兴和发展中的亚洲	7. 2	4. 4	4. 9	-0. 2	-0. 1
中国	8. 1	3. 2	4. 4	-0. 1	-0. 2
印度	8. 7	6. 8	6. 1	-0. 6	0
东盟	3. 4	5. 3	4. 9	0	-0. 2
新兴和发展中的欧洲	6. 8	0	0. 6	1. 4	-0. 3
俄罗斯	4. 7	-3. 4	-2. 3	2. 6	1. 2
拉丁美洲和加勒比地区	6. 9	3. 5	1. 7	0. 5	-0. 3

续表

	2021 年	预测		较 7 月预测变动	
		2022 年	2023 年	2022 年	2023 年
巴西	4.6	2.8	1	1.1	-0.1
墨西哥	4.8	2.1	1.2	-0.3	0
中东和中亚	4.5	5	3.6	0.2	0.1
沙特阿拉伯	3.2	7.6	3.7	0	0
撒哈拉以南非洲	4.7	3.6	3.7	-0.2	-0.3
尼日利亚	3.6	3.2	3	-0.2	-0.2
南非	4.9	2.1	1.1	-0.2	-0.3

从金融市场渠道看。自新冠疫情暴发以来，以美国为代表的西方发达经济体普遍实行异常宽松的货币政策，并推动金融资产价格持续上涨。但随着美联储货币政策快速转向，流动性紧缩导致金融市场风险偏好下降，导致源于美国国内的金融市场动荡引发新兴市场经济体的“股债汇”波动加剧，加大其国内金融的不稳定性。美债收益率作为全球金融资产的“定价锚”，对全球金融市场有着举足轻重的影响。2022 年美债波动率指数最高接近新冠疫情暴发初期，10 年期收益率最高突破 4%。由于无风险利率水平抬升将使资产价格面临重估压力，加之经济衰退预期恶化企业盈利前景，使新兴市场的权益类资产面临较大杀跌风险。

从货币政策渠道看。面对美元加息的外部压力，新兴市场经济体被动收紧货币政策成为普遍的无奈之举。根据经典的“不可能三角”理论，小型开放经济体无法同时达成“货币政策独立、资本自由流动和本币汇率稳定”三大目标。显然，在美联储持续快速收紧货币政策的外部约束下，新兴市场经济体的货币政策实施空间会受到掣肘。从现实情况看，新兴市场经济体为减少资本外流压力及支撑本币汇率，往往会放弃货币政策独立性而选择被动加息，从而在全球掀起加息潮。据统计，2022 年以来，已有 22 个新兴经济体密集加息，作为基准利率的政策利率水平较疫情初期的低点大幅上行。虽然加息在一定程度上可以减缓资本外流和本币贬值的压力，但同时也会引发国内经济增长放缓。

综上所述，由于新兴市场经济体各自的特性不同，预计本轮美元加息周期对不同经济体的冲击程度不一。同时，受益于大宗商品价格上涨和产业链转移的经济体，将因出口增长和国际收支改善增强偿债能力，如石油输出国、东盟主要国家的债务风险较低。在全球能源和粮食危机冲击下，大宗商品净进口国面临的债务风险较高。国内经济脆弱、汇率贬值幅度较大、国际收支失衡、短期债务较高、政局不稳定的新兴经济体爆发债务危机的风险持续提升，尤其是土耳其等非产油国的风险较高。

六、结论与政策建议

（一）结论

1. 理论分析结论

在我国金融市场开放度提升的大环境背景下，美联储货币政策调整对我国跨境资本流动的冲击会越来越显著，具体影响渠道较为明显的有以下两点：一是从进口渠道看，美联储量化宽松政策退出短期内会抑制我国跨境资金流出。美元升值导致我国从美国进口的商品价格上升，一定程度上抑制我国国内的进口需求；二是从证券投资渠道看，美国前四轮政策退出对我国证券投资项下的跨境资本流动几乎无影响，但第五轮退出时，证券投资项目已经成为左右我国跨境资本整体流向的主导力量之一。此外，由于新兴市场经济体各自的特性不同，预计本轮美元加息周期对不同经济体的冲击程度不一。一方面，对国内经济基本面良好、国际收支稳定的新兴市场经济体而言，美联储加息带来的外部压力相对较小；另一方面，对外部依赖度高、国际收支呈现逆差的新兴市场经济体而言，其受美元加息的冲击将更为显著。

2. 实证分析结论

结合 VAR 模型短期波动和长期均衡调整的优势，构建了包含利率、汇率、宏观经济形势、通货膨胀以及大宗商品等指标在内的 VEC 模型，并通过脉冲响应函数和方差分解实证检验了美联储量化宽松政策退出后对我国跨境资本流动的影响。美联储利率政策进一步助推美元走强，对全球经济金融产生了十分重要的溢出效应。实证结果显示，美联储政策利率上升将引起国际油价、美元兑人民币汇率、名义有效汇率、通货膨胀、我国跨境资本流动等较大程度的影响，实证结果还显示，美联储利率政策与我国跨境资本流动具有显著的正相效应，美联储加息可以引起我国跨境资本流动加速。从方差分解结果看，我国跨境资本流动除受自身冲击影响外，长期来看，其他影响来自以原油价格波动为代表的国际市场冲击和我国自身经济基本面情况，短期来看主要受到货币政策及汇率波动影响。从稳健性检验看，名义汇率作为美元兑人民币汇率的替代指标，在实证分析中表现呈现较高一致性，美联储利率政策可能引发我国跨境资本流动加速。因此，从短期内，我国要防范因美联储加息引发的一系列引发我国跨境资本流动风险，为稳外资提前做好预案，避免风险进一步传染到内部，形成从外部冲击演变为外部不均衡进而引发内部不均衡的传导路径。

（二）政策建议

美联储退出 QE 风格激进，加息幅度大、节奏快，旨在吸引全球资本回流挽救国内高烧不退的通胀问题。在扰乱全球金融体系稳定的同时，也削弱了美元霸权的信用根基。对于我国而言，美联储激进退出 QE 既是挑战也是机遇。本课题在科学研判美联储退出 QE 的基础上，辩证把握“危”与“机”，在短期内增强风险波动应对能力，在长期内稳妥有效推动人民币国际化。

1. 沉着应对美联储退出 QE 之“危”，增强短期风险波动应对能力

一是加强跨境资金流动风险监测预警，发挥人民币汇率的“平衡器”作用。一方面，密切关注美国经济运行及货币政策调整的最新动向，加强对美国金融市场和国际金融市场、跨境资金流动的跟踪监测，提高对跨境资金流出风险的预警能力；另一方面，增强人民币汇率的弹性，保持汇率在合理均衡水平上双向浮动。注重预期管理，及时通过各种渠道向市场传达政策意图，遏止外汇市场超调，维护外汇市场平稳运行。

二是加强国际间沟通与交流，推进宏观政策协调程度。联合新兴市场经济体，敦促美联储提高量化宽松货币政策退出的决策透明度，降低政策外溢效应对其他经济体的冲击。通过 IMF 改善债务解决框架，建立完善 G20 的共同债务解决机制。当新兴经济体出现流动性紧张的时候，有条件地提供资助，启动双边货币互换协议，并进一步扩大与其他国家签订货币互换协议的范围和规模。

三是强化跨周期和逆周期调节，加大市场调整与改革力度。维持适度合理的流动性环境，保持市场利率水平平稳波动，加强与市场沟通，引导和管理好预期；适当运用金融机构外汇存款准备金率等工具调节外汇流动性，对冲外部环境对境内市场的影响。及时根据宏观经济形势和国际收支状况，适时调整跨境融资宏观审慎调节参数，引导市场主体调节优化外汇资产负债结构，合理利用外汇市场工具规避汇率波动风险。强化供给侧结构改革，促进消费持续恢复，投资稳步扩大，有效发挥内需对经济增长的拉动作用。

2. 积极把握美联储退出 QE 之“机”，稳妥有效推动人民币国际化

一是完善跨境人民币业务基础设施建设。稳步推进央行间双边本币互换和本币结算合作。完善离岸人民币流动性供给机制，促进人民币在岸、离岸市场形成良性循环。探索支持境外主体发行“熊猫债”，吸引优质境外机构投资者参与中国债券市场，从投资端助力人民币国际化。坚持稳中求进的工作基调和指导原则，持续完善本外币一体化的跨境资本流动宏观审慎管理框架，建立健全跨境资本流动监测、评估和预警体系，牢牢守住不发生系统性风险的底线。

二是推动跨境人民币业务服务实体经济。积极发挥跨境人民币业务在外贸新业态高质量发展中的积极作用，支持和引导外贸新业态新模式健康持续创新发展。继续做好制度设计、政策支持和市场培育，便利市场主体在对外贸易投资中更多使用人民币，减少货币错配风险和汇率波动风险。推动金融市场向全面制度型开放转型，提高人民币金融资产的流动性。

三是开展更高水平贸易投资便利化试点。提高诚信企业开展跨境人民币业

务的便利性，助力稳外贸稳外资。变“事前审核”为“事后抽查”，节省企业准备单证的人力和时间成本，加快企业资金流转速度。在试点区域内实施便利经常项目资金收付、支持贸易创新发展、放宽经常项目轧差净额结算、取消货物贸易特殊退汇登记等经常项目便利化措施，充分激发市场主体活力。

参考文献

［1］韩秀云．美国量化宽松货币政策退出的基础，步骤与影响［J］．国际贸易，2013（7）：63－67.

［2］李欢丽，李石凯．美联储缩表对强势美元周期与新兴市场的影响研究［J］．世界经济与政治论坛，2017（6）：53－67.

［3］李天国，龚驰．发达国家退出量化宽松对新兴经济体的溢出效应［J］．理论与当代，2014（6）：17－20.

［4］刘金全，艾昕．经济政策不确定性视角下宏观杠杆的调控效应及其策略选择［J］．改革，2020（3）：74－84.

［5］潘成夫．论美联储量化宽松的退出策略［J］．农村金融研究，2009（7）：5.

［6］潘锡泉．美联储加速退出量化宽松货币政策的影响及对我国的启示［J］．当代经济管理，2014，36（8）：30－34.

［7］孙焱林，张倩婷．时变，美联储加息与中国产出——基于TVP－VAR模型的实证分析［J］．国际金融研究，2016，348（4）：26－36.

［8］谭小芬．美联储量化宽松货币政策的退出及其对中国的影响［J］．国际金融研究，2010（2）：26－37.

［9］王大为，孙文奕．美国退出量化宽松货币政策对新兴经济体的影响［J］．经济纵横，2016（3）：119－122.

［10］王铁山．美联储退出量化宽松政策的影响及我国的对策［J］．经济纵横，2014（12）：69－72.

［11］王永利．分流外汇储备，盘活货币存量及深化金融改革［J］．国际金融研究，2014（8）：19－23.

［12］邢天才，唐国华．美国货币政策对中国货币政策的溢出效应研究［J］．财经问题研究，2011（11）：50－55.

［13］肖卫国，兰晓梅．美联储货币政策正常化对中国经济的溢出效应［J］．世界经济研究，2017（12）：38－49.

［14］杨力，李蕊．美国量化宽松货币政策的影响及中国的对策［J］．国际展望，2011（1）：95－106，129－130.

［15］Bagus P，Cavallo D，Cottani J，et al. Exit strategies from the financial crisis. Session Handouts, Global Economic Symposium 2009 (GES), 10 – 11 September 2009.

[16] Bagus P, Schiml M H. New modes of monetary policy: qualitative easing by the Fed [J]. *Economic Affairs*, 2009, 29 (2): 46 – 49.

[17] Barbosa L, Bonfim D, Costa S, et al. Cross – border spillovers of monetary policy: What changes during a financial crisis? [J]. *Journal of International Money and Finance*, 2018 (89): 154 – 174.

[18] Ben S. Bernanke. Central Bank Talk and Monetary Policy: Remarks at the Corporate Luncheon, The Japan Society, New York [J]. 2004 (10).

[19] BenS. Bernanke, The Fed's Exit Strategy [J]. *Wall Street Journal*, 2009 (21): 75 – 80.

[20] Buch C M, Bussiere M, Goldberg L, et al. The international transmission of monetary policy [J]. *Journal of International Money and Finance*, 2019 (91): 29 – 48.

[21] Carvalho C, Nechio F. Do people understand monetary policy? [J]. *Journal of Monetary Economics*, 2014 (66): 108 – 123.

[22] Duménil G, Lévy D. The crisis of neoliberalism [M]. The Crisis of Neoliberalism. Harvard University Press, 2011.

[23] Eggertsson G B. Optimal monetary and fiscal policy and the liquidity trap [D]. Princeton University, 2004.

[24] Hamada, Evaluating QEII: A rational to exit [J]. *Journal of Financial Economics*, 2000, 16 (2): 189 – 212.

[25] P. Krugman. Thinking About the Liquidity Trap [J]. *Journal of the Japanese International Economics*, 2000 (12).

数字化金融服务乡村振兴的探索研究

浙江省现代金融学会课题组*

一、数字化金融服务乡村振兴战略的意义作用

（一）助力乡村振兴，履行商业银行的政治责任

“中国要强，农业必须强；中国要美，农村必须美；中国要富，农民必须富。”这是习近平总书记一直在强调的。作为党中央着眼于全面建成小康社会、全面建设社会主义现代化国家的重大战略部署，实施乡村振兴战略是我国进入新时代“三农”工作的总指引，其总要求包括产业兴旺、生态宜居、乡风文明、治理有效和生活富裕，涉及国家的经济制度构建、土地制度改革、生态环境改善、社会和政治体制完善等诸多领域，政府的主导作用至为关键，金融机构的服务支持也不可或缺。可以说，商业银行助力乡村振兴，是当前及未来一段时期的大战略、大布局；做好这项工作，是把握国家发展新阶段，贯彻中央全面推进城乡融合发展、乡村振兴、银行服务重心下沉、加强中西部协作和做好定点帮扶工作等决策部署的政治责任。总体而言，金融服务乡村振兴主要包括以下几点。

1. 助力“产业兴旺”。乡村发展，根基在产业。随着农业现代化进程的加快，以集约化、规模化、组织化为特征的“大三农”“新三农”大量涌现，而“融资难”“融资贵”“融资慢”则是新兴农业经营主体普遍面临的问题。因此，丰富的金融供给产品、打通的金融供给渠道、简化的金融供给流程，成为金融服务乡村振兴战略的重中之重，尤其是要把金融资源更好地配置到最需要的领域，从而促进产业结构全面升级、乡村产业兴旺。

2. 助力“生态宜居”。生态宜居是实施乡村振兴战略的关键，只有推进乡村绿色发展，才能实现可持续发展。因此，综合治理农村山水林田湖草由此成为基础性工程，美丽乡村、绿色农业、节能减排、生态旅游等领域，也需要大量资金或资本推动。金融服务乡村振兴，可以调动更多资源投入农村生态环境建设，尤其是通过信贷服务、产业基金等方式，支持乡村生态修复、绿色产业

---

* 课题主持人：戴春林
课题组成员：吴剑军　于建平　周　彬

发展和农业产业结构调整，把“两山”理论从蓝图变为现实。

3. 助力“乡风文明”。作为乡村振兴的内在动力和保障，乡风文明的实现，需要物质文明和精神文明“两手抓”“两手硬”。广大农民受教育程度还不高，精神文化和农业知识的短板亟待拉长补齐。因此，通过“产学研”的深度融合，成为金融服务乡村振兴战略的一项重要内容。通过向广大农民、涉农企业提供培训、咨询、综合信息等服务，促进农民职业化、涉农企业现代化，从而构建求知向上的文明乡风。

4. 助力“治理有效”。治理有效是实施乡村振兴战略的基石所在，通过自治、法治、德治相结合的方式，推进乡村社会更加充满活力、盎然向上、和谐有序。在此过程中，诚信建设成为乡村治理的最佳切入点，商业银行大有用武之地。比如，推进“信用村”“信用户”创建工程，帮助广大乡民树立诚实守信、金融安全的意识和技能，由此夯实诚信金融建设的基础根本，进而建设完善现代乡村社会治理体制。

5. 助力“生活富裕”。让亿万农民生活得更加幸福美好，这是乡村振兴的根本目的。而如今面临的最大短板，则是底层农民受到地域限制、自身条件等诸多因素的不利制约，出现了贫穷不仅是结果、同时也是原因的恶性循环。因此，在金融服务乡村振兴战略过程中，必须根据乡村地区的资源禀赋和产业特色，实施“融资 + 融商 + 融智”的新型扶贫模式，通过精准筛选农户、精准对接金融需求、精准落实帮扶措施等一系列组合拳，既“输血”更“造血”地双管齐下，从而为乡村生活富裕的实现，提供综合金融解决方案。

（二）金融数字化赋能乡村振兴，履行商业银行的社会责任

就商业银行而言，支持乡村振兴是新时代金融服务实体经济使命担当的具体表现，是落实“以人民为中心”、坚持“客户至上、服务实体”、服务乡村振兴新市场、助力农业现代化和乡村建设的重要行动，是适应时代、普惠大众、服务民生的社会责任。

1. 乡村金融堵点治理需要数字化赋能。商业银行数字化赋能可以有效打破时空限制、降低交易成本、拓展服务半径、提高信息透明度，进而从根本上破解农村金融风险高、收益低、信息不对称等难题。一是有助于破解乡村地域分散的地理制约。农村由于地域广、农民居住和经营都比较分散，银行传统服务模式下金融服务成本较高，导致“三农”主体“融资难”“融资贵”“融资慢”等问题突出。通过数字化转型，商业银行可借助数字化新技术，展开移动作业，从而有效打破传统农村金融服务的时空限制，节省办理时间与成本，实现了三农”主体融资的标准化、精细化，更加有效地进行“精准滴灌”。二是有助于破解乡村主体抵押物缺乏的担保制约。由于农户的抵押物主要为农村的土地、房屋、农机具等，抵押担保难以落实。通过数字赋能，商业银行可依托物理传感

设备以及在线监测、远程控制等物联网技术，实时收集采摘、生产、加工、收购、流通、销售等农业全链条大数据，更加突出第一还款来源，匹配针对性授信支持。三是有助于破解农村金融交易的成本制约。传统模式下，农村信用信息收集渠道分散、调查采集困难。通过数字化转型，商业银行可以打通政府机构、电商平台、征信公司、担保公司等一系列数据源，运用数字技术可以建立客户风险画像，提升金融机构收集、分析和处理数据的能力，有效计算违约概率，同时，及时预警、动态监控风险，较好地抑制了恶意逃废债情况，改善整体信用环境，提高防范化解金融风险的效率与质量。

2. 数字乡村建设需要银行数字化赋能。近年来，党中央、国务院相继出台了乡村振兴战略、数字乡村战略等政策文件，强化乡村振兴金融服务。在此背景下，各地政府加快推进社会服务数字化进程，从而要求商业银行加快数字化转型，围绕数字乡村，普及线上数字金融服务，构建智慧政务、智慧生活、智慧教育、智慧医疗以及美丽乡村等诸多金融场景，推动城乡基本公共服务均等化。同时，乡村治理数字化也需要金融数字化赋能。通过农村金融信用体系，培养和督促农民、乡村企业养成诚信的美德，推进平安乡村建设，构建涵盖乡村治理的公共信用评价和信用联合奖惩体系。政府推进乡村治理数字化平台的建设，创新农村集体资金、资产、资源管理“三资”管理应用，推动党务、村务、财务网上公开，实现集体和个人资产管理过程的动态管理、实时监管、全程留痕、关联分析、智能预警……这些都需要商业银行运用金融科技，对接公共财政服务平台，提供银村直联、三资管理、企业网银、移动支付等一揽子数字化金融服务。

（三）金融数字化赋能乡村振兴是商业银行的经营责任

商业银行强化乡村振兴战略，实现全量客户联动发展、全产品组合配置、全资金闭环承接、全渠道协同服务，提升价值创造力、科技驱动力、市场竞争力和金融服务力，是建设现代金融企业的经营责任。

1. 金融数字化是金融科技发展的必由之路。经过三十多年的发展，中国银行业走过了从“算盘”到“键盘”、从“分散”到“集中”、从“单机”到“联网”的电子化、信息化阶段，进入了以智能化、开放化为特征并利用新一代信息技术引领全面变革的数字化阶段。银行数字化转型不仅仅在于具体的系统建设和场景应用，更在于把数据的采集、使用、治理贯穿于经营管理的始终，推动思想方式和经营模式发生基础性和根本性变革，成为金融业重要的核心竞争力。商业银行必须推进营销模式、服务模式、运行模式等全方位转型，依托数字化新引擎，创新数字金融服务新方式，推进全量客户营销，精准分层维护，搭建营销生态，赋能基层网点，提升经营管理效能，从而实现可持续发展。

2. 金融数字化是市场竞争的制胜之道。科技的发展，扩大了商业银行服务客户的触及面，使以前难以触及的“长尾”客户也可以得到很好的服务，尤其是在农村客户群的金融供给能力上，打通“最后一公里”的服务触点，将传统金融服务模式的缺位予以填补，并由此开辟批量获客新渠道，有效对接农创客、新农人、农村电商等新主体、新业态的金融需求，扩大新的客户来源，持续改善银行客户结构。与此同时，数字化也改变了金融消费需求，农村客户群如今都要求金融服务“无感式”地融入生产生活场景的各个交易环节之中，尤其是越来越多的乡村企业生产和贸易线上化，其上下游的合作伙伴和企业群，通过互联网来贯通信息流、物流和资金流，更加要求商业银行加快金融服务与企业经营的深度融合，更加深入地介入企业产业链中，更加有效地服务乡村经济；而互联网“赢者通吃”的定律，推动甚至逼迫商业银行加快金融数字化，谁能领先一步，谁就赢得主动。

3. 金融数字化是商业银行强化风险防控的现实需要。随着客户和资产越来越庞大，商业银行不可能再用传统的人海作战模式去管理这些资产风险，尤其是乡村这些面广、量大的客户。金融数字化通过系统监测、大数据分析，探索创新风险防控体系，自动进行风险预警，推动商业银行风险管理由传统的以人工为主、劳动密集型的“专家经验决策”向“专家＋模型决策”的人机协同模式转变，由风险事件驱动的被动防范风险向以数据为驱动的主动管控风险转变，从而大幅提升风险识别、预警、处置和化解能力。

二、浙江银行业服务乡村振兴的现状及存在的问题

这几年，浙江省内各商业银行深入贯彻党中央、国务院和浙江省委省政府关于全面推进乡村振兴、高质量发展建设共同富裕示范区的战略部署，进一步明确工作任务、压实主体责任、完善服务体系，在各自的全国系统内部都成为“金融服务乡村振兴的浙江样板”。

（一）现状概况

在过去很长一段时期里，浙江农村市场主要依靠农信社、农商行、农业银行、邮储银行等少数金融机构提供服务。随着省委省政府对于乡村振兴工作号召的不断增强以及城乡协同发展水平的持续提升，省内各家商业银行正逐步加大金融资源投入，深化金融改革创新，有力支持了乡村振兴战略的落地厚植。

1. 组建专门机构或团队，构建服务新架构。各行在普遍成立独立的普惠金融部门基础上，又纷纷组建了专门的“三农“金融服务机构或专业管理团队，并由其负责实施城乡联动发展战略，根据实际情况，制定出台金融支持乡村振兴行动方案，改进组织管理体系、基础制度体系、新型触达体系、全量产品体系、分类推进机制和统一服务品牌等，形成乡村振兴金融服务新架构，推动服务乡村振兴工作走实走深。有的行还从综合服务、资源配置、风险管理、统计

核算和考核评价等方面，制定了完整的信贷基础管理制度和长效机制，甚至构建“总行+分行”两级涉农产品创新架构，下放业务产品创新权限，从而提升了金融服务乡村振兴的质效。

2. 强化金融资源保障，助力乡村宜居宜业。各行紧紧把握全省新型城镇化建设的有利契机，优化乡村振兴项目贷款政策，大力支持乡村产业、生态环境和公共服务的改造升级，积极探索支持乡村建设项目的市场化投融资模式，助力农业农村基础设施提档升级。截至 2022 年 9 月末，浙江银行业涉农贷款余额为 2.35 万亿元、位居全国第一名，普惠型涉农贷款余额为 1.38 万亿元、持续实现高速增长；美丽乡村建设、土地综合整治、农业产业园、文教卫旅等领域的农村基础设施贷款规模目前超过 6000 亿元，仅 2022 年内就新增融资 1371 亿元。

3. 产业链金融赋能，助力农业高质高效。各行通过改造业务系统、丰富建档内容、优化授信评级模型、实施数据共享等方式，与农业产业化龙头企业、家庭农场、农民专业合作社、农创客等新型农业经营主体加大合作，金融助力农业全产业链发展，特别对县域乡村规上企业、“专精特新”企业给予政策倾斜，通过补链强链等专项行动，助力客户提质上量。创新产品和服务，向符合条件的新型农业经营主体提供贷款，积极推广“首贷”“无还本续贷”等新兴业务，有序拓宽农业农村抵质押物范围，拓展农村承包土地经营权、碳排放权配额、林权、保单、农机具等抵质押贷款业务。截至 2022 年 9 月末，浙江银行业农户小额信用贷款余额为 3950.96 亿元，比年初增加 197.58 亿元、年内增幅 5.26%，农业龙头企农民专业合作社、家庭农场、农民专业合作社、农创客等新型农业经营主体贷款规模近 1000 亿元、年内增幅达 22%。

4. 践行金融为民，助力农民富裕富足。各行持续优化县域集镇网点，适度向县域和乡镇增设物理渠道，充实县域和乡镇网点人员力量，建设“三农”普惠金融服务点；与龙头企业、专业组织等第三方组织加强合作，探索“银行+专业合作社+农户”“银行+产业链+农户”等新型服务模式，有效提升了农户体验。科技赋能，触达体系不断健全，依托数字金融，推出专属的“三农”App，涵盖民生、普惠、政务及服务点等多类服务，打造新农具、新超市、新平台。同时，把金融服务嵌入民生领域，通过优化和扩展各类综合金融服务，不断满足农户住房、经营、消费等融资需求，支持创业致富和生活改善，实现农民向新市民转化。

5. 特色化金融支持，助力山区 26 县跨越式发展。各行聚焦山区 26 县，拓宽“绿水青山”向“金山银山”的转化通道，加大对基础设施补短板、山海协作飞地、优势资源转化等领域的金融服务供给。截至 2022 年 9 月末，浙江银行业山区 26 县各项贷款余额为 1.62 万亿元，比年初增加 2384.53 亿元，年内增幅 17.31%，高于全省各项贷款增速 4.42 个百分点；其中，普惠型小微企业贷款、制造业贷款、绿色信贷、地方特色产业贷款、旅游业贷款等业务规模，实现年内增幅超20%。

6. 加快体制机制创新，夯实乡村金融保障的基础。根据各地的实际情况，深入推进农村信用体系建设，在监管部门的牵头指导和专业支持下，致力于信用户、信用村、信用乡（镇）创建，加强与农业农村部门的沟通联系和信息共享，建立完善涉农信用信息数据平合，创新信用评价模式。科技赋能，根据乡镇市场特点和农户需求，创新推出专属系列产品，实现“一触即贷，分秒到账”；打造“银行数贷通”等平台，为“亲农在线”等数字化平台提供一揽子数字化金融服务。改进内部资源配置和政策安排，在金融资源配置、绩效考核、内部资金转移定价、人力费用、财务费用安排、内部授权、尽职免责等政策上下功夫，提高基层行和一线工作人员开展涉农金融服务的积极性。

（二）短板症结

浙江“三农”发展处于全国领先地位，农村金融体系的建设水平也是同步提升，但受制于农业产业特征、农村信用环境和监测技术手段，省内农村金融发展水平仍不充分、不完善、不均衡，相比城市金融服务水平，存在相当的差距。

1. 数字基础设施建设不完善。数字金融助推乡村振兴面临的一个困难，就是农村地区数字基础设施建设落后于城镇地区。虽然浙江的数字乡村建设走在全国前列，但县域数字农业农村发展水平排名前后十位的县（市、区）平均发展水平相差很大，分别为89.1%和47.1%，两极分化现象严重。再如农村农户信息数据库，仍然存在数据库信息细则不明确、信息平台尚未覆盖全部村镇、政府数据库和农村金融数据库信息壁垒坚固等问题。商业银行虽然在设置普惠金融事业部的基础上，建立专门的“三农”金融服务组织与专业化团队，但是在乡村振兴的战略推进上，依旧存在网点数量不足、服务辐射不够的问题，移动银行业务虽然能够解决大部分业务，但仍然无法替代物理渠道的主阵地作用，尤其是对于数字化程度不高的农村来说，数字技术应用场景少，并且主要集中在阳光村务、农产品的销售推广等领域，制约了农村数字化治理模式的升级以及金融数字化服务能力的触达。

2. 信用评价信息不对称。商业银行对于农户资信评审过程中的有效信息较为稀缺，尤其是农户信用评定中，数字化信息应用严重不足，由于目前乡村数据散落在各个平台和部门、没有实现有效整合，商业银行对村民信用评级中需要的核心涉农企业的交易记录、部分专业市场的交易流水等信息掌握有限，缺核心识别信息，价值判断难，尚未形成一套科学的评价体系和管理模式，加上各行难以掌握借款人在兄弟单位甚至民间借贷的贷款履约情况，对于整体融资情况及负债情况、信用情况、资金需求合理性、偿债能力等无法做出准确的判断，风险对价要求高，这些都迫切需要乡村数字化以赋能金融，从而消除信息不对称等问题。

3. 传统风险管控手段不适用。商业银行在传统上主要以来抵质押手段进行风控，但是对于乡村这些措施很难有效实施。一是农民或乡村企业资金实力不足、有效资产积累不多，土地和宅基地流转的政策，不允许宅基地流转到本村以外的居民；土地的三权分置使农村房屋抵押在法律上得到保证，林产、山地、耕地等资产也可以作为押品，但是实际清收中的资产价值评从外部担保来看，评估难、清收处置难等问题较为突出。二是“两权”抵押、农业保险、农业担保等增信措施，虽然能缓解部分信贷业务的潜在风险水平，但是仍然存在资金来源与还款需求的错配，也未形成完整有效的涉农风险分担补偿机制。三是银行缺乏“深入数据挖掘”的自主风控技术。虽然线上贷款的风控环节或多或少都部署了自动化风控决策体系，但普遍存在过度依赖”专家冷启动”规则或外采“黑箱模型”的现象，风险决策通过自动化的模型和策略集中完成，而传统风控的组织架构难以适应敏捷的风控决策体系迭代需求。

4. 银行乡村金融服务不均衡。一是存在乡村金融服务的“过量”与“不足”的情况，金融供给竞争博弈的马太效应使得商业银行支农服务资金流向好的领域，将资金投给中高端的农业客户，比如农业龙头企业或者是政府组建的农业经济组织体，缺乏抵押担保的小农户依然存在信贷难的问题。二是乡村振兴权限与实际不匹配问题，各行主要采用“总行 + 分行”的方式进行农业金融产品创新，基层分支机构自主权仍然较小，很难针对某一新业态而因地制宜地进行创新；此外，商业银行的信用评级、客户分类、授信用信、利率定价等权限，大多分散在不同的层级和部门之中，前中后台的客户风险偏好也不统一，信贷审批流程更是偏长而导致效率较低。三是产品创新在乡村推广应用不经济，有的行针对特定乡村，推出了“杨梅贷”“山核桃贷”“茶叶贷”等，但这些一村一品的特定融资业务，开发成本较高，可复制和可推广性差，风险性也较大，容易受天气等不可控因素的影响，从实际效用看，市场推广应用成本高、不经济，真正惠及的覆盖面不够广。

三、数字化金融赋能乡村振兴的新机遇新途径

作为全国首批国家数字经济创新发展试验区，浙江最近两年加快建设“数字浙江”，尤其是通过《浙江省数字经济发展“十四五”规划》《浙江省数字化改革总体方案》《浙江省数字经济系统建设方案》等一系列规划文件，推进全省各项改革发展在新起点上实现新突破。浙江数字化浪潮，目前正处于大变革大转型大发展的前夜。

（一）数字化金融赋能乡村振兴的时代机遇

1. 数字化浪潮。数字化浪潮带给人类世界的，是全新而强劲的发展动力。作为数字经济总量排名全球第二的中国，国内数字经济总规模近 40 万亿元，2015—2019 年连续 5 年保持 15% 以上的年增速，数字经济在当年全国国民生产总值中的占比已经高达 38.6%，5 年间提升了十多个百分点。浙江作为试验田和排头兵，“十三五”期间省委省政府抢抓时代机遇，在国内率先启动实施数字经济“一号工程”，推动全省数字产业快速发展。如今，全省数字经济总量占国内生产总值（GDP）的比重，从原来的 34.6% 升至 43.3%，数字经济对 GDP 增长的贡献率更是超过 60%；浙江数字产业发展居于全国前列，比如 2020 年度全省数字经济核心产业增加值超 7019 亿元、占 GDP 的比重达到近 11%，“十三五”期间年均增速达 15.2%。“十四五”时期，浙江省数字化发展规划，致力于构建形成“一个核心引领、两大重要支撑、三化协同推进”的发展格局，即突出数字科技创新引领，在强化数字基建、数据资源两大支撑之下，深入推进数字产业化、产业数字化、治理数字化“三化”协同发展，最终要实现的目标是：2025 年浙江数字经济引领增长态势基本形成，全省数字经济总量 5.4 万亿元，占 GDP 比重 60% 上下，并成为中国展示“重要窗口”的重大标志性成果。

2. 数字化金融。随着数字化发展规划的落地实施，浙江省经济、政府、社会数字化变革不断迈向新的高地。对各家商业银行来讲，以前是比较多地聚焦和停留在“大数据发展对银行的影响”“如何适应大数据而开展数据应用”等课题上，对于数字化产业的发展，认识不深，介入也不强。如今，产业数字化战略推进比较迅速，产业大脑、工业互联网平台、未来工厂等“新智造”领域实现对传统产业和中小企业的全覆盖，研发、生产、采购、销售和财务管理全部线上数字化，推动着商业银行也必须加快数字化转型，提高数字化服务、数字化营销、数字化运营水平。浙江银行业正进一步深耕挖潜数字化产业，通过“锁定新机遇、夯实新基础、构建新条件、创造新业绩”四部曲，致力于金融供给侧改革，紧跟政府数字化改革目标，既坚持内外部“双向驱动”，又注重夯实金融服务“数字底座”，围绕服务实体经济、助力乡村振兴、防范金融风险、优化客户服务四大维度，加快推动银行数字化改革实践成果落地，推动数字金融更好服务高质量发展、高品质生活和高效能治理。尤其是针对数字化支持乡村振兴的广度不够、数字化金融服务的深度不够等不足之处，以“业务重塑、制度重塑、服务重塑”为总体目标，加快经营模式和治理模式的数字化变革。对内深度融合，挖掘数据要素价值，应用金综平台等外部数据，搭建统一数据化平台，构建浙江特色“智慧大脑”，实现管理赋能、营销赋能、风控赋能、基层赋能的目标。对外一体推进，打造数字生态服务体系，聚焦政府数字化改革，打造 GBC 联动场景，着力提升服务实体经济的能力、惠及客户生活的能力，构建数字化金融服务新生态，自主打造特色分布式技术架构，为服务共同富裕、支持乡村振兴提供坚强技术保障。

3. 数字化乡村。作为深入实施乡村振兴战略的具体行动，数字乡村建设是推动“三农”现代化的重要抓手。得益于浙江互联网大省和数字经济发展先发地的良好环境，浙江数字乡村建设具有独特的优势和良好的基础。一是乡村信息基础设施不断夯实。全省城乡同网同速，建有光缆线路总长度 349.8 万公里，移动电话 4G 基站 36 万多个，5G 基站超 6 万个，实现了行政村 4G 和光纤全覆盖；北斗、遥感等现代信息技术的普及，加快了与种养殖业的融合应用；基于政务云的浙江省数字“三农”协同应用平台成功搭建，农业农村数据库初具规模。二是乡村产业数字化加快转型。25 个县（市、区）纳入省级乡村振兴产业发展示范建设范围，全省累计开展 2 批共 163 个数字农业工厂试点创建、示范带动 1184 个种养基地完成数字化改造；省内农业生产数字化发展水平超 60%，高出全国平均水平 35.7 个百分点；定制农业、认养农业、创意农业、云农场等众多新业态新模式层出不穷，乡村分享经济逐步兴起。三是乡村监管服务数字化日益完善。初步构建起全省农产品质量安全追溯体系，“掌上执法”全面应用，信息进村入户工程稳步推进，与农民生产生活密切相关的所有事项都搬到线上，135 类涉农公共服务事项实现网上办。四是乡村治理数字化持续推进。省级乡村治理数字化系统初步搭建，农村“互联网 + 监督”推进顺利，“雪亮工程”行政村覆盖率已达 98.3%，全省县域党务、政务、财务公开的行政村占比率均超过 98.5%；尤其是建德等 10 个县（市、区），还入选了首批全国乡村治理体系建设试点县，乡村生产生活生态空间数字化、网络化、智能化发展态势良好。

（二）数字化金融赋能乡村振兴的实施路径

紧跟浙江省委、省政府乡村振兴和数字乡村战略部署，省内各商业银行要把握住数字经济时代发展机遇，主动对接县域、乡镇各政府机关、企事业单位的数字化改革需求，探索解决当前与区域数字化经济发展不相适应的难点与痛点问题，以客户需求为导向，搭建独具特色的数字化场景生态平台，重塑对公和个人智能风控体系和业务流程，提高客户数字化需求响应效率，强化对乡村振兴的数字化赋能支持能力，从而建成“五位一体”（业务场景标准化、客户营销一体化、风险控制智能化、赋能减负可视化、效率管理数据化）的银行业务数字化营销服务和产品管理体系，通过金融数字化，更好地赋能乡村振兴。

就实施路径而言，应从“场景共融、客户赋能、风险数控、效率优化”四个维度赋能乡村振兴，形成场景协同、客户提质、风险管控、立体赋能、效率提升的工作思路。尤其是通过场景多跨联动，以点带面地实现乡村客户在多个场景的业务协同；通过客户深度运营，向工作人员提供客户运营工具，赋能客户经理更精准高效服务乡村客户，提升客户服务能力；通过风险精准定位，结合数据分析和流程改造，提高风险防范能力，有效管控风险；通过数字化技术，对业务处理流程进行改造，以适应乡村金融需求，提高业务效率。

1. 场景共融。加快构建“农村场景 + 金融 + 服务”的生态模式，将支付结算、信贷融资等金融服务以及智慧乡村等非金融服务内嵌于场景中。落地一批示范效应好、带动作用强、市场影响优的精品创新场景，全面赋能业务经营模式数字化、智慧化转型。商业银行可通过建设通用的企业服务型产品，围绕企业生产经营中人、财、物管理等通用环节，建设标准化、可配置的服务模块，并形成以企业网银、企业手机银行为基座的商业银行服务中小微企业的全场景生态平台。顺应产业互联网发展浪潮，数字化赋能，与相关产业互联网平台进行嵌入对接合作，从而打开乡镇中小微企业数字化场景生态市场，借助开放式电子签约服务、数字化客户身份识别举措，打造“金融 + 非金融”跨界企业生态。依托网银平台、手机银行、农村线下服务点、微信小程序等内外渠道，对接省发展改革委、科技厅、农业农村厅等各级政府数字服务平台，构建“场景 + 金融 + 服务”的 GBC + 新模式，为 G 端政府部门提供一整套涵盖“数商”“数治”“数融”的数字兴农“三合一”综合服务方案；围绕助推农村集体“三资”监管、农村产权交易、涉农补贴资金监管、农业生产托管监管、乡村治理积分管理、智慧村务运营等场景，为 GBC 三端客群提供涵盖“党务、政务、村务、财务、金融服务”的“五位一体式”数字化解决方案。

2. 客户赋能。商业银行应研究分析乡村客户的金融服务需求，按照业务融合、资金闭环、流程打通的思路，突出线上化、数字化、生态化，打造涵盖基础金融业务、数字人民币应用、金融场景融合的客户服务模式。商业银行要加强与各级政府数字化主管部门联动，掌握政府、企业客户的政务数字化、产业数字化推进的业务需求，做好“工业互联网平台、产业大脑和未来工厂”清单客户、乡村企、事业单位的数字化系统对接；打造信贷资源数字配置新模式，通过与相关部门、平台合作，在农产品产供销全场景中无缝嵌入，建立结算账户开立、农户信息采集、信贷预授信、准贷名单生成等一体化、自动化的金融业务流程。推进商业银行营销模式创新、产品迭代升级、系统应用优化等涉及客户类业务数字化改造工作，提升客户需求响应效率、线上金融服务能力，从而增强数字化综合金融服务能力。

3. 风险数控。商业银行应加快数字化风控管理系统建设，深化外部数据资源对接，积极参与政府、行业主管机构以及第三方公司信息平台建设，以数字化手段解决银政、银企信息不对称难题，推动实现对客户风险数据的全方位覆盖与动态更新，构建全面风险知识图谱，完善客户画像，加强电子签约、实时数据流水线等新技术的组合应用，提高数据共享水平和基础数据的可靠性和准确性，以数字化智能工具替代银行人工统计，持续提升业务真实性的监控与管理能力。构建灵活高效的金融风险管理平台，全面梳理风险因子，建立健全风险模型研发与管理体系，构建并完善信贷客户全生命周期风险评估中枢，立体化实时监测企业风险特征，提升信贷客户全量数据分析挖掘水平，强化信用、合规与操作风险的监控能力。同时，通过数字赋能，在实质风险可控、监管认可的前提下，优化内部流程和制度，实现内部控制与客户需求的高效协同。以"以客户为中心"理念，整合债项、产品、资金使用等各项要求，通过数字化技术，简化存续期管理工作，以实质风控替代形式风控。

4. 效率优化。商业银行应针对现行业务全流程中的堵点和痛点，迭代升级科技系统功能，优化资源配置，驱动业务重塑，促进金融科技系统数据与功能互通，研发创新性工具，实现信息采集一键化、数据生成自动化、报告撰写智能化，减少各类业务流程中不必要的人工干预和机械重复劳动，实现"数据决策、数据服务、数据创新"。加强数字化手段运用，依托大数据、云计算、生物识别、人工智能等金融科技，激发流程再造，实现业务互联、数据互联和信息共享，加大创新产品支持力度，有效提升内部经营智慧化管理水平，持续增强数智化经营管理能力。

四、数字化金融服务乡村振兴的具体措施

（一）以数据为基础，搭建乡村基础数据平台

金融服务数字乡村，必须以数据为基础。尤其是"三农"领域，数据基础相对薄弱，对精准营销、风险把控等都构成了瓶颈制约。因此，必须坚持数据先行，从顶层设计出发，规划搭建全省乡村基础数据平台，对全省 2 万多个村落和其中的村企、村民等基础数据，建立综合档案和评价体系，形成不同区域乡村金融服务需求的数据画像，构筑数字金融服务数字乡村的地基底盘。

1. 立足银政合作，实施数字乡村基础数据平台建设。主动对接浙江省数字化改革和"共同富裕示范区"建设工作，抓住各级政府推广数据共享应用的有利时机，充分发挥商业银行金融科技优势，协助农业农村向数字化、信息化、智能化转型，对其资金管理、村务治理等方面进行信息化升级改造，搭建基于数据的银政合作平台，建立深度互嵌的业务合作关系，形成"以用促数、以数促用"的数据运营正向循环生态。

2. 立足"信用浙江"战略框架，建立健全农村基础信用数据体系。信用数据，是信贷业务开展的重要依据。要抓住"十四五"期间浙江省深化信用体系建设、打造信用数字化建设先行省的有利机遇，依托中国人民银行、浙江银保监局和浙江农业农村部门，大力推进农村信用体系及涉农信用信息数据平台建设，实现涉农主体信用信息有效整合。探索与第三方机构共同开展农村个人数字征信服务试点的合作模式，针对传统模式中不适应当前发展需要的（比如资

产、收入等评分结果占比过大）情况予以改进，建立健全农村信用体系与银行信贷全新的关联机制，把农户素质、品牌名誉、道德行为评价、产业经营状况等特色指标作为信用评分体系的基石之一，从而向农户提供个性化、多元化的金融产品和服务供给。

3. 立足大数据分析，发挥涉农数据效用。立足大数据、人工智能等技术，加大涉农数据的挖掘与应用，全面赋能“三农”金融服务数字化、智慧化转型。重点围绕客户营销、产品创新、风险防控等领域，综合运用农业补贴、农业保险、土地确权、产权流转、生产经营等多维度数据，开展信息交叉验证，实现“三农”客群精准画像，不断增强精准营销平台支撑能力，持续提升数字化风险防控水平，助力打造“批量化获客、精准化画像、自动化审批、智能化风控、综合化服务”的乡村振兴金融服务新模式。

4. 立足信息安全，加强数据合规管理。遵循“统一规划、统一管理、开放共享、安全合规”的原则，制定全省乡村基础数据管理办法，建立数据全生命周期管理流程和分级分类管理机制，完善数据安全和隐私保护体系，明确数据分级分类保护策略，落实技术措施，建立对个人隐私数据、敏感数据、公共信用数据的安全闭环管理，稳妥开展数据合作共享。

（二）以“数字乡村”建设为契机，推进乡村数字金融服务

2022 年 1 月，中央网络安全和信息化委员会办公室等十部门印发的《数字乡村发展行动计划（2022—2025 年）》（以下简称《行动计划》）提出：“到 2025 年，要实现乡村 4G 深化普及、5G 创新应用，农业生产经营数字化转型明显加快，智慧农业建设取得初步成效，培育形成一批叫得响、质量优、特色显的农村电商产品品牌，乡村网络文化繁荣发展，乡村数字化治理体系日趋完善；并部署了数字基础设施升级、数字治理能力提升等八个方面的重点行动。”《行动计划》展现了数字时代乡村振兴创新升级的宏伟蓝图，也为商业银行以数字金融服务乡村振兴指明了路径和方向，围绕“数字乡村”建设提出的新任务、新需求，依托数字技术的专业优势，金融赋能乡村公共服务等领域，打通“互联网 + 政务”的“最后一公里”，实现服务触角延伸直至全覆盖。

1. 助力农村集体经济发展。以“数字乡村”为合作纽带，不断夯实 G 端合作基础，打通 C 端服务内容，同步做好个金业务覆盖。依托“农村集体‘三资’监管”功能，协助农业农村部门、乡（镇）人民政府、纪检监察部门、党委组织部门等农村“三资”主管部门，切实加强和规范农村集体资产监督管理，提升农村集体资产经营管理水平，建立农村集体经济财务管理新模式；向农业农村部门、自然资源部门提供“农村产权交易”“宅基地管理”等功能服务，支持扩大农村产权公开、规范流转交易，推动农村资源资本化和生产要素自由流动，助力盘活集体资产资源；为村委会、村民提供“党建云”服务，助力提升基层

自治组织党建工作水平；加强乡村振兴专用银行卡等产品营销，带动C端新客拓展。

2. 助力乡村治理。围绕智慧村务运营、信用村积分管理等场景，实施“五位一体式”数字化解决方案，即涵盖“党务、政务、村务、财务、金融服务”等一揽子嵌入式协作。积极推进与各级农业农村管理部门、乡（镇）人民政府等的对接合作，扩大综合金融服务覆盖，深化政务数据的引入和应用，助力乡村治理能力提升。立足“数字乡村”建设，协助区县级农业农村管理部门、党委组织部门、民政部门、妇联等政府机构，开展信用村积分体系建设，推动乡村善治，营造文明乡风，为建立全面丰富的农户群体道德信用数据体系提供支持，提升乡村治理效率。

3. 助力乡村财政社保业务开展。依托财政预算一体化改革，提升广大预算单位、执收单位资金运行效能。推动产品与地方政务服务平台对接，围绕便民、消费、出行、医保等场景，嵌入聚合支付、普惠贷款、农村公务卡等产品服务。大力推广社保医疗服务，积极配合各级医保部门，开展医保移动支付清算体系建设，为广大参保单位、参保人提供便捷可及、优质安全的社保医保线上线下一体化服务。

4. 助力数字兴农服务。向乡村供销系统提供线上采供销一体化服务，搭建集采购、分销、内部财务管理、支付清分、融资等于一体的“互联网+”乡村电子商务生态体系，拓宽农产品上行通道，助力农民增收企业增效；通过推广应用信用村积分管理体系，将村民的社会化行为转化为定量积分，并延伸扩展积分兑换、消费等功能，从而提升乡村治理数字化水平，助力农户信用体系建设，促进信用村评级、整村授信等金融服务的有效开展。

（三）以数字技术为抓手，构建乡村金融服务新模式

按照业务融合、资金闭环、流程打通的思路，突出线上化、数字化、生态化，打造涵盖基础金融业务、数字人民币应用、金融场景融合的客户服务模式，充分满足县域乡村客户金融服务需求。

1. 打造线上化乡村基础金融服务。接轨浙江省“最多跑一次”政务服务要求，针对乡村幅员广、服务半径大的实际情况，借助数字技术，推进实现基础金融服务“一次都不用跑”的目标。一是建立“云办卡”服务流程。立足乡村客户金融服务需求“最先一公里”，依托线上平台，围绕社保卡、兴农卡、信用卡等办卡类业务，建立“线上下单、物流配送”服务模式，支持客户线上自助申请、卡片邮寄到家。二是优化账户开户服务。面向乡村中小微企业，结合业务推广情况和属地需求，提供电子营业执照、“供应链1+1”异地见证、外汇账户“三个一次”等便捷开户服务，建立企业客户线上预约、在线跟踪办理进度、线下完成开户和基础支付结算产品办理的一站式业务办理流程，有效提升企业开户效率，助力乡村中小微企业走好发展“第一步”。三是创新开户开卡与信贷一体化服务。面向政府部门权威数据精选锁定的优质农业农村企业客户，构建开户与信贷建档一体化服务模式，打通对公开户与信贷建档信息传递流程，实现开户与建信服务的一体化运营。探索乡村个人客户开卡与普惠贷款申请以及预授信业务融合流程，挖掘潜力客户，高效解决农户融资难、贷款慢等问题，实现银农双赢。

2. 创新数字化乡村金融服务应用。一是大力拓展数字人民币支付服务。根据数字人民币普惠性的定位，充分发挥数字人民币钱包开立便捷的服务亮点，特别是在无网络环境下也能使用的技术优势，全面拓展“三农”客户数字人民币收付款、政府补贴发放、消费扶贫等业务场景应用，携手政府部门，向“三农”客户提供更加方便、快捷的金融服务；在“三农”领域推广基于近场通信、生物识别、二维码等技术的数字人民币支付服务，加大同业合作力度，共同提升农村地区支付服务水平。二是创新数字人民币资金管理服务。打造数字人民币资金流向管理服务，在有效保障客户隐私的前提下，探索在扶贫资金发放、惠农补贴等乡村金融场景领域的应用，实现涉农资金发放、分配、使用各环节信息的公开透明，有效提升资金监管水平。

3. 构建生态化乡村金融服务模式。根据G端（政府）、B端（企业）、C端（个人）的金融服务需求，积极推动结算、贷款、融资等服务流程衔接融合，探索推进生态化乡村金融服务模式创新。一是探索以农村集体经济组织作为授信主体的信贷产品创新，以G端带动建立的农村客群，打造更具可持续发展能力的“银行+政府+大同业+农户”的金融生态圈，进一步整合金融基础设施、金融同业资源，发挥直接融资、交易结构设计等特色优势，打造更加专业、更加多元、更加闭环的金融联合新模式。二是推广“银政保”业务模式，积极发展农业保险和再保险贷款业务，试点开展“农险+信贷”模式，强化涉农信贷风险市场化分担和补偿；推进“银行+保险+融资”场景创新，探索与保险公司的“履约保证保险”业务合作，多方携手解决农村客群融资难题；与各级政府出资设立的担保公司开展合作，按照商业可持续原则，议定风险分担比例，在融资担保项下，服务小微信贷市场；创新多种农村产权抵押贷款，比如宅基地使用权抵押贷款、林权抵押贷款等。三是推广数字化供应链业务模式。针对农产品市场流通和“三农”龙头企业生产上下游客户、农村合作社及农户等构成的产业链和生态圈，适应农业种植养殖、农产品加工、乡村休闲旅游、电商物流等产业发展特点，量身定制“三农”数字供应链服务方案，积极为企业和农户提供数字化供应链普惠贷款等配套金融服务，全面提升农业全产业链服务水平，助力创业共富。

（四）以新型渠道建设为基础，打通乡村金融服务“最后一公里”

以“轻资产、线上化、场景生态融合”方式，坚持乡村金融服务线上优先、线上线下一体化，把乡村服务点作为前沿触点、县域营业网点作为中枢连接、线上服务作为平台支撑，致力于乡村金融服务渠道建设，全面提升金融服务乡村振兴的市场辐射能力。

1. 完善乡村专属线上服务渠道。线上渠道因其便捷高效、服务覆盖面广的优势，是落实金融服务乡村振兴战略的重要载体，也是触达县域及乡村客户的主要线上渠道和工具。目前，省内很多商业银行在既有网上银行的基础上，推出了服务乡村振兴战略的专属 App，比如工商银行的“兴农通”、农业银行的“惠农通”、建设银行的“裕农通”等，功能基本都涵盖了民生服务、普惠服务、政务服务等，可以满足农村居民账户管理、消费理财、普惠贷款、社保助农等需求。而实现乡村线上服务平台的有效推广和应用，还需要进一步从以下方面进行完善和提升：一是丰富应用场景。比如聚焦乡村治理场景，强化与县级党委组织部门、民政部门、乡村财政预算单位等的合作，推动特色民生缴费项目上线；又如聚焦村务场景，通过引入村务公开服务及惠农补贴发放等金融服务，提升 C 端客户有效转化。二是强化服务功能。比如聚焦“涉农贷款”“专属存款”类产品进行创新和适农化改造，积极推出特色金融产品和服务功能上线；又如聚焦电子社保卡/医保卡、防返贫监测（数据采集）、退役军人/老人生存认证、涉农补贴领取、涉农民生缴费、招工等金融服务秋，不断丰富 App 相关产品功能，优化服务体验。三是构建合作生态。比如与外部流量平台开展合作，通过互联网获客手段，扩大线上平台注册用户；又如与优质涉农平台、涉农龙头企业合作，在医保社保、农技培训、农资购买、农产品撮合对接、农村医疗等方面，共同构建区域服务生态；再如探索把乡村振兴线上平台功能输出至地方政府数字服务平台等优质外部合作方，扩大 App 服务范畴。四是联动线下服务。强化乡村金融服务触达体系线上线下联动，充分利用实体网点（服务点）线下触达优势，以 App 为主要服务载体，促进乡村客群覆盖率与应用活跃度的不断提升。

2. 实施乡村普惠金融服务点渠道布局建设。建设乡村普惠金融服务点，是打通乡村金融服务“最后一公里”、破解乡村市场产品服务触达难、“亲见亲签”落地难等问题的关键一环。实施服务点建设，要防止盲目“铺摊子”、搞“形象工程”、陷入粗放发展误区，并采取灵活务实策略，确保建设实效。物理渠道选址策略上，重点布局全省山区 26 县市、革命老区、脱贫县以及金融机构分布密度低、金融服务需求旺盛的区域，具体可围绕面向“三农”的普惠金融服务场景、面向专业市场经营户的结算融资、面向供销和通信等消费类服务、面向村民的村委会合作金融服务等场景，因地制宜地开展服务点建设。外部合作方式上，坚持“开放共享、合作共赢”的原则，综合采用银政合作、战略伙伴强强合作、第三方外包等方式，与各地政府机构、供销社以及同样有乡村服务点铺设需求的第三方机构开展服务点共建，以轻资产模式，联合打造乡村金融服务渠道的前沿据点。服务资源投入上，采取“金融 + 民生”“乡镇 + 乡村”“共建 + 自建”“机具 + 人”“员工 + 合作人”等基本要素的灵活组合方式，实现轻资产投入、高效化运营，求真务实地推进乡村金融服务点建设。

3. 优化农村普惠金融服务点营销服务模式。加强乡村智能设备配备，充分依托线上服务平台，建立乡村普惠金融服务点办理模式，为客户提供预约办卡、取款、转账汇款、信息查询、缴费等基础金融业务以及普惠贷款受理服务，持续提升乡村金融服务能力。同时，扩大普惠金融服务点的触达覆盖，建立基于移动 PAD 设备构建轻型灵活的外拓模式，对客户通过线上渠道提交、必须亲见亲签的业务办理申请，由工作人员深入县、镇、村，提供定点定时的上门服务，现场办理监管部门要求必须面签、反洗钱 KYC 涉及的个人客户开卡、对公智能开户等业务以及转账汇款等非现金业务，实现客户金融服务需求“即办即结”，加大对网点覆盖空白区域的探索和深耕。

4. 探索外聘“合伙人”等业务运营模式。适应乡村市场客群分布相对分散、“熟人社会”特点突出的实际情况，在落实乡村普惠金融服务点驻点工作人员的基础上，通过与头部企业合作、合伙人招募、客户自愿申请等方式，遴选当地有影响力的商超、连锁店、加油站、快递等商户以及具有较高威望和信誉的个人，打造外聘“合伙人”服务队伍，采取灵活的市场化用人机制，使渠道服务更接地气、更有效地“走村入户”，为乡村普惠金融服务点高效化运营提供有力抓手。

（五）以乡村振兴为目标，加大数字金融助农惠农力度

1. 支持产业发展撮合对接。充分发挥商业银行连接供需两端、产业上下游的客户资源优势和数字平台服务优势，加强与当地农业农村等部门的沟通协作，将涉农经营主体作为服务对象，展示推广产品和项目，组织开展供需撮合活动，提供金融服务支持，紧密政、银、农合作，全面实施多主体参与的服务对接工程，建立健全“平台 + 撮合 + 金融”的综合服务模式，推动项目推介和融资对接，并用活财政奖补资金等数据，推动信贷产品创新。联合工商联各级机构，建立常态化合作机制，深入推进企业助农，借助全国优质民营企业，延伸金融服务触角，做好社会资本投向农村特色优势产业过程中的金融服务。

2. 支持建设县域乡村新型商业体系。牢牢抓住国家实施县域商业建设行动这一难得契机，围绕县域商业发展、农村流通网络建设和县域市场主体培育，强化银企对接。结合县域乡村商业实际使用场景，深化信息协同和科技赋能，加强特色涉农金融产品研发和场景拓展，为县域商贸、物流、供销企业和合作

社提供缴费、支付、收单等综合金融服务。支持大型流通企业下沉供应链，拓宽农村产品上行渠道，促进农村电子商务发展。

3. 支持农业农村绿色发展。拓宽农业农村绿色发展融资渠道，重点支持农业面源污染综合治理、生物质能等清洁能源开发、国土绿化等领域融资需求。按照商业可持续原则，支持发电企业参与农村新兴能源发电项目。积极使用碳减排支持工具，对符合条件的农村地区风电、光伏发电等基础设施建设给予项目贷款支持。抢抓分布式光伏发电产业发展机遇，关注地方政府“整县光伏”项目推动进度，加强与光伏设备制造、销售或运营龙头企业合作，向分布式光伏电站安装建筑所有人或共有人提供普惠金融服务，实现支持绿色能源发展、助力乡村振兴和共同富裕的目标。

4. 支持乡村“双创”工作推进。一是加大对农村创业创新园区及配套设施建设的信贷资源投入，为园区企业提供便捷开户线上预约、智能开户等上门账户服务。二是支持退役军人、农民工返乡入乡创业，在风险可控的前提下，推出相关创新金融产品和服务方式，提供专属信贷产品，推广“互联网 + 返乡创业 + 信贷”模式，不断提升对返乡入乡就业创业群体的金融服务水平。三是扩大政务服务、商事登记一体机等在县域网点的覆盖范围，为返乡人员初创企业提供企业申设阶段的“政务 + 金融”一揽子综合服务，通过线下渠道政银互联，解决农户商事登记难等问题，促进培育乡村小微企业等对公市场主体。

（六）以可持续发展为要，加快完善数字金融助农机制

1. 完善数字化金融风险防范机制。强化底线思维，依托“数据 + 技术”，构建全流程全领域数字化风控模式。构建智能风控体系，运用信息集成、数据挖掘等大数据技术，综合商业银行内外多渠道数据，构建涵盖工商、征信、结算多维指标库，结合风险计量技术和专家经验判断优势，运用大数据，为客户经理把控客户准入等的金融风险赋能增效。优化信贷管理模型，依托金融和政务数据，打造智能线上授信模型，实现线上贷款申请、线上模型评分、线上授信放款等操作；依托卫星遥感、图像识别等辅助技术，实现贷前、贷中、贷后的线上风险实时防控。强化资产重组、项目并购、债券发行、呆账核销等相关工作，改进乡村数字信贷的不良资产处理政策支持体系，尤其是通过银行、证券、基金、信托等业内合作，采取信用增级、承销商公开发售或私募等方式，实现数字信贷不良资产的证券化改革。

2. 建立乡村金融运营管理保障机制。省内各商业银行应构建关于农村金融服务点、线上线下和跨专业流程、运营风险等制度办法和管理机制，筑牢渠道、业务、风控三道运营管理保障线，确保金融服务乡村振兴运营支持体系建设有效落地和安全运转。一是建立农村金融服务点运营管理机制。构建相关利益方业绩分润和评价激励机制，有效激发使者市场拓展和产品营销活力，推动各业

务部门产品落地转化。二是建立业务流程协同管理机制。构建涵盖需求设计、评审、研发、体验、评估、优化的全周期流程统一管理机制，健全线上线下业务流程管理办法，持续提升金融服务乡村振兴业务流程效率和客户体验。三是完善乡村金融运营风控机制。借助智能风控技术，研究构建县域网点运营风险分级指标体系和风险视图，全面掌握运营风险全貌，强化异常业务、异常行为、异常人员的监控预警，增强风险管理的智能化和主动性。

3. 完善乡村振兴评价机制。省内各商业银行应对涉农贷款、普惠型涉农贷款、脱贫地区贷款、国家乡村振兴重点帮扶县贷款等实施专项经营考核，并提高乡村振兴板块考核权重；对涉农贷款给予利率优惠，并就涉农贷款不良率、重点帮扶县贷款不良率高出各项贷款不良率年度目标1~3个百分点（含）以内的，不作为内部考核扣分因素，从而提高基层行的信贷积极性。

参考文献

[1] 浙江省农业农村厅印发关于《浙江省数字乡村建设“十四五”规划》的通知，2021-06-10.

[2] 周才云，许帆．数字普惠金融助力乡村振兴的内在逻辑及路径选择[EB/OL]．中国金融新闻网，2022-11-05.

[3] 韩国强．金融服务乡村振兴战略的思考[J]．当代金融研究，2018(2)：96-104.

构建服务共同富裕的农信普惠金融体系研究

浙江农商联合银行课题组*

贫富分化深刻影响着经济发展与社会稳定，近几十年来全球范围内的贫富差距呈现出扩大趋势，并且这一趋势还将继续（Piketty，2015）。美国等主要国家为应对新冠疫情而实施的史无前例的宽松政策，导致全球主要国家贫富差距进一步扩大。中国在消除贫困、缩小贫富差距方面做了大量努力，2020 年取得了脱贫攻坚战全面胜利，为扎实推动共同富裕夯实了坚实的基础。金融是经济肌体的血脉，扎实推动共同富裕也离不开金融的支持。但 2008 年国际金融危机以来，全球掀起了一股批评金融机构盲目创新、野蛮扩张、过度追求利润的浪潮，世界主要国家由此开始反思金融实践，积极发展普惠金融，致力于以可负担的成本重点为小微企业、农民、低收入人群等提供适当、有效的金融服务，缓解金融排斥，缩小贫富差距。普惠金融与共同富裕之间具有内在一致性，随着共同富裕远景目标的提出，普惠金融也必然要求服务于全体人民共同富裕（邹克和倪青山，2021）。农信社是发展普惠金融、支农支小的金融主力，也应成为普惠金融服务共同富裕的重要力量。作为深化金融供给侧结构性改革的重要组成部分，深化农信社改革已经步入深水区和攻坚期。为此，统筹深化改革和服务共同富裕，构建农信普惠金融体系，已经成为全国农信社立足新发展阶段亟须回答好的重大时代课题。

一、普惠金融服务共同富裕的基本逻辑

普惠金融与共同富裕都致力于正确处理好效率与公平的关系，都突出对“三农”、小微企业、低收入家庭等群体的关注，具有内在一致的逻辑。这一基本逻辑蕴含在共同富裕的内涵特征和实践路径之中，在普惠金融发展与经济增长、不平等的相关研究之中也清晰可见。

（一）共同富裕的演进历程、内涵特征和实践路径

国外对共同富裕的研究主要集中在反贫困、收入不平等、福利社会等领域，没有直接相关的研究。我国关于共同富裕的讨论始于 20 世纪 70 年代中期，兴于

---

* 课题主持人：王小龙
课题组成员：陈博恺　邵新力　廖志梅　戚文举　范鹏飞

党中央、国务院作出扎实推动共同富裕决策部署之后。已有研究重点对共同富裕的演进历程、内涵特征和实践路径展开了分析。

1. 共同富裕的演进历程

共同富裕是马克思主义的一个基本目标，是社会主义的本质要求。马克思指出，在未来社会，“生产将以所有的人富裕为目的”①。中国共产党是马克思主义政党，自诞生之日起就以为中国人民谋幸福、为中华民族谋复兴为初心使命。改革开放前，我国一直处于“共同贫穷”的状态。1985 年，邓小平同志在中国共产党全国代表会议上提出，“鼓励一部分地区、一部分人先富裕起来，也正是为了带动越来越多的人富裕起来，达到共同富裕的目的。②”1987 年，党的十三大提出“三步走”战略，为中华民族从站起来到富起来、再到强起来和实现共同富裕擘画了发展蓝图。

党的十八大以来，党中央把逐步实现全体人民共同富裕摆在更加重要的位置上。2012 年 11 月，习近平总书记在十八届中共中央政治局常委同中外记者见面时强调，“我们的责任，就是要团结带领全党全国各族人民，……坚定不移走共同富裕的道路”。2020 年 10 月，习近平总书记在党的十九届五中全会上指出，“建议稿在到 2035 年基本实现社会主义现代化远景目标中提出‘全体人民共同富裕取得更为明显的实质性进展’，在改善人民生活品质部分突出强调了‘扎实推动共同富裕’，提出了一些重要要求和重大举措。这样的表述，在党的全会文件中还是第一次。”这是党的历史上第一次把全体人民共同富裕的社会主义本质外化为具体奋斗目标，并将这一目标付诸行动。

2021 年以来，党中央、国务院加快部署扎实推动共同富裕。一是纳入“十四五”规划和 2035 年远景目标。2021 年 3 月，《中华人民共和国国民经济和社会发展第十四个五年规划和 2035 年远景目标纲要》提出，支持“浙江高质量发展建设共同富裕示范区”。二是指导省域示范。2021 年 6 月，中共中央、国务院制定发布《关于支持浙江高质量发展建设共同富裕示范区的意见》（简称《共同富裕示范区意见》），明确共同富裕示范区建设的指导思想、五大工作原则、四大战略定位、两阶段发展目标和六方面重大举措。三是开展专题研究。2021 年 8 月 17 日，习近平总书记主持召开中央财经委员会第十次会议，研究扎实促进共同富裕问题，发表《扎实推动共同富裕》的重要讲话，明确扎实推动共同富裕的总体目标、四条原则和六大思路举措。

2. 共同富裕的内涵特征

理解把握共同富裕的内涵要抓住两个关键词：富裕和共同（李实，2021；

① 《马克思恩格斯选集》（第二卷）［M］. 北京：人民出版社，2012：787.

② 《邓小平文选》（第三卷）［M］. 北京：人民出版社，1993：142.

李金昌和余卫，2022）。共同富裕是发展生产力与完善生产关系的统一，“富裕”属于生产力范畴，靠发展、靠效率；“共同”属于生产关系范畴，靠共享、靠公平（杨宜勇和王明姬，2021；周文和施炫伶，2022）。扎实推动共同富裕，既要以经济建设为中心，把“蛋糕”做大，也要促进全体人民共同富裕，把“蛋糕”分好，防止我国流传千年的“平均主义”流弊和西方国家流行的“福利主义”传承。

扎实推动共同富裕，必须深刻领悟习近平总书记关于“全体人民共同富裕是一个总体概念”的重要论述精神，全面把握共同富裕的基本特征。杨宜勇和王明姬（2021）、李军鹏（2021）等学者对此展开了分析。综合来看，共同富裕具有四大特性。一是主体的全民性。共同富裕不是少数人的富裕，不是平均数的富裕，而是全体意义上的中国人民的富裕（郭占恒，2022；周文和施炫伶，2022），重点是广大农村居民、城市低收入群体和外来农民工群体（黄祖辉和傅琳琳，2022）。二是内容的全面性。共同富裕不完全是经济发展和财富分配问题，而是人的全面发展问题，应将重点从物质生活拓展到人民对美好生活向往的方方面面（郭占恒，2022；周文和施炫伶，2022）。三是路径的共建性。共同富裕不能“等靠要”“养懒汉”，不是一部分人持续为另一部分人买单，不是“劫富济贫”，更不是福利过度化，而是要全体人民积极作为、共同奋斗、共同创建（郭占恒，2022；周文和施炫伶，2022）。四是过程的渐进性。共同富裕是一个长期理想和奋斗目标，是阶段性目标和最终目标的有机结合（周文和施炫伶，2022），不可能“一口气吃个胖子”，要防止急于求成（郭占恒，2022）。

3. 共同富裕的实践路径

我国发展不平衡不充分问题仍然突出，各地区推动共同富裕的基础和条件不尽相同。同时，考虑到促进全体人民共同富裕是一项长期艰巨的任务以及浙江的基础优势和短板弱项，党中央、国务院明确支持浙江先行先试、作出示范。《共同富裕示范区意见》从高质量发展、三大差距、公共服务、精神文化、生态文明、社会治理六大方面明确了重大举措。2021 年 7 月，浙江发布《浙江高质量发展建设共同富裕示范区实施方案（2021—2025 年）》（简称《共同富裕示范区方案》），进一步明确了经济高质量发展、收入分配改革、社会治理等“七个方面先行示范”主要任务。同年 8 月，习近平总书记发表《扎实推动共同富裕》重要讲话，要求提高发展的平衡性、协调性、包容性，着力扩大中等收入群体规模，促进基本公共服务均等化，加强对高收入的规范和调节，促进人民精神生活共同富裕，促进农民农村共同富裕。

2021 年以来，专家学者据此对共同富裕的实践路径展开了系统研究。如刘培林等（2021）从高质量发展的角度切入，提出要通过壮大中等收入群体、高质量城镇化和乡村振兴、人口充分流动，实现共同富裕。黄祖辉和傅琳琳（2022）从浙江实际出发，围绕缩小“三大差距”、公共服务优质共享、打造精神文明高地等六大领域，总结提炼出28个浙江省共同富裕示范区建设实践模式。综合来看，共同富裕的实践路径主要包括五个方面。一是坚持高质量发展，这是前提基础。二是要缩小三大差距，这是本质要求。三是要推进基本公共服务均等化，这是薄弱环节。四是推进精神文明建设，这是精神支撑。五是推进社会治理现代化建设，这是重要内容。

（二）普惠金融发展与经济增长、不平等的相关研究

金融发展与共同富裕是一个宏大的主题，涉及的理论（机制）非常广泛，相关经验研究结论差异也较大（张晓晶，2021）。已有研究主要基于金融结构论、金融抑制论、金融深化论、金融约束论、金融功能论等金融发展理论展开，但尚未就金融发展与经济增长、不平等的关系取得一致结论。原因之一是没有从普惠金融发展视角来考量（李建伟，2017）。20世纪80年代以来，金融排斥现象普遍存在，与金融业的快速发展形成了强烈的反差（王永仓，2021）。金融排斥不仅阻碍弱势群体获得金融服务，导致长期性的贫困和持续的不平等，而且严重制约区域经济增长，甚至通过溢出效应，制约相邻区域的经济增长（沈丽和刘亚琳，2016，李志创，2019）。为消除金融排斥现象，普惠金融概念应运而生（孙硕，2015）。2005年，联合国最早提出普惠金融概念，呼吁各国积极发展普惠金融。随后，金融发展与经济增长、不平等关系的研究开始向普惠金融发展聚焦。

1. 普惠金融发展与经济增长的相关研究

鉴于普惠金融发展与包容性经济增长都强调的是普惠性或包容性（李志创，2019），普惠金融发展与经济增长关系的研究通常聚焦于包容性经济增长。

多数研究发现普惠金融发展有利于推动经济增长，尤其是包容性经济增长。Townsend 和 Ueda（2006）以泰国为研究对象，实证发现金融可获得性有利于促进经济增长和全要素生产率提升。Anand 和 Chhikara（2012）基于跨国数据的分析发现，普惠金融指数每提高1%，人类发展价值指数就会上升0.142%，金融服务可得性、使用频率提升能够降低贫困发生率。国内学者也发现了相关的经验证据，如赵锦春和范从来（2020）使用1990—2017年142个国家的数据，实证发现普惠金融能够促进经济增长。部分学者进一步对其中的影响机制展开了研究，发现普惠金融促进低物质（社会）资本家庭创业，推动包容性增长（张勋等，2019）。近年来，金融服务与数字技术开始交叉融合（黄益平和黄卓，2018），数字金融、数字普惠金融应运而生，通过提高创新能力、增强技术溢出效应、促进资产积累和产业转型升级、优化资源配置，促进经济增长（张勋等，2019；侯层和李北伟，2020；薛莹和胡坚，2020；夏仕龙，2020）。

少数研究发现普惠金融不利于经济增长、减少贫困，或存在门槛效应。李涛、徐翔和孙硕（2016）基于跨国截面数据，研究发现在经济发展水平、国民受教育年限和法治水平较低的经济体中，普惠金融对经济增长的负面影响更大。相对于实体经济，过大的银行部门会给实体经济带来额外成本（Beck，2012）。李稻葵、孔睿和伏霖（2013）研究发现，在中介融资占比较高的年份，我国经济增长往往有所下滑。蒋长流和江成涛（2020）基于 2011—2016 年全国 258 个地级以上城市的面板数据，研究发现数字普惠金融的发展及其覆盖广度、使用深度、数字化水平有助于提升经济发展质量，且这种影响存在门槛效应。

2. 普惠金融发展与不平等的相关研究

金融发展对收入分配的影响研究尚未得到一致结论，部分是因为没有从普惠金融视角来考量（李建伟，2017）。普惠金融通过降低金融服务门槛效应、提升减贫效应、缓解金融资源非均衡效应、空间效应等途径，缩小收入差距（宋晓玲，2017；李建伟，2017；刘金全和毕振豫，2019）。Kim（2016）使用 2004—2011 年 OECD 国家的样本数据，实证发现普惠金融发展能够缓解收入不平等问题。刘金全和毕振豫（2019）合成我国各省普惠金融指数，通过系统 GMM 方法，研究发现普惠金融发展能直接遏制城乡收入差距扩大，也能通过经济增长和贫困减缓间接缩小城乡收入差距。吕勇斌和李仪（2016）、李建伟（2017）通过建立空间计量模型，研究发现省域普惠金融发展能缩小本省域收入差距，也能通过空间地理机制缩小周围省域收入差距。还有少数学者实证发现，普惠金融发展能缩小城乡居民福利水平差距（谢升峰和卢娟红，2014），促进教育公平（Braniff，2016），提升社会保障水平（汪亚楠、谭卓鸿和郑乐凯，2020）。

普惠金融的内涵虽是缩小收入差距和推进效率与公平（李建军和韩珣，2019），但其作用依然受经济发展水平、区域异质性、金融市场发展、制度环境等因素的影响（星焱，2016；武丽娟和徐璋勇，2018；李建军和韩珣，2019），使普惠金融发展并不一定会缩小收入差距，而是存在门槛效应（Townsend 和 Ueda；2006；黄永兴和陆凤芝，2017）。赵锦春和范从来（2020）使用 1990—2017 年 142 个国家的跨国面板数据，研究发现普惠金融发展能降低不平等程度，但对低收入国家资本积累和分配改善的促进作用较弱。黄永兴和陆凤芝（2017）、张建波（2018）基于我国省域层面的数据研究发现，随着经济发展水平的提高，普惠金融发展对城乡收入差距的影响表现为倒“U”形特征。黄永兴和陆凤芝（2017）还发现，普惠金融发展对城乡收入差距的影响具有区域异质性，在东部地区表现为倒“U”形特征，在中部地区表现为持续拉大的线性特征，在西部地区不显著。张建波（2018）研究指出，我国多数省份经济发展水平已经跨越门槛效应，发展普惠金融能够缩小城乡收入差距。

（三）普惠金融发展与共同富裕的相关研究

普惠金融与共同富裕具有内在一致性，二者关系的研究逐渐成为一个前瞻性热点课题（邹克和倪青山，2021）。普惠金融发展与经济增长、不平等关系的已有研究，为这一课题研究夯实了坚实的基础。覃成林和杨霞（2017）从空间经济学视角切入，构建包含空间外溢的区域经济增长收敛模型，使用1999—2013年285个地级及以上市行政区的面板数据，实证发现先富地区通过经济增长的空间外溢带动了部分邻近地区共同富裕，但这种带动作用表现出明显的距离衰减特征。

邹克和倪青山（2021）主要基于普惠金融发展与收入不平等、收入水平提升的已有研究成果，构建普惠金融促进共同富裕的理论分析框架，从渗透性、使用效用性与可负担水平三个维度测度普惠金融发展水平，从收入水平和收入分配两个维度测度共同富裕程度，使用我国2010—2019年的省级数据展开实证研究。结果表明，普惠金融与共同富裕显著正相关，普惠金融发展通过包容增长、创新效应、创业效应等机制来降低收入不平等，提升收入水平；促进共同富裕的主要贡献来源于东部地区的收入提升效应，收入不平等改善相对有限。

刘心怡等（2022）运用超边际决策分析法，构建数字普惠金融影响共同富裕的理论模型，以北京大学数字普惠金融指数及其覆盖广度、使用深度和数字化水平测度数字普惠金融，以居民人均可支配收入衡量富裕程度，以地区居民人均可支配收入与均值的离散值的绝对值衡量共同富裕水平，使用我国2013—2020年的省级数据展开实证研究。结果表明，数字普惠金融能够有效促进共同富裕，具有明显的收入提升和收入差距缩小作用；覆盖广度和使用深度都有效促进了共同富裕，后者效果更为明显；中西部地区缩小收入差距的作用更为明显，东部地区更多地表现为增收作用；在数字普惠金融缩小收入差距中，数字基础设施建设具有正向调节作用。

韩亮亮、彭伊和孟庆娜（2022）就数字普惠金融对共同富裕的直接影响、非线性溢出效应、创业活跃度间接效应，展开理论分析，提出研究假说，从发展性、共享性和可持续性三个维度构建更为综合的共同富裕评价指标体系，采用与刘心怡等（2022）相同的数字普惠金融测度，使用我国2011—2019年30个省份的数据开展实证检验。研究发现，数字普惠金融发展对共同富裕具有正向作用，且这种作用具有边际效应递增的非线性特征；创业活跃度具有中介作用，并且能够调节数字普惠金融的非线性溢出效应；数字普惠金融对共同富裕的影响存在明显的区域异质性，在东部地区的影响强于中西部地区。

（四）小结

基于上述研究，可以得到三点结论。

一是共同富裕离不开金融的支持，更加离不开普惠金融的支持。促进共同富裕，要正确处理效率和公平的关系，既坚持高质量发展，做大“蛋糕”，又缩小“三大差距”，推进基本公共服务均等化，分好“蛋糕”。推动共同富裕，短板弱项在农业农村，优化空间和发展潜力也在农业农村。发展普惠金融，重点就是要让农民、小微企业、低收入人群、贫困人群等及时获取价格合理、便捷安全的金融服务，与共同富裕具有内在的一致性。已有研究也表明，共同富裕离不开普惠金融的支持。

二是普惠金融发展对共同富裕的促进作用，存在条件依赖性。金融体系是整个社会经济系统的一个子系统，现代金融体系是国家治理体系现代化建设的重要一环。因此，不能脱离社会经济发展模式和国家治理体系，孤立地看待金融体系，研究普惠金融对共同富裕的促进作用。已有研究表明，普惠金融发展对经济增长、收入分配、共同富裕的促进作用，是以经济发展、金融规模、制度建设等达到一定水平为前提的。在我国，普惠金融发展的作用存在区域异质性，背后的原因也是如此，其中发达省份已经迈入普惠金融发展正向效应阶段。

三是提升普惠金融发展对共同富裕的促进作用，要平衡好收入提升效应和收入分配效应。做大“蛋糕”与分好“蛋糕”是共同富裕的一体两面，前者是前提基础，后者是目标追求。已有研究发现，只有收入提升效应和收入分配效应同时考虑、协同推进，才能持续提升普惠金融发展对共同富裕的促进作用。实践也证明，不论哪一方面走得冒进，另一方面不配套，都会发生问题。重收入提升效应、轻收入分配效应，必然导致贫富差距拉大，社会两级化，进而引发危机，侵蚀收入提升的经济基础。轻收入提升效应、重收入分配效应，必然导致经济发展激励不足，生产效率下滑，陷入共同贫穷。

二、金融助力缩小贫富差距的国际经验

2015 年 11 月 9 日，习近平总书记在中央全面深化改革领导小组第十八次会议上提出，“要坚持借鉴国际经验和体现中国特色相结合、……健全多元化广覆盖的机构体系”，为我国构建服务共同富裕的现代金融体系提供了方法论指导。目前，世界主流的现代金融体系主要有市场导向型和银行导向型，各具特色优势，在促进经济增长、鼓励技术创新、调节收入分配等方面发挥了不同的作用，为我国构建服务共同富裕的现代金融体系提供了有益的启发。

（一）美国市场导向型金融体系实践经验

市场导向型金融体系起源于英国，发展成熟于美国，以普通法系为支撑，根植于自由市场经济模式，秉持英国古典学派的自由理念，倡导个人主义，强调市场的决定性作用和政府的“守夜人”角色，追求股东利益最大化。20 世纪 90 年代后期，美国经济与德国经济增长绩效的巨大差异极大地影响了人们对美国市场导向型金融体系与德国银行导向型金融体系的价值判断，美国模式越来

越被认为是最佳实践，成为各国争相学习的对象。

美国金融市场发达，银行力量相对较小，经济活动很大程度上依赖于金融市场（戈国莲，2010）。美国金融市场巨大而复杂，由资金市场、股票市场、债券市场等子市场构成，分别从事着资金借贷、证券交易等活动，进而构成美国金融体系。美国金融市场的蓬勃发展、金融脱媒、影子银行的兴起、金融自由化浪潮、民众对不受约束权力的恐惧和厌恶等因素主导了美国金融体系的结构变迁（戈国莲，2010；张成思和田涵晖，2020）。在金融机构总资产中，存款机构占比从1965—1980年的40%左右一路下降至1998—2018年的不到20%；以共同基金、货币市场基金、证券经纪人和交易商为主要组成部分的非银金融机构占比则从不到10%上升至2008年的最高点45%以上，次贷危机后降至35%左右；美联储和政府资助企业的占比基本保持稳定，保险公司和养老基金占比总体下降但趋势并不明显（张成思和田涵晖，2020）。美国存款机构主要由商业银行、银行控股公司、储蓄机构、信用社等构成，其中商业银行和银行控股公司占据主导地位。储蓄机构主要发放房地产贷款和发行储蓄产品，接受货币监督署或各州政府机构监管；信用社由存款账户持有人（即会员）拥有，主要为会员提供消费贷、住房抵押贷款等金融服务，不以盈利为目的，接受国家信用社管理局监管，二者大多是小法人银行。

美国市场导向型金融体系帮助美国实现了技术领先、创新驱动等目标，但也带来了产业空心化、贫富差距拉大等问题。美国经济发展史，就是一部技术创新史，也是一部金融创新史。从19世纪早期运河和铁路建设，到后来的钢铁和化工等行业兴起，美国每一轮技术进步及其驱动的经济热潮都离不开资本市场的大力支持。20世纪70年代以来，在世界范围内，几乎所有的高科技产业，都无一例外地首先在美国兴起，资本市场更是功不可没。但美国市场导向型金融体系过分强调市场化资本化和股东利益至上，导致社会贫富差距拉大。2007年次贷危机发生前，美国社会两级分化达到1929年大萧条前的历史高点，最富有10%家庭的收入占总收入的比例升至50%。为应对次贷危机和疫情冲击，美国实施多轮量化宽松，贫富差距进一步扩大。美联储家庭财富报告显示，2021年末，美国最富有的1%人群的财富占全国的32.2%，创历史新高，底层90%的人群拥有的财富份额为30.2%。《两次全球大危机的比较研究》一书总结指出，20世纪30年代大萧条和2008年国际金融危机处于经济政策自由放任、货币信贷和金融监管大宽松时期，发源于金融业过度自我扩张、盲目创新，严重脱离实体经济，推动社会贫富差距在危机爆发前达到历史高点，引发社会撕裂，最终导致危机并蔓延至实体经济（刘鹤，2013）。

（二）德国银行导向型金融体系实践经验

银行导向型金融体系起源于法国，发展成熟于德国，以大陆法系为支撑，根植于社会市场经济模式，秉持集中统一和共同利益的思想，倡导经济自由和社会平衡相结合，强调市场应享有充分的运转自由。[①] 但市场机制不是支配整个经济社会的唯一机制，政府不只是扮演“守夜人”的角色，而是要“善意地”对市场进行干预，追求利益相关者利益平衡。直到 2008 年国际金融危机后，德国金融体系的稳健性在欧美发达国家独树一帜，德国金融体系的良好实践才得到应有的重视。近年来，我国决策层和部分专家学者也开始将视野投向具有更多相似文明传统的社会市场经济国家德国。德国经济在 2008 年国际金融危机中的良好表现，同德国的金融保守主义传统和金融业能够稳健经营密切相关（刘鹤，2013）。德国金融体系强调社会导向、公平公正和政府作用，呈现出“小金融、大实体”格局，保持实体经济占优的报酬结构，约束企业金融化行为（张晓朴、刘鸿鸣等，2021）。

德国金融体系是典型的银行导向型金融体系[②]，其特征主要是“三支柱”银行体系及其高度稳定性（张晓朴、刘鸿鸣等，2021）。从横向看，由商业银行（私人所有的银行）、储蓄银行部门（国有或公共银行）和信用社（合作制银行）组成的“三支柱”银行体系是其最重要的结构特征。后两类均不以利润最大化为目的，机构数占银行总数的 80%，总资产占银行业总资产的 37.5%，体量几乎与商业银行（总资产占比为 41.2%）相当。此外，还有规模庞大的政策性银行部门（总资产占比为 12.3%）。德国实现了大中小银行的合理分工、协同发展以及商业性、合作性和政策性金融的均衡发展。从纵向看，“三支柱”银行体系长期保持稳定是其最重要的历史演进特征。自 19 世纪中后期形成“三支柱”银行体系以来，德国银行业结构经历两次世界大战、德国“经济奇迹”、全球私有化浪潮，仍然保持基本稳定。尤其是 20 世纪 80 年代以来，面对席卷全球的金融化和私有化浪潮，德国金融体系几乎没有出现银行私有化浪潮，保有大量非利润最大化导向的银行，与其他发达国家和大多数转轨经济体形成了强烈反差，如西班牙、意大利、法国等欧洲许多国家的“三支柱”银行体系已经消失。这根源于德国独有的政治、经济、文化环境和历史传承。

“三支柱”银行体系帮助德国实现金融稳定、实体经济良性发展、贫富差距较小等目标。稳定多样的金融结构内含稳定器机制，可以避免金融机构行为同

---

① 日本金融体系通常也被视为是银行导向型金融体系，但在明治维新后，既学习英国，又学习德国，实际上兼具了银行导向和市场导向的特点，因此不具有典型意义。

② 2018 年末，德国金融机构资产规模占 GDP 的比例为 453%，在主要经济体中只高于中国 436% 的水平，明显低于英国、日本和法国的水平，也低于美国的水平。德国银行资产规模最大，占比超过 60%；其次是保险公司和投资公司，占比分别约 18% 和 17%，养老金占比约 5%。德国金融机构资产规模占 GDP 的比例在一段时间内高于美国，并不代表德国金融体系规模大于美国，因为德国股票市场、债券市场、外汇市场的规模明显小于美国（张晓朴、朱鸿鸣等，2021）。

质化和顺周期性叠加，使金融体系保持韧性，进而保持金融服务实体经济的稳定性。“二战”以来，德国几乎没有发生过大的金融危机，特别是在2008年爆发的国际金融危机中，在2020年暴发的新冠疫情冲击下，德国金融体系仍然总体保持稳定。德国避免了经济过度金融化，维持着“小金融、大实体”格局，保持实体经济占优的报酬结构，保持高度稳定的信贷供给，实现金融与实体经济良性循环，贫富差距也相对较小。美国、英国金融业增加值占GDP比重趋势性上升、制造业比重大幅下降，德国金融业增加值比重长期低于6%，制造业比重长期高于20%。

（三）主要启示

基于上述研究，结合我国实际，可以得到两点经验启示。

一是要兼收并蓄，构建中国特色现代金融体系。实践证明，没有最好、只有最适的现代金融体系。从经济发展角度看，美国模式更利于支持一国实现技术领先目标，德国模式更利于技术后发国家实现赶超领先国家的目标（《径山报告》课题组，2019）。从经济与金融良性发展角度看，美国呈现“大金融、小实体”格局，金融稳定性较差，贫富差距较大，德国呈现“小金融、大实体”格局，金融体系保持韧性，贫富差距相对较小（张晓朴、朱鸿鸣等，2021）。因此，要深化对金融本质和规律的认识，立足我国实际，学习借鉴美国模式和德国模式的合理之处，构建具有高度适应性、竞争力、普惠性的中国特色现代金融体系。

二是要突出重点，大力发展中小金融机构。实践证明，无论哪种现代金融体系，都高度重视发展中小金融机构，其中德国最具代表性。德国丰富多样的金融机构体系，尤其是不以利润最大化为目标的储蓄银行和信用社，有利于金融稳定，确保实体经济尤其是中小企业高融资可得性和稳定性，促进缩小贫富差距（张晓朴、朱鸿鸣等，2021）。因此，构建服务共同富裕的现代金融体系，要深化金融供给侧结构性改革，重点增加中小金融机构数量和业务比重，保持农信社县域法人地位和数量总体稳定，建设普惠金融体系，加强对小微企业、“三农”和偏远地区的金融服务。

三、服务共同富裕的浙江农信实践探索

高质量发展建设共同富裕示范区，为全国扎实推动共同富裕提供省域范例，是党中央、国务院赋予浙江的光荣使命。作为浙江地方金融排头兵、农村金融主力军、普惠金融引领者，浙江农信借鉴德国储蓄银行集团经验，建立健全“小法人、大平台”管理服务体系，大力发展普惠金融，为浙江老百姓收入提升、收入差距缩小、公共服务均等化等注入金融力量，取得了显著成效，积累了一些好经验好做法。

（一）浙江农信服务共同富裕的典型实践

历经19年不懈探索，浙江农信走出一条“小而美、小而优、小而强”的普惠金融差异化发展道路，形成了一套行之有效的好做法。

1. 建成全覆盖的普惠金融服务体系，助力金融服务均等化

一是坚定做实普惠金融基础工作，确保网点渠道全覆盖无死角。普惠金融的重点在农村、在基层，普惠金融客户需求小而散，具有鲜明的地域特色，决定了发展普惠金融必须先做大量的基础性工作。浙江农信普惠金融发展起步早、定力强、行动快、成效好。在省政府的支持下，浙江农信2013年率先全国实施普惠金融工程三年行动计划，2016年启动普惠金融提升工程五年行动计划，2019年提出发展以人为核心的全方位普惠金融目标，加强金融基础设施建设，线上线下融合发展，基本实现“基础金融不出村、综合金融不出镇”的普惠愿景。长期坚守在偏远海岛山区，做农村金融的“最后守望者”。如在远离大陆的东极岛，常住人口约2000人，从成本收益看无法支撑一家银行网点，但浙江农信依然坚持设立网点，为岛民提供不间断金融服务。

二是坚持发挥考核引导作用，确保比学赶超把服务挺在最前面。注重健全考核机制，引导行社把服务挺在最前面，做了大量短期投入大、见效慢，别人不愿做、做不了，但对整个经济社会来说又必须做的事情，让党和国家的惠民好政策“飞入寻常百姓家”，成为地方党委政府信赖、老百姓满意的“自己的银行”。2014年启动普惠金融专项考核，2017年优化普惠金融专项考核，2021年启动以人为核心的全方位普惠金融标准化建设试点，引导行社在普惠金融道路上坚定前行。2017年创新实施分层分类经营管理考核和比学赶超指标体系监测，加大支农支小考核力度，实行“赛马制”，营造争先创优氛围，在缓解全系统发展不平衡不充分问题中持续推进金融服务均等化。

三是坚守县域法人定位，确保普惠金融资源投入城乡区域均衡。郡县治，天下安。在浙江省政府的大力支持下，浙江农商联合银行党委带领全系统坚持立足县域、深耕本土，确保每个县都有一家自己的银行，从体制机制上确保普惠金融资源投入城乡区域均衡。19年来，全省法人农信机构数量不但没有减少，反而随着温州行政区划调整，2021年增加了龙港农商银行，浙江也成为全国唯一一个计划单列市未组建统一法人农商银行的省份，也没有设立一家市级农商银行。这是中央关于“保持农村信用社县域法人地位和数量总体稳定”精神在浙江的具体落实，也是金融支持均衡发展的生动体现。同时，坚持法人行社“四自”原则，充分尊重其经营自主权，不直接干预其具体业务和经营活动，鼓励支持其创造性发挥小法人机制灵活、决策链短等独特优势，孕育出各种富有农信特色的经营模式，如路桥农商银行的“网格化”、乐清农商银行的“小而美”。

2. 扛起乡村振兴主办银行使命担当，促进农民农村共同富裕

一是主动担当农村金融主力军，加大信贷资源投入倾斜力度。坚持服务“三农”宗旨，2006 年开始加强金融服务社会主义新农村建设，2018 年启动乡村振兴战略金融服务工程，提前两年完成“五年新增 5000 亿元贷款助力乡村振兴”目标。在此基础上，又启动实施 5 年新增 8000 亿元信贷服务乡村振兴、5 年新增 2000 亿元信贷服务山区 26 县跨越式发展、3 年新增 1000 亿元支持农业“双强”、5 年新增 500 亿元信贷支持村级集体经济等计划，为缓解全省发展不平衡不充分问题、助力农民农村尤其是山区 26 县共同富裕不断注入金融新动能。2022 年末，全系统有 81 家行社被当地政府授予“乡村振兴主办银行”称号，在泰顺、开化、磐安等偏远山区农商银行存、贷款市场份额超过 40%。同时，鼓励支持各管理部各行社因地制宜、多措并举支持乡村振兴，为山区 26 县“一县一策”定制金融服务，实施“金融山海协作”。

二是创新农户小额普惠贷款等“富农”产品，助力“扩中提低”。创新推出农户小额普惠贷款、“丰收理财”等“富农”专项产品，支持农户发展农家乐、经济作物等，促进农民就地就近就业，助力农民增收。与省农业农村厅开展合作，率先全国推出“无抵押、无担保”的农户小额普惠贷款，创新“信息采集、无感授信、有感反馈、随时用信”的简易流程。通过远程征信授权和无纸化签约，让所有无不良记录的农户，都可以轻松获得 3 万元以上的基础额度授信，并结合农户个人实际情况，给予差异化增信，确保家家户户“基础有保障，提额有空间”，探索形成了一条推动普惠资金直达农户、直达基层的“浙江路径”。积极融入省财政厅“财金助力扩中家庭”项目，创新开发“共富”系列专项金融产品，助力打造“财税 + 金融”支持共富的省域样板，力争 3 年实现新增 300 万户中等收入家庭目标，全面助推百姓增收致富。

三是联动推出“浙农经管”，数字赋能农村集体经济规范发展。发展集体经济是促进农民增收、实现农民农村共同富裕的重要举措。2020 年，联合省农业农村厅，面向全省上线推广“浙农经管”应用，以数字赋能为手段，通过“1 + 7 + N”格局构建省市县乡村五级联网的农村集体经济一体化管理模式，将触角下探至村、户、成员，打破信息孤岛，成为全国首个五级联网的“三资”管理服务应用，在促进村集体经济做强做大、实现村集体“三资”规范管理、推动清廉村居建设等方面发挥了重要作用。联合省财政厅，打造“浙里基财”系统，有效帮助提升基层财政监管数字化水平和便民服务能力。

3. 加快推进数字化改革，争当数字化改革最佳金融服务供应商

一是打造数字普惠大脑总引擎，持续提升普惠金融发展质效。“打造全方位成体系数字普惠金融模式”荣获“2022 年度浙江省改革突破奖”，是唯一一家获奖的金融机构。数字普惠金融模式以数字普惠大脑为应用支撑，通过集成走

访采集、外部合作数据，构建万维特征库、决策数据服务体系和普惠授信模型，精准刻画客户融资需求和风险。同时，根据县域经济特点和风险状况，构建“省级大脑 + 县域小脑”，推出县域特色数据模型，打造信用评级和风险授信体系，形成覆盖浙江全省域和主要行业的数字普惠金融模式。目前，已经开发上线面向城镇居民公积金数驱的浙里贷，面向“三农”客群农业数驱的信农贷，面向商户主体流水数驱的云商贷，以及支持房产抵押、存单质押、保证人保证全流程线上化的云抵贷和云保贷等数字贷款产品体系。

二是打造“四个办”服务体系，助力打通政务服务“最后一公里”。依托省市县乡村五级全覆盖的独特优势，以线下联动线上，在省大数据局的指导下，打造掌上办、就近办、自助办、上门办的“四个办”服务体系，将“一网通办”政务服务，集成到手机银行、网点柜面、自助机具和移动 PAD 四个服务端，实现“一端集成、多跨融合、全面贯通”，助力弥合数字鸿沟，助推全省域政务服务普惠化均等化便捷化。2022 年末，“四个办”服务体系集成了公积金、社保、身份户籍等十五大类 504 项高频服务，在“浙里办”上第三方政务代办量位居全省前三、全省金融机构第一。

三是推进科技管理体制改革放大科技研发优势，输出 IT 服务。高度重视金融科技发展，持续加强省级科技大平台建设，加大科技投入，近三年年均科技投入超过 27 亿元，打造近 3000 人的科技研发团队，搭建起“金融 + 互联网”双核心应用架构，建成业务全覆盖的系统，率先全国农信建成“两地多活”灾备体系。搭建与安全自主可控定位相匹配的科技治理架构，探索科技服务事业部制管理，建立健全市场化运行机制。目前，已具备从技术开发、应用实施再到贯通落地的全流程服务能力，承建厅局部门的平台及应用，输出 IT 服务，力争成为浙江数字化改革最佳金融服务供应商。

4. 奋力建设全国一流社区银行，赋能社会治理现代化建设

一是积极参与社会信用体系建设，让守信者受益、失信者受限。社会信用体系建设是社会治理现代化建设的基础性工作。浙江农信从 20 世纪 90 年代开始联合地方党委政府开展农村地区的信用户、信用村、信用乡镇评定，从 2009 年开始连续 15 年开展“走千家、访万户、共成长”活动，基本构建起完整的农村信用评价体系。创新推广“好家风贷款”“信用医疗”等产品，让“好信用”成为守信主体获得贷款的绿色“通行证”。深入开展金融知识宣传普及活动，提升乡村居民金融素质，不仅做金融产品的推广者，更做金融知识的传播者、信用价值的创造者。依法清收不良贷款，联合公检法等相关部门打击恶意逃废债，加大违约失信成本，净化信用环境，推动“信用浙江”建设。

二是全面助力“三位一体”农合联改革，深度融入社会治理体系。习近平总书记在浙江工作期间，部署推动农村生产合作、供销合作、信用合作“三位

一体”农合联改革，要求把这三者作为整个社会治理体系的有机组成部分。作为农村信用合作的主力军，浙江农信主动谋划，2006 年参与“三位一体”在瑞安的改革试点，2015 年被确定为独家合作金融机构，2016 年专门制定“三步走”金融服务规划。创新“丰收农合通”“粮链贷”等金融产品，为近 3 万户农合联会员提供金融服务。参与农合联综合服务示范点建设，集成金融服务、供销超市等多样化功能，持续拓展服务广度深度，助力各类社会主体参与乡村社区共建共治共享。

三是创新“党建 + 金融”服务模式，丰富基层治理载体和抓手。注重发挥全系统党的基层组织健全、党员凝聚力影响力战斗力强劲等优势，以“省本级 - 市级管理部 - 县域行社”高效对接省市县三级党委政府，联合打造共建共治共享的现代化基层治理格局。坚持党建引领，把支部建在支行上，充分发挥党支部的战斗堡垒作用和党员的先锋模范作用，2019 年创新推出“党建 + 金融”服务模式，与各级党政部门、乡镇（街道）、村（社区）三万余个单位开展党建联建，打造党建示范点和红色金融服务点，服务未来乡村和未来社区建设。在这一过程中，全系统涌现出“道德银行”“三治信农贷”等一批工作亮点，让基层治理更加鲜活、更加“有血有肉”。

（二）浙江农信服务共同富裕的主要成效

浙江农商联合银行带领全系统坚持长期主义，践行普惠金融理念，坚持服务区域、“三农”和小微企业大方向不动摇，构建起“服务为先、风险为基、盈利可靠”的发展逻辑，走出一条普惠金融差异化发展道路，为全省“三农”、小微企业和经济社会发展作出了突出贡献，自身也发展成为全省“规模最大、覆盖最广、服务最优、体系最全”的金融机构，在全国农信系统中规模最大、风险最小、效益最好，是“地方金融的一面旗帜”“全国农信的标杆”。截至 2022 年末，全系统存、贷款余额分别为 37353 亿元和 28953 亿元，分别是 2002 年的 20 倍、22 倍，2010 年、2014 年先后跃居全省第一且领先优势不断扩大，存、贷款总量居全国农信第一，在全国所有银行中排名第 14 位，与平安银行相当。不良贷款率、拨备覆盖率、净资产收益率等发展质效指标也持续处于全省银行业和全国农信前列。

一是金融服务覆盖率明显提升。坚守社区性地方金融机构定位，把机构设在当地，服务做在当地，资金投在当地。引导 5.5 万名员工深入基层、服务基层，把 4100 多家营业网点、1 万多个丰收驿站、2 万多个村级金融服务点延伸到全省所有乡镇和绝大多数行政村，重点建设集金融、电商、物流、政务、公益“五位一体”的“丰收驿站”，填补金融服务空白点，做到金融服务山海全覆盖。坚持线上线下渠道融合发展，推动数据网与物理网、人员网相融合，不断丰富手机银行、企业网银、电子支付等线上服务渠道，重点持续优化集金融、支付、生活、电商等服务于一体的“丰收互联”App。

二是金融服务可得性明显提升。稳步推进金融服务增量降价扩面，成为“三农”和小微企业的首选银行。从客户数量看，2022 年末，个人结算主账户客户、个人贷款签约客户、小微企业客户覆盖率分别超过 40%、20% 和 10%。从融资金额看，2022 年末，涉农贷款余额为 17673 亿元，占全省银行业的比例较 2015 年提升超过 5 个百分点。小微企业贷款余额为 18204 亿元，占全省银行业的比例较 2015 年末提升近 3 个百分点，绝大多数“浙商五百强企业”和“专精特新”中小企业第一笔贷款都来自农信社。

三是金融服务满意度明显提升。聚焦“三农”和小微需求，线上线下融合发展，创新农村产权抵质押贷款、农民资产受托贷款融资等服务模式，创新“浙里贷”“小微速贷”“小微 E 贷”等金融产品，形成了全方位综合金融服务产品体系。2022 年末，实现浙江全域符合条件农户小额普惠授信“全覆盖”的目标，被农业农村部列为金融支农十大模式之一。着力提升服务市场主体能力，2020—2022 年新增首贷户约占全省银行业的 50%。用好用足结构性政策工具，2022 年末，普惠小微贷款、支农支小再贷款余额均约占全省银行业的 60%，继续保持全省领先。持续加大对实体经济减费让利力度，小型企业、微型企业贷款利率近五年持续下降。

四是金融服务可持续性明显提升。坚持商业可持续原则，积极应对金融环境、产业周期等外部风险，防范化解经营方向偏离、道德风险等内部风险，走出一条重质量、抗风险、有内涵的发展路子。全系统净资产收益率持续超过 10%，优于大部分上市银行，连续多年位居全国农信社前列；不良贷款率低于大部分上市银行，在全国 25 家省级农信系统中最低，高风险法人农信机构数为零。拨备覆盖率持续处于行业领先水平，风险抵补能力较强。

（三）经验与不足

在发展普惠金融、支农支小的探索实践中，浙江农信积累了一些可复制可推广的成功经验，但对标对表在高质量发展中奋力推进共同富裕先行的奋斗目标还存在一些短板弱项。

19 年来，浙江农信积累的宝贵经验，成功经受住历史包袱和市场竞争、浙江银行业“两链”风险、全国金融业“脱实向虚”乱象等重大考验，表明浙江农信的发展模式有强劲竞争力，符合中小银行发展规律。主要有四条：一是坚持加强党的领导，坚定支农支小的天职宗旨。这是根本保证和根本目的。二是坚守县域法人定位，坚持法人行社“四自”原则。这是充分激发小法人银行竞争力、坚定正确发展方向的根本要求。三是坚持强化省级服务功能，保持全系统体系完整。这是解决小法人发展规模不经济、范围不经济问题的根本出路。四是坚持外防股东操纵内抓队伍建设，守牢风险底线。这是根本任务。

同时，必须清醒地看到，当前浙江农信发展还存在一些短板弱项。一是普惠金融服务成本高。普惠金融业务投入大、风险高，但效益相对较低，导致农信社成本收入比普遍在30%以上，偏远海岛山区的农信社成本收入比甚至超过40%，明显高于国有大行和全国性股份行25%左右的水平。二是资本监管限制农信社内生性发展能力受制约。在资本监管约束下，我国银行机构难以实现不依赖外部股权融资的内生性发展，我国农信社由于盈利水平较低更难实现内生性发展。浙江农信净息差加快逼近全国商业银行平均水平，盈利水平承压，内生性资本补充能力下降。同时，农信社外源性资本补充渠道单一且成本较高，浙江农信永续债、二级资本债发行利率高于同期大行平均水平。三是金融服务功能单一。不同于全国性商业银行基本上实现了全牌照经营，许多城商行设立了理财、基金、金融租赁等子公司，浙江农信只有存贷汇业务，缺乏多元化业务资质牌照，服务功能单一。

四、构建服务共同富裕的农信普惠金融体系设想

推动普惠金融服务共同富裕，必然要求一部分金融机构将追求“利润最大化”的目标转为追求“服务最大化”，大力发展普惠金融，提升金融体系的普惠性。农信社是发展普惠金融、支农支小的主力军，也是普惠金融服务共同富裕的重要力量。目前来看，省级农信系统的基础较为扎实、改革发展空间也相对充足。2022年末，在全国银行业中，全国农信以约13%的总资产贡献了27%的涉农贷款、22%的小微企业贷款，其中绝大多数都是当地存、贷款市场份额第一的“小冠军”；法人机构数近2200家，营业网点数超7万家，分别约占银行业的48%、33%，是银行业中鲜为人知的“宇宙第一大行”。农信社是我国中小银行的主要代表，深化农信社改革是深化金融供给侧结构性改革的重要内容，已经迈入深水区和攻坚期。为此，要以深化改革为契机，以促进全体人民共同富裕为出发点和落脚点，探索构建服务共同富裕的农信普惠金融体系。

（一）总体思路

以习近平新时代中国特色社会主义思想为指导，全面贯彻党的二十大精神，按照中央关于深化农信社改革的决策部署，在省级人民政府的坚强领导下，在金融监管部门的指导支持下，坚决扛起使命担当，坚持以支农支小为根本宗旨，以防范化解金融风险为根本任务，以改革创新为根本动力，推动赋能改革、增量改革、提升改革，加强农信系统综合服务能力、风险防控能力和县域法人机构“四自”能力建设，加快建设产权明晰、治理健全、资本充足、特色鲜明的现代中小银行，实施大零售转型和数字化改革，发展以人为核心的全方位普惠金融，建设全国一流社区银行体系，探索构建普惠金融服务共同富裕的指标体系、工作体系、政策体系、评价体系，自信自强、守正创新，踔厉奋发、勇毅

前行，加快探索形成服务共同富裕的农信普惠金融体系。

（二）基本原则

习近平总书记高度重视共同富裕、金融发展、农信社改革工作。早在 2003 年 10 月 31 日，时任浙江省委书记习近平同志主持召开省委常委会，亲自研究并通过《浙江省深化农村信用社改革试点实施方案》。2004 年 4 月 18 日，习近平同志亲自决策部署组建浙江省农信联社。习近平总书记在浙江工作期间十分关心重视农信社改革发展，对浙江省农信联社作出四次重要批示，为农信社改革发展进一步指明了前进方向。党的十八大以来，习近平总书记又多次发表重要讲话，为农信社发展普惠金融服务共同富裕提供了根本遵循和行动指南。

一是农信系统要坚持加强党的全面领导，践行金融工作的政治性。习近平总书记强调，实现共同富裕不仅是经济问题，而且是关系党的执政基础的重大政治问题；做好新形势下金融工作，要坚持党中央对金融工作集中统一领导，确保金融改革发展正确方向，确保国家金融安全。做好新形势下金融工作，扎实推动共同富裕，统一于党的领导之下。我国农信社是在中国共产党领导中国革命建设改革过程中逐步发展起来的特殊金融机构。构建服务共同富裕的农信普惠金融体系，必须坚持加强党的领导，充分发挥党的政治优势和制度优势，践行金融工作的政治性。

二是坚定支农支小的天职宗旨，践行金融工作的人民性。习近平总书记强调，要在高质量发展中促进共同富裕，人民对美好生活的向往就是我们的奋斗目标；始终坚持以人民为中心的发展思想，推进普惠金融高质量发展，建设普惠金融体系，加强对小微企业、“三农”和偏远地区的金融服务。构建服务共同富裕的农信普惠金融体系，必须坚定支农支小的天职宗旨，践行金融工作的人民性，以服务实体经济、服务人民生活为本，更好满足人民群众多样化的金融需求。

三是坚持“省县两级、统分结合”管理体制，保持体系完整。习近平总书记强调，改革开放是决定实现“两个一百年”奋斗目标、实现中华民族伟大复兴的关键一招；要坚定深化金融改革，健全具有高度适应性、竞争力、普惠性的现代金融体系，有效发挥商业性、开发性、政策性、合作性金融作用，构建多层次、广覆盖、有差异的银行体系，增加中小金融机构数量和业务比重。构建服务共同富裕的农信普惠金融体系，必须坚持不断完善“省县两级、统分结合”管理体制，坚持县域法人定位，坚持法人行社“四自”原则，增强省级大平台专业化服务功能，保持全系统体系完整，提升全系统整体竞争力服务力。

四是坚决防止股东操纵和抓好干部队伍建设，守牢风险底线。习近平总书记强调，防范化解金融风险，事关国家安全、发展全局、人民财产安全，是实现高质量发展必须跨越的重大关口；防范化解金融风险特别是防止发生系统性金融风险，是金融工作的根本性任务。构建服务共同富裕的农信普惠金融体系，必须坚决防止股东操纵和抓好干部队伍建设，压实法人行社风险防范化解处置主体责任，守牢金融安全底线，保障经济高质量发展和人民财产安全。

（三）主要措施

试点是重要改革任务，更是重要改革方法。浙江农商银行系统始终沿着习近平总书记指引的方向坚定前行，借鉴德国储蓄银行集团“小法人、大平台”模式，走出一条支农支小有定力、小法人发展有活力、大平台服务有效力、全系统体系有合力的普惠金融发展道路，被誉为做业务最实、与民企最亲、离百姓最近的银行。立足共同富裕示范区优势，浙江农商银行系统有责任也有条件率先探索构建服务共同富裕的农信普惠金融体系。《关于金融支持浙江高质量发展建设共同富裕示范区的意见》（银发〔2022〕60 号）明确要求，“推进浙江深化农村信用社改革试点。以服务最大化为目的，探索在资本占用、股权结构、法人治理等方面的差异化政策，降低‘三农’和小微企业融资成本，加快构建服务共同富裕的农村信用社普惠金融体系”。金融管理主要是中央事权，但 2003 年国务院决定把农信社的管理权交由省级人民政府负责。建议支持浙江先行先试，将深化农信社改革纳入共同富裕示范区建设统筹谋划、一体推进，赋予省级人民政府相应的地方立法权，加快构建服务共同富裕的农信普惠金融体系，探索建立普惠金融促进共同富裕的体制机制和有效路径，打造一批具有辨识度的普惠金融服务共同富裕标志性成果，发挥示范引领作用，为全国深化农信社改革、促进共同富裕积累了经验。

在服务功能完善上，支持浙江农商联合银行申请理财子公司等多元化资质牌照。通过充分发挥省级大平台作用，目前基本解决了农信社小法人发展的规模不经济问题，但尚未解决范围不经济问题。强化服务功能是本次改革的重点，其中，发起设立理财子公司的需求尤为迫切。这也是落实党中央、国务院及相关部委支持浙江高质量发展建设共同富裕示范区的重要举措。《共同富裕示范区方案》提出，要“全面拓宽城乡居民财产性收入渠道”“实施农民致富增收行动”。银发〔2022〕60 号文件也提出，“在依法合规、商业自愿基础上，支持符合条件的商业银行在浙江发起设立理财子公司”，支持金融机构“构建与城乡居民需求相适应的多层次、多样化财富管理体系”。支持浙江农商联合银行申请设立理财等子公司，增强省级大平台专业化服务功能，大力发展普惠财富业务和数字普惠金融，助力提升居民尤其是农民财产性收入、缩小“三大”差距，服务浙江乡村振兴示范省建设和共同富裕示范区建设。

在财税政策支持上，建立健全普惠金融服务共同富裕的配套政策体系。促进普惠金融服务共同富裕商业可持续，离不开政策的支持。这也是党中央、国务院及相关部委支持浙江高质量发展建设共同富裕示范区的重要内容。《共同富裕示范区方案》提出，要“构建金融服务共同富裕政策制度”，将“促进共同富裕的财税、社保、转移支付、金融、土地等政策制度基本建立”纳入发展目标。同时，农信社改制未改性、改名未改心，始终坚持服务区域、支农支小的初心和使命，承担了支农支小、融入社区治理、民生政务服务等社会责任，配套相关财税支持政策是确保农信社商业可持续发展的内在要求。如在征收企业所得税方面，可以跟随增值税优惠政策，同步扩大小额贷款减免征收范围。①

在金融监管创新上，健全普惠金融服务共同富裕的差异化监管制度体系。服务区域、支农支小的社区性地方金融机构性质定位决定了农信社的法人治理、业务监督等方面要有特殊安排。比如，完善农信社治理结构，必须充分考虑农信社所处的特殊政治经济文化监管环境和农信系统丰富多样的机构类型。2020 年 8 月，银保监会发布《健全银行业保险业公司治理三年行动方案（2020—2022 年)》，强调“充分考虑不同类型机构特点，承认和尊重公司治理的多样性和差异性，探索建立差异化、有针对性的公司治理监管方略”。银发〔2022〕60 号文件也提出，要“探索在资本占用、股权结构、法人治理等方面的差异化政策，降低‘三农’和小微企业融资成本”。所以，要加强金融监管创新，健全农信社差异化监管制度体系，如在资本规模上，适当降低农商银行资本充足率要求，释放普惠金融服务共同富裕的信贷空间；在股权结构上，不将离职和离退休职工持股纳入内部职工股计算范围，提高职工持股上限；在大额贷款上，严格按照《关于推进农商银行坚守定位 强化治理 提升金融服务能力的意见》确定的大额贷款标准进行监管，支持农信社适度发放大额贷款支持本地优质企业和重点项目。

参考文献

[1] 邹克，倪青山．普惠金融促进共同富裕：理论、测度与实证［J］．金融经济学研究，2021（9)：48－62.

[2]《径山报告》课题组．中国金融改革路线图：构建现代金融体系[M]．中信出版集团，2019.

[3] 张晓朴，朱鸿鸣，等．金融的谜题：德国金融体系比较研究［M］．中信出版集团，2021.

---

① 《财政部 国家税务总局关于延续支持农村金融发展有关税收政策的通知》（财税〔2017〕44 号》明确，“对贷款余额 10 万元（含）以下的农户小额贷款利息收入按 90% 计入收入总额，征收企业所得税”，而《关于金融机构小微企业贷款利息收入免征增值税政策的通知》（财税〔2018〕91 号）明确，“对金融机构向小型企业、微型企业和个体工商户发放小额贷款取得的利息收入，免征增值税”，其中小额贷款是指“单户授信小于 1000 万元（含本数）的小型企业、微型企业或个体工商户贷款；没有授信额度的，是指单户贷款合同金额且贷款余额在 1000 万元（含本数）以下的贷款”。

[4] 杨宜勇，王明姬．共同富裕：演进历程、阶段目标与评价体系［J］．江海学刊，2021（5）：84－89.

[5] 李实．共同富裕的目标和实现路径选择［J］．经济研究，2021（11）：4－13.

[6] 李金昌，余卫．共同富裕统计监测评价探讨［J］．统计研究，2022（2）：3－17.

[7] 周文，施炫伶．共同富裕的内涵特征与实践路径［J］．政治经济学评论，2022（3）：3－23.

[8] 李军鹏．共同富裕：概念辨析、百年探索与现代化目标［J］．改革，2021（10）：12－21.

[9] 郭占恒．全面把握共同富裕的五大基本特性［J］．观察与思考，2022（1）：5－12.

[10] 黄祖辉，傅琳琳．浙江高质量发展建设共同富裕示范区的实践探索与模式解析［J］．改革，2022（5）：21－33.

[11] 刘培林，钱滔，黄先海，等．共同富裕的内涵、实现路径与测度方法［J］．管理世界，2021（8）：118－127.

[12] 倪红日，张亮．基本公共服务均等化与财政管理体制改革研究［J］．管理世界，2012（9）：7－18，60.

[13] 张晓晶．金融发展与共同富裕：一个研究框架［J］．经济学动态，2021（12）：25－39.

[14] 王永仓．数字金融与农民收入增长——作用机制与影响效应［D］．西南大学，2021.

[15] 沈丽，刘亚琳．金融排斥对经济增长的空间溢出效应——基于2000－2014年的省际数据［J］．经济与管理评论，2016（6）：94－99.

[16] 李志创．中国普惠金融发展与包容性经济增长问题研究［D］．吉林大学，2019.

[17] 孙硕．普惠金融与经济增长［D］．中央财经大学，2015.

[18] 杜志雄，肖卫东，詹琳．包容性增长理论的脉络、要义与政策内涵［J］．中国农村经济，2010（11）：4－14，25.

[19] 宋斌．中国经济增长质量的测度与区域比较研究——基于包容性增长视角的分析［J］．宏观质量研究，2013，1（3）：63－71.

[20] 赵锦春，范从来．收入不平等、金融包容性与益贫式增长［J］．世界经济研究，2020（8）：101－117.

[21] 张勋，万广华，张佳佳，等．数字经济、普惠金融与包容性增长［J］．经济研究，2019（8）：71－86.

[22] 黄益平，黄卓．中国的数字金融发展：现在与未来［J］．经济学(季刊)，2018（4）：1489－1502.

[23] 侯层，李北伟．金融科技是否提高了全要素生产率——来自北京大学数字普惠金融指数的经验证据［J］．财经科学，2020（12）：1－12.

[24] 薛莹，胡坚．金融科技助推经济高质量发展：理论逻辑、实践基础与路径选择［J］．改革，2020（3）：53－62.

[25] 夏仕龙．普惠金融究竟如何影响居民生活？——来自我国省际层面的经验证据［J］．金融监管研究，2020（1）：16－29.

[26] 李涛，徐翔，孙硕．普惠金融与经济增长［J］．金融研究，2016(4)：1－16.

[27] 李稻葵，孔睿，伏霖．中国经济高增长融资之谜——国内非中介融资(DNI）研究［J］．经济学动态，2013（7）：19－35.

[28] 蒋长流，江成涛．数字普惠金融能否促进地区经济高质量发展？——基于258个城市的经验证据［J］．湖南科技大学学报，2020，23（3）：75－84.

[29] 李建伟．普惠金融发展与城乡收入分配失衡调整——基于空间计量模型的实证研究［J］．国际金融研究，2017（10）：14－23.

[30] 宋晓玲．数字普惠金融缩小城乡差距的实证检验［J］．财经科学，2017（6）：14－25.

[31] 刘金全，毕振豫．普惠金融发展及其收入分配效应——基于经济增长与贫困减缓双重视角的研究［J］．经济与管理研究，2019（4）：37－46.

[32] 吕勇斌，李仪．金融包容对城乡收入差距的影响研究——基于空间模型［J］．财政研究，2016(7)：22－34.

[33] 谢升峰，卢娟红．普惠金融发展影响城乡居民福利差异的效应测度［J］．统计与决策，2014（21）：127－130.

[34] 汪亚楠，谭卓鸿，郑乐凯．数字普惠金融对社会保障的影响研究［J］．数量经济技术经济研究，2020（7）：92－112.

[35] 李建军，韩珣．普惠金融、收入分配和贫困减缓——推进效率和公平的政策框架选择［J］．金融研究，2019（3）：129－148.

[36] 星焱．普惠金融：一个基本理论框架［J］．国际金融研究，2016(9)：21－37.

[37] 武丽娟，徐璋勇．我国农村普惠金融的减贫增收效应研究——基于4023户农户微观数据的断点回归［J］．南方经济，2018（5）：104－127.

[38] 黄永兴，陆凤芝．普惠金融能缩小城乡收入差距吗？——基于非线性与线性面板模型的检验［J］．商业研究，2017（6）：63－68.

[39] 张建波．关于普惠金融对城乡收入差距影响的门槛效应研究［J］．

甘肃社会科学，2018（1）：146－152.

[40] 覃成林，杨霞．先富地区带动了其他地区共同富裕吗——基于空间外溢效应的分析［J］．中国工业经济，2017（10）：44－61.

[41] 刘心怡，黄颖，黄思睿，等．数字普惠金融与共同富裕：理论机制与经验事实［J］．金融经济学研究，2022（1）：117－131.

[42] 韩亮亮，彭伊，孟庆娜．数字普惠金融、创业活跃度与共同富裕——基于我国省际面板数据的经验研究［J］．软科学，2022.

[43] 戈国莲．美国金融体系的变迁及对金融稳定性的影响［J］．2010（1）：201－215.

[44] 张成思，田涵晖．美国金融体系的历史演进逻辑——金融部门结构变迁视角［J］．金融科学，2020（2）：1－24.

[45] 刘鹤．两次全球大危机的比较研究［M］．中国经济出版社，2013.

[46] Piketty T. About Capital in the Twenty－first Century［J］. American Economic Review, 2015（5）: 48－53.

[47] Townsend R. M. & Ueda K. Financial deepening, inequality, and growth: a model－based quantitative evaluation［J］. The Review of Economic Studies, 2006, 73（1）: 251－293.

[48] Anand S. K. & Chhikara K. S. A. Theoretical and Quantitative Analysis of Financial Inclusion and Economic Growth［J］. Management and Labour Studies, 2012（2）: 103－133.

[49] Kim Jong－Hee. A Study on the Effect of Financial Inclusion on the Relationship between Income Inequality and Economic Growth［J］. Emerging Markets Finance and Trade, 2016, 52（2）: 498－512.

[50] Braniff L. Digital Finance and Innovations in Financing for Education［R］. CGAP Working Paper, 2016

[51] Townsend R. M & Ueda K. Financial deepening, inequality, and growth: a model－based quantitative evaluation［J］. The Review of Economic Studies, 2006, 73（1）: 251－293.

区域金融发展对科技型上市公司融资约束的影响分析

——基于企业生命周期理论

中国人民银行浙江省分行课题组*

一、引言

《中共中央关于制定国民经济和社会发展第十四个五年规划和二〇三五年远景目标的建议》提出，坚持创新在我国现代化建设全局中的核心地位，打好关键核心技术攻坚战，提高创新链整体效能。科创企业是深入实施创新驱动发展战略、推动经济高质量发展的主力军。在新发展阶段，金融业作为资金融通部门，其高质量服务科技创新，推动实现客户和资产结构优化升级，不仅是深化金融供给侧结构性改革、服务实体经济的重要着力点，也是金融机构自身可持续发展的内在需求，对健全高度适应性、竞争力和普惠性现代金融体系具有重要作用。

作为一种市场化的制度安排，科创金融发挥着资金融通、优化资源配置、降低信息不对称等各类功能，动员和激励更多社会资本进入科技创新产业，实现科技创新产业与金融资源的加速融合，在促进核心技术攻关、科技成果转化和创新产业发展方面发挥着重要作用。近年来，浙江紧扣科技创新推动金融供给侧结构性改革，通过优化融资对接渠道、优化金融服务，不断打造现代金融创新高地，取得了积极成效。围绕科创企业的融资需求，浙江省金融系统通过开展科技信贷、科技保险、推动科创企业上市等，探索构建银行信贷、债券市场、股票融资、创业投资等多层次的科技创新金融服务体系，积累了不少经验。一是推动政策定向支持和融资对接机制创新。依托浙江省企业信用信息服务平台，建立国家高新技术企业、专精特新中小企业等优质企业名录库，引导金融机构更加精准、高效对接，推动科技贷款持续增长（见图1）。2022年9月末，浙江省发放科技贷款余额为15423亿元，涉贷客户达4.9万户。二是推动金融机构加快科创金融产品和服务模式创新。为科创企业制定差异化金融支

---

* 课题主持人：应兆祥
课题组成员：邓舒仁　臧云特　吕芙蓉　楼晓霞　何　畅

持方案，目前，全省已成立149家科技专营支行，机构数量全国领先；全省商标权、专利权质押贷款余额为334.5亿元，同比增长44.7%。同时，鼓励商业银行与外部投资公司、各类基金开展合作，通过创新"选择权贷款""银投联贷"等方式，探索多样化的投贷联动业务。三是提升金融科技赋能。开展金融科技应用试点和推广金融科技创新监管工具，提升金融科技服务科技创新能力。目前，金融科技创新监管工具有9个项目已正式对外服务，有2个项目成功完成测试。

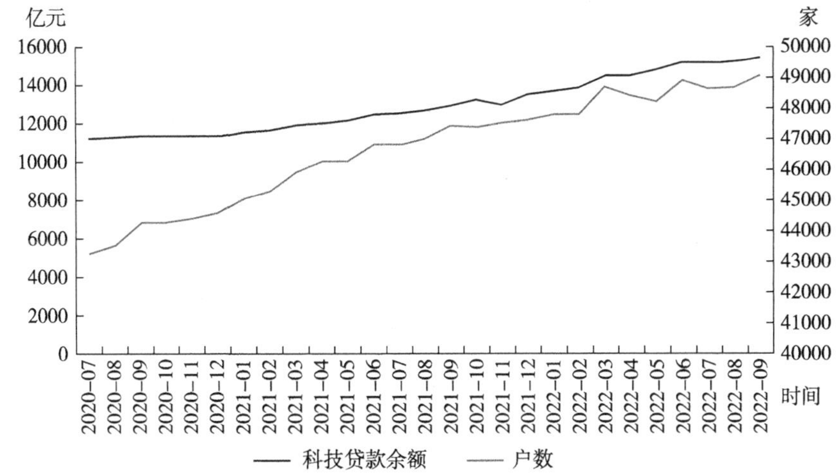

图1　2020—2022年浙江科技贷款余额及涉贷户数情况

与传统企业不同，科创企业属于轻资产的技术密集型企业，存在较大资金需求进行技术和产品更新，以更好地取得和保持其技术优势，因而其融资难度和资金需求的频率相对较高、借款期较短。总体上，科创企业呈现高创新性、高投入性、高风险、高收益、高成长性的特点，这些特点也是科创企业融资难的主要原因，需要政府、创投、银行、担保、券商等不同类型主体共同参与解决，并根据科创企业所属阶段进行重点支持。为进一步研究缓解科创企业融资约束存在的难点与不足，本文对浙江省部分科技型企业调研发现，当前科创金融发展，特别是科创融资创新模式推广面临多重制约和挑战。一是知识产权质押融资定价难、处置难。知识产权质押融资缺乏标准化的评估体系、专业评估机构，知识产权交易市场也存在交易对手少、配套融资服务不够完善等问题，而且银行所掌握的科创企业在行业、技术、资本、财务、运营等各类信息上存在着"静态化、碎片化"问题，难以在时间和空间两个维度上准确、全面地描绘科创企业的核心竞争力和成长轨迹，导致实际执行过程中定价难、处置难。二是投贷联动等创新模式"下沉"难。由于银行在科技领域的专业能力不足、信贷风险容忍度较低等原因，一些金融创新难以“下沉”至底层科创企业。以投贷联动业务为例，目前银行开展对象主要是大中型科创企业，对初创期科创企业融资没有突破性进展。三是部分尝试疏通直接和间接融资的创新业务存在政策风险。如银行自发开展的“认股选择权”业务①，由于涉及或有股权交易，目前仅少数机构涉及、规模较小，且一般通过第三方合作机构代持，存在法律风险，难以广泛开展。

综上所述，围绕科创企业的金融服务需求，金融通过对科技信贷、科技保险、上市融资、私募等多种方式，在不同层面服务于科创企业发展，实现科技资源与金融资源的高效对接。但是，金融支持科技创新的政策规划、基础设施建设等有待进一步健全，科创企业融资存在风险适配、供需错配等问题。如何深化金融供给侧改革、引导金融资源向科创领域集聚是一项重大且紧迫的任务。因此，有必要从理论与实证角度，结合省域实际和经济发展阶段，深入探索区域金融发展与科创企业融资约束的影响关系，尤其是在金融供给侧结构性改革背景下，对借助优化金融供给质量和效率不断推动不同生命周期阶段的科创企业发展，进而推动省域经济高质量发展具有重要的理论和现实意义。

二、文献综述

企业融资约束现象一直是学术界、实务中密切关注的重要议题，尤其是近年来对科创企业的融资困境及突破路径展开广泛研究探讨。梳理近年来相关文献及结合本文研究主旨，可将针对融资约束的研究方向归纳为两个视角：

（一）外部视角：外部金融环境改善与融资约束

根据 Fazzri（1988）定义，融资约束是在资本市场不完善的情况下，企业外源融资成本与内源融资成本存在较大的差异，而企业可能由于过高的外源融资成本而放弃一些带来正收益的研发创新项目，即存在融资约束问题。其中，内源融资主要包括企业留存收益与资本金，即从企业内部自有资金获得融资；外部融资主要从外部金融市场与金融机构获得融资，包括银行信贷、股票、债券、私募、民间借贷等。内源融资具有易获取和低成本的特点，但随着企业发展规模的扩大，仅仅依赖内源融资不足以满足企业日常资金需求，此时外源融资成为企业获得现金流的重要渠道。

部分研究文献认为，外源融资极易受到金融市场环境的影响。金融发展程度越高的国家，企业更依赖于外源融资，融资约束程度越小。发达的金融水平不仅能提供充裕资金，企业获取投融资决策的信息更加充分，使企业能以相对

① “认股选择权”业务主要是银行为企业提供贷款的同时，得到未来按约定价格认购企业股权的选择权。

低廉的成本融资促进企业成长。如谢军和黄志忠（2014）运用投资支出敏感性模型，以1932个深沪上市非金融公司为样本，证实了金融市场的发展有助于促进企业投资，缓解企业融资约束。饶华春（2009）利用2003—2007年上市公司数据，发现外部融资能够有效改善民营和国有上市企业的融资约束现象，且金融发展过程中，民营上市公司的融资约束比国有企业更能得到有效缓解。韩元亮等（2021）运用系统性GMM理论，以银行业规模、银行业竞争、股票市场发展作为金融发展的度量因子，发现在货币政策紧缩时，企业更容易面临融资约束问题，证实了银行业发展与资本市场发展均可以扩大企业的融资渠道和减少信息不对称，降低企业的外部融资成本，以及降低企业非效率投资。但是，当区域金融发展程度较为落后时，企业为了适应不利的金融环境，公司为解决外部融资困难有可能被迫提高内部融资的比例。

（二）内部视角：企业生命周期理论与融资约束

传统的企业生命周期理论认为，企业具有人的生命特征，会经历发展、成长、成熟、衰退几个阶段。在生命周期的不同阶段里，企业在经营决策、财务管理、公司治理等方面呈现不同的特点，相适应地，企业要选择不同的解决问题的方法和策略（Greiner，1972）。同时，伴随着不同的组织特点和能力，企业有选择不同的融资结构倾向。这个理论给我们提供一个从企业内源去评价企业融资约束的视角。融资约束内生于企业的融资需求，并随着企业内部各种资源、能力及外部市场机会的变化而动态改变。如黄宏斌（2016）实证发现，市场投资者的情绪变化对生命周期影响企业融资约束具有动态影响，伴随着高涨的投资者情绪，会采取适宜自身企业的融资方式以缓解融资约束。所有生命周期企业均会利用高涨的投资者情绪扩大信贷融资规模，以缓解融资约束。孙阁斐（2022）从企业的融资约束出发，认为不同生命周期的企业融资约束对投资效率存在差异化影响，多元化经营对企业投资效率增长的正向影响最大，融资约束对成长期企业投资效率的负向影响最大。

总的来看，已有文献基于企业融资约束问题从不同层面展开了一系列的研究，并从内部与外部两个视角探讨缓解企业融资约束路径。实际上，区域金融资源与科技资源的有效对接，是金融支持科技创新的有效探索模式，而鲜有文献从省域角度出发，探讨区域金融发展对科创企业融资约束的缓解作用和对融资结构的调节效应。对此，本文结合浙江实际发展情况，基于生命周期理论进一步探索科技型企业的对融资约束缓解进行研究，并从直接融资和间接融资两个角度进一步探讨其内在机制。

三、理论分析

基于信息不对称理论和委托代理理论，资金流通一定伴随着风险，风险越大资金成本越高，即资金风险增加了企业外部融资成本。企业在面临较高的外部融资成本的情况下，进行研发投资项目时就会面临融资问题，尤其是对于科创型企业而言，因其轻资产的特性，其创新活动时间周期长、收益不确定性因素较为突出，传统银行信贷体系难以满足科创型企业的融资需求，容易出现因无法支付过高的外源性融资成本而导致融资不足现象，从而减少企业创新投资强度。在这种情况下，外源融资环境的优化能增加金融服务的可得性，降低交易成本，在一定程度上能有效缓解科技型企业的融资约束问题，进一步带动全要素生产效率的提升。特别是当前金融科技创新方兴未艾，通过创新金融服务方式方法，不断突破“最后一公里”的地域局限性和时间固定性，为科技型企业融资提供新模式、新业务和新产品。在实践中，随着浙江持续推进数字化改革，采取数字化与金融科技手段，有效提高了科技型企业获得价格合理的借贷资金的可能性。从省域角度，正如前文所述，浙江省金融业不断推动金融产品和服务创新，通过创新投贷联动、无形资产质押融资、支持科技领域企业在银行间市场发行债务融资工具等方式，满足科技型企业的融资需求。基于此，本文提出假设1。

假设1：区域金融发展对在浙科创型上市公司融资约束缓解存在正向影响。

基于企业生命周期理论，科技型企业因其创新性增长的发展趋势，在初创期、成熟期、衰退期等不同阶段，具有不同的融资市场需求。实践中，科技型企业的发展历程体现较为明显的融资市场需求的阶段性增长特征。在初创期，科创型企业融资面临的主要问题和任务之一，就是尽快将所需要研发的高新技术产品和成果向资金市场转化，因而该阶段的科创企业对资金市场需求数量更大、密度更高。而成熟期企业具有相对完善的组织架构、成熟的管理经验以及较高的市场占有率等特征，此时表现出稳定充裕的经营现金流和利润率，不断积累资本。凭借越发畅通的融资渠道，成熟期企业会加大企业的扩张速度。相对地，衰退期企业在缺乏新的利润增长点和市场占有率不断减少的情况下，则呈现出销售额等经营数据逐渐下降的风险，企业财务状况越发恶化。对此，衰退期企业希望于通过新产品投资与运营实现周期跨越，展现出融资渠道的收窄与对资金的渴求所形成的显著的矛盾特征。

综上所述，企业生命周期理论描述了在生命周期的不同发展阶段科创企业呈现出不同的资金诉求，对应地也具有差异化的融资渠道和融资决策。而区域金融发展作为外生冲击，改变了科技型企业面临的融资环境，企业选择最适宜自身的融资方式去改善融资约束，处于不同生命周期的科创企业受外部融资环境变化影响，其融资约束缓解能力具有显著的差异性特征。基于以上分析，本文提出假设2。

假设2：区域金融发展对不同生命周期的科技型企业融资约束的缓解效应存

在差异。其中，初创期公司融资约束最大程度降低，衰退期公司次之，成熟期公司融资约束最小程度降低或不降低。

从风险适配角度看，初创期科创企业大多现金流匮乏，能作为抵押品的有效资产相对匮乏，信贷融资困难，此时在融资偏好上更倾向于选择内部股权融资。随着科技型民企步入成熟期，规模加速扩张和业务不断拓展，不断巩固其稳定的利润和持续的现金流，该阶段企业内源融资稳定，且存在支持企业外部投资的资金需要。可见，成熟期企业对外界筹集资金的依赖相对较低，其也会关注外部市场融资环境的变化，并愿意捕捉低成本融资的好时机为自身带来更充裕的发展资金。此时，成熟期企业破解融资约束的方式将取决于股权融资、信贷融资和债券融资等融资成本，更倾向于用相对低廉的债务资本来替代前期昂贵的权益资本，在降低负债成本的前提下依托稳定的现金流持续增加企业利润。一旦企业进入衰退期，其产品的创新力和市场占有率不断下降，企业往往会通过降低变动成本及固定成本来维持运营，经营风险不断下降。按照经营风险与财务风险的反向搭配原则，此时企业往往会提高财务风险水平，选择借款融资以抵消低经营风险的下降。基于此，本文提出假设3。

假设3：从融资偏好角度，外部融资环境优化对不同生命周期科技型上市企业破解融资约束具有调节效应，且偏好呈现差异化特征。其中，成熟期企业从信贷融资（间接融资）转向外部股权融资（直接融资）幅度最大，实现缓解自身融资约束目的（见图2）。

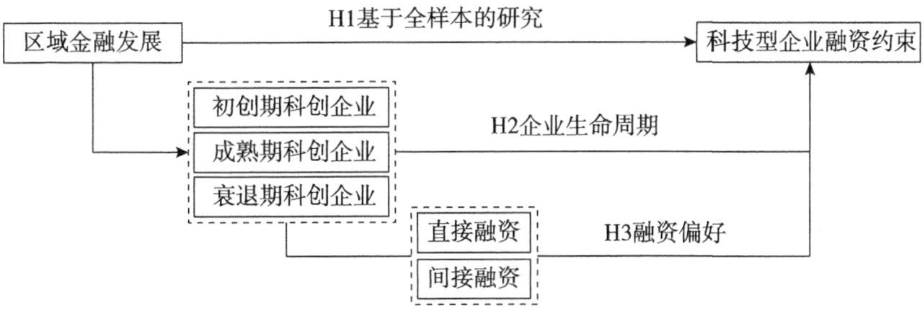

图2 研究假设示意

四、实证结果

（一）数据来源及说明

本文选取2015—2021年中国沪深两市科技型上市公司数据作为初始数据，数据来自Wind数据库。根据需要对初始数据进行处理：（1）筛选注册地为浙江省内的科技型上市公司；（2）剔除ST和*ST公司；（3）数据缺失或异常取值样本。最终获取7年103家科技型上市公司的非平衡面板数据（见表1）。

表 1　　主要变量设定及说明

模型划分变量	一级指标	二级指标	具体指标来源
生命周期变量指标		经营现金流净额	现金流量表
		投资现金流净额	现金流量表
		筹资现金流净额	现金流量表
科技型上市公司	融资约束	现金持有量变化	现金及现金等价物增加额/期初总资产
	控制变量	CF 现金流	经营活动现金流量净额/期初总资产
		Size 企业规模	期末资产总额
		Stdt 短期负债变动	流动性负债增加额/期初总资产
		Nwc 净营运资本变动	净营运资本增加额/期初总资产
		Growth 企业成长性	主营业务收入增长率
		Cap 长期资本支出/期初总资产	长期资产支出/期初总资产
融资结构	直接融资	股权融资比例	吸收权益性投资收到的现金/总资产
		债券融资比例	发行债券收到的现金/总资产
	间接融资	银行借款比例	取得借款收到的现金/总资产
金融发展水平综合指标	金融规模指标	地区年末金融机构各项存款总额占 GDP 比重	存款总额/GDP
		地区年末金融机构各项贷款总额占 GDP 比重	贷款总额/GDP
	金融效率指标	金融相关率	存贷款总额/GDP
		边际资本效率	GDP 增量/资本形成总额

1. 融资约束的测量

Almeida 等（2004）、万良勇等（2015）、José 等（2015）等均认为现金—现金流敏感性是衡量企业融资约束的合理方法，认为如果一个公司可以不受约束地获得外部资本，则无须对未来投资需求采取保障措施，企业流动性（持有的现金）也变得无关紧要。相反，如果公司预期未来的现金流面临较大压力，则会提高当前储备现金比例以应对潜在的融资约束问题。当现金流较高时，受融资约束公司对现金等流动资产的持有也相应增加。对此，本文采用现金—现金流敏感性模型，即分析企业当期现金流与企业现金持有量之间的关联，用于衡量企业的融资约束现象。

2. 生命周期变量划分标准

为避免单一变量以及指标合成的信息缺失，本文通过组合现金流方式区分企业的不同生命周期阶段，对照假设 2 的理论部分，将数据全样本整体划分为初创期、成熟期和衰退期三个子集，进一步分析不同生命周期阶段企业的现金流。首先，针对初创期企业，由于其成立期限较短，自有资金有限，投资支出较大，存在较大的资金需求，此时初创期企业的筹资活动现金流净额为正，投资现金流净额为负。但随着企业经营收入逐渐稳定，经营现金流净额逐步从负转为正。其次，针对成熟期企业，各项经营业务步入正轨，经营现金流为正，加大了企业的投资力度，此时投资现金流净额表现为负。最后，针对衰退期企业，由于经营业务在市场上占有率逐渐下滑，经营现金流净额逐渐由正转为负。具体划分标准如表2所示。根据此标准，本文剔除没有数据的科创公司，最终确定处于初创期的科技型上市公司有68个，成熟期的科技型上市公司有28个，衰退期的科技型上市公司有7个，合计103个。

表2　　科技型上市企业不同生命周期的现金流特征组合

项目	初创期		成熟期			衰退期		
	初创期	增长期	成熟期	衰退期	衰退期	衰退期	淘汰期	淘汰期
经营现金流净额	-	+	+	-	+	+	-	-
投资现金流净额	-	-	-	-	+	+	+	+
筹资现金流净额	+	+	-	-	+	-	+	-

3. 区域金融发展综合指标

金融发展是一种动态演化过程，因为衡量金融发展的指标比较多，本文借鉴目前文献中普遍采用的合成金融发展综合评价指标方法，将金融规模和金融效率作为一级指标，并细分至二级指标（如表1所示）进行对数化处理；最后进一步采取主成分分析法测度金融发展综合水平。

（二）基准回归模型设定

为验证假设1，借鉴Almeida等（2004）的方法，采用现金－现金流敏感性衡量融资约束，建立模型（1）：

$$\Delta Cash_{i,t} = c + \beta_1 \times Cf_{i,t} + \beta_2 \times Fin_{i,t} + \sum \beta_j \times ID_{j,t} + \varepsilon \quad (1)$$

如果企业存在融资约束，则回归系数β 显著大于0。在模型（1）的基础上加入区域金融发展与现金流的交乘项，建立模型（2），主要观察回归系数β_3的绝对值情况来判断假设1是否成立。

$$\Delta Cash_{i,t} = c + \beta_1 \times Cf_{i,t} + \beta_2 \times Fin_{i,t} + \beta_3 \times Fin_{i,t} \times Cf_{i,t} + \sum \beta_j \times ID_{j,t} + \varepsilon \quad (2)$$

为验证假设2，将样本根据所处生命周期阶段分为三个子样本，在模型（2）的基础上进行比对。如果假设2成立，则回归系数β_3的符号将显著为负，且初创期企业系数绝对值最大，衰退期公司次之，成熟期公司回归系数β_3的绝对值最小或者不显著区别于0。

为检验假设 3，以各种方式的标准化融资规模为因变量，以企业现金流、区域金融发展、企业生命周期与区域金融发展交乘项为自变量，建立模型（3）：

$$Equity_{i,t}/Loan_{i,t} = c + \beta_1 \times Cf_{i,t} + \beta_2 \times Fin_{i,t} + \beta_3 \times Fin_{i,t} \times Cf_{i,t} + \sum \beta_j \times ID_{j,t} + \varepsilon \quad (3)$$

如果假设 3 成立，则以股权融资规模和信贷融资规模为因变量的模型中，回归系数 β_3 显著大于 0。同时，不同生命周期的 β_3 系数在不同融资方式偏好上存在差异。

（三）实证结果

1. 基于全样本的回归结果

回归结果如表 3 所示，第（1）列至第（3）列逐步将企业规模、短期负债变动、净营运资本变动、企业成长性、长期资本支出引入模型（1）的控制变量，结果均显示全样本现金—现金流敏感性大于 0，意味着在浙科技型上市企业存在显著的融资约束。主要归因于目前我国金融市场的发展还是以银行业为主导，资本市场发展较为滞后，企业在这样的市场环境下无法获取较多的外部信息资源，融资渠道比较单一，存在严重的信息不对称问题，进而演变为融资约束问题。

表 3　　区域金融发展与融资约束：全样本回归

变量	(1)	(2)	(3)
	Δcash	Δcash	Δcash
-cons	0.0332 *** (0)	-0.9257 (0.0217)	-1.8513 *** (0.0004)
CF_t	0.2294 *** (0)	2.8294 (0.3025)	3.2772 (0.3646)
Fin_t		0.5782 ** (0.0174)	0.7840 *** (0.0095)
$Fin_t \times CF_t$		-1.5654 (0.3457)	-1.8221 *** (0.0041)
总资产			0.0526 *** (0.003)
净营运资本			-0.0865 ** (0.0222)
流动负债			12.1540 * (0.0575)

续表

变量	(1)	(2)	(3)
	Δcash	Δcash	Δcash
主营收入			−5.75E−08*** (0.0029)
资本支出折旧和摊销			−30.6059 (0.4512)
R^2	0.0406	0.0504	0.1057

注：括号内为P值；*、**、***分别表示在10%、5%、1%的显著性水平，下表同。

其中，第（2）列和第（3）列反映的是加入区域金融发展指标及其交互项之后的结果。可以看出，$Fin_{i,t}$系数显著为正，表明企业现金流水平受区域金融的发展得到一定的提升；加入控制变量后的金融指标和现金流的交互项（$Fin_{i,t} \times Cf_{i,t}$）系数显著为负，表明引入金融发展之后，会降低企业现金—现金流敏感性，缓解企业内部现金流的依赖程度，即金融发展的引入可以缓解企业融资约束，这也验证了假设1，与预期假设相符。可见，区域金融发展能够有效引导金融资源流向科创企业，提升企业科技创新的意愿，驱动新技术的研发，形成金融、科技和产业的良性循环与互动。

2. 基于生命周期理论视角下分析区域金融发展对企业融资约束的作用

在模型（1）的基础上，本文进一步细化全样本数据，用根据企业的不同生命周期区分为初创期、成熟期、衰退期三个子样本数据，同样采用固定效应回归对模型（2）回归，结果如表4所示。一方面，在不同的生命周期阶段，成长期、成熟期、衰退期企业现金—现金流敏感性大于0，均受到显著融资约束，与全样本数据结论保持一致。其中，衰退期企业融资约束最大，初创期企业次之，成熟期企业融资约束最小。处于不同生命周期阶段的企业，金融指标和现金流的交互项（$Fin_{i,t} \times Cf_{i,t}$）系数均为负，表明金融发展的引入可以缓解企业融资约束，对科技创新的各项支持措施、政策起到了显著的服务实体经济功效。从回归显著的系数绝对值来看，区域金融发展对不同生命周期阶段的科技型企业的促进作用存在分化，其中对初创期企业融资约束具有较大的缓解作用，对成熟期企业融资约束的缓解作用次之。初创期和衰退期企业规模相对较小、盈利性差，所受融资约束较大，在市场上难以灵活地采用各种融资手段获得资金，因此受区域金融发展的变化对其产生的影响较强。以上结果支持了假设2的结论。

值得注意的是，衰退期企业的交互项系数不显著。具体来看，针对于那些产出绩效较差、生产创新潜力不足的衰退期企业而言，科创金融并不会将这类企业作为服务的重点对象，因此，无法对这类型的企业产生显著的创新转型和数字化应用驱动效果。相比之下，对于那些具有更大生产、创新潜力的企业（如初创期和成熟期企业）而言，区域科创金融展现出了良好的促进效果，能够很好地调动自身资源流向那些专注于创新潜能较高的科技型企业，进而有效驱动这类型企业的技术创新发展。

表 4 区域金融发展与融资约束：不同生命周期企业

变量	(4)	(5)	(6)
	初创期	成熟期	衰退期
_ cons	-2.308933 *** (0.0002)	-2.3278 (0.0970)	2.2028 (0.3640)
CFt	5.2095 ** (0.0151)	5.0589 * (0.0634)	16.144 ** (0.0415)
F_{int}	0.5959 (0.0594)	1.1905 (0.1563)	-0.8211 (0.5350)
$F_{int} \times CF_t$	-3.3941 ** (0.0164)	-2.7255 * (0.0672)	-9.4394 (0.4280)
总资产	0.1273 (0.0000)	0.0357 (0.2264)	-0.0577 (0.3054)
净营运资本	-0.1493 (0.0246)	-0.0152 (0.8547)	-0.5719 (0.0013)
流动负债	23.454 (0.0120)	6.3615 (0.5650)	7.3592 (0.8800)
主营收入	-0.0930 (0.0721)	-0.0483 (0.1564)	-0.0533 (0.6172)
资本支出折旧和摊销	-0.0020 (0.0075)	-0.0037 (0.4039)	0.0136 (0.1197)
R^2	0.5261	0.1433	0.4532

3. 基于不同融资结构偏好视角，分析区域金融发展对企业融资约束的作用

本文在全样本数据的基础上，分别以直接融资（股权融资）、间接融资（信贷融资）为因变量对模型（3）进行回归。由于样本企业的债券融资（现金流量表中的发行债券收到的现金）数据缺失比较严重，故本文以股权融资作为直接融资的替代变量。为更好得到显著性回归结果，在模型（3）基础上引入被解释变量的一阶自回归，结果如表 4 所示。一方面，从表 5 的列（7）和列（8）可以看出，直接融资和间接融资为因变量的全样本数据模型中，科技型上市公司的相乘项回归系数显著大于 0，且在绝对值上信贷融资系数大于股权融资系数，表明科技型上市公司在当前融资环境下，均更偏好间接融资以缓解融资约束，

这与本文理论分析提到的当前我国金融发展特征相符合。

另一方面，从第（9）列至第（14）列可以看出，处于不同生命周期的科技型上市公司的各种方式融资具有明显的差异。从直接融资和间接融资的相乘项系数的绝对值来看，相较于初创期和衰退期的科技型上市公司，成熟期科技型上市公司直接融资相乘项系有所缩小，在融资偏好上倾向于股权融资，说明浙江金融发展能够逐步推动科技型上市公司融资从信贷融资向股权融资方向转变，对成熟期科技型上市企业的影响最大。这也验证了理论分析中提到的对成熟期科技型上市企业更倾向于用相对低廉的债务资本来替代前期昂贵的内部权益资本，在降低负债成本的前提下依托稳定的现金流持续增加企业利润。可见，在不同生命周期阶段的科技型上市企业均会借助区域金融发展采取最适宜自身企业的融资选择，假设3得证。

表5　　　　区域金融发展与融资约束：融资结构偏好视角

变量	全样本		初创期		成熟期		衰退期	
	(7) 直接融资	(8) 间接融资	(9) 直接融资	(10) 间接融资	(11) 直接融资	(12) 间接融资	(13) 直接融资	(14) 间接融资
_ cons	0.0257 ** (0.0261)	0.5057 *** (0.0022)	0.0221 ** (0.0326)	0.5436 *** (0.0064)	0.0438 ** (0.0483)	0.1095 (0.7690)	0.0110 (0.9095)	-0.1477 (0.8909)
F_{int}	-0.0139 ** (0.0379)	-0.2468 *** (0.0075)	-0.0107 * (0.0614)	-0.2870 ** (0.0101)	-0.0307 ** (0.0226)	0.1148 (0.5858)	0.0096 (0.8728)	0.4793 (0.2793)
CF	-0.2257 *** (0.0049)	-1.9260 (0.1072)	-0.0839 (0.2160)	-3.3399 ** (0.0242)	-0.4327 *** (0.0062)	2.8008 (0.2843)	-0.1436 (0.9149)	13.353 (0.1378)
$F_{int} \times CF_t$	0.1339 *** (0.0058)	1.1762 * (0.0927)	0.0492 (0.2312)	2.0528 ** (0.0219)	0.2555 *** (0.0072)	1.7199 (0.2720)	0.0826 (0.9191)	-8.2130 (0.1331)
总资产	-0.0001 (0.4888)	-0.0086 ** (0.0352)	-0.0003 (0.2046)	-0.0069 (0.1460)	0.0007 (0.1358)	-0.0242 ** (0.0286)	-0.0023 (0.2362)	-0.0534 (0.3392)
净营运资本	0.0002 (0.7715)	0.0162 (0.2457)	-0.0014 * (0.0646)	0.0185 (0.2944)	-0.0019 (0.1665)	-0.0013 (0.9600)	-0.0002 (0.9697)	0.1293 (0.2551)
流动负债	0.0479 (0.7385)	-6.4108 ** (0.0300)	0.0768 (0.7053)	-5.5994 (0.1327)	0.5987 *** (0.0035)	-10.814 * (0.0511)	-1.5251 (0.3236)	-37.705 (0.3170)
主营收入	5.57E-05 (0.8435)	0.0236 *** (0.0000)	4.27E-05 (0.8929)	0.0271 *** (0.0001)	-0.0003 (0.4475)	0.0264 ** (0.0219)	0.0014 (0.3121)	-0.0070 (0.8820)
资本支出 折旧和摊销	-8.99E-06 (0.4829)	-0.0004 ** (0.0412)	-6.38E-06 (0.4956)	-0.0002 (0.2213)	1.13E-06 (0.9857)	-0.0039 *** (0.0004)	5.79E-05 (0.6024)	0.0011 (0.7695)
AR (-1)	0.5822 *** (0.0000)	0.7030 *** (0.0000)	0.6809 *** (0.0000)	0.7221 *** (0.0000)	0.3862 *** (0.0000)	0.6936 *** (0.0000)	1.0660 *** (0.0001)	0.6170 *** (0.0005)
R^2	0.8267	0.9355	0.9341	0.9218	0.7271	0.9693	0.9693	0.9591

五、结论及建议

（一）结论

本文以浙江在沪深两市科技型上市公司为样本，基于企业生命周期理论深入探讨区域金融发展对科技企业的促进作用，并进一步嵌入研究不同生命周期阶段的科技型企业在融资结构偏好的差异性特征。主要结论如下。

第一，从全样本数据来看，浙江科创型上市公司存在融资约束现象，且区域金融的发展能够显著降低科创型上市企业的现金—现金流敏感性，缓解企业内部现金流的依赖程度。第二，在科创型上市企业的不同生命周期阶段中，衰退期企业融资约束最大，初创期企业次之。区域金融发展对初创期和成熟期科创企业融资约束具有较大的缓解作用。从浙江省金融实践看，多措并举引导信贷资金流向创新潜能较高的科技型企业，能有效驱动这类企业的技术创新发展。第三，从融资结构偏好来看，不同生命周期企业的融资选择存在差异。相较于初创期和衰退期科技型上市公司，成熟期企业以信贷融资与股权融资成本孰低决定融资方式，以缓解自身融资约束，在融资偏好上倾向于股权融资，这也说明推动科技型上市公司融资从信贷融资向股权融资方向转变，对成熟期科技型上市企业的影响最大。

解决科创企业融资问题的核心在于发挥市场在资源配置中的决定性作用，围绕企业阶段风险特征和融资偏好进行风险适配；同时，更好地发挥政府在弥补市场失灵中的作用，强化政策引导，2022 年 11 月 21 日，人民银行等八部门印发了《上海市、南京市、杭州市、合肥市、嘉兴市建设科创金融改革试验区总体方案》，为科创金融发展提供了顶层设计和制度框架。

（二）建议

结合上述实证结论及浙江实际，本文提出如下建议：

1. 着力强化科创金融政策支持体系

一是发挥结构性货币政策工具牵引作用，撬动和引导更多金融资源向科创领域集聚，提高政策覆盖面。同时，支持科技贷款增长较快或差异化业务创新上有突出成效的银行发行“双创”金融债、科创债等。二是强化政策性风险分担，完善尽职免责机制，适当降低投资初创期和成长期企业获得收益的税收比率，提高政策性担保赔付上限，提高银行放贷积极性。

2. 着力完善全生命周期的科创融资服务体系

一是完善多层次资本市场，支持科创企业在区域性股权市场挂牌及境内外上市融资，加强上市后备科创企业资源库建设，支持符合条件的科创企业在科创板上市。二是推广专利权、商标权等无形资产质押融资。探索开展集体商标质押、“专利 + 商标”、“专利 + 商标 + 版权”混合质押、“质押 + 担保”等融资模式。支持金融机构稳步发展投贷联动业务，加强与创业投资、股权投资机构联动，对接科创企业全生命周期金融需求。三是鼓励金融机构为重大科技创新及研发项目提供长期信贷资金支持。探索试点银行科技专营机构为创投机构提供过桥性融资和中长期信贷支持，为初创期科创企业提供稳定资金来源。发挥保险、担保机构等风险分担和增信作用，扩大对科创企业的信贷覆盖面。

3. 着力优化科创金融服务环境

一是提升区域创新能力。发挥长三角科技和产业优势，强化对优质科创企业的孵化培育，加大金融对科技与产业融合发展的支持力度，加快构建“政产学研用金”六位一体的科技成果转化服务体系。二是推动科创信息集成和共享。建立科创企业数据库与信息平台，发挥政府各部门信息集成效应，最大限度地消除市场主体信息不对称；积极利用大数据、区块链等技术，开发信用评价模型并定期发布评价结果，提高金融交易效率。三是推进科创金融标准建设。创新编制科创金融专营机构评价规范。探索建立统一的科创企业评定标准，建立“科创企业名录库”“重点科技项目建设信息库”，开发科创企业成长性评价模型。制定科创企业规范培育和服务标准，推动各类金融业态标准化、精准化支持科创企业发展。四是加快构建科创金融中介服务体系和后台体系，使更多科技成果及知识产权具备足够的金融属性，为技术资产真正成为可交易的金融产品创造条件。

参考文献

［1］姚耀军，董钢锋．中小企业融资约束缓解：金融发展水平重要抑或金融结构重要？——来自中小企业板上市公司的经验证据［J］．金融研究，2015（4）：14.

［2］黄锐，赖晓冰，唐松．金融科技如何影响企业融资约束？——动态效应，异质性特征与宏微观机制检验［J］．国际金融研究，2020（6）：9.

［3］陈振权，李大伟，吴非．科技金融政策，企业生命周期与数字化技术应用——基于“科技和金融结合试点”的准自然实验［J］．南方金融，2021（9）：17.

［4］扶青，周晗婧，全俊燊．金融自由化，银行竞争与中小企业投资效率——基于融资约束视角［J］．金融学季刊，2021（1）：21.

［5］张婕，金宁，张云．科技金融投入，区域间经济联系与企业财务绩效——来自长三角 G60 科创走廊的实证分析［J］．上海财经大学学报：哲学社会科学版，2021，23（3）：16.

［6］郭联邦，王勇．金融发展，融资约束与企业创新［J］．金融发展研究，2020（4）：9.

[7] 饶华春. 中国金融发展与企业融资约束的缓解——基于系统广义估计的动态面板数据分析 [J]. 金融研究, 2009 (9).

[8] 谢军, 黄志忠. 宏观货币政策和区域金融发展程度对企业投资及其融资约束的影响 [J]. 金融研究, 2014 (11).

[9] 韩元亮, 赵忠秀, 石贝贝. 金融发展、货币政策变动与企业投资效率——基于企业融资约束视角的实证研究 [J]. 经济与管理评论, 2021 (4).

[10] 黄宏斌, 崔淑萍, 陈静楠. 企业生命周期、融资方式与融资约束——基于投资者情绪调节效应的研究 [J]. 金融研究, 2016.

[11] 张奎. 浙江金融业"非凡十年"成绩单 深化区域金融改革助力共同富裕示范区建设 [J]. 中国金融家, 2022.

中小法人银行金融服务数字化转型的现状、难点及建议

——基于与大中型银行对比视角

国家金融监督管理总局浙江监管局课题组*

2022年3月，银保监会发布的指导意见全面推进银行业保险业数字化转型。面对“数字时代”的加速到来，中小法人银行在数字化转型“赛道”上已普遍“起跑”，但在转型的有效性上仍面临艰巨挑战。为了解中小银行与大中型银行的差距，将浙江85家中小银行（含城商行、农商行、民营银行）与18家大型银行、股份制银行对比分析发现，目前中小银行数字化转型取得初步成效，但由于战略规划、资源保障、基础条件等差异，与大中型银行在“加速度”上已经产生全方位差距并遭遇诸多困境，中小银行数字化转型亟待找准重点、破茧成蝶。

一、中小银行数字化转型的基本情况

1. 从自评看，银行间数字化转型逐渐分层，大型银行全方位领先。其中，中小银行全面落后于股份制行、大型银行，特别是与大型银行差距明显。大型银行对数字化目标高、决心大、基础好，在组织架构、业务创新、数据治理等方面都有了一定实践经验，已经布局较多比较成熟的应用和场景，并形成了对外技术输出的能力。股份制行对数字化转型的资源保障整体较为充分，在组织、业务、数据治理等方面积极探索，已经开发落地一批较为领先的应用和场景。中小银行虽然启动了数字化转型，但整体上投入保障有限、能力短板更明显，数字化应用的数量和质量落后（见图1）。

2. 从进展看，中小银行均已启动数字化转型，但六成仍处于初级和基本应用阶段。整体来看，辖内中小银行均形成推动数字化转型的思想认识，100%的机构自评认为处于初级及以上阶段。其中，11.8%的机构处于初级阶段，已经形成数字化转型规划或开始小范围试点；51.8%的机构处于基本应用阶段，已经在个别领域开展数字化应用实践，并取得一定成效；34.11%的机构处于普遍应用阶段，大部分业务领域均已落地数字化应用，有效发挥数字技术对各项业

* 课题主持人：崔安明
课题组成员：梁剑锋　孟繁颖　吴钟涛　董纪昊

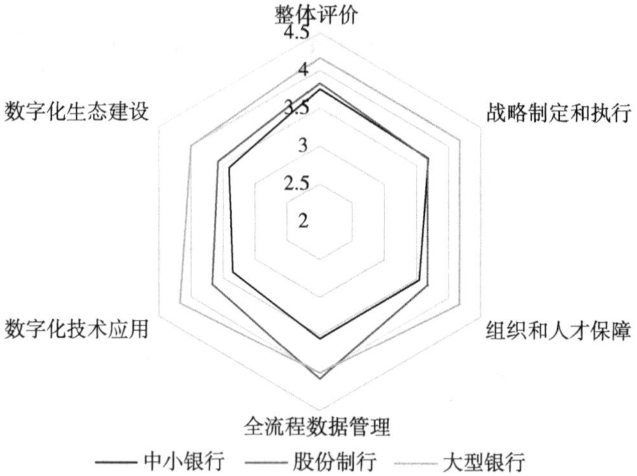

图 1 各类型机构数字化转型自评分

务支撑；2.35% 的机构处于深度融合阶段，数字化全面落地，对本行内部管理、商业模式、业务逻辑等形成全面重塑。而大型银行均已达到普遍应用阶段，股份制行中处于普遍应用及以上阶段的占比也达 50%，明显高于中小法人（36.5%）（见图 2）。

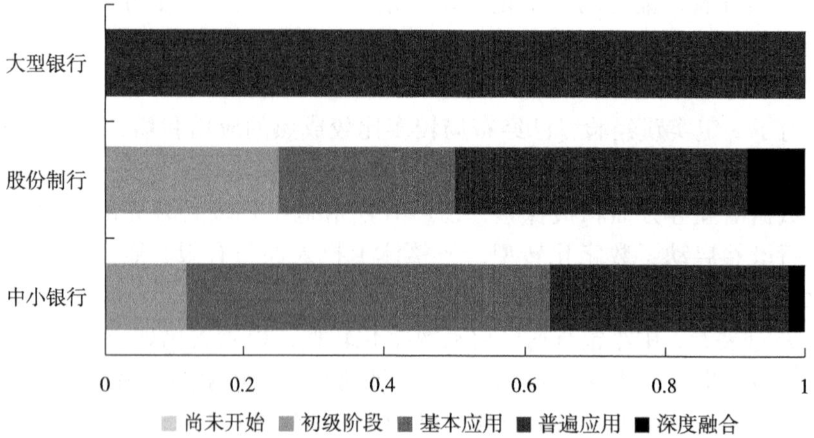

图 2 各类型机构数字化转型进展

3. 从认知看，近八成中小银行形成了较为浓厚的数字化转型氛围，但转型信心明显低于大型银行。中小法人对数字化的认识不断增强，内部氛围不断提升，已经有 78.8% 的机构形成了较为浓厚或者全员参与的数字化转型氛围，但仍低于大型银行 21.2 个百分点，低于股份制行 4.5 个百分点。仍有 21.2% 的中小法人在数字化转型推进中以单条线为主，氛围不够浓厚。从转型信心看，中小法人对数字化转型有较为强烈的信心或绝对信心的 68.2%，低于大型银行 15.1 个百分点，低于股份制行 6.8 个百分点（见图 3）。

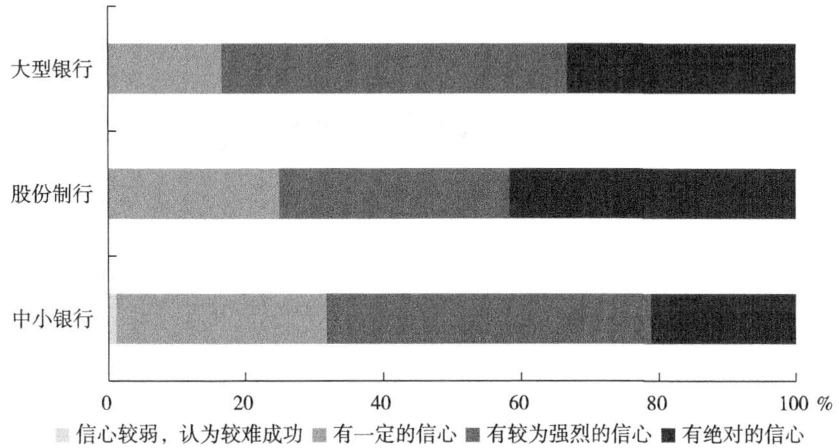

图 3　各类型机构数字化转型信心

二、各维度比较分析

1. 从战略维度看，超六成中小银行已制定全行级数字化战略，但在执行层面上不及大型银行。整体来看，辖内中小银行将数字化转型作为未来发展重点，61.2% 的机构已经制定全行级的数字化转型专项战略规划，低于大型银行 5.5 个百分点，低于股份制行 22.2 个百分点（见图 4）。特别是在具体战略执行上差异更大。由于监督落实、跟踪反馈、动态优化等不到位，很多中小银行数字化转型实际成效和预期目标还存在明显差距。数据显示，中小银行中数字化战略能够基本落地或全面落地的占比 61.2%，低于大型银行 38.8 个百分点。中小法人数字化战略执行难的前三项原因为数字化专业人才严重不足、且招聘困难，行内人员管理理念难以转变，传统组织架构与数字化转型要求不匹配，占比分别为 76.5%、47.1%、45.9%（见图 5）。

2. 从组织维度看，绝大多数中小银行已具备专门组织机制，但在管理层级上显著低于大型银行。整体来看，97.7% 的中小机构搭建了数字化转型的组织机制，能够实施数字化管理功能。设立了行领导层面的数字化转型管理委员会的占比 30.6%，低于大型银行 52.7 个百分点，低于股份制行 19.4 个百分点。由行领导下设的专项办公室或项目组负责管理的占比 32.9%，由企划、战略、办公室等全行统筹部门或者专设的数字化统筹管理部门管理的占比 8.24%，由信息科技、网络金融等部门下设数字化管理职能的占比 25.88%（见表 1）。

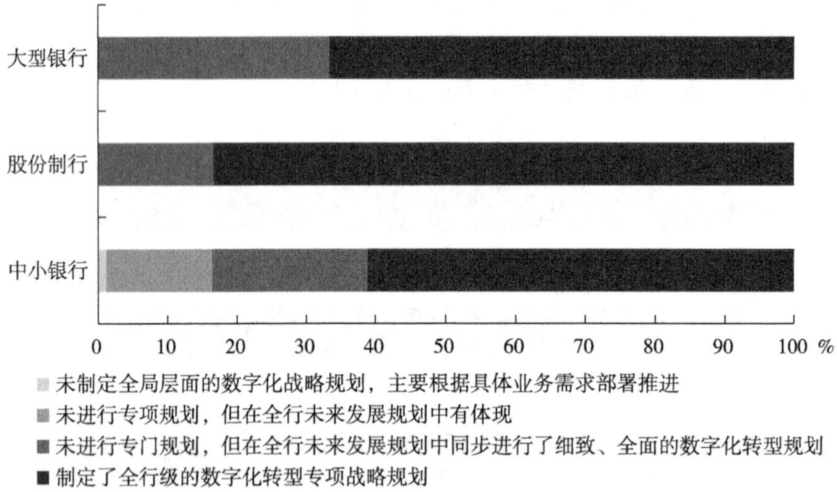

图4　各类型机构数字化转型的战略制定情况

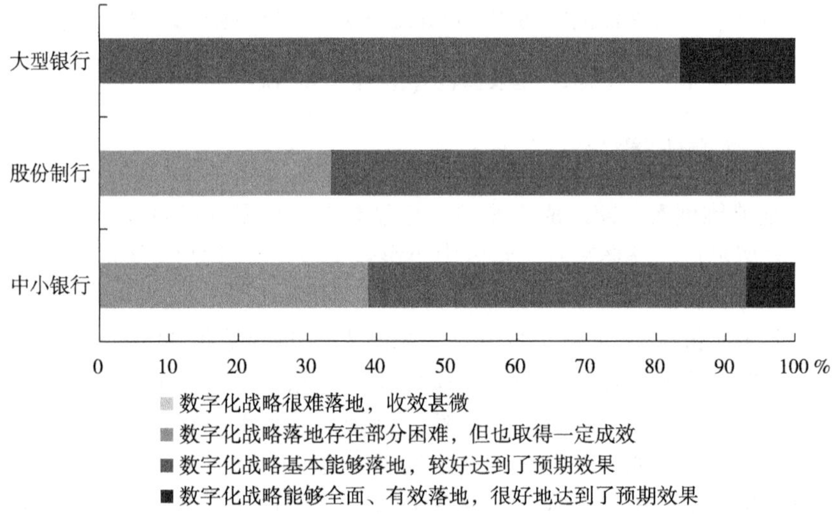

图5　各类型机构数字化转型战略的执行情况

表1　　　　各类型机构数字化转型组织架构建设情况

	中小银行	股份制行	大型银行
没有专门的组织机制，根据业务实际需要进行协调	2%	8%	0%
信息科技、网络金融等部门下设数字化管理职能	26%	17%	17%
企划、战略、办公室等全行统筹部门或者专设的数字化统筹管理部门	8%	17%	0%
行领导下设的专项办公室或项目组	33%	8%	0%
行领导层面的数字化转型管理委员会	31%	50%	83%

3. 从治理维度看，超八成中小银行正探索建立数据治理架构，但在专设部门以及分布式数据架构、数据上云等方面差距较大。有85.9%的中小银行正在探索建立数据治理架构，但仍然存在数据孤岛，制约了技术与业务联动；仅3.53%拥有成熟数据治理架构，能够实现数据在体系内充分流动，低于大型银行29.8个百分点（见图6）。在中小银行中，通过信息科技条线承接数据管理职能的占比为74.12%，通过本行+第三方共同负责的占比为2.35%，而设置了数据管理专职部门的仅占22.4%，低于大型银行44.3个百分点，低于股份制行27.6个百分点（见图7）。从分布式架构改造看，正在进行或已完成分布式存储改造的仅54.1%，低于大型银行45.9个百分点，低于股份制行12.6个百分点（见图8）。从数据上云看，中小法人中实现全景业务上云的仅1.18%，低于大型银行32.1个百分点，低于股份制行23.8个百分点（见图9）。从数据中台看，中小法人已经完成数据中台建设的占比28.8%，低于大型银行37.9个百分点（见图10）。

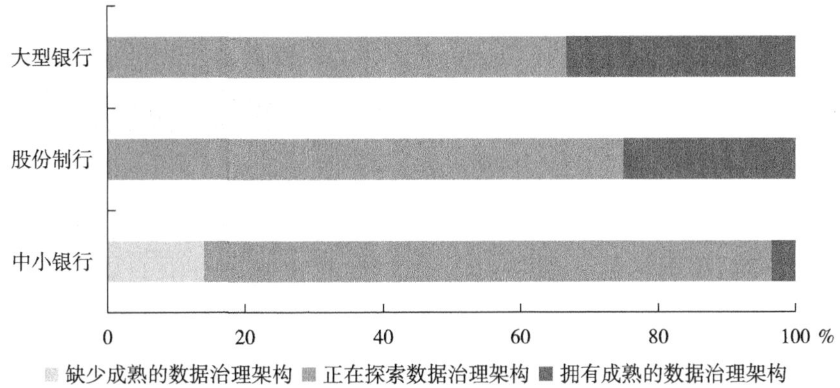

图6　各类型机构数据治理架构整体情况

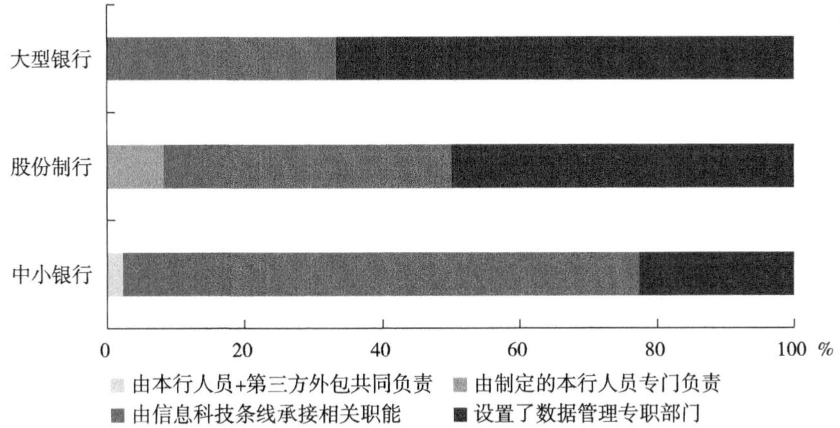

图7　各类型机构数据管理部门设置情况

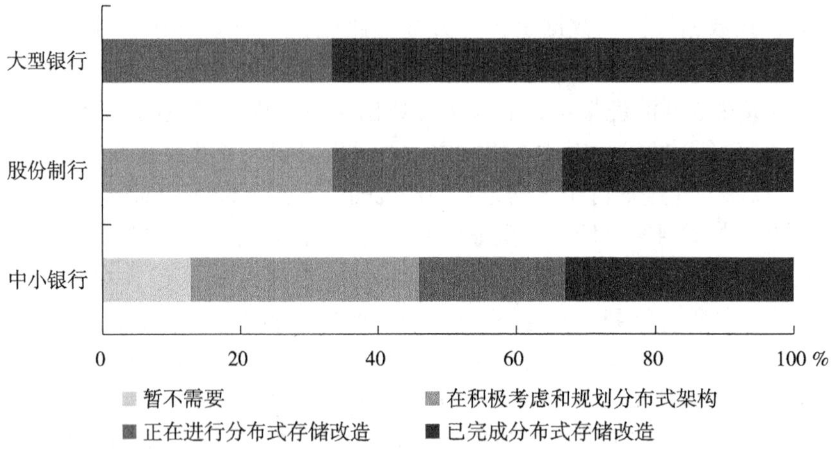

图 8　各类型机构分布式数据架构建立情况

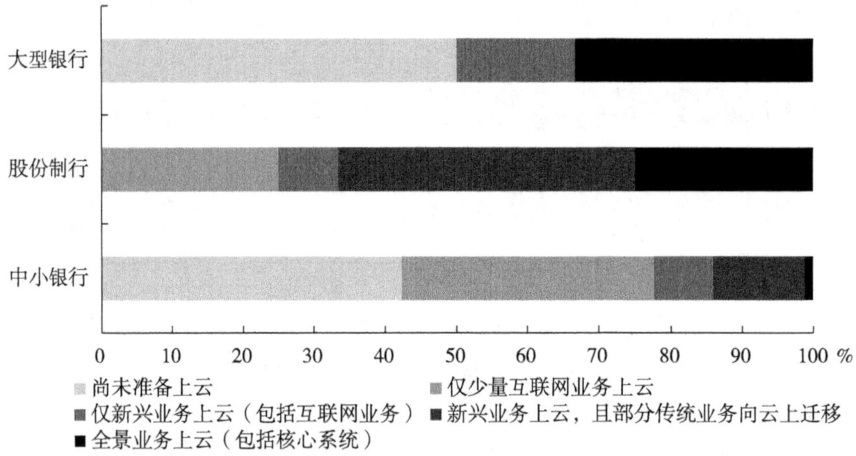

图 9　各类型机构数据上云情况

4. 从数据基础看，中小银行自身数据较少，且外部数据来源较为单一。由于规模体量小、区域经营限制、客户基础有限等因素，中小银行自身体系内数据较少，能够达到较好支撑业务开展或完全支撑业务开展的占比 68.2%，低于大型银行 31.8 个百分点，低于股份制行 15.1 个百分点（见图 11）。另外，中小银行外部数据来源单一，主要依托自身积累、对接政府部门数据、从省联社获取，占比分别为 100%、82.4%、75.3%，通过外部购买数据库、供应链核心企业合作、大型互联网企业合作获得数据的占比较低，仅为 17.7%、15.3%、7.1%，低于大型银行 49 个、51.4 个、42.9 个百分点（见图 12）。

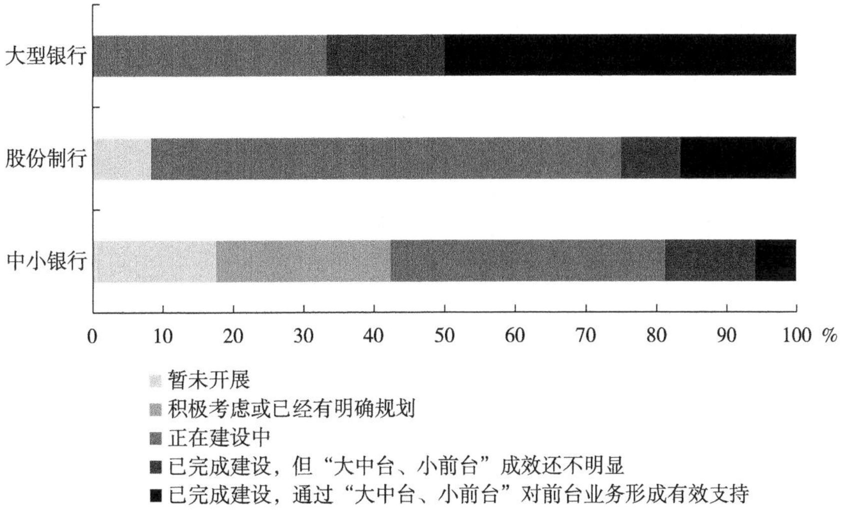

图 10　各类型机构数据中台建设情况

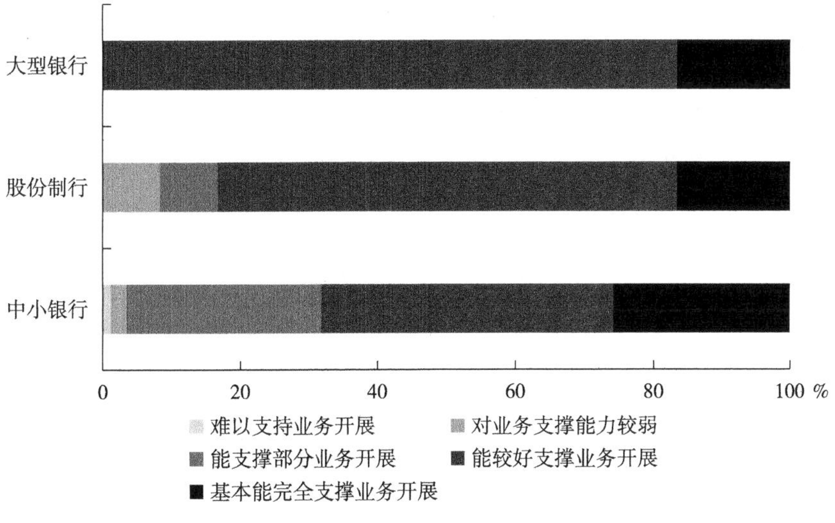

图 11　各类型机构自身数据对业务支撑情况

5. 从技术开发看，对外部依赖程度较高，农商行主要依托浙江农商联合银行（原省联社）技术支持。整体来看，多数中小银行已经建立了各类技术开发平台和工具。在数字化技术开发战略上，中小银行主要采取“拿来主义”，依托外部技术支持。如辖内农商行主要依托浙江农商联合银行对技术的统一开发。具备一定自主研发能力的中小银行占比68.2%，低于大型银行31.8个百分点，

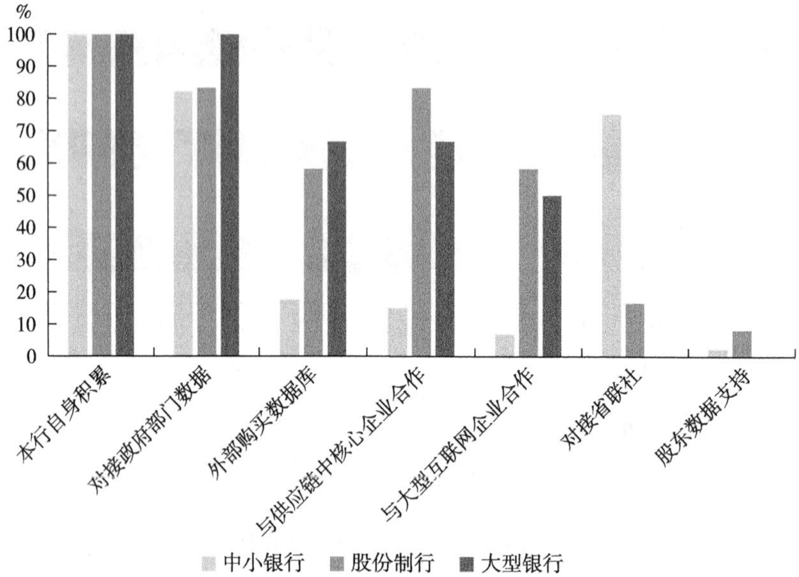

图 12　各类型机构获得外部数据渠道

低于股份制行 23.5 个百分点。此外，有 48.2% 的中小银行从外部科技公司获取技术支持。在提升数字化能力的策略上，辖内 72 家农商行均认为要“依靠省联社技术引领”（见图 13）。

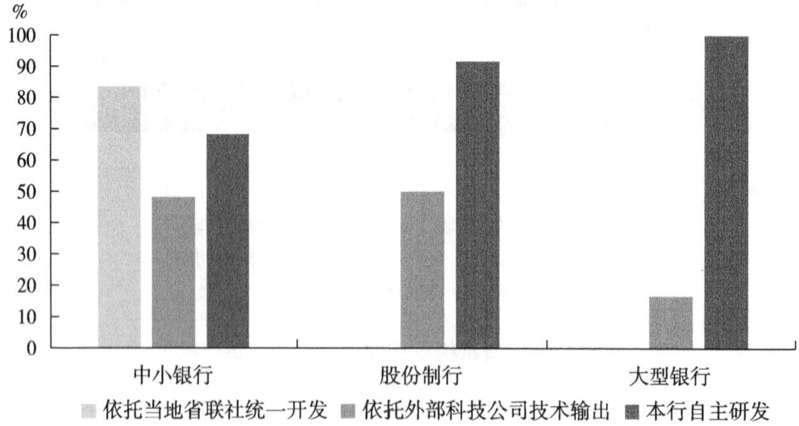

图 13　各类型机构数字化技术研发路径

6. 从应用维度看，中小银行与大型银行、股份制行差距明显，多数领域尚未应用或仅小范围试点。整体上，在大数据等 7 个数字化技术应用领域中，中小银行主要处于基本没有应用或者小范围试点阶段，特别是在云计算、大数据、区块链、物联网、人工智能、开放技术和隐私计算技术等领域的应用落后较大。调研显示，目前中小法人在上述领域达到应用较为成熟及以上水平的占比分别仅为4.7%、21.2%、1.2%、2.35%、3.53%、12.9%和1.18%，大幅落后于大中型银行（见表2）。

表2　　各类型机构数字化技术已实现部分或更大范围应用的比例

	地方法人	股份制行	大型银行
云计算技术	38%	75%	83%
大数据技术	65%	83%	100%
区块链技术	9%	58%	100%
物联网技术	18%	50%	50%
人工智能技术	33%	58%	83%
API等开放技术	55%	83%	100%
隐私计算技术	19%	83%	100%

7. 从生态维度看，中小银行初步建立线上线下结合的金融生态，但网点转型、数字化营销能力等存在明显差距。问卷显示，辖内中小法人已经建立了基本的线上金融渠道和金融生态，建立了手机银行App、微信小程序、智慧网点的机构占比分别为91.8%、89.4%、55.3%，而大型银行在这三方面均已达到100%（见图14）。同时，中小银行以用户为中心的数字化营销能力建设还存在不足，近半数机构主要还是围绕行内资源、偏好开展业务营销。能够精准洞察用户需求开展数字营销、围绕用户偏好数字化营销的占比仅28.2%，低于大型银行21.8个百分点，低于股份制行30.1个百分点（见图15）。

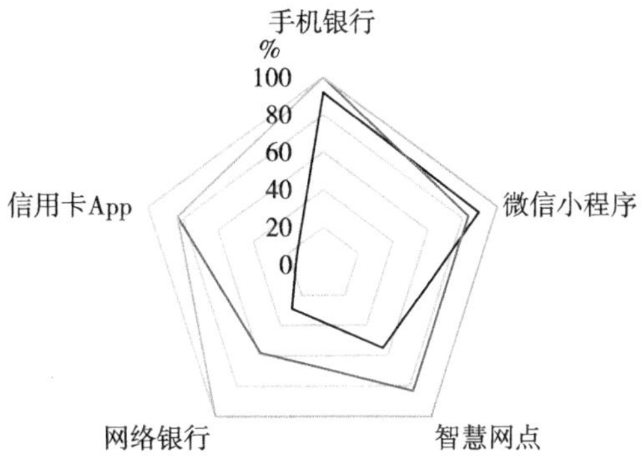

图14　各类型机构数字化渠道建设情况

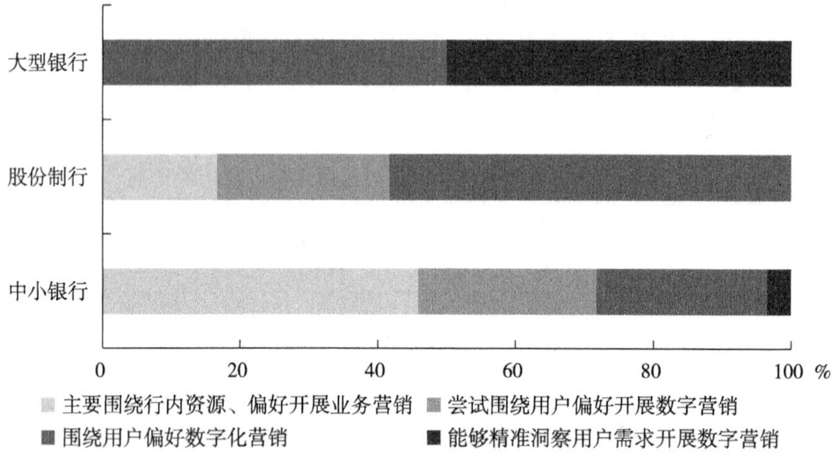

图 15　各类型机构数字营销应用进展

8. 从数字化场景看，中小银行覆盖面较窄，但在“三农”等特色领域领先于股份制行。中小银行数字化场景集中在生活缴费、政务服务、公积金、医疗服务、交通出行，嵌入相关服务的机构占比分别为 95.3%、78.8%、65.9%、65.9%、63.5%。整体上与大型银行差距较大，大型银行在十四类主要场景中已经基本实现全覆盖。但在“三农”服务场景，中小银行有相关应用的占比 57.7%，高于股份制行 32.7 个百分点，说明中小银行立足自身客户群体和地域特征，在部分细分领域深入挖掘，初步建立了自身优势（见图 16）。

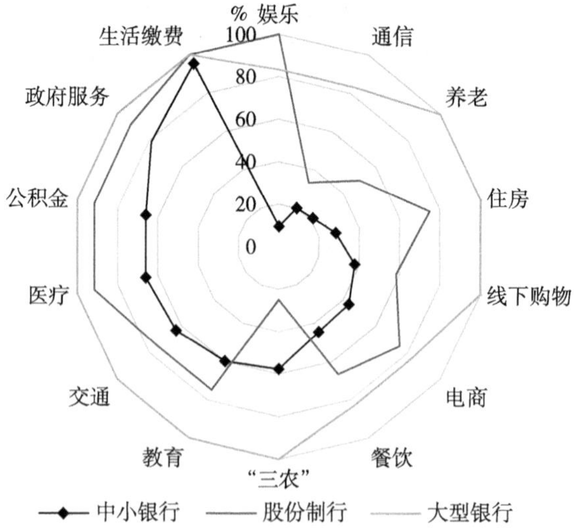

图 16　中小银行数字化场景建设情况

9. 从业务维度看，中小银行在支付结算、信贷等领域数字化进展最快，但整体明显落后于大型银行。整体来看，支付结算、个人信贷、小微普惠和银行卡等业务数字化转型进展较快，评分分别为3.74分、3.69分、3.66分、3.56分。投资银行领域的数字化进展最低，评分仅2.84分。在12个业务领域中，与大型银行相比，中小银行有11项的评分落后，其中，投资银行、交易银行与供应链金融、监管合规、信息安全、小微普惠差距最大，评分差距分别达0.83分、0.82分、0.73分、0.65分、0.51分（见图17）。与股份制行相比，两者差距不大，各有所长，在部分领域中小银行反而有一定优势。比如，在小微普惠业务的数字化中，中小银行评分高于股份制行0.33分。

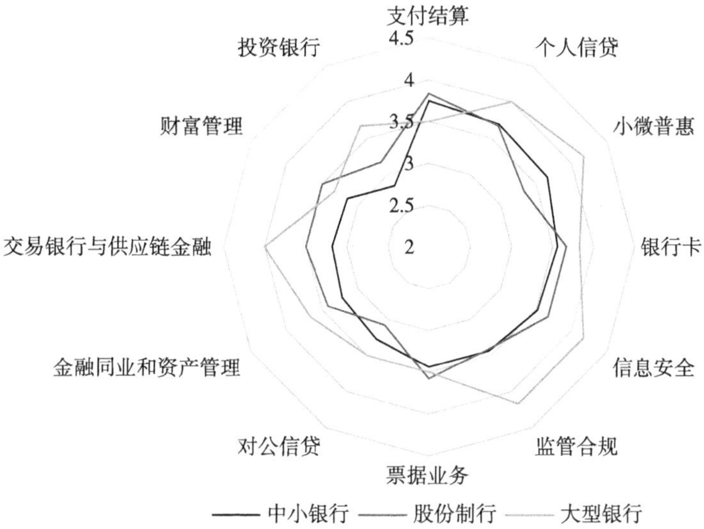

图17　各类型机构不同业务领域数字化自评分

10. 从流程维度看，风险控制、交易处理以及服务运营环节数字化程度最高。从业务前中后各流程看，中小银行在风险控制、交易处理、服务运营等环节数字化程度最高，评分分别为3.52分、3.52分、3.44分。产品研发环节的数字化程度最低，为3.16分（见图18）。在七个业务环节中，中小法人评分均低于大型银行，其中，后台架构、交易处理、客户画像环节差距最大，评分差距分别达0.91分、0.65分、0.64分。

11. 从合作维度看，中小法人态度相对保守，最关注合作方产品成熟度等要素。数据显示，中小法人对与金融科技公司合作中有很强意愿的占比为35.3%，低于大型银行14.7个百分点，低于股份制行23个百分点。在三类机构中，股份制行意愿最强，中小法人相对态度保守（见图19）。在合作过程中，中小法人最

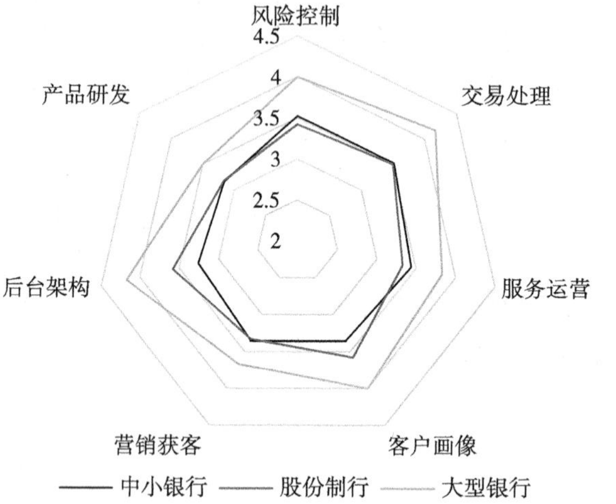

图 18 各类型机构不同流程环节数字化自评分

关注的要素是产品的成熟度和标准化（72.9%）、后期服务和运维的响应速度（70.6%）、技术架构的开放性和兼容性（70.59%）、需求理解力和定制化服务能力（69.4%）、相关经验和成功案例（67%），大型银行最关注技术架构的开放性和兼容性（83.3%）、产品的成熟度和标准化（66.7%）、后期服务和运维的响应速度（66.7%）、资质与安全合规属性（66.7%）、相关经验和成功案例（66.7%），目前辖内中小银行开展外部合作的领域集中在利用外部平台的获客能力、引入数字化技术、帮助开展用户运营，占比分别为 56.3%、55.3%、48.8%（见表 3）。

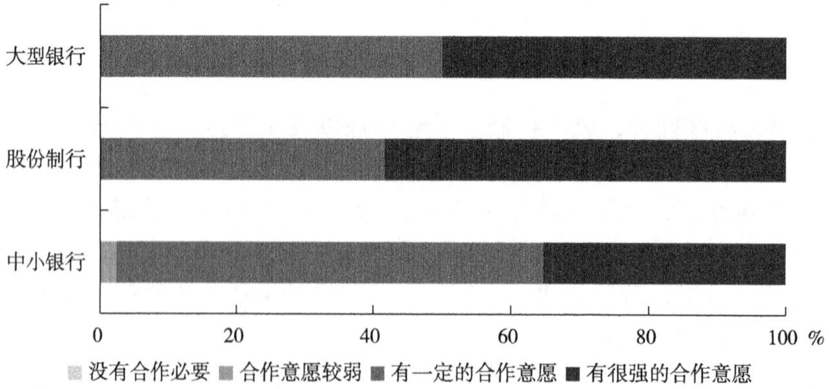

图 19 各类型机构外部合作意愿

表3 各类型机构外部合作考虑要素

	中小银行	股份制行	大型银行
技术架构的开放性和兼容性	71%	75%	83%
合作伙伴的市场占有率	40%	58%	50%
产品的成熟度和标准化	73%	92%	67%
知识产权共享	61%	67%	17%
是否具备相关经验和成功案例	67%	83%	67%
需求理解力和定制化服务能力	69%	58%	50%
价格竞争力	54%	50%	17%
技术水平的先进性	52%	75%	33%
资质与安全合规属性	64%	100%	67%
后期服务和运维的响应速度	71%	75%	67%

三、产生差距的原因剖析

相比大中型银行，中小银行推动数字化转型还存在较大差距，主要是因为在要素资源投入、组织架构匹配度、数据治理有效性和嵌入数字化场景能力等方面不足。

1. 要素资源投入有限，对转型支撑保障不够。从问卷看，中小银行数字化转型面临的最突出问题是人才和资源投入不足，占比68.2%、64.71%。数字化专业人才严重不足且招聘困难成为数字化转型战略执行的首要困难，占比76.5%。与一二线城市的银行机构相比，中小银行“招人难”“留人难”问题更加突出，特别是难以有效吸引和留住科技人才，制约了科技能力的提升。84.7%的中小银行科技人员占比在5%以下，而大中型银行科技人员占比普遍更高（见表4）。

表4 各领域存在人才缺口的比例

	中小银行	股份制行	大型银行
业务分析	46%	42%	17%
大数据分析	81%	67%	67%
技术架构	40%	17%	17%
人工智能	55%	67%	50%
UX用户体验	22%	17%	17%
IT战略	24%	8%	33%
网络安全	22%	17%	17%
物联网	16%	33%	17%
区块链	38%	33%	17%
云技术	31%	33%	0%
开发与测试	32%	8%	17%
项目管理	26%	0%	0%
基础运维	8%	0%	0%
隐私计算	26%	17%	0%

2. 组织架构不适配，转型推进协同性不够。中小银行虽然建立了推动数字化的一级部门或牵头部门，但并没有打破传统的科层制结构特征。数字化条线与前中后台条线仍相对割裂，数字化理念真正融入银行业务和管理的全过程还不够。许多业务部门人员未改变传统业务思维模式，不适应数字化转型所需的敏捷工作方式。问卷显示，认为现行组织架构中最突出的两个问题是“业务条线和科技条线融合度较低”“数字化转型对业务流程、职责边界的改造导致利益冲突”，占比分别为 50.6%、44.7%（见图 20）。

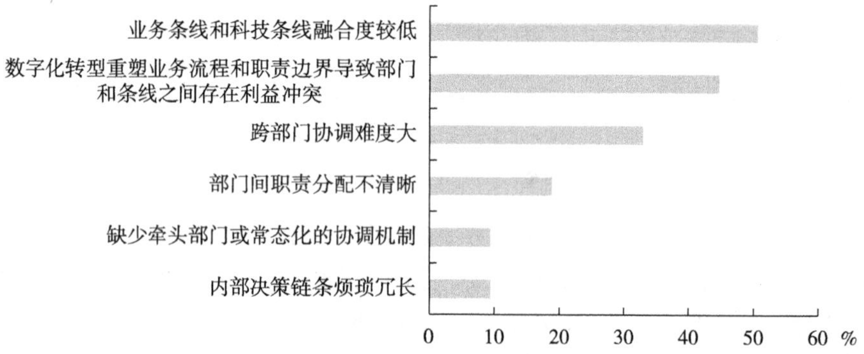

图 20　地方银行组织架构存在的主要问题和困难

3. 数据治理仍存在短板，数据价值挖掘不够。数据是数字化转型的关键生产要素，与大型银行相比，中小银行自身数据积累不足、质量不高，且数据治理的短板也更加明显，各条线各部门数据分布零散化、缺少有机整合，数据分析和应用仍较为薄弱，还难以充分发挥数据的价值。问卷显示，数据开发应用中最集中的问题为数据丰富程度不够、数据价值挖掘的能力不足比较突出，占比分别为 77.65%、71.76%（见图 21）。获取外部数据存在的问题包括政府部门数据开放力度不够，数据真实性、准确性、完整性存在顾虑，外部数据标准

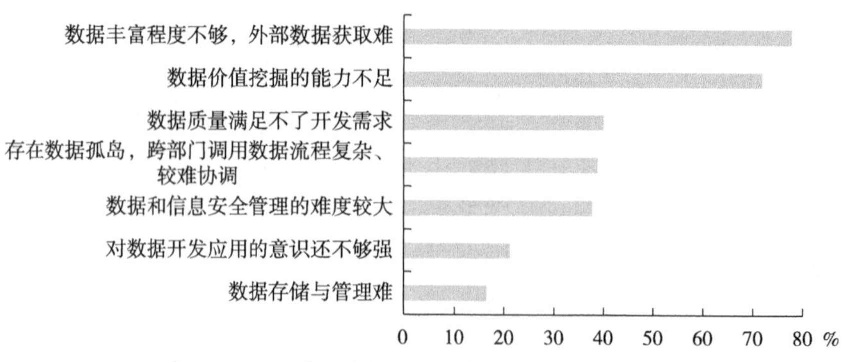

图 21　获取外部数据中存在的主要问题

化程度低，占比分别为75.3%、54.1%、52.9%（见图22）。

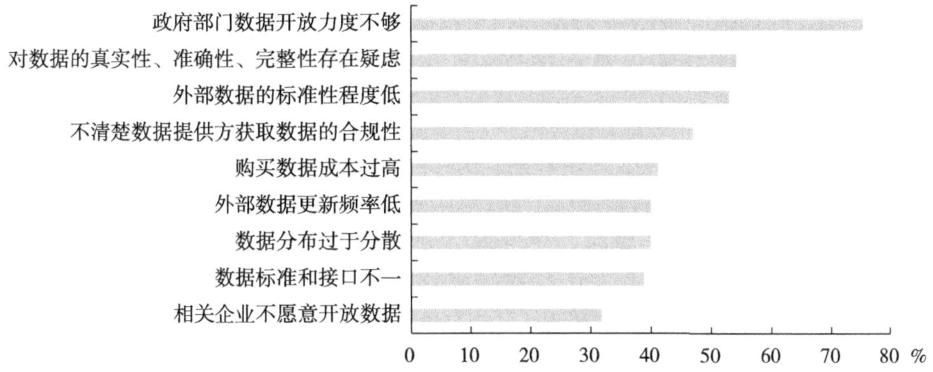

图22 数据开发应用中存在的主要问题和困难

4. 嵌入数字化场景能力不足，服务有效性不够。数字化业务创新需要场景思维，中小银行虽然已经搭建了一些应用场景，但由于客户基数小、合作资源少、技术能力弱等客观因素制约，在业务流量、场景质量上与大型银行差距较大，搭建的场景未达到消费者预期，导致"有场景"但"无热度"，缺乏与消费者之间的高频次互动，难以形成持续健康的金融服务生态圈，也无法有效支撑银行机构数据拓展、数据分析等需求。

四、中小银行数字化转型的路径思考

总体来看，辖内中小银行数字化转型已取得阶段性进展，但与大中型银行存在全方位的差距。且在未来数字化深化过程中，不同机构基础环节中隐性的差异将扩大为业务流程、客户体验、风险防控等显性的"鸿沟"，中小银行面临的压力和挑战将更加艰巨。中小银行数字化转型要更加注重准确判断识别自身的特点、优势，打造有别于大型银行的特色路径。

1. 设计数字化的"路线图"要认清"小"的定位。在当前数字化大潮下，很多小银行被动开展数字化转型，但并没有找到投入的关键点，未达到增强自身核心竞争力的效果。一些中小银行简单效仿大中型银行，制定宏大的规划蓝图，但超出自身资源的承载能力，最后很少能够有效落地。数字化转型必须结合自身的行业定位来推进，准确分析"我是谁""我有什么""我能做什么"，才能谋划合适的转型路径，制定合理科学的转型战略，增加投入的有效性，创造更多实际价值。

2. 下好数字化的"先手棋"要坚持"快"的理念。中小银行自身资源有限，很难一步到位、四面出击，更适合在既定的战略方向下"集中力量做大事”，通过协调全行力量对重大项目快速攻坚。在布局的思路上，对符合发展方向、能够创造较大价值的数字化项目，不能等资源全部到位再“上阵”，可以尝试“先开枪再校准”，通过先行探索积累经验，把握业务先机，并在初步实践的基础上不断迭代优化。针对具体规划业务的重要程度设定不同的优先级，结合客户需求、发展战略等本行实际情况，区分“优先项目”“次级项目”“储备项目”等级别，设定不同的关注度和要素投入。同时，要完善创新试错、容错机制，完善对创新项目的尽职免责，营造鼓励创新的良好环境。

3. 构建数字化的“护城河”要发挥“邻”的优势。找准市场的需求、消费者的痛点是推动数字化和开发产品取得成效的重要前提。中小银行最大的优势在于贴近中小、贴近社区、贴近基层，是熟悉城乡居民、小微企业的“邻居银行”“伙伴银行”。在数字化发展中，要着眼自身核心客户的需求，打造更多与共同富裕、产业金融、乡村振兴等场景相适配的数字化创新，通过智慧化改造巩固网点等传统渠道的优势，加强与客户的连接和共情机制，形成有辨识度的数字化服务生态，争取在细分领域构建发展优势，夯实核心竞争力。

4. 打破数字化的“软壁垒”要创造“和”的环境。数字化转型的最终效果取决于各部门是否真正理解和严格执行。尽管数字化转型对机构整体具有正向效应，但也对现有的组织架构不可避免造成冲击和挑战，对部分部门可能带来负面效应，导致数字化牵头部门在推动过程中遭遇“部门墙”，最终变为部署“热”、执行“冷”，甚至产生“内耗”，影响数字化推进的及时性和有效性。需要建立高层级的协调机制，针对资源分配、利益协调、组织关系等关键问题形成稳定持续的安排，畅通跨部门交流，消除数字化推进中的认识“盲区”“误区”，及时统一思想。

5. 拓宽数字化的“朋友圈”要增强“合”的意识。中小银行本身资源有限，实现高质量的数字化转型必须避免单打独斗。要形成更加开放的态度，在完善自身管理制度基础上，打开封闭业务链条，加强与政府、科技企业以及同业等广泛合作，引入更多主体提供数据、技术等服务，同时巩固和加强判断、决策等自身的核心竞争能力，从而达到“四两拨千斤”的效果。

五、相关政策建议

当前数字化进程正在深刻地重构银企、银政关系，未来，整个银行业的组织形态都将面临重构，中小银行的传统优势和竞争力也将重塑。中小法人银行机构必须充分把握数字化时代对银企、银政关系重构的历史机遇，利用发挥好中小银行在区域经济发展中“地利 + 人和”的先天优势，深耕本土、错位竞争、量体裁衣、借势而为，在市场开拓过程中共生推进金融服务数字化转型，借与企业、政府、社会共同数字化转型，逐步迭代完成中小银行自身的数字化转型。

同时，要密切关注数字化转型风险，始终坚持“审慎稳妥、安全可控”的发展理念，抓紧配套建立与数字化转型相适应的风险防控机制。具体而言，主要做好以下几方面工作。

1. 以充分理解数字化转型内涵为前提，正确制定符合自身特质的数字化转型战略。从内涵看，数字化转型并未改变金融本质的风险属性，但却是对金融发展逻辑的全新演绎，可以由浅入深、由内到外分为三个层次：第一层次是银行的内部生态转型，即建立一套与数字化转型相适应的内部机制。第二层次是银行的客户生态转型，践行以“客户为中心”，通过建立数字化金融产品和服务谱系，培育核心客群。第三层次是银行的外部生态转型，以金融服务为共通点，广泛聚合建立“金融+”生态圈，寻求与更多客户、更大范围的深度链接。在准确理解数字化转型内涵的前提下，建议中小银行从以下两方面入手，制定自身的数字化转型战略规划：

一是审视自身定位和需求。各中小银行区位特征、客户基础、历史禀赋以及目标客户的数字化水平等均存在明显差异，数字化转型没有一个放之四海而皆准的标准做法，需要各中小银行准确分析“我是谁”“我有什么”“我能做什么”，结合自身业务定位和管理需求制定差异化的转型战略。在战略规划的制定过程中，特别要注重用长远视角把握数字化转型的长期性，不仅要对业务现状和当下需求有一个清晰的全貌认识，更要着眼于未来行业格局的发展变化，找寻准、把握好本行未来的核心业务和核心客户。

二是绘制数字化转型三步走的“施工图”。在厘清头绪的基础上，中小银行可以考虑结合数字化转型的三个层次，绘制数字化转型三步走的具体“施工图”，做好转型战略规划制定的“后半篇文章”。内部生态转型阶段，包括对管理体系、组织结构、考核制度、企业文化等全方位的革新，以及业务流程、系统平台、技术研用等具体工程的推进。客户生态转型阶段，发挥中小银行贴近地方、贴近社区、贴近基层的优势，将内部数字化转型的效果显化，锚定关键业务领域，打造贴合本地产业和客户需求的“拳头产品”。外部生态转型阶段，针对客户的“泛金融”需求，明确外部合作、场景建设的重心和方向，持续放大数字化转型的外部效应。

2. 以打破传统条块分割的组织惯性为导向，推进重塑适应数字化转型需求的组织架构体系。制定数字化转型战略的意义在于落实，要形成“顶层设计、中层接力、基层执行”的良好落实氛围，关键在于建立适应数字化转型需求的组织架构。区别于中小银行传统的组织结构，其应当具备以下特质：一是协同性，打破部门、条线壁垒，特别是技术条线和业务条线融合紧密。二是敏捷性，迅速响应市场需求，灵活调度各方资源，快速组建小组攻坚。三是高效性，组织内部交互顺畅，工作进度可视化，业务沟通在线化。

3. 以数字技术和金融业务深度融合为目标，系统加强中小银行技术能力建设。数字技术赋能金融业务是数字化转型的重要标志，也是实践中不断强调技术条线与业务条线融合的逻辑所在。相较全国性银行，中小银行在技术能力建设方面有其特殊性，一方面，技术基础“先天不足”，且追赶投入“后继乏力”；另一方面，经营区域的受限也导致中小银行技术研发“投入—产出”的不经济。一是小步快跑加强技术研用。按照先线上化后数字化的思路，先通过线上 App 的建设运营，既顺应用户偏好变化，也为后续的数字化打好内部基础。二是抱团建立行业级技术服务平台。比如，农信系统可以结合“大平台、小法人”的特点，由各地方省农信联社以技术供应商身份，牵头提供技术服务；对于城商行，建议省内城商行通过组建科技联盟的方式，各取所长、合作共赢。三是防范新技术运用可能存在的风险。建议中小银行按照“可知、可析、可控”原则，完善内部风险防控、技术外包合作等机制，把好技术选型的风险准入关，切中要点提升风险的纵深防控能力。

4. 以属地优势和客群优势为依托，借助高频场景建设构筑独特区域生态。金融是相对低频的应用场景，中小银行要做城乡居民和小微企业的“邻居银行”“伙伴银行”，数字化转型仅满足于技术赋能金融业务是远远不够的，一定要通过 API、SDK、云服务等开放银行技术，打开封闭的业务链条，以高频场景为切入点，通过打造“场景×平台×体验”新模式，以插件化、灵活柔性的方式为客户提供个性化的高黏性服务，进而实现与客户的共同式数字化转型。

5. 以强化三项核心能力为重点，强化中小银行数据治理。数据是推进各方面数字化转型的基础，数据治理能力是中小银行转型中的核心竞争力。具体来看，至少包括三方面内容，即数据生产力、数据生产关系重构力以及数字生态共赢力，分别对应了中小银行对数据的采集、清洗、加工、处理、储存等生产层面的能力，利用数据驱动产品服务设计的能力，以及推动数据充分流动共享的能力。三个层面的能力环环相扣、紧密链接、互为一体，中小银行只有同时具备了这三方面能力，才可能真正兑现数据作为核心生产要素的潜在价值。

参考文献

[1] 薛洪言. 中小银行数字化转型不能混淆目的与手段 [J]. 当代金融家, 2021 (3): 44 -47.

[2] 朱太辉. 农村中小银行数字化转型研究 [J]. 金融监管研究, 2021 (4): 36 -58.

[3] 杨涛. 商业银行数字化转型的重点与路径分析 [J]. 农村金融研究, 2019 (6): 7 -12.

[4] 中小银行联盟, 金融壹账通. 金融科技 50 人论坛: 中小银行金融科技

发展研究报告 [R]. 2020.

[5] 京东数科，IDC，中小银行. 中国区域银行数字化转型白皮书 [R]. 2021.

[6] 王鹏虎. 商业银行数字化转型 [J]. 中国金融，2018 (15)：55-56.

[7] 张越，刘月，王雪莹. 通过数字化加强商业银行公司业务竞争力——金融科技演进与传统金融创新 [J]. 银行家，2017 (1)：114-115.

[8] 张庆君，郭辽，欧一丁. 数字化转型提升了银行服务实体经济能力吗？——基于我国上市商业银行的经验证据 [J]. 武汉金融，2022 (4)：29-39.

[9] 高其冬. 数字化驱动中小银行普惠金融高质量发展 [J]. 金融纵横，2022 (6)：59-63.

[10] Shalkh A A, Glavee-Geo R, Karjaluoto H. Exploring the Nexus Between Financial Sector Reforms and the Emergence of Digital Banking Culture Evidences from a Developing Country [J]. Research in International Business and Finance, 2017 (42)：1030-1039.

[11] 黄润中. 紧紧抓住数字化机遇 阔步迈向银行转型发展新时代 [J]. 中国银行业，2018 (2)：17-20.

[12] 万建华. 商业银行数字化转型的路径选择 [J]. 清华金融评论，2020 (11)：87-92.

共同富裕背景下商业银行的社会责任研究

浙商银行课题组*

一、引言

我国社会经济快速发展，而发展的不均衡问题较为突出。2021 年我国人均 GDP 达 1.26 万美元，按照世界银行标准，已迈入高收入国家行列。① 但是目前我国仍然面临城乡收入差距较大、区域发展不平衡、行业发展不平衡等均衡性发展问题。根据瑞信《2021 年全球财富报告》，财富基尼系数小于 0.7 为贫富差距较低，大于 0.8 为贫富差距较大。中国财富基尼系数从 2000 年的 0.599 上升至 2015 年的 0.711，随后有所缓和，但 2020 年财富基尼系数又上升至 0.704，且财富排名前 1% 的居民占总财富的比例已达 30.6%。

共同富裕一直是我们党和国家的一条政策主线。党的二十大报告多次提及共同富裕，明确指出“中国式现代化是全体人民共同富裕的现代化”，在“2035 年我国发展的总体目标”中将“全体人民共同富裕取得更为明显的实质性进展”作为重要部分，同时明确提出要“增强均衡性和可及性，扎实推进共同富裕”“分配制度是促进共同富裕的基础性制度”等。中国共产党浙江省第十五次代表大会也提出要实现共同富裕先行和省域现代化先行，进一步推动高质量发展建设共同富裕示范区。

共同富裕要求“做大蛋糕”和“分好蛋糕”，金融作为资源配置的手段，在创造财富和分配财富方面均是重要主体，是推动实现共同富裕的主力军。商业银行在我国金融体系中处于核心地位，其资产总量占整个金融行业资产总量比重超过 90%②，在社会主义各项事业的建设和发展中发挥举足轻重的作用。在共同富裕背景下，商业银行履行社会责任的主要内涵是以社会整体效用最大化为目标，除了追求自身经济效益外，还应将社会价值实现放置突出位置，对员工、社区、政府等相关社会主体负责。

---

* 课题主持人：杜 权

课题组成员：闫真宇 庄瑾亮 温晓静 薛同锐

① 世界银行 2020 年 7 月确定的高收入国家最新标准为人均 GDP 为 12535 美元。

② 根据人民银行公布数据，截至 2021 年末，我国金融机构总资产为 381.95 万亿元，其中银行业机构总资产为 344.76 万亿元，占比达 90.26%。

目前商业银行如何在共同富裕中发挥积极作用的研究主要集中于定性分析阶段，且社会责任履行能否带来经营绩效增长一直是商业银行在实践过程中所顾虑的问题，也是学术界讨论的热点。本课题旨在探索商业银行履行社会责任的理论基础，科学评价我国商业银行社会责任履行情况，构建共同富裕背景下商业银行履行社会责任的指标体系，并分析共同富裕社会责任履行对其经营绩效的影响，最后对我国商业银行如何更好地促进共同富裕提出相应的策略建议。

二、共同富裕背景下我国商业银行履行社会责任的现状分析

我国商业银行的社会责任履行是一个逐步发展、逐步完善的过程。2006 年，监管部门要求银行机构定期公布社会责任报告，第一次真正从制度上明确了商业银行的社会责任。截至 2022 年末，中国银行业协会连续 14 年发布中国银行业社会责任报告，全景式梳理中国银行业金融机构在服务国家中心大局、促进共同富裕、夯实民生保障等方面的实践成果和典型案例。下文根据若干商业银行的年报及社会责任报告，选取了与共同富裕相关的三个领域，简要分析其具体举措及成效。

第一，推进共同富裕示范区建设。2021 年浙江高质量建设共同富裕示范区以来，商业银行从解决金融资源配置的均衡性问题出发，通过金融杠杆对增量财富的配置进行引导和分配，不断创新金融产品和服务模式，探索金融助力共同富裕的新路径。例如，杭州银行作为浙江本土城商行，制订了“信未来共富计划”，重点支持基础配套设施和特色产业高质量发展。浙商银行发布了《全面率先助力共同富裕示范区建设的实施意见》，明确了 30 项重点工作，确定了“1 +6 + N”重点工作体系，奋力打造金融支持高质量发展建设共同富裕示范区标杆银行。

第二，助力打赢脱贫攻坚战。脱贫攻坚战中，商业银行致力于缓解金融机构与受困人口的信息不对称问题，提高金融产品和服务的智能化水平，创新扶贫模式及长效机制，在“捐资助学”“抗灾救灾”“精准扶贫”等方面都发挥了重要的作用，成为扶贫事业的主力军。例如，2016 年以来，农业银行在贫困地区累计新建人工网点约 150 个、自助网点约 600 个，“惠农通”服务点覆盖了约 830 个国家扶贫重点县，累计投入扶贫捐赠资金超 3 亿元。

第三，支持小微企业可持续发展。为拓宽金融服务宽度，商业银行积极扶持小微企业，为其发展注入动力，大力推进普惠金融服务。从 2022 年上半年各商业银行小微企业贷款增速看，兴业银行（18.65%）、光大银行（18.64%）连续多年保持较快增长；从小微企业贷款余额占贷款比重看，邮储银行（15.63%）、建设银行（10.52%）在大型国有银行中位于前列，浙商银行（17.43%）、平安银行（13.25%）在股份制银行中位于前列。

目前，我国商业银行社会责任报告披露内容以定性分析为主，且选用的编制依据多样，在框架和内容方面缺乏一定的可比性。总体来看，在共同富裕背景下，商业银行多方着力、扛起使命担当已成为当今社会重要的价值取向。但目前对商业银行进行评价时，仍侧重对各项经济指标进行考核，这可能导致在缺少足够的内外部激励机制情形下，商业银行履行共同富裕社会责任的内生动力不足。另外，商业银行经营具有典型的“二八定律”特征，为实现共同富裕目标，商业银行需将更多资源投放于中低收入阶层的长尾客户。如何在创造经济效益与践行共同富裕社会责任之间找到平衡，可能需要商业银行在经营理念、战略规划、产品开发等方面作出一定调整。

三、理论基础与文献综述

从本课题的研究目的出发，我们对共同富裕的政策脉络，企业社会责任的内涵，共同富裕背景下商业银行的社会责任，以及商业银行社会责任与经营绩效的关系等相关理论和文献进行了梳理和归纳。

（一）共同富裕的政策脉络

“共同富裕”最早出现于新中国成立初期通过的《中共中央关于发展农业生产合作社的决议》文件中其表述是“使农民能够完全摆脱贫困的状况而取得共同富裕和普遍繁荣的生活”。2021 年 8 月，中央财经委员会第十次会议明确了共同富裕的总思路。2021 年 10 月，习近平总书记在《求是》上发表《扎实推动共同富裕》重要文章，系统阐述了共同富裕的重大意义、基本原则和工作思路。共同富裕的内涵随着时代变化不断丰富和发展，结合各文献论述，我们认为具体包括以下三方面：一是共同富裕重点强调均衡性发展。共同富裕的目标更多地指向均衡性发展，重点要求中低收入群体的财富增长速度应领先于社会财富的平均增长速度，控制畸高收入人群比例，扩大中产阶层收入人群占比，避免因差距过大导致不同利益主体间的对抗、撕裂等。二是共同富裕不是整齐划一的平均主义。共同富裕并不要求消灭差距，并不是“劫富济贫”，要遵循市场机制在收入分配中的基础性作用，合理调节个体财富的流向和结构，通过优化资源配置为中低收入群体提高收入水平创造机会。三是共同富裕是物质生活和精神生活都富裕。共同富裕不仅是经济发展问题，也是社会发展问题，要通过政治建设、社会建设、文化建设、价值观建设等推动物质生活富裕、精神文化富裕和人的全面发展。

（二）商业银行的社会责任

1. 企业社会责任的概念

英国学者 Oliver Sheldon（1924）最早提出企业社会责任（Corporate Social Responsibility，CSR）的概念，“企业社会责任之父”Howard R. Bowen（1953）

发表《商人的社会责任》一书，指出商人应按照社会价值和相关政策作出相应的决策并采取理想的行动，该定义被称为社会责任的“第一定义”。理论界关于企业社会责任的争辩主要分为古典观和社会经济观两大类：

古典观认为企业唯一的社会责任就是追求利润最大化。Hayek 是自由秩序的倡导者，在其《致命的自负》（1988）一书中指出，企业履行社会责任是有悖于自由经济体的，企业参与各项社会活动必然会导致政府的行政干预不断强化从而侵害企业自由经营，任何对利润最大化目标的偏离，都可能危及企业生存。古典观从企业本质的角度分析社会责任履行是有其正面价值的，但过分强调企业追求利润最大化的目标可能会造成企业产生短期逐利倾向。

社会经济观认为企业的社会责任包括保护和增加社会福利，基于企业相关利益群体的社会责任理论被提出。Key S. Griffin（1989）指出企业应树立起较好的社会形象，协调与相关利益者的关系，为企业的生产经营活动创造和谐的社会环境，有效实现企业的经营目标和长期经济利益。卢代富（2009）认为企业对社会、公众团体负有维护和增进利益的义务，包括对员工、消费者、债权人的责任，对生态环境、资源保护的责任。SA8000 标准①经过十余年的发展与修订，目前已成为普遍认可的企业社会责任标准之一，其主要内涵是企业要对股东、员工、环境等负责，要遵守商业道德、维护劳工权利、节约资源耗用等。

2. 商业银行履行社会责任的必要性

商业银行具备“特殊”企业的性质，其社会责任履行需考虑具体约束，但目前仅针对商业银行社会责任的学术研究略显滞后，主要集中在绿色贷款领域。在推动共同富裕的过程中，倡导商业银行履行社会责任已逐渐成为当今社会发展的重要价值取向。如 Martin Meyer（2000）在《大银行家》一书中指出“保持银行稳定是一项非常重要的公共物品”；汪鑫（2009）、邢会强（2012）主要从法律的角度研究银行的公共性理论，认为银行服务具有准公共品性质。因此，商业银行是一个受管制、受保护的特殊行业，占用了一定的公共资源，具有一定的公共性特征，具体原因包括以下三个方面。

一是国家对银行准入有严格的限制。在银行所受的特殊保护中，至为关键的就是在其设立时的特别许可。特别许可属于分配稀缺资源的行为，是为特定机构设立新的权利和资格，具有数量限制。银行的准入较为困难，被准入的银行可获得一定的牌照利益。

二是银行享有政策监管福利。2015 年以前，我国的利率管制能使银行获得稳定的利差收入，且银行业也一直存在一定的利差保护。同时，我国银行的监

① SA8000（Social Accountability 8000）标准 1997 年发起于美国，是世界上第一个社会责任管理标准体系。

管成本由财政负担，为了保持金融系统稳定，国家对系统重要性银行更是投入了大量的监管资源，也在一定程度上说明了银行业的公共性。

三是银行享有国家隐性的“兜底性”支持。银行在遭遇财务困难等特殊时期，一般会得到中央银行作为“最后贷款人”提供的流动性支持，以及其他政府部门的特殊保护。如包商银行出险后，金融管理部门及时组建接管组，以国家信用“兜底”，最大限度地保护债权人的合法利益；恒丰银行出险后，当地政府成立相关工作组，全面负责银行工作，顺利完成改革重组。

（三）共同富裕与商业银行的社会责任

1. 金融发展与经济增长、收入分配

改革开放以来，我国经历了“从几乎没有个人财产到个人财产的高速积累与显著分化”（赵人伟，2021）的发展过程，而金融发展显著影响财富的“高速积累”和“显著分化”，与共同富裕的目标实现息息相关。

一是金融发展与经济增长。20 世纪 90 年代，在内生经济增长理论[①]的基础上，金融与经济增长的关系成为重要的研究热点。大部分经济学家认为金融发展与经济增长有正相关的关系，金融可以促进投资总量增长、优化投资结构。Bose 和 Cothern（1997）研究发现，当资本不充裕时，金融发展会增加投资总量并促进经济增长；当资本比较充裕时，金融发展会增加金融中介甄别企业家类型，优化信贷配给，同样可促进经济增长。Deidda 和 Fattouh（2008）指出商业银行由于具有监督和甄别投资项目的作用，因此商业银行的建立可以促进经济增长。

二是收入分配与金融发展。尤其是国际金融危机发生以来，关于金融“嫌贫爱富”的诟病不一而足。金融发展有助于缓解收入分配不平等的理论机制在于信贷可获得性的提高允许更多群体可以基于支出作出合理安排，而不受继承财富的影响，其代表论文分别来自 Banerjee 和 Newman（1993）以及 Galor 和 Zeira（1993）。诺奖得主 Robert J. Shiller（2012）也在《金融与好的社会》一书中指出，金融有充足的潜力为我们塑造一个更加公平、公正的世界。而 Epstein（2005）等人所开创的金融化（Financialization）研究主要是基于发达经济体的经验，得出金融化将导致不平等的结论。世界银行（Demirg - kunt 和 Levine，2009）和国际货币基金组织（Cihak 等，2020）的理论与实证分析表明：金融影响收入分配的机制较为复杂；金融发展在一定条件下会促进增长以及减少不平等，但金融压抑和过度金融是导致资源不均衡的两大症结。

---

① 在新古典模型中，经济增长取决于技术进步，但技术进步是一个黑箱，无法确切知道哪些因素影响技术进步从而影响经济增长。Romer（1986）和 Lucas（1988）认为技术进步是内生的，是经济主体追求利润最大化的结果，从而开启内生经济增长理论的时代。

2. 商业银行在推动实现共同富裕中的作用

“在推动金融机构履行社会责任的过程中，要从我国的国情出发，强调中国特色社会主义的实践”（陈超、李刚，2006）。近年来，我国学者逐步研究金融行业、商业银行如何在共同富裕中发挥作用，但主要集中于定性分析。如张明、刘瑶（2022）提出金融助力共同富裕要从充分发挥金融政策的再分配效应、大力推进金融工具创新、系统强化创新型金融体系的顶层设计三个方面来发力；陆岷峰（2022）从商业银行的角度出发，提出商业银行必须实现经营理念的根本改变，运用信贷杠杆调节财富流向，运用金融工具调整财富配置结构，大力发展普惠金融助力中低收入群体财富增长；张兴荣（2021）提出商业银行促进共同富裕要优先支持科技创新，优化区域、行业、企业融资布局，创新个人、场景、文化、农村金融服务。

（四）商业银行的社会责任与经营绩效

前文已具体论述了商业银行履行社会责任的必要性，无论社会责任履行对经营绩效有何影响，商业银行均有一定的义务履行社会责任。但从商业银行的角度分析，如果履行社会责任只是负累，那么就只能在道德和法律层面的统筹下督促商业银行履行最基础的社会责任；如果履行社会责任有利于商业银行经营业绩增长，则商业银行履行社会责任更有其合理性，商业银行也更有意愿和动力履行好社会责任。

目前，关于商业银行履行社会责任是否会提升经济绩效的研究结论并不统一。曹盼盼（2015）聚焦农村金融机构做实证研究，发现农村金融机构履行社会责任对其经营绩效有积极影响也有消极影响，具体还与机构的经营性质、经营状况和社会影响力相关。殷格非（2017）对上市银行数据进行分析，研究发现当银行能够对自身进行合理经营时，履行社会责任既有利于绩效提升，也有利于银行更大程度去履行社会责任。周嫦（2019）以蚂蚁金服为例分析互联网金融企业社会责任的履行，发现模式创新对履行社会责任起到关键作用，即由单纯的捐赠模式转变为价值共创的社会责任模式，有利于提高自身的声誉与竞争力，进而提高经营绩效。

四、商业银行履行共同富裕社会责任对经营绩效影响机制的实证研究

商业银行社会责任绩效评价主要来自利益相关者理论，但在共同富裕背景下其具体内涵将有所聚焦和延伸。一是构建商业银行共同富裕社会责任指标体系；二是围绕商业银行履行共同富裕社会责任对经营绩效的影响展开实证分析，为商业银行如何更好地履行共同富裕社会责任提供支撑。

（一）理论假设

1. 基于利益相关者的共同富裕社会责任绩效评价

利益相关者主要是指能够影响企业发展或受企业发展影响的个人或团体，主要包括股东、员工、客户等交易伙伴，也包括政府、社区等外部势力，甚至包括自然环境等受到企业经营活动直接或间接影响的客体。在共同富裕的背景下，我们认为商业银行的利益相关者聚焦在客户（主要是小微金融客户）、员工、政府、社区、环境五个方面，相应可用普惠金融服务、员工薪酬水平、政府税收缴纳、社区捐赠水平、绿色信贷服务来衡量，具体原因有以下五点。

一是普惠金融服务与共同富裕。普惠金融服务的内在本质可视为促进资本流向金融弱势群体，是基础性民生问题，是扎实推动共同富裕的关键。孟加拉开办世界上第一家主要为“穷人”提供金融服务的银行，客户是商业银行普遍意义上的利益相关者，但在共同富裕背景下将更加聚焦于小微金融客群。

二是员工薪酬水平与共同富裕。薪酬作为广大员工最主要的收入来源，是推动共同富裕的重要抓手。浙江高质量发展建设共同富裕示范区的决策部署中就突出了人社事业的支撑和兜底作用，要求健全工资合理增长机制，鼓励通过提质增效拓展员工薪酬增收空间。

三是政府税收缴纳与共同富裕。实现共同富裕不能回避促进基本公共服务的均等化，以税收为主的二次分配是缩小贫富差距的关键手段。我国政府在福利支出方面存在较大缺口①，商业银行等主体履行缴纳税款等义务是政府保证福利支出的基础，对推动共同富裕有积极作用。

四是社区捐赠水平与共同富裕。第三次分配是由社会机制所主导的资源分配，商业银行等主体通过慈善捐赠等实现对社会资源的主动让渡，有助于弥补初次分配、再分配的不足，从而最终实现共同富裕。

五是绿色信贷服务与共同富裕。在乡村振兴领域，绿色信贷服务可以发挥一些欠发达区域的资源禀赋优势，支持现代农业可持续发展，帮助农民增收致富，缩小区域差距。

2. 共同富裕社会责任绩效对经营绩效的影响机制分析

商业银行共同富裕社会责任绩效对经营绩效的影响机制主要包括两个类型：一是直接影响机制。指商业银行能够通过自身行为，直接影响利益相关方，并对经营绩效产生直接影响。商业银行经营最能直接影响客户（小微金融客户）

① 人均 GDP 处于 1 万美元到 2.5 万美元之间的国家，政府平均社会福利支出占 GDP 的比重一般都在 20% 以上。我国未统计福利支出占比数据，若用失业保险、养老金、医疗保险、工伤保险、生育保险，城乡养老保险 6 个相关指标衡量，2020 年其比重为 7.8%。

和员工，这两方利益相关者可以根据自身感受直接投票，影响商业银行的经营管理，甚至影响其业务链条的完整性和可持续性。无论是长期还是短期，只要商业银行积极主动履行对客户（中小微客户）和员工的社会责任，都会通过直接影响机制对经营绩效产生正面影响。二是间接影响机制。和直接机制不同，对于社区、政府、环境三方利益相关者而言，由于没有业务方面的直接往来，无法通过提供资源直接提高商业银行经营绩效，只能通过影响社会声誉等中间媒介，使商业银行得到更多资源来间接影响经营绩效。但社会声誉的获取和传递是缓慢的，是否能够兑现为经营绩效，仍需要直接利益相关方的判断选择。因此，理论上，商业银行在履行对政府、社区、环境相关的社会责任时，短期内较难转变为经济效益，但长期来看，能够促进经营绩效的提升。

（二）指标选取

1. 履行共同富裕社会责任指标

（1）IF_{it}：i 银行 t 年普惠型小微企业贷款[①]余额占贷款余额的比重。

（2）S_{it}：i 银行 t 年应付职工薪酬占营业收入的比重。

（3）T_{it}：i 银行 t 年所得税占营业收入的比重。

（4）D_{it}：i 银行 t 年捐献支出占营业收入的比重。

（5）G_{it}：i 银行 t 年绿色信贷额占营业收入的比重。

2. 经营绩效指标

ROE_{it}：i 银行 t 年净利润占平均净资产的比重。

3. 控制变量

（1）$Asset_{it}$：i 银行 t 年资产规模，采用年末资产总额的对数来表示银行规模。

（2）Age：经营年限。

（3）$Listed$：是否上市。

（4）GDP_t：经济发展水平，用经过以 2006 年价格为基期消胀处理后的 t 年国内生产总值，取其对数作为控制变量。

（三）描述性统计与检验

1. 数据说明与描述性统计

截至 2021 年末，我国共有 12 家股份制商业银行和 134 家城市商业银行，综合考量数据的有效性和完整性，最终筛选出 12 家股份制商业银行和 25 家城市商

① 普惠型小微企业贷款指银行业金融机构向小微企业发放的，用于生产经营活动，单户授信总额在 1 千万元（含）以下的贷款。

业银行 2007—2021 年公开披露的年度数据为样本①进行分析，各项比值类指标均采用百分数值，分析结果如表 1 和表 2 所示（实证数据均来自 Wind 数据库或商业银行社会责任报告）。可以看出，城市商业银行的普惠型小微企业贷款占比普遍高于股份制商业银行，而员工费用率等其他指标为股份制商业银行较高。

表 1 商业银行经营绩效与社会责任承担数据的统计性描述

变量	平均值	标准差	最小值	最大值
IF（%）	22.15	12.54	4.3	61.02
S（%）	7.73	4.32	0.12	32.91
T（%）	8.12	4.55	-16.43	24.86
D（%）	0.11	0.13	0	1.11
G（%）	88.43	92.67	0.98	403.88
ROE（%）	12.79	5.19	-11.01	44.93
ln Asset	27.81	1.54	27.47	29.86
Age	18.88	6.78	1.00	36.00
Listed	0.36	0.48	0.00	1.00
ln GDP	13.35	0.41	12.51	13.95

表 2 商业银行分类样本统计性描述

变量	平均值		标准差		最小值		最大值	
IF（%）	14.99	26.33	5.62	13.53	4.3	5.9	22.54	61.02
S（%）	7.99	7.64	4.58	4.19	0.18	0.12	32.91	30.58
T（%）	9.44	7.68	4.76	4.33	-12.78	-16.43	24.86	21.99
D（%）	0.14	0.08	0.14	0.13	0	0	1.11	0.56
G（%）	95.33	82.98	94.44	85.33	0.99	0.98	403.88	367.22
ROE（%）	12.98	12.61	5.35	5.14	-8.99	-11.01	44.93	41.22
ln Asset	27.98	27.75	1.59	1.49	27.55	27.47	29.86	28.76
Age	20.31	15.58	6.73	6.82	2.00	1.00	36.00	35.00
Listed	0.75	0.17	0.68	0.21	0.00	0.00	1.00	1.00
ln GDP	13.35	13.35	0.41	0.41	12.51	12.51	13.95	13.95

注：银行样本（左栏：股份制商业银行；右栏：城市商业银行）

① 12 家股份制商业银行分别为招商银行、浦发银行、中信银行、光大银行、华夏银行、民生银行、广发银行、兴业银行、平安银行、浙商银行、恒丰银行、渤海银行；25 家城市商业银行分别为北京银行、葫芦岛银行、上海银行、杭州银行、温州银行、宁波通商银行、厦门国际银行、福建海峡银行、湖北银行、汉口银行、东莞银行、成都银行、苏州银行、宁波银行、厦门银行、河北银行、晋城银行、长沙银行、大连银行、天津银行、保定银行、锦州银行、丹东银行、哈尔滨银行、泉州银行。

2. 面板单位根检验

我们分别使用LLC、Breitung、IPS、Fisher和Fisher PP五种方法对数据进行单位根检验，结果表明，实证模型中所采用的变量均不能拒绝存在面板单位根的原假设，但相应的一阶差分后的数据序列为平稳过程（见表3）。

表3　　面板单位根检验结果

变量	LLC	Breitung	平稳性
IF	-2.8766 (0.578)	-4.5566 (0.743)	不平稳
ΔIF	-7.2112 (0.000)	-7.8991 (0.000)	平稳
S	4.2353 (0.879)	4.8901 (1.042)	不平稳
ΔS	-13.7882 (0.000)	-9.8273 (0.000)	平稳
D	-6.3272 (0.049)	3.8792 (1.283)	不平稳
ΔD	-1.8291 (0.000)	-7.8821 (0.000)	平稳
G	6.8723 (1.034)	-1.7724 (0.542)	不平稳
ΔG	-11.8732 (0.000)	-8.2912 (0.000)	平稳
ROE	-7.2372 (0.0321)	3.2277 (1.054)	不平稳
ΔROE	-2.0448 (0.000)	-5.9883 (0.000)	平稳
Asset	-4.8676 (0.0358)	4.9974 (1.387)	不平稳
ΔAsset	-2.1226 (0.000)	-4.7332 (0.000)	平稳
AGE	3.6598 (1.6566)	8.8655 (3.8777)	不平稳
ΔAGE	-1.8867 (0.000)	-4.3389 (0.000)	平稳
lnGDP	4.4232 (1.052)	4.8872 (1.000)	不平稳
ΔlnGDP	-18.8832 (0.000)	-16.7889 (0.000)	平稳

变量	IPS	Fisher ADF	Fisher PP	平稳性
IF	-21.2311 (1.762)	45.7761 (1.872)	31.4289 (2.435)	不平稳
ΔI	-14.6455 (0.000)	34.5676 (0.000)	23.1256 (0.000)	平稳
S	4.7172 (1.109)	36.7162 (0.994)	38.7817 (0.987)	不平稳
ΔS	-12.7392 (0.000)	309.8372 (0.000)	322.7762 (0.000)	平稳
D	1.0982 (0.982)	31.2833 (0.991)	33.2988 (1.237)	不平稳
ΔD	-4.2243 (0.000)	102.3482 (0.000)	118.7298 (0.000)	平稳
G	7.881 (1.428)	33.4245 (0.225)	44.3429 (1.022)	不平稳
ΔG	-13.8273 (0.000)	351.2452 (0.000)	428.8273 (0.000)	平稳
ROE	2.9937 (0.984)	29.4562 (0.899)	29.5882 (0.324)	不平稳

续表

变量	IPS	Fisher ADF	Fisher PP	平稳性
ΔROE	-5.2836（0.000）	90.4283（0.000）	102.3454（0.000）	平稳
Asset	4.6756（1.3342）	37.3387（0.598）	19.7656（1.128）	不平稳
ΔAsset	-2.1335（0.000）	79.1253（0.000）	59.7332（0.000）	平稳
AGE	5.8149（0.995）	41.3398（0.667）	28.4484（1.012）	不平稳
ΔAGE	-1.8535（0.000）	102.4481（0.000）	142.3943（0.000）	平稳
lnGDP	6.7798（1.000）	20.8837（1.001）	22.8832（1.033）	不平稳
ΔlnGDP	-20.2369（0.000）	440.2384（0.000）	460.2458（0.000）	平稳

注：括号内为 p 值，Δ 为差分项，根据 Schwarz 原则自动确定滞后期数。

3. 共线性检验

对各指标进行共线性检验，发现共线指标 VIF 值较小，变量之间不存在共线关系（见表 4）。

表 4　　共线性检验结果

变量	VIF	SQRT VIF	容许度（Tolerance）	R^2
IF	1.78	1.44	0.5112	0.4782
S	1.38	1.21	0.8885	0.1397
T	1.12	1.08	0.9986	0.0378
D	1.11	1.07	0.9187	0.0658
G	1.56	1.28	0.7728	0.2872
Asset	1.71	1.23	0.6896	0.3371
AGE	1.52	1.14	0.7124	0.3575
ln GDP	-7.2372（0.0321）	3.2277（1.054）	0.6971	0.3029

注：一般来说，VIF 值小于 5、SQRT VIF 小于 2。容许度越接近 1，则表明模型越不存在多重共线性的问题。

（四）模型设计与结果分析

我们尝试建立实证方程来研究履行共同富裕社会责任对经营绩效的影响，模型设定如下：

$$ROE_{it} = \alpha + \beta X_{it} + \beta_2 IF_{it} + \beta_3 S_{it} + \beta_4 T_{it} + \beta_5 D_{it} + \beta_6 G_{it} + u_i + v_t + \varepsilon_{it}$$

式中，ROE 为 i 银行 t 年经营绩效。X_{it}为其他解释变量，包括资产规模、存续年限、是否上市、经济发展水平等可能影响商业银行经营绩效的控制变量；u_i代表地区控制变量，v_t代表时间控制变量，ε_{it}为其他解释变量和误差项。将样本分为全样本、股份制银行样本和城市商业银行样本，分别进行回归估计，结果如表 5 所示。

表 5　　　　履行社会责任对商业银行经营绩效的影响

ROE_{it}	1	2	3	4
IF_{it}	2.811 *** (10.22)	2.512 *** (9.88)	2.995 *** (13.12)	2.471 *** (10.82)
S_{it}	10.344 ** (3.66)	7.665 *** (4.28)	11.266 *** (4.51)	7.533 *** (4.21)
T_{it}	−0.222 (−1.75)	0.028 (0.66)	−0.314 (−3.87)	−0.031 (−2.97)
T_{it-1}				0.039 * (−2.88)
D_{it}	−0.055 (1.31)	0.089 (0.34)	−0.077 (1.03)	−0.065 (0.58)
D_{it-1}				−0.147 * (0.90)
G_{it}	−0.036 (−0.99)	−0.013 (−0.14)	−0.131 (−0.62)	−0.022 (−0.19)
G_{it-1}				0.049 (−0.35)
ln *Asset*	0.109 (8.55)	0.117 (10.93)	0.075 (6.09)	0.086 (7.98)
Age	0.116 *** (5.95)	0.213 *** (4.81)	0.247 ** (2.53)	0.279 * (1.69)
Listed	33.997 (35.87)	38.898 (35.65)	32.721 (35.17)	28.985 (33.87)
ln *GDP*	18.332 (18.99)	26.862 (19.77)	22.283 (18.12)	19.339 (20.18)
N	6105	1980	4125	7770
调整的 R^2	0.3421	0.2817	0.3892	0.2667
H 检验值	0.0235	0.0172	0.0082	0.0123
Wald	288.41 (p = 0.000)	574.36 (0.000)	298.33 (0.000)	557.23 (0.000)
Hansen − J	28.56 (p = 1.000)	25.44 (1.000)	27.68 (1.000)	24.55 (1.000)

注：***、** 和 * 分别表示在 1%、5% 和 10% 显著性水平下显著，括号中是 t 统计量。

在表 5 中，第一列为全样本回归结果，第二列为股份制商业银行结果，第三列为城市商业银行结果，第四列为加了滞后项的全样本回归结果，我们得出如下结论：

1. 对小微金融客户责任方面，商业银行发展普惠金融业务能够提升商业银行经营绩效，且解释度很强。从分类样本来看，城商行普惠金融业务占比较高，较股份制银行在促进经营绩效方面的效果更好。

2. 对员工责任方面，商业银行提升员工薪酬水平，对其经营绩效的影响显著为正，且与城商行的相关性也要明显高于股份制银行。

3. 对政府责任方面，商业银行履行纳税义务短期内对其经营绩效影响并不显著，且系数为负，这可能与政策反馈具有滞后性有关。在加入滞后一期变量后，履行纳税义务与商业银行经营绩效在 10% 的水平内呈正相关。由此，从中长期看，履行对政府的相关责任能够促使商业银行进一步加强与地方政府的关系，享受更多非量化政策红利，推动经营绩效改善。

4. 对社区责任方面，当期社会捐赠对商业银行经营绩效的影响不显著，在加入滞后一期变量后，社会捐赠与其经营绩效在 10% 的水平内呈负相关。这意味着实施社会捐赠可能会降低经营绩效，直接反映为净利润减少和净资产收益率降低。

5. 对环境责任方面，绿色信贷业务对商业银行经营绩效的影响不显著，加入滞后一期变量后，系数由负转为正。这意味在长期发展过程中，绿色信贷业务可能将有利于商业银行的可持续发展。

6. 在控制变量中，商业银行的存续期限与经营绩效正相关，资产规模、是否上市、经济发展水平对商业银行经营绩效的影响总体不显著。

五、提升商业银行履行共同富裕社会责任的建议

第一，商业银行助力共同富裕是履行对政府的相关责任，同时也有助于提升自身经营绩效。金融作为“国之大者”，必须扛起赋能共同富裕的责任担当，发挥服务经济社会发展的重要作用。且从实证结果看，履行对政府的责任在中长期内也有助于提升商业银行的经营绩效。因此，商业银行应积极提高政治站位，紧跟国家宏观政策步伐，将共同富裕列入发展战略目标，树立明确的、科学的、正确的信贷政策导向。

第二，基于推动资源均衡配置，商业银行要强化普惠金融、绿色金融服务。商业银行通过开展普惠金融、绿色金融等方式促进共同富裕、推进乡村振兴，在帮助低收入阶层积累财富的同时培育壮大了中产阶层，整体上扩大了市场空间，最终将为自身经济效益的提升带来更多机遇，实证结果也充分证明了该论断。对此，商业银行应要强化普惠金融创新，立足于众多低收入人群的金融需求，根据其风险偏好设计个性化的金融产品；要积极构建绿色信贷、绿色基金、绿色债券等在内的绿色金融体系，完善综合服务。另外，员工也是商业银行运

行管理体系中的关键一环，在共同富裕的背景下，商业银行作为企业主体更要构建合理的收入分配体系，促进内部资源均衡配置，积极保障广大员工权益，提高福利水平。

第三，基于创造优良的共富生态，商业银行应大力开展公益金融创新。从实证结果来看，商业银行实施社会捐赠行为短期内与经营绩效负相关，社会捐赠需要更长时间的品牌积累才能对商业银行形成一定的经济效益。由此，我们认为商业银行开展公益慈善的方式应该更为多元化，避免“一捐了事”，推动惠及更多群体的公益慈善事业。一方面，商业银行要积极探索公益金融，加快创新基于第三次分配的公益金融服务和产品，帮助企业家围绕自己的生态开展公益活动，推动财富“升维”发展；另一方面，商业银行可通过建立共同富裕基金的方式支持中低收入群体发展中迫切的资金需求，同时要加强对共同富裕基金的管理，形成资金保值增值和规范运行长效机制。

第四，基于营造更好的制度环境，政府部门、监管部门等要加快推动商业银行构建共同富裕责任履行的指标体系。当前关于共同富裕指数模型的构建不够完善，激励商业银行更好地履行社会责任需要政府的政策支持、监管部门的监管强制等。政府部门要重点推进共同富裕顶层设计，尽快明确细化商业银行履行共同富裕社会责任的方向目标、重点任务、路径方法等，为促进共同富裕提供更加精准的指导。金融监管部门要加快推动商业银行构建具有科学性、全面性的金融支持共同富裕考核评价体系，同时完善相关披露制度，对商业银行的实际履行情况进行评分并定期向公众披露，确保评估结果的公平性。另外，社会各界要以适当方式对金融支持共同富裕相关政策进行宣传解读，扩大政策的社会知晓率和影响力，更多体现激励导向，为商业银行推动共同富裕营造良好氛围。

参考文献

[1] 睢立军．我国金融机构社会责任问题研究［D］．吉林大学，2017.

[2] 袁家方．企业社会责任［M］．北京：海洋出版社，1990.

[3] 弗里曼．战略管理：利益相关方管理的分析方法［M］．上海：上海译文出版社，2006.

[4] 罗伯特．希勒．金融与好的社会［M］．北京：中信出版社，2012.

[5] 张晓晶．金融发展与共同富裕：一个研究框架［J］．经济学动态．2021（12）．

[6] 赵人伟．经济转型与民生［M］．上海：商务印书馆，2021.

[7] 邢会强．商业银行的公共性理论——兼论商业银行收费法律问题[J]．现代法学，2012（1）．

［8］厉以宁，黄奇帆，刘世锦．共同富裕科学内涵与实现路径［M］．北京：中信出版社，2022.

［9］陆岷峰．共同富裕的内涵与商业银行的支持路径［J］．现代金融导刊，2022（2）．

［10］张兴荣．商业银行促进共同富裕的行动方略初探［J］．中国银行业，2021（12）．

［11］曹盼盼．农村金融机构的经营绩效与社会责任研究［D］．浙江大学，2015.

［12］周嫦．互联网金融企业社会责任模式案例研究——以蚂蚁金服为例［D］．湘潭大学，2019．

［13］谢婼青，李世奇，张美星．金融科技背景下普惠金融对商业银行盈利能力的影响研究［J］．数量经济技术经济研究，2021（8）．

［14］睢立军．我国金融机构社会责任问题研究［D］．吉林大学，2017.

［15］Bose N. and R. Cothern. Asymmetric Information and Loan Contracts in a Neoclassical Growth Model［J］. Review of Economic Studies, 1997.

［16］Deidda Luca and Bassam Fattouh. Banks Financial Markets and Growth［J］. Fiancial Intermidiation, 2008.

［17］Banerjee A. V. and A. F. Newman. Occupational Choice and the Process of Development［J］. Political Economy, 1993.

［18］Galor and Zeira. Income Distribution and Macroeconomics［J］. The Review of Economic Studies (1), 1993.

［19］Gerald A. Epstein. Financialization and the World Economy［M］. Edward Elgar, 2005.

［20］Demirg – Kunt. A. and R. Levine. Finance and Inequality: Theory and Evidence［J］. World Bank Policy Research Working Paper, 2009.

［21］Cihak et al. Finance and Inequality［J］. IMF Discussion Note, 2020

［22］Wan, G. et al. What drove housing wealth inequality in China?［J］. China & World Economy, 2021.

［23］Rim Makni. Causality Between Corporate Social Performance and Financial Performance: Evidence from Canadian Firms［J］. Journal of Business Ethics, 2009 (89).

［24］Park C. Y. and Mercado R. V. Financial Inclusion: New Measurement and Cross – country Impact Assessment［R］. ADB Economics Working Paper Series, 2018.

金融租赁助力建设共同富裕示范区的战略定位和路径分析

——基于上市租赁公司比较分析

华融金融租赁课题组*

金融租赁在发达国家是与“银行信贷”“资本市场”并驾齐驱的三大金融工具之一，在国家经济和金融体系发展中扮演着重要的角色。受新冠疫情、行业监管体制和会计准则发生重大变化等因素影响，新时期租赁业规模增速明显放缓，结构性矛盾突出，整体业务发展呈现调整态势；浙江省内金融租赁业机构间发展不充分不平衡，产融协同不足、资本化程度较低，省内金租公司要立足“十四五”阶段，全面准确理解共同富裕的深刻内涵，参考借鉴头部上市租赁公司的发展经验，及时转换经营理念，重新定位风险、收益的新平衡点，从单一追逐利益目标上解放出来，兼顾市场发展要求和社会效益，引好金融活水，在推动小微金融、乡村振兴、绿色产业和数智化建设中发挥好作用，坚持在高质量发展中促进共同富裕。

一、新时期金融租赁业发展现状和存在的问题

（一）国内融资租赁业步入内涵发展期，结构性矛盾突出

1. 租赁业增速放缓，合同余额连续 3 年负增长

自 2001 年我国加入世贸组织，得益于经济的快速发展，体量庞大的实体经济对租赁业的需求得到逐步释放。2004 年，商务部宣布开放外商独资融资租赁公司的审批，内资融资租赁公司也逐步开启试点工作；2007 年，银监会修订了《金融租赁公司管理办法》，允许合格金融机构参股或设立金融租赁公司。以 2007 年为起点，融资租赁行业步入了快速发展的“黄金十年”，无论是融资租赁企业数量还是租赁业务规模均呈指数级增长。2010—2017 年十年间融资租赁企业数量、合同余额年平均增长率分别达 59.12%、73.93%（见图 1）。

但 2018 年以来，受新冠疫情、行业监管体制和租赁物适格等因素影响，租赁行业发展增速明显减缓，迈入中低速发展拐点。2019 年至今租赁业合同余额

---

* 课题主持人：张逸云

课题组成员：吴艳晨　罗　艺　温馨如　余　佳

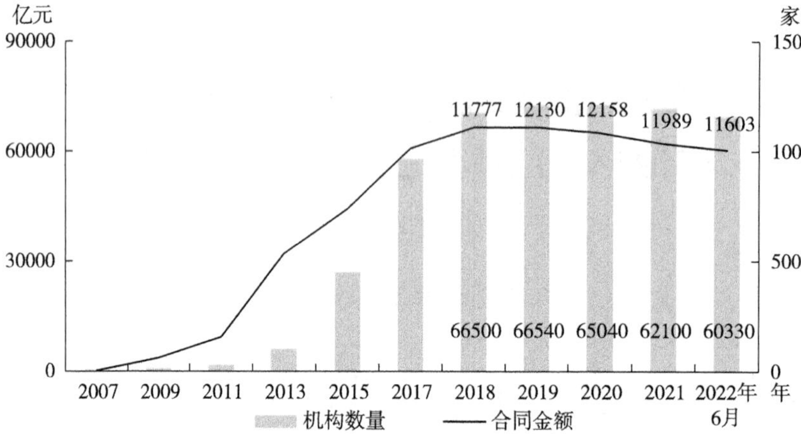

图1 2007年至2022年6月租赁业发展趋势

已经连续三年出现负增长，截至2022年6月末，全国融资租赁企业数量约为11603家，① 较年初减少了239家、下降2.6%；融资租赁合同余额约为60330亿元，较年初减少约1770亿元、下降2.9%，相比2019年的历史最高水平，下降幅度已达10.3%。其中金融租赁公司发展相对稳健，根据中国银行业协会发布的《中国金融租赁行业发展报告（2021）》，2021年末全国68家金融租赁公司租赁资产余额为3.33万亿元，同比增长6.08%，规模增速依然稳健，远高于行业整体增速。相对而言，融资租赁公司整体竞争力弱于金融租赁公司，受行业政策影响较大，机构数量和资产余额连续三年双双收缩，特别是中小型融资租赁机构规模萎缩速度明显高于行业下滑均速（见图2）。

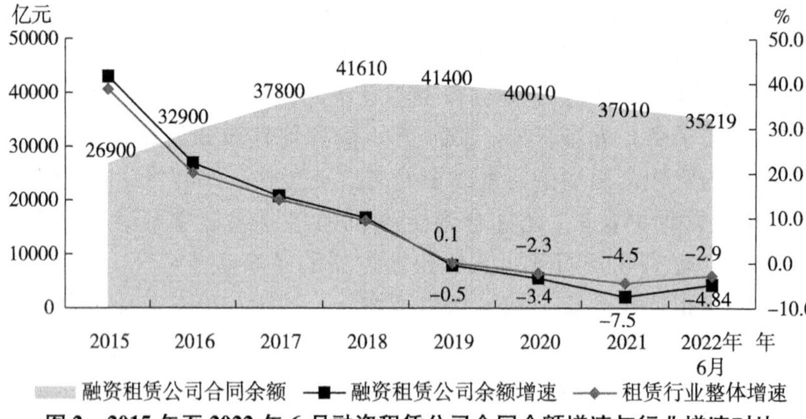

图2 2015年至2022年6月融资租赁公司合同余额增速与行业增速对比

① 不含单一项目公司、分公司、SPV子公司、港澳台当地租赁企业和收购海外的公司，不含已正式退出市场的企业，包括一些地区监管部门列入失联或经营异常名单的企业。

2. 机构间发展不平衡，两极分化问题凸显

截至2021年末，全国共有金融租赁公司68家（不包括专业子公司），融资租赁公司有12085家，其中资产规模破千亿元的金融租赁公司10家、融资租赁公司6家，资产余额分别为1.92万亿元和1.43万亿元，这16家头部租赁公司的资产规模占全行业资产的53.95%，头部租赁公司的地位进一步凸显；与此同时，租赁行业内大部分机构成立时间较短，尚处于求生存、扩规模的成长阶段，特别是融资租赁公司，约72%企业处于空壳、失联或停业状态，2021年上半年全国有4859家融资租赁公司被监管列入非正常经营公司名单，机构间发展不平衡、不充分的问题突出（见图3）。

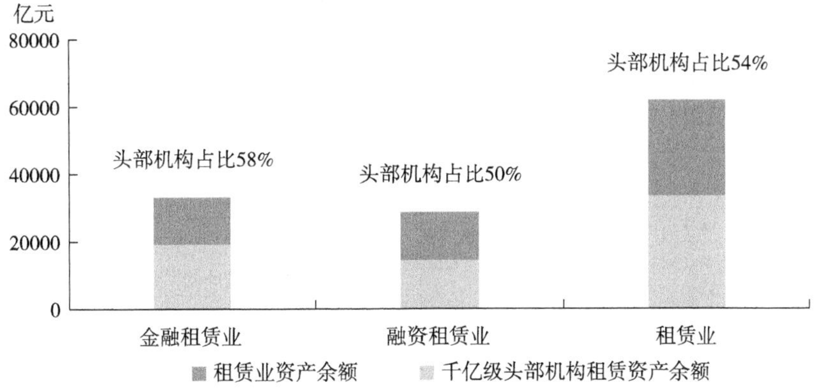

图3　2021年末租赁行业集中度情况

3. 业务发展不平衡，类信贷业务居高不下

从业务模式来看，目前国内租赁市场的业务模式以售后回租为主，该模式市场比例高达80%，“类贷款”特征明显。为实现利润最大化，以“类贷款”业务为主的租赁公司普遍有做大规模、下沉客户层级、加大期限错配程度的倾向。鉴于租赁公司多为全国范围内展业，而“类贷款”业务的差异化水平和专业化程度均较低，导致大部分机构主要以利率价格为锚点开展竞争，市场内部竞争加剧、利润空间持续收窄。从业务投放来看，融资租赁业务投放领域较为广泛，包括交通运输、仓储和邮政业、能源行业、基础设施、通用机械设备行业、工业装备行业、医疗制药行业等，不同行业收益率差异较大。但近年来受规模驱动和类信贷业务占比居高不下的影响，租赁业约40%的资金投向政信类项目，真正的生产性、经营性和消费性设备融资缺口仍较大，宏观政策、监管导向和租赁机构的战略选择将推进融资租赁市场加快供给侧改革。

（二）省内租赁业机构间发展不平衡，产融协同不足

1. 机构间差距较大，专业化能力参差不齐

截至 2021 年末，目前省内租赁机构资产破千亿的仅有华融租赁一家，其他三家金融资产规模合计 1328 亿元，省内有统计数据的 118 家融资租赁公司资产规模合计不足 840 亿元，机构间规模差距较大。省内租赁公司大部分成立时间较短，资产规模 10 亿元以上的机构数量都不多，业务经营主要依托控股股东的网络和资金优势，或是把租赁当成信贷替代产品，或是主要服务于集团内融资需求，虽然在生物资产租赁、新能源、节能环保，智能装备等领域展开探索，但总体来说培育效果尚不明显，产品体系不健全，整体专业资产规模、专业化能力都有待提升和改善（见图 4）。

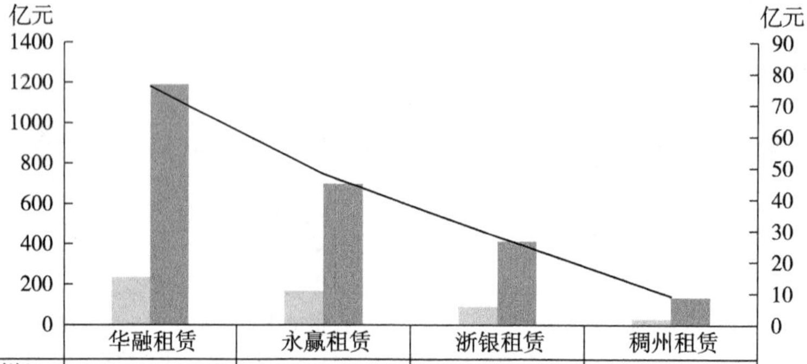

	华融租赁	永赢租赁	浙银租赁	稠州租赁
净利润	15	11	6	2
营业收入	77	45	27	9
总资产	1180	747	438	143

图 4　截至 2021 年末浙江省金融租赁公司经营指标比较

2. 产融协同不足，资产经营能力有待提升

作为与实体经济联系最为紧密的金融力量，现阶段省内租赁公司尚未真正深入租赁设备市场和设备产业链，上下游产业链拓展延伸不足；产品方面结构较为单一、模式创新较少，产品池的广度和深度都不足，对接设备全产业链服务能力低；收益方面基本依靠规模和利差来驱动，缺乏资产管理与交易收益，租赁设备评估、经营、处置等服务链条延展挖潜不够，没有形成有效的增值服务收益模式。

3. 数字化建设薄弱，信息引领支撑能力不足

目前租赁业都在积极推进信息系统建设，以科技赋能业务，通过信息建设等技术手段为业务发展提供保障。省内租赁公司受资产规划、人才短缺、管理体系等多方制约，在金融科技应用上多处于跟随层面，仍处于线上平台建设、内控流程梳理等早期建设阶段，缺少系统性、场景化、智能化数字化体系，信

息技术对于业务发展的引领和支撑作用不足。

二、基于上市租赁公司的数据分析与启示

目前在A股、香港、新三板上市的租赁公司共20家（皖江租赁已于2021年停牌），截至2022年6月末，资产规模破千亿元的共6家，百亿资产规模以上的共10家，四成机构资产规模不足30亿元，机构间规模实力差异较大。本文选取10家百亿级上市租赁公司进行分析（A股2家，港股7家，新三板1家），如表1所示。

表1 前十大上市租赁公司基本情况概览 单位：亿元

公司名称/股票代码	股东背景	控股股东	公司类型	注册地	总资产	特色业务
远东宏信（03360. HK）	产业系	中化集团	融资租赁	香港	3585	“金融+产业”；普惠租赁、医疗健康、建筑设备
国银租赁（01606. HK）	银行系	国家开发银行	金融租赁	广东	3480	普惠金融业务、航空、航运
渤海租赁（000415. SZ）	产业系	海航资本集团	融资租赁	新疆	2657	航空租赁和集装箱租赁
中银航空租赁（02588. HK）	银行系	中国银行	融资租赁	新加坡	1531	航空
海通恒信（01905. HK）	非银系	海通证券	融资租赁	上海	1162	零售租赁、汽车租赁
江苏租赁（600901. SH）	非银系	江苏交通控股	金融租赁	江苏	1063	工程机械和乘用车租赁
环球医疗（02666. HK）	产业系	香港资本	融资租赁	香港	772	医疗设备（服务地县级医院）
中国飞机租赁（01848. HK）	非银系	光大航空金融控股	融资租赁	开曼群岛（英属）	462	飞机租赁、拆解、维修、航材分销全牌照
中国船舶租赁（03877. HK）	产业系	中船国际控股	融资租赁	香港	356	航运船舶
中国康富（833499新三板）	产业系	电投融和新能源	融资租赁	北京	248	厂商租赁、清洁能源、电力

（一）数据分析

从机构性质来看前十大上市租赁公司共有金融租赁公司2家、融资租赁公司8家，金融租赁公司上市机构数量较少，主要原因是不少银行系金租的母公

司已是在国内 A 股上市；从股东背景来看，银行系租赁公司 2 家，非银系租赁公司 3 家，产业系背景 5 家，远东宏信和环球医疗租赁作为产业系租赁公司的代表，其特点是“金融 + 产业”两条腿走路，营收中投资运营收益占比较大，且员工数量也较多，人均营收和创利能力相对较弱；相较之下，金融租赁公司的员工人数相对较少，但人员素质要求较高，两家上市金租公司的员工本科学历占比均在 90% 以上，人均资产规模分别为 6.4 亿元和 2.5 亿元，人均净利润均在 500 万元以上（见表 2）。

表 2　前十大上市租赁公司员工队伍和人均创利情况（2021 年末数据）

	员工人数		人均资产（万元）		人均营收（万元）		人均净利润（万元）	
	2020 年	2021 年	2020 年	2021 年	2020 年	2021 年	2020 年	2021 年
远东宏信	21672	23257	1384	1444	143	159	21	24
国银金租	494	533	61403	64135	3913	4374	662	736
渤海租赁	612	595	40882	41714	4480	4503	－1259	－207
中银航空租赁	182	186	84495	81854	7034	7000	1828	1924
海通恒信	1697	1807	6372	6350	466	453	63	73
江苏金租	356	396	22834	25078	1054	995	527	523
环球医疗租赁	13686	15242	449	459	62	65	12	12
中国飞机租赁	162	159	24102	25726	1292	1286	173	270
中国船舶租赁	74	81	34724	41267	2377	2599	1261	1364
中国康富	143	143	19949	16832	1373	1144	226	233

1. 行业分化加速，资源集中于头部租赁公司

截至 2022 年 6 月末，20 家上市租赁公司资产规模近 1.55 万亿元，净利润规模近 60 亿元；上市租赁公司之间分化严重，业务资源明显集聚于头部租赁公司，6 家资产过千亿元的头部企业资产规模达近 1.35 万亿元、净利润合计 38.47 亿元，分别占全部上市租赁公司的 86.97% 和 65.01%（见图 5）。从近年数据分析来看，前十大上市租赁公司 2019 年以来平均资产规模增速为 7.59%，明显高于租赁行业平均增速；其中 6 家千亿元级上市租赁公司的资产规模增速为 8.57%，高于上市租赁公司平均资产增速 6.21 个百分点；相较之下，中小型上市租赁公司的规模增速和盈利能力都不容乐观，过半上市租赁公司三年间出现过盈余赤字、三成机构出现资产规模下滑，其中严重者资产规模缩水超 60%，面临较大的发展压力（见图 6）。

2. 专业化程度层次不齐，业务领域较为单一

租赁业机构间专业化水平相差较大，产业系租赁公司依托股东在产业链和人才优势，专业化程度相对较高；头部银行系租赁公司依托母行的网络和资金

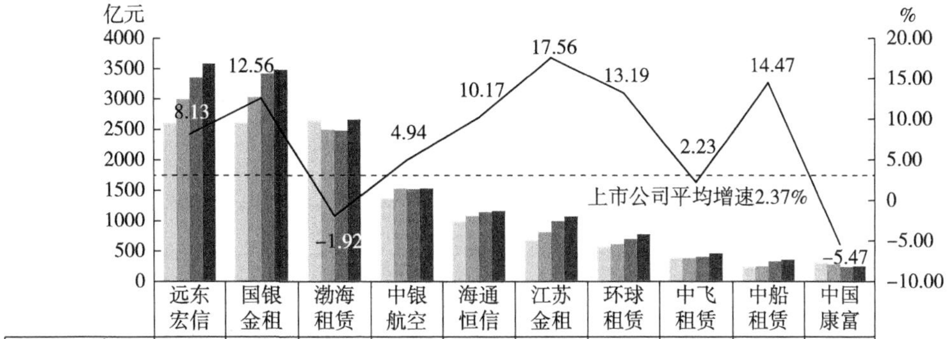

	远东宏信	国银金租	渤海租赁	中银航空	海通恒信	江苏金租	环球租赁	中飞租赁	中船租赁	中国康富
2019年	2606	2613	2655	1379	990	684	579	391	248	315
2020年	2999	3033	2502	1538	1081	813	615	390	257	285
2021年	3359	3418	2482	1522	1147	993	699	409	334	241
2022年6月	3585	3480	2657	1531	1162	1063	772	462	356	248
平均增速	8.13	12.56	–1.92	4.94	10.17	17.56	13.19	2.23	14.47	–5.47

图 5　2019 年至 2022 年 6 月 10 家上市租赁公司近三年资产规模和期间年均增速

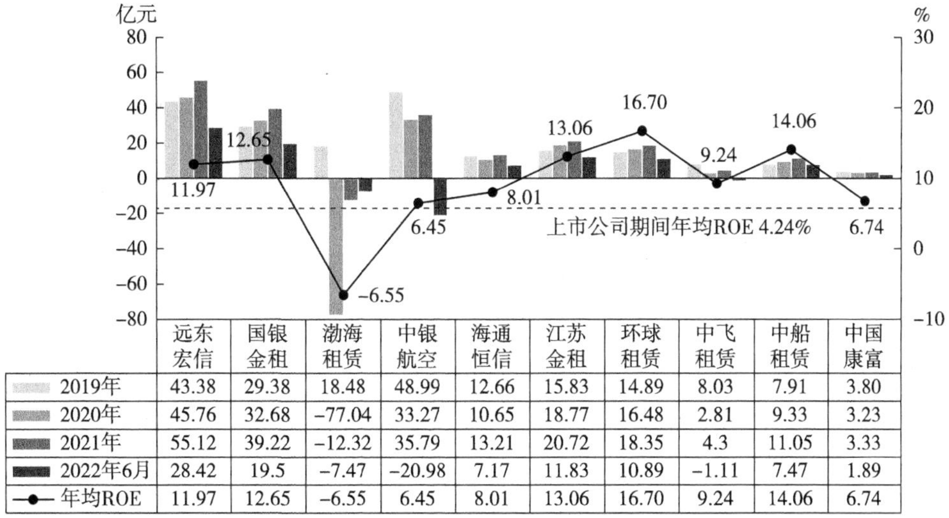

	远东宏信	国银金租	渤海租赁	中银航空	海通恒信	江苏金租	环球租赁	中飞租赁	中船租赁	中国康富
2019年	43.38	29.38	18.48	48.99	12.66	15.83	14.89	8.03	7.91	3.80
2020年	45.76	32.68	–77.04	33.27	10.65	18.77	16.48	2.81	9.33	3.23
2021年	55.12	39.22	–12.32	35.79	13.21	20.72	18.35	4.3	11.05	3.33
2022年6月	28.42	19.5	–7.47	–20.98	7.17	11.83	10.89	–1.11	7.47	1.89
年均ROE	11.97	12.65	–6.55	6.45	8.01	13.06	16.70	9.24	14.06	6.74

图 6　2019 年至 2022 年 6 月 10 家上市租赁公司近三年净利润和期间年均 ROE

优势，在航空、航运等高资本投入的领域建立起核心竞争力，但依然有不少租赁公司业务定位存在偏差，租赁资产集中在基础设施相关的公用事业领域，政信类业务占比较高。总的来看，租赁业的专业化发展领域较为单一，主要集中于传统交通板块（航空、航运、汽车）和工程机械领域。以上市租赁公司为例，近三成的租赁公司以航空航运为主要专业化发展方向，该类机构基本为银行系或有相关产业系背景、资产规模多在千亿级；以工程机械和汽车为专业化特色的租赁公司分别占比 22% 和 17%（见表 3）。

表 3　　前十大上市租赁公司涉及业务领域

	远东宏信	国银金租	渤海租赁	中银航空	海通恒信	江苏金租	环球医疗	中国飞机	中国船舶	中国康富
航空		√	√	√	√			√		
航运		√				√			√	
汽车	√	√			√	√				
工程机械	√	√			√	√				
医疗	√					√	√			√

3. 新兴领域培育效果不明显，产品创新力度偏弱

近年来，不少租赁公司也在不断探索符合自身特色的专业方向，主要集中在医疗健康、零售租赁、新能源、智能装备等领域，但总体来说培育效果尚不明显，专业资产规模、创新业务模式和增值收益渠道都有待提升和改善。从产品角度来看，大部分租赁公司的产品依然以回租为主，直租和经营性租赁产品较低，其他创新的租赁产品如知识产权租赁、风险租赁、项目租赁、“融资租赁 +”等仅有个别项目落地未能形成标准化产品进行推广。总体来看融资租赁产品较为单一，产品体系尚不健全。

（二）启示

1. 转变经营理念，培育零售业务新动能

近几年来，整个租赁行业规模增速明显放缓，但部分真正具备核心竞争力的租赁公司却实现逆势而上，特别是资产规模较大的头部上市租赁公司引领行业先专业化、差异化发展，如国银租赁、渤海租赁、中银航空租赁在机船租赁业务领域内持续发力，大力支持“国船国造”；具备产业优势的远东宏信集团充分发挥“金融 + 产业”优势，在建筑设备租赁和医疗健康领域精耕细作，持续做优做强租赁品牌，推动中国制造走出国门。同时，中等规模的租赁公司也在积极主动谋求转换“赛道”，跳出同质化竞争，从粗放式规模扩张向精细化质量提升转化，持续增强专业化竞争能力，打造“专而美”的租赁机构，依托自身资源禀赋聚焦个别细分领域，深入挖掘租赁产品的特色和功能。例如，江苏金租和海通租赁大力拓展零售普惠租赁业务，主要面向广大小微企业和个人群体，集中于汽车金融、农机租赁、工程机械等产业领域，业务模式以厂商租赁为主，以集团租赁、小微企业直接租赁为辅。江苏金租 2021 年度新增“小单零售”项目投放 78795 笔，同比增加 62%；2022 年上半年新增小微企业及个人投放金额超过 230 亿元，新增客户数近 2.5 万户，小微企业及个人业务余额超过 670 亿

元，合作厂商（经销商）达1700余家。海通恒信通过属地化管理模式拓展商用车、乘用车等零售租赁业务，目前在租商用车辆约为47281辆、在租乘用车数量约为133249辆，小微企业及个人客户资产余额超过320亿元。

2. 打造特色产品，拓宽业务发展新思路

上市租赁公司中专业化发展较高的机构均建立较为丰富的产品池，通过推出特色化、标准化产品，打造形成集成化的租赁产品池，为公司业务发展提供载体和动力。如江苏金租，根据专业化领域不同、合作对象不同、业务流程不同等，开发了“光易租”“快印通”“交建租”等30余种专门产品；海通租赁针上线多款适用于小微企业及零售客户的在线融资工具，针对汽车租赁版块推出了“车融宝”“运通宝”等专业产品，环球医疗根据医疗大健康领域的细分版块建立了更具针对性的产品池，充分延长产品线。这些产品之间，或是服务领域的不同，或是针对独特的合作厂商，或是明确不同的准入标准，或是体现不同的业务模式。通过产品开发，明确本产品业务的准入标准、适用租赁物、风控要求以及期限、规模和利率水平等核心要素，就打造出标准化的产品，进而建设集成化的租赁产品池。通过赋予产品名称，就能广泛宣传，便于客户和媒体记忆；且这些租赁产品一般在租赁公司的外网上公布，建立业务链接，便于客户快速找到合适的业务，方便客户直接在网站上申请。

3. 强化绿色驱动，打造绿色租赁新引擎

近期租赁业都积极践行绿色金融理念，积极响应国家的碳达峰碳中和战略。截至2021年末，金融租赁行业绿色租赁业务资产规模达2114.07亿元，同比增长24.57%，当年投放1243.40亿元，较2020年度的684.14亿元增加559.26亿元，同比增长81.75%。上市租赁公司特别强调在业务发展中注入“绿色基因”，持续加快绿色租赁产品开发和业务拓展，将新能源、污水处理、绿色交通、光伏、环保等战略性新兴行业作为重要业务拓展方向。例如，国银金租2021年向清洁能源、绿色交通、环境保护等领域投放人民币385亿元，同比增长31.8%，实现新能源发电新增装机容量超过2.5GW，同时积极支持新能源汽车发展，2022年11月与哪吒汽车达成合作，实现首笔资金投放、惠及8000多位购车客户，有效助力新能源汽车推广应用，推动绿色发展；海通恒信以新能源交通作为重点耕耘领域，以新能源重卡为租赁物，与主流厂商合作开拓新能源商用车市场，以新能源网约车为支点与出行平台合作拓展新能源乘用车市场。

4. 聚焦科技赋能，推动业务转型数智化

在金融现代化、数字化改革的浪差之下，金融科技已成为当下租赁行业的热电。近年来，租赁公司积极推进数字化建设、以科技赋能业务，借助科技力量构建数字化的金融服务模式，实现线上化经营、精细化管理和标准化运营。

租赁公司通过探索运用大数据、区块链、云计算、物联网等多种技术手段，实现租赁资产的精细化管理。如江苏租赁建设“Hi 乐租”“AI 乐租”和“掌乐租”等“乐租”系列互金产品，打造以敏捷化为核心的“信息工厂”，依托人脸识别、银税征互通、电子合同、电子签章等技术，扩展线上业务处理的覆盖范围。截至 2022 年 5 月，江苏金融租赁通过信息工厂累计投放各类融资租赁业务约 30 万笔，金额超 200 亿元，每天处理融资租赁业务 1000 笔以上。海通恒信 2021 年组建金融科技租赁部，上线互联网获客审批系统、电子签约系统等数字化平台，通过运用视频尽调小程序，实现与客户远距离办理实名认证、开展尽调访谈等流程，构建多层次、线上线下相结合的营销平台。交通物流板块上线智能物联平台轻卡模块，具备轻卡车辆监控、预警等功能，实现了轻卡车辆资产可视化管理。远东租赁推动业务核心系统向数字化、信息化和智能化的持续升级，打造物联网和设备管理大数据平台，积极引入互联网爬虫程序、银行流水智能归集分析、智能问答机器人、定位系统等智能化技术工具，实现设备资产全生命周期管理。国银租赁的船舶租赁业务系统，可以实时检测租赁船舶轨迹、价格波动和市场动态。

三、金融租赁服务共同富裕示范区建设的历史使命与战略任务

（一）全面准确理解共同富裕的深刻内涵

刘德著作的《财富论》定义过共同富裕是指全体人民通过辛勤劳动和相互帮助最终达到丰衣足食的生活水平，也就是在消除两极分化和贫穷基础上的普遍富裕。从经济学领域来看，富就是表示占有财产多，富裕表示拥有的金钱、物资、房屋、土地等的数量多，是衡量社会财富、生活水平的重要指标。共同富裕则是一个相对概念，是一个不断发展的状态，是效率与公平、发展与共享的辩证统一，包含着富裕与共享。习近平总书记在中央财经委员会第十次会议上指出：“共同富裕是全体人民的富裕，是人民群众物质生活和精神生活都富裕，不是少数人的富裕，也不是整齐划一的平均主义，要分阶段促进共同富裕。”这一重要论述揭示了共同富裕的本质内涵内涵。

具体来说，就共同富裕主体而言，共同富裕是“以所有的人富裕为目的”的概念，即全体人民的整体富裕和全部地区的总体富裕，而不是少数人、少数地区的部分富裕，更不是什么利益集团、权势团体、特权阶层的个体富裕，可以说是“全面”和“全体”的统一。

就共同富裕领域而言，共同富裕不仅是单纯的物质富裕范畴，也同时包括精神富裕范畴，坚持物质富裕和精神富裕相统一是马克思主义的基本观点。因此共同富裕既要“既要富口袋，也要富脑袋”，是“口袋”和“脑袋”的统一。

从本质上来说，共同富裕既是一个基础性的经济问题，更是一个根本性的

重大政治问题。共同富裕是社会主义的本质要求，是中国式现代化的重要特征。党的十八大以来，中国特色社会主义进入新时代，以习近平同志为核心的党中央把促进全体人民共同富裕摆在更加重要的位置上。党的十九届五中全会对扎实推动共同富裕作出重大战略部署，提出到2035年全体人民共同富裕取得更为明显的实质性进展。当前我国已转向高质量发展阶段，但发展不平衡不充分问题仍然突出，各地区推动共同富裕的基础和条件也不尽相同，实现共同富裕是一项系统工程，具有长期性、艰巨性、复杂性。金融作为作为社会资源配置最重要的机制和手段，在提升经济发展效率和补足经济发展短板等方面发挥着重要作用，有必要在促进实现共同富裕发挥出应尽之责。

（二）深刻精准把握金融租赁的战略定位

金融具有稳定社会经济发展的基本功能，能够均衡资源配比，在共同富裕、全面富裕过程中具有特殊的功能和历史使命。金融租赁作为与“银行信贷”“资本市场”并驾齐驱的三大金融工具之一，是现代金融体系的重要组成部分。区别于其他融资形式的本质，融资租赁是基于租赁物未来产生的现金流而进行的授信融资，全球接近1/3的设备固定资产投资是通过融资租赁方式完成。金融租赁是服务国家战略与区域经济社会发展的重要金融资源。

共同富裕示范区赋予了浙江金融系统更加丰富的内涵和使命，支持共同富裕示范区建设是当前和今后很长一段时间省内金融租赁共同肩负的光荣使命和共同责任。《浙江金融业发展“十四五”规划》提出要培育壮大专业性金融服务机构，“支持金融租赁公司拓展租赁物的广度和深度，优化金融租赁服务”，“推动融资租赁公司支持企业设备更新和技术升级改造”。《浙江银行业保险业支持高质量发展建设共同富裕示范区行动方案（2021—2025年）》更是明确提出“推动金融租赁公司专业化转型，加强对标志性产业链上企业在高端装备、技术升级改造、设备进出口等方面提供多样金融服务”。

省内金融租赁公司要坚持以习近平新时代中国特色社会主义思想为指导，立足新发展阶段，贯彻新发展理念，深刻理解共同富裕的历史意义和时代内涵，把支持共同富裕示范区建设作为经营工作的出发点和着力点，将实现共同富裕、全面富裕目标嵌入业务流程和经营原则中，充分发挥租赁的资产金融优势，积极支持浙江省经济社会发展的重大战略，为省内企业在高端装备、技术升级改造、设备进出口等方面提供多元化金融服务；重点在服务要素市场化配置、服务创新驱动和推动绿色发展三方面发力，加快形成与构建新发展格局、推动高质量发展相契合的经营新质态，更好地为小微市场主体提供具有高度适应性、竞争力和普惠性的金融服务，增强金融获得感，更好地满足人民群众为追求美好生活而日益增长的金融需求。

四、金融租赁服务共同富裕示范区建设的可行路径

（一）深化普惠金融服务，引好金融活水滴灌小微企业，强化“做小微就是做未来”的内生驱动

坚持“金融向善”理念，省内金租公司要做更有担当的地方金融机构，创新灵活多样的租赁服务和产品，扩大普惠金融服务覆盖面，切实满足小微市场主体“短小急频”等多样化融资需求，切实引好金融活水精准滴灌小微市场主体，打好金融助企纾困、服务稳进体质组合拳。一是推进普惠小微租赁专项行动，对照浙江省共同富裕示范区任务清单，主动对接国家和省级层面金融政策工具，强化金融普惠功能，落实“4+1”小微金融服务差异化细分工作，推动小微租赁服务增量扩面，重点提高普惠性小微企业租赁资产余额占比。二是做大做强“厂商租赁”特色产品，加强数字化建设赋能小微金融服务，加快厂商租赁服务数字化场景建设，加速推进获客模式渠道化、业务流程便捷化、租后管理智慧化，全力拓宽厂商租赁产品的覆盖面并提高服务效率。三是丰富小微产品矩阵，注重对行业细分领域准“隐形冠军”企业、准“独角兽”、拟上市公司的培植，针对“专精特新”小巨人、单项冠军、隐形冠军、雄鹰企业提供多元化、差异化、层次递进型金融租赁服务。

（二）深化农村金融服务，升级调整租赁产品结构，助力乡村振兴战略

乡村振兴，离不开金融“活水”的浇灌。省内金融租赁公司要充分发挥资产金融在租赁载体多样化及业务内容广泛化方面的优势，贯彻浙江省共同富裕行动方案要求，打好帮扶组合拳，对农村、县域经济的发展提出精准金融租赁支持方案。一是积极创新、设计符合农村经济发展的金融产品，根据农业规模化、集约化经营和现代农业发展趋势，聚焦专业大户、家庭农场、合作社、生产小组等新型农业生产经营主体，开展现代畜牧、新能源光伏等领域业务，开发“农光互补”“渔光互补”等特色项目，并以服务“三农”为目标，以乡村户用分布式光伏项目为切入点，为农户利用自家闲置屋顶安装光伏发电设备，提供设计、融资、安装、运维等整体解决方案，既为个人增加了稳定的收入，也是对乡村振兴战略的有效践行。二是聚焦聚力乡村基础设施建设，支持山区26县跨越式高质量发展；积极助力省内重大民生项目，探索为浙江“村村通”项目提供资金支持，以光缆、信息数字化设备为租赁物开展租赁服务，深入推进新一代农村信息基础设施建设。三是开展金融精准帮扶，探索契合地方特色的金融帮扶模式，精准识别农户需求，打造“厂商+经销商+农机用户”的新型租赁合作模式，积极开展大型农机具金融租赁试点，支持农业机械、生产设施、加工设备更新，并以科技为前导，基于涉农大数据进行风险预测，实现农机业务的批量授信。

（三）深化绿色金融服务，提升“双碳”支持能力，积极助力经济社会发展绿色低碳转型

深入贯彻绿色金融理念，推动绿色租赁在业务层面的深入发展，持续发力清洁能源、节能环保、碳减排技术和美丽浙江建设等重点领域，发挥在推动能源产业革命实体经济转型与优化方面的独特作用。一是加大绿色低碳租赁产品创新力度，积极挖掘节能减碳技术改造项目、绿色低碳项目、绿色低碳科技成果转化项目“三张清单”的租赁业务机会，探索推出类似“浙里低碳贷”“浙里减碳贷”系列产品和“生态贷”等特色租赁产品，加强与其他金融机构的产品协同，建立“租赁＋信贷”“租赁＋股权投资”“租赁＋并购”“直租＋EPC”等多种业务模式。二是重点发力绿色交通等重点领域，紧抓公共交通绿色出行基础设施建设窗口期，密切关注新能源陈勇、换位用车、轻型物流配送领域的基于，扩大与国内外知名新能源汽车制造商合作，积极探索物流集散地集中式充电桩和快速充电桩租赁业务，并为航运企业更迭新能源动力船提供助力。三是主动响应浙江省绿色金融改革创新试验区政策，将绿色租赁创新业务与服务国家的绿色金融试点创新相结合，将碳达峰碳中和融入公司绿色发展布局，加强绿色金融专业能力建设，为碳减排重点领域内具有显著碳减排效应的项目提供优惠利率融资。

共同富裕与货币财政政策

浙商证券课题组*

一、绪论

（一）研究背景

共同富裕是社会主义的本质要求，党的十九届五中全会对扎实推动共同富裕作出重大战略部署，随着我国开启全面建设社会主义现代化国家新征程，必须把促进全体人民共同富裕摆在更加重要的位置。2021 年 5 月 20 日，党中央、国务院印发《关于支持浙江高质量发展建设共同富裕示范区的意见》，赋予浙江为全国推动共同富裕提供省域范例的重任，在新发展阶段承担起在共同富裕方面探索路径、积累经验、提供示范的重要历史使命，探索财政货币政策视角下如何助力浙江省实现共同富裕尤为重要。

（二）研究目的

从共同富裕的理论及实践角度出发，着眼于财政政策和货币政策服务共同富裕的契合点，为浙江省高质量发展、建设共同富裕示范区提供理论依据及建议。

（三）研究意义

共同富裕是全体人民通过辛勤劳动和相互帮助最终达到丰衣足食的生活水平，也就是在消除两极分化和贫穷基础上的普遍富裕，是邓小平建设中国特色社会主义理论的重要内容之一。习近平总书记在中财委第十次会议上发表重要讲话强调，共同富裕是社会主义的本质要求，是中国式现代化的重要特征，要坚持以人民为中心的发展思想，在高质量发展中促进共同富裕。实现共同富裕是一个在动态中向前发展的过程，不可能一蹴而就，需要我国财政政策与货币政策与时俱进，为实现共同富裕提供政策支持和保障，结合共同富裕与财政货币政策的视角展开研究具有重要的理论和实践意义。

---

* 课题主持人：吴承根

课题组成员：邱冠华　李　超　孙　欧　张　迪　林成炜　廖　博　张　浩　潘高远　费　瑾

二、共同富裕的本质及现状

（一）共同富裕的本质：共同富裕的本质是扩大中等收入群体

扩大中等收入人群是我国一以贯之的政策导向，在当前构建以国内大循环为主体的新发展格局下其重要性更加凸显。2020 年习近平总书记在《国家中长期经济社会发展战略若干重大问题》中指出，“要把扩大中等收入群体规模作为重要政策目标，优化收入分配结构，健全知识、技术、管理、数据等生产要素由市场评价贡献、按贡献决定报酬的机制。要扩大人力资本投入，使更多普通劳动者通过自身努力进入中等收入群体。”且出台多项有关扩大中等收入群体政策，由此得知实现美好生活，缩小收入差距，最终实现共同富裕的关键在于扩大中等收入群体。

（二）共同富裕的意义

共同富裕作为我国重要发展方向，其对消费、投资、出口以及产业发展均有较大的影响。

第一，在消费方面，实现共同富裕形成“中间大、两头小的橄榄型分配结构”有利于促进消费提质扩容，释放经济内生增长动能。同时，从供给端降低居民的生活必需成本，有助于释放居民的消费潜力，增加其他消费支出，促成居民消费结构全面升级（见图 1 和图 2）。

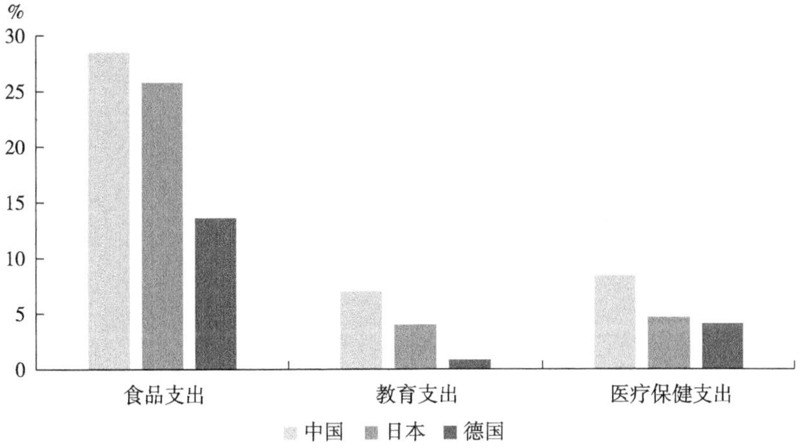

注：数据为 2017—2019 年平均值。

图 1　我国教育和医疗消费支出占比偏高

（资料来源：Wind，浙商证券研究所）

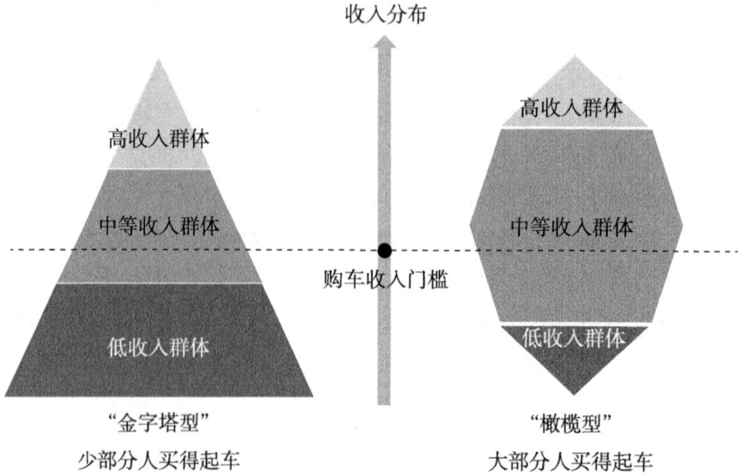

图 2　收入分布改善以后，潜在购车群体将大幅增加

（资料来源：浙商证券研究所）

第二，共同富裕对投资的影响体现在房地产、基建及制造业投资三个方面。首先，响应住有所居政策，重点投资保障性租赁住房。其次，共同富裕推动中西部落后地区城镇化道路持续发展、基建发力促进产业升级。最后，重点投资高技术制造业及绿色领域，促进制造业高质量发展。

第三，在出口方面，共同富裕要求既促使我国进一步提升国际分工地位，提升产业国际竞争力，增加要素报酬，又畅通两个大循环，提高贸易竞争力（见图 3）。

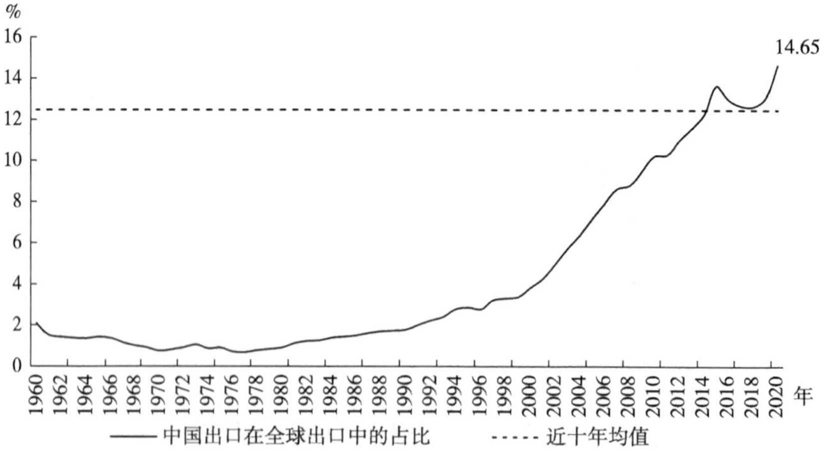

图 3　1960—2020 年中国供给填海外供需缺口带动出口占比提升至新高

（资料来源：Wind，浙商证券研究所）

第四，共同富裕应与三次产业发展新格局的构建相匹配，三次产业的新格局将从以下两方面构建：一是三次产业间的融合将加速催生新业态新产业；二是各产业内的提质增效，具体包括推进农业现代化，提升第二产业高新技术含量、技术改造及技术突破，推动第三产业回归服务本质提升服务质量。

（三）我国共同富裕的实践回顾及新探索

1. 我国推进共同富裕的历史经验

在实现共同富裕过程中，脱贫攻坚战的框架或是实现共同富裕举措的重要参考。2015 年 11 月 27 日，习近平总书记在中央扶贫开发工作会议发表重要讲话，在涉及要解决好“怎么扶”的问题时，提出了按照贫困地区和贫困人口的具体情况，实施“五个一批”工程。具体指发展生产脱贫一批、易地扶贫搬迁脱贫一批、生态补偿脱贫一批、发展教育脱贫一批、社会保障兜底一批（见图 4）。

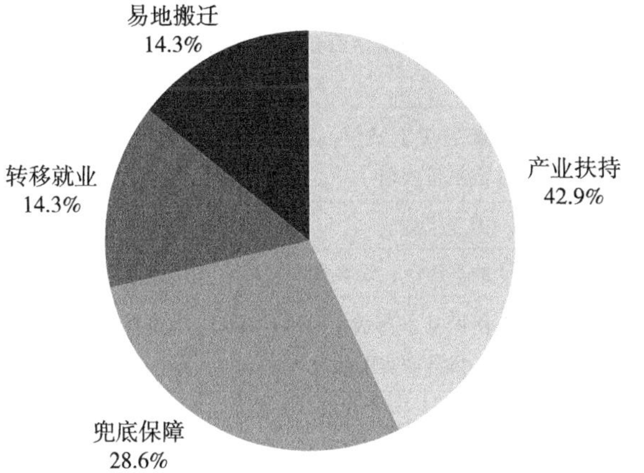

图 4　我国脱贫攻坚战中，以产业扶持方式为主，兜底保障为辅

（资料来源：Wind，浙商证券研究所）

通过发展产业等市场化方式是实现低收入群体增收的“内生动力”。从我国已有的脱贫攻坚实践经验来看，通过发展电商、光伏、家政等产业以及对外劳务、发展边贸等市场化方式也有助于增加低收入群体的收入。此外，加大乡村旅游、农村社会化服务业等农村新业态发展，也有助于加快农村现代化，拓宽农村低收入群体的收入渠道。

2. 浙江共同富裕试点探索

（1）从六大项具体措施探寻浙江共同富裕方向

2021 年 7 月 28 日，浙江高质量发展建设共同富裕示范区领导小组办公室组织完成共同富裕示范区建设首批试点遴选工作，确定六大领域剑指主要方向，分别是缩小地区差距、缩小城乡差距、缩小收入差距、公共服务优质共享、打造精神文明高地、建设共同富裕现代化基本单元。所选 28 个试点，不仅包含山区 26 县等经济发展较落后的地区，也纳入了发展相对均衡协调的区域作为试点，聚焦相对发达地区的不平衡不充分现象（见表 1）。

表 1　　浙江共同富裕示范区建设首批 28 个试点

共同富裕	城市/地区	区域特点	政策要点
缩小地区差距领域	丽水市	2020 年人均 GDP 最低的地级市	设置量化考核指标达 67 项，发挥生态优势，建设现代化生态经济体系
	温州泰顺县	偏远山区，乡村振兴表现好	人口集聚实现增收，实现民族乡村振兴
	嘉兴平湖市	为全国最具实力的县市之一，综合实力位居《2019 年度全国综合实力百强县市》第 59 位	创新、区域协同、城乡统筹、东西部对口支援
	衢州龙游县	国家全域旅游示范区创建试点、全国首批“绿水青山就是金山银山”实践创新基地	生态工业、生态旅游、乡村振兴
缩小城乡差距领域	湖州市	农村居民增速快于城镇，城乡收入、县域收入差距持续缩小	无差别城乡，破除五方面差距
	杭州淳安县	杭州唯一欠发达县	县域一体化，城乡融合，资源整合
	宁波慈溪市	经济发达的县级市，城乡差距较小	建成乡村高质量发展联合体
	金华义乌市	城乡融合格局基本形成，是全国最早推进共同富裕县域实践的地区之一	城乡差距问题为主攻方向，打造现代城市，改革农村宅基地，助推乡村振兴
	台州路桥区	城乡差距非常明显，区域高低相差较大，城镇及农村内部贫富不均	打造村集体与村民共富模式，帮扶计划
	台州仙居县	农户增收、资源增效、城乡增美	放大生态优势与做出产业特色结合，统筹城乡发展，为共同富裕营造良好环境
	丽水松阳县	全省 6 个打好低收入农户增收攻坚战优秀县之一	产业高质量绿色发展、城乡要素循环畅通、特色资源优势发挥、村民增收致富以及县域治理现代化
缩小收入差距领域	温州鹿城区	城乡收入差距较小，工资性收入位列榜首	发挥第三次分配的作用
	绍兴新昌县	11 年时间从浙江省次贫县跨越到全国百强县，城乡居民收入比值连续 15 年呈缩小态势	提升创业创新空间和机会、拓宽居民增收渠道、构建收入分配调节新机制
	金华磐安县	全县农村常住居民人均可支配收入年均增长位居全市第一	生态富民，就业扶贫
	舟山嵊泗县	海岛旅游是核心优势	聚焦富民惠民，打造海岛民宿嵊泗样板

续表

共同富裕	城市/地区	区域特点	政策要点
公共服务优质共享	宁波市	公共服务质量满意度达到在全国监测覆盖的110个城市中排名第十	着力打造幸福民生七大品牌
	杭州富阳区	实现基本公共服务均等化已有初步成效	教育共同体、全生命周期健康服务
	温州瓯海区	“一老一小”成效走在全省前列	一老一小、三位一体
	台州三门县	在解决群众看病就医报销难的难点痛点方面走在全国前列	医疗费用“3+N”
精神文明高地	衢州市	南孔圣地	信、文、城、人、治
	嘉兴南湖区	红船精神、江南文化示范区	将在2023年实现城乡一体的全面覆盖，较全省要求2025年完成目标相比提前两年
	绍兴诸暨市	“枫桥经验”发源地	奋力打造新时代文明实践“亮丽之窗”
	金华东阳市	拥有全世界最大的影视基地横店	打造文化名城，厚植共同富裕的精神土壤，为精神自信自强提供文化支撑
建设共同富裕现代化基本单元	绍兴市	“智造”强市、“东亚文化之都”	目前未来社区试点、古城数字化建设的基础上，启动全域未来社区创建谋划
	杭州萧山区	现有未来社区省级创建试点6个，市级试点13个（含省级），省级试点数量居全省第一	未来社区和未来乡村建设
	宁波北仑区	全国首批20个“两业融合”试点区域	创新工业园区治理，打造产城人融合型未来社区
	湖州安吉县	传统制造业改造提升综合评估位列全省第一	“县强、民富、景美、人和”的共同富裕安吉样本
	衢州衢江区	全国首个建成开园的田园型乡村未来社区	“三生”融合乡村新社区

资料来源：根据政府官网整理，浙商证券研究所。

（2）特殊政策

①生物科技产业。浙江设定了2030年山区26县生物科技产业总产值破千亿的发展目标。2021年6月，浙江省科技厅、浙江省农业农村厅等七部门联合印

发了《浙江省山区 26 县生物科技产业发展行动计划（2021—2025 年）》，确立了引导并助力山区 26 县发展生物科技产业，并提出山区 26 县生物科技产业“到 2025 年，总产值力争突破 500 亿元，到 2030 年超过千亿元”。

②山海协作工程。为推动省内海岛和山区等欠发达地区协调发展，解决区域发展不平衡问题，2021 年 7 月，浙江发改委发布了《深入实施山海协作工程促进区域协调发展的若干意见》，山区 26 县均已与浙江经济强县设结对安排，如衢州市柯城区—杭州市余杭区等；项目内容方面，浙江山海协作重大项目主要设计三大领域，分别是基础设施项目、社会事业项目与产业合作项目，合计 56 个山海协作重大项目，总投资近 4000 亿元。

（3）省域样本或将为全国提供示范

浙江具备开展示范区建设的基础和优势，无论是富裕程度还是发展均衡性均明显领先于全国，实现共同富裕目标的难度或小于其他省份。立足于浙江省的省情和发展基础，浙江具备实现共同富裕的良好基础。首先，浙江省的富裕程度较高。2020 年浙江生产总值为 6.46 万亿元，人均生产总值超过 10 万元。居民人均可支配收入是全国平均水平的 1.63 倍。城、乡居民收入分别连续 20 年和 36 年居全国各省区第 1 位。其次，浙江省的发展均衡性较好。城乡居民收入倍差为 1.96，远低于全国 2.56，最高最低地市居民收入倍差为 1.67，所有设区市居民收入都超过全国平均水平。最后，浙江省民营经济发达，民营企业多，远高于其他省份，具备实行共同富裕的良好“土壤”。

浙江共同富裕示范区有利于为全国推动共同富裕提供省域范例，但能否直接推广和复制，仍需视各个省市的基础和发展情况而定，不同地区或采取梯次推进，逐步实现全体人民共同富裕。

（四）控制贫富差距的国际经验

北欧五国以及日本、德国是全球贫富差距控制的领头羊。从收入群体结构来看，北欧各国具有较为明显的橄榄型特征，表现为中等收入群体的比重明显较高。海外国家有效控制贫富差距并形成橄榄型分配结构的核心是依赖二次分配（见图 5）。

（1）依赖高税收

低贫富差距国家税收收入在 GDP 中的占比较高，基本接近 40%，远高于 OECD 国家平均 33% 的水平。除了全球普遍的个人所得税和公司税外，上述国家在财产税、资本利得税等领域均有较强的征收力度；除此之外，日本、芬兰、丹麦等国也在遗产税领域征收重税，通过打破巨额财富的隔代传递平衡贫富差距。

（2）高度发达的转移支付体系

上述国家在全民医保、义务教育、失业福利等领域均对普通群众实行较大

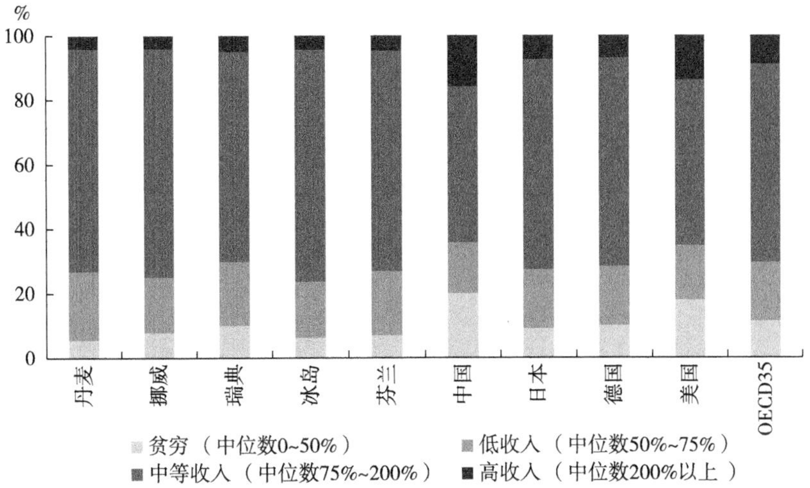

图5　各国各收入群体人口比例

（资料来源：OECD，浙商证券研究所）

力度的补贴，政府支出在 GDP 中的占比全部接近或超过 50%。全民医保方面，上述国家均具有较高的医保覆盖率，且多数具有阈值上限限制，一旦医疗费用超过阈值政府便予以全额补贴，减少了重疾治疗费用对居民生活的影响。义务教育方面，上述国家的义务教育期限大多覆盖至大学前（期限 10 年或以上），日本甚至为部分贫困家庭提供大学义务教育。失业福利方面，上述国家均对失业居民设有较高的失业金和培训支持。

三、共同富裕的实现路径

（一）收入分配改革是共同富裕重要抓手

收入分配改革政策路线图可以分为扩大中等收入群体、增加低收入群体、调节高收入三方面推进。首先，我国低收入群体占比超过 60%，应吸纳更多人进入中等收入群体，重点关注高校毕业生、技能型劳动者、农民工，具体政策上可增加居民收入、降低居民生活成本、打通向上流动通道，发展产业等市场化方式增收（见图 6）。

其次，工资性收入差距在个人所得税累进机制的作用下有所对冲，对高收入起到一定调节作用，但财产性收入方面的倍差较工资性收入的倍差更大。相较于发达国家，我国在实现共同富裕过程中，调节高收入的措施还需在缩小财产性收入、财富差距的方向上发力，并拓宽居民财产性收入渠道。同时遏制非法收入，保障社会公平提升勤劳致富风气（见图 7）。

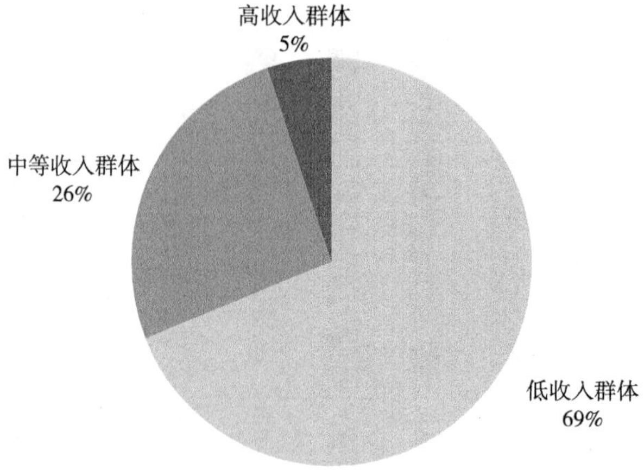

注：目前尚无官方精确数据，综合官方表述，CHIP 数据（2019 年）较接近。

图 6　我国低收入群体占比超 60%，扩大低收入群体收入是重要方向

（资料来源：CHIP，浙商证券研究所）

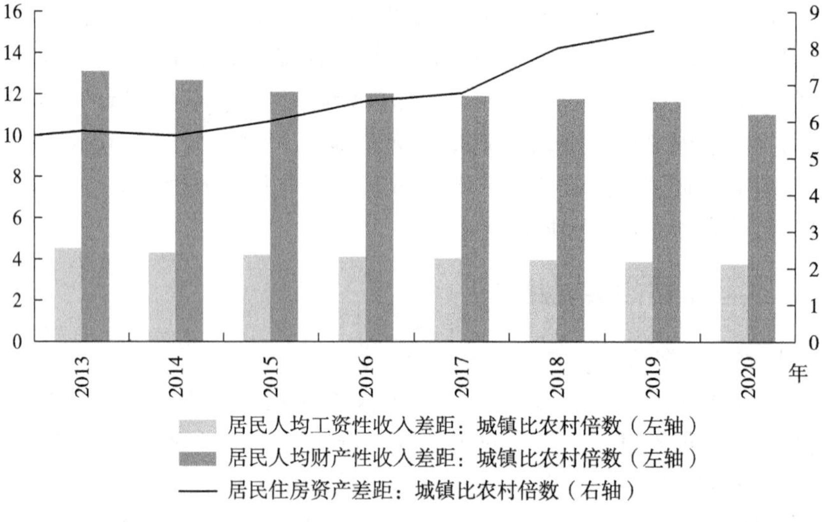

图 7　2013—2020 年居民的财产性收入、住房资产差距远大于工资性收入差距

（资料来源：Wind，浙商证券研究所）

（二）一次分配注重效率

首先，提升劳动者报酬在 GDP 中占比，该提升既是低收入群体向中等收入群体转换、我国收入结构逐渐向橄榄型转化的重要方式，又是未来制造业向高端方向发展的体现；其次，落实土地、劳动力、资本、技术及数据五大生产要素的市场化配置，提高要素配置效率（见图8）。

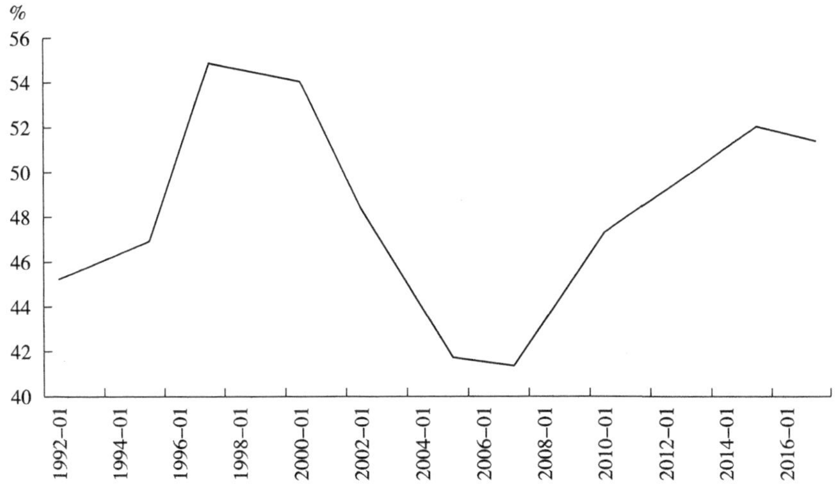

图8　1992—2016年中国的劳动者报酬占比的变化

（资料来源：Wind，浙商证券研究所）

（三）二次分配注重公平

首先，收入端建立以所得税和财产税为主体的直接税体系，促进公平分配；其次，支出端进一步普及社保覆盖面并完善福利制度，促进公平分配。具体来说：（1）增加社保的覆盖面，惠及所有低收入群体和新业态就业人员；（2）医保、教育、住房等各项福利制度仍将逐渐深化，对社会民生进行基础保障，深化医保、保障房等制度；（3）注重如东中西部区域之间、城乡之间跨区域的转移支付。

表2　　中国与OECD国家税收占GDP比重　　单位：%

	总税收占GDP比重	所得税占GDP比重
丹麦	46.3	30
瑞典	42.9	15.1
芬兰	42.2	14.8
挪威	39.9	16.2
德国	38.8	12.7
冰岛	36.1	17.9
OECD	33.8	11.5*
中国	16.0	4.8

资料来源：OECD，浙商证券研究所。

表 3　　2020 年各国政府支出占 GDP 的比重　　单位:%

国家	政府支出占 GDP 比重
丹麦	55.1
瑞典	53.1
芬兰	56.7
挪威	58.1
德国	51.1
冰岛	49.7
中国	36.9

（四）三次分配自愿补充

三次分配主要依赖道德力量的约束，在不存在法律约束的情况下难以发挥核心作用，更多是当前收入分配制度的资源补充。可以从合理的激励和保障体系进行配合（见图 9）。

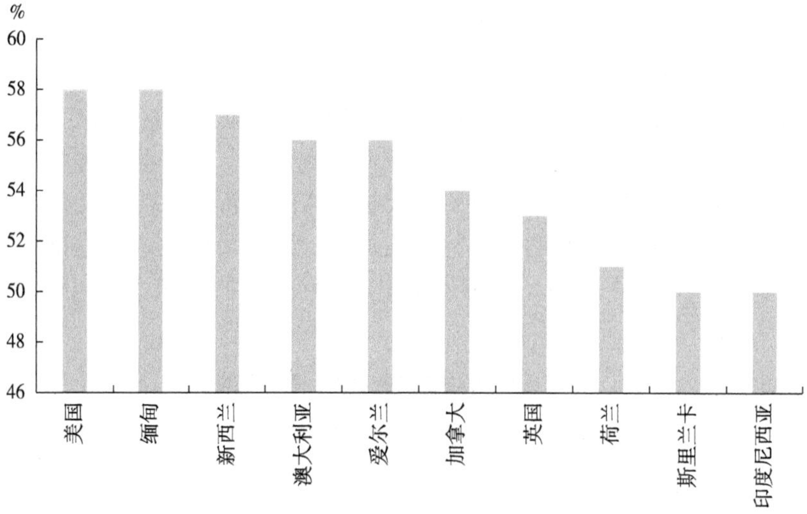

图 9　CAF 世界慈善指数

（资料来源：CAF，浙商证券研究所）

四、共同富裕与财政政策

（一）促进共同富裕，财政政策重点推进二次分配

1. 初次分配较难实现公平，必须再分配手段调节

再分配主要是指政府通过财税政策手段调节不同主体之间的收入，与初次

分配注重效率不同的是，再分配注重公平。上述海外国家缩小贫富差距的主要手段是二次分配。二次分配前，芬兰、德国等国家的基尼系数均位于0.5附近，远超国际公认0.4的“红线”。经过税收和转移支付分配后基尼系数方才回落至0.3以下，二次分配对基尼系数的影响幅度最多可达0.2以上（见表4、表5）。

表4　　2010—2017年不同国家人群收入占比和基尼系数

	最贫困的40%	最富有的10%	最富有的1%	基尼系数
国家	2010—2017年	2010—2017年	2010—2017年	2010—2017年
挪威	23.1	22.3	8.4	27.5
瑞士	20.3	25.2	11.9	32.3
德国	20.7	24.8	11.1	31.7
冰岛	23.2	23.5	6.8	27.8
瑞典	22.1	22.9	8.3	29.2
丹麦	23.3	23.8	12.8	28.2
芬兰	23.4	22.4	7.3	27.1
美国	15.2	30.6	20.2	41.5
日本	20.3	24.7	10.4	32.1
中国	17.0	29.4	13.9	38.6

资料来源：联合国，浙商证券研究所。

表5　　主要国家在二次分配前后的基尼系数变化

	二次分配前基尼系数	二次分配后基尼系数	调节力度
丹麦	0.442	0.254	0.188
芬兰	0.495	0.257	0.238
德国	0.508	0.292	0.216
冰岛	0.386	0.244	0.142
日本	0.488	0.33	0.158
瑞典	0.443	0.281	0.162
美国	0.508	0.394	0.114

注：根据数据可得性，数据更新至2013年。

资料来源：World In Data，浙商证券研究所。

2. 完善现代财税体制，发挥财政再分配作用

财政发挥再分配作用的核心在于发挥财税体系的调节作用，高质量发展道路下促进共同富裕，财税体制重点关注以下四个方面。

第一，按照“立法先行、充分授权、分步推进”的原则，逐步推进消费税、增值税等税项立法，完善税收体系，更好地调节收入分配。第二，增加财产税

调节家庭财富差距，积极稳妥推进房地产税立法，借鉴国际经验适时推进遗产税、资本利得税的研究、试点和立法。第三，完善财税体制，加强税收征管和稽查，规范逃税、非法逃税行为，清理规范不合理收入，整顿收入分配秩序，坚决取缔非法收入，促进共同富裕。第四，通过财税体制，支持发挥慈善、捐赠等第三次分配的作用。

（二）发挥财税手段调节再分配

1. 稳步推进房地产税落地，调节存量财富分配结构

截至2020年末，居民资产中城镇住房占比为42.8%，住房资产是我国居民资产的核心构成，同时居民住宅价值会随着房价走高相应提升，因此，房地产财富效应成为我国居民资产差距不断拉大的重要致因。

（1）推行房地产税有助于调节房地产供需错配，促进存量贫富差距收敛

新型城镇化背景下实施大国大城战略，高收入人群比例增多推升房地产需求，主要是首套刚需及改善性需求，但现有房地产政策较难有效调节，单纯的需求限制性政策难以改变供给端不足的现状。推行房地产税有助于调节房地产供需错配，有效推动多套房持有者卖出房子，扩大房地产供给，从而有助于稳定房价并促进居民存量资产差距的收敛。

（2）房地产税全面落地需要立法先行，扩大试点是可选之举

我国已在深圳、北京等数十个城市进行了房地产税“空转”试点，这些“空转”城市开征房地产税并不存在技术障碍，进一步扩大核心城市试点的方式将更有利于积累政策经验，从而更有利于房地产税立法的落地，尤其是在我国“因城施策”的房地产调控机制下，长期供给能力不足、供给压力较大的城市，推进房地产税的概率会较高。

2. 健全直接税体系，加强税收征管查

（1）健全直接税体系

我国居民收入差距背后存在着收入结构差距，高收入人群的收入以财产性、经营性收入为主，而低收入人群收入则以工资性收入为主，转移性收入作为重要的保障和补充，调节收入差距的核心在于与工资性收入最相关的所得税。2019年个人所得税立法推行，对于调节收入结构、增加中低收入人群的2019年起我国个人所得税税率表实际获得感有积极作用。

（2）消费税征管结构变化，发挥调节分配作用

我国当前消费税全面立法还没推行，现行《消费税暂行条例》对香烟、酒、高档化妆品等征收消费税，随着居民消费行为的变化，居民消费结构及消费税的征收也将发生相应变化，日常的大众消费品范围调整可能导致该品类消费税调降或取消。

(3) 加强税收征管与稽查

中央财办第十次会议表示，促进共同富裕需要合理调节高收入、取缔非法收入；加强税收的征管和稽查有重要作用，可以运用新技术、新手段等方式完善居民综合所得收入的范畴，规范逃税、非法避税等行为，保证应税综合收入所得都有效缴税，清理规范不合理收入、取缔非法收入，整顿收入分配秩序，进而促进共同富裕目标的实现。

3. 借鉴国际经验拓宽财产税，积极鼓励第三次分配加以补充

结合国际经验来看，财产税是调节居民收入、财富差距的重要方式，美国、英国、日本、芬兰、丹麦等国家在财产税、资本利得税等领域有较强的征收力度，在遗产税方面也征收重税，打破巨额财富的隔代传递、平衡贫富差距。从我国角度来看，现阶段我国房地产税还未全面立法推进，且我国并不存在遗产税和资本利得税，考虑房地产财富效益的扩大、收入不平衡的长期积累和调整隔代财富促进共同富裕，当拓宽财产税范畴，考虑引入遗产税和资本利得税，对居民收入及财富差距进行调整。

(三) 健全社会保障、提升社保标准可起到托底作用

1. 社会保障体系也是再分配的重要调节工具

社保体系的增质扩围有重要意义，完善社保体系促进再分配也有助于共同富裕目标的实现。完善社保体系建设需要关注以下几个方面：实现基本养老保险全国统筹，放宽灵活就业人员参保条件；完善城镇职工基本养老金合理调整机制，提高城乡居民基础养老金标准；发展多层次、多支柱养老保险体系；推进失业保险、工伤保险向职业劳动者广覆盖；优化社会救助等。

2. 重点从两个方面推进措并举夯实社保资金

(1) 进一步完善划转国有资本充实社保基金制度

2017 年，国务院印发《划转部分国有资本充实社保基金实施方案》，规定了划转范围、划转对象和划转比例等重要问题，明确划转比例统一为企业国有股权的 10%；2019 年全面推开，2021 年 2 月，中央企业率先完成向社保基金划转国有股权任务，截至 2020 年末向社保基金划转国有资本 1.21 万亿元。进一步完善划转国有资本充实社保基金，对补充资金缺口有重要意义，下一步推进地方国企划转任务的落实，并适当考虑提升划转比例，均可以对社保资金形成更强支持。

(2) 探索农村集体建设用地入市资金补充社保

当前来看，我国面临人口老龄化的长期挑战，但仅依靠国有股权划转、一般公共预算资金填充社保基金不能从根本上解决问题，仍需更多资金填充，一方面，可以积极促进社保基金优化做强，增加投资收益的留存；另一方面，则可以适时推进农村集体建设用地入市资金补充社保，村集体建设用地的价格较

低、供给充足，既有利于服务于房地产长效机制，也可以满足社保基金的资金补充需求。

（四）加大并完善转移支付体系，财力向薄弱领域倾斜，有助于弥合差距

1. 发挥均衡转移支付机制调节区域间发展不平衡问题

中央对地方转移支付可以分为一般性转移支付和专项转移支付，一般性转移支付是指中央政府对有财力缺口的地方政府给予的补助。专项转移支付是中央为实现特定的宏观政策目标，以及对地方政府代理的一些事务进行补偿而设立的专项补助资金。为缩小地区间财力差距，逐步实现基本公共服务均等化，中央财政设立均衡性转移支付，包含在一般性转移支付中。从均衡性转移支付机制的功能来看，也符合“十四五”规划要求的“加大对财力薄弱地区的支持力度，完善地区间支出成本差异体系，增强基层公共服务保障能力”。

2. 增加均衡性转移支付占比，加强对财政薄弱的中西部地区的支持

根据 2020 年中央对地方分类转移支付决算，分项目看，一般性转移支付占比最大达 83.5%，其中均衡性转移支付占比达到 20.6%；从区域上看，根据 2021 年中央对地方一般公共预算转移支付预算来看，对四川、河南、湖南、河北、云南、湖北、安徽等中西部地区财政困难系数高的省份的转移支付规模较高（见图 10）。结合“十四五”规划要求的“优化转移支付机制、加大对财力薄弱地区的支持”，为进一步弥合区域间发展不平衡的问题，可以进一步提升转移支付规模及均衡性转移支付占比，特别是对中西部地区加强财力支持。

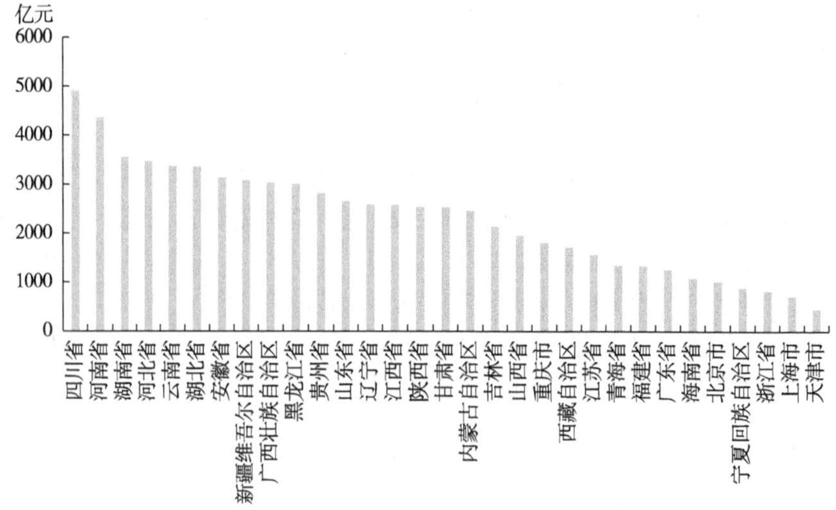

图 10　2021 年中央对各个省市一般公共预算转移支付

（资料来源：财政部，浙商证券研究所）

3. 特殊转移机制成为常态化财政直达机制，有效补充地方财力不足问题

2020年新冠疫情冲击导致地方财政财力显著下滑，为应对新冠疫情我国实施了特殊转移支付机制，鉴于其在落实三保、促进资金效率、疫情防护和巩固抗疫成果方面作用突出，2022年进一步成为了常态化的财政直达机制。财政资金直达机制，就是将过去财政资金层层审批分配改为中央切块、省级细化、备案同意、快速直达，即“一竿子”分配到基层或者项目单位；财政直达机制的重要作用体现在直达资金由增量扩展至存量，基本实现中央财政民生补助资金全覆盖、财政直达机制的资金使用效率更高、财政直达机制有全流程的资金使用监控，确保财政资金用在“刀刃上”三方面（见表6）。

表6　　2019年起我国个人所得税税率

问题	具体表现
部分转移支付安排交叉重叠	（2018年）财政部在2个部门预算中安排补助地方项目支出17.73亿元，又通过2项转移支付安排同类支出96.88亿元；财政部11项专项转移支付1552.55亿元，与发展改革委7个投资专项1431.47亿元，投向相同或类似；发展改革委6个投资专项的部分具体投向存在重叠，涉及165.29亿元
部分转移支付管理办法不完善或执行不严格	一是未明确实施期限、退出条件或因素权重等；二是分配标准或计算方法未经国务院批准即实施；三是未严格按规定方法和标准分配；四是因审核不严向不符合条件的22家单位和38个项目分配资金
资金使用分配中的滞拨闲置问题	预算下达晚、资金使用效率低、项目准备不充分
归类标准不一	一般性转移支付与专项转移支付划归不合理
分配管理不够规范	部分未指定管理办法或分配标准需完善等
预算安排存在重复	15项专项转移支付与15个中央投资专项的支持领域相同或类似

资料来源：《2018年度中央预算执行和其他财政收支的审计工作报告》《2019年度中央预算执行和其他财政收支的审计工作报告》，浙商证券研究所。

五、共同富裕与货币政策

（一）货币政策助力共同富裕主要靠结构性工具

过度宽松的货币政策推动资产价格上涨，为高收入群体以及紧密参与金融市场的群体带来更多财富，降低了普通家庭银行存款的回报，容易加剧贫富分化。同时，由于信用的二元分化，民营、小微企业在融资上受到约束，融资难和融资贵始终存在，经济结构性问题突出，总量上的货币宽松往往无法顺畅传导至这些实体经济部门。针对当前问题，只有通过结构性货币政策才能解决结构性问题，同时也能够避免资产价格泡沫带来的财富分配不均（见图11）。

图 11　2009 年 6 月至 2021 年 6 月大型企业的贷款需求指数比较

（资料来源：Wind，浙商证券研究所）

（二）六大结构性货币政策工具支持共同富裕

我国经济结构性问题突出，重点领域如小微企业、民营企业，重点行业如高端制造、科技成长等产业升级领域，薄弱区域如广大乡村、中西部地区等，都面临资本要素不充足、融资难融资贵导致的发展内生动力不足问题，其信贷需求无法得到有效满足。

人民银行此前曾分别在 2018 年第四季度和 2020 年第二季度的货币政策执行报告中通过专栏讨论结构性货币政策工具。表 7 依次梳理共同富裕政策导向下，人民银行可能采取的结构性货币政策工具。

表 7　结构性货币政策工具

结构性货币政策	描述
专项再贷款、再贴现	共同富裕推进过程中，人民银行大概率将继续频繁使用信用再贷款或专项再贷款及再贴现工具，加强信贷的结构性引导，如重点支持小微、民营、“三农”、制造业等，由于其指向清晰，且一般使用优惠利率，银行使用再贷款、再贴现资金支持实体经济相关领域的积极性较高，可有效起到结构性调节作用
碳减排货币政策工具	预计人民银行可能加速推进碳减排货币政策工具的落地，碳减排货币政策工具有助于支持新能源行业发展及产能过剩行业绿色转型，中西部的清洁能源潜力相对较大，包括风电、光伏和水电，目前东部相关的高耗能重工业转移到中西部地区的趋势逐渐加强，能源产业项目投资会逐渐增多，中西部地区项目将是碳减排贷款投放的重要方向，这有助于中西部清洁能源资源丰富地区的经济发展，有利于协调区域发展、促进共同富裕

续表

结构性货币政策	描述
定向降准	在推进共同富裕的政策基调下，后续央行可能有面向“三农”、小微企业、民营企业，或县域金融机构等进行的定向降准操作
PSL	PSL 作为结构性货币工具，此前主要为棚改提供期限较长的大额融资。“住有所居”是践行共同富裕、推进公共服务均等化的重要方向，保障房建设仍将持续发力，不排除恢复 PSL 投放，为保障房建设提供定向中长期稳定资金支持的可能性。实际上，PSL 资金的使用范围也可扩展至支持“三农”、小微企业等多项领域
MPA 考核	在 MPA 体系中继续强调对民营、小微、制造业的信贷考核，或增加“三农”、服务县域或经济薄弱地区、保障房建设等领域的考核指标，均是有助于推动共同富裕的有效举措
其他结构性货币政策工具	2020 年 6 月 1 日，人民银行创设两个直达实体经济的货币政策工具，一个是普惠小微企业贷款延期支持工具，另一个是普惠小微企业信用贷款支持计划，也属于典型的结构性货币政策工具。未来人民银行也可能继续针对经济局部领域创设直达货币政策工具，定点支持、精准滴灌

资料来源：Wind，浙商证券研究所。

六、主要结论及政策建议

共同富裕的本质是扩大中等收入群体，收入分配改革是共同富裕重要抓手，高校毕业生、技能型劳动者、农民工是扩大中等收入群体重点对象，扩大中等收入群体根本上在于打通向上流动通道，增加低收入群体收入更需注重产业增收。

当前我国在财产性收入方面的缩小差距举措有待提升。合理调节高收入的关键在于财产性收入的调整，财产性收入的调整措施在于“一降一升”，即取缔非法收入保障社会公平，提升勤劳致富风气。

一次分配注重效率，提升劳动者报酬在 GDP 中占比，提高生产效率并促进消费，通过落实五大生产要素的市场化配置，提高要素配置效率。二次分配注重公平，收入领域建立所得税和财产税为主体的直接税体系；支出领域进一步普及社保覆盖面并完善福利制度；增加社保的覆盖面，惠及所有低收入群体和新业态就业人员；医保、教育、住房等各项福利制度仍将逐渐深化，对社会民生进行基础保障；跨区域的转移支付同样极为重要。三次分配则是自愿补充，我国遗产税暂时缺位的情况下，三次分配是二次分配的重要补充。

相较于货币政策，财政政策支持共同富裕的着力点更多。促进共同富裕，财政政策重点推进二次分配。初次分配较难实现公平，必须通过再分配手段调节。一是完善现代财税体制，发挥财税手段调节再分配作用，稳步推进房地产税落地，调节存量财富分配结构，健全直接税体系，加强税收征管查。二是借鉴国际经验拓宽财产税，积极鼓励第三次分配加以补充，健全社会保障、提升社保标准可起到托底作用，社会保障体系也是再分配的重要调节工具，进一步完善划转国有资本充实社保基金制度，探索农村集体建设用地入市资金补充社保。三是加大并完善转移支付体系，财力向薄弱领域倾斜，有助于弥合差距，同时发挥均衡转移支付机制调节区域间发展不平衡问题，增加均衡性转移支付占比，加强对财政薄弱的中西部地区的支持，特殊转移机制成为常态化财政直达机制，有效补充地方财力不足问题。

促进共同富裕，财政政策重点推进二次分配，发挥财税手段调节再分配，重点应关注财产性征税，稳步推进房地产税落地，调节存量财富差距，可适时推进资本利得税、遗产税等征收拓宽财产税范畴。健全社会保障、提升社保标准可起到托底作用。加大并完善转移支付体系，财力向薄弱领域倾斜，有助于弥合差距。

总量型货币政策不利于共同富裕，更需要向结构型货币政策转变。过度宽松的总量型货币政策容易推动资产价格上涨，为高收入群体以及紧密参与金融市场的群体带来更多财富，降低了普通家庭银行存款的回报，容易加剧贫富分化。结构型货币政策有助于针对民营、小微企业的融资约束，解决其融资难和融资贵的经济结构性问题。

通过金融手段助力共同富裕的核心是发挥货币政策及信贷政策的收入再分配效应，其重点是结构性政策工具的使用，如专项再贷款、再贴现、碳减排货币政策工具、定向降准、PSL、MPA 考核及其他结构性货币政策工具。从落实共同富裕、优化收入分配的角度看，要求货币政策保持适度的流动性投放，同时持续强化结构性调控，引导资金定向支持国民经济重点领域薄弱环节如民营经济、中小企业，也可避免资产价格泡沫带来的财富分配不均。

银行贷款利率浮动下限分析

——基于42家上市银行的静态比较

嘉兴市金融学会课题组*

一、研究背景及意义

自2008年国际金融危机以来，为应对国际金融危机的冲击，全球各主要经济体纷纷开始实行宽松的货币政策，大幅降低基准利率。2019年，受经济下行压力影响，多个国家在年内执行了一次或多次不同幅度的降息。2020年，新冠疫情对世界经济再次造成打击，以美联储为代表的多家中央银行再次联手降息，各国利率降至历史低位。

改革开放以来，我国始终致力于利率市场化的改革，人民银行分别于2013年7月和2015年10月取消了贷款和存款利率限制，并于2013年10月引入最优贷款利率（LPR）。在平稳运行该机制6年后，人民银行于2019年8月推出了全新的LPR报价机制，进一步提高了利率市场化程度。人民币一般贷款利率在此后两年总体呈下降趋势，人民银行2021年第四季度货币政策执行报告显示，2021年全年企业贷款加权平均利率是改革开放四十多年来的最低水平（见表1）。

表1　　　　中国利率市场化改革进程

时间	关于推进利率市场化的措施
1996年6月1日	放开银行间同业拆借利率
1997年6月	放开债券市场债券回购和现券交易利率
1998年3月	贴现利率生成机制改革
1998—1999年	多次扩大金融机构贷款利率浮动区间
1999年10月	存款利率改革初步尝试
2000年9月21日	外汇利率管理体制改革
2002年1月	扩大农村信用社利率改革试点范围
	统一中外资外币利率管理政策

---

* 课题主持人：郑锦国
课题组成员：郑　飞　陆一豪　朱一佳　浦芳露

续表

时间	关于推进利率市场化的措施
2004 年 1 月 1 日	再次扩大金融机构贷款利率浮动区间
2004 年 10 月 29 日	完全放开商业银行人民币贷款利率浮动上限
2007 年	上海银行间同业拆放利率（Shibor）投入运行
2012 年 6 月 7 日	存款利率允许上浮基准利率的 1.1 倍
2012 年 7 月 5 日	贷款利率下限降为基准利率的 0.7 倍
2013 年 7 月 20 日	放开商业银行人民币贷款利率浮动下限
2015 年 5 月 11 日	存款利率浮动上限调整为存款基准利率的 1.5 倍
2015 年 8 月 26 日	完全放开一年期以上（不含一年期）定期存款的利率浮动上限
2015 年 10 月 24 日	对商业银行和农村合作金融机构等放开存款利率浮动上限
2019 年 8 月 17 日	推行贷款市场报价利率（Loan Prime Rate，LPR）

尽管如此，我国人民币加权平均贷款利率较其他世界主要经济体的贷款利率依然较高。2021 年年报显示，42 家上市银行合计实现归母净利润 1.92 万亿元，同比上涨 14.67%，对比世界其他主要商业银行的数据仍具有可调整空间。在当前国内外疫情持续不断，国际形势纷繁复杂，国内经济面临下行压力的环境下，我国民营企业特别是小微企业也面临着巨大的经营压力。金融作为服务实体经济的工具，能否在此关键时期发挥出其应有的效能，其中关键的一环便是商业银行能否继续降低其贷款利率，减费让利给企业，因此，对银行贷款利率下降机制的分析具有一定的意义。

二、我国人民币贷款加权平均利率历史走势

回溯过去，贷款加权平均利率自 2008 年国际金融危机以来，共经历了五轮明显下行，分别是 2008Q3—2009Q1，2011Q4—2013Q1，2014Q3—2016Q3，2018Q3—2019Q4，2020Q1—2021Q4。通过梳理贷款利率五次下行的历程和同期人民银行执行的货币政策（见表 2 和图 1），可以发现，人民银行主要运用降准、降息等利率政策来对贷款利率进行直接调控，这种方式具有见效快、幅度大的特点。同时，人民银行也会通过结构性货币政策工具及利率市场化改革等方式调节利率，效果同样显著。

表 2　　2008 年国际金融危机至 2021 年我国利率走势及货币政策一览

时间	利率走势	阶段主要货币政策
2008Q3—2009Q1	迅速下滑。由最高 7.39% 降至最低 4.98%，降幅达 32.61%	1. 停发 3 年期人民银行票据、减少 1 年期和 3 个月人民银行票据发行频率 2. 2008 年 9 月起连续 4 个月下调基准利率及存款准备金率

续表

时间	利率走势	阶段主要货币政策
2009Q2—2010Q3	开始反弹。升至5.59%	2010年年内连续6次升准，2次加息
2010Q4—2011Q4	加速上涨。升至最高8.06%	2011年年内连续7次升准，3次加息
2012Q1—2012Q2	利率下跌。降至7.06%	2012年上半年2次降准，2次降息
2012Q3—2014Q2	于7%附近震荡	2013年7月全面开放金融机构贷款利率管制，取消贷款利率0.7倍下限
2014Q3—2014Q4	利率下跌。降至6.77%	1. 2014年9月创设中期借贷便利（MLF） 2. 2014年年内1次降息
2015Q1—2015Q4	加速下跌。降至5.27%	1. 2015年年内4次降准，5次降息 2. 2010月取消存款利率上限设置
2016Q1—2016Q4	持续下跌。最低降至5.15%	2016年年内1次降准
2017Q1—2018Q2	小幅反弹上涨。升至5.94%，涨幅为9%	2017—2018年年初，SLF4次加息
2018Q3—2018Q4	利率下跌。降至5.64%，跌幅为5%	2018年年内3次降准
2019Q1—2019Q4	持续下跌。	1. 改革完善LPR形成机制，促进贷款利率进一步市场化。 2. 2019年年内3次降准
2020Q1—2020Q4	持续下跌。	2020年年内3次降准，LPR下降2次
2021Q1—2021Q4	持续下跌。降至最低4.76%	2021年年内2次降准，LPR下降1次

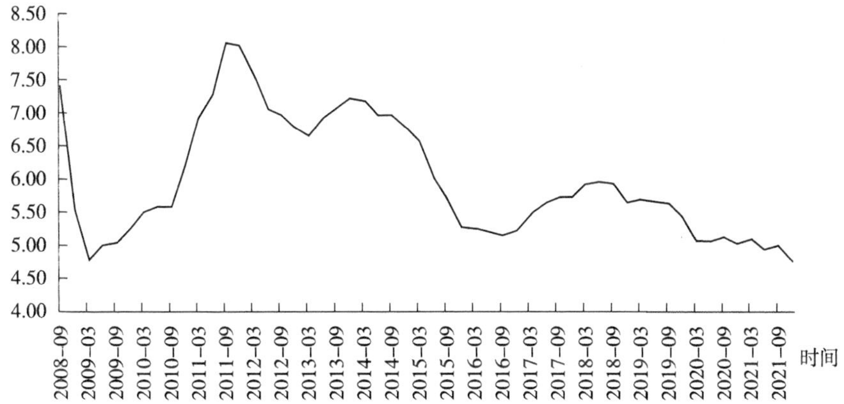

图1　金融机构人民币贷款加权平均利率

（一）第一次下行（2008Q3—2009Q1）：应对全球金融危机，人民银行连续降息、降准带动贷款利率迅速下降

受次贷危机影响，2007年8月至2008年10月间，美联储连续9次调低联邦基金基准利率，从6.25%降至1.0%，累计下调5.25个百分点。2008年12月，美联储宣布将联邦基金利率下调至0～0.25%的超低水平，正式步入零息时代。

我国为抵御国际金融危机冲击，人民银行自2008年第三季度起从之前的货币紧缩政策转向宽松货币政策，连续4个月下调基准利率和存款准备金率，并通过扩大商业性个人住房贷款利率下浮幅度以及下调再贷款（再贴现）利率等货币政策手段引导贷款利率下行。

在本轮利率下行过程中，贷款加权平均利率从7.39%（2008Q3）降至4.76%（2009Q1），下降2.63个百分点。分结构看，一般贷款加权平均利率下降2.49个百分点（8.19%降至5.7%），个人住房加权平均利率下降0.49个百分点（4.94%降至4.45%），票据融资加权平均利率下降1.01个百分点（2.91%降至1.90%）。

（二）第二次下行（2011Q4—2013Q1）：欧债危机爆发，人民银行综合施策推动社融成本下降

2011年希腊主权债务危机爆发，并向欧洲其他国家蔓延。欧央行通过购买希腊国债，并以公开市场操作来为欧洲货币市场注入流动性。同时，2011年末至2012年7月，欧央行三次降息，并将最低存款准备金率下调至1%。

受此影响，2011年第三季度后，央行综合运用多种货币政策工具组合进行积极应对。一是停发三年期央票并下调存款准备金率以保证市场流动性；二是利用差别准备金动态调整机制的逆周期调节功能，引导金融机构对小微企业、“三农”薄弱环节的信贷投放。进入2012年，为应对更加复杂严峻的国内外形势，央行继续宽松的货币政策，连续2次降准，2次降息。同时将贷款利率下限从基准利率的0.9倍调整为0.7倍。

受上述宽松的政策的影响，贷款加权平均利率由8.01%（2011Q4）降至6.65%（2013Q1），下降1.36个百分点。分结构看，一般贷款加权平均利率下降0.58个百分点（7.80%降至7.22%），个人住房贷款加权平均利率1.35个百分点（7.62%降至6.27%），票据融资加权平均利率降幅达4.44个百分点（9.06%降至4.62%）。

（三）第三次下行（2014Q3—2016Q3）：中国经济步入“新常态”，人民银行寄改革于调控助力产业结构调整

与前两次由外部因素导致的下降不同，彼时，全球经济正处于金融危机后的复苏过程中，中国经济处于增速换挡期、结构调整阵痛期、前期政策消化期

三期叠加的阶段。面对全球经济增长驱动不足，国内新旧产业结构动能转换的情况，人民银行主动适应经济发展新常态，保持政策的松紧适度及连贯性，多措并举，疏通货币政策向实体经济的传导渠道，引导社会融资成本下降。

2014 年，人民银行定向降准 2 次，降息 1 次，并搭配使用短期流动性调节工具（SLO）适时适度进行双向调节，创设和开展中期借贷便利（MLF），保证市场流动性。进入 2015 年，面对更大的经济下行压力，人民银行全年合计 5 次下调存款准备金率（全面降准 4 次，定向降准 1 次），5 次下调基准利率，存款基准利率由 2.75% 降至 1.5%，贷款基准利率由 5.6% 降至 4.32%。此外，人民银行的针对性操作还包括 9 次引导公开市场逆回购利率下行，适时下调信贷政策支持再贷款、中期借贷便利和抵押补充贷款利率等。

本轮贷款利率调整历时长，影响深。贷款加权平均利率由 6.97%（2014Q3）降至 5.15%（2016Q3），下降 1.82 个百分点。分结构看，一般贷款加权平均利率下降 1.68 个百分点（7.33% 降至 5.65），个人住房贷款加权平均利率下降 2.44 个百分点（由 6.96% 降至 4.52%），票据融资加权平均利率下降 2.17 个百分点（由 5.22% 降至 3.05%）。

（四）第四次下行（2018Q3—2019Q4）：中美贸易摩擦，人民银行以结构性工具、利率市场化改革为抓手带动贷款利率下降

2018—2019 年，中美贸易摩擦加剧导致出口遇阻，国内制造业投资、民间投资增速放缓，消费信心减弱，需求端三驾马车“几碰头”，经济下行压力加大。

在“不搞大水漫灌”的政策方针下，人民银行在 2018 年并未沿用与前三次相同的以降息为主的传统方式来引导利率下行，而是创新运用结构性货币政策工具引导金融机构对小微、民营企业等薄弱环节和重点领域进行支持从而带动贷款加权平均利率的下降。主要政策包括：一是三次定向降准置换金融机构所借的中期借贷便利（MLF）并创设定向中期借贷便利工具（TMLF）专项支持小微企业；二是扩大再贷款担保品范围，并投放 4500 亿元再贷款再贴现资金；三是增设宏观审慎评估（MPA）指标，考核金融机构支持小微企业情况。在此阶段，贷款加权平均利率由 5.94%（2018Q2）降至 5.64%（2018Q4），下降 0.3 个百分点。

此外，人民银行还致力于深化利率市场化改革，推动利率“两轨并一轨”，于 2019 年改革完善贷款市场报价利率（LPR）形成机制并逐步推动贷款利率市场化。从结果来看，2019 年第三、第四季度贷款加权平均利率持连续下降，由 5.66%（2019Q2）降至 5.44%（2019Q4），下降 0.22 个百分点，降幅超过了 LPR，说明利率政策的传导效率在此次改革中获得提升。

（五）第五次下行（2020Q1—2021Q4）：新冠疫情冲击，人民银行有效发挥结构性货币政策工具牵引作用促进经济恢复

面对新冠疫情带来的严峻挑战，各国央行都采取了积极的货币政策进行应对。中国通过利率市场化改革，引导贷款市场报价利率（LPR）等基准利率持续下行，推动金融部门向企业合理让利，切实有效地缓解了融资难、融资贵等问题。

新冠疫情对实体经济造成巨大冲击，尤其是小微企业及个体工商户，抗风险能力较弱，大量关停。为维持小微企业经营，缓解新冠疫情的冲击，2020 年，中国人民银行创设两项直达实体经济的货币政策工具，支持金融机构对暂时遇到困难的小微企业贷款延期还本付息，鼓励金融机构加大对小微企业信用贷款投放力度。

从结果来看，本轮下行贷款加权平均利率由 5.08%（2020Q1）降至 4.76%（2021Q4），下降 0.32 个百分点。

三、银行贷款利率影响因素

为探究影响人民币加权平均贷款利率的因素，结合现有的研究，本文将从宏观及微观两部分对可能的变量进行实证分析。宏观部分，本文选取货币政策工具及货币市场利率作为解释变量，通过 VAR 模型进行分析。微观部分，本文从商业银行的成本角度、目标利润角度、多元化经营角度和资产收益能力角度四个方面对 16 家上市银行在 2008—2021 年的面板数据进行分析。

（一）宏观因素

1. 变量处理及模型说明

本文选取了 2015 年 1 月到 2021 年 12 月的月度时间序列数据作为研究对象，合计 84 组数据。被解释变量为人民币加权平均贷款利率，该数据为季度数据，通过季度内每月不变的方式转换为月度数据。被解释变量分别为数量型货币政策工具的中介目标 M2、价格型货币政策工具 LPR、7 天同业拆借利率 SHIBOR007 及银存间 7 天回购利率 DR007。其中 M2 与 LPR 为月度数据；SHIBOR007 与 DR007 为日度数据，采用月内平均的方法转换为月度数据。以上数据均来源于 Wind，分别记为 R、M2、LPR、SHIBOR007、DR007。

本文采用 VAR 模型来进行实证检验，VAR 模型是自回归模型的联立形式，该模型把所有的变量都作为内生变量来处理，从而减少了由于主观判断错误而增加了联立方程组模型中的不确定性，其一般表达式如下：

$$Y_t = \beta_0 + \sum_{i=1}^{n} \beta_n Y_{t-n} + \sum_{i=1}^{m} \beta_m X_{t-m} + \varepsilon_t \quad (1)$$

在本文研究中，Y 为人民币加权平均贷款利率，X 分别为数量型货币政策工

具 M2、价格型货币政策工具 LPR、7 天同业拆借利率 SHIBOR007 和银存间 7 天回购利率 DR007，各变量的描述统计结果如表 3 所示。

表 3　数据描述统计

Variable	Obs	Mean	Std. Dev.	Min	Max
R	84	5. 455357	0. 4062774	4. 76	6. 56
M2	84	9. 913095	1. 762582	8	14
LPR	84	4. 262566	0. 3650688	3. 8	5. 51
SHIBOR007	84	2. 528361	0. 4453829	1. 721368	4. 548841
DR007	84	2. 502392	0. 4651	1. 4639	4. 595559

2. 实证分析

（1）平稳性检验

首先对各变量进行平稳性检验，结果如表 4 所示。

表 4　ADF 检验结果

Variables	Statistic	1% Critical Value	5% Critical Value	10% Critical Value	p – value	结论
R	–2. 375	–3. 535	–2. 904	–2. 587	0. 1489	非平稳
D. R	–6. 630	–3. 537	–2. 905	–2. 588	0. 0000	平稳
M2	–1. 726	–3. 535	–2. 904	–2. 587	0. 4175	非平稳
D. M2	–6. 782	–3. 537	–2. 905	–2. 588	0. 0000	平稳
LPR	–2. 524	–3. 537	–2. 905	–2. 588	0. 1099	非平稳
D. LPR	–7. 331	–3. 535	–2. 904	–2. 587	0. 0000	平稳
SHIBOR007	–2. 114	–4. 084	–3. 470	–3. 162	0. 5384	非平稳
D. SHIBOR007	–9. 456	–3. 538	–2. 906	–2. 588	0. 0000	平稳
DR007	–2. 137	–3. 538	–2. 906	–2. 588	0. 2297	非平稳
D. DR007	–7. 936	–3. 538	–2. 906	–2. 588	0. 0000	平稳

从表 4 可知，R、M2、LPR、SHIBOR007、DR007 原序列为非平稳序列，因此对其作一阶差分处理，分别记为 DR、DM2、DLPR、DSHIBOR007、DDR007。经 ADF 检验后，各一阶差分序列的 p 值均小于 0. 01，在 1% 显著性水平下通过了平稳性检验，即可判断各变量一阶差分序列是平稳序列。

（2）最优滞后的确定

根据表 5 所示的最优滞后结果可知，FPE 准则和 AIC 准则在 lag3 呈现出最优状态，因此确定最优滞后阶数为 3 阶。

表 5 最优滞后检验

lag	LL	LR	df	p	FPE	AIC	HQIC	SBIC
0	32.2809				3.5e-07	-.682022	-.622334	-.533146
1	403.643	742.72	25	0	6.0e-11	-9.34107	-8.98294	-8.44781*
2	457.189	107.09	25	0	3.0e-11	-10.0547	-9.39814*	-8.41707
3	489.952	65.527	25	0	2.5e-11*	-10.2488*	-9.29378	-7.86677
4	512.393	44.882*	25	0	2.8e-11	-10.1848	-8.93135	-7.05841

（3）Johansen 协整检验

进一步采用 Johansen 协整检验法，对各变量之间的协整关系进行分析，结果如表 6 所示。

表 6 协整检验

maximum rank	parms	LL	eigenvalue	trace statistic	5% Critical Value
0	55	397.03291	0	131.1663	68.52
1	64	438.81275	0.64356	47.6066	47.21
2	71	450.51408	0.25093	24.2040*	29.68
3	76	457.45101	0.15742	10.3301	15.41
4	79	462.18475	0.11031	0.8626	3.76
5	80	462.61605	0.01059	—	—

从协整检验结果可知，在原假设为：存在 0 个协整关系中，trace 统计量为 131.1663，大于 5% 临界值 68.52，拒绝了存在 0 个协整关系的原假设，说明 M2、LPR、SHIBOR007、DR007 与贷款利率 R 之间存在协整关系。

（4）稳定性检验

表 7 为 VAR 单位根结果，从表 7 可知，本文研究变量共五个，最优滞后为三阶，即有 15 个单位根，结合图 2 可知，各单位根均在单位圆内，说明 VAR 模型具有稳定性。

表 7 单位根

Eigenvalue	Modulus
-0.9338553 + 0.0156272i	0.933986
-0.9338553 - 0.0156272i	0.933986
0.9338553 + 0.0156272i	0.933986
0.9338553 - 0.0156272i	0.933986

续表

Eigenvalue	Modulus
0.7131912 +0.1355427i	0.725957
0.7131912 -0.1355427i	0.725957
-0.7131912 +0.1355427i	0.725957
-0.7131912 -0.1355427i	0.725957
-2.394e-16 +0.3020777i	0.302078
-2.394e-16 -0.3020777i	0.302078

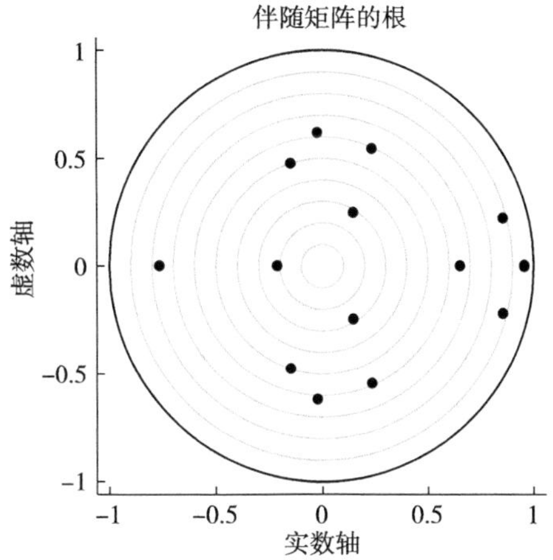

图 2 单位圆稳定性检验

(5) 格兰杰因果检验

表 8 为各变量与人民币加权平均贷款利率的格兰杰因果检验结果。

表 8 格兰杰因果检验结果

Excluded	Equation	chi2	df	Prob
M2	R	0.74076	3	0.864
LPR	R	12.47	3	0.006
SHIBOR007	R	1.867	3	0.002
DR007	R	1.4524	3	0.004
ALL	R	26.073	12	0.010

从结果来看，除 M2 外，LPR、SHIBOR007 和 DR007 都是人民币加权平均贷款利率的格兰杰原因，可以进行进一步的脉冲响应及方差分解分析。以上三个变量对人民币加权平均贷款利率均有一定程度的“预测能力”。

(6) 脉冲响应结果

为验证数量型货币政策工具、价格型货币政策工具及两种市场利率变化对贷款利率的影响，本文采用脉冲响应函数分析，脉冲响应结果如图 3 至图 6 所示。

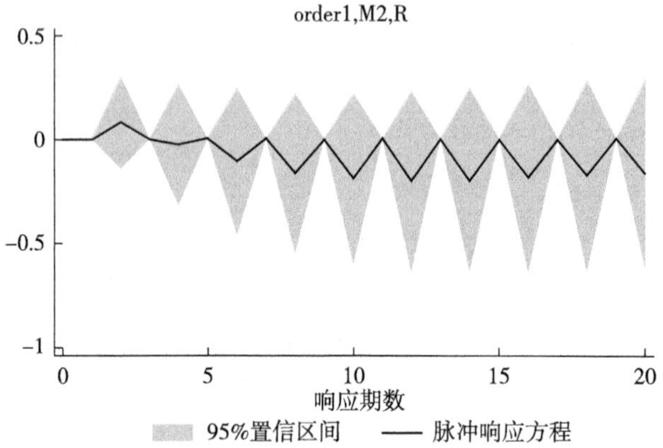

图 3　R 对 M2 的脉冲响应

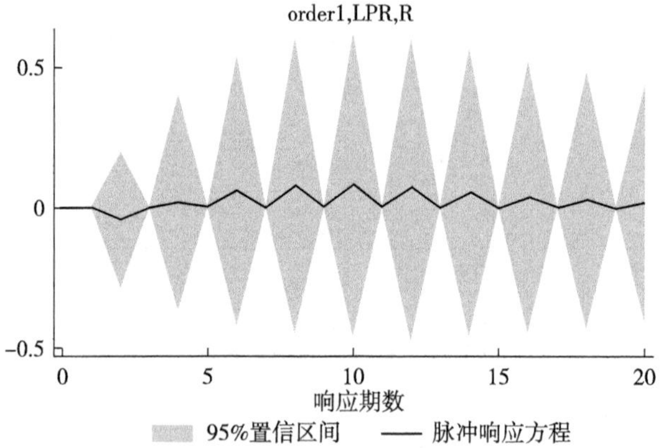

图 4　R 对 LPR 的脉冲响应

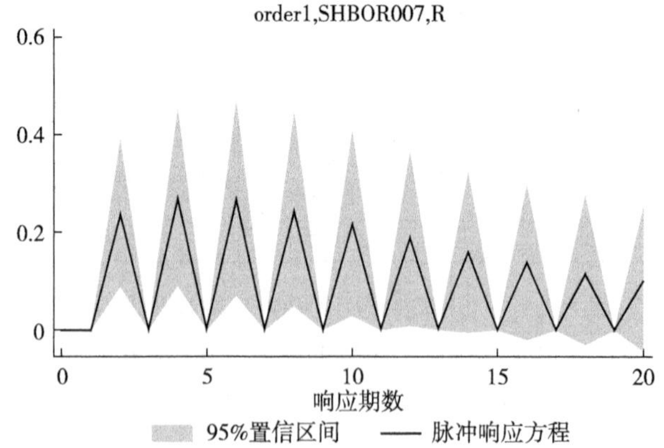

图 5　R 对 SHIBOR007 的脉冲响应

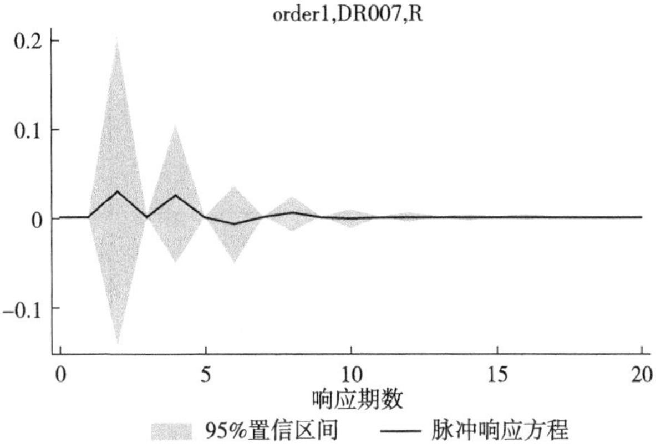

图6 R对DR007的脉冲响应

根据图3所示，R对M2的第一期响应程度为0，第二期转变为正向响应，在第三期之后逐渐转变为负向响应，之后负向响应程度有所增强，在第十四期达到最大响应程度，为-0.2左右，之后响应程度有所下降，但始终保持负向响应，到第二十期，响应程度为-0.1左右。根据图4结果可知，R对LPR在第三期后正向响应逐渐增强，并在第十期达到峰值0.1左右，于第二十期，响应程度逐渐趋于0。根据图5所示，R对SHIBOR007的第一期响应程度为0，第二期转变为正向响应，之后响应程度逐渐增强，且在第六期的响应程度最高，为0.3左右，之后正向响应程度有所减弱，到第二十期，响应程度为0.01左右。根据图6显示，R对DR007在第二期及第四期呈现正向响应，随后有所下降逐渐趋于0。

①对比两种货币政策工具对人民币加权平均利率的影响：数量型货币政策工具M2对人民币加权平均贷款利率在中长期会产生负向影响，且该影响的持续性较长；而价格型货币政策工具LPR对人民币加权平均贷款利率R的正向影响更为直接，响应力度也更为强烈。

②对比两种市场利率对人民币加权平均贷款利率的影响：SHIBOR007与DR007均会在短期内对人民币贷款利率产生正向影响，但SHIBOR007的影响力度更强，持续时间也明显更长。

（7）方差分解

为了解各影响因素对人民币贷款利率的贡献度，本文对其进行了方差分解分析，结果如表9所示。

表 9 人民币加权平均贷款利率的方差分解 单位:%

step	R	M2	LPR	SHIBOR007	DR007
0	0	0	0	0	0
1	100	0	0	0	0
2	100	0	0	0	0
3	94.4658	0.7654	26.3215	2.9878	1.5178
4	94.4658	0.7654	26.3215	2.9878	1.5178
5	90.8282	0.9473	33.4588	6.0675	1.8225
6	90.8282	0.9473	33.4588	6.0675	1.8225
7	88.9562	0.9166	30.2661	7.7712	2.0533
8	88.9562	0.9166	30.2661	7.7712	2.0533
9	88.0862	0.842	35.9834	8.5782	2.2337
10	88.0862	0.842	35.9834	8.5782	2.2337
11	87.6959	0.7763	33.2417	8.9255	2.3698
12	87.6959	0.7763	33.2417	8.9255	2.3698
13	87.5229	0.7279	32.063	9.0616	2.467
14	87.5229	0.7279	32.063	9.0616	2.467
15	87.4462	0.694	31.9847	9.1073	2.5336
16	87.4462	0.694	31.9847	9.1073	2.5336
17	87.4116	0.6705	32.7373	9.1171	2.5778
18	87.4116	0.6705	32.7373	9.1171	2.5778
19	87.3952	0.6544	32.9895	9.114	2.6066
20	87.3952	0.6544	32.9895	9.114	2.6066

从全时期结果来看，除人民币加权平均贷款利率自身外，四个影响因素的贡献度由大到小依次为 LPR、SHIBOR007、DR007 和 M2，说明价格型货币政策工具对利率的传导是最为有效的，而数量型货币政策工具的传导效果较差。

分时段看，LPR、SHIBOR007 均在第五期后贡献度有明显提高，DR007 在第七期后贡献度有所提高，说明价格型货币政策及货币市场对利率的传导存在一定程度的滞后性。

（二）微观因素

1. 变量选取和模型构建

本文选取了 2008 年已经在 A 股上市的 16 家样本银行于 2008 年至 2021 年期间的年度数据进行分析，共计 224 组数据。综合目前国内外的研究成果，本文从商业银行的成本角度、目标利润角度、多元化经营角度和资产收益能力角度这四个角度来讨论其对贷款利率的影响。

（1）成本角度：以成本收入比（CIR）衡量。成本收入比可以衡量银行控制营业成本支出的能力。

（2）目标利润角度：以净资产收益率（ROE）衡量。根据成本加成法，银行股东制定的目标利润率是贷款利率定价的组成部分。净资产收益率是净利润与净资产的比值，可以反映股东权益的收益水平。

（3）多元化经营角度：以非利息收入占比（NII）衡量。随着国内利率市场化的逐步推进，适度的多元化经营可以使商业银行充分利用资源，节约交易费用。非利息收入占比是衡量商业银行多元化经营最常用的指标。

（4）资产收益能力：以净息差（NIM）衡量。净息差是商业银行净利息收入与平均生息资产的比率，可以衡量商业银行生息资产获取收益的能力。

所构建回归模型如下所示：

$$R_{it} = \beta_0 + \beta_1 CIR_{it} + \beta_2 ROE_{it} + \beta_3 nii_{it} + \beta_4 Nim_{it} + \beta_5 Size_{it} + \beta_6 Car_{it} + \beta_7 Nond_{it} + \varepsilon_{it} \tag{2}$$

其中，i 表示银行，t 表示年份，R 表示人民币一般加权平均贷款利率，CIR、ROE、nii 和 Nim 分别表示成本收入比、净资产收益率、非利息收入占比和净息差。$Size$、Car 和 $Nond$ 为控制变量，分别表示银行总资产规模、资本充足率和不良贷款率，为随机误差项，常数项，表示解释变量对被解释变量的影响程度。

2. 描述性统计

各变量的描述性统计结果如表 10 所示。

表 10　　描述性统计结果

Variables	Obs	Mean	Std. Dev.	Min	Max	p1	p99	Skew.	Kurt.
R	224	0.059	0.009	0.048	0.08	0.048	0.08	0.885	2.753
Cir	224	0.31	0.051	0.221	0.447	0.221	0.447	0.605	2.865
ROE	224	0.162	0.046	0.065	0.273	0.065	0.273	0.176	2.407
nii	224	0.237	0.088	0.077	0.446	0.077	0.446	0.245	2.297
Nim	224	0.024	0.004	0.016	0.034	0.016	0.034	0.231	2.851
size	224	28.987	1.221	25.731	31.041	25.731	31.041	-0.401	2.759
CAR	224	0.129	0.019	0.091	0.18	0.091	0.18	0.482	2.847
Nond	224	0.013	0.005	0.004	0.029	0.004	0.029	0.661	3.822

3. 平稳性检验

本文依次对各数据序列进行平稳性检验，结果如表 11 所示，只有 Nond 没有在原数据列平稳，但其一阶差分序列平稳。

表 11　　平稳性检验结果

Variables	Statistic	p - value
R	-10. 6496	0. 0000
Cir	-5. 3458	0. 0000
ROE	-8. 9421	0. 0000
nii	-2. 4086	0. 0000
Nim	-7. 7657	0. 0000
size	-4. 3622	0. 0000
CAR	-3. 1648	0. 0000
Nond	0. 6928	0. 7558
d. Nond	-4. 6338	0. 0000

4. 豪斯曼检验

在进行面板数据回归之前，需进行豪斯曼检验。由表 12 的豪斯曼检验结果可知，P 值显著小于 0. 05，实证模型应选择固定效应回归（fe），可以进行下一步实证分析。

表 12　　豪斯曼检验结果

	Coef.
i - square test value	39. 462
P - value	0. 0000

5. 基准回归

表 13 为基准回归模型，其中模型一是成本收入比对贷款利率的回归结果。模型二是净资产收益率对贷款利率的回归结果。模型三是非利息收入占比对贷款利率的回归结果。模型四是净息差对贷款利率的回归结果。模型五是全样本回归结果。

从模型五的回归结果来看，各指标对贷款利率的影响程度由强到弱依次为净息差（0. 433）、净资产收益率（0. 093）、成本收入比（0. 074）和多元化经营（-0. 024）。从控制变量的回归结果来看，在全样本回归结果中，不良贷款率是唯一表现出显著关系的指标。不良贷款率的回归系数为 0. 991，并在 1% 显著性水平下显著。说明不良贷款率的下降同样会促进贷款利率的降低。

表 13　　基准回归结果表

	(1) DC	(2) DC	(3) DC	(4) DC	(5) DC
Cir	0.090 *** (4.58)				0.074 *** (3.76)
ROE		0.113 *** (5.80)			0.093 *** (4.79)
nii			-0.006 (-0.57)		-0.024 ** (-2.16)
Nim				0.778 *** (4.17)	0.433 *** (2.05)
size	-0.006 *** (-5.03)	0.001 (0.79)	-0.003 ** (-2.20)	0.001 (0.70)	-0.003 (-1.61)
CAR	-0.157 *** (-4.32)	0.021 (0.53)	-0.097 *** (-2.73)	-0.107 *** (-3.12)	-0.054 (-1.36)
Nond	1.226 *** (-10.15)	0.707 *** (-5.33)	1.134 *** (-8.18)	1.055 *** (-8.88)	0.991 *** (-6.76)
_ cons	0.293 *** (7.67)	0.023 (0.67)	0.176 *** (4.52)	0.043 (1.14)	0.153 *** (2.62)
N	224	224	224	224	224
R^2	0.464	0.493	0.410	0.455	0.553
F	44.116	49.500	35.394	42.612	35.468
p	0.000	0.000	0.000	0.000	0.000

注：1. 括号内为 t 统计量。2. * 表示 $p < 0.1$， ** 表示 $p < 0.05$， *** 表示 $p < 0.01$。

6. 稳健性检验

在稳健性检验中，本文采用短面板回归 SCC 回归方法、缩短时间区间和系统 GMM 方法进行分别验证。从模型一和模型二的回归结果来看，均与前文基准回归结果一致，证明稳健性检验通过。最后本文将对为何采用 GMM 方法和 GMM 回归结果进行详细判别。

实证研究中往往无法将对被解释变量有影响的所有因素一一列出，可能导致很多重要因素被遗漏，遗漏变量会被纳入随机误差项中，而被遗漏的变量可能与部分解释变量相关，这样就会出现一个或者多个解释变量与随机干扰项相关的问题，即变量的内生性问题。广义矩估计（GMM 估计）在扰动项存在异方差的情况下，估计结果仍然稳健，估计量仍满足一致性、渐进正态性、渐进有效性，整体来说相较 2SLS 将会更加有效。出于对经济表现的惯性特点的考虑，将贷款利率滞后一阶作为一个解释变量，为了避免内生性问题及弱工具变量问题，采用系统 GMM 估计法进行分析。

表 14　稳健性检验结果

	(1) SCC - DC	(2) Time - DC	(3) SYS - GMM - DC
L. R			-0.313*** (-3.75)
Cir	-0.074** (-2.82)	-0.074*** (-3.33)	-0.144*** (-3.32)
ROE	0.093*** (11.43)	0.096*** (3.61)	0.280*** (5.89)
nii	0.024** (2.49)	0.022* (1.89)	0.141*** (8.86)
Nim	0.433 (1.22)	0.486** (2.03)	0.251 (0.39)
size	-0.003 (-1.02)	-0.003 (-1.65)	0.002 (0.89)
CAR	-0.054 (-1.02)	-0.043 (-0.83)	-0.111*** (-2.64)
Nond	-0.991*** (-4.01)	-0.988*** (-4.43)	-3.333*** (-4.95)
_cons	0.153 (1.66)	0.169** (2.40)	0.048 (0.69)
N	224	208	208
R^2	0.5526	0.592	—
F	86.364	38.311	—
p	0.000	0.000	0.000
Wald	—	—	3256.96
Prob.*	—	—	0.000
AR (2)	—	—	0.9611
sargan	—	—	0.5867

注：1. 括号内为 t 统计量。2. * 表示 $p<0.1$，** 表示 $p<0.05$，*** 表示 $p<0.01$。

要使系统 GMM 估计结果有效，需要满足工具变量设定有效的条件，即需要通过两个检验：SARGAN 检验（原假设为所有工具变量均有效）、序列相关性检验（原假设为扰动项不存在自相关）。模型 3 的序列相关性检验的 P 值大于 0.05，即接受原假设，不存在二阶自相关；同时模型 3 的 SARGAN 检验结果中 P 值大于 0.1，表明不能拒绝工具变量选取有效的原假设，即通过过度识别检验。因此从总体来看，GMM 模型通过了 AR（2）检验和 SARGAN 检验，表明模型设定合理、回归结果稳健可靠。此外，模型的被解释变量的一阶滞后项系数显著，且符合经济学意义。同时各模型回归系数表明，在时间跨度增加的情况下，采用动态面板模型系统 GMM 估计法得出的结论相较常规静态面板固定效应、随机效应、混合效应模型结果更能说明各指标对于贷款利率的影响。

四、基于上市银行成本的贷款利率下限分析

本文通过建立实证模型，从成本、目标利润、多元化经营和资产收益能力等角度对商业银行贷款利率的影响因素进行分析，自变量回归结果显著。根据实证检验结果，成本收入比、净资产收益率、净息差的下降以及非利息收入占比减少可能会降低商业银行贷款利率。因此本文希望通过 42 家上市银行（以下简称样本银行）的财务数据，测算出商业银行的贷款成本，并对当前经济环境下贷款利率的下限进行预测。

（一）贷款成本测算

银行贷款成本主要由资金成本和营业成本构成（见图 7）。一是资金成本，即资金来源成本，指的是银行获得贷款资金来源需要付出相应的利息成本。本文选择包括存款、拆入资金、再贷款等资金的付息平均成本作为资金成本。经测算，2021 年样本银行构付息平均成本 1.87%。二是营业成本，主要包括业务及管理成本、风险成本和税务成本。业务及管理成本包括职工工资、福利费、住房公积金和住房补贴及其他管理成本等，2021 年样本银行对应的该项成本率为 1.18%。风险成本以资产减值损失作为指标进行测算，2021 年样本银行风险成本为 0.25%。税务成本由营业税及附加构成，2021 年样本银行税务成本为 0.25%。综上所述，资金成本和营业成本汇总得到银行机构的贷款保本利率，即贷款的平均成本，2021 年样本银行的贷款保本利率为 3.56%。

分机构类别来看，大型国有银行资金成本相对其他类型的银行机构最低，加上营业成本后，贷款成本也最低，为 3.20%；股份制商业银行与国有银行相比，资金成本和营业成本均较高，资金成本占全部贷款成本的比例超过 50%，合计贷款成本为 4.27%；城商行相对资金成本最高，主要是由于其客户群与国有大型银行和股份制银行较为相似，业务重叠较多，面临的竞争挤出效应较强，获得资金的成本也较高，加上营业成本后，城商行合计贷款成本也最高，为 4.64%；农商行主要面向农村地区提供金融服务，存款业务竞争较不激烈，资

金成本相对城商行较低，但农村营业网点较多，管理较为粗放，营业成本相较其他类型机构偏高，合计贷款成本率为 4. 54%。由此可见，大型国有银行贷款成本明显低于其他三类机构，对贷款下浮的承受能力更强，在贷款竞争上具有绝对优势。

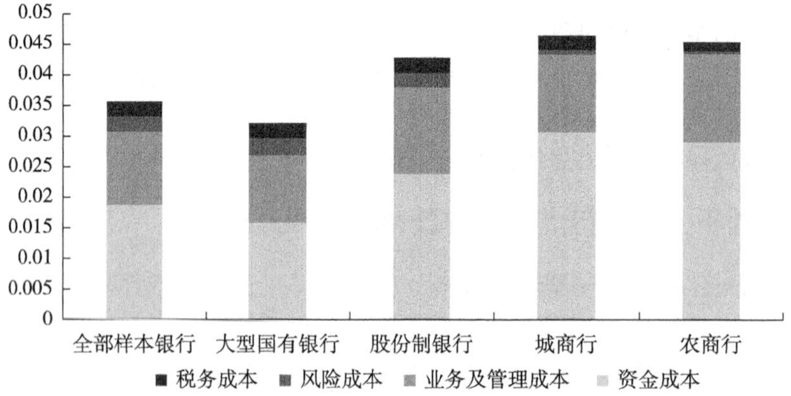

图 7 各类型银行贷款成本构成

商业银行在将贷款保本利率作为贷款成本的基础上，还会加上目标利润率形成贷款利率，以获得最大收益。本文假设各商业银行均在每年年初设置目标利润，到年末均能实现利润目标。本文将净利润与生息资产的比值作为目标利润率，计算得到 2021 年全部样本银行的目标利润率为 1. 06%。其中，大型国有银行由于市场份额较大，经营绩效较高，目标利润率相对最高，为 1. 18%，农村商业银行由于业务规模较小，目标利润率最低，为 0. 83%。

2021 年各类型银行贷款保本利率、目标利润率如表 15 所示。

表 15 分机构类别企业贷款成本情况

机构类型	贷款保本利率（%）	资金成本（%）	营业成本（%）	其中			目标利润率（%）
				业务及管理成本（%）	风险成本（%）	税务成本（%）	
大型国有银行	3. 20	1. 57	1. 63	1. 10	0. 28	0. 25	1. 18
股份制银行	4. 27	2. 38	1. 89	1. 40	0. 23	0. 26	0. 89
城市商业银行	4. 64	3. 06	1. 58	1. 26	0. 08	0. 24	0. 84
农村商业银行	4. 54	2. 89	1. 65	1. 45	0. 04	0. 16	0. 83
全部样本银行	3. 55	1. 87	1. 68	1. 18	0. 25	0. 25	1. 06

（二）贷款成本趋势分析

本文首先对样本银行 2017—2021 年的贷款平均成本走势进行分析。

由图 8 可知，2017—2020 年，四种类型的银行贷款成本均呈下降态势。其中股份制银行和城市商业银行的贷款成本降幅较为明显，贷款成本从 7% ~8% 下降至 4.5% ~5%。2020 年后，各类型银行贷款成本的下降幅度较小，走势较为平稳。

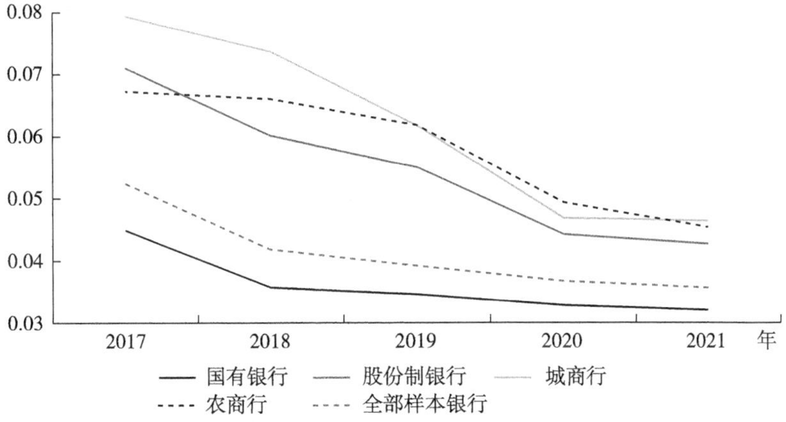

图 8　2017—2021 年各类型银行贷款成本变动趋势

2017—2021 年，各类型银行资金成本变动情况如图 9 所示。各类型上市银行的资金成本总体呈下降趋势。其中，股份制商业银行在 2018 年、2019 年连续下降超过 0.4 个百分点，城商行在 2019 年下降达 0.81 个百分点。主要原因包括两方面：一是央行在该阶段连续降息、降准释放流动性，推动商业银行资金成本下降；二是股份制银行、城商行的存款规模包括更多的结构性存款，在此期间针对结构性存款的严监管造成其总体资金成本的下降。另外，农商行的资金成本在 2021 年有所提高，由 2.76% 上升至 2.89%，上升 0.13 个百分点。其原因可能是农商行多元化负债能力较弱，无法享受存款利率改革带来的红利，仍需通过高息揽储的方式增加客户黏性。

2017—2021 年，各类型银行的营业成本也呈逐年下降趋势，如图 10 所示。总体来看，近年来金融科技迅速发展，银行离柜业务率走高、数字化转型加速，业务创新层出不穷，市场竞争更加激烈，相应使得银行成本效率改善，即在一定的条件下，营业成本更加接近最优成本，这也意味着商业银行的营业成本在下降。

2021 年，股份制商业银行的营业成本相对处于高位，其余类型商业银行的营业成本略高于 1.5%。相较于其他类型的银行，股份制银行的营业成本在 2017—2018 年出现明显下降，城商行则在 2018—2019 年出现营业成本的明显下

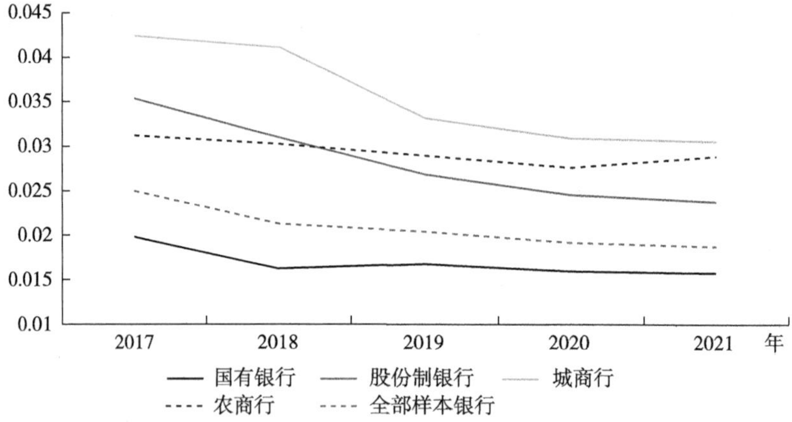

图 9　2017—2021 年各类型银行资金成本变动趋势

降。农商行在 2018—2020 年，营业成本均高于其他类型银行，这与现有研究结果较为吻合，互联网金融会降低农村商业银行的成本效率。农商行由于业务手段较为单一、业务创新能力较弱、科技资源不足，初期受到互联网金融的冲击较大。在转型过程中，逐渐转换业务模式，加大科技投入，优化经营管理，推动营业成本下降。

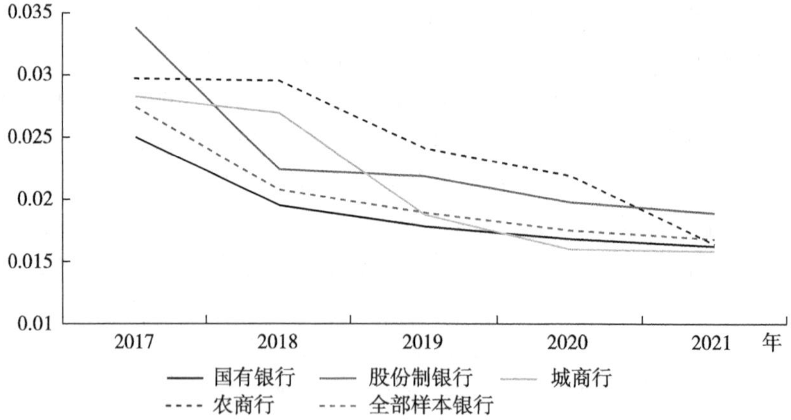

图 10　2017—2021 年各类型银行营业成本变动趋势

（三）基于模型的分析

本文利用公式 $OP = L \times R_L - D \times R_D + C$ 对样本银行平均贷款利率进行分析。在公式 $OP = L \times R_L - D \times R_D + C$ 中，OP 表示营业利润，L 表示贷款规模，R_L表示平均贷款利率，D 表示存款规模，R_D表示平均存款利率，C 等于除信贷业务以外的其他营业收入减去营业支出。

在此沿用前文对不同类型银行2021年贷款成本的测算，假定各家样本银行的业务结构、业务规模、付息率等均固定不变，其他生息资产的收益率也保持不变。在公式 $OP = L \times R_L - D \times R_D + C$ 中，将 $D \times R_D$ 即资金来源成本纳入常数项，调整后，贷款利率变动对营业利润的影响可以用下面的公式表示。

营业利润 = 贷款 × 贷款利率 + C。其中 C = 其他利息收入 − 利息支出 + 非息收入 − 营业支出，且 C 为一个常数。为避免规模因素的干扰，方便对比，现将公式左右两端同除以营业收入，则公式变形为：

$$毛利率 = \frac{营业利润}{营业收入} = \frac{贷款 \times 贷款利率 + C}{贷款 \times 贷款利率 + C + 营业支出} \tag{3}$$

根据计算，样本银行毛利率和贷款利率的关系如图11所示。当平均贷款利率降至2.86%时，样本银行营业利润为0，除贷款业务外的其他业务利润被贷款业务的亏损完全抵销。当贷款利率上升100个基点时，毛利率相应上升至36.04%；上升200个基点时，毛利率升至52.99%；上升300个基点时，毛利率升至62.84%。

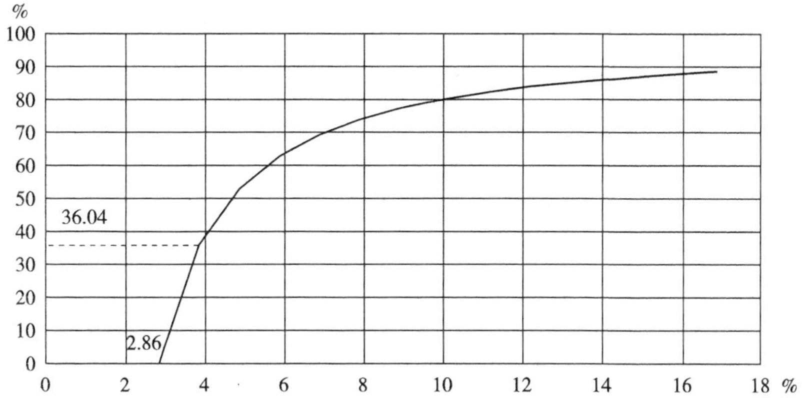

图11　银行毛利率和平均贷款利率的相关性曲线

用同样的方法得到四类机构的平均贷款利率与毛利率的函数关系，其盈亏平衡点和毛利率变化率如表16所示。从结果来看，对贷款利率下浮的承受能力由强到弱依次为：大型国有银行、股份制银行、城商行、农商行。城商行对利率变动的敏感性最强，股份制银行对利率变动的敏感性最弱。

表 16　贷款利率波动对银行毛利率的影响

	大型国有银行	股份制银行	城市商业银行	农村商业银行
盈亏平衡点（BEP）	2.45%	3.59%	4.16%	4.37%
BEP+1%	38.83%	30.60%	33.11%	32.41%
BEP+2%	55.89%	46.60%	49.79%	49.01%
BEP+3%	66.51%	57.10%	59.82%	59.06%

五、结论及建议

本文通过实证分析法从宏观和微观两方面分析比较了政策利率、市场利率和银行自身财务指标对贷款利率的影响程度，并通过利润模型建立了样本银行毛利率和贷款利率的相关性曲线。最终得出以下三点结论。

一是价格型货币政策工具对贷款利率的传导效率最高，数量型货币政策工具的传导效率则较差。本文选取的宏观变量对贷款利率影响程度排序由大到小依次为 LPR、SHIBOR007、DR007 和 M2。二是商业银行的贷款定价受股东资本回报目标设定及自身经营成本管理水平的影响较显著。回归结果显示各指标对贷款利率的影响程度由强到弱依次为净息差（0.433）、净资产收益率（0.093）、成本收入比（0.074）和多元化经营（-0.024）。三是大型国有银行贷款成本明显低于其他银行，对贷款利率下浮的承受能力也最强。2021 年样本银行测算数据显示各类型银行贷款成本由低到高依次是大型国有银行（3.20%）、股份制银行（4.27%）、农村商业银行（4.54%）和城市商业银行（4.64%）；对贷款下浮的承受能力由强到弱依次为大型国有银行、股份制银行、城市商业银行、农村商业银行。

基于上述结论，本文提出以下政策建议。

从人民银行角度出发，一是继续深入推进我国利率市场化改革，人民银行通过运用货币政策工具引导市场利率，完善贷款市场报价利率形成机制，完善利率走廊机制，升级货币政策工具箱，以此疏通利率传导渠道，为充分有效发挥价格型货币政策的影响效果奠定基础。二是加快探索数量型工具和价格型工具协同发力的货币政策机制，尤其要加强价格型工具的应用，细化利率工具，推动货币政策由数量型为主向价格型为主转变，促进对商业银行贷款定价的市场化引导。三是加强金融市场基础设施建设，采取差别化的监管方式，注重监管规范性和灵活性相统一，为各类型商业银行营造一个更加公平、高效、有序的竞争环境。

从商业银行角度出发，一是通过业务创新、产品创新、服务创新等方式加快转型。不同类型的银行应该结合自身优势开拓适合自身发展的业务模式，锁定自身目标客户群体设立差异化的服务方式拓展收入来源，推动银行从传统盈利模式向新型金融服务盈利模式转变，摆脱对净息差的过度依赖，在利率市场化进程中平稳度过存贷利率定价磨合期。二是应具备服务意识和让利意识，部分国有股东可以对绩效考评及资本回报作出逆周期调整，在经济下行压力较大和疫情叠加的特殊时期，以逆周期的思维建立绩效考核目标，适当合理地降低目标利润率，为金融服务实体经济作出贡献。三是提升金融创新水平，加大科技投入，用好金融科技，从优化组织结构、调整技术框架等方面提高运营效率，降低运营成本。对于大型商业银行，应加强与金融科技公司的合作，继续稳步推进金融科技子公司的建立，为其持续发展注入新动能。就小型商业银行而言，在确保稳健经营的前提下加大对金融科技的支持力度，逐步加强与金融科技的融合，提高竞争力以获取市场份额，进而提升盈利能力。

参考文献

[1] 巴曙松，严敏，王月香．我国利率市场化对商业银行的影响分析[J]．华中师范大学学报（人文社会科学版），2013，52（4）：27－37.

[2] 易纲．中国改革开放三十年的利率市场化进程［J］．金融研究，2009（1）：1－14.

[3] 孙丹，李宏瑾．利率市场化改革与商业银行利率定价机制转型［J］．南方金融，2016（5）：19－29.

[4] 巴曙松．商业银行外汇贷款定价问题研究［J］．上海金融，1999（7）：35－37，23.

[5] 彼得·S·罗斯．商业银行管理（第三版）［M］．唐旭，等译．北京：经济科学出版社，1999：594－698.

[6] 盛军．科学的贷款定价方法——RAROC 定价法［J］．上海金融，2000（7）：48－49.

[7] 莫易娴，范祚军．对三大贷款定价模型的比较分析［J］．财会月刊，2005（23）：74－75.

[8] 李振强．利率市场化背景下我国商业银行贷款定价研究［D］．山东财经大学，2014.

[9] 迟国泰，孙秀峰，芦丹．中国商业银行成本效率实证研究［J］．经济研究，2005（6）：104－114.

[10] 张超，顾锋，邸强．基于随机前沿方法的我国商业银行成本效率测度研究［J］．经济问题探索，2005（6）：116－119.

[11] 杨大强，张爱武．1996—2005 年中国商业银行的效率评价——基于成本效率和利润效率的实证分析［J］．金融研究，2007（12）：102－112.

［12］邱兆祥，张磊．经过风险调整的商业银行利润效率评价研究——基于随机利润边界方法［J］．金融研究，2007（03A）：98－111.

［13］鹿新华．我国商业银行效率测度及影响因素研究［D］．西南财经大学，2014.

［14］刘锡良，刘轶．提升我国商业银行竞争力：成本领先战略视角［J］．金融研究，2006（4）：71－81.

［15］刘玲玲，李西新．中国商业银行成本效率的实证分析［J］．清华大学学报（自然科学版），2006（9）：1611－1614.

［16］张淑安，陶爱萍．考虑非期望产出的中国商业银行成本效率研究［J］．皖西学院学报，2021，37（6）：110－117.

［17］刘春航，陈璐，朱太辉．我国利率水平及其影响因素研究［D］．中国银行业监督管理委员会，2015（8）．

［18］杜崇东，张婉琳，孟娜娜．利率并轨对银行存贷款定价的影响——基于银行净息差的实证分析［J］．南方金融，2021（3）：14－25.

［19］姚雪松，林欣，谢林林，王志勇．中国货币供应量、市场利率与经济增长——基于中介效应和 VAR 模型的实证研究［J］．技术经济与管理研究，2022（4）：80－85.

［20］熊启跃，王书朦．负利率对银行净息差影响机制研究——基于欧洲主要上市银行的经验证据［J］．金融研究，2020（1）：110－129.

［21］Black F，Scholes M. The Pricing of Options and Corporate Liabilities［J］. *Journal of Political Economy*，1973（81）：637－654.

［22］Merton R. The Theory of Rational Option Pricing［J］. *Bell journal of Economics and Management Science*，1973，4（1）：141－183.

［23］Sherman H D，Gold F. Bank Branch Operating Efficiency：Evaluation with Data Envelopment Analysis［J］. *Management Science Letters*，2014，9（2）：297－315.

［24］Ariff M，Can L. Cost and Profit Efficiency of Chinese Banks：A Non-parametric Analysis［J］. *China Economic Review*，2008，19（2）：260－273

［25］Deyoung R，Rice T. Non-interest Income and Financial Performance at US Commercial Banks［J］. *Journal of Banking and Finance*，2008，32（8）：1452－1467.

［26］Smith R，Staikouras C，Wood G. Non-Interest Income and Total Income Stability［M］. *Bank of England*，2003.

长三角地区产业协同集聚与经济增长的双向互动及空间分异

——以制造业与生产性服务业为例

绍兴市金融学会课题组*

一、引言

产业协同集聚常用于反映不同产业之间由于相互吸引，在同一区域内集聚分布的现象（Ellison 等，1997），对于生产要素跨区域流动与整合具有降低成本、扩大经济规模、优化经济结构、促进技术创新等重要作用。长三角地区以全国 3.7% 的陆地面积和 16.7% 的人口规模，创造了全国 24.1% 的国内生产总值和 26.6% 的财政收入，是我国经济社会发展水平较高区域之一，具有较好的产业协同集聚基础，受到中央高度关注。2010 年 5 月，国务院正式批准实施《长江三角洲地区区域规划》；2018 年 11 月，习近平总书记宣布长江三角洲区域一体化发展上升为国家战略。截至 2021 年末，长三角一体化发展指数达 192.56 点，同比增长 6.49%，为三年内最大增幅。地区内产业集聚也表现出单一产业集聚、二三产业协同集聚等多种形式。但部分地区的产业集聚主要趋向于满足当地居民多样化的消费需求，而产业与产业之间的集聚现象并不明显；部分地区由于产业结构单一，经济增长主要依靠单个或几个细分产业，产业协同集聚基础较弱；部分地区受邻近发达地区影响，产业集聚出现了促进或抑制两种不同情况。那么产业协同集聚与经济增长的关系究竟如何？有待进一步研究与检验。

学术界已对产业协同集聚与经济增长开展了许多有益探索，主要认为产业协同集聚不仅能够促进经济增长的外在效率，还能够提升因技术进步带来的内生动力。如 Fitzgerald（2004）发现要素的流动与积累将促进产业集聚，重构区域内经济结构进而促进生产效率。Amin（2005）认为，产业协同集聚可通过构建创新环境、节约创新成本提升地区的创新技术水平。也有学者发现，产业协同集聚具有空间溢出影响，如陈建军等（2016）研究发现产业协同集聚对城市

* 课题主持人：孔祖根
课题组成员：王涌飞　李　兰　冯　颖　潘　宇　翁宇奇　樊超辰

生产效率具有增进作用，邻近地区生产效率提升也能带动本地效率增进，且随着距离增加带动效应逐渐减弱。近年来制造业与生产性服务业更是成为学术研究的热点。张明斗等（2021）利用空间计量模型分析了制造业与生产性服务业协同集聚对城市经济效率的影响。于斌斌等（2021）发现生产性服务业集聚对制造业创新的影响受到地区因素的干扰。部分学者则研究了经济增长对产业协同集聚的影响作用（汪发元等，2020；袁鹏等，2020）。但遗憾的是，当前学者主要从经济增长的外在效率与内在动力的某一角度进行研究，少有学者对两个角度进行综合分析，汤长安等（2021）从经济增长的“量”与“质”两方面进行了相关分析，但忽视了产业协同与经济增长的双向关系。张可（2019）虽分析了产业集聚与技术创新的交互关系，但未对经济增长的另一方面，即外在经济效率进行深入探索。

正是如此，基于长三角区域一体化发展战略的现实背景以及当前学术研究中尚存在的不足，本文在梳理现有产业协同集聚与经济增长机理文献的基础上，运用 ArcGIS 软件分析了长三角地区产业协同集聚现状及变化趋势，构建空间计量模型实证分析长三角地区产业协同集聚与经济增长的双向互动关系及空间效应。最后，根据研究结果对促进长三角地区产业集聚发展提出具有针对性和可操作性的优化建议。本文的研究是对现有文献的有益补充，对于促进长三角区域一体化进程，推动区域经济高质量发展具有一定参考意义。

二、研究假设的提出

为了更加客观反映产业协同与经济增长的双向互动关系，本文将经济增长拆分为由规模增加带来的外在生产效率增长与技术创新引发的内在能力提升两方面。

（一）产业协同集聚与生产效率的双向互动

1. 产业协同集聚对生产效率的影响作用

产业协同集聚对生产效率的影响作用是学术界研究的重点问题之一，国内外学者较早地对这一问题进行了研究，并从人力资本、资本深化、技术进步等角度进行了作用机制分析。Abel 等（2012）指出，人力资本水平的高低是影响劳动生产率的一个重要因素，人口集聚能够通过匹配效应和竞争效应提高就业劳动力的人力资本水平，进而提升劳动生产率。资本深化理论认为产业集聚能够提高地区储蓄规模，带动投资规模扩大，从而吸引资本流入，一定程度上提高了劳动力人均资本占有量。技术进步与资本深化类似，是通过改变劳动力工作环境等外部因素影响劳动生产率。

2. 生产效率对产业协同集聚的影响作用

也有学者研究了生产效率对产业协同集聚的促进作用。其中，外部性理论认为，企业集聚是为了追寻“1 +1 >2”的外部性效应，降低生产成本、创造更高价值，从而产生产业协同集聚效应。工业区位论指出运输成本、劳动力成本和产业集聚是企业在选址时考虑的三个关键因素，将这三个因素结合起来可以降低企业的生产成本，提高生产效率，从而进一步加快产业集聚。

假设一：产业协同集聚与生产效率具有正向的双向互动关系。

（二）产业协同集聚与技术创新的双向互动

1. 产业协同集聚对技术创新的影响作用

学术界广泛认为，产业协同集聚可通过多种途径影响技术创新，其中竞争效应、合作效应、学习效应和规模经济效应最具代表性。波特产业竞争力理论认为经济集聚过程中的知识溢出会促进经济增长和区域创新。合作效应理论认为，产业集聚有利于分担企业间创新的风险和共享创新收益。学习效应理论认为，集群企业通过相互学习能够加速技术交流与合作，有利于企业低成本地从高势能企业获取溢出知识。规模经济效应认为，产业集聚可以通过规模经济效应降低企业创新成本或者提高企业创新绩效，从而提升企业创新效率。

2. 技术创新对产业协同集聚的影响作用

区域技术创新也可通过增长极效应、产业结构优化效应、网络关联效应等机制反作用于产业集聚。Kogan 等（2017）认为区域创新活动是促进生产要素的重构、实现区域经济增长的新增长极，有利于进一步提高区域生产专业化水平，促进经济活动的空间集聚。张可（2019）认为区域创新有利于促进地区产业结构升级和地区功能转变，进而改变地区经济的空间布局和增长方式。Murata（2015）认为区域创新的网络化会促进产业链上创新要素的流动，使得经济活动的空间集聚与分散加速。

假设二：产业协同集聚与技术创新具有正向的双向互动关系。

（三）空间溢出效应

地理学第一定律认为不同事物在空间中相互影响，且距离越近影响越大（Tobler，1970）。在产业协同集聚过程中，一方面，产业集聚通过促进资源共享、引导要素合理配置，通过示范效应和溢出效应促进邻近地区发展；另一方面，产业集聚深化了产业分工，专业化水平进一步提高，产业的核心环节、高技术环节是集聚的下一个方向，而低端产业链的逐渐外移，为邻近地区带来经济增长新动能。马歇尔 - 阿罗 - 罗默的技术外部性理论认为，同类大量相关企业的集聚有利于促进知识和技术的转移与扩散，区域内的企业可以通过实地参观访问、技术人员之间经常非正式的面对面交流、企业间员工的流入与流出等促进知识的传播和溢出。陆军等（2020）研究发现，在城市网络中，随着交通与通信技术的进步，城市经济主体横向和纵向的产业分工不断加深，城市间劳动力、资金、技术、信息等要素的跨区域流动不断增强，促使集聚经济向更大地理尺度扩散。田芳（2022）通过分析兰西城市群产业集聚情况，发现物流业和制造业集聚对周边城市经济增长均存在正向的空间溢出效应，城市群内任一城市的物流业集聚与制造业集聚都会对周边地区的经济增长产生促进作用。

也有学者认为，产业集聚存在"集聚阴影效应"（Burger 等，2016），从而解释了大都市周边存在贫困带的原因。因此，产业协同集聚既存在有利于邻近地区发展的积极作用，也存在制约邻近地区的负面影响。其综合效应受到两种作用力额共同作用。

假设三：产业协同集聚与经济增长的双向互动关系存在空间溢出效应，不仅对本地区存在影响作用，还会间接影响邻近地区（见图 1）。

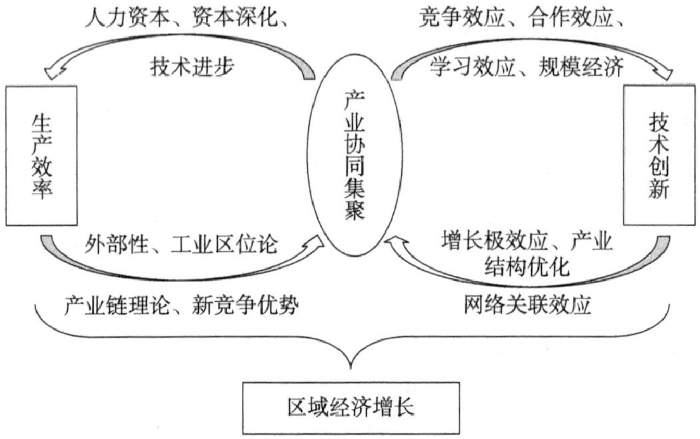

图 1　产业协同集聚与经济增长双向互动关系

三、长三角地区产业协同集聚测度分析

借鉴现有文献的研究方法，本文通过计算长三角地区产业协同集聚的 E – G 指数、Moran's I 指数分析其空间布局与时空演化。

（一）产业协同集聚的时序特征

2003—2019 年长三角地区及各省份制造业与生产性服务业协同集聚指数平均值变动情况如图 2 所示。从总体上看，各省产业协同集聚水平在此期间存在波动变化，上海与江苏整体呈现下降趋势，产业协同集聚指数分别从 2003 年的 3. 47 与 2. 79 下降为 2019 年的 3. 11 与 2. 56；浙江产业协同集聚程度变化较为平稳，整体水平保持在 2. 5 左右；安徽的产业协同集聚水平表现为先下降后上升的趋势，指数从 2003 年的 2. 27 上升至 2019 年的 2. 38。

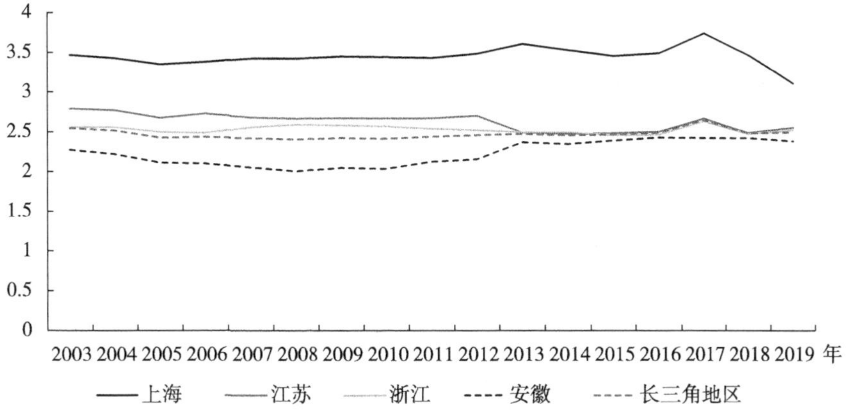

图 2　长三角地区产业协同集聚指数变动情况

（二）产业协同集聚的空间演化特征

通过将 2003—2019 年长三角地区产业协同集聚水平进行可视化处理，根据 Jenks 自然间断点法将 41 个城市产业协同集聚水平分割为 5 个层次。不难发现，长三角地区产业协同集聚水平具有明显的空间特征，总体呈现为“东高西低”的空间分布格局。2003—2019 年，长三角地区产业协同集聚水平较高的地区主要分布于东部沿海地区，而西部内陆地区产业协同集聚水平相对较低。其中，上海、南京、杭州三个省会城市始终处于热点或次热点地区，以该三个城市为核心，表现出“核心—外围”的地理分布特征。近年来，产业协同集聚的热点地区和次热点地区进一步向东部地区集聚，并形成了连续的带状分布特征，将长三角地区分割为“一高三低”四部分。

（三）产业协同集聚的空间自相关特征

2003—2019 年长三角地区产业协同集聚指数的全局 Moran's I 指数均为正值，且在通过了显著性检验。结果拒绝了产业随机分布的假设，即表明长三角地区产业协同发展具有空间依赖性而非独立发展，邻近城市产业协同集聚水平提高可促进本地区产业协同集聚的发展，表现出显著为正的空间自相关性。从经济增长对应指标看，生产效率和技术创新也反映出相似的空间影响关系，即本地区的生产水平受到邻近城市的影响，邻近城市产业水平的提高可促进本地区经济增长。

表 1　全局 Moran's I 指数计算结果

	2003 年	2004 年	2005 年	2006 年	2007 年	2008 年	2009 年	2010 年	2011 年
产业协同	0.3782	0.4333	0.4300	0.4262	0.4251	0.4275	0.4636	0.4324	0.3628
生产效率	0.6799	0.5661	0.4692	0.4576	0.4614	0.4205	0.4253	0.4244	0.3157
技术创新	0.3630	0.4323	0.3987	0.3595	0.6805	0.5149	0.2922	0.2688	0.3101

续表

	2012 年	2013 年	2014 年	2015 年	2016 年	2017 年	2018 年	2019 年	
产业协同	0.3789	0.1788	0.1894	0.0826	0.0977	0.1136	0.0395	0.0498	
生产效率	0.3246	0.0343	0.1139	0.1946	0.1739	0.1745	0.2242	0.1837	
技术创新	0.2818	0.2755	0.2445	0.2173	0.1943	0.2485	0.2452	0.1888	

因此，根据全局 Moran's I 指数的检验结果，空间因素对产业协同与经济增长的影响不容忽视，有必要选择空间计量模型对各因素的影响效应进行实证研究。

四、产业协同与经济增长双向互动的实证研究

（一）变量选取与描述性统计

1. 被解释变量与核心解释变量

生产效率（LP）。本文选取 2003—2019 年长三角地区 41 个城市的 GDP 与该城市从业人员总数的比值来刻画地区生产效率。技术创新（CX）。选取各城市财政科技支出占财政总支出比重来衡量地区创新能力。产业协同（R）。使用上文计算的各城市制造业与生产性服务业协同集聚指数来衡量。生产效率与产业协同，技术创新与产业协同分别互为解释与被解释变量。

2. 控制变量

本文认为就业密度（ED）、政府干预（GOV）、教育水平（EDU）、工业水平（IL）能够影响产业协同与经济增长的双向互动关系。本文将其设定为控制变量，具体指标如表 2 所示。

表 2　　变量说明及描述性统计

变量类型	变量名称	变量说明	平均值	标准差	最小值	最大值
被解释变量与核心解释变量	生产效率	地区生产总值/从业人员数量	39.50	19.11	3.86	114.57
	技术创新	财政科技支出/财政总支出	2.42	2.01	0.04	13.09
	产业协同	产业协同集聚相对指数	2.47	0.45	1.33	3.74
控制变量	就业密度	从业人员总数/区域土地面积	98.88	135.85	7.59	1152.15
	政府干预	财政预算支出/GDP	14.17	7.95	4.91	148.52
	教育水平	普通高等学校专任教师数	5690.54	9620.32	87	53296
	工业水平	地区规模以上工业企业数量	2750.86	2855.42	98	18792

3. 数据来源

本文以 2003—2019 年长三角地区 41 个主要城市为研究样本，选取制造业与生产性服务业相关指标测算产业协同集聚水平，选取相关宏微观指标作为影响

因子，本文数据主要来源于《中国城市年鉴》(2004—2020 年)、各城市统计年鉴，对于个别缺失数据采取插值法进行填补。

（二）模型设定与优选

1. 模型设定

与传统的经典回归模型 $y = X\beta + \mu$ 不同，空间计量模型包含了邻近地区因变量的空间溢出效应、邻近地区的个体差异以及邻近地区没有被观测到的变量的空间溢出效应，由此产生了三种基本的空间计量全局模型，包括空间自回归模型（SAR)、空间误差模型（SEM）和空间杜宾模型（SDM)，具体形式如表 3 所示。

表 3　SAR、SEM、SDM 模型说明

模型类别	模型公式	变量注释
SAR（空间自回归模型）	$y = \alpha + \rho Wy + X\beta + \varepsilon$	y 为被解释变量，X 为解释变量，W 为空间权重矩阵，W_y 为被解释变量的空间滞后项，W_X 为解释变量的空间滞后项，W_ε 为随机扰动项的空间滞后项，ρ、θ、λ 为空间相关系数，β 为解释变量回归系数，α 为常数项，ε 为随机扰动项
SEM（空间误差模型）	$y = \alpha + X\beta + \varepsilon$ $\varepsilon = \lambda W\varepsilon + \mu$	
SDM（空间杜宾模型）	$y = \alpha + \rho Wy + X\beta + WX\theta + \varepsilon$	

2. 模型优选

首先，本文使用普通非空间计量模型进行变量筛选。在对数据进行标准化处理后，经过 Hausman 检验确定采用固定效应模型进行回归（见表 4)。结果显示，在不考虑空间溢出效应的影响下，经济增长的生产效率与产业协同集聚水平存在正向的双向互动关系；而从创新能力看，无论是产业协同对技术创新，还是技术创新对产业协同均未呈现明显的变动关系。

表 4　普通非空间模型估计结果

变量	产业协同→生产效率	产业协同→创新能力	生产效率→产业协同	创新能力→产业协同
X1	4.030***	0.086	0.005***	0.004
	(3.81)	(0.49)	(3.81)	(0.49)
X2	-23.542***	0.186	0.145***	0.024
	(-28.12)	(1.33)	(3.34)	(0.8)
X3	-7.804***	-2.246***	0.079	0.049
	(-5.25)	(-9.07)	(1.47)	(0.87)

续表

变量	产业协同→生产效率	产业协同→创新能力	生产效率→产业协同	创新能力→产业协同
X4	1.565 (0.92)	-0.291 (-1.03)	0.094 (1.56)	0.105* (1.73)
X5	-1.374 (-1.54)	0.210 (1.41)	0.226*** (7.37)	0.222*** (7.17)
R^2	0.5523	0.1156	0.1208	0.1026
σ^2	30.3344	0.8412	0.0385	0.0393
LM test no spatial lag	72.1411***	57.1329***	26.6289***	22.1716***
robust LM test no spatial lag	8.8158***	4.1020**	0.5143	6.5753***
LM test no spatial error	70.5893***	53.0355***	26.5963***	17.8836****
robust LM test no spatial error	7.2640***	0.0046	0.4816	2.2872

注：***、**、*分别表示在1%、5%、10%置信水平下显著，括号内为t值，下同。

其次，通过LM检验选择合适的空间模型。结果显示LM（lag）统计值与LM（error）统计值均通过了显著性检验，因此SAR模型与SEM模型均可接受，此时可考虑SDM模型作为本文的最终实证模型。后文中Wald检验和LR检验结果表明，SDM模型更适合本文的研究。

（三）产业协同与生产效率的双向互动

Lesage和Pace（2009）将空间计量模型参数效应分解为直接效应、间接效应和总效应。基于他们的研究方法，本文对实证结果进行了影响效应分解（见表5）。

表5 产业协同与生产效率双向互动空间效应分解结果

变量名	产业协同→生产效率		生产效率→产业协同	
	直接效应	间接效应	直接效应	间接效应
生产效率			0.006*** (4.73)	-0.013*** (-4.13)
产业协同	4.344*** (4.13)	-11.195*** (-3.51)		
就业密度	-23.657*** (-26.53)	-10.471*** (-3.52)	0.149*** (3.41)	-0.621*** (-4.94)
政府干预	-7.677*** (-5.12)	-9.542** (-2.19)	0.106* (1.97)	-0.526*** (-3.84)

续表

变量名	产业协同→生产效率		生产效率→产业协同	
	直接效应	间接效应	直接效应	间接效应
教育水平	1.010 (0.56)	3.864 (0.66)	0.089 (1.47)	0.177 (1.03)
工业水平	0.643 (0.53)	-2.914 (-1.28)	0.090* (2.01)	0.191*** (2.72)
R^2	0.9307		0.8345	
Log-L	-2127.9362		185.3268	
Wald spatial lag	34.4211		43.7584	
LR spatial lag	33.3380		46.7042	
Wald spatial error	31.8758		41.3693	
LR spatial error	30.2227		46.1439	

根据分解结果，在生产效率模型中，产业协同集聚对本地区经济增长的生产效率具有显著的正向影响，产业协同集聚相对指数每增加1%，单位从业人员的地区生产总值将提高4.344%，说明产业协同集聚是促进地区生产效率的重要途径，通过共享区域内的交通物流、信息通信等基础设施，有利于形成高效的生产环境，提高企业的生产经营效率。而产业协同集聚对邻近地区经济增长的生产效率影响显著为负，且估计系数的绝对值高于直接效应，表明伴随着生产要素的跨区域流动，产业协同集聚水平较高的城市将对邻近城市产生虹吸效应，且虹吸效应的作用大于通过区域协作等带来的正向影响，对邻近地区的生产效率形成了抑制作用。在产业协同模型中，本地区生产效率每提高1%，将使产业协同集聚水平指数提高0.006%，表明生产效率的提高有利于减少企业的生产成本，为形成产业集聚提供有利条件。从间接效应看，邻近地区生产效率的提高对本地区的产业集聚具有负向的影响作用，与生产效率模型类似，由于虹吸效应的存在，生产效率较高的地区能够吸引邻近城市企业和人才的集聚，在促进本地形成产业集聚的同时对邻近地区产业集聚产生不利影响。

（四）产业协同与技术创新的双向互动

本文采用相同的方法，对产业协同与技术创新的双向互动关系进行实证研究，影响效应分解结果如表6所示。

表 6　　产业协同与技术创新双向互动空间效应分解结果

变量名	产业协同→技术创新		技术创新→产业协同	
	直接效应	间接效应	直接效应	间接效应
技术创新			-0.009 (-0.96)	0.009 (0.41)
产业协同	-0.169 (-0.94)	-0.395 (-0.77)		
就业密度	0.217 (1.53)	-1.603*** (-3.53)	0.028 (0.94)	-0.334*** (-3.87)
政府干预	-1.806*** (-7.09)	-2.345*** (-3.41)	0.070** (2.14)	-0.454*** (-3.07)
教育水平	-0.213 (-0.75)	4.373*** (4.9)	0.080 (1.3)	0.113 (0.63)
工业水平	-0.097 (-0.48)	0.226 (0.63)	0.108** (0.009)	0.170** 0.009
R^2	0.8290		0.8253	
Log - L	-872.5795		167.5413	
Wald spatial lag	50.0101		26.9461	
LR spatial lag	54.9896		30.1818	
Wald spatial error	46.0968		29.8685	
LR spatial error	53.1051		33.7490	

根据分解结果，在技术创新模型中，产业协同对于技术创新的直接效应与间接效应均不显著，李勇辉等（2021）认为，由于目前城市中各类制造业尤其是生产性服务业的发展并不均衡，产业协同集聚无法有效发挥促进技术创新的作用，盲目推进产业集聚反而不利于本地区的技术创新。不仅如此，盲目的产业集聚还会削弱邻近地区的创新能力，由于不同城市间产业集聚水平和技术创新能力差异较大，集中度较大的地区对邻近地区技术创新产生了虹吸效应，部分地区则可能存在过度集聚的情况，不仅不利于本地创新活动的推进，也不利于邻近地区技术创新的变革。在产业协同模型中，技术创新对于产业协同集聚的直接效应与间接效应影响也均不显著，一般而言技术创新能够通过知识溢出效应、产业结构优化效应和增长极效应促进产业协同集聚发展，但可能是政府的大力干预下，产业布局更多受到当地政府影响，对于由技术引领形成的自然集聚现象较少。

（五）稳健性检验

为提高实证结果的稳健性，提升结论的可靠度，本文采用改变模型结构和替换空间权重矩阵的方式进行稳健性检验。

首先，本文将模型结构由 SDM 模型转变为 SAR 模型，估计结果如表 7 所示。根据检验结果，各模型中核心解释变量的系数与上文 SDM 模型结果基本一致，虽然产业协同对于技术创新的间接效应和技术创新对产业协同的直接效应影响系数由负转正，但均未通过显著性检验，因此不影响实证结论。

表 7　SAR 模型稳健性检验结果

变量名	产业协同→生产效率		生产效率→产业协同		产业协同→技术创新		技术创新→产业协同	
	直接效应	间接效应	直接效应	间接效应	直接效应	间接效应	直接效应	间接效应
生产效率/技术创新			0.006***	-0.003***			0.002	0.001
产业协同	3.708***	-1.836***			0.036	0.022		
就业密度	-23.23***	-11.52***	0.174***	-0.076***	0.266*	0.165*	0.037	0.015
政府干预	-7.618***	-3.783***	0.107*	-0.047*	-1.972***	-1.220***	0.066	0.026
教育水平	1.107	0.542	0.086	0.038	-0.550*	-0.342*	0.102	0.004
规上企业	-2.132**	-1.064**	0.181***	0.079***	0.237	0.148	0.180***	0.007***

其次，本文将空间权重矩阵由邻接矩阵替换为距离矩阵，继续采用 SDM 进行估计，估计结果如表 8 所示。结果表明，改变空间权重矩阵设置并未影响本文的研究结论，即产业协同对于生产效率具有正向的直接效应和负向的间接效应，生产效率对于产业协同同样具有正向的直接效应和负向的间接效应，但产业协同与技术创新的双向互动作用并不显著。因此，从整体上本文的结论通过了其他空间计量模型与空间权重矩阵的检验，实证结果稳健可靠。

表 8　距离权重矩阵稳健性检验结果

变量名	产业协同→生产效率		生产效率→产业协同		产业协同→技术创新		技术创新→产业协同	
	直接效应	间接效应	直接效应	间接效应	直接效应	间接效应	直接效应	间接效应
生产效率/技术创新			0.004**	-0.138***			-0.005	0.321
产业协同	2.298*	-125.02***			-0.115	2.179		
就业密度	-25.36***	-73.78***	0.065	-4.947***	-0.051	-14.875***	0.003	-2.041***
政府干预	-9.64***	-104.431*	0.014	-3.551***	-2.317***	-21.747***	0.027**	-1.445*
教育水平	3.042	82.575	0.213	3.773	0.282	32.743***	0.124	1.882
规上企业	-0.824	16.299	0.121***	0.479	0.322	-5.808**	0.136***	0.439

五、结论与建议

本文基于 2003—2019 年长三角地区 41 个主要城市的空间面板数据，运用 ArcGIS 软件分析了长三角地区产业协同集聚现状及变化趋势，构建空间计量模型实证分析长三角地区产业协同集聚与经济增长的双向互动关系及空间效应。研究结果表明：第一，长三角地区产业协同集聚处于较高水平，总体呈现“东高西低”的空间分布格局，且对邻近地区具有正向的空间溢出影响；第二，产业协同集聚与生产效率具有显著的双向互动关系，对于本地区而言，产业协同集聚与生产效率能够实现相互促进，但对于邻近地区可能存在虹吸效应抑制邻近地区的发展；第三，产业协同集聚与技术创新的双向互动并不显著，对邻近地区的溢出效应尚不明显，不利于长三角地区经济的高质量发展。对此，本文提出如下建议。

（一）优化生产性服务业内部结构，提高与制造业的良性互动，提升地区生产效率

产业协同集聚可通过优化资源配置、降低交易成本，从“量”的角度促进地区经济增长，因此建议：一是把握本地区制造业生产需求，积极优化生产性服务业内部结构，形成制造业与生产性服务业的良性互动。二是制定产业联动发展战略，促进产业的横向拓展和纵向延伸，不断完善产业链的多样性和稳定性。三是因地制宜，根据各地区产业优势与资源禀赋，引导生产要素向优势产业集聚，培育特色产业集群。

（二）完善区域创新体系，发挥创新对于产业协同集聚的引领作用

从实证结果看，长三角地区的产业协同与技术创新并未呈现显著的双向互动关系，在政府的干预下由技术创新自发形成的产业集聚受到一定抑制，因此建议：一是创新转变政府职能，加大对于产业创新的公共服务投入，减少对于市场的过度干预，引导企业通过技术创新自发形成产业协同集聚。二是维护公开透明的市场竞争机制，加强知识产权保护执法力度，严厉惩治产权违法行为，营造有序公平的创新环境。三是加大对于交通、通讯等基础设施建设，积极吸引外商直接投资，不断引进和学习国外先进制造技术。

（三）打破区域壁垒，加强长三角区域一体化合作，推动跨区域协同创新活动高效开展

长三角地区产业集聚与经济增长具有显著的空间自相关性，表明促进产业协同与经济增长各地区间并非孤立存在，因此建议：一是打破地区市场分割，在长三角地区建立及时、高效的政府协调协商机制，形成分工合作、互利共赢的新格局。二是加快构建长三角地区综合立体交通运输、能源、通信等基础设施网络一体化建设，促进生产要素跨区域流动。三是各地区应拉长产业价值链，

提升与邻近地区产业关联度，避免出现地区间恶性竞争和产业结构同质化等问题。

（四）加大教育投入，加强产业创新人才引进与培养，完善落实人才服务体系

从实证结果看，就业密度对于生产效率和技术创新并未表现出显著的正向促进作用，甚至由于拥挤效应而产生抑制作用，显然对于长三角地区高素质人才才是产业转型升级的关键，因此建议，一是构建多层次人才培养体系，通过加大教育投入和人才引进，积极储备符合当地产业特征与层次的高技术人才。二是完善人才服务体系，营造良好的人才发展环境。通过税收、财政和人才扶持等手段，吸引高素质人才就业落户，构建灵活有效的人才激励机制。三是鼓励开展扩区域科研活动与技术交流，促进技术与人才流动，提升长三角地区整体创新能力。

参考文献

[1] 陈建军，刘月，邹苗苗．产业协同集聚下的城市生产效率增进——基于融合创新与发展动力转换背景［J］．杭州大学学报（哲学社会科学版），2016，46（3）：150－163.

[2] 张明斗，李维露，吴庆帮．制造业和生产性服务业集聚对城市经济效率的影响［J］．财经问题研究，2021（9）：36－44.

[3] 于斌斌，郭东．城市群空间结构的经济效率：理论与实证［J］．经济问题探索，2021（7）：148－164.

[4] 汪发元，郑军．科技创新、金融发展对产业集聚的影响——基于长江经济带数据的空间杜宾模型分析［J］．科技进步与对策，2020，37（13）：45－53.

[5] 袁鹏，唐欣，罗娇霞等．创新资源协同的空间关联与产业集聚［J］．统计与决策，2020，36（2）：125－128.

[6] 汤长安，邱佳炜，张丽家等．要素流动、产业协同集聚对区域经济增长影响的空间计量分析——以制造业与生产性服务业为例［J］．经济地理，2021，41（7）：146－154.

[7] 张可．经济集聚与区域创新的交互影响及空间溢出［J］．金融研究，2019（5）：96－114.

[8] 陆军，毛文峰．城市网络外部性的崛起：区域经济高质量一体化发展的新机制［J］．经济学家，2020（12）：62－70.

[9] 田芳．兰西城市群产业集聚对经济增长影响的空间效应分析［D］．西北师范大学，2022.

[10] Ellison G, Glaeser E L. Geographic Concentration in U. S. Manufacturing Industries: a Dartboard Approach [J]. Journal of Political Economy, 1997, 105 (5): 889 - 927.

[11] Fitzgerald K, Harmon D. Thoracic Paravertebral Blockade [J]. Anaesthesia, 2004, 59 (10): 1028 - 1029.

[12] Amiti, M. Location of Vertically Linked Industries: Agglomeration Versus Comparative Advantage [J]. European Economic Review, 2005, 49 (4): 809 - 832.

[13] Abel J R, Dey I, Gabe T M. Productivity and the Density of Human Capital [J]. Journal of Regional Science, 2012, 52 (4): 562 - 586.

[14] Kogan L, Papanikolaou D, Seru A, et al. Technological Innovation, Resource Allocation, and Growth [J]. Quarterly Journal of Economics, 2017, 132 (2): 665 - 712.

[15] Murata, Yasusada, Nakajima, Ryo, Okamoto, Ryosuke, Tamura, & Ryuichi. Localized Knowledge Spillovers and Patent Citations: a Distance-based Approach [J]. Review of Economics & Statistics, 2014, 96 (5): 967 - 985.

[16] Tobler W R. A Computer Movie Simulating Urban Growth in the Detroit Region [J]. Economic Geography, 1970, 46 (Supp 1): 234 - 240.

[17] Burger M J, Meijers E J. Agglomerations and the rise of urban network externalities [J]. Papers in Regional Science, 2016 (1): 5 - 15.

[18] Lesage J., Pace R. K. Introduction to Spatial Econometrics [M]. New York: CRC press Taylor & Francis Group, 2009: 279 - 293.

基于风险中性原则的企业汇率风险及避险策略实证研究

金华市金融学会课题组*

一、引言

随着人民币汇率市场化改革的不断深化，人民币汇率双向波动日趋常态化，理性看待汇率波动、树立风险中性理念、科学管理汇率风险，是涉外企业稳健经营的重要前提。从实践看，我国涉外企业在外汇风险管理方面存在“顺周期”和“裸奔”行为、缺乏对汇率风险和外汇衍生品保值功能的理性认识、汇率避险决策不科学等问题。如何更好地帮助涉外企业进行汇率风险管理，避免汇率波动影响企业正常经营利润成为当前热点问题。基于此，本课题选取 VaR 模型对涉外企业汇率风险进行度量，基于风险中性原则为不同类型涉外企业设定合理套期保值比率提供参考，以期提升涉外企业汇率风险管理水平，支持涉外企业更好地适应人民币汇率双向波动常态。

本课题分为五个部分，除引言外，第二部分是关于涉外企业汇率风险的定性分析。第三部分对涉外企业汇率避险现状进行分析。第四部分是关于汇率风险的实证分析，采用 VaR 模型对汇率风险进行度量，对金华市涉外企业、上市企业按企业规模和行业类型进行汇率风险分类研究，得出基于实证结论下不同类型涉外企业的指导套期保值率。第五部分根据汇率风险分析和实证结论，提出相应的对策建议。

二、涉外企业汇率风险分析

（一）汇率风险

本课题定义的汇率风险以 Eiteman&Stonehill（1989）提出的汇率风险理论为基础，是指汇率变动对以本币记账的涉外企业的获利水平、净现金流量以及市场价值的潜在影响，将汇率风险分为三种主要类型，即交易风险、换算风险（也称会计风险）、经济风险。所指的汇率风险为广义风险的概念，即企业暴露

---

* 课题主持人：杨　曦
课题组成员：潘　俊　吕　倩

于汇率波动的风险中，带来的影响既可能是正面的也可能是负面的。换言之，汇率波动对于涉外企业来说就是一项风险事件，风险事件发生与否、风险事件给企业带来收益还是损失、收益或损失的程度均存在不确定性，这种不确定性就是一种汇率风险。

（二）汇率风险中性

本课题定义的汇率风险中性是从涉外企业角度出发，引用国家外汇管理局编制的《企业汇率风险管理指引》中关于汇率风险中性的定义，是指企业把汇率波动纳入日常的财务决策，聚焦主业，尽可能降低汇率波动对主营业务以及企业财务的负面影响，包括对进出口净敞口头寸的影响，以及对资产负债净敞口头寸的影响等，以实现预算达成、经营可预测性以及管理投资风险等主营业务目标。

根据风险中性理论，风险中性相对于风险偏好和风险厌恶而言，即企业不判断汇率走势，不期望从汇率波动中获取超额收益，同样也不承担汇率波动带来的影响企业正常生产经营利润的损失，企业的预期收益率就是企业正常生产经营的合理目标利润率。在绝对的风险中性假设条件下，企业期望的目标利润率应该为无汇率风险的利润率，在此假设下，涉外企业应该达到100%的套期保值比率，然而在实际环境中由于存在一些或有交易、管理决策差异、信息不对称、市场不健全、套保成本等原因，不可能达到100%，因而本课题所指的企业预期收益率，为企业正常生产经营的合理目标利润率。

（三）基于汇率风险中性原则的汇率风险管理

本课题强调基于风险中性原则的汇率风险管理，是指企业进行决策时，保持风险中性态度，既不期望从汇率波动中获取超额收益，也不承担汇率波动带来的损失，主动利用各种外汇衍生工具对冲汇率波动风险，锁定企业正常生产经营的合理目标利润率。上述定义中提到利用外汇衍生工具进行汇率风险管理，其目的是套期保值，即降低外汇风险的影响程度，平稳受汇率波动冲击的现金流和企业价值；而非进行投机，即不试图获取高额投资收益率，同时也不承担蒙受更大损失的风险。

（四）涉外企业汇率风险分析

随着人民币汇率市场化改革进程的不断推进，人民币汇率波动幅度加大，呈现明显的双向波动特征。在人民币汇率双向波动背景下，涉外企业面临着较大的汇率风险，对企业汇率风险管理水平和能力提出了更高要求。从上文汇率风险管理的全流程看，汇率风险管理的首要工作是识别企业所面临的汇率风险，亦即确认以外国通货计价或衡量的资产、负债、债权、债务以及国外投资受汇率变动影响的性质、范围与程度。

1. 汇率风险分类

涉外企业主要面临三种汇率风险，即交易风险、会计风险、经济风险（见表1）。

表1 交易风险、会计风险和经济风险比较分析

比较项目	交易风险	会计风险	经济风险
衡量范围	已确定与预计特定期间内的外币交易	已列账的外币事项	公司整体经营活动
衡量依据	会计准则及公报	会计准则及公报	汇率变动前后的现金流量折现值
损益计算	外币交易额×汇率变动率	（风险资产－风险负债）×汇率变动率	汇率变动前后的现金流量折现值
现金流量	合同期内特定的现金流	无，依据账面价值	未来现金流
不确定性	单一不确定性，换算汇率	单一不确定性，兑换汇率	多元不确定性，未来销售、成本变动
其他	衡量汇率变动的全部效果；涵盖已列账及短期内将发生的合约交易	衡量汇率变动的全部效果；不考虑财务报表外的风险；追溯既往的短期影响	衡量汇率变动的非预期效果；考虑财务报表内外风险暴露；展望未来的长期影响

资料来源：吴青松（1999）多国籍企业管理理论与实务。

基于三类风险的性质以及在指导企业汇率避险实践中的意义，本课题在分析金华市涉外企业汇率风险时，主要分析交易风险；在分析上市企业汇率风险时，主要分析会计风险。

2. 汇率风险敞口认定

汇率风险敞口的认定就是确认暴露于汇率变动的风险中的外币资金量。通常有三种认定汇率风险敞口的方法。一是基于确认敞口。确认敞口是指企业根据商业合同来认定相关的外币现金流，认定受汇率波动的风险敞口。适用于进出口贸易、外币融资、海外重大项目等涉外交易。二是基于预测敞口。预测敞口是指对尚未获得商务合同但未来极有可能发生的交易，企业根据生产经营计划，预期未来的外汇收支，认定受汇率波动的风险敞口。三是基于会计敞口。会计敞口是指从会计报表角度，以资产负债的短期变动影响作为汇率风险敞口的认定依据，通常以货币性资产和货币性负债的差额作为汇率风险敞口。该认定方法侧重于财务报表的汇兑损益，因会计账目数据明确易于获得（见表2）。

表2 汇率风险敞口认定逻辑

认定方法	内涵定义	认定依据
确认敞口	从商业合同角度，分析产生的外币现金流，认定受汇率波动影响的风险敞口	营业收入与成本

续表

认定方法	内涵定义	认定依据
预测敞口	从企业年度生产经营计划出发，从未来（预发生）的外汇收支角度，认定受汇率波动影响的风险敞口	预期和持续盈利能力
会计敞口	在资产负债表的货币性项目中，认定受汇率波动影响的风险敞口	财务报表的汇兑损益

本课题在分析金华市涉外企业汇率风险时，采用确认敞口方式认定汇率风险敞口；在分析上市企业汇率风险时，采用会计敞口方式认定汇率风险敞口。

三、汇率避险现状分析

随着汇率市场化进程的不断推进，汇率双向波动不断增强，涉外企业面临的汇率风险上升。虽然，企业近年汇率避险意识有所提高，以使用外汇衍生品工具规避汇率风险为例，2022 年 1—8 月，企业套保比例提升至 25.4%、较 2021 年提升 3.8 个百分点，企业对汇率波动的适应性明显增强。然而，在实践中仍存在以下问题。

（一）汇率避险参与主体主要以大型企业为主，中小微企业汇率避险意愿不高

据国家外汇管理局统计①，2022 年 1—8 月，企业利用远期、期权等外汇衍生产品管理汇率风险的规模合计近 1 万亿美元，同比增长 27.6%，企业套保比率为 25.4%，汇率避险首办户超过 2.3 万家。尽管我国企业利用外汇衍生品规避汇率风险的意识提高，汇率避险规模同比增长较快，但企业套保比率不足 30%，意味着尚有超过七成的汇率风险敞口暴露。以外贸出口主体中小微企业（个体工商户）为主的金华市为例，2022 年上半年全市套保比率不足 10%，其中个体工商户套保比率低于 0.1%。即使大型企业套期保值情况也存在较大差异。以 2022 年上半年金华市办理过外汇衍生品业务的 24 家大型企业为例，最高套保率超过 82%，最低不足 0.1%，63% 的企业套保比率低于 15%。从全国来看②，2022 年上半年我国开展外汇汇率避险的 724 家上市公司中，大型、中型、小型企业分别占比 83.29%、16.16% 和 0.55%，中小微企业占比较低。而中小微企业是民营企业的主要组成部分。据海关统计③，2022 年 1—10 月，我国有进出口实绩的民营企业数量有 48.48 万家，进出口总额合计 17.44 万亿元，占同期我国外贸总值的 50.4%，是拉动我国外贸发展的重要力量。在汇率双向波动增强的背景下，中小微外贸企业汇率避险套期保值率较低将导致其面临越来越高

① 中新网，https://www.chinanews.com.cn/cj/2022/10-08/9868702.shtml。

② 避险网，https://www.d-union.net/report/10160.html。

③ 新浪网，https://finance.sina.com.cn/7x24/2022-11-07/doc-imqmmthc3587339.shtml。

的汇率风险。

（二）部分企业混淆对保值、投机的界限划分，外汇衍生品未能成为企业首选避险手段

外汇衍生品等汇率避险工具的基本功能是套期保值，远期汇率与到期即期汇率存在差异是常态，并不保证远期汇率优于到期即期汇率，仅是通过提前确定远期汇率排除后续汇率波动对本笔交易的影响。部分企业混淆套期保值与投机概念，通常以远期汇率与到期实际即期汇率的优劣来衡量该笔外汇衍生品交易是否有效、是否规避了汇率风险，即寄希望于利用汇率避险工具实现无风险套利，实际上将汇率避险工具视为投机套利工具，而无视了其基本的套期保值功能。虽然外汇衍生品具有较好的套期保值功能，但由于产品理解需要具备一定金融基础、并且在企业看来可能会产生“浮亏”、需要承担一定的汇率避险成本等，并未能成为很多企业的首选避险方式。对金华 505 家外贸企业调查发现，仅有 29% 的企业使用外汇衍生品进行套期保值。

（三）汇率避险决策呈现出较为明显的顺周期性

在人民币升值期间，通过增加外币债务和加杠杆等方式，进行过度“资产本币化、负债外币化”配置，以期赚取人民币汇率升值收益。在人民币贬值期间，通过增加外币资产和加杠杆等方式，进行过度“资产外币化、负债本币化”配置，以期赚取人民币汇率贬值收益，盲目的顺周期操作极易引发风险。对金华市 720 家中小微外贸企业自 2022 年以来的汇率避险行为四轮动态跟踪调研，根据 2022 年以来人民币对美元汇率走势将 1—10 月划分为 1—3 月（区间 1、汇率相对平稳）、4—5 月（区间 2、汇率大幅波动且总体贬值）、6—8 月（区间 3、汇率相对平稳）、9—10 月（区间 4、汇率大幅波动且总体贬值）4 个时间区间。计算每个区间的各企业月均汇率避险规模发现，若将符合顺周期特征（区间 2 小于区间 1、区间 3 大于区间 2、区间 4 小于区间 3）的汇率避险策略记为“1”，完全顺周期管理汇率避险（得分为 3 分）的企业占比为 14.4%，顺周期偏好较强（得分为 2 分）的企业占 54.6%，逆周期管理偏好较强（即得分为 1 分）的企业仅占 15.4%，得分为“0”严格实施逆周期策略的企业占比仅为 15.6%。

（四）因专业部门决策权不足、缺少量化参考标准和有效激励机制等原因，导致中小微企业汇率避险不够科学合理

一是中小微企业财务部门决策权不足。中小微企业通常决策权集中化程度较高，财务部门基于风险中性理念提出的汇率避险建议是否能够最终执行取决于该企业负责人是否具备风险中性理念以及其对汇市的看法，即是否实施汇率避险主要由老板拍板，财务部门更多是执行老板决定，导致专业的事情由非专业者决策，削弱了企业的风险管理有效性。二是企业如何实施汇率避险缺少量化参考标准。企业确定要通过办理外汇衍生品进行套期保值的，套期保值规模、

比例以及产品主要依据财务部门、企业负责人以及销售部门的经验和直觉，有时也可能借鉴其他同质企业的经验。尽管银行机构一般也会参与谋划，但由于缺少可供参考的量化标准或对本企业风险的量化测算模型，企业对于套期保值程度实际多秉持试试看态度或者盲目套保，导致套期保值的有效性受到影响。三是多数中小微企业缺少汇率避险的有效激励机制。特别是一些企业对套保“成功”的奖励力度远低于套保“失败”的追究力度，导致财务部门主动实施汇率避险的意识和意愿不高。

（五）银行提供汇率避险服务水平需进一步提升

一是部分银行对外汇衍生品业务敬而远之。商业银行开办外汇衍生品需要具备一定条件，涉及制度、人员、成本、风控等方方面面，因此部分银行特别是主要服务对象是中小微企业的城市商业银行、农村商业银行等地方法人银行对开办对客外汇衍生品业务较为审慎。经过 20 年的发展，截至 2021 年末，具有即期结售汇和衍生品业务资格的银行分别为 515 家和 124 家，比率为 24%。[①] 由于中小微企业的重要服务银行不具备外汇衍生品资格，因而直接影响其客户汇率避险意愿、对外汇衍生品的知悉度和使用率。二是银行管理外汇衍生品履约风险手段单一。企业办理外汇衍生品需要给付一定成本、可能需要追加保证金等问题的根源在于其办理外汇衍生品的交易对手方——银行需要最大限度地降低自身承担的外汇衍生品业务风险，即一般通过在银行间外汇市场做一笔反向交易对冲风险，也需要确保企业不会违约以免造成乙方连锁反应在银行间外汇市场违约。而目前商业银行管理企业违约风险的方式单一，除保证金或占用授信外鲜少有其他风险管理替代方案。需要交纳保证金、汇率大幅波动时期可能需要多次追加保证金等降低了企业客户对汇率避险业务的黏性，削弱财务管理力量相对薄弱的小微企业继续实施汇率避险的意愿。

四、基于 VaR 模型的涉外企业汇率风险分析

（一）汇率风险度量

1. VaR 模型介绍

VaR 是指在一定的置信度 α 下，某一随机变量（风险事件）在未来特定时间段内的最大可能损失值。用数学式子表示为：

$$P(X > VaR) = 1 - \alpha \tag{1}$$

其中，X 表示损失随机变量。从定义可以看出要计算一个损失随机变量的 VaR 值，需要确定以下几个要素：

（1）损失分布（密度）函数。只有获得了损失分布函数，才能够计算相应

① 国家外汇管理局门户网站，http://www.safe.gov.cn/safe/2022/0930/21501.html。

的 VaR 值。当然有时候可以运用经验分布来计算其 VaR 值。在实际操作中，最常用的损失分布函数是正态分布。但是，大量事件证明风险事件的损失分布大都是非正态的、厚尾的，因此需要用其他损失分布函数，比如 Weibull 分布、Gamma 分布、对数正态分布和、Log-logistic 分布等具有厚尾性质的分布函数来拟合。

（2）置信水平 α。VaR 值的大小是相对于置信水平 α 而言的，较大的 α 值对应较大的 VaR 值。因此在比较不同损失随机变量的 VaR 值时，需要在同一个置信水平下。

（3）时间段的选择。由于损失随机变量的波动性与时间长短呈正相关，因此比较不同损失随机变量时，要假定在相同的时间段内，否则比较没有意义。

关于 VaR 的计算方法可以分为三大类：历史模拟法、分析方法、Monte Carlo Simulation 法。

2. 汇率风险度量

根据 VaR 模型的定义，本课题将汇率日波动率定义为损失随机变量 X：

$$X_t = \ln 1/P_t - \ln 1/P_{t-1} = \ln P_{t-1}/P_t \tag{2}$$

其中，P 表示人民币兑美元中间价（直接标价法），为了使 X 为正值时表示人民币升值，X 为负值时表示人民币贬值，对 P 取倒数。自 2015 年“8 · 11 汇改”后人民币汇率波动呈现明显的双向波动特征，因此本课题选取 2015 年 8 月 12 日至 2022 年 10 月 31 日人民币兑美元中间价的日数据，共 1754 个值，构建损失随机变量 X。通过绘制频率分布直方图和概率密度函数图（见图 1）可以发现该损失随机变量具有“尖峰厚尾”的非正态性［峰度（kurtosis）=3.36＞3，尖峰；偏度（skewness）=－0.27＜0，左厚尾］。因此，选取 log-logistic 分布、lognormal 分布、Gamma 分布、Weibull 分布等具有“尖峰厚尾”性质的分布函数

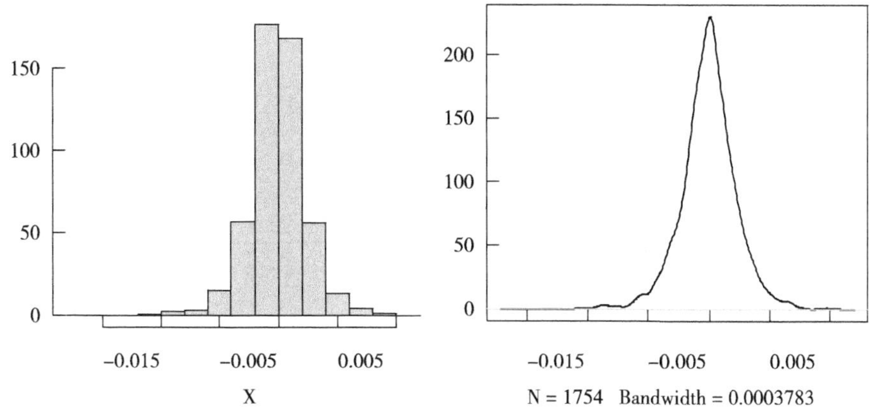

图 1　频率分布直方图和概率密度函数

来拟合。下面用 log-logistic 分布、lognormal 分布、Gamma 分布、Weibull 分布这四种分布依次对 X 进行极大似然估计，参数估计值如表 3 所示。

表 3　随机变量 X 拟合分布情况

拟合的分布	分布的参数	K－S 检验	P-value	K-S 检验是否通过
log-Logistic	$\alpha=2.7029E+8$　$\beta=3.3274E+5$　$\gamma=-3.3274E+5$	0.02424	0.24938	√
Lognormal	$\sigma=0.03065$　$\mu=-2.572$　$\gamma=-0.07645$	0.05491	4.82E－05	×
Gamma	$\alpha=262.57$　$\beta=1.4448E-4$　$\gamma=-0.03802$	0.06289	1.74E－06	×
Weibull	$\alpha=5.2537$　$\beta=0.01262$　$\gamma=-0.01178$	0.07584	3.09E－09	×

对拟合的分布函数进行 Kolmogorov-Smirnov 检验（K-S 检验），K-S 检验的原假设 H_0：该随机变量服从该分布，在给定 95% 的置信水平下，如果 P-value 大于 0.05，表明接受原假设；如果 P-value 小于 0.05，表明拒绝原假设。对四种待选的分布函数进行 K-S 检验后，从上表 4 中看出只有 log-logistic 分布的 P-value 大于 0.05，其他分布函数的 P-value 均远远小于 0.05，因此我们选取 log-logistic 分布作为随机变量 X 的概率分布函数，X ~ log-logistic（2.7029E+8，3.3274E+5，−3.3274E+5），其密度函数和分布函数如下：

$$f(x)=\frac{\alpha}{\beta}\left(\frac{x-\gamma}{\beta}\right)^{\alpha-1}\left[1+\left(\frac{x-\gamma}{\beta}\right)^{\alpha}\right]^{-2} \tag{3}$$

$$F(x)=\left[1+\left(\frac{\beta}{x-\gamma}\right)^{\alpha}\right]^{-1} \tag{4}$$

下面作出 log-logistic 最优分布的概率密度函数图和 P－P 图（见图 2），从 P－P 图中看出，该分布对于随机变量 X 的拟合效果较好。

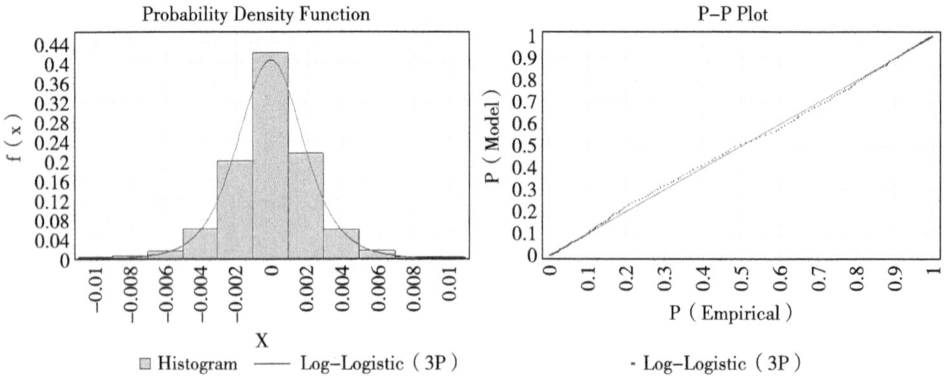

图 2　log-logistic 概率密度函数和 P－P

选定随机变量 X 的分布函数后，根据计算 VaR 模型的三种方式，得出不同置信水平下的 VaR 值（见表4）。其中历史法是基于历史数据得出；分析法是假设随机变量 X 服从 log-logistic（2.7029E+8，3.3274E+5，-3.3274E+5）分布计算得出；Monte Carlo Simulation 法是基于随机变量 X 服从 log-logistic（2.7029E+8，3.3274E+5，-3.3274E+5）情景而模拟未来 10000 种可能 X 计算得出。基于上文分析的各种方法的优缺点，本课题选取三种方法的平均数计算 X 的 VaR 值，经过指数转换进而求得汇率日波动率的 VaR。

表4　不同置信水平下汇率日波动 VaR 值

置信水平	0.99	0.97	0.95	0.93	0.9
历史法	0.00621	0.00432	0.00362	0.00313	0.00261
分析法	0.00559	0.00421	0.00356	0.00318	0.00264
Monte Carlo simulation	0.00566	0.00423	0.00363	0.00322	0.00277
X 的 VaR 平均值	0.00582	0.00425	0.00360	0.00318	0.00267
汇率日波动 VaR 值	0.00584	0.00426	0.00361	0.00318	0.00268

3. 实证结论

从上文分析以及汇率波动图中看出，汇率存在明显的双向波动特征，在此背景下基于 VaR 方法得出的在一定置信水平下的可能最大汇率波动为风险价值概念，既可能是汇率最大上涨幅度，也可能是汇率最大下跌幅度，是一个绝对风险值概念。因此，假设某家涉外企业的汇率风险净敞口为 10000 元人民币，在置信水平为 90% 下，基于表4 得出最大可能汇率日波动为 0.00268，乘以汇率风险敞口（10000 元）得出该涉外企业未来 1 日内最大可能汇率风险损失值为 26.8 元。换言之，在 90% 置信水平下，未来汇率风险损失值超过 26.8 元的概率为 10%，即未来 10 天内只有 1 天的损失值会超过 26.8 元。随着置信水平的提高，最大可能汇率日波动也随之增大，在 95% 置信水平下，该涉外企业未来 1 日内最大可能汇率风险损失值为 36.1 元，即未来 20 天内只有 1 天的损失值会超过 36.1 元。不同置信水平反映了不同涉外企业的风险容忍度，对风险容忍度较低的涉外企业会提高风险度量的置信水平，只容许未来存在极小概率会发生不可预知风险，相应地会更注重汇率风险管理，提升汇率避险水平。

（二）金华市涉外企业汇率风险及避险策略分类分析

上文得出在不同置信水平下汇率波动风险 VaR 值，接下来本课题选取涉外经济发达、小微类市场主体丰富的金华市作为区域研究对象。采用样本调查法对金华市 1570 家涉外企业进行汇率风险及避险策略分类研究，按照企业规模、行业类型进行划分，根据汇率风险影响企业目标利润率传导路径，得出不同场景假设下企业合理套保比率。

1. 样本选取

金华市涉外经济发达、小微类市场主体丰富，拥有全球最大的小商品集散中心、中国（浙江）自由贸易试验区金义片区重大平台。2021年，金华市外贸依存度（进出口总额/GDP）为109.8%，高于全省平均水平53.5个百分点；进出口规模5880.1亿元，居全省第三；市场采购、跨境电商等新型国际贸易额3577亿元，市场采购（占全省82.6%）、跨境电商（占全省23.4%）总量稳居全省第一。与此同时，金华市市场主体以民营小企业为主，截至2022年6月末，金华市场主体总量达151.1万户，其中，小微企业约占23.76%，批发零售业个体工商户约占69%。基于金华市区域特点，本课题采用样本调查法对金华市1570家涉外企业进行实证分析。具体样本数据如表5、表6所示。

表5 不同规模涉外企业财务数据

企业规模	2021年Q4美元结汇量（折算人民币）_平均值（万元）	2021年Q4营业利润_平均值（万元）	2021利润率_平均值（%）	样本数
大型	8977.20	3746.78	7.88	22
中型	5235.67	1129.22	8.04	216
小型	1456.80	199.52	7.85	931
微型	528.17	64.21	8.98	301
个体工商户	471.01	33.50	6.75	100
样本总体	1842.09	340.62	8.03	1570

表6 不同行业涉外企业财务数据

企业规模	2021年Q4美元结汇量（折算人民币）_平均值（万元）	2021年Q4营业利润_平均值（万元）	2021利润率_平均值（%）	样本数
制造业	1802.48	443.26	7.88	1074
批发零售业	1923.73	117.58	8.04	464
交通运输业	2868.79	186.45	8.03	11

2. 实证分析

度量涉外企业汇率风险首先需明确汇率风险及汇率风险敞口认定方式，上文提到三种汇率风险类型和三种确认汇率风险敞口的方法中，本节对金华市涉外企业汇率风险分析主要分析交易风险并采用确认敞口方式认定汇率风险敞口。鉴于数据的可得性，选取2021年第四季度美元结汇量作为涉外企业汇率风险敞口。其次，需要明确风险暴露的持续时间，选取3个月（一个季度）进行分析。① 明确了汇率风险敞口以及风险暴露时间后，根据上文不同置信水平下汇率

① 汇率中间价报价以工作日为准，这里以60天作为汇率有效波动时间。

波动风险 VaR 值可以求得汇率风险值。基于汇率风险中性原则，假设涉外企业对待汇率风险的态度是中性，企业的汇率风险管理的目标是锁定企业正常生产经营的合理目标利润率，本课题将不同规模、不同行业企业平均利润率作为企业期望的合理目标利润率。根据汇率风险对企业合理目标利润率的影响程度，指导不同规模、不同行业企业进行合理套期保值。具体步骤如下：

第 1 步：根据不同置信水平下汇率风险 VaR 值、汇率风险敞口、汇率风险暴露时间计算得出涉外企业汇率风险。

第 2 步：根据涉外企业汇率风险计算汇率风险对目标利润率的影响程度。

第 3 步：根据汇率风险影响企业目标利润率传导路径，设定两种场景，一是涉外目标利润率影响程度控制在 20% 以内；二是涉外目标利润率影响程度控制在 30% 以内，计算得出两种场景假设下合理套保比率。

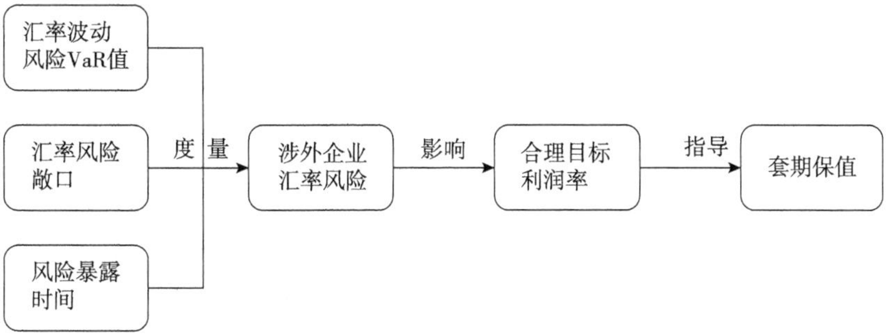

图 3　涉外企业汇率风险分析流程

按照上文分析步骤和方法，得出大型、中型、小型、微型、个体工商户五类不同规模涉外企业和制造业、批发零售业、交通运输业 3 个不同行业涉外企业在 90% 置信水平下与 95% 置信水平下汇率风险及套保比率，具体结果如表 7、表 8 所示。

表 7　不同置信水平下不同规模涉外企业汇率风险及避险策略分析

置信水平：90%						
企业规模	汇率风险度量值（万元）	汇率风险对营业利润的影响程度（%）	合理目标利润率（%）	对目标利润率影响程度（%）	场景 1：目标利润率影响程度控制在 20% 以内	场景 2：目标利润率影响程度控制在 30% 以内
					结论 1：套保比率	结论 2：套保比率
大型	-1564.12	-2.19	7.88	21.74	15%	—
中型	-912.22	-6.35	8.04	44.12	67%	45%
小型	-253.82	-8.49	7.85	51.94	75%	55%
微型	-92.02	-10.44	8.98	53.78	78%	60%
个体工商户	-82.07	-13.36	6.75	66.43	88%	78%
总计	-320.95	-6.47	8.03	44.64	67%	45%

续表

置信水平：95%						
企业规模	汇率风险度量值（万元）	汇率风险对营业利润的影响程度（%）	合理目标利润率（%）	对目标利润率影响程度（%）	场景 1：目标利润率影响程度控制在 20% 以内	场景 2：目标利润率影响程度控制在 30% 以内
					结论 1：套保比率	结论 2：套保比率
大型	-2171.11	-3.04	7.88	27.83	35%	—
中型	-1266.23	-8.81	8.04	52.28	75%	59%
小型	-352.32	-11.78	7.85	60.00	82%	70%
微型	-127.74	-14.49	8.98	61.76	85%	72%
个体工商户	-113.91	-18.55	6.75	73.31	90%	83%
总计	-445.50	-8.98	8.03	52.82	76%	60%

表 8　　不同置信水平下不同行业涉外企业汇率风险及避险策略分析

置信水平：90%						
企业规模	汇率风险度量值（万元）	汇率风险对营业利润的影响程度（%）	合理目标利润率（%）	对目标利润率影响程度（%）	场景 1：目标利润率影响程度控制在 20% 以内	场景 2：目标利润率影响程度控制在 30% 以内
					结论 1：套保比率	结论 2：套保比率
制造业	-314.05	-5.17	7.88	39.60	60%	35%
批发零售业	-335.18	-13.40	8.04	62.51	85%	72%
交通运输业	-499.84	-7.44	8.03	48.11	72%	50%
置信水平：95%						
企业规模	汇率风险度量值（万元）	汇率风险对营业利润的影响程度（%）	合理目标利润率（%）	对目标利润率影响程度（%）	场景 1：目标利润率影响程度控制在 20% 以内	场景 2：目标利润率影响程度控制在 30% 以内
					结论 1：套保比率	结论 2：套保比率
制造业	-435.93	-7.17	7.88	47.65	70%	55%
批发零售业	-465.25	-18.61	8.04	69.83	89%	80%
交通运输业	-693.81	-10.33	8.03	56.27	80%	65%

3. 实证结论和启示

根据上文实证分析结果，得出以下实证结论与启示。

（1）汇率风险对不同类型涉外企业目标利润率影响程度不一，个体工商户、批发零售业受汇率风险影响程度较大。从样本整体看，汇率风险影响目标利润率 44.64 个百分点（90% 置信水平）。分企业规模看，汇率风险对大型、中型、小型、微型、个体工商户的目标利润率影响程度依次增大，分别影响目标利润率21.74个、44.12个、51.94个、53.78个、66.43个百分点（90%置信水平）。分行业看，汇率风险对制造业、交通运输业、批发零售业的目标利润率影响程度依次增大，分别影响目标利润率39.60个、48.11个、62.51个百分点（90%置信水平）。表明汇率风险对不同企业的影响存在明显差别，这与企业的生产经营模式、在涉外业务中的竞争力、涉外业务在主营业务占比、收益情况等因素相关。相对于大型企业而言，中小微企业、个体工商户抗汇率风险能力整体偏弱。金华市制造业、个体工商户类批发零售业属于典型的出口型行业，利润受汇率风险影响程度较大。

（2）建议小微企业、个体工商户、批发零售业采取较高套保比率。在90%的置信水平下，假设汇率风险对目标利润率的影响程度控制在30%以内，从样本整体看，建议一般涉外企业套保比率保持在45%左右。分企业规模看，建议小微企业、个体工商户采取较高套保比率，保持在55%~75%，建议中型企业套保比率保持在45%左右；分行业看，建议批发零售业套保比率保持在70%左右，交通运输业套保比率保持在50%左右，制造业套保比率保持在35%左右。

（3）企业套保比率高低与风险容忍度、利润率等因素相关。一是随着风险容忍度降低，企业需相应提高套保比率。不同置信水平反映了不同涉外企业的风险容忍度，表7、表8显示，随着置信水平由90%提升至95%，表示容许发生风险事件的概率由10%降低到5%，汇率风险对目标利润率的影响程度也随之上升，从样本整体看，汇率风险影响目标利润率程度由44.64个百分点上升至52.82个百分点，套保比率从45%提高至60%。二是随着目标利润影响程度缩小，企业需相应提高套保比率。若企业期望的目标利润率较行业平均水平低，那么其允许汇率风险对目标利润率的影响程度也将随之缩小，如表7数据表明，随着汇率风险对目标利润率的影响程度由30%缩小至20%，企业需相应地提高套保比率，以确保汇率风险对目标利润率的影响程度降低，从样本整体看，在90%置信水平下，平均套保比率从45%提高至67%。

4. 汇率避险实践

在汇率避险实践操作中，表7、表8可以用于指导不同类型企业选取合理的套期保值比率，以保持目标利润率稳定，实现财务稳健。假设某涉外企业属于制造业企业，其风险敞口在1800万元、营业利润在440万元、目标利润率在7.88%左右，那么在90%置信水平（风险容忍度）下，若企业期望将目标利润率影响程度控制在30%以内，根据实证结论供参考的套保比率为35%左右。在实践操作中，企业可以根据不同利润率、不同风险容忍度、不同利润率影响程度调整套保比率高低。一是企业可根据自身实际经营利润率水平，调整套保比率。若该制造业企业利润率高于7.88%，在其他条件不变的情况下，可适当降低套保比率；若该制造业企业利润率低于 7.88%，在其他条件不变的情况下，可适当提高套保比率。二是企业可根据自身风险容忍度水平，调整套保比率。若企业风险容忍度降低，即选取风险控制的置信水平小于 90%，在其他条件不变的情况下，可适当降低套保比率；若企业风险容忍度升高，即选取风险控制的置信水平大于 90%，在其他条件不变的情况下，可适当提高套保比率。三是企业可根据利润率影响程度大小，调整套保比率，若利润率影响程度控制在大于 30%，在其他条件不变的情况下，可适当降低套保比率；若利润率影响程度控制在小于 30%，在其他条件不变的情况下，可适当提高套保比率。因此，金华市涉外企业汇率风险实证结论可为类似以中小微企业及传统产业为主的区域选取合适的套保比率提供决策参考。

（三）上市企业汇率风险及避险策略分类分析

1. 样本选取

上节针对金华这一特定区域的涉外企业进行汇率风险分析，本节则从全国层面选取上市企业进行汇率风险分析，作为对上节分析中缺少大型、中型企业样本的一个补充。选取中国沪深 A 股市场 4987 家上市公司作为样本，考虑到小型企业类型在 A 股市场中较少，加入创业板中企业规模属性为小型的 176 家公司样本，剔除金融类、数据缺失类、数据异常类样本，剔除汇率变动对现金的影响为零（非涉外企业）的样本，得 3840 个观测样本，大型、中型、小型等不同规模涉外企业相关财务数据如下表 10；选取制造业、信息技术服务业、交通运输业、房地产业四类具有代表型的行业进行分类分析，相关财务数据如表 9、表 10 所示。

表 9　　不同规模上市企业财务数据

企业规模	2021 年末美元存款（折算人民币）_ 平均值（万元）	2021 年 Q4 营业利润_ 平均值（万元）	2021 利润率_ 平均值（%）	样本数
大型	44039.07	22313.78	6.8	2813
中型	5825.22	2117.63	5.67	959
小型	2974.46	858.07	16.68	68
总计	34366.78	16890.05	6.71	3840

表 10　　不同行业上市企业财务数据

行业分类	2021 年末美元存款（折算人民币）_ 平均值（万元）	2021 年 Q4 营业利润_ 平均值（万元）	2021 利润率_ 平均值（%）	样本数
制造业	26201.52	12429.88	8.43	2810
信息技术服务业	15610.55	16951.46	2.76	284
交通运输业	182104.48	70530.58	13.35	80
房地产业	18517.68	33653.70	13.94	71

2. 实证分析

本节对上市企业汇率风险分析主要分析会计风险并采用会计敞口方式认定汇率风险敞口。鉴于数据的可得性，选取 2021 年末美元存款作为上市企业汇率风险敞口，主要分析汇率风险对上市企业会计账面利润率的影响情况。依据上节分析步骤和方法，得出大型、中型、小型 3 类不同规模上市企业和制造业、信息技术服务业、交通运输业、房地产业 4 个不同行业上市企业在 90% 置信水平下与 95% 置信水平下，在未来 3 个月内的汇率风险度量值，并计算得出对目标利润率的影响程度。因上市企业多为大型企业，其汇率风险管理水平较小微类涉外企业高，因此本节对上市企业的场景设定较上节更加收敛，分别设定以下两种场景，一是涉外目标利润率影响程度控制在 10% 以内；二是涉外目标利润率影响程度控制在 15% 以内，计算得出两种场景假设下涉外企业选择的合理套保比率，具体结果如表 11、表 12 所示。

表 11　　不同置信水平下不同规模上市企业汇率风险及避险策略分析

置信水平：90%						
企业规模	汇率风险度量值（万元）	汇率风险对营业利润的影响程度（%）	合理目标利润率（%）	对目标利润率影响程度（%）	场景 1：目标利润率影响程度控制在 10% 以内	场景 2：目标利润率影响程度控制在 15% 以内
					结论 1：套保比率	结论 2：套保比率
大型	-7673.03	-1.47	6.80	17.79	45%	18%
中型	-1014.94	-3.17	5.67	35.86	78%	67%
小型	-518.25	-6.61	17.68	27.22	67%	50%
总计	-5987.80	-1.54	6.71	18.62	47%	20%
置信水平：95%						
企业规模	汇率风险度量值（万元）	汇率风险对营业利润的影响程度（%）	合理目标利润率（%）	对目标利润率影响程度（%）	场景 1：目标利润率影响程度控制在 10% 以内	场景 2：目标利润率影响程度控制在 15% 以内
					结论 1：套保比率	结论 2：套保比率
大型	-10650.18	-2.04	6.80	23.10	62%	40%
中型	-1408.74	-4.40	5.67	43.69	85%	75%
小型	-719.33	-9.18	17.68	34.17	75%	65%
总计	-8311.08	-2.13	6.71	24.10	65%	45%

表 12 不同置信水平下不同行业上市企业汇率风险及避险策略分析

置信水平：90%						
企业规模	汇率风险度量值（万元）	汇率风险对营业利润的影响程度（%）	合理目标利润率（%）	对目标利润率影响程度（%）	场景 1：目标利润率影响程度控制在 10% 以内	场景 2：目标利润率影响程度控制在 15% 以内
					结论 1：套保比率	结论 2：套保比率
制造业	-4565.15	-2.04	8.43	19.46	50%	27%
信息技术服务业	-2750.23	-1.17	4.92	19.17	48%	25%
交通运输业	-31728.49	-4.95	13.35	27.07	70%	50%
房地产业	-3226.38	-0.26	13.94	1.84	—	—
置信水平：95%						
企业规模	汇率风险度量值（万元）	汇率风险对营业利润的影响程度（%）	合理目标利润率（%）	对目标利润率影响程度（%）	场景 1：目标利润率影响程度控制在 10% 以内	场景 2：目标利润率影响程度控制在 15% 以内
					结论 1：套保比率	结论 2：套保比率
制造业	-6336.44	-2.83	8.43	25.11	60%	40%
信息技术服务业	-3817.32	-1.62	4.92	24.76	65%	45%
交通运输业	-44039.21	-6.87	13.35	34.00	75%	65%
房地产业	-4478.22	-0.36	13.94	2.53	—	—

3. 实证结论和启示

根据上文实证分析结果，得出以下实证结论和启示。

（1）汇率风险对不同类型上市企业目标利润率影响程度不一。在 90% 置信水平下，从样本整体看，汇率风险影响目标利润率 18.62 个百分点。分企业规模看，因中型企业的目标利润率较低，导致汇率风险对中型企业的目标利润率影响程度最大，影响目标利润率 35.86 个百分点；对小型企业的目标利润率影响程度次之，影响目标利润率 27.22 个百分点；对大型企业的目标利润率影响程度最小，影响目标利润率 17.79 个百分点。分行业看，汇率风险对交通运输业、制造业、信息技术服务业的影响程度较大，分别影响目标利润率 27.07 个、19.46 个、19.17 个百分点；对房地产业的影响程度较小，影响目标利润率 1.84 个百分点。上市企业实证分析结果与金华市涉外企业分析结果基本一致，即相对于大型企业而言，中小企业抗汇率风险能力整体偏弱。因制造业作为典型的出口型行业、交通运输业外币占比较高，信息技术服务业整体利润率较低，导致利润受汇率风险影响程度较大；房地产业业务范围主要集中于国内，海外业务较少，利润受汇率风险影响程度较小。

（2）建议中小型企业、交通运输业、制造业采取较高套保比率。在90%的置信水平下，假设汇率风险对目标利润率的影响程度控制在15%以内，从样本整体看，建议上市企业平均套保比率保持在20%左右；分企业规模看，建议中小企业采取较高套保比率，保持在50%～70%，大型企业套保比率保持在20%左右；分行业看，建议交通运输业套保比率保持在50%左右，制造业、信息技术服务业套保比率保持在25%左右，房地产业汇率避险需求相对较低。

（3）随着风险容忍度降低，企业需相应提高套保比率。随着置信水平由90%提升至95%，从样本整体看，汇率风险影响目标利润率程度由18.62个百分点上升至24.10个百分点，套保比率从20%提高至45%。与此同时，随着企业期望汇率风险对目标利润率的影响程度由15%缩小至10%，企业需相应地提高套保比率，以确保汇率风险对目标利润率的影响程度降低，从样本整体看，整体套保比率从20%提高至47%。套保比率的影响因素与上节分析一致，相应地可根据上市企业实证结论指导具体企业进行套保决策。

五、汇率避险对策建议

依据本课题汇率风险分析和得出的实证结论，提出如下汇率避险对策建议，以期提高企业汇率风险管理水平、金融机构汇率避险服务水平以及监管部门汇率避险政策针对性。

（一）坚持汇率风险中性原则，锚定可量化、可长期坚持的避险目标

一是理性看待汇率双向波动，坚持汇率风险中性原则。汇率市场化改革将推动汇率弹性进一步增强，汇率双向波动将成为常态。企业需对汇率双向波动特征和汇率风险的不确定性有理性而正确的认识，坚持汇率风险中性原则，从根本上改变以往的汇率单边升贬值预期和交易习惯，审慎安排资产负债货币结构，避免外汇风险管理的“顺周期”和“裸奔”行为，保持企业财务稳健经营。二是聚焦主业发展，锚定汇率避险目标。企业应集中精力聚焦主业发展，提高企业或产品的议价能力，提升技术型产品出口份额，降低外商压价风险。根据自身生产经营情况制定一个适合自身的可量化、可长期坚持的汇率避险目标，本课题提出坚持汇率风险中性原则，以锁定企业合理目标利润率为汇率避险目标。三是正确看待浮动盈亏，发挥外汇衍生品套期保值作用。企业需多关注外汇衍生品在汇率避险方面的积极作用，不应过多关注浮动盈亏，不应将锁定的远期汇率与到期日即期汇率比较，评估套保是“亏”还是“赚”。选取外汇衍生品进行汇率避险时，应避免“追涨杀跌”心态，不寄希望利用外汇衍生品增厚收益或从事套利。

（二）借助风险度量模型，建立科学化、精准化的汇率风险管理体系

商业银行与企业需同向发力，帮助企业建立一套科学化、精准化的，涵盖

汇率风险识别、汇率风险度量、汇率风险规避、汇率风险评价的全流程汇率风险管理体系。在汇率风险识别与汇率风险度量环节，建立汇率风险度量模型。条件允许的大型企业需配备风险管理相关专业人才，建立适合自身的风险度量模型，准确识别与度量汇率风险，为采取合适的汇率风险管理措施奠定基础。对于不具备汇率风险定量识别的中小微企业而言，商业银行内部需建立一套适用于大多数企业的汇率风险度量通用模型，用于指导具体企业进行微观实践，可采用本课题所选用的 VaR 风险度量模型进行汇率风险度量，帮助企业定量分析其汇率风险敞口、大小、影响程度，同时需通过大量样本企业的历史经验数据不断修正模型，提高模型汇率风险度量精度。在汇率风险规避环节，制定一套可量化、可操作的避险标准。商业银行需帮助企业尤其是中小微企业锚定避险目标，制定一套可量化、可操作的避险标准，需根据企业自身汇率风险敞口、风险偏好、风险容忍度等情况，选择适合的汇率避险策略、汇率避险手段、汇率避险产品，选择外汇衍生品进行套期保值时，要依据避险目标确定合理套保比率，同时随着套保目标和经营状况的变化不断调整优化套保比率，既要避免因套保不足影响避险目标实现，又要避免因过度套保产生投机风险。当然，也可坚持本币优先，尽可能选择使用跨境人民币结算，从根本上消除汇率风险。在汇率风险评价环节，建立闭环管理。需定期或不定期地对汇率风险管理战略和方法进行评估，监督汇率风险管理实施效果。

（三）精准画像避险需求，根据企业规模、行业属性进行分类施策

一是摸排企业汇率避险需求。各地外汇局和银行机构，需根据地区实践，区分企业类型，了解不同类型企业汇率避险个性化需求，明确汇率避险服务重点，以涉外经济发达、小微类市场主体丰富的金华市为例，需将个体工商户、小微企业、批发零售业、制造业等作为汇率避险服务重点。二是针对不同类型企业进行分类施策。针对中小微企业，因其抗风险能力整体偏弱、汇率避险意愿不强等问题，各地外汇局需提供配套担保政策，如引入政府性融资担保政策支持小微企业汇率避险；银行机构需建立健全汇率避险专项授信额度，在授信额度提升、保证金减免等方面给予支持，积极探索免担保、免保证金汇率避险产品，解决企业保证金缴纳难问题，提升中小微企业汇率避险意愿，帮助其有效规避汇率风险。针对大型企业，因其风险管理相对成熟，对此，可开展“一企一策”汇率避险服务，提供专业化指导服务，灵活定制组合外汇衍生品工具，提升汇率避险业务办理灵活度。针对不同行业，银行机构在对汇率风险精准画像的基础上，根据其海外业务比重、利润率、风险容忍度等进行分类管理，对受汇率风险影响较大的制造业、批发零售业、交通运输业需重点关注，针对性提供汇率避险服务。三是不断创新产品与服务。银行机构需采取逐企建档、逐企对接、定向辅导等方式，针对不同类型企业量身定制汇率避险政策、服务、

产品等，为企业提供个性化、差异化汇率避险服务，满足各类涉外企业汇率避险需求。同时，要加大科技力量投入，完善互联网及手机端办理汇率避险业务，提升线上对接水平，优化业务办理流程，缩减企业办理时间与成本，提升汇率避险办理效率。

参考文献

[1] 何宪章．国际财务管理理论与实务［M］．台北：新陆书局，2000：79－84，113－118，141－143.

[2] 林圣哲．中国跨国企业外汇风险暴露与决定因子之研究［D］．复旦大学，2006.

[3] 李喜燕．人民币汇率双向波动常态下外贸避险建议［J］．进出口经理人，2021（11）：58－59.

[4] 王伟翔．基于风险中性理念的人民币汇率风险防范——外汇衍生品交易实践［J］．国际商务财会，2021（17）：5.

[5] 陈婧，李璐．小微企业汇率风险中性管理探讨［J］．中国外汇，2021（12）：22－24.

[6] 刘志平，王玮．优化中小微企业汇率风险管理［J］．中国金融，2022（17）：93－94.

[7] 李讯．汇率风险中性理念的内涵及塑造［J］．中国外汇，2019（21）：72－73.

[8] 王天伦．我国家具制造业上市公司外汇风险管理研究——基于GARCH模型与VaR方法［J］．江汉大学学报（自然科学版），2014，42（3）：31－36.

[9] 刘尧成，吴岑烨．外汇衍生品、风险敞口与企业价值——基于中国上市公司面板门槛模型的研究［J］．金融与经济，2020（8）：13－18.

[10] Adler，M.，and Dumas，B.，Exposure to Currency Risks：Definition and Measurement［J］. Financial Management，1984（14）：41－50.

[11] Timothy W Ruefli&James M Collins. Risk measures in strategic management research ：auld lang syne［J］. Strategic Management Journal ，1999（20）：167－194.

“双碳”目标下金融支持舟山碳汇渔业发展问题研究

舟山市金融学会课题组*

一、引言

海洋碳汇通常是自然界自身条件下吸收二氧化碳的过程，人类利用其碳汇作用，发展出了多种形式的海洋碳汇增汇手段。相比工业手段封存二氧化碳，海洋生物的碳汇作用增汇，不仅技术可行、成本低廉，而且具有经济、社会、环境等多重效益。就目前的情况来看，结合舟山的海洋产业发展实际，碳汇渔业是舟山发展海洋碳汇增汇最好的路径选择。

（一）发展背景

中国提出“30·60”双碳目标，并基于此提出了增汇减排的措施。海洋碳汇作为自然生态主要的碳汇手段和方式，自然碳汇量非常可观。相关研究证实，海洋含有的碳总量达39万亿吨，占全球碳总量的93%。在考虑舟山以海域面积为主的地理区位下，发展海洋碳汇更有现实意义和发展基础。一方面，从现阶段舟山的海洋碳汇发展状况看，舟山的海洋碳汇主要以传统渔业为主，渔业贡献了舟山主要的人为因素条件下的碳汇量水平；另一方面，渔业碳汇作为海洋碳汇的重要组成部分，其拥有碳汇成本较低、经济性较好、技术要求较低等优势，使得发展碳汇渔业相比其他海洋碳汇增汇措施优势明显。

（二）发展意义

一是通过碳汇渔业增汇，减少舟山碳排放压力，助力全市实现双碳目标。当前舟山建设以油气全产业链发展目标以来，油气产业项目加速落地，特别如石化产业项目对舟山双碳目标构成重大威胁，区域内碳排放压力骤增。而发展碳汇渔业，能增加贝藻类等海洋生物的碳汇水平，减轻舟山目前面临的碳排放量激增的挑战。二是以碳汇渔业发展作为契机，改变传统渔业粗放且低效的发展模式，实现传统渔业的转型升级。舟山渔业发展仍以传统模式为主，如传统的海洋渔业养殖带来的经济效益较差，相关产品的经济附加值不高，对地区社

---

* 课题主持人：明秀文
课题组成员：刘海应　马国标　马金虎　包　莹　翁伍晗　周玲莉　杜旭浩

会经济的贡献度较低，且粗放式发展模式并未能有效吸纳社会高层次人才的就业和岗位创造。三是通过发展碳汇渔业，减轻对海洋渔业资源的过度捕捞，防止渔业资源枯竭危机，改善海洋生态环境，推进渔业产业的可持续发展。

二、文献综述

为充分了解碳汇渔业的工作原理，并就本文重点研究的碳汇渔业主要发展形式和金融支持问题，我们在梳理学者对碳汇渔业相关研究工作的基础上，对有关内容进行了论述，以期为本课题研究提供指导性的方向和思路。

（一）碳汇渔业概念及作用机理

唐启升（2010）首次提出碳汇渔业与渔业碳汇概念，认为渔业碳汇是指通过渔业生产活动促进水生生物吸收水体中的二氧化碳，并通过收获水生生物产品，把这些碳移出水体的过程和机制。碳汇渔业是指把能够充分发挥碳汇功能、具有直接或间接降低大气二氧化碳浓度效果的渔业生产活动泛称为碳汇渔业。徐敬俊（2018）认为，海洋碳汇渔业包括两个方面。一是贝藻类海洋生物的养殖，其通过贝类的钙化以及藻类等浮游植物通过光合作用直接从水体中吸收碳元素产生有机碳而形成的生物碳汇移出水体。二是对以浮游生物和贝藻类等为食的掠食性鱼类的养殖，这些掠食性生物资源通过食物链、食物网机制紧密联系，维持其生长活动，待其成熟后捕获形成可移出的生物碳汇。

（二）碳汇渔业的发展模式研究

高学文（2011）结合清洁发展机制在未来碳汇渔业中的广阔前景和潜在风险，提出加强渔业碳汇市场体系建设的设想。朱骅（2019）提出从海洋养殖品种选择、海洋养殖品种科学组合、海洋养殖技术的提升等方面建设碳汇渔业，实现蓝色粮仓的战略目标。李纯厚（2010）针对南海的海洋资源条件，提出外海渔业固碳技术、近海养殖系统增汇技术、典型生态系统碳循环过程及固碳技术等发展重点和方向。唐启升、刘慧（2016）认为要发展和扩增渔业碳汇，需从渔业产出效率入手，发展新生产模式，如发展多营养层次的综合养殖技术、海草床栽培和养护技术等，并提出健康生态环境友好型水产养殖、海洋生态牧场、降低捕捞强度、扩大增殖渔业规模等发展途径。邵桂兰（2019）通过海洋渔业碳排放驱动因素分解实证研究，认为加速海洋渔业产业结构调整、降低海洋捕捞业比重、优化海洋养殖结构等举措是实现海洋渔业低碳化、碳汇化发展的关键。徐志进（2013）根据海洋碳汇渔业的发展现状，提出栖息地改造、增殖放流、生态养殖等方式来发展舟山海洋碳汇渔业。

（三）金融支持碳汇渔业发展

李雨浓等（2019）在分析各类金融机构、市场以及民间借贷等金融支持碳汇渔业基础上，提出间接融资市场应拓宽政策性金融支持的发展空间、强化商业性金融支持力度，直接融资市场应利用传统资本市场工具，并加快碳市场及其运行机制建设的建议。赵龙（2013）通过实证分析验证了各类型银行机构与海洋碳汇渔业相关指标具有长期关系，并以此为基础，结合我国金融市场发展实际和海洋碳汇渔业发展资金需求特征，提出以银行支持为主导、资本市场融资为拓展和补充的金融支持模式。高学文（2018）提出创新碳金融产品，鼓励和引导资金进入碳汇渔业等海洋碳汇领域，建立各类投资主体广泛参与的海洋碳汇产业引导基金，分类引导各类金融机构根据自身优势支持和服务海洋碳汇经济发展。

三、渔业碳汇机制研究

为更清晰了解碳汇渔业概念及渔业碳汇工作机理，本课题此部分对碳汇渔业与渔业碳汇概念进行区别与阐释，并说明渔业碳汇主要的工作方式和涉及方面。

（一）碳汇渔业与渔业碳汇概念

1. 碳汇渔业

碳汇渔业是指因渔业活动具有碳汇功能，因此把能够充分发挥碳汇功能，具有直接或间接降低大气中二氧化碳浓度效果的渔业生产活动泛称为“碳汇渔业”。

2. 渔业碳汇

渔业碳汇是指通过渔业生产活动促进海洋生物吸收水体中的二氧化碳，并通过收获海洋生物的方式，将其固定的碳移出水体的过程和机制。海洋中凡不需要投饵的渔业生产活动，就具有碳汇功能，进而形成海洋碳汇，如贝藻类养殖、增殖放流以及捕捞业等。

（二）渔业碳汇工作机理

根据碳汇的主体分类，渔业碳汇可分为渔业的物理性碳汇、微生物碳汇和生物碳汇。渔业物理性碳汇由二氧化碳可溶于水的特性决定，海洋水体因而具有一定程度吸收二氧化碳的能力。渔业生物碳汇是指海洋初级生物通过光合作用吸收水体和空气中的二氧化碳，从而将其转化为自身生长所需的有机物形式固定下来。渔业微生物碳汇是指在渔业生产活动中，海洋微生物利用生物修饰和转化等自身的生物特性。

按渔业的碳汇流程分类，渔业碳汇可分为渔业养殖和渔业捕捞。渔业的养殖过程即通过增殖放流等方式，通过贝藻类等海洋生物的养殖，利用其碳汇能力，吸收海洋水体中的二氧化碳，将其以固化态的形式保存下来。渔业的捕捞过程即通过捕捞作业将吸收二氧化碳作为自身养料从而得到生长的贝藻类等海洋生物以及鱼类、头足类等以浮游植物为食的海洋生物移出水体的过程。如图 1 所示。

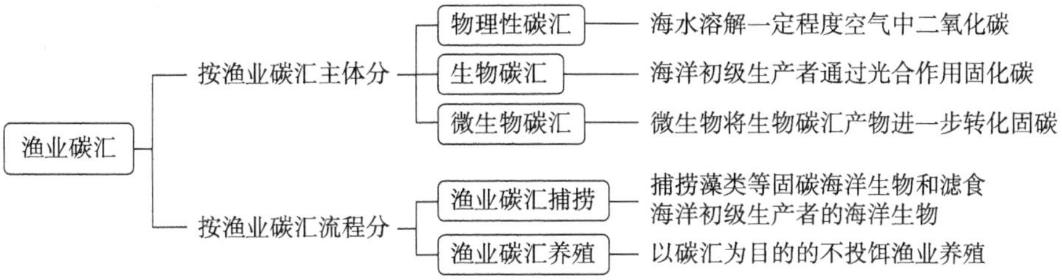

图1　渔业碳汇的分类及工作机理

四、舟山碳汇渔业的发展优势及面临的问题

结合碳汇渔业的概念及工作机理，本课题认为舟山在发展碳汇渔业方面存在较大优势，但同时也存在不少问题。

（一）发展优势

1. 地理区位优势明显，海域面积广阔

一是舟山地处长三角经济带，在人才及技术团队引进、资金支持、项目招引等方面均具备发展海洋碳汇渔业较好的地理区位优势。二是舟山以群岛为主的地貌特征，使得海域面积广阔，共计有近2.08万平方公里的海域面积，为海洋碳汇渔业的发展提供了较好的地域空间。三是舟山航道与港口资源丰富，海岸线长度2788公里，其中水深15米以上有200.7公里，水深20米以上有103.7公里，为海洋碳汇渔业的发展提供了较好的渔业资源培育环境和便利的通航运输条件。

2. 海洋渔业基础较好，渔业资源丰富

一是渔业相关从业人员广泛，为海洋碳汇渔业发展提供专业从业人员支撑。截至2021年末，全市渔农村人口为58.30万人，占全市总人口的60.92%。其中，渔农村从业人员为34.50万人，占全部渔农村人口的59.18%。二是渔业经济较为发达，为海洋碳汇渔业发展提供较好的发展基础。2021年，全市渔业总产值为274.99亿元，占全市地区生产总值的16.14%。三是渔业养殖发展较好，为海洋碳汇渔业发展提供优良的发展背景。截至2021年末，全市海洋养殖面积为3926公顷，海洋养殖产量为28.6万吨。其中，贝类养殖面积①为2018公顷，养殖产量为25.45万吨，藻类养殖面积为109公顷，养殖产量为0.48万吨。

3. 渔业民俗文化厚实，产业基础扎实

一是海洋牧场有序推进建设，为海洋碳汇渔业发展提供产业发展基础。开展海洋资源保护，舟山大力实施"碳汇工厂"海洋牧场建设，开展渔业资源增

① 贝藻类养殖面积及产量数据为2020年数据，2021年数据暂未公布，但预计数据变动较小。

殖放流，将保护渔业资源与生态环境修复有机结合。目前，在已公布的国家级海洋牧场示范区中，舟山已批 6 个。二是渔业民俗文化较好继承发展，为海洋碳汇渔业发展提供文化底蕴支撑。如开渔仪式、传统渔业捕捞作业方式，可带动碳汇渔业相关的文旅产业发展，为其提供较好的发展土壤。

（二）存在的问题

1. 海洋碳汇渔业发展技术空白

舟山的渔业模式仍以传统的粗放型作业方式为主，对渔业作业的海域生态环境造成了严重破坏。如捕捞作业，过度且无差别化捕捞，使得部分渔业资源面临枯竭问题，破坏特定海域的海洋生态环境和食物链结构，导致海洋碳汇量大幅减少。如养殖作业，投饵式且单一的养殖方式，使得养殖海域的生态环境严重失衡。在无法增加海洋碳汇量的情况下，反而因海域海洋生物结构的不合理等问题出现海洋碳汇量减少的情况。

2. 海洋碳汇渔业人才和队伍建设缺失

海洋渔业从业人员基数较广，但层次相对较低，大部分为传统渔民，缺乏专业的碳汇知识和先进的渔业技术，海洋生态环境保护意识和渔业碳汇意识相对淡薄。舟山高校及海洋研究机构资源稀缺，全市仅 2 所高校及 1 所海洋研究所，缺乏海洋碳汇渔业团队建设基础，且相关研究支持工作推进缓慢。同时，因舟山地处海岛地区，交通较不便利，基础设施建设薄弱，导致人员引进存在较大困难。长三角大型城市的虹吸效应，也对舟山吸引相关人才产生制约。

3. 海洋碳汇渔业发展支持不足

一方面，舟山尚未形成对海洋碳汇渔业产业化发展路径的支持，未制定出台全市碳汇渔业的行动方案和工作举措。舟山虽有政府主导下的海洋牧场建设和定期的增殖放流活动，但整体的影响范围和碳汇水平较为有限，未发挥产业化的规模效应和市场活力。另一方面，海洋碳汇渔业的金融支持也存在不足。主要体现为碳汇渔业领域的产品创新处于空白、授信审批政策倾向性不够、碳汇渔业金融服务意识不强等。如嵊泗县的贻贝养殖项目，虽有专门的金融产品支持，但并不涉及碳汇渔业方面，金融支持对产业发展的导向明显不够。

五、碳汇渔业融资成本容忍度测算

为对碳汇渔业合理的融资成本进行定价，我们考虑两种渔业养殖作业模式下的经营净收益。基于理性经济人假设，只有当另一种选择有在相同成本下更高的收益或相同的收益下更低的成本时，才会偏向于这一选择。因此，我们基本的定价原则为碳汇渔业的养殖净收益至少不能低于传统渔业养殖，进而得出在最低的净收益水平下碳汇渔业的最高融资成本。由于从目前的情况来看，真正意义上的碳汇渔业养殖方式较少，相关数据较难获取，因此我们选择完全符合碳汇渔业理念的海洋牧场来作为碳汇渔业的具体开展形式进行此部分研究。

（一）海洋牧场和传统养殖成本收益定价模型

1. 海洋牧场成本收益定价模型

海洋牧场的成本包括建设成本、培育成本以及碳交易成本，收益除了普通渔业养殖的养殖产品收益外，还有碳汇量变现产生的收益（见图2）。

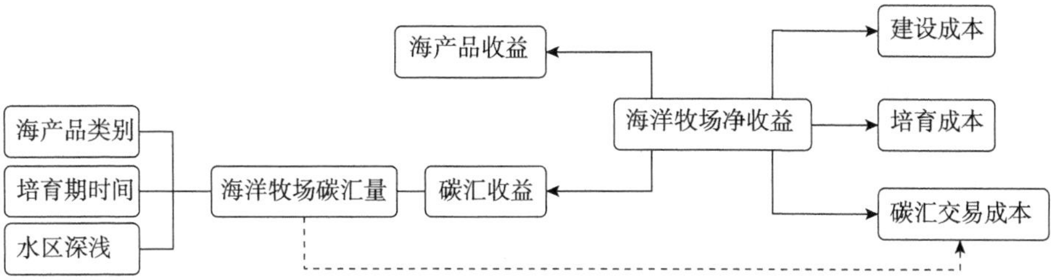

图2　海洋牧场成本收益情况

根据以上海洋牧场的成本收益来源情况，构建海洋牧场成本收益定价模型。

（1）收益端

一是碳汇交易收益。在确定海洋牧场的碳汇交易收益前，我们需计算出海洋牧场整体的碳汇量。而在计算海洋牧场碳汇量过程中，需区分不同海洋生物的含碳系数、干湿比重等参数，综合得出每种海洋生物碳汇量基础上，计算出海洋牧场总的碳汇量水平，具体计算公式如下。

$$C_X = \sum_{i=1}^{n}(\lambda_{it} \cdot X_{it} - \lambda_{it_0} \cdot X_{it_0}) \tag{1}$$

其中，C_X 表示海洋牧场在一个培育期 $t-t_0$ 内除贝类以外的碳汇量；i 表示某种具有固碳属性的海洋生物，并假定有 n 种；λ_{it}表示某具有固碳属性的海洋生物 i 在 t 时的含碳系数，X_{it}表示某具有固碳属性的海洋生物 i 在 t 时的干湿比重。

由于贝类作物的特殊性，其贝壳和软组织均具有固碳属性，并且两者的固碳能力相差较大，因此需将其区分计算。贝类的固碳公式如下：

$$C_X^B = \sum_{i=1}^{n}[(\alpha_{it} \cdot \gamma_{it} - \alpha_{it_0} \cdot \gamma_{it_0}) + (\beta_{it} \cdot \delta_{it} - \beta_{it_0} \cdot \delta_{it_0})] \tag{2}$$

其中，C_X^B 表示养殖贝类在一个培育期 $t-t_0$ 的碳汇量；α_{it}、β_{it}分别表示具有固碳属性的贝类 i 的贝壳含碳系数和软组织含碳系数；γ_{it}、δ_{it}分别表示具有固碳属性的贝类 i 的贝壳和软组织的干湿比重。

根据全国碳交易市场碳交易平均价格 P_C，可以得到碳汇交易收益为 I_C。

$$I_C = P_C \cdot (C_X + C_X^B) \tag{3}$$

二是海产品的经济价值收益。海洋牧场收获的海产品质量与当季收货时的价格乘积即为海产品的销售收入，也即海产品的经济价值收益，用公式表示如下：

$$I_S = \sum_{i=1}^{n} P_{is} \cdot Y_{is} \tag{4}$$

其中 I_S 表示海洋牧场海产品的经济价值总收益；P_{is}表示第 i 种具有固碳属性的海产品价格；Y_{is}表示第 i 种具有固碳属性的海产品质量。

（2）成本端

成本端包括三个部分，一是碳汇的交易成本；二是碳汇渔业养殖过程中产生的成本，包括养殖成本和项目建设成本；三是养殖投入资金①的融资成本。我们假设碳汇的交易成本为 B_C，碳汇渔业养殖过程中产生的成本为 B_S，碳汇渔业的养殖投入资金融资成本为 B_K，碳汇渔业的融资利率（年化）为 r_K。

$$B_K = (B_C + B_S) \cdot r_K \cdot \frac{t - t_0}{12} \tag{5}$$

（3）净收益

根据以上成本收益的核算，我们得到以下碳汇渔业（海洋牧场模式）净收益计算模型：

$$R_S = I_C + I_S - B_C - B_S - B_K \tag{6}$$

2. 传统养殖成本收益定价模型

（1）收益端

我们在下文的实际模拟计算分析中，以具体某种共同养殖且养殖比例规模较大的海产品为分析对象。假设每种海产品的产量为 Y_{if}，初级市场价格为 P_{if}，那么一个培育期内传统养殖渔业的收益为：

$$I_F = \sum_{i=1}^{n} Y_{if} \cdot P_{if} \tag{7}$$

（2）成本端

我们假定传统养殖过程中产生的成本为 B_F，假定养殖海产品资金融资成本为 B_G，传统渔业养殖融资利率为 r_G。

$$B_G = B_F \cdot r_G \cdot \frac{t - t_0}{12} \tag{8}$$

（3）净收益

根据以上成本收益核算，得到传统养殖渔业模式下养殖的净收益模型。

$$B_F = I_F - B_F - B_G \tag{9}$$

（二）海洋牧场和传统养殖成本收益模拟核算

在进行正式的模拟核算前，我们有必要说明一下前提条件和假设。通常碳

---

① 假设养殖投入的资金均由外部融资提供。

汇渔业或传统养殖渔业会持续相对较长一段时间，这里我们在核算过程中只考虑一个培育期内情况。其次，在核算过程中，净收益计算以一个培育期内两者的终值来做计算参考，按现值来计算实际得到的结果也应相同。并且假设两种方式下培育模式、成本不随时间变化，涉及的价格、利率等数据同样也是确定的，不随时间变化。

由于舟山海洋牧场养殖的成本及碳汇量情况暂未能获取，传统渔业养殖成本数据也未能获取完整数据，因此我们参考采用沈金生、梁瑞芳（2018）在桑沟湾海域养殖栉孔扇贝的研究数据。

1. 情景设置

我们假设在桑沟湾海域深浅水区各选取一个栉孔扇贝养殖地为研究对象。栉孔扇贝的养殖期一般为当年的5月至次年的3月，养殖周期在10个月左右。该海域用于海洋牧场的培育时，养殖栉孔扇贝的情况如表1所示。

表1　　　桑沟湾海洋牧场养殖栉孔扇贝情况

	面积（m^2）	养殖笼数（笼）	每笼层数（层）	每层个数（个）	总个数（万）
浅水区	1600	400	8	30	9.6
深水区	1600	400	15	30	18.0

在海洋牧场的人工鱼礁成本核算中，考虑到相关研究显示投放人工鱼礁产生最佳效应的体积最小值为4000 m^3，因此本文在核算过程中人工鱼礁的实际成本按4000 m^3 计，而非按照海域面积基础上的体积计算。不同人工鱼礁成本也有所不同，通常海洋牧场所采用的人工鱼礁为钢筋混凝土人工鱼礁。该海域的传统渔业养殖，按照桑沟湾海域扇贝平均产量来计算。

2. 海洋牧场成本收益模拟核算

桑沟湾海洋牧场养殖的成本包括建设成本、养殖成本、碳交易成本以及资金融资成本。海洋牧场养殖的建设成本包括海域使用费、建筑物折旧成本、投放人工鱼礁成本、构建藻场、海底改造等成本。

桑沟湾海洋牧场中，贝类养殖产量约占20%，而栉孔扇贝的养殖产量约占贝类养殖的50%，因此栉孔扇贝约占桑沟湾海洋牧场养殖产量的10%，我们按照养殖产量对固定成本进行分摊。

建设成本：海域使用费按照1492.54元/年/hm^2 的海域使用费征收标准，情景假定下栉孔扇贝养殖的一个培育期内海域使用费为39.80元；投放4000 m^3 钢筋混凝土人工鱼礁的成本为273.72万元，按照30年的使用年限来计，一个培育期人工鱼礁的成本为7.6万元，分摊到栉孔扇贝也即为7600元；按照獐子岛海洋牧场建设5.36hm^2 的人工藻场成本为100万元来计算，海洋牧场人工藻场成本为18.66元/m^2；大连海参改造13.4hm^2 海域海底改造费用为20万元，因此单位面积改造费用为 1.5 元/m^2；建筑物折旧成本按 672① 元计算。具体计算过程如下：

$$海域使用费 = \frac{1492.54}{10000} \times 3200 \times \frac{10}{12} \times 10\% = 39.80(元)$$

$$投放人工鱼礁成本 = \frac{273.72}{30 \times 12} \times 10 \times 10\% = 0.76(万元)$$

$$人工藻场成本 = \frac{100}{5.36} \times 3200 \times \frac{10}{30 \times 12} \times 10\% = 165.84(元)$$

$$海底改造成本 = \frac{20}{13.4} \times 3200 \times \frac{10}{30 \times 12} \times 10\% = 13.27(元)$$

养殖成本：桑沟湾栉孔扇贝种苗成本为 0.004 元/个，按照上文情景假设对于种苗数量的需求量 27.6 万个，相应得到合计种苗成本为 1104 元；劳动力平均成本为 0.46 元/（m^2·月），按照此养殖规模劳动力成本合计为 1472 元；根据海蜇的增殖放流成本约为 398 元/吨，27.6 万个栉孔扇贝种苗质量在 340 千克左右，从而得到栉孔扇贝的增殖放流成本为 135.32 元；一个培育期内栉孔扇贝分摊到的监测管理费用为 300 元。

碳汇交易成本：碳交易成本采用欧盟碳交易体系中的碳交易成本，约为 4.93 元/吨，在下文的分析中，我们可以得到海洋牧场栉孔扇贝的碳汇量合计为 668.32 千克，因此碳汇交易成本合计约为 3 元。如表 2 所示。

表 2　　桑沟湾一个养殖期内碳汇渔业养殖栉孔扇贝成本

	项目	成本（元）
建设成本	海域使用费	39.80
	建筑物折旧成本	672.00
	投放人工鱼礁成本	7600.00
	构建藻场成本	165.84
	海底改造成本	13.27
养殖成本	苗种成本	1104.00
	劳动力成本	1472.00
	增殖放流成本	135.32
	管护、监测成本	300.00
碳交易成本		3.00
合计		11505.23

① 参照沈金生、梁瑞芳（2018）的研究数据。

通过以上的计算分析得到碳汇渔业除资金融资成本以外的养殖成本为11505.23元，按照养殖投入资金均需通过融资满足的假设，得到碳汇渔业（海洋牧场模式）的融资成本：

$$B_K = 11505.23 \times r_1 \times \frac{10}{12} \tag{10}$$

桑沟湾海洋牧场养殖的收益包括碳汇收益和海产品的销售收入。该情景下的海洋牧场栉孔扇贝一个养殖期内的碳汇量为668.32千克，其中深水区栉孔扇贝的固碳量合计为493.20千克，浅水区栉孔扇贝的固碳量合计为175.12千克（根据表3、表4可得深浅水区每个栉孔扇贝的固碳量分别为2.74克和1.82克，深浅水区栉孔扇贝的数量分别为18万个和9.6万个）。同时，根据全国碳交易市场自有交易以来的平均价格为0.058元/千克，故得到碳汇收益为39元。

表3　海洋牧场当年5月栉孔扇贝的干重、含碳系数及含碳量（初始值）

单位：克,%

	壳干重	壳含碳系数	壳含碳量	软体干重	软体含碳系数	软体含碳量
深水区	0.56	11.82	0.07	0.08	38.11	0.03
浅水区	0.56	11.85	0.07	0.08	38.11	0.03

表4　海洋牧场次年3月栉孔扇贝的干重、含碳系数及含碳量（收获值）

单位：克,%

	壳干重	壳含碳系数	壳含碳量	软体干重	软体含碳系数	软体含碳量
深水区	17.04	11.92	2.03	2.17	37.5	0.81
浅水区	11.45	12.15	1.39	1.42	37.3	0.53

按照沈金生，梁瑞芳（2018）的研究数据，碳汇渔业（海洋牧场模式）一个养殖期内深浅水区栉孔扇贝的产量分别为6697.08千克和2511.51千克，合计为9208.59千克。并按照栉孔扇贝4.6元/kg的平均收购价格，得到碳汇渔业一个养殖期内栉孔扇贝的销售收入为42359.51元。

通过以上成本收益分析，我们最终得到碳汇渔业（海洋牧场模式）的净收益：

$$R_S = 39 + 42359.51 - 11505.23 - 11505.23 \times r_1 \times \frac{10}{12} \tag{11}$$

3. 传统养殖成本收益模拟核算

传统养殖渔业的养殖成本我们同样也参照沈金生，梁瑞芳（2018）对于一个养殖期内传统渔业养殖栉孔扇贝的成本投入。传统养殖渔业的养殖成本情况如表5所示。

表 5 传统养殖渔业一个养殖期内养殖栉孔扇贝成本（养殖面积为 3200 m^2）

项目	单价（元/m^2）	金额（元）
固定资产		
承包费	0.015	49.42
船只	0.011	35.50
建设费	0.038	123.90
设备折旧	1.800	576.00
养殖成本		
种苗费	0.345	1104.00
药物费	0.004	15.40
饵料费	1.765	564.80
增殖放流费	0.045	135.32
人工费	0.677	1465.60
合计		4069.94

我们得到传统养殖渔业除资金融资成本外的养殖成本合计为 4069.94 元，按照舟山嵊泗渔业养殖贝类“养民证”贷款情况，平均贷款利率（年化）为 4.61% 计，估算出一个养殖期内栉孔扇贝养殖的资金融资成本为 187.62 元。因此传统养殖渔业的全部养殖成本为 4257.56 元。

传统养殖渔业的养殖收益为海产品的销售收入。根据沈金生、梁瑞芳（2018）的研究数据，桑沟湾扇贝的产量密度为 4.725kg/m^2，因此我们根据 3200 m^2 的养殖面积，以及栉孔扇贝在贝类中 50% 养殖比例即可得到栉孔扇贝的养殖产量为 7560 千克。按照 4.6 元/kg 的初级市场收购价格，得到传统养殖渔业养殖收益为 34776 元。

传统养殖渔业一个养殖期内栉孔扇贝的净收益：

$$R_F = 34776 - 4069.94 - 187.62 = 30518.44(\text{元})$$

（三）碳汇渔业融资成本容忍度核算

根据以上分析，我们得到碳汇渔业（海洋牧场模式）的净收益 R_S。

$$R_S = 39 + 42359.51 - 11505.23 - 11505.23 \times r_1 \times \frac{10}{12}$$

传统养殖渔业一个养殖期内栉孔扇贝的净收益 R_F 为 30518.44 元。

根据理性经济人假设，碳汇渔业净收益应不低于传统养殖渔业的净收益，因此就有 $R_S \geqslant R_F$，从而即可得到碳汇渔业（海洋牧场模式）的最高融资成本：

$$r_1 = 3.90\%$$

在一系列假定基础上，我们得到了在传统养殖渔业模式养殖资金融资利率为 4.61% 的情况下，碳汇渔业（海洋牧场模式）的融资成本应不高于 3.90%。

假如碳汇渔业融资成本高于3.90%，那么在无其他利益驱使下，在经营者可自由选择渔业养殖模式的状况下，按照理性经济人假设，经营者不会选择进行碳汇渔业模式下的渔业养殖活动。

六、金融支持舟山碳汇渔业发展方式

相较传统渔业养殖的融资利率，碳汇渔业养殖的融资利率应至少低于其71个基点。降低碳汇渔业的融资成本是金融支持碳汇渔业发展的重要一环，但同时也应结合舟山发展碳汇渔业的优势和问题，从不同的角度支持和引导舟山碳汇渔业更多形式的发展业态，以实现碳汇渔业更高的环境和经济效益。

（一）金融支持海洋碳汇渔业多层次立体化养殖

一是对实行碳汇渔业和多层次立体化渔业养殖的海域，支持其通过对特定养殖海域的海域使用权抵质押申请融资支持，解决渔业养殖缺乏抵质押物的问题。二是通过渔业碳汇的远期收益权质押，并根据全国碳排放权交易市场即时的碳交易价格，向碳汇渔业和多层次渔业养殖企业发放碳汇渔业贷款。三是发展碳汇渔业和多层次海洋渔业养殖保险。对受极端天气如台风等因素影响包括在保险权责范围内，降低碳汇渔业的外部风险。

（二）金融支持精细化海洋碳汇渔业捕捞作业

一是推出渔业作业船舶绿色低碳化更新改造信贷产品，对绿色可再生材料建造的渔业船舶、船舶动力的绿色更新改造，提供定向化的信贷支持。二是因在实行广泛的禁渔期政策下，渔民或渔业企业出现资金链紧张等问题，可根据实际需要提供流动性资金支持，并对贷后如禁渔期开展捕捞作用等风险进行管控。三是对建设智慧渔业大数据平台以及相关设备采购的资金需要，通过项目贷款提供项目建设资金支持。

（三）金融支持海洋牧场建设与文旅产业融合发展

一是通过长期的资金支持方式如项目贷款，解决海洋牧场短期经济效益较低，外部性较强等问题。同时也可通过海洋牧场所产生的远期碳汇收益，作为质押工具，为政府类或民间公益组织类建设海洋牧场提供资金保障。二是推出海洋牧场的文旅建设金融产品，解决现有海洋牧场由政府主导下的公益化模式转变为商业化运作模式。对企业购买海洋牧场、生态化改造海洋牧场、打造海洋牧场文旅属性的特色产品和设施，以海洋牧场项目贷款或海洋牧场文旅贷等形式，分档提供不同利率水平的资金支持。

（四）金融支持碳汇渔业产业化发展

一是支持碳汇渔业上游产业融资需要。对碳汇渔业上游的育种技术培育投入，通过现有的育种技术专利储备作为知识产权质押工具提供抵质押类的金融产品。同时，可为这类育种技术企业通过绿色工厂企业认定方式，提供绿色工厂类的融资产品和融资模式。二是支持碳汇渔业下游产业融资需要。首先，可根据下游企业的知识产权情况，以知识产权质押方式支持其融资。其次，根据碳汇渔业下游企业利用碳汇渔业水产品的强度情况来评定发放碳汇渔业的产业链贷款。最后，下游产业链企业通过设备融资租赁等方式购买碳汇渔业精深加工的高端设备。

（五）金融支持碳汇渔业与海洋生态环境修复

根据碳汇渔业的综合碳汇水平，包括碳汇渔业贝藻类以及滤食初级生产者的经济价值、储碳价值、生态价值等碳汇和生态环境修复价值为补偿依据，以特定渔业碳汇海域海洋生态环境变化造成的以上各类经济价值的减少为保险责任，提供碳汇渔业与海洋生态环境修复保险。同时，可根据碳汇渔业生物的碳汇能力、养殖成本、市场交易价格等为依据，在制定碳汇渔业指数基础上，提供碳汇渔业指数相关的保险产品。

七、研究结论和展望

本文通过提出与舟山碳汇渔业产业发展方向相匹配的创新性金融产品和金融服务解决思路，发挥金融精准支持和导向作用，在合理定价基础上，努力降低碳汇渔业融资成本，促进传统海洋渔业的碳汇化转型，发展碳汇渔业模式。同时，通过与舟山特色的海洋旅游产业、清洁能源产业结合，改进传统海洋渔业粗放化的发展模式，建立海洋产业生态化和碳汇渔业产业化的理念。由于研究数据和参数的可得性问题，我们在具体定量研究的过程中，由于数据和参数的不可得原因，无法利用舟山本地海域渔业产业作业的相关数据，后续我们希望能有更多本地化海洋渔业的研究数据和研究案例支持。在研究金融支持碳汇渔业的各种发展业态中，鉴于目前的金融业发展实际，能够较好匹配碳汇渔业发展模式的产品形式较为局限，我们也仅能提供一些方向性思路的探讨，下一步希望能有更多实际的金融产品及服务支持碳汇渔业的发展。

参考文献

[1] 陈武．中国海洋碳汇渔业发展对碳效益的影响研究［D］．吉林大学，2021.

[2] 郭艳等．我国碳汇渔业的发展对策初探［J］．中国管理信息化，2021，24（20）：163－164.

[3] 高学文．CDM 机制下的碳汇渔业发展思考［J］．齐鲁渔业，2011（5）：41－43.

[4] 高学文．海洋碳汇中碳金融发展前景与对策［J］．中国国际财经（中英文），2018（4）：32－33.

[5] 李富伟．我国碳汇渔业发展的金融激励机制及国际合作研究［D］．中国海洋大学，2014.

[6] 刘慧，唐启升．国际海洋生物碳汇研究进展［J］．中国水产科学，2011，18（3）：695－702.

[7] 李纯厚等．海洋碳汇研究进展及南海碳汇渔业发展方向探讨［J］．南方水产，2010，6（6）：81－86.

[8] 李雨浓，孙涛，蒲凌海．海洋碳汇渔业发展的金融支持问题研究［J］．乡村科技，2019（12）：58－60.

[9] 施懿宸，李双杨．生物多样性助力我国渔业碳汇发展［J］．上海企业，2021（11）：82－88.

[10] 沈金生，吕金诺，刘荣建．我国海洋牧场蓝色碳汇补偿方案设计探讨［J］．中国海洋大学学报：社会科学版，2020（3）：68－75.

[11] 沈金生，梁瑞芳．海洋牧场蓝色碳汇定价研究［J］．资源科学，2018，40（9）：1812－1821.

[12] 孙吉亭，赵玉杰．我国碳汇渔业发展模式研究［J］．东岳论丛，2011，32（8）：150－155.

[13] 邵桂兰等．基于LMDI法的我国海洋渔业碳排放驱动因素分解研究［J］．农业技术经济，2015（6）：119－128.

[14] 唐启升，刘慧．海洋渔业碳汇及其扩增战略［J］．中国工程科学，2016，18（3）：68－73.

[15] 王优．舟山市绿色渔业发展路径研究［D］．浙江海洋大学，2020.

[16] 许冬兰．蓝色碳汇：海洋低碳经济新思路［J］．中国渔业经济，2011，29（6）：44－49.

[17] 肖乐，刘禹松．碳汇渔业对发展低碳经济具有重要和实际意义 碳汇渔业将成为新一轮渔业发展的驱动力——专访中国科学技术协会副主席、中国工程院院士唐启升［J］．中国水产，2010（8）：4－8.

[18] 徐志进．浙江舟山群岛新区碳汇渔业发展分析［J］．中国水产，2013（2）：35－36.

[19] 徐敬俊等．海洋“碳汇渔业”研究述评［J］．资源科学，2018，40（1）：161－172.

[20] 岳冬冬等．基于碳平衡的中国海洋渔业产业发展对策探析［J］．中国农业科技导报，2016，18（4）：1－8.

[21] 杨轲．渔业碳汇补偿机制探究［D］．浙江海洋大学，2018.

[22] 朱骅．从碳汇渔业到蓝色粮仓的发展机制［J］．上海海洋大学学报，2019，28（6）：968－975.

高科技产业融资研究

——基于A股、科创板创业板、NEEQ的数据分析

杭州银行课题组*

一、高科技产业发展的融资约束

（一）融资约束成因

要分析高科技产业的融资约束问题成因，需要将问题解剖开来看，即需要明确是整体性的问题还是结构性的问题。高科技企业融资难更多的是指股权融资，股权融资市场门槛高，融资难度远高于信贷市场，尤其是中小型科技企业。因此，我们分析高科技产业的融资问题时，更关注中小科技企业的间接融资可得性问题。

从中小企业的共性特征来看，谭之博和赵岳（2012）、鞠远飞（2020）的研究表明，中小企业资本规模小、资产结构有缺陷，可以用来抵押的抵押物较少，导致其难以依靠传统的融资方式获取贷款；李志赟（2002）则认为，除缺少抵押外，高昂的评估费用、烦琐的抵押程序也阻碍了中小企业的融资。谭雅心和沈秋伶（2020）提到，中小企业会计制度不健全，信息披露意识较差，提供的财务报表和资料未经审计，这使得银行等金融机构很难判断其信用水平和投资价值。

从科技属性来看，还有信息透明度更低、风险更高等特性。林毅夫和李永军（2001）认为，由于市场竞争激烈，为防止技术泄露，科技型企业会偏向于保守地披露相关信息，进而放大了两者之间信息的不对称；再加上研发活动作为一种无形资产，外部投资者很难监督、度量其成本和价值，因而金融机构往往会要求额外的风险溢价成本（鞠晓生等，2013）。

除企业自身原因外，不同地区金融体系的差异性导致企业融资的获得性在区域间存在差异（唐建新，2010）。国有大中型银行是我国融资市场的主导者，是我国中小企业间接融资渠道中的主要资金供给者，其决策行为和融资偏好对于中小企业融资约束的直接影响巨大，也会在一定程度上影响中小银行的融资

---

* 课题主持人：陈震山
课题组成员：章建夫　祁　光　陆桔利　陈家俊　赖川波　封　菲　高　菲

偏好。张一林等（2019）认为，大银行不适合服务中小企业，要在根本上解决中小企业的融资难题，关键在于推进银行业的供给侧改革，发展具有信息优势和服务优势的中小银行。除了银行集中度外，金融市场体系的缺陷也在一定程度上造成了中小企业的融资约束。

（二）高科技产业融资约束缓解

大量文献讨论了商业银行支持科技型企业融资的路径，为金融服务创新提出了许多建议，具体可以归纳为以下几个方面。

首先，从信息不对称入手，构建覆盖多方的信息共享机制。李志强（2012）认为，要搭建信息化系统，以缓解科技型企业与银行之间的信息不对称。中国人民银行济南分行课题组（2021）也提出，商业银行要充分利用政府资源，与大数据公司合作，以获取更多的高质量数据和信息。

其次，鼓励商业银行调整信贷管理模式，创新授信模式。张武军等（2020）提出，要积极引导商业银行调整已有的信用等级评估方法，开发全新的授信模式和信贷产品，将放贷重心向科技型企业适当倾斜，提高对科技型企业的服务水平，减少其资金缺口。

最后，引导商业银行进行金融服务产品创新。目前常见的产品有以下几种：（1）无形资产质押。孙华平和刘桂锋（2013）指出，专利质押融资模式不但可以使科技型中小企业获得资金，还可以提高专利信托机构能力，拓展银行的小微企业业务。但我国知识产权评估存在标准不统一、权威性较弱等问题，在实操中难以形成公允的估值（郭航，2019）。（2）供应链金融。供应链金融由于产业链中的企业的资金流的流动，进而带动信息的流动与交互，可以极大缓解信息不对称问题，进而缓解科技型企业的融资约束（姚王信，2017）。（3）投贷联动。投贷联动是一种股权＋债权联合的融资方式，对银行来讲，一方面，银行能以企业的未来成长收益以弥补当前的超额信贷风险（黄都，2020）；另一方面，通过与专业的投资机构合作，银行可以提高对公司的筛选能力，选择更有潜力的企业或项目，平衡风险和收益。

二、高科技产业发展现状

（一）产业发展整体情况

1. 政府扶持层面

得益于政府持续投入，近年我国高科技产业大幅增长，对拉动 GDP 增长的贡献也越来越大。从数据来看，2021 年，中央财政支出在同比下降的背景下，教育、科学技术、社会保障和就业方面的支出分别保持了 3.5%、7.2%、4.0% 的增长，科研创新创造活动得到有力支撑，国家层面的重视程度可见一斑。

（1）从产业发展来看，2021 年，高技术制造业、装备制造业增加值分别比上年同期保持着 18% 和 12% 以上的增速，远远高于其他产业增速，规模占比也达到工业增加值的近 50%。（2）从产业投资来看，电子及通信设备制造业、航空航天器及设备制造业、医疗仪器设备及仪表仪器制造业、高技术制造业、计算机及办公设备制造业投资同比增长均超过了 20%（见图 1）。

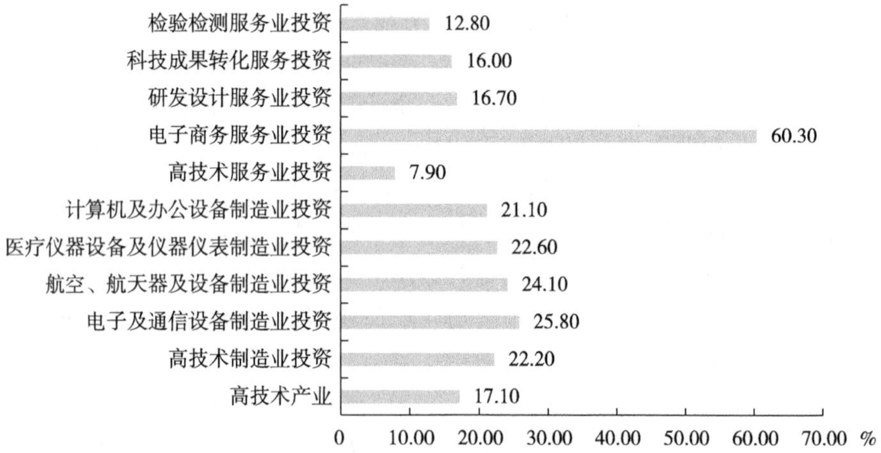

图 1　2021 年全国高技术产业投资同比增长

2. 金融支持层面

从上市银行所披露的数据来看，越来越多的上市银行开展科技金融业务，并呈现快速增长的态势。据不完全统计，截至 2021 年末，全国银行业金融机构设立科技支行、科技特色支行、科技金融专营机构共有 959 家，同比增长 14.4%。银行业金融机构科技型企业贷款余额较年初增长 23.2%，比贷款平均增速高 12.1 个百分点。

3. 企业发展层面

全国高新技术企业数量从十多年前的 4.9 万家，增加到 2021 年的 33 万家，研发投入占全国企业投入的 70%，上交税额由 2012 年的 0.8 万亿元，增加到 2021 年的 2.3 万亿元。在上海证交所科创板、北京证交所上市的企业中，高新技术企业占比超过 90%。

2021 年，我国 R&D 经费投入近 2.8 万亿元，同比增长 14.2%；R&D 经费与国内生产总值（GDP）之比达到 2.44%，同比提升 0.03%。虽然仍低于美国、德国和日本等发达经济体，但已经接近 OECD 成员国 2.47% 的平均值（见图 2）。

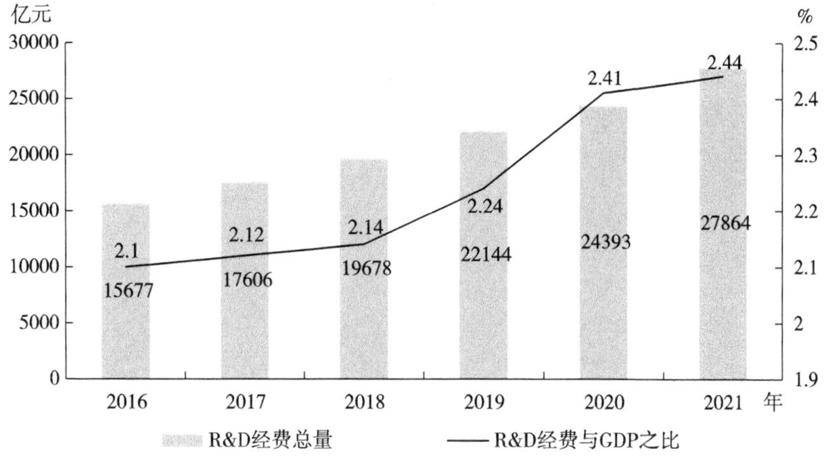

图2　2021年全国R&D经费及投入强度情况

（二）科技型中小企业的融资现状

1. 早期投资

近年来，政府引导基金、天使投资引导基金逐渐从一线城市向外延伸，成为政府发挥财政作用推动高科技产业发展的重要手段。2017—2021年，早期投资市场科技类企业投资金额占比从65.26%上升到2021年的89.08%，早期投资对科技企业的支持力度逐年加大（见图3）。

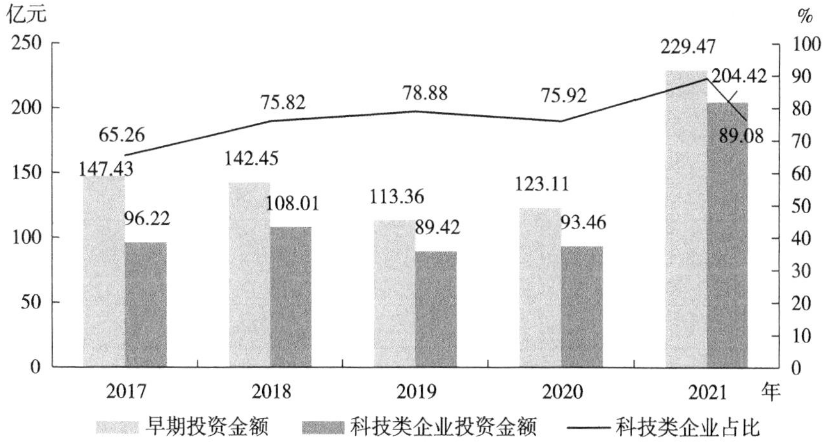

图3　2017—2021年早期投资金额

（数据来源：清科研究《中国股权投资市场回顾与展望》2017—2021）

2. 创业投资

2021 年，随着新冠疫情后国内经济逐渐复苏，创业投资热度空前，投资总额达到 3710.91 亿元，同比上升 90%（见图 4）。虽然我国创业投资发展迅速，但投资强度仍与国外有较大差距；2021 年，美国的创业投资强度可以达到 0.7% 以上（我国为 0.32%）。

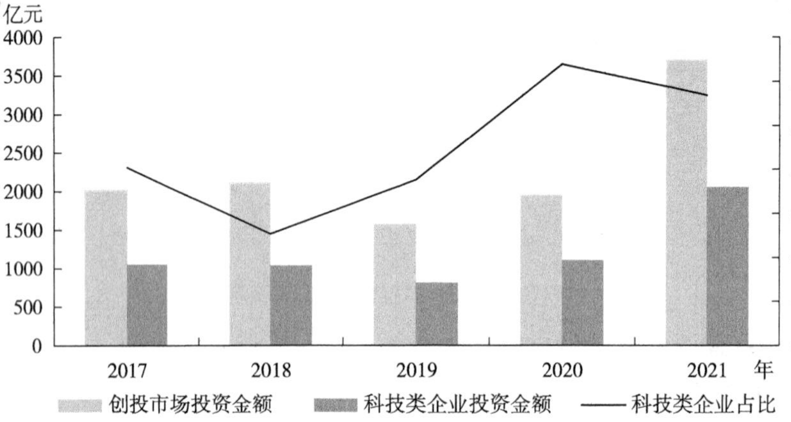

图 4　2017—2021 年创业投资金额

3. 股权融资

创业板、科创板等的推出在很大程度上降低了企业上市门槛，但资本市场的准入机制对于大部分中小企业来说仍是较为严苛的，能够通过公开上市获得融资的中小企业始终为少数，中小微企业获得融资总额加起来仍未超过 6%[①]（见表 1）。

表 1　不同规模企业股权融资情况

企业规模	融资家数（家）	融资家数占比（%）	融资额（亿元）	融资额占比（%）
大型企业	1214	34.57	21739.74	94.67
中型企业	1983	56.46	1155.22	5.03
小型企业	295	8.4	61.28	0.27
微型企业	20	0.57	5.98	0.03
合计	3512	100	22962.22	100

4. 债权融资

银行贷款仍然是中小企业债权融资的主力。银行贷款提供了中小企业贷款的 90% 以上，而针对中小微企业的各类债券余额占所有债券余额的比仅为

① 中国中小企业金融服务发展报告，2017.

1.3%，这其中，还有超过70%的债券融资主要依靠银行发债实现①，而这其中有多少是名副其实的中小企业仍存疑。

从数据来看，金融机构对小微企业的贷款支持力度逐步加大，但中小企业的贷款现状仍不容乐观。中国人民银行的调研数据显示，我国中小微企业的贷款需求指数一直高于大型企业，中小企业的短期流动资金往往仅有50%左右能得到满足。如图5、图6所示。

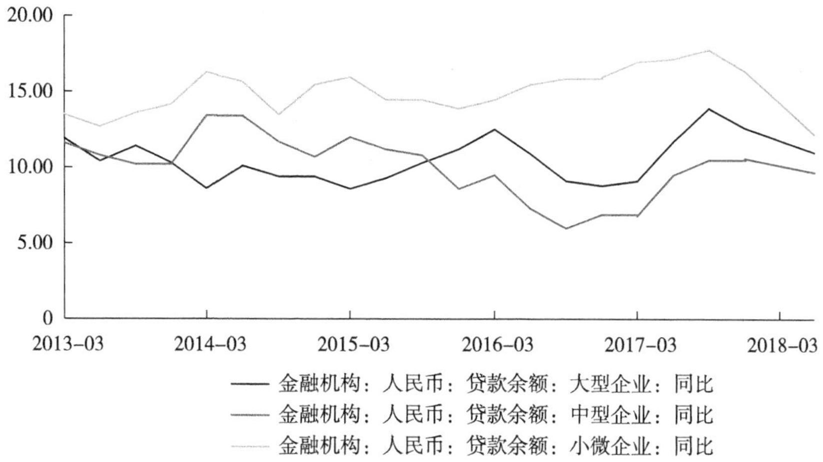

图5 2013年3月至2018年3月金融机构对大、中、小微型企业的贷款余额同比增速

（数据来源：Wind）

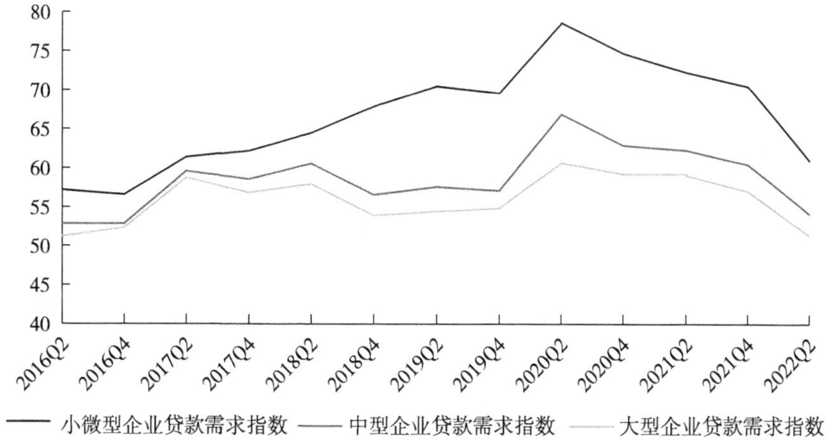

图6 2016年第二季度至2022年第二季度大、中、小微型企业的贷款需求指数

（数据来源：中国人民银行《银行家问卷调查报告》）

① 中国人民银行研究局课题组．完善中小微企业融资制度问题研究［J］．工作论文，2021.3.29.

三、高科技产业融资可得性的实证研究

（一）指标和数据

在对于高科技产业的界定方面，在实践方面，主要存在两种界定逻辑，一是以政府标签为标识，如高新技术企业、科技型中小企业、专精特新企业等；二是以行业维度为属性，重点聚焦于若干个科技含量和属性较高的行业，本研究从金融服务实践的角度出发，以行业为标签梳理高科技产业研究样本。

1. 指标选取

在行业的选取方面，我们借鉴天风、华泰等 16 家券商对科技行业的界定范畴后，对科技行业范畴进行如下界定：将 TMT 板块行业作为狭义的科技行业范畴，将 TMT 板块 + 新能源、国防军工和医药生物行业作为广义的科技行业范畴（见表 2）。

表 2　不同券商对于科技行业的范畴界定

申万一级	天风	华泰	中信	中金	广发	国泰君安	招商	国盛	光大	东方	银河	安信	方正	东吴	申万	浙商
电子	√	√	√	√	√	√	√	√	√	√	√	√	√	√	√	√
通信	√	√	√	√	√	√	√	√	√	√	√	√	√	√	√	√
计算机	√	√	√	√	√	√	√	√	√	√	√	√	√	√	√	√
传媒		√	√			√	√	√	√	√	√	√	√	√	√	√
电力设备	√	√	√	√	√		√									√
国防军工	√			√	√		√					√				√
医药生物	√				√		√									√

由于内源融资来自企业内部留存收益，故本文只考虑外部融资情况。参考周玉琴和张华（2017）的指标选取，我们剔除银行业和非银金融机构，依次选取现金流量表中的“吸收权益性投资所收到的现金”来衡量股权融资情况，选取“取得借款收到的现金”与“发行债券收到的现金”之和来衡量债权融资情况，选取了上市公司主营业务收入、总资产和市值指标来衡量行业规模的总量和占比情况。而对于上市公司的增加值，选择基于公司公开报表数据用收入法测算公司增加值，包含劳动者报酬、营业税及附加、期间累计折旧和营业盈余四大部分，对应财报项目如表 3 所示。

表 3　分析指标选取汇总

融资项目	财报项目
股权融资	吸收权益性投资所收到的现金

续表

融资项目	财报项目
债权融资	发行债券收到的现金
	取得借款所收到的现金
公司增加值（收入法测算）	
劳动者报酬	支付给职工以及为职工支付的现金
营业税及附加	营业税及附加
期间累计折旧	“累计折旧”当年期末与期初的差额
营业盈余	“营业利润”与“投资收益”之和

数据来源：iFinD 数据库。

2. 数据样本

本文样本数据时间跨度为2017—2021年，基础样本空间为截至2021年末，iFinD数据库中全部A股上市公司（剔除银行和非银金融企业，后同）。在公司规模指标的选取上，主要选取“主营业务收入”“资产总值”和“总市值”指标分析上市公司规模情况，主要是基于以下考虑：科技型企业同时兼具一般企业和科技的双重属性，故在规模指标的选取上，选择了一般企业常用的衡量指标“资产总值”，同时科技型企业多为“轻资产”企业，仅用“资产总值”一项指标来评价会有失公允，故选取与其经营活动密切相关的“主营业务收入”以及资本市场密切关注的“总市值”作为衡量其规模的替代性指标，数据来源为iFinD数据库。

以2017—2021年各年的A股市场全部上市公司为统计研究对象，探究大型企业中科技行业宏观股权债权融资情况。以2017—2021年各年的科创板创业板市场全部公司为统计研究对象，探究科技型企业为主导的市场中科技行业宏观股权债权融资情况。以2018—2021年各年的全国中小企业股份转让系统（NEEQ）市场全部企业为统计研究对象，探究中小型企业中科技行业宏观股权债权融资情况。得到样本空间统计如表4所示。

表4　　样本空间统计

板块	样本	2017年	2018年	2019年	2020年	2021年
A股	TMT企业	647	668	721	822	908
	科技企业	1217	1256	1345	1538	1734
	全样本企业	3467	3567	3760	4181	4685
科创板创业板	TMT企业	329	339	356	444	500
	科技企业	549	564	591	781	884
	全样本企业	895	924	976	1316	1565

续表

板块	样本	2017 年	2018 年	2019 年	2020 年	2021 年
全国股转系统 NEEQ	TMT 企业	数据缺失	1798	1848	1877	1892
	科技企业	数据缺失	2452	2520	2566	2593
	全样本企业	数据缺失	6228	6439	6572	6694

数据来源：iFinD。

（二）数据分析

本部分主要选取 A 股、科创板 + 创业板、NEEQ 市场的企业数据，对三个市场科技型企业的融资总量情况和行业占比情况做统计分析，从数据走势观察高科技产业特别是中小科技企业的融资可得性趋势、融资偏好以及行业融资差异。

1. 融资总量分析

从表 5 的数据看，A 股市场和科创板创业板融资整体好于 NEEQ 市场企业，中小科技企业融资最为困难，相比股权融资，债权融资更为稳定。分项看，2017—2021 年，A 股市场 TMT 行业和广义科技行业获得的债权融资总量呈上升趋势，股权融资总量整体上呈上升趋势。2018 年和 2019 年受中美贸易摩擦冲击，中国股市缩紧，科技行业获得的股权融资总量也因此受冲击降低，至 2021 年，科技行业以充分缓释冲击影响，所获得的股权融资总量创造新高。

表 5　　　　科技行业宏观股权债权融资总量情况

板块	融资总量（亿元）	2017 年	2018 年	2019 年	2020 年	2021 年
A 股	TMT 股权融资	2605.88	1153.91	1250.61	3401.36	3808.37
	TMT 债权融资	9083.58	10101.73	10033.72	11804.89	12665.04
	科技股权融资	4250.23	2279.07	2336.11	6119.96	7089.69
	科技债权融资	17179.40	19620.62	19706.97	22183.78	23491.15
科创板创业板	TMT 股权融资	543.26	236.40	624.53	1936.20	1596.80
	TMT 债权融资	1341.83	1381.68	1565.87	2081.30	2269.97
	科技股权融资	982.46	703.71	1053.17	3278.53	3686.35
	科技债权融资	2308.13	2539.83	2899.61	3772.75	4498.31
全国股转系统	TMT 股权融资	数据缺失	56.10	34.78	43.12	48.77
	TMT 债权融资	数据缺失	372.03	392.57	441.06	482.95
	科技股权融资	数据缺失	82.70	48.35	62.74	80.19
	科技债权融资	数据缺失	604.00	584.34	665.39	732.33

数据来源：iFinD。

科创板创业板市场 TMT 行业和广义科技行业获得的债权融资总量均逐年增加。

而在 NEEQ 市场上，中小科技企业融资可得性相对较差，债权相对好于股权（见图 7）。

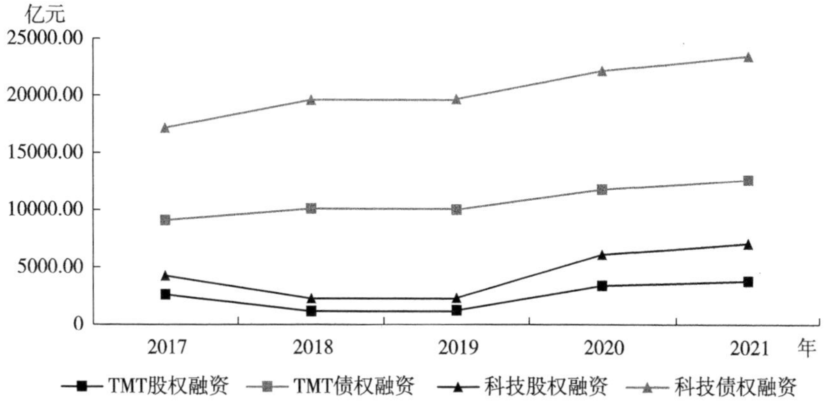

图 7　2017—2021 年 A 股市场科技行业股权融资、债权融资总量

2. 融资偏好分析

进一步研究科技行业的外源融资中股权融资和债权融资的结构占比情况，探究科技型企业外源融资偏好。统计性分析结果表明，上市科创板创业板的高科技企业最偏好寻求股权投资；其次是上市 A 股的大型科技企业，寻求股权融资的意愿远高于 A 股市场全行业平均水平；中小型科技企业股权融资偏好相对不明显，还是以债权融资为主。具体分析结果如下：

2017—2021 年 A 股市场上 TMT 行业和广义科技行业外源融资中股权融资的结构占比均高于全行业水平。2021 年 A 股市场 TMT 行业外源融资中股权融资结构占比达 23.12%，高出全行业结构占比 11.88%；广义科技行业外源融资中股权融资结构占比达 23.18%，高出全行业结构占比 11.94%。A 股市场科技行业企业倾向于寻求股权融资（见图 8）。

科创板和创业板企业以科技型企业为主导，股权融资在外源融资中的结构占比较高，股权融资未来有望成为科创板创业板企业主要融资来源。

NEEQ 市场上，TMT 行业和广义科技行业外源融资中股权融资的结构占比整体上略高于全行业水平，中小企业相对难获得股权融资支持，仍是以债权融资为资金活动主要来源。

（三）实证分析——融资偏离度分析

我们选用偏离度分析来研究科技行业和传统行业之间，融资结构与增加值

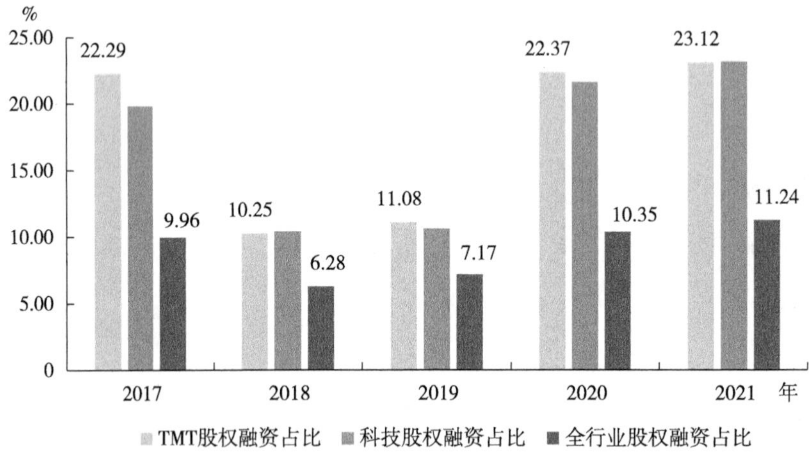

图 8　2017—2021 年 A 股市场外源融资结构占比情况

（数据来源：iFinD）

结构之间的关系。结构偏离度作为衡量行业结构合理化指标，可以衡量行业融资获得性和增加值贡献之间的错配关系。我们将结构偏离度定义为：

$$\text{结构偏离度} = \frac{\text{行业股权、债权融资所占比重}}{\text{行业增加值所占比重}} - 1 \qquad (1)$$

结构偏离度为 0 时，表示融资行业结构和增加值行业结构完全匹配，即行业每贡献 1% 的增加值的同时获得了 1% 的融资支持，金融体系的资金在各行业间达到最优配置。结构偏离度大于 0，表示行业的融资获得大于该行业的增加值产出，即该行业资金流相对充裕；反之，则代表该行业资金流相对匮乏，从偏离度的值可以反映出行业获得融资支持力度情况。

我们选取纺织服饰、钢铁、基础化工、建筑材料、建筑装饰、煤炭、农林牧渔、汽车、轻工制造和石油石化作为传统行业，合成计算传统行业的偏离度指数，并与 TMT 行业和广义科技行业进行比较，得到的结果如图 9、图 10 所示。

在 A 股市场，横向对比来看，科技企业获得的股权融资的支持要大于传统行业，科技企业获得的债权融资支持力度小于传统行业。纵向对比来看，科技行业获得股权融资支持和债权融资支持相对于其增加值结构占比情况而言，呈现波动下降趋势。

对于科创板创业板市场、NEEQ 市场进行偏离度分析后，我们发现：在科创板创业板市场，科技行业相较于传统行业的融资优势逐渐消弭；而在 NEEQ 市场，结果出现了反转，传统行业的股权融资优势逐渐大于科技行业。在债权融资方面，三个市场均表现为传统行业获得债权融资力度大于科技行业，且这个

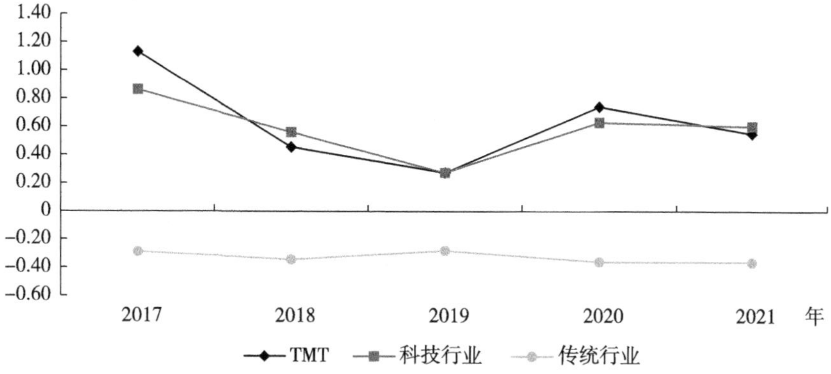

图 9　A 股市场科技行业 – 传统行业股权融资结构偏离度对比

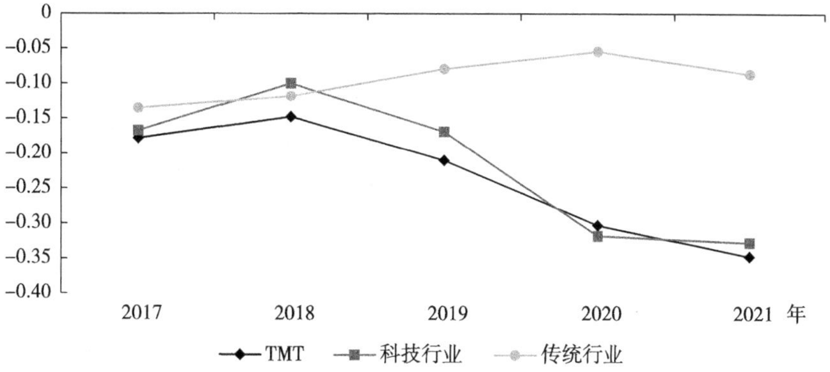

图 10　A 股市场科技行业 – 传统行业债权融资结构偏离度对比

优势整体上随时间呈现出扩大的趋势。相较于传统行业，科技行业受限于固定资产少质押难等问题，获得债权融资力度不佳，银行可以从完善知识产权质押评估等审贷流程入手，加强对科技型企业的贷款支持。

四、结论与政策建议

（一）主要结论

1. 整体产业发展加快，但行业和区域分化

从全国来看，全国高科技产业的增加值远超同期传统产业的增速，但从产业的分布来看，产业向国内主要城市群集聚，形成了以核心城市的产业集群，同时产业发展以核心企业为轴的现象越来越明显。

2. 融资总量有所改善，但历史欠账较多

伴随着我国融资市场的发展以及政策制度的持续引导，高科技产业的融资

结构得到改善，股权市场健全，信贷市场扩容，从实证分析的结果来看，高科技产业的融资获得率有所提升，科创企业和民营企业获得社会融资的规模占比有所提升，但整体历史的欠账较多，高科技产业的融资获得比例与其在经济体量中的占比和对于经济增长的贡献仍不相匹配。

3. 股权融资渠道持续丰富，持续向头部企业集中

从融资渠道建设来看，股权融资市场的发展与高科技产业的发展相辅相成，共同进步。资本市场的融资门槛也持续降低，尤其是科创板、“新三板”（精选层）等的推出，大大拓宽了科创企业的融资渠道。同时，畅通了投资机构的股权退出通道，助推了投资机构对于科创企业早期股权投资的热情。但不可回避的是，由于科创企业自身的经营属性和融资属性，导致其在经济周期下会放大其风险，基于避险情绪的影响，投资行为更加趋向于向优秀的头部企业集聚，对于中小科技型企业形成挤出效应，其生存更是加雪上加霜。

4. 债权融资渠道逆周期效果更好，对中小科技企业作用更大

尽管信贷市场面临同样的顺周期问题，但商业银行作为我国信贷市场的主要传导主体，政策逆周期管理的效果更加明显，从信贷投放的年度变化和股权融资的年度变化趋势来看便可说明。而且，对未上市的中小科技企业而言，信贷渠道门槛相对低，能起到很好的培育市场主体的作用。因此，针对我国的国情，对于高科技产业的融资支持，股权市场的发展和信贷市场的发展缺一不可。

综上所述，信贷市场在对于高科技产业的发展壮大方面起到了重要且不可替代的作用，面对当前产业发展的新态势，银行业的发展也需要作出新的调整及应对。

（二）银行的服务策略

1. 客户下沉策略

从企业规模来看，其策略向规模更小的小微企业下沉；从成长阶段来看，其策略是向处于生命周期早期的企业下沉。从银行的角度出发，核心需要解决两大问题：（1）成本收益问题。科创企业的个体差异大，贷款需求小，成本收益不成正比，部分商业银行应用小微信贷的逻辑开展科创金融存在一定局限性，主要区别在于传统小微贷款可以应用高定价弥补其高作业成本，而科创企业的融资成本承受能力不足，中国经济发展进入新常态，利率市场化持续深入，信贷利率也必将进入新常态，高利率不可持续，而商业银行要解决成本收益问题，数字化手段的应用是必然的趋势。（2）风险防范问题。基于小微型科创企业，尽管其存在一定的创业失败风险，但商业银行的风险评判的关键点在于对于机会成本的把握具体来说，科创金融需要重点防范的风险为以下三类：①行业风险，即关注正确的赛道；②实控人及团队风险，即找对正确的团队；③反欺诈

风险，即去做正确的事情，需要不断完善反欺诈风控建设，完善风险模型，建设涵盖个人和企业的全面反欺诈风险模型。

2. 闭环建设策略

闭环建设是商业银行实现金融盈利可持续的关键，核心在于资质。从盈利来看，科创企业的贷款利率处于较低水平，资产的盈利空间较小，而且低利率时代将在长期内成为一种新常态，因此，从商业银行从事科创金融的盈利点主要来源于负债端和非息收入。其中，负债端盈利的重点，在于资金在银行体系内的回流，从企业这条线来看，科创企业与一般企业的主要区别在于其获得的投资机构青睐的程度较高，因此银行需要做好创投资金的留存，具备私募基金的托管资质，从个人这条线来看，科创企业的整个投资、经营环节中，充满着大量的合格投资者及其金融需求，尤其在基金募集阶段的融资需求和项目推出后的财富管理需求，银行需要具备私人银行的资质及能力。非息收入的盈利重点，在于期权业务的变现，科创类企业的企业规模和业务复杂程度均与大型企业存在一定差距，一般的商业银行中收项目的盈利空间小，因而非息收入的盈利点在于分享被支持企业的成长收益，工具为选择权类的期权业务，目前由于商业银行缺乏直接持有非金融企业股权的法律依据，商业银行在行使选择权时需要依托于外部投资机构行使，行权的难度较高，为更好地推动科创金融的盈利可持续，激发商业银行动力，需要推动商业银行对于非金融企业的股权投资业务的合法性的进一步确立。

3. 效率致胜策略

服务效率的提升，对于客户来看，体验加强，忠诚度提高，对于银行来说，降低了运营成本。服务效率的提升工具在于数字化水平的提升以及作业流程的理顺，其背后的支撑点在于上下理念的一致与认同。从实践看，商业银行基于对于科创企业服务的定位不同，将其纳入不同的条线进行管理，有的银行以其规模属性为要素，将其参照小微企业进行管理，纳入小微业务条线；有的银行以其成长性为要素，将其参照大中型企业进行管理，纳入公司业务条线。基于内部管理的考量，从属于不同的业务条线管理各具有一定的优势和局限性，但科创金融业务无论是与传统公司业务还是与小微业务相比均有较大的差异，因此确保内部的上下协同在于建立一整套“单独”的管理架构。

（三）加强政府配套建设

1. 加强顶层架构设计

从国家到地方，均在持续呼吁发展高科技产业，加强对于高科技产业的金融支持。而从金融实践来看，也从点状创新逐步形成星火燎原之势，但在改革推进的过程中，也有一些“硬骨头”需要去啃，目前在商业银行的科创金融业务主要为政策驱动，真正实现商业模式可持续的商业银行不多，一方面自然与商业银行自身专业度的建设有关，另一方面也存在需要我国的金融体系做出一定的调整和优化。从顶层架构设计来看，需要构建起更加适应科创金融发展的金融机制和金融体系，完善相应的法律法规建设，从顶层打破商业银行股权投资的法律障碍；在监管层面，探索设立分层分类的监管，对于商业银行从事科创金融业务的专营程度和专业程度，在风险可控的前提下，提升监管容忍度。

2. 加强功能监管协同

在市场经济的发展过程中，企业实体对于金融服务的需求越来越多元化，不同金融机构之间对于企业客户所提供的金融服务也越来越多的交织与重合，在丰富企业的金融选择时，在分业监管的情况下也伴生了交叉风险。以商业银行从事科创金融服务来看，其所涉及的金融领域覆盖银保监会和证监会的监管领域，如对于非金融企业的股权投资，拥有投资动力的商业银行缺乏资质，而保险机构、券商机构在股权投资上较少涉及初创企业和小微企业，并且对于同一金融业务在不同监管下的标准也存在差异，不利于市场充分竞争，且产生寻租现象，放大金融风险，建议在科创金融领域探索功能性监管，推动跨领域的标准的协调与统一，推动产业的高质量发展。

3. 推动金融创新试点

从微观层面来看，我国区域之间的经济发展不平衡、产业发展不平衡、金融发展不平衡，在推动科创金融发展时应分层分类分步骤推进，建议可以在部分高科技产业集聚、金融环境良好的地区，选择具备一定基础的商业银行试点，参考国外经验，建议可以选择具备基础的地方法人银行试点，开放股权投资试点，给予政策支持。选择地方法人银行的基于以下考虑：一是风险可控，地方法人机构整体规模相对较小，且跨区域的经营风险可控；二是机制灵活，地方法人机构内部层级较少，决策效率较高，符合金融创新的需求，且“船小好调头”；三是协调顺畅，地方法人银行主要受到当地金融监管机构监管，相较于大型银行，在与当地政府部门的沟通协调方面能更加顺畅，推动金融创新落地的效率更高；四是示范效应，中小银行在细分创新领域的成功经验，更能够在全国范围内形成示范效应，带动形成一批“小而美”的“专精特新”银行的出现，丰富我国多层次的金融机构体系。

参考文献

[1] 谭之博，赵岳．企业规模与融资来源的实证研究——基于小企业银行融资抑制的视角［J］．金融研究，2012（3）：166－179.

[2] 李志赟．银行结构与中小企业融资［J］．经济研究，2002（6）：38－45.

[3] 谭雅心，沈秋伶．中小企业融资及对策研究［J］．商讯，2020（3）：

89 -90.

[4] 林毅夫，李永军．中小金融机构发展与中小企业融资［J］．经济研究，2001（1）：10 -18.

[5] 鞠晓生，卢荻，虞义华．融资约束、营运资本管理与企业创新可持续性［J］．经济研究，2013，48（1）：4 -16.

[6] 唐建新，苏磊，潘红波．融资约束与政治关系——来自深市中小板的证据［J］．财会通讯，2010（3）：109 -111.

[7] 张一林，林毅夫，龚强．企业规模、银行规模与最优银行业结构——基于新结构经济学的视角［J］．管理世界，2019，35（3）：31 -47.

[8] 李志强．小微企业融资难题与信息化对策［J］．当代财经，2012（10）：80 -85.

[9] 中国人民银行济南分行营业管理部课题组，中国人民银行济南分行营业管理部．科技型中小企业授信评价体系建设研究［J］．金融理论与实践，2021（9）：42 -50.

[10] 张武军，李明修，丁强．科技型中小企业融资困难及对策［J］．地方财政研究，2020（4）：87 -92.

[11] 孙华平，刘桂锋．科技型小微企业专利运营体系及融资模式研究［J］．科技进步与决策，2013，30（18）：31 -35.

[12] 郭航．我国知识产权质押融资的现实障碍与路径探讨［J］．金融发展研究，2019（8）：87 -89.

[13] 姚王信，夏娟，孙婷婷．供应链金融视角下科技型中小企业融资约束及其缓解研究［J］．科技进步与对策，2017，34（4）：105 -110.

[14] 张永亮．浅析供应链金融在我国商业银行的应用［J］．中国经贸导刊，2022（2）：88 -90.

[15] 周景彤，李佩伽，吴丹．供应链金融发展的思路与策略［J］．中国金融，2022（5）：87 -89.

[16] 黄都．投贷联动服务科创型小微企业［J］．中国金融，2020（24）：84 -85.

[17] Berger，A. N. &Udell，G. F. The Economics of Small Business Finance：The Roles of Private Equity and Debt Markets in the Financial Growth Cycle [J]. Journal of Banking&Finance，1998，22（6 -8）：613 -673.

[18] Dickinson，V. Cash Flow Patterns as a Proxy for Firm Life Cycle [J]. The Accounting Review，86（6）：1969 -1994.

“双碳”目标对高碳企业影响及转型金融服务研究报告

中国银行浙江省分行课题组*

一、研究背景

我国“双碳”目标金融生态系统由绿色金融与转型金融共建，转型金融是重要的并行赛道，填补当前绿色金融不能涵盖的高碳部分，是推进“双碳”目标实现不可或缺的力量。

一是绿色金融配套低零碳产业的发展资金。绿色低零碳投资将在百万亿元以上，商业银行在引导资金流向绿色领域中发挥重要的媒介作用。绿色金融快速发展过程中积累的经验为转型金融提供了重要的参考价值。

二是转型金融配套高碳密集产业降碳的转型资金。据绿金委统计，转型过程所需资金近500万亿元，仅靠政府财政资金无法满足，需充分动员国内外市场资本，发挥金融“加速器”作用。转型金融支持解决存量资源的二次配置问题，将最优化盘活存量资产。

二、高碳行业的转型要求和路径分析

“双碳”目标对高碳企业的主要影响在于缺乏资金有效支持的背景下，面临环保违规风险提升、技术转型迫在眉睫、生产经营成本增加等困境。根据国家发展改革委办公厅《关于切实做好全国碳排放权交易市场启动重点工作的通知》，结合浙江省本地产业特色，选取电力、造纸、石化、化工、纺织、钢铁、建材、有色八个行业，课题组分析以上行业的转型要求和转型路径，如表1所示。

---

* 课题主持人：薛　联

课题组成员：王贞义　王绍轶　陈　翔　朱　璟　袁徐惠　周　靓

表 1　　高碳行业转型要求和转型路径分析

行业	发展趋势	转型要求	转型路径
发电	未来国内发电能源结构仍将长期以火电为主	《2030年前碳达峰行动方案》明确指出要严格控制新增煤电项目，新建机组煤耗标准达到国际先进水平，有序淘汰煤电落后产能，积极推动发展风电、水电、核电、太阳能发电等新能源，加快建设新型电力系统，推广应用新型储能示范，推进重点用能设备节能增效，加强新型基础设施节能降碳	中短期内一般对现有机组延寿及灵活性改造，新增部分装机满足电力平衡要求，同时利用清洁能源发电减少碳排放。 长期来看，需要投资发展各项关键且成熟的创新技术来实现发电行业的碳中和目标
造纸	主要来源于煤炭和天然气等化石能源的能耗，同时受水资源条件约束	《工业领域碳达峰实施方案》明确指出：造纸行业建立农林生物质剩余物回收储运体系，研发利用生物质替代化石能源技术，推广低能耗蒸煮、氧脱木素、宽压区压榨、污泥余热干燥等低碳技术装备。到2025年，产业集中度前30位企业达75%，采用热电联产占比达85%；到2030年，热电联产占比达90%以上	转型实施路径主要为通过能源结构调整、生物质能源替代化石能源、废弃物利用等方式降低碳排放和用水量，大力发展低碳或零碳技术实现节能减排增效
石化化工	我国能源结构具有"富煤贫油少气"的特点，煤炭是石化化工行业碳排放的主要来源，且国内石化化工产业链较长，使各环节均面临着减碳压力	《工业领域碳达峰实施方案》指出石化化工行业到2025年"减油增化"取得积极进展，新建炼化一体化项目成品油产量占原油加工量比例降至40%以下，加快部署大规模碳捕集利用封存产业化示范项目。到2030年，合成气一步法制烯烃、乙醇等短流程合成技术实现规模化应用	主要转型路径为通过控制新增炼油和传统煤化工产能、再生能源替代化石能源、碳捕集利用与封存（CCUS）和电解水制氢等新兴技术开发应用、数字化管理提高能源利用效率等方式实现降碳增效
纺织	纺织业具有高能耗、高排放、高污染的特点，是我国温室气体的主要来源之一	《"十四五"工业绿色发展规划》提出"要加快纺织等重点行业实施清洁生产升级改造，通过构建绿色低碳技术体系、产业结构高端化转型、促进资源利用循环化转型等促进碳排放强度持续下降"，对纺织业低碳转型指明发展路径	根据已出台的各类指导文件，纺织企业的降碳减污实施路径主要为提升工艺和科技，调整产业结构、应用低碳科技节能增效等来实现节能减排
钢铁	钢铁行业是降碳减排的重点行业，技术与资金的限制增加了低碳转型难度	《关于促进钢铁工业高质量发展的指导意见》提出：到2025年80%以上钢铁产能完成超低排放改造，吨钢综合能耗降低2%以上，水资源消耗强度降低10%以上	资金投入技术改造，工艺流程改革

续表

行业	发展趋势	转型要求	转型路径
建材	在水泥、玻璃、陶瓷等行业改造建设一批减污降碳协同增效的绿色低碳生产线，实现窑炉碳捕集利用封存技术产业化示范	《建材行业碳达峰实施方案》提出："十四五"期间，建材产业结构调整取得明显进展，行业节能低碳技术持续推广，水泥、玻璃、陶瓷等重点产品单位能耗、碳排放强度不断下降，水泥熟料单位产品综合能耗水平降低3%以上。"十五五"期间，建材行业绿色低碳关键技术产业化实现重大突破，原燃料替代水平大幅提高，基本建立绿色低碳循环发展的产业体系	强化总量控制，推动原料替代，转换用能结构，加快技术创新，推进绿色制造
有色	到2025年，铝水直接合金化比例提高到90%以上，再生铜、再生铝产量分别达到400万吨、1150万吨，再生金属供应占比达24%以上；到2030年，电解铝使用可再生能源比例提至30%以上	《有色金属行业碳达峰实施方案》提出："十四五"期间，有色金属产业结构、用能结构明显优化，低碳工艺研发应用取得重要进展，重点品种单位产品能耗、碳排放强度进一步降低，再生金属供应占比达到24%以上。"十五五"期间，有色金属行业用能结构大幅改善，电解铝使用可再生能源比例达到30%以上，绿色低碳、循环发展的产业体系基本建立	有色行业的低碳转型路径是执行能效约束机制，淘汰落后产能、化解过剩产能，加强先进技术开发，实施节能降碳技术改造

资料来源：根据各行业碳达峰实施方案整理。

三、转型金融界定标准

（一）转型金融的定义

从全球范围看，转型金融尚处于发展初期，还未形成一个明确公认的定义，本报告梳理了国内外转型金融定义和关注领域（见表2）。

表2　转型金融定义和关注领域总览

机构	转型金融相关的定义	关注领域
气候债券倡议组织（CBI）	转型标签适用于以下投资： 一是正在为实现2030年全球碳排放量减半、2050年净零排放作出重大贡献，但不能发挥长期作用的； 二是可以发挥长期作用，但尚无明确净零排放路径的	首批制定的行业标准包括水泥和基础化学品，并考虑开发钢铁、铝、油气、航空等行业标准

续表

机构	转型金融相关的定义	关注领域
Sustainalytics研究分析公司	与实现2050年净零排放路径相一致的经济活动。建议发行人从适当性、科学性、系统性、全面性、有效性及连续性这六个方面入手进行转型的探索	目前已发布的有天然气和钢铁行业转型路径和潜在投资需求的研究，其他行业如海运、航空、水泥和铝业的相关研究将很快推出
法国巴黎银行（BNP Paribas）	转型金融适用于：目前并非绿色且不能马上变绿，但需要并可以转绿（减棕）的行业，以符合公认的可持续发展方案的速度，或者至少拥有公开的转型战略路线图以使其在可接受的时间范围内。 BNP提出了以下两个因素来证明转型债券的影响： 政策目标。一个可证明的碳减排目标将是公司在路演期间向投资者展示转型债券发行属性的关键方式。 基于科学的目标（SBT）和关键绩效指标（KPI）。通过SBT和KPI，发行人可以展示精确的里程碑和目标的实现情况，从而使投资者清楚地了解公司的雄心如何与其作为投资者的雄心相匹配	关注的行业： 采矿－尤其是对低碳经济至关重要的矿物，如锂和钴； 重工业，如水泥、铝、铁、钢铁、化工； 公用事业，如电力、天然气、电缆、电信； 交通运输
星展银行（DBS）	转型金融是通过采用增量解决方案帮助污染行业的公司变得更环保的过程。DBS为"转型标签"提出了明确的条件：1）取代碳密集度更高的选项，记录并独立验证温室气体减排的程度（预测或实现）与行业规范相比；2）能够更广泛地应用或整合碳密集度较低的选项	行业目录： 汽车、金属和矿业、食品与农业－商业、不动产、石油和天然气（包括海上）、化学品、能源、基础设施、医疗服务、药品、船舶及沿海船舶、航空、电信、技术、服装/鞋类和纺织、物流
汇丰银行（HSBC）	转型金融是帮助高碳排放企业进行长期转型以变得更环保的任何形式的金融支持	关注的行业有化学品、能源系统、交通运输（航运与航空）、钢铁、水泥、建筑
香港绿色金融协会	转型金融的目的是支持低于常规碳排放的技术和活动，这些技术和活动可能不是"净零兼容"或该行业的最佳替代方案，但是有利于向气候适应型经济过渡。 提出了三项举措来确保转型的有效性： 一个可靠的计划，发行人或借款人的转型应具备精确的时间表，且与《巴黎协定》的目标保持一致； 在转型技术和活动的运行过程中最大限度地减少碳减排和其他负面外部因素； 为逐步淘汰部分转型技术和活动指定一项慎重的计划，为"净零兼容"技术和活动让路，减少排放锁定风险	详细讨论了钢铁、水泥、能源行业的转型技术和相关政策

续表

机构	转型金融相关的定义	关注领域
中国银行	符合国际指引或者标准的转型金融，即根据各国家地区碳中和目标的实现路径，通过技术改造及设备升级等手段支持传统行业减少污染、实现向低碳或零碳转型的转型金融	合格项目类别： 燃气发电，燃气热电联产，燃气供热或制冷，水泥生产，铝生产，钢铁生产，化肥和氮化合物的制造
中国 建设银行	符合国际指引或者标准的转型金融，即根据各国家地区碳中和目标的实现路径，通过技术改造及设备升级等手段支持传统行业减少污染、实现向低碳或零碳转型的转型金融	合格项目类别： 燃气发电，燃气热电联产，燃气供热或制冷，水泥生产、铝生产、钢铁生产、石化产品生产、化肥和氮化合物的制造、纸张生产、航空运输

资料来源：中国转型金融研究报告（2022）。

（二）明确转型金融框架

转型金融框架主要包括五个要素：转型活动界定、转型信息披露、转型金融工具、政策激励机制、公正转型保证。明确的转型金融框架可指引企业顺利有效转型，降低“洗绿”风险。

（三）转型金融服务方案设置

转型金融服务方案设计的核心五要素分别是关键绩效指标（KPI）、可持续发展绩效目标（SPT）、贷款/债券条款、信息披露和三方验证。

四、转型金融产品实践案例

转型金融适用于所有金融工具，但目前全球转型实践应用中的主要融资工具分为转型贷款、转型债券和转型基金三种。各机构在转型实践过程中根据其不同国情、机构业务和发展需求进行实操，整体呈现出适应性、多元性、灵活性等特征。

（一）转型贷款领域的主要工具是可持续发展挂钩贷款（SLL）

可持续发展挂钩贷款一经推出便引发市场反响，得到迅速发展。数据显示，2018 年全球可持续发展挂钩贷款市场融资规模达 478 亿美元，2019 年为 920 亿美元。据彭博社数据，2021 年全球可持续发展挂钩贷款和可持续发展挂钩债券两种债务融资工具的融资规模高达 5300 亿美元。国内第一笔可持续发展挂钩贷款是中粮国际（香港）有限公司在 2019 年 7 月筹资的一笔 21 亿美元的贷款，价格挂钩外部 ESG 评级以及相关农产品的原产地可追溯性。国内企业 2021 年可持续发展挂钩贷款规模为 67 亿美元，其中近 40% 的贷款由中国香港的银团提供。

以化工行业的转型实践案例为例，该行业融资主体普遍为上市板块，拥有集团的核心资产，信息披露比较全面，财务状况良好，资本市场信誉良好，主要使用可持续发展挂钩贷款和可持续发展挂钩债券等工具进行融资（见表 3）。

表 3　石化化工行业转型金融实践案例

发行人	时间	工具	规模	绩效目标	结构特性
芬兰化学品公司 Kemira	2019 年	SLL	4 亿欧元	2018 年的碳排放量 930 为基础，2030（范围 1 +2）减排 30%	—
				EcoVadis 可持续性评级	
德国化工公司 Lanxess	2019 年	SLL	10 亿欧元	2004 年碳减排 650 万吨，到 2025 年减排 60%	利率挂钩绩效目标
				增加前三个管理层的女性比例	
	2021 年	SLB	6 亿欧元	到 2025 年二氧化碳排放量减至 260 万公吨，到 2040 年实现碳中和目标	未能达标则每年利率上调 0.25% 直至到期
中化国际	2022 年	SLB	35 亿元	至 2025 年化工行业板块营业收入占主营业务收入 80% 以上	未能达标则票面利率上调 10 个 BP

资料来源：根据公开资料整理。

（二）转型债券领域的主要产品是转型类债券和低碳转型目标挂钩类债券

1. 转型类债券

全球转型类债券领域处于发展初期，国际上对转型类债券尚无统一定义和标准。转型类债券产品主要包括转型债券和低碳转型公司债券，是募集资金助力企业低碳转型的融资工具。

国内外不乏转型类债券创新实践。国外方面，英国天然气分销公司在 2020 年发行了转型债券。国内方面，中国银行和中国建设银行在 2021 年分别推出了《中国银行转型债券管理声明》和《中国建设银行转型债券管理声明》，明确界定了可支持的领域和转型活动，并分别融资 50 亿元和 20 亿元用于支持传统行业低碳转型。数据显示，截至 2022 上半年，国内发行转型债券 6 只，募集资金 27 亿元；低碳转型债券 3 只，募集资金为 12 亿元；所募资金用于推动传统行业低碳转型升级。

2. 低碳转型目标挂钩类债券

低碳转型目标挂钩类债券产品包括可持续发展挂钩债券（SLB）和低碳转型挂钩公司债券。

可持续发展挂钩债券（SLB）是转型债券领域应用最广的工具，发行规模持续扩大。公开数据显示，2020 年全球可持续发展挂钩债券市场发行规模为 89 亿美元，2021 年为 1302 亿美元，2022 年上半年累计发行量达到 466 亿美元，发行主体行业分布多元，覆盖高碳行业和公用事业、消费品、通信、科技等行业；国内市场中，2021 年可持续发展挂钩债券发行总额为 353 亿元，2022 年上半年累计发行规模已达 504 亿元，以银行间市场发行为主，发行方集中在电力、钢铁、煤炭等高碳行业。

上交所发布低碳转型挂钩公司债券指引并推动了国内低碳转型挂钩债券市场的发展。2022 年 6 月，上交所在《特定品种公司债券指引》中推出低碳转型挂钩公司债券，提出发行人可通过筛选低碳转型目标和绩效指标，明确目标达成时间，并将债券条款与发行人的低碳转型目标实现情况相挂钩，发行低碳转型挂钩公司债券。

（三）转型基金领域的主要产品是公平转型基金和气候投资基金

转型基金主要指支持具有转型需求的企业低碳公共转型的股权类金融服务。全球气候投资基金增长迅速，国内气候投资市场发展极快。中国气候主题基金规模增长至 467 亿美元，首次超过美国（310 亿美元）成为第二大气候基金市场。

五、商业银行开展转型金融的难点

转型金融作为新兴概念，尚处发展初期，市场基础条件不足成为商业银行开展转型金融的主要难点与阻力。

（一）转型金融的界定标准未明确

现有的绿色金融的界定标准、披露要求不足以支撑商业银行对于转型活动的明确识别，给商业银行开展转型金融提出了巨大的挑战。

（二）转型金融或承担较高的信用风险

经济活动中的转型势必面临一定的转型风险，传导而来的信贷资产信用风险，使持有较高比例高碳金融资产的商业银行资产搁浅风险高企，必然引起商业银行对转型活动支持的畏惧心理。

（三）转型金融缺少足够的外部政策支持

第一，转型金融领域的政策工具尚未明确。第二，非金融领域的激励机制也未形成。第三，监管机构对转型金融的专项考核和激励政策也未出台。

（四）商业银行与转型金融相适应的能力建设尚不成熟

第一，商业银行对于信贷资产气候风险管理的体系建设仍处初级阶段，特别是对自身金融资产的碳足迹管理尚未形成较好的实践。第二，转型金融在产品创新与业务设计上的难度较大，发展较早的欧洲地区，可借鉴的成熟产品较为单一，仍是以可持续挂钩类金融产品为主，目前尚未形成真正符合转型标准要求的"转型金融工具箱"。第三，转型涉及经济活动的众多领域，重点排放行业的转型路径、减排技术等具有专业性强、更新变化快、牵涉范围广等特点，使得商业银行不但难以捕捉与定位投融资客户在转型过程中的个性化、多元化需求，而且商业银行对转型活动的界定与跟踪存在较大难度，存在支持虚假转型的风险，急需相应的机制、人才、工具、系统作为支撑。

六、商业银行转型金融管理流程、机制与工具创新举措

针对商业银行在开展转型金融过程中遇到的难点、痛点，课题组建议以下三项举措，一是应在绿色金融发展基础上建立转型金融业务流程；二是制定转型金融管理机制；三是设计转型金融管理工具。在业务开展过程中，可选择绿色金融发展基础、政策环境较好的地区，如国家绿色金改试验区湖州市、衢州市等，结合浙江省优势产业，识别转型需求及路径较为明确的行业，选择重点客户开展试点，分步骤、分阶段推动转型金融管理及产品创新工作。

（一）明确转型金融业务操作要求，充分纳入信贷流程管理

基于行内现有的信贷业务流程，在贷前、贷中、贷后各环节建立差别化的转型金融业务管理要求。

1. 尽职调查阶段初步筛选转型金融客户和项目

在调查方式方面，多种方式全面获取企业和项目相关资料。在调查内容方面，除基本的企业工商信息外，重点调研企业低碳转型相关信息，综合研判企业开展低碳转型的意愿与能力，筛选出符合条件的转型金融客户及项目（见表4）。

表4　尽调准入阶段痛点及解决方案

阶段痛点	解决方案	达到效果
1. 企业对自身转型路径认识不足	设置用于收集企业降碳减污相关措施及管理绩效的尽调表单、系统中增加智能化初步筛选	通过尽调问题，对企业宣导转型理念，成为客户经理的营销抓手
2. 转型活动专业性强，涉及各项参数收集比对，客户经理难以理解	利用IT技术实现工具化和表单化，在系统中内置行业目录表、转型目标参数表等	提升具有转型潜力的客户及项目的筛选效率，帮助银行实现降本增效
3. 转型数据多源化，涉及行内行外多类数据，治理不易	在系统中利用数字化技术进行多源数据加工治理，完善转型项目信息	充分挖掘利用数据价值，提升业务处理效率

资料来源：根据实施方案整理。

2. 金融方案设计阶段依据转型目标设置服务方案

基于客户需求、转型规划、历史业绩、行业标准及实践等因素支持企业设定具有突破性和挑战性的转型目标，并根据转型目标及产品特点为客户制订差

异化的转型金融服务方案。一是设定具有挑战性和合理性的转型目标。二是依据转型目标为企业量身定制服务方案（见表5）。

表5 金融方案设计阶段痛点及解决方案

阶段痛点	解决方案	达到效果
1. 合理有效、符合实际并具有一定示范性的转型目标设置需要较强的行业专业背景，根据企业所处行业不同，转型目标差别较大；且目标需可量化可考核，否则难以评判转型绩效	设置转型目标参数库，同步开展转型案例参数积累；根据企业所处行业选择可量化的转型目标，便于实施及考核	通过比对行业案例，确定与客户发展阶段、技术水平等相适应的转型目标，并不断优化参数库数据
2. 转型金融方案需要与客户所处行业案例、转型活动资金需求及银行风险管理要求等方面紧密挂钩，设计难度大	基于客户需求，参考行业转型路径表、国内外上市公司转型案例库等前沿实践经验，为客户量身定制服务方案	为客户经理提供参考案例，设计可落地、个性化的转型金融服务方案
3. 转型金融项目时间较长，商业银行需要建立配套管理机制	建立动态管理机制，并及时根据技术、法规、行业动向等进行动态调整	为企业转型提供完善的管理支持设施

资料来源：根据实施方案整理。

3. 合规审查及授信审批阶段评估转型路径、目标设置合规性与先进性

合规审查及授信审批阶段需要核验企业及项目是否满足转型金融的认定要求，转型目标及路径设置是否先进且有效，避免洗绿和假转型项目风险，并设定约束条款对转型企业及项目进行风控合规管理。

一是严格核验转型项目相关信息的真实性和有效性。二是根据行业、转型目标及路径进行转型金融项目认定。三是完善授信审批书与合同书中的风控管理条款（见表6）。

表6 合规信批阶段痛点及解决方案

阶段痛点	解决方案	达到效果
1. 转型活动各项要素专业性强，相关信息存疑时可能存在洗绿或假转型风险	严格审查转型项目相关资料的真实性与合规性，在系统中设置准入合格校验条件，实现智能化合规审查	提升准入合规业务流程处理效率，防范洗绿及假转型风险
2. 转型活动具有相对性，并可能需要动态调整，认定难度大	利用IT工具化和表单化，在系统中内置国家/行业/地方目录表、行业转型路径表等，实现智能比对及核验	提升对转型项目业务的处理效率和准确率，保障转型活动的实际效益
3. 转型金融具有复杂性，国内暂无统一合同模板，客户经理需设置完善的条款	参考国内外银行领先实践经验，结合银行业务实际设置完善的合同条款	设置完善的合同条款，防范信贷风险及转型风险

资料来源：根据实施方案整理。

4. 资金拨付及贷后管理环节重点考察转型绩效与目标达成情况

存续期内加强对企业阶段性转型绩效与目标的实现情况的核验，如遇异常风险事项则启动风险暴露应急预案。一是核验绩效达成效果且未出现风险时付款。二是对于未达成绩效目标或异常风险事件采取应急处理措施（见表7）。

表7　贷后管理阶段痛点及解决方案

阶段痛点	解决方案	达到效果
1. 资金拨付时需对绩效达成情况、风险表现情况等进行审核，待核验资料具有行业专业性和复杂性，难以评判	利用第三方专业机构认证结果、设置完善的风险管理机制、将转型金融业务流程融入现有信贷流程及ESG风险管理流程	帮助银行提升转型项目风险防范能力
2. 贷后阶段具有持续性，商业银行需防范各类潜在风险	制定完善的动态管理机制和风险应急预案，利用金融科技建立转型项目监测预警可视化大屏工具，对行内转型项目全流程进行实时监测预警	提升银行转型金融项目风险预警及处理水平
3. 转型项目涉及较多管理报表及监管报表，客户经理需考虑各类报表管理及报送问题	利用数字化技术构建转型金融管理工具，实现各类报表在线管理及报送	提升业务处理效率，实现智能化报送及线上留痕处理

资料来源：根据实施方案整理。

（二）充分利用绿色金融体系，建立商业银行转型金融管理机制

商业银行在转型金融业务开展过程中，应全面考虑转型金融特性，充分利用商业银行成熟的绿色金融业务流程及管理办法，建立转型金融的战略、组织、能力建设等管理机制，推动转型金融业务良好发展。同时制定符合商业银行业务规划的转型金融框架，基于明晰的转型金融标准和度量机制指引客户有效开展转型活动。一是明确自身支持的转型金融范围，并根据政策法规、技术环境变化进行动态调整。二是明确如何设置转型目标。三是明确转型绩效度量的要求（见表8）。

表8　转型绩效度量指标示例

事项	议题
气候变化影响及应对	应对行动及成效
	环境有益举措
污染物和环境风险管理	废物污染排放管理
	环境风险治理水平
企业社会影响	就业贡献
转型战略目标	公司转型战略目标
转型执行绩效	低碳转型保障体系
	信息透明度
	……

资料来源：课题组研究提出。

（三）充分利用金融科技赋能增效，研究建立转型金融管理工具

利用数字化技术加强数据治理，建立转型金融管理工具，通过金融科技赋能实现转型金融的贷前准入、贷中信批、贷后风控及监测预警等业务全流程动态管理（见图1）。

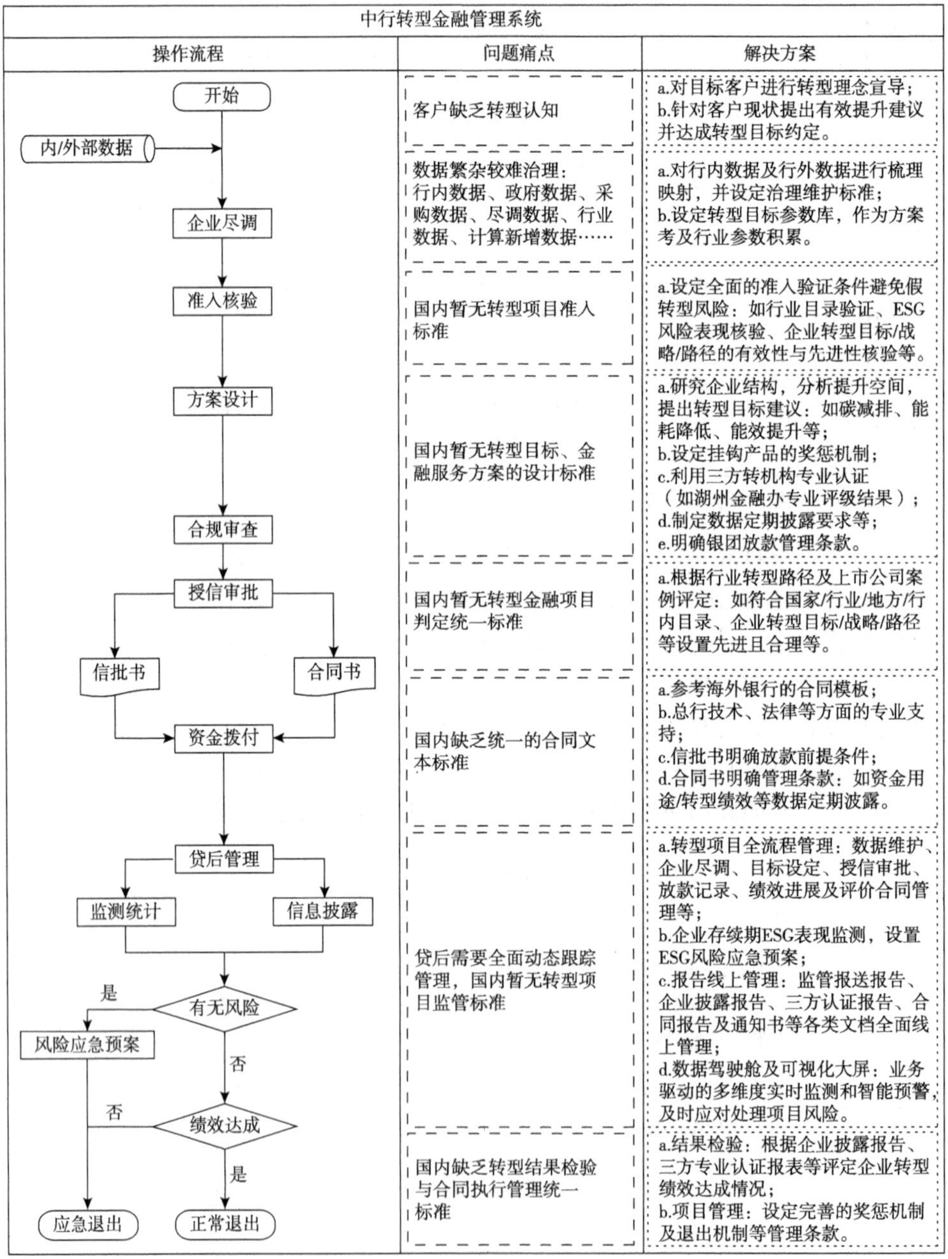

图1　中行转型金融管理系统流程

通过数字化技术构建转型金融管理工具。课题组基于行内业务现状梳理转型金融业务管理流程，构建实现转型金融业务全流程管理的工具，功能覆盖贷前准入、贷中信批、贷后管理、风险监测预警、报告文档线上管理等方面。建议商业银行可在行内原信贷系统基础上扩展转型金融管理功能，也可新建 SaaS 系统，同时利用金融科技赋能提升转型金融服务效率，防范转型活动隐藏风险。此外，转型金融管理工具应具备可扩展性，未来以支持碳核算功能或其他创新功能（见图2）。

图2　中行转型金融 ESG 管理系统

七、转型金融政策建议

企业低碳转型需多方协作支持，建议各产业部门、监管机构、地方政府、商业银行等完善配套的转型激励机制，引领企业开展绿色低碳转型实践。企业也应提升转型实力，积极拥抱监管，加强信息披露，推动转型合规建设。

（一）监管机构

监管机构应制定完善的转型金融监管框架支持融资主体合规转型，防范洗绿和假转型项目风险。

（二）产业部门

产业部门应制定各行业转型路径指引、建立碳核算体系、健全低碳转型激励约束机制，引领重点行业企业开展低碳转型实践。

（三）地方政府

地方政府部门应出台转型激励政策，与产业部门合作建立地方碳账户体系，为地方转型活动提供数据基础与融资支持。

（四）商业银行

商业银行应健全转型金融管理机制，加强相关能力建设，利用金融科技赋能、产品服务创新等方式应对挑战，提升银行综合竞争力。

（五）转型企业

企业应增强低碳转型理念，结合地方政策及业务现状，明确自身的转型目标和路径，加强转型相关能力建设。

参考文献

[1] 绿金委．碳中和愿景下的绿色金融路线图研究［EB/OL］.2021 年 9 月． http：//www. greenfinance. org. cn/upfile/file/20210929061856 _ 791326 _ 90508. pdf.

[2] 中国节能皓信．可持续发展表现挂钩贷款为经济发展带来新动能［EB/OL］.2020 年 6 月． https：//www. cecepec. com/News/info/id/243. html.

[3] 新浪网．转型金融工具五问［EB/OL］.2022 年 3 月． https：//finance. sina. com. cn/esg/investment/2022 – 03 – 15/doc – imcwiwss6165428. shtml? tr = 164.

[4] 中粮．经济日报：中粮集团将可持续发展业绩指标纳入核心融资工具［EB/OL］.2019 年 7 月． http：//www. cofco. com/cn/News/Allnews/Press/2019/0718/47898. html.

[5] 界面新闻．先正达获 45 亿美元银团贷款，中国企业在港 SLL 需求火热［EB/OL］.2022 年 5 月. https：//www. jiemian. com/article/7430628. html.

[6] Cadent Gas Limited. Cadent issues UK's first Transition Bond［EB/OL］. 2020 年 3 月. https：//ethicalmarketingnews. com/cadent – issues – uks – first – transition – bond.

[7] 中国银行．中行成功发行全球首笔金融机构公募转型债券［EB/OL］. 2021 年 1 月． https：//www. boc. cn/aboutboc/bi1/202101/t20210108_ 18886517. html.

[8] 中证网．中国建设银行发行 ESG 主题债券［EB/OL］.2021 年 4 月． https：//www. cs. com. cn/yh/04/202104/t20210416_ 6158420. html.

[9] 新浪财经．大公国际 2022 年上半年绿色债券市场运行报告［EB/OL］. 2022 年 8 月． https：//finance. sina. com. cn/zl/2022 – 08 – 01/zl – imizirav6256772. shtml.

[10] 新浪．施懿宸：可持续发展挂钩债券的国际实践分析与借鉴［EB/OL］.2021 年 4 月． https：//finance. sina. com. cn/zl/china/2021 – 04 – 29/zl – ikmxzfmk9743408. shtml.

[11] 气候债券倡议组织 .2021 年全球绿色和可持续债券市场回顾 [EB/OL] .2022 年 2 月 . https：//cn. climatebonds. net/blog.

[12] 气候债券倡议组织 . 全球可持续债券市场 2022 年上半年度概览 [EB/OL] .2022 年 8 月 . http：//www. chinagoabroad. com/zh/article/33265.

[13] 德勤 . 可持续发展挂钩融资现状和发展建议 [EB/OL] .2022 年 6 月 . https：//www2. deloitte. com/cn/zh/pages/risk/articles/sustainability – linked – finance – development. html.

[14] 中国外汇 . 从国际创新实践看转型金融在我国的发展前景[EB/OL] . 2022 年 8 月 . http：//www. chinaforex. com. cn/index. php/cms/item – view – id – 51855. shtml.

[15] 澎湃新闻 . 环球零碳|气候基金投资指南:资产配置如何低碳又避风险 [EB/OL] . 2022 年 5 月 . https：//www. thepaper. cn/newsDetail_ forward_ 18113571.

共同富裕示范区建设中的保险价值

中国人民财产保险公司浙江省分公司课题组*

高质量发展建设共同富裕示范区，是党中央赋予浙江省的光荣使命，是浙江省构建新发展格局的重大历史机遇，是“十四五”期间甚至更长时间内的重要战略工程。党的二十大报告强调，中国式的现代化是全体人民共同富裕的现代化，实现中华民族伟大复兴的根本宗旨就是共同富裕。浙江省第十五次党代会，提出了“两个先行”的奋斗目标，把共同富裕示范区建设放在了各项工作的首位。紧紧围绕浙江省共同富裕示范区建设输出保险价值，既是保险业的政治责任，又是保险业的历史担当。

一、保险支持共同富裕示范区建设的比较优势

保险所具有的机制优势和技术优势，各级政府政策制度设计的引导力和驱动力，叠加保险业的自我认知和积极作为，能够相互促进，在共同富裕示范区建设中发挥十分重要的作用。

（一）保险思想源自人类社会抵御自然灾害和意外事故的客观需要，与生俱来的互助普惠基因，决定其可以承担起扶贫济困的职责和使命

我国自古就有“未雨绸缪”“积谷防饥”的说法，《礼记·王制》记录了周代的储粮备荒机制：“三年耕，必有一年之食；九年耕，必有三年之食。”这种社会保险制度，为历朝历代统治阶层所肯定，在西汉时完善为“常平仓”制度。“遇丰年时，政府以高价收购过剩粮食，以免谷贱伤农。待到荒年季节，政府便以低价大量抛售积谷，寓有赈济贫农之意。”“常平仓”制度着眼全社会特别是低层百姓的利益，除了平抑因农业丰歉所导致的粮价大幅波动外，还能保证在重大自然灾害、战乱发生时，国家有能力开仓放粮、救济灾民，确保社会的基本稳定。20 世纪 30 年代，美国将“常平仓”制度引入了罗斯福新政，成为制定农业政策的重要理论基础，并在此后爆发的第二次世界大战中发挥了重要作用。

国外最早产生保险思想的是处于东西方贸易要道的文明古国，更多呈现出商业化色彩。大约在公元前 2000 年的古巴比伦汉谟拉比时代，当时商业发展繁

---

* 课题主持人：岑志刚
课题组成员：张志超　杜　嘉　寿　悦

荣兴盛，为了避免因骡马货物被劫等损失过大从而造成商人的破产，在《汉谟拉比法典》中制定了必须由商队中其他成员共同分摊补偿损失的条款。这应该是最早的保险法。这种法规后传至腓尼基，并扩充适用至水上运输。到了中世纪，在欧洲各国城市中陆续出现了具有互助性质的各种行会，用以救济因残疾、死亡、年老、失火、被盗、诉讼等造成的人身和财产损失，并在此基础上产生了相互合作的保险组织。

现代保险制度萌发于地中海、起源于意大利、成形于英国，从公元前的互助形式演进过渡到海上保险合约，逐步发展为海上保险、火灾保险、人寿保险和其他保险，业务领域不断扩大，服务经济社会的功能不断提升，并由商业领域扩展到社会治理领域，直至成为社会保障体系的一个重要组成部分。

保险的诞生和发展，是人类社会在生产和生活中，集中个体的力量来应对个体无法承受的人身伤害和财产损失的客观需要，无论是政府行为还是商业行为，其中所浓缩的“人人为我，我为人人”的互助共济性质，蕴含着人类智慧的结晶；所呈现的平等关怀的普惠性本质特征，闪耀着“老吾老以及人之老，幼吾幼以及人之幼”的人性光辉。

（二）国家对保险业的期望和定位，推动保险业加强供给侧结构性改革，更好地对接经济社会的发展需求

新中国成立后，尤其是改革开放以来，我国保险业直面起步晚、基础薄弱、功能和作用发挥不充分等现实问题，攻坚克难，开拓进取，实现了跨越式发展，成为金融业的“三驾马车”之一。在2006年和2014年，国务院关于保险业的改革发展，先后颁布了“国十条”和“新国十条”，明确了保险业在实现国家战略任务中的地位和作用，推动保险业拓宽、拓深服务领域，较好地解决与全面建设小康社会和构建社会主义和谐社会的要求不相适应，与建立完善的社会主义市场经济体制不相适应，与经济全球化、金融一体化和全面对外开放的新形势不相适应等问题，提高了我国保险业的发展质量。一是实力大幅增强。2021年，保险业实现保费收入4.49万亿元，为2014年的2.22倍、2006年的7.96倍，规模位居世界第二；保险深度为3.92%，保险密度为3180.38元，分别比2006年增加1.23个百分点和2751.21元。保险资金应用规模从2006年的1.5亿元扩张到2021年的24.2亿元，通过直接投资银行存款、股票、债券，创设基础设施投资计划等保险资产管理类产品，以及为重大建设项目与工程提供间接资金支持等方式，在服务实体经济领域发挥了积极的作用。二是技术不断创新。研究风险管理前沿技术，积极拥抱科技革命，以经营理念的创新带动产品、服务、运营和商业模式的创新，拓展风险管理的广度和深度，开展风险化解和减量管理，优化服务感知和体验，赋能产业发展和转型升级，从粗犷式发展向集约式发展转变，走出了一条具有中国特色的创新发展之路。三是作用更加明显。

切实支持国家战略、区域战略的落地和新兴产业的发展，积极参与社会公共安全体系和民生保障体系建设，大力开展脱贫攻坚及强农惠农工作，有效服务中小微企业及个人消费者的根本利益，倡导和参与公益活动，较好地显现了保险行业的社会责任担当，提升了行业形象。

实现共同富裕是现阶段我国经济社会发展的关键性任务。2021年发布的《中华人民共和国国民经济和社会发展第十四个五年规划和2035年远景目标纲要》对共同富裕的目标任务作了清晰的描述，提出要做到“中等收入群体显著扩大，基本公共服务实现均等化，城乡区域发展差距和居民生活水平差距显著缩小”“人的全面发展、全体人民共同富裕取得更为明显的实质性进展”。在此文件中有35处提及保险，强调要大力发展科技保险、农业保险、环境责任和安全生产责任保险、巨灾保险、养老保险、医疗保险、工伤保险等产品和服务，深化保险公司改革，提高保险保障能力，健全具有高度适应性、竞争力、普惠性的现代金融体系，对保险业的地位和作用进行了充分的肯定。党的二十大报告提出了中国在新时代新征程上新的奋斗目标，再次强调要扎实推进共同富裕，增进民生福祉，对保险业服务国家发展大局提出了新的更高的要求。

保险业具有专业化技术优势和市场化的机制优势，能够以风险管理为纽带联结社会各个领域，通过经济补偿、资金融通等手段，来保障制度的执行效力，成为国家战略落地的有力帮手，正在为共同富裕示范区建设提供创新思维和创新工具。

（三）浙江省共同富裕示范区建设中的制度设计，进一步强调了保险业必须不断拓展功能和服务外延，努力创造和输出自身价值

近两年来，党中央和浙江省在一些重大会议和重要文件中明确了共同富裕示范区建设相应的政策规范和行动路径，要求以满足人民日益增长的美好生活需要为根本目的，以改革创新为根本动力，以解决地区差距、城乡差距、收入差距问题为主攻方向，更加注重向农村、基层、相对欠发达地区和困难群众倾斜资源，在高质量发展中扎实推动共同富裕，加快突破发展不平衡不充分问题。浙江省先后制定下发了《浙江银行业保险业支持高质量发展建设共同富裕示范区行动方案（2021—2025年）》《浙江银行业保险业支持26县跨越式高质量发展行动方案（2021—2025年）》《浙江省人民政府办公厅关于加快农业保险高质量发展的实施意见》等文件，着眼支持实体经济转型升级、推动收入分配体系完善、统筹城乡区域发展、助力和谐社会建设等方面，明确了保险业的具体工作任务；围绕全面实施乡村振兴战略、打造农业农村现代化先行省，提出了对保险业的更高目标要求；聚焦26县补齐发展短板、实现跨越式发展，设计了保险业的价值输出路径。

浙江保险业积极响应省委省政府的号召，贯彻落实“支持山区26县跨越式

高质量发展现场推进会”的精神，开展了一些探索和实践。例如，中国人保财险浙江省分公司在进行前瞻性的研究和思考的基础上，结合本单位实际，先后制定了《服务高质量发展建设共同富裕示范区实施方案》和《关于支持山区26县跨越式高质量发展的工作方案》，聚焦共同富裕示范区建设和山区26县跨越式高质量发展，提出了系统性的工作思路和可落地的工作路径，要求辖内分支公司跟踪各级政府在共同富裕示范区建设中的重点任务清单、突破性抓手清单、重大改革清单，认真谋划今后一个时期的重点工作，研究制订长短结合的工作规划，在服务共同富裕示范区建设中贡献力量。

建设共同富裕示范区需要保险业发挥作用，保险业也能够从中打开新的发展空间，在积极融入新的发展格局中获得自身的成长和进步，正在形成正向促进的良性循环。

二、保险实践的案例分析

金融央企人保财险作为保险业的主力军，坚持保险的政治性、人民性、专业性，立足新发展阶段，践行新发展理念，对接经济社会发展的痛点难点，在服务乡村振兴、智慧交通、健康养老、绿色环保、科技创新和社会治理等方面积极探索，努力保障人民群众的高品质生活，为支持共同富裕示范区建设培育了一些可复制的典型经验。

（一）丽水“浙丽保”：商业保险参与构建多层次医疗保障体系的典范

一直以来，高额医疗费用特别是家庭灾难性医疗支出，是脱贫攻坚的重点和难点之一，如何破解“因病致贫、因病返贫”难题，充分发挥医疗保障在巩固脱贫攻坚成果中的托底作用，是各级政府的工作重点之一。

2021年初，由人保财险丽水市分公司为主承保人的“浙丽保”上线，作为一款普惠型商业补充医疗保险，“浙丽保”首创“政府主导、全民准入、保本运行、商保承办”的模式，与现有的基本医保、大病保险、医疗救助等保障体系形成互补，有效构建了多层次医疗保障体系。在待遇设计上，打破纯商业“城市保”产品只保健康人的门槛，既往症均可保可赔；在筹资方式上，允许使用职工基本医保个人历年账户余额购买；在理赔服务上，全面实施医保结算“3+N”模式，切实解决“看病垫资、理赔跑腿”问题；在组织推动上，由市政府成立领导小组，出台实施方案、开展宣传推广，确保这一惠民性质产品应保尽保；在盈亏机制上，坚持“保本微利”原则，筹集保费资金除必要运营成本外，全额用于参保人员保障待遇，最大限度惠及重病、重费用负担群体。

2021年和2022年“浙丽保”参保率分别高达85%和93%，连续两年位居全国第一，2021年共有45万人次享受“浙丽保”报销待遇，报销总额达1.8亿元，入选中国改革2021年度案例。

（二）政策性农房保险：稳定农村经济社会秩序支持乡村振兴的政策工具

浙江省地理环境特殊，极易遭受自然灾害影响，2006 年，习近平总书记在担任浙江省委书记期间，为解决台风等灾害造成大量农房倒塌的灾后重建问题，亲自谋划、亲自设计，在全国率先启动政策性农村住房保险试点工作，旨在提高灾区重建能力，避免农户“因灾返贫”。

在产品设计上，政策性农房保险保障范围覆盖了台风、暴雨、洪水等自然灾害，以及火灾、爆炸等非自然灾害所导致的农房倒塌；在运营方式上，采取“农户自愿参保、政府补助推动、保险公司市场运作”的模式，省、市、县三级政府给予参保农户一定比例的保费补助，参保农户实际自交保费仅 3 ~5 元，保险理赔全部归农民所有。

自 2006 年开办至今，累计为全省 22. 53 万户次农户支付 10. 46 亿元赔款，不但有效增强了浙江省农村地区抵御自然灾害影响的能力，而且充分发挥了财政资金的使用效能，得到了各级地方政府和广大农民群众的好评。近年来，随着新农村建设的推进，针对农房拆改、监护及室内财产保障等需求，人保财险浙江省分公司在独家承保全省政策性农房保险的基础上，通过创新“保险 + 服务”，充分发挥专业防灾防损能力和整合第三方监测服务优势，实现对农房的生命周期动态风险管理，进一步稳定了农村经济社会秩序，助力乡村振兴战略落地。

（三）湖州“长兴模式”：“警保合作”服务基层社会治理的样板

电动自行车管理一直是交通管理的老大难问题，据统计，浙江省涉及电动自行车的交通事故占到了交通事故总数的 1/3 以上，特别是在广大农村地区，道路交叉路口缺乏警力监管，群众交通意识较为薄弱，重特大事故频发问题突出，引发的伤亡和赔偿等社会矛盾，成为各级政府、群众关注的难点和痛点。

2018 年，湖州长兴县探索引入保险机制参与电动自行车治理，交管部门与保险公司通过队伍融合、数据融合、管理融合、服务融合，共同开展轻微事故快速处理、道路联合巡查、联手打击交通违法和欺诈等工作，实施电动自行车“一盔一带”专项治理行动，开展交通违规行为现场劝导，当年在设有劝导员的隐患路口交通事故同比下降 58%，且未发生一起伤人事故，全县亡人道路交通事故件数及人数同比分别下降 18. 6% 和 18. 1%，事故死亡人数降至近 20 年来最低。电动自行车警保合作“长兴模式”得到了省政法委书记王昌荣等各级领导的批示肯定，并在 2019 年 5 月召开的全国公安交管和保险行业电动车管理现场会上推广。

经过三年多的实践完善，“长兴模式”目前已发展为由交通事故快处、车驾管服务、电动车整治、文明劝导站和劝导员、AI 电动车违法抓拍和大货车“三防”组成的运行机制，取得了路交通事故全面压降、死亡伤残人数大幅降低、群众安全法制意识明显提升的积极成果，实现了“政府放心、交警省心、群众安心”的良好社会效应。

（四）衢州“安环云”：“保险+服务”推动高风险行业绿色可持续发展的有效实践

衢州是浙江省著名的化工产业制造基地，拥有国家级的氟硅新材料高新技术特色产业，同时也是浙江母亲河——钱塘江的源头，因而面临安全生产和环境保护的双重任务。

人保财险衢州市分公司以“绿色金改”为契机，积极探索保险支持绿色发展新路径，2017年全国首创安全生产和环境污染综合责任保险（以下简称安环险），推动危化行业率先运用保险机制化解安全环保风险，产品采取“政保合作”的模式，将过程服务与保险兜底相结合，由保险公司引入清华大学环境学院等第三方服务机构，为参保企业提供风险评级、风险巡查、安全培训等专业化风险管理服务，帮助企业提高安全环保管理水平，从而实现了对高危企业全生命周期风险管理，有效防控生产事故和环境污染的发生。2018年11月，衢州市政府召开“安环险”两周年总结会，正式上线发布了“安环云”平台。2019年2月，衢州市正式发布了《安全生产和环境污染综合责任保险服务规范》市级地方标准，成为全国首个“安环险”标准，标志着安环险进一步向“保险+服务+科技+监管”的模式延伸。

2021年，“安环云”平台被列入衢州市政府数字化改革重点项目，覆盖全市所有高危行业，保障企业数量达644家，聘请的15家第三方专业机构为参保企业累计提供现场服务为9321次，共发现风险隐患达20805条，平均整改率达85%以上，安全生产事故量持续大幅下降。“安环险”衢州模式先后被央视新闻频道、中国保险报、浙江日报、科技金融时报等50多家省级以上主流媒体报道。

（五）湖州“绿贷险”：保险增信缓解小微企业融资担保难题的路径探索

浙江作为民营经济大省、强省，小微企业是民营经济的特色和活力所在，但小微企业普遍存在轻资产缺少抵押物、经营的不稳定性较高等特点，融资难、融资贵问题突出。

为纾解小微企业融资担保难题，湖州市于2019年创新开展“绿贷险”试点，积极发挥保险对小微企业担保增信和银行信贷风险的分担作用，面向小微企业、城乡创业者（含个体工商户）和农业种养殖农户小微企业推出绿色小额贷款保证保险，优先支持“亩均论英雄”改革综合评价A类企业和“深绿型”绿色融资企业，无须抵押担保，办理手续便利，通过银行发放贷款，保险提供经营风险保障，政府再进行风险兜底，建立起政府、企业、银行和保险机构多方共赢的商业模式。

截至 2022 年 5 月末，“绿贷险”已累计帮助湖州市 302 个项目获得信贷额度近 5 亿元，成为破除小微企业融资体制机制障碍的成功案例，为湖州建设国家金融改革创新试验区和“中国制造 2025”试点示范城市提供了有力支撑。

（六）金华“揭榜挂帅”：保险机制助力科技创新突破的有益尝试

作为浙江省经济较为发达地区，“百工之乡”金华拥有活跃的市场主体和宽松的市场环境，其中 98% 为民营企业，但由于缺乏技术支撑，中小企业一旦碰到行业共性问题，往往就是“卡脖子”，单凭自身力量难以解决。

2020 年 5 月，金华市面向全球发布百个“揭榜挂帅”英雄帖，用全球大脑攻克创新发展中的核心技术难题。人保财险金华市分公司首创全国“揭榜挂帅”保险，保障在特定原因导致科技难题研发失败后，可通过保险对企业的研发投入成本和揭榜专家的个人成本给予一定的补偿。其中，特定原因涵盖了企业因破产、倒闭、兼并重组使研发工作无法持续；科技项目研发过程中核心研究人员因死亡、伤残、重大疾病等原因使研发工作无法正常开展；研发过程中因自然灾害或意外事故造成的关键（核心）设备故障或损失导致研发工作无法正常开展等各类可能遇到的情况。

产品一经推出，即被纳入金华市政府科技创新机制，由财政资金给予保费补贴，在为科技企业人才集聚和队伍建设保驾护航的同时，也有效解除了企业科技攻关的后顾之忧，获得央视新闻频道《24 小时》栏目的深度报道。截至 2022 年末，已为金华市 3 个重大科技攻关项目提供 140 万元风险保障。

从上述案例可以看出，保险业已经创造了一些较为成熟的经验，但总体看来尚处于探索阶段，不够系统全面，需要开阔思路、创新理论，形成体系化的工作思路。

三、保险价值输出的路径分析

保险业的传统功能是“经济的减震器”和“社会的稳定器”，要更好地支持共同富裕示范区的建设，必须拓展服务的深度和广度，创造性地开展工作。紧紧围绕建设共同富裕示范区这个中心任务，细分领域、重组功能、挖掘内涵，较好地发挥“创新驱动器”“经济助推器”“分配调节器”“治理润滑器”和“社会稳定器”的作用，在创造社会财富、缩小城乡差距、统筹区域发展、共享品质生活等方面，秉承互助普惠的基因烙印，彰显保险的机制优势和技术优势。

（一）发挥创新驱动器作用，提升经济发展质量

科学技术是第一生产力，是做大共同富裕“蛋糕”的决定性力量，但科技创新同时也是一种高风险的经济活动和社会活动。科技保险作为转移科技创新风险的金融工具，通过提高金融服务的战略性和精准度，形成不同领域、不同产业差异化的金融支持方案，可以鼓励创新创业活动的开展。充分发挥保险创

新驱动器作用，加大保险对科技创新的支持和渗透力度，能够进一步深化质量变革、效率变革、动力变革。目前正在实施的重大技术装备首台套、新材料首批次、新软件首版次保险，从中央到地方政府都出台了一系列的扶持政策，对科技创新起到了积极的推动作用。保险企业应该积极介入并参与目录编制、保险补偿等政策制定，协助企业和科研单位做好申报认定等审批工作，努力扩大政策覆盖范围。还可以运用保险机制促进技术要素的市场化配置，通过创新费用损失保险、产品研发责任保险、关键研发设备保险等产品，推动技术专利由科研单位向科技企业流动；探索创新风险收益匹配和风险分担机制，通过科技企业贷款保证保险、知识产权质押保险、专利质押保险、股权融资保险等方式，多元化分散融资风险，扩大科技企业融资覆盖面。

（二）发挥经济助推器作用，加快物质财富积累

受新冠疫情冲击和地缘政治的影响，世界经济仍处于低谷，国际贸易和投资大幅萎缩，产业链、供应链梗阻。地方政府债务风险有所上升，中小企业经营困境依旧，市场信心恢复尚需要一段时间。从当前形势看，加快构建以国内大循环为主体、国内国际双循环相互促进的新发展格局，是我国经济长期稳定健康发展的重要保障，已成为丰富物质财富、实现共同富裕的可靠保证。保险业对经济增长和结构调整具有重要的支撑作用，着眼浙江省的外向型经济结构，需要研究如何利用保险工具，持续强化防范和化解出口企业的海外经营风险能力，转移商业银行和出口企业面临的政治风险、外汇风险、买方违约风险等风险，支持企业开展海外投资、国际并购和海外仓等物流基础设施建设，助力出口企业扩大海外经营业务，进一步巩固浙江省在“一带一路”的枢纽地位。着眼 2022 年以来中央到地方出台的一系稳经济政策措施，围绕浙江省制造业产业基础再造和产业链提升工程行动方案，聚焦数字安防、新能源汽车及零部件、绿色石化、现代纺织等具有相对优势的产业集群，需要研究和推广产业保险，增强产业链、供应链的稳定性和竞争力。特别是当前正处于绿色经济的发展风口，强化绿色风险管理并形成生态社会效益，减少碳排放，推动绿色发展，需要保险创新。从湖州、衢州这两个绿色金融创新示范区的发展情况看，构建环境污染责任险、绿色建筑保险、森林保险等产品体系，推进重点行业、重点领域的强制保险，完善全方位的环境保障机制；关注可再生资源和清洁能源项目推广，开发拓展光伏保险、风电保险、核能保险等相关业务，促进生态保护；推广森林碳汇指数保险等新兴产品和服务，支持培育绿色交易市场机制，保险技术都能够发挥积极的作用。

（三）发挥分配调节器作用，平衡社会利益格局

均衡化发展是实现共同富裕的关键路径。“十四五”时期，我国正加快形成以城市群为主体、广大县乡村镇为潜力带的区际统一要素市场。乡村经济实力、

新型消费基础设施和服务保障能力将不断增强，城乡之间资源和要素的联动红利将加速释放，区域发展平衡性将得以改善。从历史经验来看，发达区域流动性较强的生产要素使经济更具活力，在缺少非市场手段干预的情况下，区域经济将会“富者愈富”。保险作为金融工具，可以发挥自身的技术优势和机制优势，降低生产要素流动的风险，推动资本、人才、技术、数据等向价值洼地流动，同时推进农村基础设施、公共服务体系建设，打造优质的农村人居环境，较好地消除城乡之间发展差别。虽然浙江省农村居民人均可支配收入已连续 28 年位居全国首位，但城乡差别依然存在。一方面，需要研究如何推动完善“政策性 + 地方特色 + 商业补充”的农险产品体系，将传统的物化成本保险扩展成为收入保险 + 完全成本保险，将农业种植业收益由成本保障转化为收入保障，有效提升农民收入水平；另一方面，可以推广不动产登记责任险、土地流转履约保证保险等相关产品，以市场化方式防控土地流转风险，盘活农村土地资源，吸引外来资本的流入，使农村沉睡的资源优势活化为发展优势。同时，服务返乡下乡人员创业创新，聚焦规模种养、农技推广、农产品加工、林下经济等重点项目，以保险为入口连接上下游产业，合作打造特色品牌和产业链条，降低市场风险和经营风险，探索乡村经济发展新模式。

山区 26 县是我省共同富裕示范区建设的区域短板，保险业需要围绕优化县域空间发展格局、支持重大项目建设、支持“双向飞地”建设等具体举措，针对性地开展工作。研究 26 个县的农业产业需求，开发各类地方特色产品。充分发挥地理标志在富农、兴农方面的作用，为“丽水山耕”“三衢味”等农业区域公共品牌提供涵盖农业生产、产品质量以及融资贷款等一揽子保险保障。强化“飞出地”和“飞入地”机构的联系，联动当地政府部门，完善山海协作战略合作关系，加大产业合作保险支持力度，更好地实现资源共享、优势互补。

（四）发挥治理润滑器作用，优美生产生活环境

共建共治共享美好生产生活环境，不仅是共同富裕题中应有之义，也是实现共同富裕的必由之路。进入新时代，我国的社会主要矛盾已经转化为人民对日益增长的美好生活需求和发展不平衡不充分之间的矛盾，这对社会治理提出了新的更高的要求。但在向现代化社会转型过程中，因价值取向不一致，导致社会行为失范、社会关系失调乃至冲突，影响了人们的正常生活和社会进步。当前正在推进的治理能力现代化，重点是政府、市场和社会权力边界的再确定。引入市场化机制，利用保险公司作为独立、专业的第三方来调处矛盾纠纷，能够解决政府既当裁判员又当运动员的左右为难的局面。在发达国家，责任保险被普及用于很多行业，美国责任险占财产险比为 40% ~45%，欧洲地区为 30%，日本等国为 25% ~30%，已经成为企业转移经营风险的主要方式，成为政府管理社会风险的重要手段。在环境保护、食品药品安全、医疗卫生、公共责任等

领域，推进责任保险特别是强制责任保险，可以把复杂的利益纠葛转化为清晰规范的经济契约关系，提高解决矛盾纠纷的效率；还能放大财政支出的杠杆效应，在时间和空间上转移分散风险，平滑社会管理成本。

这种运行方式，为政府、市场和社会治理提供了重要的沟通合作平台，推动社会力量不断参与社会管理，促进社会治理不断成长，在创造社会效益同时，还能创造更多的经济效益。目前，保险业正在探索以保险为入口构建政府、企业、专业服务机构等多跨协同的治理机制，打通线上线下风控服务，实现对风险隐患的“人防 + 技防 + 智防”的数字化革新。通过搭建面向多行业、跨领域的数字风控平台，较好地达成了风险测量、风险洞见、风险控制等大面积、多维度、跨场景的数字化应用，并将风险减量管理从生产领域延伸至环境安全、电梯安全、食品安全、房屋安全等多个领域，全面提升了企业和社会的安全管理水平。

（五）发挥社会稳定器作用，兜住民生保障底线

“全面建成小康社会，一个也不能少；共同富裕路上，一个也不能掉队。”不断促进人的全面发展、实现全体人民的共同富裕，需要在发展中补齐民生短板、促进社会公平正义。但就目前形势来看，虽然我国已经全面打赢脱贫攻坚战，但贫富差距仍然严重，基尼系数长期高于 0.45，在 246 个国家地区中处于偏高的位置。《浙江省民政事业发展统计公报》显示，截至 2021 年末，全省共有低保对象 59.26 万人，人均月低保标准为 935 元；低保边缘户 16.02 万人，特困对象 3.57 万人，人均月供养标准城市为 1475 元，农村为 1450 元。保险业作为社会稳定器，需要在关注民生、重视民生、保障民生和改善民生上下功夫、见成效，促进解决好人民群众最关心、最直接、最现实的利益问题，成为社会保障体系的重要组成部分。通过充分发挥市场机制在社会保障体系建设中的作用，不断提升深度、密度、广度，在养老、健康、收入、救助等方面扩大人口、地域、产业覆盖面，拓宽风险保障范围，提升保险服务质量，从而提高社会保障体系的活力、效率和保障水平。

利用保险普惠性原理，可以强化对弱势群体的个性化保障。需要研究低收入农户、高龄老人及带病群体的医疗保险保障，化解此类人群的灾难性医疗费用支出风险，防止因病致贫、因病返贫；完善农民工工资保险保障，保障劳有所得，构建合作双赢的劳资关系，有效消除群体性事件隐患；推进新市民群体在创业、就业、教育、医疗、养老等重点领域的保险保障，研发专属产品满足个性化需求，提供“一揽子”“一站式”高质量保险服务，提升保险的覆盖面，从而促进社会整体福利水平稳步提升、民众幸福感指数不断提高。

四、政策建议

浙江省在推进共同富裕示范区建设过程中，出台了一系列的政策文件，明确了保险业相应的工作任务清单和过程管理举措。为了更好地推动这些工作的落实，变现保险价值输出的路径，提升保险价值创造的能力，建议进一步强化政策的顶层设计。

积极的保险政策。商业保险对社会公众来说具有“半公共产品”的属性，作用的发挥需要匹配政策设计这个“重要引擎”。在“浙丽保”的推动上，政府的公信力和组织力就起到了决定性的作用。政府部门在出台共同富裕示范区建设相关政策措施时，要从战略性、基础性、全面性、长期性等角度，明确保险的地位和作用，拓展保险覆盖的深度和广度，将保险机制融入共同富裕的政策体系，成为不可或缺的有机组成部分。要把保险作为社会治理的重要“接手”和“帮手”，打通商业保险与社会保险的资金流动渠道，加强制度对接与互补，以保险为入口解决扶贫济困等一揽子社会财富调节问题，更好地放大保险的机制优势和技术优势。加大数据资源的共建共享，消灭数据孤岛，综合利用卫生健康、教育、民政、司法等政府部门数据，以及银行、证券、投资等其他金融企业的数据，提高保险产品和服务投放的精准度；充分利用保险的客户数据及理赔数据，完善共同富裕的政策法规。建立保险行业和法律、医学、社会管理等领域的专家智库，积极发挥外脑的作用，提高政策制定的科学性和有效性。

适度的监管政策。在共同富裕示范区建设中催生的保险风口，正在推动保险企业创新保险领域、深耕细分市场，加快供给侧结构性改革，需要配套出台相应的监管政策。要研究如何在防范风险和推动创新中寻找平衡点，做到宽严相济，既鼓励创新，建立创新的保护机制和容错机制，又防止过度创新，尤其是要严防那些借创新之名、行突破现行金融监管政策底线之实的不良行为，从而避免系统性、不可测风险的发生，寻求效率和稳健平衡式中的最优解。有针对性地建立多层次的风险防线和行为监管约束机制，对于一些新兴领域鼓励组建共保体，防止对可保资源的过度开发以及恶性竞争的发生，有效地化解市场化所带来的必然风险和问题。支持保险科技公司和专业中介机构的发展，加强对垂直细分领域的专业化风险研究，帮助保险公司挖掘新的保险需求及回应需求，创新和优化风险管理技术，推动保险普惠下沉。充分发挥银保监管机构合一的优势，积极推动银保合作，努力探索信息共享、产品互补、业务联动等方面的合作机制，更好地发挥保险的资金杠杆、风险管理和利益保证作用，引导银行资金向投资价值洼地流动。

务实的财政政策。浙江省作为一个经济大省和经济强省，有能力在保险领域进行资金倾斜，完善财政和税收政策支持下的保险机制。研究制定保险产品税收优惠政策，对部分政策性产品进行免税，减轻保险企业的税负水平，以税收优惠等方式调动保险企业经营的积极性。切实推进个人税延型养老保险工作，加大税收优惠力度，尤其是中小民营企业、新业态、灵活就业人群在购买专属商业养老保险时，给予更多的个人所得税减免额度，进一步激发广大群众的购买意愿。对于需要鼓励发展、但风险数据尚不完整、费率较难测算的保险项目，以及一些民生类保险项目，实行保本微利原则，对参保企业提供保费补贴，对超额赔付和亏损项目提供财政补贴，鼓励扩大覆盖、做大规模。参照美国、日本等国家的经验做法，健全各级政府应对自然灾害及突发公共事件的金融支持机制。特别是对容易受到台风、雪灾、洪涝、滑坡等灾害影响的居民家庭财产、人身安全，以及新冠疫情和山区小流域地质灾害所造成的严重损失，完善财政支持的巨灾风险保障体系，构建“省级统筹、地市运作、商业经营”的保险模式，充分释放财政资金杠杆效应，更好地发挥保险在重大灾害事件中的经济补偿作用。

五、结论

建设共同富裕示范区，既需要政策的顶层设计，也需要保险业贡献力量。保险的互助普惠特性、风险管理技术和独特的运作机制，在服务社会治理上具有比较优势。全社会正确认识并充分发挥保险对共同富裕示范区建设不可替代的作用，更好地推进保险理论创新，拓宽保险功能边界，是进一步彰显保险专业技术、创造保险专业价值的关键所在。

本课题从保险的本源、国家的期望和行业的实践出发，通过案例分析，将蕴含其中的保险功能、作用进行了深度挖掘，与共同富裕示范建设中各个板块的风险需求及发展需求相适配，提出保险要细分领域、重组功能、深化内涵，一方面是服务于高质量发展，推动经济规模和质量的持续提升，做大共同富裕的“蛋糕”；另一方面是平衡区域、城乡、居民之间的发展差距，实现“先富带后富”，分好“蛋糕”。重点在如何发挥“创新驱动器”作用、提升经济发展质量，发挥“经济助推器”作用、加快物质财富积累，发挥“分配调节器”作用、平衡社会利益格局，发挥“治理润滑器”作用、优美生产生活环境，发挥“社会稳定器”作用、兜住民生保障底线这五个方面，论述了保险助推共同富裕示范区建设的必要性、可行性，较为细致地描述了保险价值的输出路径，并提出了相应的政策建议，以期为浙江省建设共同富裕示范区的顶层设计、系统推进及落地实施提供参考和借鉴。

参考文献

[1] 刘连生．保险原理［M］．北京：中国财政经济出版社，2005.

[2] 钱穆．中国历史研究法［M］．北京：生活·读书·新知三联书店，2005.

[3] 中国经济金融研究课题组．下行压力增大需要将稳增长置于更高位置——中国银行中国经济金融展望报告（2022 年）［R］．中国银行研究院，2021.

[4] 王稳，李雪．出口信保促进外贸高质量发展［J］．中国金融，2021（19）：48－49.

[5] 中国宏观经济形势分析与预测课题组．观经济形势分析与预测年度报告（2021－2022）风险评估、政策模拟及其治理——以更大力度的改革开放落实稳中求进和推动高质量发展［R］．上海财经大学高等研究院，2021.

[6] 中国人民保险集团党委．做有温度的人民保险［J］．求是，2021（22）：66－70.

[7] 武大吉奥信息技术有限公司．市域社会治理专题解读［Z］．2021.

[8] 王庆松．保险机制助力社会治理创新的挑战与对策［J］．社会治理，2021（02）：69－75.

[9] 许道文，肖晔．网络金融监管：鼓励创新与防范风险的平衡［J］．金融发展评论，2014（11）．

适老金融发展与共同富裕：基于生命周期和金融素养视角

浙江金融职业学院课题组*

一、引言

共同富裕是社会主义的本质要求，是中国式现代化的重要特征。党的二十大报告指出要“健全基本公共服务体系，提高公共服务水平，增强均衡性和可及性，扎实推进共同富裕”。因此，共同富裕具备公平性和包容性特征，惠及全体人民。同时，党的二十大报告也强调“着力扩大内需，增强消费对经济发展的基础性作用”“完善基本养老保险全国统筹制度，发展多层次、多支柱养老保险体系。”一方面消费在我国经济中发挥了压舱石的作用；另一方面我国正步入老龄化社会，因此从消费视角考察适老金融发展对共同富裕的影响，具有重大的理论和现实意义。

第一，发展适老金融，有助于实现“共同富裕”目标。党的二十大报告指出要“发展多层次、多支柱养老保险体系，扩大社会保险覆盖面，健全基本养老、基本医疗保险筹资和待遇调整机制。”银保监会于 2022 年 4 月 28 日发布《中国银保监会关于规范和促进商业养老金融业务发展的通知》（银保监规〔2022〕8 号），明确支持和鼓励银行保险机构依法合规发展商业养老储蓄、商业养老理财、商业养老保险、商业养老金等养老金融业务，并强调“开展商业养老金融业务应体现养老属性，产品期限符合客户长期养老需求和生命周期特点”。发展适老金融，是保障公平正义性、推动和包容性增长的重要举措。

第二，发展适老金融，有助于积极应对老龄化挑战。当前我国人口老龄化程度日益加深，积极应对人口老龄化已经上升为国家战略。2021 年 5 月，国家统计局发布了第七次全国人口普查主要数据公报，显示我国 60 岁及以上人口的比重达到 18.70%，其中 65 岁及以上人口比重达到 13.50%，趋近深度老龄化社会的占比标准（14%）。党的二十大报告指出“实施积极应对人口老龄化国家战略，发展养老事业和养老产业，优化孤寡老人服务，推动实现全体老年人享有

---

* 课题主持人：王　静

课题组成员：周建松　姚星垣　王　丹　胡丽娟

基本养老服务。”发展适老金融，积极应对我国人口老龄化的新局面刻不容缓。

第三，发展适老金融，有助于深入推进共同富裕示范区改革。不同地区的老龄化现状和面临的挑战不同，发展适老金融需要因地制宜。《浙江高质量发展建设共同富裕示范区实施方案》指出：率先基本实现人的全生命周期公共服务优质共享，努力成为共建共享品质生活的省域范例。社会保障和养老服务体系更加完善，实现法定人员社保全覆盖，基本养老触手可及，优质养老全面推进，老有所乐老有所为；构建金融服务共同富裕政策制度。因此，无论是从国家战略高度还是区域改革实践，发展适老金融推动共同富裕均有重大意义。

二、基本概念与理论构建

（一）基本概念

1. 适老金融

关于适老金融的概念，目前并没有被普遍接受的定义，多数情况下与“养老金融”密切相关。从理论探讨来看，胡继晔（2013）认为养老金融是养老金理论与金融学理论结合形成的新兴交叉学科，主要研究养老金在金融市场投资以实现自身保值增值，主要研究对象是养老基金投资于金融资产（主要包括货币市场证券、债券、贷款、股票、信托产品集合投资工具）、不动产、衍生工具以及另类投资等。

樊鑫森等（2018）认为养老金融就是一切以养老为根本目的的金融活动，并作了狭义和广义的区分。狭义的养老金融即养老金金融，是指根据国家相关政策，社会个体在年轻时为年老时所作的资产准备，以满足老年养老所需的金融产品和服务的金融运作活动；广义的养老金融是指以国家相关养老法律法规等政策为指导，以老年人口为主要受众对象，以为老年人提供各类金融产品和服务、满足其各种金融需求为主要目的，由包括商业银行、保险、证券、信托及投资公司等在内的各金融机构所开展的一系列金融活动。董克用等（2021）认为养老金融是一个概念体系，是指为了应对老龄化挑战，围绕着社会成员的各种养老需求所进行的金融活动的总和，包括养老金金融、养老服务金融、养老产业金融三部分。

从实践角度来看，适老金融涵盖了线上和线下模式，例如韩亮、谭明（2020）提出了“互联网 + 金融 + 养老”模式，为应对城市老龄化问题提供设计学维度的思考和参考。陈宏建、杨建立（2021）认为金融科技应当为老年人提供更周全、更贴心、更直接的便利化服务。从线下模式看，郭子枫（2021）认为适老金融应当充分考虑老年客户群体的特殊需求，努力为老年客户提供优质的网点金融服务体验。郭子源（2021）重点从与老年人生活密切相关的“账户安全、渠道服务、理财需求”三方面入手，同时附加尊享权益、主题活动等非金融服务，形成全方位体系。此外，老年人群更容易在金融欺诈中有财物损失 Wei 等（2021），防范金融欺诈对于适老金融发展也不容忽视。

本文的适老金融是指适应老年人客户群体特征的金融产品服务、技术素养以及相关体验的总称。本文所指适老金融，采取不同于传统广义或者狭义的角度进行定义，而是采取多种思路加以综合。首先，从外延上看，适老金融包括适老金融产品、适老金融服务和防范金融欺诈三方面，这个定义从产品、服务和技术三个维度刻画适老金融，拓展了适老金融的范围。其次，从内涵上看，适老金融应当与通常理解的一般金融产品和服务有所区分，因此在适老金融产品方面，采取狭义的理解，即和养老和退休规划高度相关的金融产品，主要包含社会养老保险、商业养老保险和商业寿险等金融产品。

2. 共同富裕

国内学者关于共同富裕的具体测度标准和方法存在多种看法。第一种观点是“划线论”，以人均 GDP 或人均收入水平为代表（如刘培林等，2021）；第二种观点是“差距论”，即某个群体之间的收入、消费、财富等指标收敛（如邓曲恒，孙婧芳，2017），以基尼系数为代表；第三种观点是“趋势论”，即承认共同富裕是一个总体趋势性指标，可能存在阶段性波动或者发散特征，但总体趋势比较明确。

本文主要基于“趋势论”的观点，从消费者角度，将以恩格尔系数为基础的消费结构作为衡量生活水平和富裕程度的指标，并把能够优化消费结构、降低恩格尔系数的作用视为推进共同富裕的动力。

（二）理论框架

1. 适老金融发展的基本维度

发展适老金融，可以从直接影响和间接影响两个层面促进共同富裕。从直接层面即适老金融发展的基本维度来看，根据本文中适老金融的定义，可以从适老金融产品、适老金融服务和防范欺诈能力等三个维度对共同富裕产生影响，我们提出如下研究假设：

假设 1：适老金融发展与生活水平正相关。

进一步考察适老金融发展的三个具体维度，相应地提出三个研究假设：

假设 1a：适老金融产品与生活水平正相关。

假设 1b：适老金融服务与生活水平正相关。

假设 1c：防范欺诈能力与生活水平正相关。

2. 适老金融发展的影响机制

从间接层面即适老金融发展的影响机制来看，适老金融发展通过生命周期和金融素养渠道，影响消费者生活水平和共同富裕。

（1）生命周期机制

从生命周期角度看，适老金融产品和服务与消费者所处的特定阶段密切相关。第一，适老金融产品具有时间敏感性特征。社会保险存在交纳年限，商业性人寿保险和养老保险也存在时间依赖性。第二，对大多数消费者而言，适老金融服务也存在学习适应成本和技能累积效应。第三，防范欺诈的能力与身体和认知状况相关，而这两者又与年龄相关。因此总体来看，消费者接触适老金融的时间早一些更好，对于提升生活水平，推动共同富裕的积极作用也更加显著；在深老期，受限于适老金融产品和服务的特点和约束，以及消费者自身身体和认知状况的约束，适老金融能够发挥的积极作用可能受到干扰。因此提出如下研究假设：

假设 2：适老金融发展通过生命周期因素影响生活水平，在不同阶段存在异质性。

假设 2a：在初老期，适老金融发展正向影响生活水平。

假设 2b：在深老期，适老金融发展对生活水平影响较弱。

（2）金融素养机制

适老金融产品和服务提升生活水平、推动共同富裕的效果，与消费者自身的金融素养水平密切相关。第一，较高的金融素养者通过更加积极地参与适老金融市场和投资理财活动，同时具备更好的风险管理意识和能力，从而更有可能在未来获得更多的投资收益，有助于提升生活水平，推动共同富裕。第二，金融素养较高者，可能风险防范意识较强，因而可能具备更强的防范金融欺诈能力，避免信息非对称损失，提升生活水平、促进共同富裕。第三，适老金融发展通过金融素养影响生活水平，也可能存在“理财挤出效应”和“边际递减效应”,① 即可能适老金融产品更加丰富，服务体验更加改善，则金融素养较高者会更倾向于更多地参与适老金融产品和服务，从而对当前的生活水平优化可能带来短期负面冲击。因此提出如下研究假设：

假设 3：适老金融发展通过金融素养因素影响生活水平，对于金融素养消费者存在异质性。

研究假设 3a：对于金融素养较低者，适老金融发展正向影响生活水平。

研究假设 3b：对于金融素养较高者，适老金融发展对生活水平影响较弱。

（三）模型构建

根据理论分析框架，我们构建如下基准计量模型：

---

① “理财挤出效应”是指金融素养较高者可能通过增加当期储蓄和投资以及较好地防范过度负债等方式，减少当前消费，尤其是食品等基本消费以外的消费，因此金融素养较高者对于当期生活水平的影响可能存在“边际递减效应”。

$$ConsumptionS_i = \beta_0 + \beta_1 FinAged + \beta_2 LifeCircle + \beta_3 FinLiteracy + \lambda_i X_i + \varepsilon_i \quad (1)$$

其中，$ConsumptionS_i$ 为食品消费占比即恩格尔系数，用以测度生活水平，作为趋势性共同富裕的代理指标，*FinAged* 为适老金融发展，*LifeCircle* 为生命周期因素，*FinLiteracy* 为金融素养，$\lambda_i X_i$ 为控制变量矩阵，ε_i 为随机误差项。

进一步考察具体的适老金融发展维度时，采用如下模型：

$$ConsumptionS_i = \beta_0 + \beta_1 FinAged_j + \beta_2 LifeCircle + \beta_3 FinLiteracy + \lambda_i X_i + \varepsilon_i \quad (2)$$

其中，$ConsumptionS_i$ 为食品消费占比，$FinAged_j$ 为第 j 个适老金融发展维度或具体指标，*LifeCircle* 为生命周期因素，*FinLiteracy* 为金融素养，$\lambda_i X_i$ 为控制变量矩阵，ε_i 为随机误差项。

当进一步分析适老金融发展影响共同富裕的机制时，采用分组回归的思路构建如下计量模型：

$$ConsumptionS_i = \beta_0 + \beta_1 FinAged + D_{1m}\beta_2 LifeCircle + \beta_3 FinLiteracy + \lambda_i X_i + \varepsilon_i \quad (3)$$

$$ConsumptionS_i = \beta_0 + \beta_1 FinAged + \beta_2 LifeCircle + D_{2n}\beta_3 FinLiteracy + \lambda_i X_i + \varepsilon_i \quad (4)$$

其中，$ConsumptionS_i$ 为食品消费占比，*FinAged* 为适老金融发展，*LifeCircle* 为生命周期因素，D_{1m} 为按照生命周期不同阶段分组的 m 个虚拟变量，*FinLiteracy* 为金融素养，D_{2n} 为按照金融素养水平分组的 n 个虚拟变量，$\lambda_i X_i$ 为控制变量矩阵，ε_i 为随机误差项。

（四）数据与变量

本文数据来源于“中国健康与养老追踪调查”（CHARLS）数据库。该数据库旨在收集一套代表中国 45 岁及以上个人和家庭的高质量微观数据，因此本文研究范围是 45 岁及以上的消费者。2018 年分别在全国 28 个省（自治区、直辖市）的 150 个县、450 个社区（村）开展调查访问，其调查对象是随机抽取的家庭中 45 岁及以上的中老年居民，共计 17708 个有效样本。经过数据清洗，删除核心变量缺失的数据后，本文保留的样本数为 15987 个。

1. 被解释变量

本文侧重从消费角度刻画共同富裕。消费是衡量生活水平的重要方面，本文主要从消费结构的角度进行刻画。具体分两步计算消费结构：

第一步，计算家庭消费总量。参照刘琪等（2021）的做法，以家庭作为单位进行考察。由于 CHARLS 关于消费支出的问题在“收入、支出与资产”部分的两个板块问卷中涉及，因此本文综合考虑两个方面的问题进行计算。具体方法是根据问题“一周食品支出费用”乘以 4 再乘以 12 计算年度食品消费，根据“您家过去一年在以下各项消费中的支出”加总得到其他消费①，两者合计为年度家庭总消费。

第二步，计算消费结构。用年度食品消费除以家庭总消费乘以 100%。这个指标即为一般理解的“恩格尔系数”（Engel's Coefficient），通常用于衡量生活水平。②

2. 解释变量

我们通过以下方法构建基于消费者的适老金融发展指标：首先从丰富适老金融产品供给、优化适老金融服务体验和提升防范金融欺诈能力三个维度进行总体刻画。

适老金融产品参与包括：（1）养老保险③；（2）基本养老；（3）补充养老；（4）商业寿险；（5）商业养老，如果参与则赋值 1，否则为 0；定义适老金融产品：如果参与以上任何一种养老金融，则赋值为 1，否则为 0。

适老金融服务体验包括：（1）网上理财；（2）社交金融。定义适老金融体验：如果参与以上任何一种养老金融，则赋值为 1，否则为 0。

关于防范金融欺诈能力，参照 Wei 等，（2021）包括：（1）识别欺诈意识：有过被欺诈的经历，则赋值 1，否则为 0；（2）识别欺诈能力：遭遇欺诈的损失金额。定义防范欺诈能力：有识别欺诈的经历且没有损失，则赋值 1，否则为 0。

综合以上三方面，定义适老金融发展的指标为“适老金融产品 + 适老金融服务 + 防范欺诈能力”，则赋值 0 - 3，数值越大说明适老金融发展越好。

3. 影响机制变量和控制变量

适老金融发展还可能通过多条渠道和机制间接影响消费结构和共同富裕。如上文所述，我们认为生命周期和金融素养是两个重要的方面。

（1）生命周期：本文主要从年龄加以刻画，具体把消费者分为前老期(45 ~ 64 岁)、初老期（65 ~ 74 岁）和深老期（75 岁及以上）三个阶段④，分别赋值

① 具体包括衣着消费、家庭旅游支出、取暖费（集中供暖）支出、家具、耐用消费品及电器的支出、教育和培训支出、医疗支出、保健费用、美容支出、购买汽车、交通工具和通信工具支出、物业费、税费和杂费、社会捐助、房租、摆酒和办酒席的支出等 15 个消费种类。

② 恩格尔系数达 59% 以上为贫困，50% ~59% 为温饱，40% ~50% 为小康，30% ~40% 为富裕，低于 30% 为最富裕。

③ 包括城乡居民养老保险、新型农村养老保险以及城镇居民养老保险。

④ 国际上通常用老年人口比重作为衡量人口老龄化的标准，一般把 60 岁及以上的人口占总人口比重达到 10%，或 65 岁及以上的人口占总人口的比重达到 7% 作为一个国家或地区进入老龄化社会的标准；把 65 岁以上人口比例达到 14% 定义为深度老龄化社会，65 岁以上人口比例达到 20% 为超级老龄化社会。为了使两者的统计标准一致，本文把 65 岁作为划分生命周期中进入老龄化的标准。同时，国家卫健委发布《2018 年我国卫生健康事业发展统计公报》显示，2017 年和 2018 年我国居民人均预期寿命分别为 76.7 岁和 77.0 岁，据此并综合考虑样本平衡性，以 75 岁为界进一步区分为初老期和深老期。

1 -3，数值大说明处于生命周期的较后期。

（2）金融素养：本文从金融活动实践的角度定义金融素养，以除储蓄以外其他进行金融活动类型的数量加以定义，赋值 1 -5，数值越大说明金融素养越高。

影响消费结构的影响因素较多，本文参照范庆祝、孙祁祥（2020）等已有研究从多个层面加以控制，包括人口统计学变量、工作和健康状况、收入和金融资产等。

为减少极端值对系数估计产生的偏误影响，在经验研究时对连续变量进行双侧 1% 缩尾处理。根据本文主要变量的描述性统计①结果，其中生活水平均值和中位数分别为 47.26% 和 47.73%。

三、经验研究

（一）基准回归

首先我们采用逐步回归的思路进行基准回归。表 1 模型（1）表明，适老金融发展与消费结构在 1% 水平上显著负相关，表明适老金融发展能够提升居民生活水平。模型（2）中加入金融素养和生命周期（年龄）因素，显示适老金融发展仍然与消费结构显著负相关（5% 显著性水平）。金融素养与消费结构显著负相关，表明金融素养较高的消费者生活水平也较高。年龄则与消费结构呈现非线性的倒“U”形关系，即年龄与消费结构显著正相关，而年龄平方与与消费结构显著负相关（均在 1% 显著性水平上显著），这与赵周华、王树进（2018）、范庆祝、孙祁祥（2020）等研究结果一致。

模型（3）、模型（4）中逐步添加了控制变量，包括人口统计学变量、工作和健康状况以及收入和金融资产，结果表明，非农户口居民、已婚者、健康状况较好以及总收入较高的消费者生活水平较高，与预期一致；金融资产与消费结构正相关（在 10% 显著性水平上显著），这体现了前文所述的“理财挤出效应”，即可能表明部分消费者通过持有更多的金融资产，牺牲部分当期非食品消费的方法，提升未来的生活水平，以追求生命周期的动态优化。性别、民族、教育水平、非农工作、农业雇佣等因素与消费结构的关系统计上不显著。我们把模型（4）作为基准回归，结果支持了假设 1。

表 1　基准回归

	(1)	(2)	(3)	(4)
适老金融	-1.6390*** (-2.5978)	-1.4469** (-2.2273)	-2.0109*** (-2.9717)	-1.9264*** (-2.8378)

① 限于篇幅略去。

续表

	(1)	(2)	(3)	(4)
金融素养		-3.1067*** (-3.6712)	-4.4789*** (-4.9977)	-4.6023*** (-5.0821)
年龄		1.2362*** (5.5649)	1.6940*** (6.6694)	1.7282*** (6.7909)
年龄平方		-0.0084*** (-4.8478)	-0.0118*** (-5.8962)	-0.0119*** (-5.9604)
性别			-0.1294 (-0.2570)	-0.1197 (-0.2378)
民族			0.0394 (0.2696)	0.0497 (0.3398)
教育水平			0.1368 (0.9810)	0.1366 (0.9658)
户口			-2.5568*** (-4.4033)	-2.8563*** (-4.8197)
婚姻			-1.7340** (-2.1788)	-1.8470** (-2.3150)
非农工作			0.2901 (0.5271)	0.7530 (1.3136)
农业雇用			-0.5759 (-0.4971)	-0.4857 (-0.4191)
健康状况			2.9721*** (12.7288)	2.9550*** (12.5932)
总收入				-0.2626*** (-3.2518)
金融资产				0.1292* (1.8272)
常数项	48.6109*** (80.1099)	4.8689 (0.6940)	-16.2864** (-2.0206)	-16.4214** (-2.0324)
样本量	15987	15987	15987	15987
R^2	0.004	0.054	0.182	0.189
Adj R^2	0.003	0.051	0.175	0.182

注：***、**、*分别表示1%、5%和10%显著性水平。括号内为采用稳健标准误估计 t 值。

（二）异质性分析

接下来进行异质性分析，主要是进一步分析不同维度的适老金融发展对生活水平和共同富裕的影响。首先考察适老金融产品的影响，表 2 模型（1）表明，参与养老保险的消费者，总体上能够优化消费结构，生活水平较高（5% 显著性水平）。具体来看，参加城乡居民养老保险，包括城乡居民养老保险、新型农村养老保险以及城镇居民养老保险，有助于推进共同富裕；从社会保险角度看，相比于基本养老，补充养老的作用更加显著；从商业保险角度看，商业养老金融产品对于提高生活社会也发挥了一定的积极作用，表明支持商业养老保险是助推高质量养老服务体系建设的有效举措（胡秋明、高凯，2020）。相比于商业寿险，商业养老保险效果更佳，如表 2 模型 5 -6 所示。整体上看，研究结果部分支持了研究假设 1a。

表 2 模型（1 -6）显示，金融素养均在 1% 显著性水平上与消费结构负相关，表明有助于共同富裕；年龄与消费结构均存在非线性关系，与基准回归结果一致。从控制变量来看，与基准回归结果保持稳健。

表 2　　　　异质性检验 1：适老金融产品

	(1)	(2)	(3)	(4)	(5)	(6)
养老保险	-1.7429** (-2.4127)					
居民养老		-1.4110** (-2.3811)				
基本养老			0.9203 (1.2085)			
补充养老				-7.9003*** (-3.1257)		
商业寿险					-0.6129 (-0.5643)	
商业养老						-3.5368* (-1.6644)
金融素养	-5.0415*** (-5.6608)	-5.2094*** (-5.8502)	-5.1740*** (-5.8002)	-4.7627*** (-5.3605)	-5.0266*** (-5.6226)	-4.9987*** (-5.6124)
年龄	1.7262*** (6.7765)	1.7108*** (6.7199)	1.6771*** (6.5854)	1.6715*** (6.5654)	1.6821*** (6.6088)	1.6739*** (6.5728)
年龄平方	-0.0119*** (-5.9458)	-0.0118*** (-5.9025)	-0.0116*** (-5.7703)	-0.0115*** (-5.7380)	-0.0116*** (-5.7848)	-0.0115*** (-5.7544)

续表

	(1)	(2)	(3)	(4)	(5)	(6)
性别	-0.1191 (-0.2364)	-0.1052 (-0.2090)	-0.0912 (-0.1812)	-0.0868 (-0.1724)	-0.1004 (-0.1993)	-0.1027 (-0.2039)
民族	0.0495 (0.3381)	0.0469 (0.3203)	0.0476 (0.3255)	0.0558 (0.3812)	0.0478 (0.3268)	0.0482 (0.3295)
教育水平	0.1433 (1.0143)	0.2056 (1.4513)	0.2088 (1.4413)	0.1500 (1.0631)	0.1689 (1.1985)	0.1674 (1.1882)
户口	-2.8400*** (-4.7905)	-2.1757*** (-3.2741)	-2.4406*** (-3.4914)	-2.9671*** (-4.9963)	-2.8737*** (-4.8474)	-2.8855*** (-4.8673)
婚姻	-1.8424** (-2.3091)	-1.8700** (-2.3444)	-1.9032** (-2.3848)	-1.8856** (-2.3626)	-1.8960** (-2.3750)	-1.8986** (-2.3791)
非农工作	0.7484 (1.3051)	0.8129 (1.4178)	0.8299 (1.4440)	0.8317 (1.4501)	0.7997 (1.3945)	0.8083 (1.4097)
农业雇用	-0.4786 (-0.4129)	-0.4191 (-0.3616)	-0.4473 (-0.3861)	-0.4902 (-0.4232)	-0.4910 (-0.4241)	-0.4906 (-0.4236)
健康状况	2.9529*** (12.5825)	2.9385*** (12.5097)	2.9529*** (12.5726)	2.9738*** (12.6759)	2.9641*** (12.6304)	2.9737*** (12.6650)
总收入	-0.2635*** (-3.2606)	-0.2914*** (-3.5894)	-0.2926*** (-3.5533)	-0.2709*** (-3.3554)	-0.2748*** (-3.4046)	-0.2739*** (-3.3925)
金融资产	0.1277* (1.8064)	0.1174* (1.6616)	0.1145 (1.6157)	0.1208* (1.7098)	0.1224* (1.7304)	0.1211* (1.7128)
常数项	-16.5938** (-2.0533)	-17.2520** (-2.1328)	-17.1523** (-2.1169)	-16.2491** (-2.0068)	-16.7210** (-2.0656)	-16.4344** (-2.0290)
样本量	15987	15987	15987	15987	15987	15987
R^2	0.188	0.188	0.185	0.189	0.184	0.186
Adj R^2	0.180	0.180	0.177	0.181	0.176	0.178

注：***、**、*分别表示1%、5%和10%显著性水平。括号内为采用稳健标准误估计 t 值。

接下来考察适老金融服务体验和防范金融欺诈对共同富裕的影响。表3模型（1）表明，适老金融体验总体上有助于推进共同富裕（在5%显著性水平上显著），其中线上理财的作用相对显著，而社交金融在统计上不显著；防范金融欺诈与消费结构负相关，但统计上不显著，可能的原因是符合防范欺诈能力的样本比例小于1%，总体影响相对较小。其他变量的结果与基准回归的结果保持稳健。研究结果支持研究假设1b，但不支持研究假设1c。

表 3　　异质性检验 2：适老金融服务与防范欺诈能力

	(1)	(2)	(3)	(4)
适老金融服务	-4.1642** (-2.0612)			
线上理财		-3.7284* (-1.7195)		
社交金融			-3.4038 (-1.3274)	
防范金融欺诈				-4.3728 (-0.7106)
金融素养	-4.1390*** (-4.1077)	-4.3980*** (-4.4741)	-4.5662*** (-4.6346)	-5.0689*** (-5.6918)
年龄	1.6783*** (6.5936)	1.6770*** (6.5866)	1.6851*** (6.6202)	1.6825*** (6.6095)
年龄平方	-0.0116*** (-5.7696)	-0.0116*** (-5.7632)	-0.0116*** (-5.7919)	-0.0116*** (-5.7830)
性别	-0.0983 (-0.1952)	-0.1005 (-0.1995)	-0.0896 (-0.1778)	-0.0937 (-0.1860)
民族	0.0498 (0.3402)	0.0493 (0.3368)	0.0493 (0.3367)	0.0496 (0.3391)
教育水平	0.1631 (1.1575)	0.1656 (1.1751)	0.1690 (1.1999)	0.1708 (1.2125)
户口	-2.9068*** (-4.9033)	-2.8928*** (-4.8798)	-2.8955*** (-4.8824)	-2.8860*** (-4.8680)
婚姻	-1.9036** (-2.3846)	-1.8996** (-2.3800)	-1.8890** (-2.3664)	-1.9002** (-2.3808)
非农工作	0.8067 (1.4069)	0.7999 (1.3952)	0.8028 (1.3999)	0.7988 (1.3928)
农业雇用	-0.4970 (-0.4292)	-0.4949 (-0.4274)	-0.4868 (-0.4204)	-0.4899 (-0.4230)
健康状况	2.9711*** (12.6562)	2.9694*** (12.6498)	2.9641*** (12.6296)	2.9634*** (12.6265)

续表

	(1)	(2)	(3)	(4)
总收入	-0.2753*** (-3.4124)	-0.2747*** (-3.4044)	-0.2769*** (-3.4296)	-0.2762*** (-3.4202)
金融资产	0.1217* (1.7212)	0.1214* (1.7177)	0.1208* (1.7091)	0.1209* (1.7108)
常数项	-16.5505** (-2.0446)	-16.5420** (-2.0430)	-16.8359** (-2.0801)	-16.7519** (-2.0696)
样本量	15987	15987	15987	15987
R^2	0.186	0.185	0.185	0.185
Adj R^2	0.178	0.177	0.177	0.177

注：***、**、*分别表示1%、5%和10%显著性水平。括号内为采用稳健标准误估计 t 值。

（三）机制检验

我们进一步考察适老金融发展影响共同富裕的内在机制。首先从生命周期角度来看，我们把样本按照年龄分为前老期（45~64岁）、初老期（65~74岁）和深老期（75岁及以上）三个阶段，分别进行回归，如表4模型（1）－（3）所示。结果表明，在前老期和初老期两个阶段，适老金融发展与消费结构显著负相关，表明适老金融能够有助于提升生活水平，促进共同富裕；但是在深老期尽管系数符号没有变化，但是在统计上不显著。这表明适老金融发展对共同富裕的作用主要体现在老龄早期，而对于高龄的老年人，仍然存在较大的提升空间。总体上看，经验研究结果支持了研究假设2，以及2a和2b。

从金融素养角度来看，适老金融发展主要是对金融素养较低者有较大的助力作用（在1%显著性水平上显著），但对于金融素养较高者这种作用则没有显现，如表4模型（4）－（5）所示。这表明，金融素养较高者可以较好地通过参与适老金融产品、体验适老服务等途径，提升生活水平，因此再提高金融素养的边际效果有所减弱；而对于金融素养较低的消费者而言则情况正好相反，其边际效果十分显著。事实上样本中金融素养较低者占比远远大于金融素养高者，因此通过提升金融素养进而提高生活水平、推进共同富裕的潜力和空间巨大。总体上看，经验研究结果支持了研究假设3，以及3a和3b。

值得注意的是，研究表明通常情况下老年人的金融素养水平较低，前文中的典型事实二也验证了这个事实，即深老期的消费者金融素养最低。因此综合来看，深老期消费者和金融素养较低者存在交叉，如何更好地服务这部分群体也是发展包容性适老金融需要重点关注的领域。

表 4　　机制检验：生命周期与金融素养

	(1)	(2)	(3)	(4)	(5)
	前老期	初老期	深老期	金融素养低	金融素养高
适老金融	-2.4885** (-2.3128)	-2.5653** (-2.0283)	-1.1808 (-1.0047)	-1.8778*** (-2.6473)	0.2401 (0.1127)
年龄	8.7192 (1.2954)	6.5270 (1.0203)	2.3647 (1.6215)	1.6785*** (6.4911)	2.3057 (1.5313)
年龄平方	-0.0764 (-1.1602)	-0.0513 (-0.9677)	-0.0146 (-1.5144)	-0.0116*** (-5.7069)	-0.0134 (-1.1286)
民族	0.0801 (0.3395)	0.0048 (0.0194)	-0.0382 (-0.1289)	0.0582 (0.3939)	-0.6511 (-0.8456)
教育水平	0.4569* (1.7080)	0.1028 (0.4262)	0.2683 (1.1186)	0.1013 (0.7042)	1.6468** (2.4066)
户口	-2.9769*** (-2.7983)	-1.1813 (-1.1459)	-3.8464*** (-3.7440)	-2.9203*** (-4.8294)	-0.9753 (-0.3201)
婚姻	-4.2473** (-2.0681)	-1.1920 (-0.7664)	-1.6722 (-1.5987)	-1.8935** (-2.3385)	-0.2199 (-0.0500)
非农工作	0.0404 (0.0434)	0.8266 (0.9019)	3.0896** (2.3004)	0.7907 (1.3490)	1.8764 (0.6830)
农业雇用	-3.7627** (-2.0927)	-1.0523 (-0.5747)	5.1537* (1.8961)	-0.6479 (-0.5554)	12.7916 (1.6434)
健康状况	1.4400*** (3.4841)	3.5264*** (8.6624)	3.6644*** (9.0763)	3.0406*** (12.7653)	-0.9112 (-0.7222)
总收入	-0.3408*** (-2.6735)	-0.0879 (-0.6611)	-0.2845 (-1.5235)	-0.2620*** (-3.1936)	-0.5543 (-1.2978)
金融资产	-0.1705 (-1.3097)	0.0680 (0.5640)	0.3161*** (2.7341)	0.1223* (1.7168)	-0.9750 (-1.6424)
常数项	-197.3799 (-1.1500)	-164.8733 (-0.8560)	-53.8026 (-0.9746)	-14.5375* (-1.7697)	-35.7845 (-0.7478)
样本量	4607	5390	5793	15521	466
R^2	0.165	0.176	0.234	0.182	0.196
Adj R^2	0.140	0.154	0.214	0.175	0.182

注：***、**、* 分别表示 1%、5% 和 10% 显著性水平。括号内为采用稳健标准误估计 t 值。

(四) 内生性讨论和稳健性讨论

接下来我们进行内生性讨论和稳健性讨论。[①] 我们主要参照 Hermansson 等(2022) 通过匹配的方法缓解内生性问题。匹配后回归结果显示适老金融与消费结构在 1% 显著性水平上负相关，表明适老金融发展有助于提升生活水平，推进共同富裕，与基准回归结果一致。

然后采用相似方法，依次对适老金融发展的具体维度进行匹配，回归结果表明参加城乡居民养老保险、补充养老、适老金融服务与生活水平显著相关，防范欺诈能力相关性不显著。各项结果与进准回归和异质性检验讨论的结果保持较好的一致性，再次支持了研究假设 1 以及 1a 和 1b。

接下来我们从多个角度进行稳健性检验。首先我们考虑替换核心变量。对于适老金融产品参与，采用参加各类适老金融产品的种类数量刻画（赋值 0 – 5)、对于适老金融服务体验，采用适老金融服务种类数量刻画（赋值 0 – 2)，防范适老金融欺诈能力仍然采用 0 – 1 赋值。因此，适老金融发展赋值区间为0 – 8。结果表明，适老金融发展与消费结构显著负相关（1% 显著性水平)，稳健性良好。

其次，考虑到样本数据采用了两阶段过程抽样，我们采用聚类标准误方法替代稳健标准误方法进行估计，聚类到样本覆盖的 449 个社区，结果相比于基准回归显著，系数数值有所变化（从 – 1. 9264 变为 – 1. 6425)，但方向和显著性水平（1%）保持稳健。

此外，我们还用多种匹配方法进行稳健性检验。分别采用 1:5 和 1:10 的近邻匹配方法，用 logit 方法替代默认的 probit 方法计算匹配倾向得分（PSM)，结果表明估计结果具有良好的稳健性。

四、主要结论与政策建议

(一) 主要结论

通过概念梳理、理论分析和经验研究，我们的研究表明，第一，总体来看，包含适老金融产品、适老金融服务和防范金融欺诈三个基本维度的适老金融发展对于提高生活水平、推进共同富裕存在正面影响，其中适老金融产品和适老金融服务的积极影响较为显著。

第二，异质性分析表明，不同适老金融产品和服务对于提升生活水平的影响不同，其中参与城乡居民养老保险、补充型社会养老保险、商业养老保险、线上理财、金融社交等产品与服务显著有助于提升生活水平。

第三，从影响机制来看，适老金融通过生命周期和金融素养影响生活水平

① 限于篇幅，具体结果略去。

和共同富裕；具体来看，对于前老期（45~64岁）、初老期（65~74岁）和金融素养较低人群，影响较为显著。

（二）对策建议

1. 优化适老金融发展的整体生态

第一，从金融机构角度看，需丰富适老金融产品和服务。适老金融产品的种类数量和丰富程度是适老金融发展的重要方面，要“逐步形成多元主体参与、多类产品供给、满足多样化需求的发展格局。”①

第二，从政府层面看，需出台相关政策鼓励发展适老金融。政府需要积极有为，引导市场主体积极参与，构建完善的适老金融市场体系。在发展适老金融过程中，政府应承担更大的养老责任（殷兴山，2012），并培育和发展普惠型养老金融，鼓励国有资本和各地城投公司参与普惠型养老，积极培育地方头部养老企业（汪小亚等，2022）。

第三，从居民角度看，需积极提升金融素养，尽早进行全生命周期金融规划。有研究表明，消费者参与度能够影响金融产品与服务的满意度（姚星垣、汪卫芳，2021）。本文的经验研究也表明，社交金融活动有助于提升消费者生活水平，因此通过积极发展社交金融、社群金融等新形态，吸引和引导消费者增加适老金融产品和服务的参与度。

2. 推出适老金融发展的激励约束举措

第一，从价值链层面优化适老金融激励约束。构建适老金融产业链，提升适老产业价值链。加大金融对适老产业的支持，实现适老金融发展价值链的稳步攀升。

第二，从金融功能层面优化适老金融激励约束。积极发挥适老金融中资源配置和风险管理等方面的核心功能。在适老金融发展过程中处理好公平与效率关系，以适老金融发展支持包容性增长和可持续发展，推动共同富裕。

第三，从区域试点层面优化适老金融激励约束。鼓励有条件的地区在政策引导、激励约束机制等方面先行先试（郑亚莉、姚星垣，2021）。例如，在浙江共同富裕示范区建设过程中在体制机制、市场参与、评价考核等方面可积极探索适老金融发展的创新发展。

3. 完善适老金融发展的保障机制

第一，优化支持适老金融发展的制度空间。近年来国家层面积极应对老龄化带来的新挑战，出台一系列相关政策举措，银保监会等相关部门也陆续颁布相关政策，为在适老金融发展方面细化政策的出台奠定了良好的基础。

第二，完善适老金融发展的基础设施建设。可在国家统计局《养老产业统

① 《中国银保监会关于规范和促进商业养老金融业务发展的通知》（银保监规〔2022〕8号）。

计分类（2020）》基础上，制定和推广全国统一的适老金融发展的认定标准体系，界定适老金融产品和服务标准，明确适老金融支持的相关产业链实现全产业链的市场主体精准识别认证（汪小亚等，2022）。

第三，尽早布局适老金融发展人才培养体系。适老金融是一个新兴事物，一个优秀的从业者需要具备金融、社会保障、社会学、老年学以及心理学等复合型知识背景，对从业人员的职业素养要求较高。因此需要加强相关高层次、复合型人才的培养力度，包括应用型职业人才的梯度培养。

参考文献

[1] 胡继晔. 养老金融：理论界定及若干实践问题探讨 [J]. 财贸经济，2013 (6)：43 - 52.

[2] 樊鑫森，魏雁飞，李丽丽. 我国养老金融发展研究 [J]. 西南金融，2018 (8)：70 - 76.

[3] 董克用，孙博，张栋. 从养老金到养老金融：中国特色的概念体系与逻辑框架 [J]. 公共管理与政策评论，2021，10 (6)：15 - 23.

[4] 韩亮，谭明. 行为设计驱动的金融科技适老体验与服务设计研究[J]. 南京艺术学院学报（美术与设计），2020 (3)：143 - 147.

[5] 陈宏建，杨建立. 金融科技"适老"服务大有可为 [J]. 中国金融，2021 (15)：102.

[6] 郭子枫. 金融适老：小生态的大赋能 [J]. 现代商业银行，2021 (20)：78 - 81.

[7] 郭子源."适老"金融服务加快渗透老人生活 [J]. 决策探索（上），2021 (9)：40 - 41.

[8] 刘培林，钱滔，黄先海，等. 共同富裕的内涵、实现路径与测度方法 [J]. 管理世界，2021，37 (8)：117 - 129.

[9] 邓曲恒，孙婧芳. 缩小财产差距　逐步实现共同富裕 [J]. 中国行政管理，2017，390 (12)：138 - 140.

[10] 范庆祝，孙祁祥. 中国寿险市场存在逆向选择吗？——来自 CHARLS 数据的经验证据 [J]. 金融研究，2020 (8)：112 - 129.

[11] 赵周华，王树进. 农村居民生命周期消费特征及其区域差异 [J]. 人口与经济，2018 (2)：48 - 56.

[12] 胡秋明，高凯. 混合组织治理机制下商业养老保险与养老服务融合发展研究 [J]. 社会保障评论，2020，4 (4)：19 - 37.

[13] 殷兴山. 养老金融视角下的政府职责 [J]. 中国金融，2012 (24)：70 - 72.

[14] 汪小亚，张宇，宫瑞．培育和发展普惠型养老金融［J］．中国金融，2022（3）：71－72.

[15] 姚星垣，汪卫芳．消费者参与度与数字绿色普惠金融产品满意度［J］．浙江农业学报，2021，33（8）：1542－1551.

[16] 郑亚莉，姚星垣．金融发展支持共同富裕的内在逻辑和路径选择［J］．浙江金融，2022（1）：10－15.

[17] 王静，高雪岩．基于金融科技与养老金融双支撑条件的医养结合发展研究［J］．浙江省金融学会2019年度重点研究课题。

[18] L. Wei, M. Peng, W. Wu. Financial literacy and fraud detection——Evidence from China [J]. International Review of Economics & Finance, 2021 (76).

[19] C. Hermansson, S. Jonsson, L. Liu. The medium is the message: Learning channels, financial literacy, and stock market participation [J]. International Review of Financial Analysis, 2022 (79).

金融支持共同富裕理论、路径及对策研究

——基于商业银行视角

中信银行杭州分行课题组*

一、引言

金融是国家实现在高质量发展中促进共同富裕战略目标的重要力量，在夯实共同富裕物质基础、扩大中等收入群体规模、促进基本公共服务均等化、缩小城乡和区域间差距等促进共同富裕实现的重点领域中，金融天然的资源配置作用均大有可为。目前，国内对于商业银行支持共同富裕的研究相对较少，现有相关文献主要集中于单纯的理论分析或对商业银行某一细分领域的实践研究，尚未结合商业银行实际发展情况全面总结分析支持共同富裕的现实路径，也很少通过理论与实证相结合的方式分析商业银行对促进共同富裕的影响、剖析制约因素并提出政策建议。本文从综合融资、普惠金融、财富管理、个人信贷、慈善金融五大重点领域总结分析了商业银行支持共同富裕的现状和路径。通过理论模型推演了不同约束条件下商业银行支持共同富裕实现路径的差异，通过实证模型论证了商业银行信贷支持对于改善收入结构，缩小贫富差距具有显著影响。从资本、专业能力、成本、考核四个方面分析了商业银行在支持共同富裕上面临的核心约束，并从政府、监管、商业银行三个层面提出政策建议，促进金融资源更多更高效地流向共同富裕重点领域。

二、文献综述

商业银行支持共同富裕的研究主要分为三大类。

第一类是商业银行支持共同富裕效率的研究。一是在农村地区提升银行信息科技化水平可以让农村居民享有更多的金融服务和产品，提高农村地区的金融资源利用效率（郭田勇和丁潇，2015）；二是商业银行分支机构的发展可以促进当地企业生产率的增长，建立多层次、广覆盖、有差异的银行机构分布体系有助于解决中小微企业融资难的问题（陶峰等，2017）；三是提升信贷对重点领

---

* 课题主持人：王　康

课题组成员：肖剑南　邓晓冬　胡永强　郝晓英　陈　洁　胡泽艺

域、关键行业和小微企业的关注和支持，可以有效地提升银行服务实体经济的质量和效率（姚伟，2019）。

第二类是商业银行支持共同富裕存在问题的研究，主要集中在两个方面。一是金融供给与需求不匹配。在乡村振兴的大背景下，农村经济发展较快。农旅结合、农业公园等新型产业业态逐渐增多，商业银行需加快金融服务创新，紧跟农村金融需求的变化（何广文和刘甜，2019）。二是金融覆盖度不够。目前商业银行的网点设置尚未全面触达经济欠发达地区，使得当地信息不对称矛盾更加突出（李建军等，2020）。同时，商业银行出于对成本、利润和风险等因素的综合考量，在农村金融机构目标客户的选择上下沉力度不够（张林和温涛，2021）。

第三类是商业银行如何支持共同富裕的研究。目前，该部分研究更多聚焦于实践层面。刘晓春（2021）指出，商业银行在助力共同富裕时应大力发展普惠金融，坚持金融服务向善的原则。陈四清（2021）认为，商业银行支持共同富裕应重点关注要素市场配置、服务创新驱动和推动绿色发展三方面。崔勇（2022）认为，商业银行助力共同富裕应为“三农”提供高质量的金融服务，积极推动农村金融供给侧结构性改革，构建形成农村金融发展新格局。

三、商业银行支持共同富裕的路径

（一）综合融资：助力缩小城乡差距的乡村振兴战略

从商业银行的具体实践来看，目前金融支持乡村振兴主要呈现四个趋势。一是信贷政策与特色产业和农村基础设施建设相结合。围绕农村的资源禀赋和新型农村经营主体的发展特征，加大特色种植、特色养殖、特色食品及新型经营模式的信贷支持力度；围绕美丽乡村，推动县域土地综合整治、农村基础设施建设，提升乡村振兴综合质效。二是县域网点布局加快推进。从网点类别看，近三年来各类银行县域网点增设速度均快于城市网点；从各类商业银行间比较来看，城商行和农商行县域[①]网点近三年的平均复合增长率达5.39%，高于国有大行和股份制银行4.32个百分点。在各类银行中，股份制银行县域网点的数量最少，在农村地区的金融覆盖程度有待进一步提升。三是乡村振兴金融产品和服务模式不断创新。针对农户贷款缺乏合格抵押物的痛点，商业银行通过创新农村抵押担保方式，盘活农村“沉睡资产”，并引入各级农担公司等主体为涉农贷款提供信用增级，拓展农户融资渠道。四是金融科技赋能不断强化。商业银行借助人工智能、大数据、物联网等科技手段逐步加快农村地区金融基础设施，进一步提高基础信息采集效率、风险评估的准确性，扩大农村金融服务覆盖面

① 县域范围涵盖县、县级市、直辖县等非市区行政区。

（见表 1）。

表 1　　2019—2021 年各类银行营业网点的布局情况　　单位：家

名称	合计				其中：市区				其中：县域			
	2019 年	2020 年	2021 年	变化趋势	2019 年	2020 年	2021 年	变化趋势	2019 年	2020 年	2021 年	变化趋势
国有大型银行	107748	107053	106442		61267	59627	59000		46481	47426	47442	
股份制银行	14802	14765	14908		13323	13225	13356		1479	1540	1552	
城商行	17879	18469	19160		13361	13412	13702		4518	5057	5458	
衣商行	57290	60433	61754		22765	23447	23848		34525	36986	37906	
合计	197719	200720	202264		110716	109711	109906		87003	91009	92358	

（二）普惠金融：助力小微企业融资提质扩面

从未来发展趋势看，我国商业银行将主要从三个方面提升普惠金融服务质效。一是强化供应链场景应用，提高小微企业融资可得性。在供应链业务场景中，核心企业能够为其上下游企业提供有效的信用增级。商业银行以核心企业综合授信为依托，持续扩大上下游中小企业的金融覆盖，有效满足其融资需求。二是创新担保模式，提高小微企业融资连续性与灵活性。通过无还本续贷、“年审制”还款方式等创新模式有序承接小微企业到期贷款，稳定小微企业资金链，聚焦解决小微企业融资难的问题；开展“银担合作”，加强外部增信，拓展小微企业融资渠道。三是借力金融科技，助力数字化转型，扩展金融服务的覆盖面。互联网银行在通过金融科技服务小微企业方面开展了较为成功的探索，已实现贷前、贷中、贷后全流程数字化管理，补齐了传统金融业务的短板，降低了金融服务的门槛。以网商银行为例，为提升存量客户管理的准确性和灵活性，推出“百灵”智能交互式风控系统，可以基于客户自身信用数据和经营经营情况，智能化、自动化满足客户授信额度调整的需求，进一步提高小微企业融资便利性。

（三）财富管理：助力居民财富保值增值

为减少两极分化，促进财富管理业务向普惠性发展，商业银行开展了积极探索，主要呈现四个趋势。一是财富管理已成为商业银行轻资本转型的重要方向。财富管理业务具有轻资本、弱周期的突出特点，能够提高客户黏性、带动综合业务合作，是众多商业银行竞相发力布局的新赛道，多家商业银行已将促进财富管理业务发展作为战略定位的重要组成部分。目前国有大型银行和主要股份制银行相继成立理财子公司，进一步加强财富管理的专业化运作。二是财富管理门槛逐步降低。从起购金额来看，商业银行持续加大基金定投、“1 元”系列理财等普惠型产品供给，助力更多的中低收入群体增加财产性收入。例如，Z 银行创新推出了 1 分起购、低风险、流动性高、支取灵活的“零钱 +”系列流动性管理产品，致力于降低中低收入人群投资门槛；从购买渠道来看，通过线上方式选择购买理财的中低收入群体数量逐年增长，线上化的便捷优势逐步显现。三是财富管理覆盖客户生命全周期。商业银行逐步探索以提供综合金融解决方案为导向的投资顾问经营模式，并不断丰富养老理财产品供给和应用场景，加强第三支柱个人养老金的推广力度，促进居民“储蓄养老”向“投资养老”的理念转变。例如，Z 银行通过建立大众、富裕、贵宾、私行客户“分层”和商旅、养老、出国客群“分群”的综合经营体系，创新推出“幸福 +”养老账本、“两卡、一签、一汇”等特色产品，提供多元化的财富管理服务。四是个性化、定制化、智能化的业务发展方向更加明显。为提高客户服务效率，准确定位客户需求，商业银行通过加强金融科技运用，不断探索线上、线下相结合的综合服务模式，对数字化工具和平台服务迭代创新。以 Z 银行为例，目前已搭建涵盖手机银行 App、企业微信、远程银行、线下网点的全方位、一体化的客户服务渠道，配套“千人千面”差异化产品策略体系作为支撑，不断提升客户数智化财富管理服务体验（见表 2）。

表 2　　主要商业银行财富管理业务的战略定位

类别	名称	战略定位
国有大行	中国银行	担当国有大行责任、使命，聚焦服务实体经济，持续看力发展科技金融、绿色金融、普惠金融、跨境金融、消费金融、财富金融、供应链金融、县域金融等
	交通银行	打造“普惠金融、贸易金融、科技金融、财富金融”四大业务特色。聚焦“大健康”“大出行”“支付 +”等场景建设，打通“财管 - 资管 - 投行”全链条
全国性股份制银行	招商银行	依托“大财富管理的业务模式 + 数字化的运营模式 + 开放融合的组织模式”的 3.0 发展模式，打造最好财富管理银行、最强金融科技银行、最优风险管理银行、最佳客户体验银行和最具社会责任银行
	中信银行	依托中信集团综合化平台，进一步发挥“1 + 1 > 2”的协同优势，努力构建“财富管理、资产管理、综合融资”三大核心能力，打造适应新发展格局的“强大内核”
	浦发银行	聚焦财富管理，提升“大资管”服务能力。充分发挥“泛投行”思维，打造优秀的直投能力
	平安银行	把握财富管理市场机遇，强化科技赋能与专业领先，推动私行财富业务突破式发展，打造“有温度的、全球领先的财富管理主办银行”
区域性银行	杭州银行	以做大零售、做优小微为增长极，零售金融重点发力财富管理和消费信贷业务，建立体系化、分层分类的财富客户经营体系
	江苏银行	做大零售业务，聚焦财富管理。坚持以客户为中心，推进管理的零售客户资产（零售 AUM）增长，打造财富管理增长极

（四）个人信贷：助力居民消费与个人发展

近年来，商业银行围绕鼓励消费、创业等重要着力点持续加大信贷支持力度。个人消费贷款方面，截至2021年末，我国个人消费贷款余额为54.89万亿元，同比增长10.7%；不含住房贷款的人均个人消费贷款余额为1.17万元，同比增长9.5%。从上市银行可得数据看①，剔除个人住房贷款后，个人消费贷款占剔除个人住房贷款后的个人贷款总量比重逐年上升，自2016年以来，个人消费贷款占比始终保持50%以上。个人经营贷款方面，从上市银行可得数据看，截至2021年末，个人经营贷款占剔除个人住房贷款后的个人贷款总量比重达21%，是个人信贷的重要组成部分，近三年复合增长率超30%（见图1）。

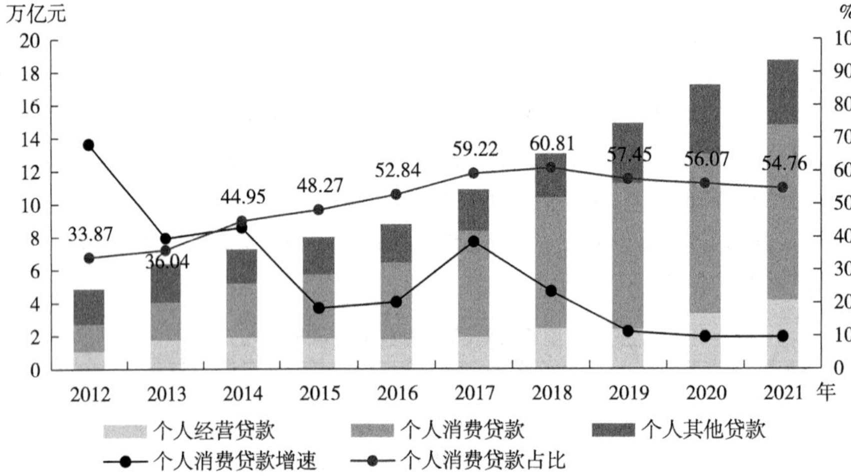

图1 2012—2021年上市银行个人贷款（不含住房贷款）趋势

商业银行个人信贷业务在共同富裕领域的探索和创新主要体现在两个方面。一是创新个人绿色贷款，促进绿色生活的形成。例如，为推动城市绿色低碳发展，部分商业银行推出了绿色个人房贷业务、绿色汽车消费贷款，分别针对国家绿色建筑设计标识二星级及以上的住宅和新能源汽车的消费者提供利率优惠及信贷支持，助力“双碳”目标下传统产业的低碳转型。二是加大对特定群体个人信贷的支持力度。例如，为满足进城务工人员、新就业大专院校毕业生等特定群体的资金需求，商业银行通过分析创业形态、收入特点等大数据，精准评估其信用状况，推出了覆盖个人信用消费贷、住房信贷、创业贷款等方面的专属信贷产品。截至2022年6月末，相关专属贷款已发放约1.2万亿元，成为个人信贷新的增长点。

① 取所有上市银行数据加总可得。

（五）慈善金融：助力三次分配体制建设

以商业银行为主的金融机构在慈善金融创新上主要有三种模式。一是“消费 + 慈善”模式。目前，“消费 + 慈善”模式下的金融载体主要是各商业银行推出的支付工具。其中，市场广泛应用的产品为慈善信用卡。商业银行为信用卡消费积分配置慈善功能。客户通过消费行为获得信用卡积分，可用于兑换慈善资产。二是“理财 + 慈善”模式。商业银行为借记卡增加超额收益捐赠功能，并通过与理财子公司及慈善机构的三方合作，发行兼具资产增值和慈善捐赠双重功能的理财产品。客户将超过自身预期收益的部分用于慈善捐赠。商业银行通过专业化运作提升超额收益，从而增加客户的捐赠金额。三是创新慈善信托模式。慈善信托作为近年来创新型慈善金融产品，规模增长态势明显，已成为越来越多企业和个人参与慈善活动的重要选择。由民政部慈善中国信息平台的公开数据显示（见图 2）。

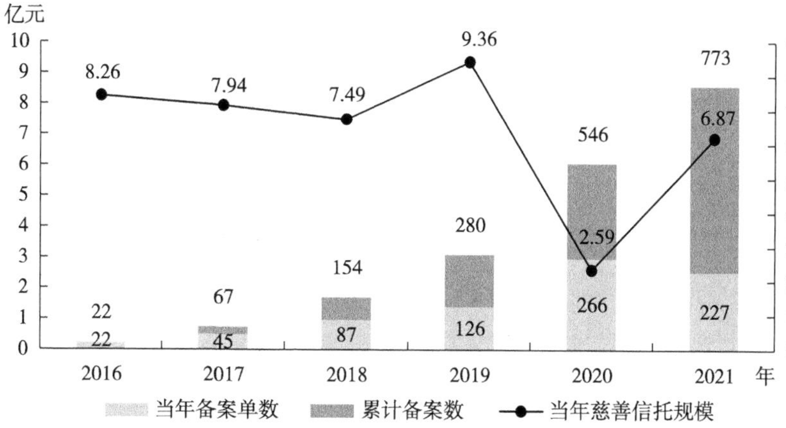

图 2　2016—2021 年慈善信托备案情况

四、商业银行支持共同富裕的理论模型和实证分析

（一）理论模型：商业银行资本约束、利率定价与共同富裕

1. 基准模型

经济体个体财富分布的概率密度函数为 $g(k)(k > 0)$。假设个体效用函数为 C－D 效用函数，即 $U(c,b) = c^{1-\alpha}b^{\alpha}(\alpha \in (0,1))$。商业银行储蓄利率为 r_b，借贷利率 $r_l = r_b + \Delta r$，存款利率的上升会带动贷款利率的同步上升（见图 3）。

劳动密集型产业的生产函数 $Y_1 = F(\bar{k}, l = 1)$，资本密集型产业的生产函数 $Y_2 = F(k = 1, l = 1)$，其中 $\bar{k} < 1$。初始财富水平满足：

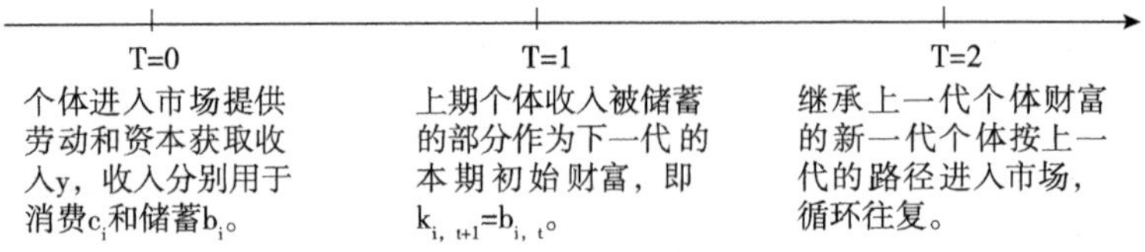

图3　个体生命周期

$$\bar{k} < \int_0^{\infty} kg(k)\,d_k < 1$$

2. 均衡分析

对于高收入个体（$k_t \geqslant 1$），其回报函数如下：

$$R_t = \begin{cases} Y_2 + r_b(k_t - 1),\text{当 } Y_2 \geqslant Y_1 + r_b(1 - \bar{k}) \\ Y_1 + r_b(k_t - \bar{k}),\text{当 } Y_2 \leqslant Y_1 + r_b(1 - \bar{k}) \end{cases} \tag{1}$$

（1）式上半部分为选择资本密集型产业的回报，下半部分为选择劳动密集型产业的回报。

对于中低收入个体（$k_t < 1$），其回报函数如下：

$$R_t = \begin{cases} Y_2 - r_l(1 - k_t),\text{当 } Y_2 \geqslant Y_1 + r_b(1 - \bar{k}) \\ Y_1 + r_b(k_t - \bar{k}),\text{当 } Y_2 \leqslant Y_1 + r_b(1 - \bar{k}) \text{ 且 } k_t \geqslant \bar{k} \\ Y_1 - r_l(\bar{k} - k_t),\text{当 } Y_2 \leqslant Y_1 + r_b(1 - \bar{k}) \text{ 且 } k_t < \bar{k} \end{cases} \tag{2}$$

通过均衡分析可推知：当 $r_b = \dfrac{Y_2 - Y_1}{1 - \bar{k}}$ 时，资本市场供求均衡，均衡利率 $r_b = \dfrac{Y_2 - Y_1}{1 - \bar{k}}$。

3. 经济体财富的动态变化路径分析

资本市场达到供求均衡时，均衡贷款利率 $r_l = \dfrac{Y_2 - Y_1 + \Delta r(1 - \bar{k})}{1 - \bar{k}}$。财富的动态运动路径 $k_{t+1} = \alpha(Y_2 + r_b(k_t - 1)) = \alpha(Y_1 + r_b(k_t - \bar{k}))$。

通过分析经济体财富的动态演进路径，可求得经济体财富的动态演进方程如下：

$$k_t = \left(k_0 - \alpha \frac{Y_2 - r_b}{1 - \alpha r_b}\right)\alpha^t (r_l - \Delta r)^t + \alpha \frac{Y_2 - r_l + \Delta r}{1 - \alpha(r_l - \Delta r)} \tag{3}$$

进一步求得经济体财富的动态均衡值如下：

$$\begin{aligned} k^* &= \lim_{t \to +\infty} k_t = \lim_{t \to +\infty}\left(k_0 - \alpha \frac{Y_2 - r_b}{1 - \alpha r_b}\right)\alpha^t (r_l - \Delta r)^t + \alpha \frac{Y_2 - r_l + \Delta r}{1 - \alpha(r_l - \Delta r)} \\ &= \alpha \frac{Y_2 - r_l + \Delta r}{1 - \alpha(r_l - \Delta r)} \end{aligned} \tag{4}$$

通过图4和图5的动态运动路径分析可得到命题1和命题2。

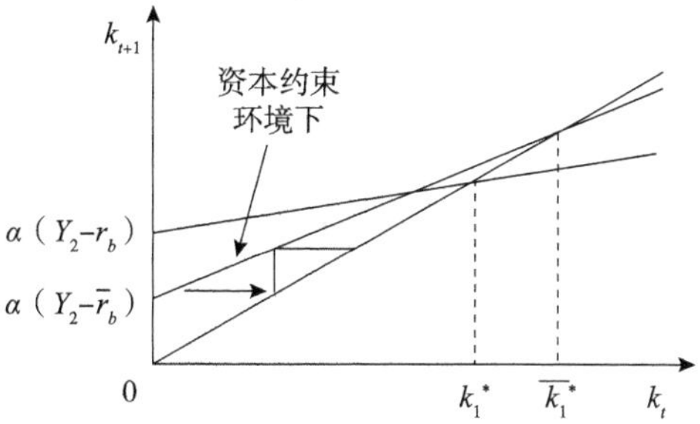

图4　资本约束对财富的影响路径

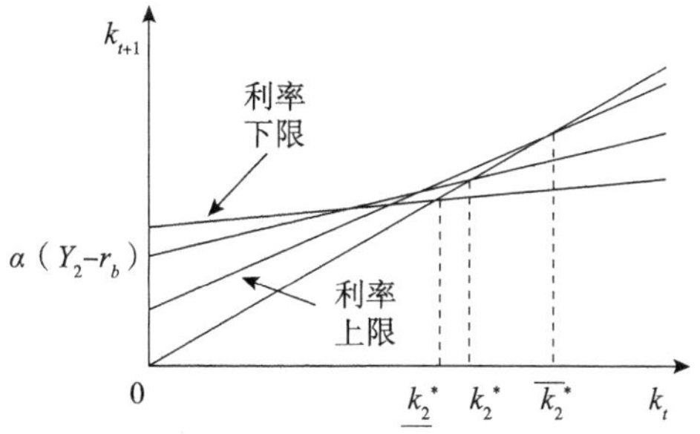

图5　利率定价对财富的影响路径

命题1：无论是否存在商业银行资本约束，经济体财富最终均收敛到稳态 $k^* = \alpha\dfrac{Y_2 - r_l + \Delta r}{1 - \alpha(r_l - \Delta r)}$，个体财富差距逐步缩小，但资本约束会降低财富收敛的速度。

命题2：商业银行利率定价不影响财富收敛，经济体财富最终均收敛到稳态 $k^* = \alpha\dfrac{Y_2 - r_l + \Delta r}{1 - \alpha(r_l - \Delta r)}$，实体经济融资成本的降低能够加快财富收敛的速度。

（二）实证分析

1. 变量选取和模型设定

本节构建计量模型如下：

$$\ln Theil_{it} = C + \alpha_1 lnBL_{it} + \alpha_2 \frac{BAL_{it}}{BL_{it}} + \alpha_3 \prod{}_{it} + \gamma_i + \delta_i + \varepsilon_{it} \qquad (5)$$

采用泰尔指数作为共同富裕的衡量指标，具体计算公式如下：

$$Theil_{it} = \sum_{j=1}^{2}\left(\frac{Y_{ij,t}}{Y_{i,t}}\right)\ln\left[\frac{Y_{ij,t}}{Y_{i,t}}/\frac{L_{ij,t}}{L_{i,t}}\right] \qquad (6)$$

以人民币贷款余额 BL 作为银行贷款总量的量化指标，以涉农贷款余额 BAL 作为农村贷款的量化指标。为了提高实证模型的拟合优度，本文选取第三产业就业人口/就业人口总数、城市年末总人口作为控制变量。数据时间跨度为 2013—2020 年，数据类型为覆盖全国各省/市/区的年度面板数据。

2. 实证结果

回归结果表明，商业银行贷款投放量每提高 1 个百分点，城镇居民人均可支配收入和农村居民人均可支配收入分别提高 0.28 个和 0.25 个百分点，促进效果均非常显著。同时，泰尔指数对应下降 0.182 个百分点；商业银行对农村地区信贷投放比重每提高 1 个百分点，泰尔指数对应下降 0.006 个百分点（见表 3）。

表 3　　商业银行对共同富裕的支持效果

变量	(1) 城镇人均收入	(2) 农村人均收入	(3) 泰尔指数
人民币贷款	0.283 (11.538***)	0.254 (8.655***)	−0.182 (−5.092***)
涉农贷款投放比重	0.017 (9.377***)	0.015 (6.941***)	−0.006 (−2.632***)
产业结构	0.624 (11.651***)	1.042 (16.239***)	−2.896 (−15.738***)
城市人口规模	−0.158 (−6.141***)	−0.065 (−2.0935**)	−0.083 (−2.9214***)
常数项	9.906 (101.781***)	8.8049 (75.486***)	−2.305 (−9.111***)
个体固定效应	控制	控制	控制
时间固定效应	控制	控制	控制
样本量	248	248	248
R^2	0.794881	0.780139	0.733815

注：( ) 内为 t 值，***、** 分别代表在 1%、5% 以下的显著性水平。

（三）理论和实证分析结论

一是商业银行面临的资本约束、采取的利率定价水平对实现共同富裕的路径具有重要影响。二是商业银行对实体经济的信贷支持能够显著促进居民可支配收入增长。三是商业银行对实体经济的信贷支持能够显著促进城乡居民收入差距的缩小。

五、商业银行支持共同富裕的制约因素

（一）资本约束

一是中小商业银行资本补充渠道亟待进一步拓宽。从内源式资本补充渠道看，国有大行综合经营效益显著，盈利能力较强，利润转增渠道相对通畅，而中小银行盈利空间相对较小，叠加经济下行等影响因素，利润空间进一步收窄，内源式资本补充手段受到明显制约；从外源式资本补充渠道看，国有大型商业银行和股份制商业银行在二级资本债和永续债等资本补充工具的发行上具有规模和成本优势，而城市、农村商业银行和民营银行在主体资质、公司治理能力等方面难以完全达到资本补充工具发行门槛，现有的外源式资本补充渠道受限（见图6）。

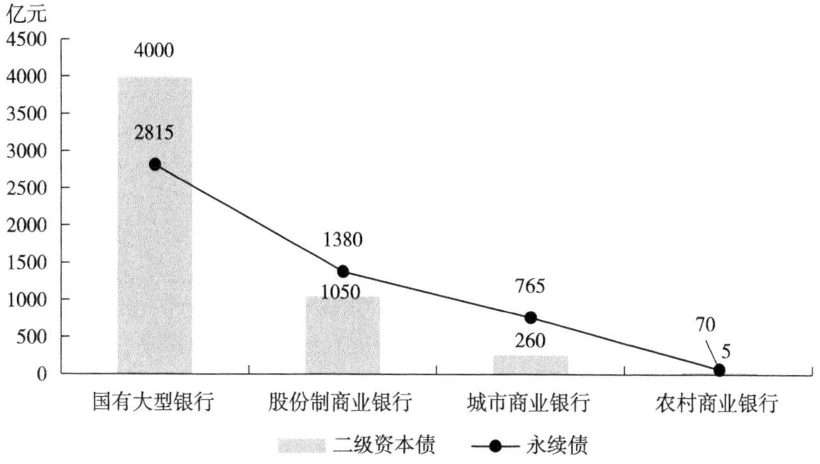

图6　2021年上市商业银行发行二级资本债和永续债情况

二是小微企业信贷业务综合风险资本回报率较低。虽然商业银行紧跟国家和监管导向，在降低小微企业融资成本上取得了积极成效，但由于小微企业信用风险水平和管理成本较公司治理成熟的大中企业更高，能够抵补信用风险的综合合作渠道有限，因此，小微企业信贷业务的综合风险资本回报率相对较低，在一定程度上影响了商业银行加大信贷投放的意愿（见表4）。

表4　　近三年我国各类商业银行资本充足率情况

年份	大型商业银行	股份制商业银行	城市商业银行	民营银行	农村商业银行	合计
	16.31%	13.42%	12.70%	15.15%	13.13%	14.64%
2020 Q4	16.49%	13.60%	12.99%	13.53%	12.37%	14.70%
2021 Q4	17.29%	13.82%	13.08%	12.75%	12.56%	15.13%

（二）专业能力约束

风险管理能力方面，商业银行在普惠和中小微企业的信贷投放上对合格押品的依赖程度依然较高，难以有效覆盖其融资需求，同时大部分商业银行尚未建立依托大数据的数字化风控体系，无法实时全面地掌握业务存续期内融资人信用变化，仍采用传统以人工为主的风险管理模式，风控质量和效率亟待提升。资产管理能力方面，截至 2021 年末，我国资产管理规模达到 130 万亿元，其中商业银行资产管理规模达到 29 万亿元，占全行业的 22%，超过其他非银机构，但商业银行的净营业收入[①]口径平均费率仅为 0.27%，远低于私募基金、信托公司等非银机构（见图 7）。

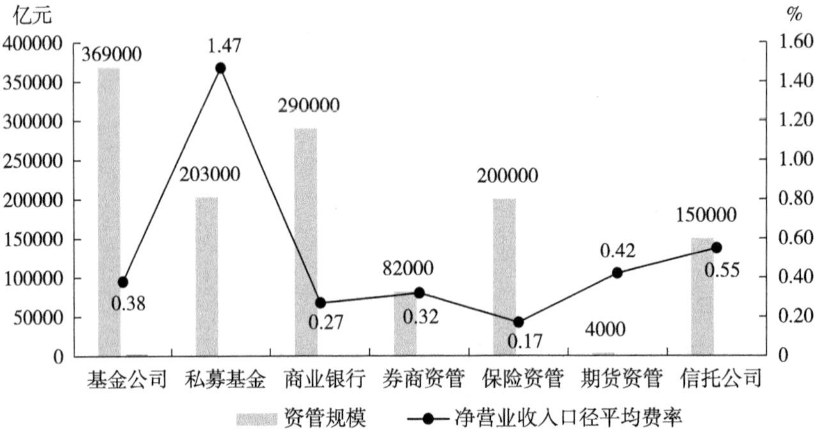

图 7　2021 年银行和非银行机构资管规模和收入情况对比

（三）成本约束

融资成本方面，大部分商业银行吸收存款主要依靠表内信贷投放、投债以及线下营销等传统渠道，业务模式偏"重"，尚未建立与零售支付结算、供应链金融等渠道相结合的轻资本存款拉动模式。同时部分商业银行由于"大客户"存款集中度较高，议价能力较低，综合资金成本居高不下。运营成本方面，在获客端，大部分商业银行尚未建立线上数字化批量获客的有效渠道，传统线下的人工获客渠道所投入的综合成本较高；在贷后端，由于普惠和中小微企业存在小而分散的特点，商业银行在存续期管理上需投入较高人力成本开展贷款质量和企业经营情况的评估。同时，由于企业规模小，清偿资产有限，商业银行对不良贷款的处置经常会面临处置成本较高但偿获资金有限的困难。

① 净营业收入：指剔除渠道销售管理费分成。如商业银行资管净营收指未考虑银行渠道销售收入的净营收；券商资管收入未考虑公募/私募基金子公司管理费收入等。

六、政策建议

（一）政府层面

1. 为乡村振兴和小微企业发展营造良好环境

一是提升积极财政政策效能。逐步提高中央财政乡村振兴补助资金用于农村产业发展的比重，重点支持帮扶产业补上技术、设施、营销等短板，促进产业提档升级；推动财政支持向市县基层下沉，为减税降费提供保障。二是加强政府产业基金引导。加大对优质、创新、绿色产业项目的精准投资力度，促进产业与资本深度融合，着力解决种子期、起步期企业融资难题，支持“专精特新”中小企业成长；加强市场化运作、专业化发展和现代化管理，提升引导基金使用效率和安全运行水平；进一步健全退出机制、拓宽退出渠道、优化利益分配，实现引导基金可持续发展。三是加强资本市场小微企业功能支撑。支持符合条件的企业在全国中小企业股份转让系统基础层和创新层挂牌；在充分评估新三板与创业板、科创板转板机制运行效果的基础上，探索建立新三板向主板转板机制，满足质量、规模风险程度不同的中小微企业的融资需求。

2. 进一步完善三次分配制度

我国已经把第三次分配作为促进共同富裕的一项基础性制度安排，迫切需要在全社会营造有利于慈善事业发展的良好氛围。一是构建激励慈善的政策体系。构建激励慈善捐赠的配套政策体系，着力强化慈善公益顶层设计，为第三次分配提供配套政策支持。在金融、税收、用地、慈善信托等方面给予慈善捐赠主体相应的优惠政策，有效激发市场主体参与慈善捐赠活动的积极性和主动性。二是加强媒体舆论引导。通过各种渠道加大对慈善文化、慈善理念的宣传教育，在社会面形成主动参与慈善捐赠的行动自觉。三是加强国有企业在三次分配制度体系中的引领作用。大型国有企业所占有的社会资源总量最大，且在脱贫攻坚战中积累了丰富经验，贡献了较多典型案例，在履行社会责任上率先垂范，能够充分发挥示范效应。

3. 提升政府性融资担保服务质效

一是完善小微融资担保的风险分担机制。拓展国家融资担保基金、省担保公司、直保机构和银行四方风险分担的业务，加大再保机构风险分担比例，降低直保机构的风险。设立风险补偿资金池，对于纯信用担保项目，补偿比例再适当提高。二是增强融资担保机构的资本实力。完善多元化增资机制，国家融资担保基金加大对省、市级担保公司注资力度，地方政府每年按小微企业担保余额、代偿金额等的一定比例持续注资，形成制度性的资本金补充机制，所需资金纳入各级财政预算，鼓励金融机构和社会资本出资入股或无偿捐资。拓宽政府专项债资金使用范围，明确可用于补充政府性融资担保机构资本。

（二）监管层面

1. 加大商业银行资本补充支持力度

资本约束越来越成为商业银行支持实体经济，扩大信贷投放的制约因素。一是根据风险实质优化资本计量规则。综合考虑企业经营情况、抵押物资质等因素，进一步完善对商业银行资本计量的要求。例如，对于房产抵押等具有较强风险缓释作用的增信，可以考虑将抵押物纳入标准法合格缓释工具范围。二是加快资本补充工具创新。一方面，进一步加强对转股型二级资本债券、总损失吸收能力债务工具等创新型资本工具的研发力度；另一方面，借鉴国际成熟经验，引入混合一级资本工具、或有资本工具等，丰富资本工具种类。

2. 提升货币信贷政策支持效率

一是加强货币政策对乡村振兴的定向支持。对法人在县域或县域网点达到一定数量、县域机构资金主要用于乡村振兴的商业银行，加大支农支小再贷款、再贴现支持力度，实施更加优惠的存款准备金政策；支持各类金融机构探索农业农村基础设施中长期信贷模式。二是优化重点领域金融服务。为科技型企业设立“绿色通道”提升再贷款再贴现效率，推动中央银行资金高效精准直达科技型企业。对数字经济、生物医药、新材料等战略性新兴产业的小微企业，优先给予再贷款支持；对符合条件的科技型中小企业签发或收受的票据，优先办理再贴现。

3. 深化金融体制机制改革创新

一是构建服务共同富裕的农村信用社普惠金融体系。以服务最大化为目的，探索在资本占用、股权结构、法人治理等方面的差异化政策，加强信用信息共享，扩大农村地区信用信息覆盖面，强化信用成果应用。二是完善小微企业融资配套基础设施。积极探索金融支持个体工商户的服务模式，通过信用信息共享、政策性融资保等方式，提高个体工商户融资便利度。搭建省级企业信用信息服务平台，完善功能模块，丰富应用场景，促进信息共享和央行政策性资金落地，提升平台金融服务能力，推动融合共享、互联互通，避免形成信息“孤岛”。三是构建金融支持共同富裕评价体系。加快构建具有科学性、普适性、全面性的金融支持共同富裕综合评价指标体系，全面反映金融机构支持共同富裕成效，适时开展第三方评估。

（三）银行层面

1. 树牢高质量发展助力共同富裕的理念

商业银行作为现代金融体系的重要组成部分，必须积极以国家战略为导向，将支持共同富裕摆在更加突出的位置。切实将综合发展的政治性、人民性与效益性有机结合，充分发挥自身专业优势，助力扩大中等收入群体，促进城乡、区域差距和居民收入财产差距缩小，推进农村地区基本公共服务均等化。要用发展的长远眼光看待目前在支持乡村振兴、小微企业、普惠金融、慈善金融等方面所面临的短期困难和约束，坚定支持浙江高质量发展建设共同富裕示范区的重大区域战略，促进更多金融资源精准高效地流向共同富裕重点领域。

2. 多维度强化乡村振兴金融支持

一是加大农村重点领域信贷投放力度。提升对国家乡村振兴重点帮扶县信贷资金投入，强化对脱贫人口小额信用贷款、农户经营性贷款的资源倾斜。二是优化农村网点布局。兼顾商业性与服务性，在重点县域采取“一县一行”的布局策略，尤其在贫困落后地区提高金融服务覆盖面和可得性。三是加强“银政”和“银银”合作。商业银行要加强与县域政府在农户缴税、保险、生产经营等数据方面的互通和共享，拓宽农村地区可抵押物范畴，扩大信用类、快捷化的农户信贷金融产品供给。

3. 加快数字化转型升级

一是加速数字化成果向实际应用转化。个人信贷方面，依托客户数据资源和智能技术支持，在身份识别、资源配置、信息推送、动态监测等方面升级数字化服务模式，在个人消费、财富管理等领域为客户提供更加精准便捷的金融服务方案；公司业务方面，充分整合企业资金、投融资、供应链等场景数据以及核心企业与上下游企业的各类商流信息，助力缓解中小企业融资难、融资贵的问题。二是提升数字化风控能力。依托大数据、风险计量模型和 IT 等技术，充分发挥数据要素的经验性和预判性特点，积极推进风险数据治理工作，构建大数据风控模型为基础的数字化风控模式，为普惠、小微等需以信用方式为主开展融资的客户提供贷前准入、存续期管理、资产转让和逾期清退的风险判断支撑，加强数字化风险管理。

4. 加强金融产品和服务创新

一是推进信用和抵质押类产品创新。通过加强与地方征信平台、融资服务平台、第三方征信机构合作，加大个人和企业信用类贷款创新力度；进一步扩大涉农贷款质押物范围，探索农林经营权质押贷款、农村承包土地经营权抵押贷款等创新业务。二是加强慈善金融产品的供给和推广。结合实际需求丰富慈善卡、慈善理财等产品的期限和收益结构，扩大供给量，探索资产管理计划、证券、衍生品等金融资产与慈善功能相结合的新模式。金融机构要发挥客户和渠道优势，加强金融向善理念宣导和慈善金融产品宣传。完善对慈善金融参与者的后反馈机制，将通过慈善金融产生的每笔捐赠情况以短信、微信提醒、App 通知推送等形式向参与者提供到位，提升慈善金融参与者的自我价值认同和社会归属感。

5. 加大对产业链供应链的支持力度

一是探索搭建产业链供应链综合服务平台。综合运用前沿金融科技，打造

“科技＋金融＋行业＋客户”的综合服务平台，为产业链核心企业及其上下游企业提供场景化、综合化金融服务，充分挖掘核心企业信用价值，助力供应链中小企业降低融资成本。二是加强产业链重点场景运用。深入供货、销售等环节，探索应收、预付类融资等模式，服务产业链上下游企业金融需求，有针对性地开展基建、公共卫生等领域的供应链融资，有的放矢解决中小企业采购和回款难题。三是强化供应链金融风险防控。加强对核心企业综合实力、财务情况、行业变化等方面的分析研判，严控核心企业信用风险，加强贸易背景真实性审查，防范操作风险。

6. 提升财富管理能力

一是加强中低收入群体财富管理服务创新。对中等收入群体要重点关注固定资产配置向金融资产配置的转移，优化中等收入客群财富管理产品组合，促进实现保值增值和风险防御。对普通客户要通过大数据、人工智能等金融科技深度挖掘潜在目标客户，提供投资起点低、波动较小、相对平滑的产品组合，降低投资门槛，培养普通客户投资理财习惯，增加普通客户获得财产性收入的机会，助力共同富裕。二是优化普惠性养老金融服务。要围绕村镇、低收入、新业态从业人群的需求设计门槛低、契合度高的养老财富管理产品；推动服务渠道由线下向线上迁移，在线上产品设计上要简化操作流程，加强风险管理，提升产品便利性和安全性；加强养老财富管理理念宣导，通过养老金融服务促进医养结合，助力养老消费。

参考文献

[1] 陈斌开，林毅夫．金融抑制、产业结构与收入分配［J］．世界经济，2012（1）．

[2] 陈四清．以金融高质量发展促进共同富裕［J］．中国金融，2021（20）．

[3] 崔勇．高质量乡村振兴金融服务助推共同富裕［J］．中国金融，2022（5）．

[4] 范方志，张立军．中国地区金融结构转变与产业结构升级研究［J］．金融研究，2003（11）．

[5] 郭田勇，丁潇．普惠金融的国际比较研究——基于银行服务的视角［J］．国际金融研究，2015（2）．

[6] 何秋琴，顾文涛，王利萍．我国区域金融发展水平与居民收入不平等——基于初次分配的路径研究［J］．金融评论，2018（6）．

[7] 江亚洲，郁建兴．第三次分配推动共同富裕的作用与机制［J］．浙江社会科学，2021（9）．

［8］李建军，彭俞超，马思超．普惠金融与中国经济发展：多维度内涵与实证分析［J］．经济研究，2020（4）．

［9］宋志秀，周尊荣，葛翔宇．乡村振兴进程中的金融体系创新［J］．宏观经济管理，2022（11）．

［10］陶锋，胡军，李诗田，韦锦祥．金融地理结构如何影响企业生产率？——兼论金融供给侧结构性改革［J］．经济研究，2017（9）．

［11］汪小亚，陈帅．乡村振兴和共同富裕的金融作为［J］．中国金融，2022（5）．

［12］姚伟．商业银行服务实体经济发展——实践、证据与对策［J］．上海金融，2019（2）．

［13］叶燕斐，刘继光，洪卫．发展绿色金融推进可持续发展 助力共同富裕实现［J］．清华金融评论，2022（3）．

［14］张林，温涛．农村金融高质量服务乡村振兴的现实问题与破解路径［J］．现代经济探讨，2021（5）．

［15］张明，刘瑶．金融三方面助力实现共同富裕［J］．中国金融，2021（17）．

［16］Mookerjee R，Kalipioni P. Availability of financial services and income inequality：The evidence from many countries［J］．Emerging Markets Review，2010（4）．

［17］Rogaly B. Micro-finance evangelism，"destitute women"，and the hard selling of a new anti-poverty formula［J］．Development in Practice，1996（2）．

［18］Shita A，Kumar N，Singh S. Technology，poverty and income distribution nexus：The case of fertilizer adoption in Ethiopia［J］．African Development Review，2021（4）．

［19］Stiglitz J E，Weiss A. Credit Rationing in Markets with Imperfect Information［J］．American Economic Review，1981（3）．

金融科技、数字化转型与商业银行经营绩效研究

北京银行杭州分行课题组*

一、引言及文献综述

2021年底，中国人民银行印发《金融科技发展规划（2022—2025）》，指出金融机构要把握数字经济发展新趋势，发挥数据要素倍增作用，将数字元素诸如金融服务全流程，将数字思维贯穿于业务运营全链条，加快金融数字化转型步伐，全面提升我国金融业综合实力和核心竞争力。同时，银保监会印发《关于银行业保险业数字化转型的指导意见》，指出要全面推进银行业保险业数字化转型，加强战略规划与组织流程建设，加强科技能力建设、加强数据能力建设，实现业务经营管理数字化，有效防范风险，构建适应现代经济发展的数字金融新格局。

我国金融科技发展主要经历了三个阶段，即2013年前的传统金融科技阶段、2013—2017年的社会化金融科技阶段和2017年以来的智能金融科技阶段，金融科技的发展对传统商业银行经营“范式”产生了深远的影响，特别是智能金融科技阶段5G、人工智能、区块链、物联网和VR技术的运用，对商业银行智能化、精细化、多元化、场景化运营的变革和创新带来了技术可行性，但也对商业银行竞争格局和未来发展趋势演变产生重大影响，无法适应新技术或者数字化转型步伐落后的商业银行，将逐步失去竞争优势或市场份额。

金融科技对我国商业银行影响的学术研究由来已久，如谢平、邹传伟（2012），王筠权、王国成、金强（2013），林雪（2014）等研究了金融科技发展带来的金融模式创新，认为商业银行要应对金融新业态、新模式要创造性地变革传统的支付体系、客户服务理念、市场拓展模式、信贷风险管理范式等，以与构建“竞争性、普惠性、开放式、适应性”的金融市场相融合。评判金融科技发展对商业银行的利弊好坏核心是要平衡好金融科技发展是否促进商业银行经营效率提升的同时有效防范系统性金融风险，维护金融市场稳定。

---

* 课题主持人：魏　昱
课题组成员：郑群峰　孙佳平

在研究早期，大多数学者认为金融科技创新对商业银行冲击较大，特别是互联网金融发展和第三方支付等新金融业态改变了金融体系格局，商业银行揽存成本增加、金融脱媒弱化了商业银行信用中介职能，非息收入大大降低，最终风险都转嫁给了商业银行，对商业银行资产流动性、盈利性水平产生较大的负面影响，放大了商业银行经营风险。持有该观点的学者主要有张洪斌（2013）、郑亦麟（2014）、方鹏飞（2014）、郑志来（2015）、吴师伟（2015）等。早期的研究，或者说是金融科技发展的第一阶段和第二阶段，金融科技对商业银行经营绩效的影响更偏向于负面冲击，这与商业银行金融科技的应用能力和水平存在密切的关系，金融科技的本质是金融赋能，在第一阶段和第二阶段，商业银行金融科技和业务融合水平有待提升，落后于新金融业态的科技应用能力、创新能力，金融科技的技术优势未明显发挥。当金融科技发展到第三阶段，金融科技已经大大提升了现代金融的效率并且取代了不少传统业态，商业银行金融与科技的融合成效显著，商业银行服务模式更加个性化、智能化、大数据处理能力不断提升，经营日益智能化，人工智能、大数据、云计算、物联网等科技手段创新金融产品、改变经营方式，优化业务流程，金融科技对商业银行经营绩效的正面效应显现，并大于负面冲击。侯世英、宋良荣（2020）认为，金融科技再造商业银行的商业模式，优化内部业务流程，提高了商业银行盈利水平。巴曙松、慈庆琪（2018）认为，银行业要抓住金融科技发展契机和科技红利，整合线上线下要素，多场景创新服务和产品，以创新带动高质量发展。

从第三阶段金融科技的研究成果来看，大多数研究成果从多个方面支持金融科技的发展有利于商业银行提高经营绩效，那么这种绩效的提升是否有利于提高金融体系或者说是商业银行体系的“帕累托最优”？从现有部分研究成果来看，金融科技发展并未放大商业银行风险承担，例如，宋首文等（2015）、朱太辉（2016）、黄益平、黄卓（2018）、姚婷等（2020）、李学峰（2021）等认为，金融科技发展赋能商业银行更前沿的风险管理理念，迭代升级商业银行风险管理模型、拓宽商业银行客户服务面，可提升商业银行信用风险管理水平。

数字化转型在某种程度上可以被视为金融科技进步的衍生概念，或者说是金融科技的更高阶、更高层次的内涵，最终目的是提升企业的经营绩效。在金融科技发展引致“金融脱媒”背景下，商业银行数字化转型是应对金融科技企业跨界竞争的需要，更是商业银行实现自我突破的需要。钱斌（2021）认为，商业银行要将“科技引领”上升为战略层面，要全面制定数字化转型战略，利用数字化转型建设商业银行商业模式创新的系统性工程。更进一步，孙坤（2021）认为，商业银行要构建开放式金融生态圈来打造全数字化系统工程，以定制化金融服务、标准化金融服务和全方位服务三种服务模式建设商业银行数字化发展模式，重点发展手机银行 App 闭环生态圈、API 开放生态圈等。为此，李健（2017）、姜世戟（2018）、郭晓蓓等（2020）等，认为，商业银行要赋能金融科技加快数字化转型，推动商业银行金融服务和人工智能的有效结合，推进人工智能在商业银行风险管理、客户体验、金融产品开发、量化交易等各个方面的深层次应用。打造金融与科技合建共赢的“朋友圈”。

商业银行是经营货币或者说是经营风险的特殊企业，和非金融企业相比仅仅是提供的商品或服务不同，其本质也是具备现代公司治理架构的企业，作为具有现代公司治理结构的商业银行，数字化转型的最终目标也应该是金融科技的投入产出要平衡，或者说是通过顶层设计制定数字化转型战略，优化信贷流程，建设交易场景、金融生态圈等实现数字化转型要带来财务效益的提升或者说是要实现行业的“帕累托改进”，并以此提升商业银行市值管理成效。因此，本课题尝试研究金融科技背景下商业银行数字化转型对包括财务绩效和市值绩效在内的企业绩效的影响，丰富现有商业银行数字化转型的理论框架，并合理设计商业银行数字化转型路径。

二、理论分析与研究假设

（一）金融科技影响商业银行数字化转型的机制研究

金融科技影响商业银行数字化转型可以概括为六个字，“融合、赋能、升级”，即大数据和云计算、人工智能、区块链等新技术、新手段应用于商业银行，传统的渠道建设、金融产品流程、风险控制模型、商业银行组织架构等迭代升级，提升了获客能力、金融产品推陈出新能力、风险控制能力和金融组织的敏捷性，推动商业银行线上化发展、场景化建设，逐步向智慧银行过渡，最终实现数字化转型和商业银行运行机制重塑。

1. 开辟获客新路径，优化渠道建设。金融科技和商业银行融合的核心本质在于应用大数据和云计算、人工智能、区块链等新兴技术使得商业银行突破了空间、时间上的限制，借助互联网技术融合发展，商业银行在客户服务、金融产品提供等方面不再受限于展业半径限制。同时降低了对传统意义上的物理网点依赖，也减少了从业人员队伍扩张的需求，降低了商业银行展业成本。

2. 推动金融产品创新，向场景化、智能化发展。金融科技对商业银行金融产品创新的影响在于改变传统商业银行金融产品提供方式，改变商业银行产品同质化竞争。金融科技的应用使得商业银行可以为客户进行精准画像，可以为客户提供更多选择，提供定制化、差异化、有个性的金融产品和服务，推动商业银行向场景化、智能化发展。

3. 风险模型迭代升级，打造智慧风控银行。大数据可以将客户的工商信息、征信信息、纳税信息、交易信息、合作信息、物流信息、资金流信息、财务信息等多维度、高频数据进行深度挖掘和解剖，构建以客户为单位的多维度立体信用结构，能够更有效地全面预测企业信用风险，构建全面风险管理架构，实现风险全面管理的智慧化。

4. 促进组织架构升级，打造敏捷型银行。金融科技的应用有利于打破商业银行内部各部门之间或者说是各条线之间的隔阂，消除“数据孤岛”现象，实现前中后台数据共享，各部门、各条线之间的数据信息交换更加顺畅。目前大多数商业银行纷纷设立数字金融部或者说是金融科技子公司，以让金融科技更快、更好、更深地融入商业银行组织的内部生态，充分发挥金融科技在数据处理、交互、共享等方面的强项，使得原本处于分割或者分裂的各部门、各条线因“数据”有机联系起来，最终实现商业银行运行的敏捷化。

数字化必须能够且只有为客户创造价值才能获得回报，而数字化通过金融科技投资获取商业银行竞争优势。金融科技推动商业银行线上化发展，数字化转型不断深入。因此本课题提出如下假设：

H1：数字化转型对商业银行绩效影响是通过金融科技的中介作用产生的。

（二）数字化转型对商业银行绩效影响研究

商业银行融合金融科技，赋能数字化转型，丰富了服务场景，加强了线上线下协同，推动营销、交易、服务、风控线上化智能化，提升了经营管理效率。总体而言，商业银行数字化通过金融科技中介作用影响绩效主要体现为客群扩展效应、成本效应、竞争效应和风险管理效应。

就客群扩展效应而言，商业银行借助金融科技实现数字化转型，使得原本那些商业银行无法触及或不愿触及的客户也成为商业银行的重点营销客群，打破了传统的“二八理论”，从而对商业银行绩效产生积极影响。就成本效应而言，主要体现为商业银行借助金融科技实现数字化转型后，可以舒缓信息不对称风险，从而对商业银行绩效产生积极影响。就竞争效应而言，金融科技发展催生了大量互联网金融公司，改变了客户的金融理财理念，特别是诸如网商银行、微众银行等线上民营银行的发展，加剧了商业银行外部竞争，提高了商业银行负债端成本，商业银行盈利能力面临较大挑战。就风险管理效应而言，商业银行借助金融科技实现数字化转型，可以有效依托大数据、云计算、人工智能、区块链技术等对客户实现精准画像，舒缓信息不对称，降低企业信用风险；依托金融科技，商业银行信用风险模型迭代升级频率可以根据金融环境变化而实时变化，增强贷前风险识别能力、贷中风险控制能力、贷后风险管理能力；数字化转型也有利于商业银行有效规划头寸管理、声誉风险、操作风险管理等。

商业银行数字化转型的核心在于金融科技赋能商业银行提高市场竞争能力，对于商业银行绩效影响的机理在于上述四种效应作用的大小。本课题认为，在数字化转型初期，由于大量的科技成本投入，而客群拓展未有效铺开，商业银行尚未形成有效的盈利点，叠加竞争效应的负向冲击，数字化转型会降低商业银行绩效；但是随着数字化转型深入，成本效应、客群效应和风险管理效应逐步显现，会提高商业银行绩效。因此，提出如下假说：

H2：在金融科技中介作用下，数字化转型和商业银行绩效存在先抑制后提升的关系，即表现为“U”形关系。

此外，在不同规模的银行之间，数字化转型程度不同，对绩效的影响也不尽相同。大型商业银行由于规模大、金融科技投入大、网点布局多、数字化转型起步较早，因此数字化转型对大型商业银行绩效影响更大。本课题为更好研究数字化转型对各类型商业银行的影响，将商业银行分为大型银行和中小银行两类，研究数字化转型对不同规模商业银行影响程度。提出如下异质性假说：

H3：相比中小银行，数字化转型对大型银行影响更大。

三、研究设计

（一）模型设定

数字化转型能够对商业银行绩效起到影响作用，核心是金融科技中介作用的发挥，正如上文所提到的数字化转型在某种程度上也可以被视为金融科技进步的衍生概念，或者说是金融科技的更高阶、更高层次的内涵，因此本课题根据研究目的，在构建数字化转型与商业银行绩效实证研究模型时，将金融科技内含于数字化转型指标。

正如上文所提到的，商业银行本质是具备现代公司治理结构的企业，现有关于非金融企业数字化转型和经营绩效两者之间关系的研究范式或方法同样适用于商业银行，因此，本课题借鉴戚聿东，蔡呈伟（2020）研究数字化对制造业企业绩效影响的模型，考虑到数字化转型和商业银行绩效可能存在“U”形非线性关系，因此加入数字化转型的二次项，并结合商业银行本身特性，构建实证研究模型如下：

$$Perft_{i,t} = \alpha + \beta Digi_{i,t} + \beta_1 Digi_{i,t}^2 + \gamma Cont_{i,t} + \eta_i + \mu_t + \varepsilon_{i,t}$$

其中，$Perft_{i,t}$代表商业银行绩效，$Digi_{i,t}$代表商业银行数字化转型程度，$Digi_{i,t}^2$表示数字化转型的平方项，$Cont_{i,t}$为控制变量，η_t 为银行个体固体效应，μ_t 为年份固定效应，$\varepsilon_{i,t}$为随机扰动项。

（二）变量设计及数据来源

1. 商业银行绩效。根据上文研究，商业银行绩效分为财务绩效和市值绩效，本文选用净资产收益率（*Roe*）来衡量财务绩效，选用托宾 Q 值（*Q*）来衡量市值绩效。

2. 数字化转型。关于数字化转型的程度或者是水平，采用文本挖掘法来衡量。以某个关键词在商业银行年报中出现的字数占年报总字数的比例加“1”后取对数值来衡量数字化转型程度（见表1）。

表1 银行层面数字化转型初始词库

维度	关键词
战略规划	数字化、金融科技
企业文化	电子银行部、金融科技子公司、金融（信息科技）科技人才（员工）、
业务流程	智能营销、一站式服务、人脸识别、生物识别、智慧+
渠道建设	手机银行、直销银行、微信银行、网络银行、网上银行、移动支付、互联网金融
风险控制	人工智能、大数据、云计算、区块链、移动化

3. 控制变量。从商业银行个体来看，影响因素主要包括资本充足率（*Car*）、不良贷款率（*Npl*）、存贷比（*Ldr*）、成本收入比（*Cost*）等，本课题认为银行规模、资产结构也是影响商业银行绩效的重要因素，因此在选择个体控制变量时，本课题选取资本充足率（*Car*）、不良贷款率（*Npl*）、存贷比（*Ldr*）、成本收入比（*Cost*）、银行规模（*Ta*）、资产结构（*Cta*）。

此外，商业银行作为典型的金融机构具有明显的"顺周期"特性，经济发展水平（*Rgdp*）、金融产业发展水平（*Loan*）、通货膨胀率（*Cpi*）、对外开放程度（*Fdi*）等都会对商业银行信贷资产结构、资产质量等产生明显的影响，因此本文在设计实证模型时加入上述四个宏观控制变量。

综上所述，实证研究模型变量设计如表2所示。

表2 变量描述与说明

变量类型	变量名称	变量说明
被解释变量	净资产收益率（*Roe*）	净利润/所有者权益
	托宾Q值（*Q*）	A股股票总市值/总资产
核心解释变量	数字化转型水平（$Digi_{i,t}$）	文本挖掘法
微观控制变量	资本充足率（*Car*）	年报公布数据
	不良贷款率（*Npl*）	年报公布数据
	存贷比（*Ldr*）	年报公布数据
	成本收入比（*Cost*）	成本/收入
	银行规模（*Ta*）	总资产对数值
	资产结构（*Cta*）	各项贷款占总资产比例
宏观控制变量	经济发展水平（*Rgdp*）	人均GDP对数值
	金融产业发展水平（*Loan*）	贷款余额/GDP
	通货膨胀率（*Cpi*）	CPI
	对外开放程度（*Fdi*）	外商直接投资取对数值

考虑数据可得性，本课题选取 2012—2021 年境内 A 股上市商业银行作为研究样本，包括国有五大行、股份制银行、城商行和农商行。

四、实证研究结果

经过 Hausman 检验，结果拒绝不存在固定效应的零假设。因此，本课题采用固定效应回归对模型进行实证研究，分析数字化转型对商业银行绩效的影响。

为研究数字化转型对商业银行绩效影响的机制，本课题分步引入数字化转型二次项的影响，以验证数字化转型和商业银行绩效是否存在“U”形关系，即验证假说 2。实证研究结果如表 3 所示。表 3 第一列和第二列表示未引入数字化转型二次方的实证研究结果。

表 3 数字化转型与商业银行绩效实证研究结果

解释变量	1	2	3	4
	Roe	*Q*	*Roe*	*Q*
$Digi_{i,t}$	-0.168** (0.203)	-0.231*** (0.128)	-0.564*** (0.579)	-0.331*** (0.405)
$Digi_{i,t}^2$			0.659** (0.079)	0.719** (0.023)
Car	0.153* (0.681)	0.236** (0.510)	0.188*** (0.681)	0.336** (0.417)
Npl	-0.501*** (0.008)	-0.361* (0.003)	-0.411*** (0.018)	-0.658** (0.013)
Ldr	0.201** (0.017)	0.119** (0.026)	0.177*** (0.031)	0.219** (0.026)
Cost	-0.369* (0.109)	-0.402** (0.098)	-0.261*** (0.389)	-0.302** (0.195)
Ta	0.305 (0.087)	0.602 (0.209)	0.399 (0.178)	0.002 (0.399)
Cta	0.017** (0.036)	0.007** (0.301)	0.036** (0.011)	0.011*** (0.231)
Rgdp	0.308** (0.067)	0.211*** (0.061)	0.544*** (0.196)	0.355*** (0.051)
Loan	0.523** (0.183)	0.701** (0.101)	0.427*** (0.265)	0.78** (0.182)

续表

解释变量	1	2	3	4
	Roe	*Q*	*Roe*	*Q*
Cpi	-0.035 *** (0.308)	-0.028 ** (0.333)	-0.128 *** (0.098)	-0.034 ** (0.239)
Fdi	0.179 ** (0.053)	0.026 ** (0.255)	0.236 *** (0.083)	0.056 ** (0.375)
个体固定效应	控制	控制	控制	控制
时间固定效应	控制	控制	控制	控制
调整后的 R^2	0.889	0.908	0.766	0.832

注：***、**、*分别表示在1%、5%和10%显著性水平下显著；系数下文括号内为稳健性标准误。下同。

（一）数字化转型与商业银行绩效实证研究结果

1. 数字化转型与财务绩效。综合分析列1和列3，本课题认为数字化转型初期由于存在投入产出的滞后效应，降低了商业银行财务绩效，但是从中长期来看，数字化转型可以有效提升商业银行财务绩效，即商业银行数字化转型和财务绩效存在“U”形关系，即在其他控制变量保持不变的情况下，数字化转型初期降低了商业银行净资产收益率，但当数字化转型产出效能充分释放后，会大幅提升商业银行的净资产收益率。

2. 数字化转型和市值绩效。综合分析列2和列4，本课题认为数字化转型初期财务效应的负向影响降低了商业银行市值，但是从中长期来看，数字化转型所带来的财务效应显著为正，传导到资本市场，市值也相应攀升。即商业银行数字化转型和市值绩效也存在“U”形关系，即在其他控制变量保持不变的情况下，数字化转型初期降低了商业银行市值，但在中长期数字化转型所带来的财务效应显著为正，间接大幅提升了商业银行市值。

3. 综上分析，数字化转型和商业银行财务绩效、市值绩效都存在“U”形关系，即数字化转型和商业银行绩效存在“U”形关系，验证假说2成立“在金融科技中介作用下，数字化转型和商业银行绩效存在先抑制后提升的关系。”

（二）微观控制变量和商业银行绩效实证研究结果

1. 资本充足率和商业银行绩效显著正相关，即资本充足率越高，商业银行财务绩效和市值绩效表现越优。本课题认为，商业银行资本为其规模扩张、金融创新、吸收损失提供最后的安全垫，资本充足率越高，越能体现商业银行抵御风险、提高经营能力的水平，因此资本充足率和商业银行绩效呈现正向关系。

2. 不良率和商业银行绩效显著负相关，即不良率越高，商业银行财务绩效和市值绩效表现越差。不良贷款是对商业银行利润的侵蚀，不良贷款率越高，商业银行利润率越低，财务表现越差，因此控制商业银行不良率既是商业银行提升自身经营业绩表现和市值管理的需要，也是防范系统性金融风险的需要。

3. 存贷比和商业银行绩效显著正相关，即存贷比越高，商业银行财务绩效和市值绩效表现越优，但是作为商业银行流动性管理的重要指标，存贷比也并非越高越好，要做好头寸管理，防止出现流动性危机，反而会拖累财务绩效和市值绩效。

4. 成本收入比和商业银行绩效显著正相关，即成本收入比控制越好，商业银行财务绩效和市值绩效表现越优，成本收入比是体现商业银行盈利水平的重要指标，成本收入比控制得越好，商业银行盈利能力越强，财务绩效越明显，市值越高。

5. 资产规模和商业银行绩效无明显关系，资产规模不是影响商业银行绩效的原因，即不唯“规模论”，商业银行为股东创造价值、为存款人创造价值、为社会创造价值，关键在于强化内功，精细化经营，资本集约化发展代替高资本占用粗放式发展。

6. 信贷资产结构和商业银行绩效显著正相关，这说明我国商业银行创利主要来源还是存贷款息差，中间业务收入等低资本占用业务还未成为商业银行主要利润来源。

（三）宏观控制变量和商业银行绩效实证研究结果

1. 经济发展水平、金融产业发展水平与商业银行绩效显著正相关。商业银行经营“顺周期”特征明显，在经济上行期，商业银行信贷规模扩张，不良率下降，收益提高，资本回报率提升；反之，在经济下行期，商业银行资产规模收缩，不良率上升，收益下降，资本回报率下降。

2. 对外开放水平与商业银行绩效显著正相关。加大对外金融服务业开放，可以引入竞争，促进我国金融行业积极提升金融服务水平、创新能力，培育竞争优势。对外开放程度逐渐深化和开放水平提升，促进了商业银行绩效提升。

3. 通货膨胀率与商业银行绩效显著负相关。当通货膨胀率超过经济发展“合意通货膨胀率”时，通胀率越高，经济景气度越低，商业银行资产扩张节奏减慢，资产质量下迁，侵蚀商业银行利润，降低财务绩效，拖累市值绩效。

（四）异质性检验

为研究数字化转型战略对不同规模商业银行的影响差异（异质性），本课题采用上文研究模型分别测算数字化转型和不同资产规模商业银行的相关系数。本课题根据中国人民银行《2021 年第三季度货币政策执行报告》关于大中小商业银行的分类标准进行分类，即本外币资产总量大于等于 2 万亿元的银行为大型银行，本外币资产总量小于2万亿元的银行为中小银行①（见表4）。

表4 数字化转型异质性检验结果

解释变量	大型银行		中小银行	
	Roe	*Q*	*Roe*	*Q*
$Digi_{i,t}$	-0.168 **	-0.311 ***	-0.461 ***	-0.398 ***
	(0.131)	(0.228)	(0.297)	(0.225)
$Digi_{i,t}^2$	0.626 **	0.587 ***	0.339 **	0.269 **
	(0.305)	(0.314)	(0.091)	(0.011)
个体固定效应	控制	控制	控制	控制
时间固定效应	控制	控制	控制	控制
调整后的 R^2	0.769	0.801	0.882	0.903

1. 根据表4实证研究结果来看，无论是财务绩效还是市值绩效，数字化转型的平方项和商业银行绩效两者之间的相关系数均显著为正，即不论是对于大型商业银行还是中小商业银行而言，数字化转型均能提升其绩效，且都存在先抑后扬的“U”形关系，研究结果和行业整体趋势一致。

2. 无论是财务绩效还是市值绩效，数字化转型平方项和大型商业银行绩效两者之间的相关系数明显大于和中小商业银行绩效的相关系数，即相比中小商业银行而言，数字化转型对大型商业银行绩效影响系数更大，说明大型商业银行在数字化转型方面更具有优势。

综上所述，数字化转型对不同规模商业银行的影响不同，对大型商业银行的影响更大，假说3成立。

五、商业银行推进数字化转型战略的制度安排

数字化转型是一个长期的过程，商业银行全行上下要凝聚共识，激发数字化转型的智慧，统一数字化转型的行动，以数字化转型“为纲”“为本”，“秉纲而目自张，执本而末自从”，用好金融科技“利器”，答好数字化转型“考卷”。

（一）高屋建瓴，加强顶层设计，科学制定实施数字化转型战略

商业银行要加强数字化转型的顶层设计和统筹规划，科学制定和实施数字化转型战略，明确分阶段实施目标，长期加大金融科技投入，统筹协调持续推进转型。要规划先行，明确整体战略规划，建设“数字银行”；要转变理念，树

① 央行以2008年末各金融机构本外币资产总额为参考标准，本课题考虑样本数据可得性和一致性，以2021年末各商业银行本外币资产总额为参考标准。

立数字化文化观，建设“文化银行”；要加大投入，建立科技支撑体系，建设“科技银行”。

（二）融合创新，完善组织流程，以数字化为纲打造敏捷型银行

数字化转型的本质是运用金融科技技术革新推动业务转型，而业务转型和组织变革密切相关，成功的数字化转型是业务转型、技术转型，包括组织转型在内的一致成功。要做到组织敏捷，提高沟通效率，打破“信息孤岛”，探索集约化的管理模式。要业务敏捷，提升客户满意度，提供更加贴近市场，更加符合市场主体需求的个性化、差异化的金融服务。

（三）智慧赋能，提升管理效能，以“智慧+”为本构建生态体系

金融生态或者说是交易场景是商业银行实现金融产品供给方式线上化转型的载体，商业银行要丰富业务场景，优化、完善金融生态，打造场景化开放合作平台，建设开放银行。要丰富金融场景，构建智慧产品体系，激活金融服务的“内生态”和跨界融合“外生态”有效结合。要优化运营模式，搭建智慧运营平台，以科技和数据驱动运营模式的变革。要强化渠道建设，增强智慧营销服务。

（四）精准监测，增强风控水平，以数字风控增强风险抵御能力

传统依靠人工、经验判断的风险管理模式无法适应线上化的高频次风险模型，金融科技发展带来的高频数据和交易场景为商业银行风险管理带来更高要求，数字化风控是有效应对高频交易场景的重要手段，是夯实资产质量的基石。要以数字思维为基石，重塑风险管理新理念。要以金融科技为手段，增强风控智慧化水平。

参考文献

［1］杨志波，董雅松，杨兰桥．制造企业数字化、服务化与企业绩效——基于调节中介模型的研究［J］．企业经济，2021（2）：35－43.

［2］何帆，刘红霞．数字经济视角下实体企业数字化变革的业绩提升效应评估［J］．改革，2019（4）：137－148.

［3］刘伟．数字化程度对于企业经营绩效的影响——基于A股多行业上市公司的实证研究［J］．上海财经大学硕博论文，2020：25－39.

［4］张烨宁．金融科技对商业银行数字化转型的影响研究［J］．辽宁大学硕士学位论文，2021：38－42.

［5］戚聿东，蔡呈伟．数字化对制造业企业绩效的多重影响及其机理研究［J］．学习与探索，2020（7）：108－119.

［6］张庆君，郭辽，欧一丁．数字化转型提升了银行服务实体经济能力吗?［J］．武汉金融，2022（4）：29－39.

[7] 谢平，邹传伟．互联网金融模式研究［J］．金融研究，2012（12）：11－22.

[8] 王筠权，王国成，金强．互联网金融对商业银行传统业务的影响研究［J］．西南金融，2013（12）：3－5.

[9] 林雪．互联网金融与商业银行业务的融合与发展研究［J］．金融论坛，2014（10）：21－28.

[10] 吴师伟，朱业，李拓．利率市场化、互联网金融与商业银行风险——基于面板数据动态 GMM 方法的实证检验［J］．金融经济学研究，2015（6）：29－38.

[11] 邱晗，黄益平，纪洋．金融科技对传统银行行为的影响——基于互联网理财的视角［J］．金融研究，2018（11）：17－29.

[12] 张洪斌．互联网金融的侵蚀［J］．新经济，2013（18）：13.

[13] 王锦虹．互联网金融对商业银行盈利影响测度研究——基于测度指标体系的构建与分析［J］．财经理论与实践，2015（1）：7－12.

[14] 郑亦麟．互联网金融对传统银行的影响［J］．哈尔滨师范大学社会科学学报，2014（2）：74－76.

[15] 李娜．商业银行应成为互联网金融发展的主力军［J］．金融理论与实践，2017（12）：75－79.

[16] 王娜，王在全．金融科技背景下商业银行转型策略研究［J］．现代管理科学，2017（7）：24－26.

[17] 张德茂，蒋亮．金融科技在传统商业银行转型中的赋能作用于路径［J］．西南金融，2018（11）：13－19.

[18] 董昀，李鑫．中国金融科技思想的发展脉络与前沿动态：文献述评［J］．金融经济学研究，2019（5）：38－52.

[19] 全国经济专业技术资格考试参考用书编委会．高级经济事务（金融）［J］．北京：中国人事出版社，2022：172－177.

[20] 樊莉，李嘉玲．互联网金融对商业银行技术进步效率影响的实证研究［J］．中国物价，2019（2）：58－61.

[21] 侯世英，宋良荣．金融科技发展、金融结构调整与企业研发创新［J］．中国流通经济，2020，（4）：100－109.

[22] 孙旭然，王康仕和王凤荣．金融科技、竞争与银行信贷结构——基于重小企业融资视角［J］．山西财经大学学报，2020（6）：59－72.

[23] 刘孟飞．互联网金融对商业银行利润效率的影响——基于 SFA 方法的实证研究［J］．大连理工大学学报，2021（3）：1－15.

[24] 巴曙松，慈庆琪．金融科技浪潮下，银行业如何转型［D］．当代金

融研究，2018（2）：22－29.

［25］王佳熙．金融科技对商业银行盈利能力的影响研究［J］．华北水利水电大学硕士学位论文，2021：52－60.

［26］张哲宇，文巧甜．商业银行应用金融科技的时间与思考［J］．金融纵横，2019（6）：36－40.

［27］李载驰，吕铁．数字化转型：文献述评与研究展望［J］．学习与探索，2021（12）：130－138.

［28］王炯．商业银行的数字化转型［J］．中国金融，2018（22）：48－50.

［29］胡汉军，叶敏文，刘轶．商业银行数字化转型下全渠道建设策略研究［J］．武汉金融，2020（10）：74－80.

［30］王蕊，颜大为．开放银行生态圈的理论基础、经验探索与发展路径［J］．西南金融，2019（11）：70－79.

［31］韦玮，张恩铭，徐卫华．数字化魔方：数字化转型的创新思维模式［M］．北京：机械工业出版社，2020：1－4.

［32］Rialti R.. Big Data Analytics Capabilities and Performance: Evidence from a Moderate Multi-mediation Model［J］. *Technological Forecasting and Social Change*, 2019, 149（12）: 1－10.

［33］Sebasim, I. M., Ross, J. W., Beath, C., Mocker, M., Moloney, K. G., Fonstad, N. O. How big Old Companies Navigate Digital Transformation［J］. *MIS Quart*, 2017, 16（3）: 197－213.

［34］Cooper RN. Digital Transformation: Survice and Thrive in an Era of Mass Extinction［J］. *Foreign Affairs*, 2019, 98（6）: 201.

开发性金融支持义甬舟开放大通道建设融资研究

国家开发银行浙江省分行课题组*

一、发展基础及目标任务

（一）成效及问题

义甬舟开放大通道建设涉及宁波、绍兴、金华、衢州、舟山、义乌等沿线区域，是浙江省服务和落实“一带一路”倡议、长江经济带和长三角区域一体化国家战略的重要引擎，也是浙江省加快推进高质量发展共同富裕示范区、构建更高水平全面开放新格局的战略举措。自2016年12月《义甬舟开放大通道建设规划》印发实施以来，浙江省围绕“两核一带两辐射”总体格局，大通道建设不断强化，宁波—舟山和金华—义乌两大枢纽功能不断提升，自贸试验区等高能级开放平台建设取得重大突破，“四港”联动、高效便捷的国际物流大通道基本建成。宁波舟山港和金华—义乌港集装箱吞吐量目标超额完成，集装箱海铁联运量比预期目标翻一番；货物贸易进出口额为1.92万亿元，占全省贸易进出口额比重比“十二五”末上升1.7个百分点，如表1所示。

表1　义甬舟开放大通道主要指标完成情况

序号	指标名称	单位	2015年	2020年规划目标	2020年完成情况
1	经济总量占比	%	39.6	45	40.6
2	进出口额占比	%	55	60	56.7
3	宁波舟山港货物吞吐量	亿吨	8.9	10	11.7
4	宁波舟山港集装箱吞吐量	万标准箱	2063	2600	2872
5	集装箱国际中转量	万标准箱	265	350	435
6	集装箱航线数量	条	236	250	257
7	江海联运吞吐量	亿吨	2.5	3.3	3.3
8	集装箱海铁联运量	万标准箱	17	50	100.5

* 课题主持人：杨志明
课题组成员：马瑞永　吴一帆　金紫怡　朱　剑

续表

序号	指标名称	单位	2015 年	2020 年规划目标	2020 年完成情况
9	义乌陆港集装箱吞吐量	万标准箱	130	200	200
10	内陆无水港	个	12	30	30
11	义乌国际小商品市场线上线下交易额	亿元	3462	5000	5009.7
12	实际使用外资	亿美元	55.3	[330]	[250]

注：[ ] 表示5年累计额；实际使用外资2015年基数和五年累计目标值为省口径，完成实绩为部口径。

但是，在取得显著成效的同时，也存在一些问题：从综合交通来看，金甬—甬舟主通道、金华－义乌陆港枢纽运输和保障能力不足，部分机场硬件设施条件有待加强，外联交通网络尚存在短板；从现代物流来看，宁波舟山港航运服务能级不高，海铁联运效率网络有待提升，中欧（义新欧）班列海外仓、物流分拨中心建设有待加快；从双向贸易通道来看，大宗商品交易话语权、影响力不足，双循环背景下专业市场转型发展压力，服务贸易发展水平有待提升；从数字智慧通道来看，“四港”联动的信息港建设未能完全破题，数字贸易发展有待实质性提升，贸易与物流信息化多跨联动不足；从产业科创通道来看，大通道沿线区域产业一体化协同较弱，外资引进短板明显，通道沿线地区整体科创能力不足；从生态文化通道来看，部分近海海域污染形势严峻，诗路文化带上标志性项目欠缺，影视文化产业国际影响力较弱。

（二）上位规划目标

《浙江省义甬舟开放大通道建设“十四五”规划》提出，要突出一体化、高质量、竞争力，率先构筑高水平开放型经济新体系，到“十四五”期末，形成“两核一带两辐射”总体格局，建成畅通国内国际双循环、陆海统筹的战略性开放大通道；在总体布局上，要按照“两核一带两辐射”总体布局，推动资源整合、空间融合，构筑发展优势，增强辐射能力；在重点建设路径和领域上，要高水平建设六大通道，高质量推进四大平台协同发展，高标准实施十大标志性工程。

围绕义甬舟开放大通道建设存在的问题以及发展目标，开行拟谋划一批重大建设项目，并推动项目的实施落地支持义甬舟开放大通道建设。

二、项目梳理

（一）项目梳理原则

坚持目标导向，紧紧围绕义甬舟开放大通道“十四五”规划目标以及重点建设路径和领域，按照以下原则确定开发银行重点支持领域和融资规划项目：

一是坚持问题导向，所有项目的策划和梳理紧密围绕政府需求，以解决综合交通、现代物流、数字智慧、产业科创、生态文化六大通道中存在的堵点、难点、痛点为主要出发点，发挥好开发性金融作为政府和市场之间的桥梁作用，加强与省发展改革委等政府部门合作，统筹推进义甬舟开放大通道融资工作。

二是贯彻新发展理念，坚守不新增地方政府隐性债务底线，根据项目重要性、成熟度等不同维度合理安排开发建设时序，运用市场化方式，整合各类要素资源，积极探索创新融资模式，系统设计融资方案，从源头防范风险。

三是聚焦开行主责主业，注重科学策划，系统梳理有效支撑上位规划目标实现、基础性示范性强、补短板作用突出的重大项目，彰显开发性金融的作用。

（二）项目梳理结果

本报告重点从综合交通、现代物流、双向贸易通道、数字智慧、产业科创、生态文化六大通道梳理策划项目，共梳理策划项目 70 个，总投资为 5929 亿元。总体来看，项目主要集中在综合交通通道和产业科创通道两个领域，总投资占比为 76.7%。

针对综合交通通道枢纽运输和保障能力不足以及交通网络尚存在短板的堵点和痛点，共梳理策划项目 18 个，总投资为 2600 亿元，占全部梳理策划项目的 43.9%。

针对现代物流通道存在的港航运服务能级不高以及联运效率网络有待提升的堵点和痛点，共梳理策划项目 11 个，总投资为 461 亿元，占全部梳理策划项目的 7.8%。

针对双向贸易通道存在的服务贸易发展水平有待提升的堵点和痛点，共梳理策划项目 5 个，总投资为 272 元，占全部梳理策划项目的 4.6%。

针对数字智慧通道存在的贸易与物流信息化多跨联动不足的堵点和痛点，共梳理策划项目 1 个，总投资为 100 亿元，占全部梳理策划项目的 1.7%。

针对产业科创通道存在的整体科创能力不足以及产业一体化协同较弱的堵点和痛点，共梳理策划项目 23 个，总投资为 1942 亿元，占全部梳理策划项目的 32.8%。

针对生态文化通道存在的近海海域污染以及标志性项目欠缺的堵点和痛点，共梳理策划项目 12 个，总投资为 554 元，占全部梳理策划项目的 9.3%（见表 2）。

表 2　　开发性金融支持义甬舟开放大通道重大建设项目梳理情况　单位：亿元

领域	项目个数	总投资	总投资占比
一、综合交通通道	18	2600	43.9%
二、现代物流通道	11	461	7.7%

续表

领域	项目个数	总投资	总投资占比
三、双向贸易通道	5	272	4.6%
四、数字智慧通道	1	100	1.7%
五、产业科创通道	23	1942	32.8%
六、生态文化通道	12	554	9.3%
合计	70	5929	100.00%

（三）项目预期成效

项目实施后在推动综合交通便捷高效、现代物流领先发展、双向贸易全面贯通、数字智慧开放集成、产业科创优势提升以及生态文化繁荣发展上均具有重要意义，也为义甬舟开放大通道建设“十四五”主要指标目标的实现提供了重要支撑。

1. 有助于推动综合交通便捷高效。综合交通通道梳理策划项目 18 个，总投资为 2600 亿元，重点新建铁路 6 条，线路长度为 361 公里；新建国道、高速公路及连接线有 6 条，线路长度为 139 公里；新建联运枢纽港、航电枢纽 2 座，航道整治里程约 51 公里，新建 6 个电站总装机容量 25.8 兆瓦，年发电量达 8387 万度；新建城市轨道交通 3 条，总长 73.54 公里；新建 2 个 20 万吨级和 3 个 15 万吨级，陆域总面积约 180 万㎡。上述项目的实施有助于推动打造金甬—甬舟主轴通道、畅通向外多联通道、建设内河航运通道、提升宁波舟山港辐射能力以及联动做强金华—义乌港。

2. 有助于推动现代物流领先发展。现代物流通道梳理策划项目有 11 个，总投资为 461 亿元，重点建设天然气管道 150 公里及相关配套工程；新建物流总部、分拨中心、物流港以及物流服务产业园 8 个，建筑面积近 243 万平方米。项目的实施有助于拓展海铁联运网、建设快递邮政网、打造国际供应链创新中心，强化西向海铁联运、江海联运物流辐射能力。

3. 有助于推动双向贸易全面贯通。双向贸易通道梳理策划项目 5 个，总投资为 272 亿元，重点建设综合保税区、电商物流、电商产业园、会展中心等项目，总建筑面积 332 万平方米，现代化智能物流技术示范基地规划用地 1600 亩，打造集跨境电商、供应链金融、港口物流、线下零售等于一体的综合供应链枢纽。项目的实施有助于加快外贸转型升级基地建设，提升外贸自主品牌影响力竞争力，推动专业市场高质量发展。

4. 有助于推动数字智慧开放集成。数字智慧通道梳理策划项目 1 个，是智能物流及智能制造示范基地项目，总投资为 100 亿元，拟用地为 1000 亩，建设面积为 70 万平方米，建设内容主要包括现代智能物流、智能制造。项目的实施有助于推进交通设施智慧化提升以及推动物流数字化转型。

5. 有助于推动产业科创优势提升。产业科创通道梳理策划项目有23个，总投资为1942亿元，重点建设液化天然气接收站、集成电路、新能源动力电池、锂电池、新材料产业园以及化工产品等，包括年产180万片集成电路用12英寸硅片项目、年封装300mm芯片48万片，年产20GW高效N型太阳能电池、年产84万片的特色工艺集成电路、60万吨/年ABS树脂、20万吨/年丙烷脱氢、120万吨/年中高端聚丙烯和40万吨/年改性聚丙烯、30万吨/年环氧丙烷装置、65/24万吨/年苯酚丙酮/双酚A联合装置、20万吨/年异壬醇等。项目的实施有助于提升重大产业平台国际化水平，稳定和提升产业链、创新链，打造具有国际影响力的世界级产业集群。

6. 有助于推动生态文化繁荣发展。生态文化通道梳理策划项目有12个，总投资为554元，重点建设抽水蓄能电站、水利枢纽、海上风电以及生态旅游景区，包括8台30万千瓦抽水蓄能发电机组、装机容量80万kW风电机组、库容1733万立方米日供水规模20万吨/天的水利工程、主要河流及其两岸陆域水系治理以及多个景区、文化园建设开发。项目的实施有助于推进绿色转型发展，提升文化国际影响力，彰显大通道生态和文化优势，推动美丽中国先行示范区建设。

三、资金需求结构分析

（一）按领域维度

从梳理策划项目的领域来看，综合交通、现代物流、双向贸易通道、数字智慧、产业科创、生态文化六大通道梳理策划项目有70个，总投资为5929亿元，融资额为3239亿元，融资需求主要集中在综合交通通道、产业科创通道两个领域里，占比近74%。这两个领域开行将给予重点支持和关注（见表3）。

表3 开发性金融支持义甬舟开放大通道重大建设项目融资需求（按领域划分）

单位：亿元

领域	项目个数	总投资	资本金	融资额	融资额占比
一、综合交通通道	18	2600	1294	1306	40.3%
二、现代物流通道	11	461	90	371	11.5%
三、双向贸易通道	5	272	94	178	5.5%
四、数字智慧通道	1	100	30	70	2.2%
五、产业科创通道	23	1942	862	1080	33.3%
六、生态文化通道	12	554	320	234	7.2%
合计	70	5929	2690	3239	100%

（二）按地域维度

从梳理策划项目的地域来看，融资额主要集中在宁波、舟山、金华三个区域，融资额为 2421 亿元，占比 74.8%（见表 4）。

表 4 开发性金融支持义甬舟开放大通道重大建设项目融资需求（按地域划分）

单位：亿元

地域	项目个数	总投资	资本金	融资额	融资额占比
金华	12	898	318	580	17.9%
义乌	11	521	189	332	10.3%
舟山	9	1039	428	611	18.9%
绍兴	9	701	391	310	9.6%
衢州	5	541	366	175	5.4%
宁波	24	2228	998	1230	38.0%
合计	70	5929	2690	3239	100.0%

（三）按收益属性维度

从梳理策划项目的收益属性来看，经营性领域融资额要略大于准经营性领域融资额（见表 5）。

表 5 按项目收益属性分类项目融资结构 单位：亿元

收益属性	项目个数	总投资	资本金	融资额	融资额占比
准经营性	34	3031	1529	1502	46.4%
经营性	36	2898	1161	1737	53.6%
合计	70	5929	2690	3239	100.00%

（四）按实施时序维度

从梳理策划项目的实施时序来看，融资主要集中在近期，融资额为 1465 亿元，占比为 45%。因此，对于近期项目，开行将加快开展授信评审，推动重点项目加快实施落地。对于中远期项目，要加快推动前期工作，完善各类行政审批，争取尽快转化为条件成熟的近期项目（见表 6）。

表 6 按项目实施时序融资结构 单位：亿元

实施时序	项目个数	总投资	资本金	融资额	融资额占比
近期	26	2987	1522	1465	45.2%
中期	25	1731	783	948	29.3%
远期	19	1210	385	825	25.5%
合计	70	5929	2690	3239	100.0%

（五）按业务分类维度

从梳理策划项目的业务分类来看，融资主要集中在开发性金融业务，融资额为2620亿元，占比80.9%。未来，开行将重点支持开发性项目（见表7）。

表7　　按业务分类融资结构　　单位：亿元

业务分类	项目个数	总投资	资本金	融资额	融资额占比
开发性	45	4567	1947	2620	80.9%
商业性	25	1362	743	619	19.1%
合计	70	5929	2690	3239	100.0%

四、投融资主体分析

（一）融资主体分类

我们对梳理策划的70个项目实施主体分别按照央企、省属国企、市县国企以及民营企业进行了分类，具体情况如表8所示。

表8　　项目实施主体分类

融资主体	项目个数	总投资	融资额	融资额占比
央企	13	1297	705	21.77%
省属国企	20	2449	1334	41.19%
市县国企	15	960	454	14.02%
民营企业	22	1223	746	23.03%
合计	70	5929	3239	100%

在70个项目中，由央企实施的有13个项目，融资额为705亿元，实施主体主要是国铁集团、中国邮政集团、中石化集团、国家电网、中石化、中海油、中矿集团、中广核等，这些央企实力强大，具有很强的融资能力，均为金融机构的优质客户，并且这13个项目自身都有良好的现金流。这些拟实施的项目是金融机构之间高度竞争的项目。

省属国企实施的项目有20个，融资额为1334亿元，实施主体主要是浙江省铁路发展控股集团公司、浙江浙能、浙江省海港投资运营集团有限公司、浙江二轻集团、浙江广播电视集团等，这些省属国企实力较为强大，融资能力较强，并且实施的项目基本为轨道交通、铁路、高速公路、天然气管线、天然气接收站项、LNG站线以及电厂项目，项目自身具有较好的现金流。

市县国企实施的项目有15个，融资额为454亿元，实施主体主要是舟山交通投资集团有限公司、绍兴市交投集团、绍兴市轨道交通集团、衢州市信安航运建设发展有限公司、常山县定阳航运建设开发有限公司、商城集团、兰溪市交投集团、宁波开发投资集团有限公司等，多数是政府投融资平台，这些平台公司虽然没有省属国企实力强，但是相比较于一般政府投融资平台来说，总体实力相对较强。在实施的 15 个项目中，基本都有现金流，主要是城市轨道交通、铁路、高速公路、航电枢纽、水利枢纽、电商产业园、综合保税区等，多数为优质项目。

民营企业实施的项目有 22 个，融资额为 746 亿元，实施主体主要是浙江圆通物流有限公司等，这些民营企业总体来看实力较强，部分企业为上市公司，融资上具有较强优势，可以通过多种渠道开展融资。

（二）融资主体服务思路

从融资主体分类来看，涉及的央企以及省属国企都是高度竞争类客户；涉及的市县国企也具有较强的实力，也是多数银行争取的对象；涉及的民营企业均是各自领域中的头部企业，相对实力较强，并且有部分都是上市公司，这些融资主体基本都是竞争类客户（见表 9）。

表 9　　项目实施主体竞争类型分类

融资主体	企业个数	竞争类型	涉及融资额	占比
央企	13	高度竞争性	705	21.77%
省属国企	20	高度竞争性	1334	41.19%
市县国企	15	多数是竞争性	454	14.02%
民营企业	22	部分是竞争性	746	23.03%
合计	70		3239	100%

因此，本报告对融资主体的分析更侧重于如何以更优质的综合金融服务提升客户合作关系，报告主要结合开发性金融自身优势，提出以下金融服务思路。

一是规划引领深化银政企合作。规划是开行有别于商业银行的核心竞争力。在服务高度竞争性以及竞争性客户上，要充分发挥规划融智优势，为客户以及重大项目做好顶层设计，强化定制服务，深化银政企合作关系。尤其是要针对大通道重大、重点建设项目，制订详细的融资服务方案，以差别化的金融服务争取融资主导权。

二是以落实“两个想到”重点培养战略客户。从融资主体分类来看，这些央企、省属国企都是高度竞争类客户，涉及的市县国企和部分民营企业也基本都是竞争类客户，这些客户对于分行未来在浙江地区业务的开拓具有举足轻重的作用。因此，必须从加强银政企合作长远的角度考虑，制订重点培养战略客户清单和方案，对于纳入清单的客户给予全方位的金融服务支持，建立长远的互帮互助战略合作关系，推动实现“开行服务战略首先想到政府，政府谋划发展首先想到开行”。

三是以基础设施基金推动投贷联动。一直以来，开行以大额中长期贷款以及综合金融服务作为优势，但是近几年由于金融市场以及货币政策总体宽松，同业竞争加剧，开行的传统优势在逐渐减弱。但是，开行在关键时期、薄弱环节、重点领域发挥逆周期调节作用，尤其是基础设施投资基金工作以来，得到了浙江省委省政府高度肯定。国开行浙江省分行将加大投贷联动，做好基金项目配套融资，带动更多资源精准投向重点领域，为一批重大项目提供配套贷款支持。目前，在义甬舟大通道建设项目中，已经有多个项目申请基础设施投资基金，总投资近千亿元，并且多个贷款项目已实现贷款投放。

五、资金平衡思路

为推动融资规划项目加快落地和顺利实施，我们聚焦六大重点领域，按照政策合规、市场化运作理念，因地制宜统筹各类生产要素及资源，研究提出整体资金平衡思路。

在梳理策划的 70 个项目中，准经营性项目 34 个，融资需求为 1502 亿元，主要是轨道交通、部分铁路、公路、多式联运枢纽港、生态廊道建设以及景观提升工程，可以考虑按照“市场主导、资源整合、综合平衡”思路，将其他有收益项目纳入统筹考虑，通过全要素资源统筹一体化模式实现资金整体平衡。

经营性项目 36 个，融资额为 1737 亿元，这些项目按照市场化方式进行运作，部分是产业类项目，还有一些是铁路、高速公路、抽水蓄能、风电等，自身具有稳定的现金流，可以实现资金的总体平衡。

（一）综合交通通道资金平衡思路

综合交通通道主要包括四类项目：一是高速公路及配套工程项目，包括柯桥至诸暨高速公路等，主要现金流为高速公路车辆通行费收入，多数项目基本能覆盖贷款本息；二是铁路项目，包括义乌至金华铁路、新建金华至宁波铁路（金甬铁路）等项目，主要现金流来源于运营收入，主要包括线路使用费、服务费和接触网使用费、多元经济开发收入等收入；三是城市轨道交通项目，包括绍兴市城市轨道交通 2 号线一期、宁波市轨道交通 7 号线工程、宁波市轨道交通 8 号线一期工程等项目，主要现金流为票价收入以及城轨配套综合开发收益（包括上盖用地和关联用地）等；四是航电枢纽项目，包括钱塘江中上游常山江（辉埠 - 双港口）航电枢纽项目、衢州四省边际多式联运枢纽港等项目，主要现金流为码头作业费、过闸费等。但是这些费用本身并不足以覆盖贷款本息，需要通过其他有收益项目现金流作为补充。

（二）现代物流通道资金平衡思路

现代物流通道主要包括两类项目：一是天然气管道工程项目，包括甬绍干线东段天然气管道工程等，主要现金流为气化费收入、管输费收入等，项目基本能覆盖贷款本息；二是物流总部、分拨中心以及加工等项目，包括绍兴综保区保税物流分拨中心项目、深国际智慧物流项目、中通快递浙江总部项目、圆通速递浙江总部基地项目、大洋世家海洋食品加工冷藏物流基地项目等，主要现金流来源于运营收入，主要包括物流费、仓储费、加工费以及经营性物业租金收入等，这些项目均是市场化项目，现金流基本能够覆盖贷款本息。

（三）产业科创通道资金平衡思路

产业科创通道主要包括三类项目：一是液化天然气接收站项目，包括浙江液化天然气接收站项目、浙能舟山六横液化天然气接收站项目、中石化浙江舟山六横 LNG 项目等，主要现金流为 LNG 气化费收入、管输费收入，项目总体能够覆盖贷款本息；二是产业园项目，包括金塘新材料园区等项目，主要现金流为产业园标准厂房的出租租金收入；三是各类新能源电池、集成电路、光学器件、新材料以及化工产品等产业化项目，如比亚迪新能源动力电池生产基地项目、浙江爱旭太阳能科技有限公司义乌年产 10GW 新世代高效太阳能电池项目等。这类项目现金流主要是产品销售收入，现金流基本能够覆盖贷款本息。

（四）生态文化通道资金平衡思路

生态文化通道主要包括两类项目：一类是生态旅游基础设施建设，嵊州市浙东唐诗之路旅游投资项目，浙中生态廊道建设工程、兰溪“天下江南”景区项目等，部分项目具有一定的现金流，部分项目没有现金流，需要通过其他有收益项目现金流弥补；另一类项目是抽水蓄能电站、海上风电等项目，包括磐安抽水蓄能电站、衢江抽水蓄能电站项目等。主要现金流是发电销售收入，可以覆盖贷款本息，这类项目都属于优质项目，也是属于金融机构高度竞争的项目。

六、政策建议及支持举措

（一）政策建议

1. 建立工作专班。建议义甬舟开放大通道设立工作专班。省发展改革委作为义甬舟开放大通道专项融资牵头单位，负责强化相关省市县联动，强化跨部门、跨行业、跨层级协同，督促指导各地推动义甬舟开放大通道专项融资工作。省生态环境厅、省建设厅、省交通运输厅等省级部门做好义甬舟开放大通道重大建设项目指导服务，落实好本行业、本领域的重大项目推进工作。在具体工作上，依托省发展改革委与分行联合建立的专项融资推进工作小组，共同推动专项融资具体工作。

2. 加强项目排摸。建议省发展改革委持续深化“一带一路”重要枢纽和义甬舟开放大通道建设前期项目的排摸和跟踪服务，对特别重大的项目实施“一企一策”。建立全省义甬舟开放大通道重大建设项目库，并与融资专项实现清单式挂钩。浙江分行将对清单项目实行滚动式开发。

3. 强化要素保障。建议各地发展改革等政府部门按照“要素跟着项目走”“服务跟着项目走”的理念，做好统筹对接，优先保障义甬舟开放大通道重大项目要素资源。重点是会同有关部门加强专项融资项目服务，对工作推动中可能涉及的土地、规划、财政等诉求给予积极支持。对大通道重点项目需要协调的事项，通过工作专班实行“一项目一方案一政策”，加大协调推进力度。

4. 强化政策引导。建议加快落实《支持义甬舟开放大通道高质量发展的若干政策举措》，做好资源要素和体制机制保障，深化推进“百项千亿”项目工程，每年动态调整、滚动实施具有一批战略性、引领性、全局性的重大支撑性项目。同时，进一步发挥好省产业投资基金的引导带动作用，对符合产业基金管理办法推荐立项的项目，优先予以支持，支持符合条件的大通道企业上市融资和发行债券。

5. 开展激励评价。建议相关地市政府部门将国开行浙江省分行和省发展改革委联合设立的1500亿元专项融资纳入年度工作计划，明确时间进度安排以及工作路线图，进一步将专项融资工作做深做细做实。落实“季目标、月晾晒、专班干、强执行”要求，按季开展投资“赛马”，对推动义甬舟开放大通道重点项目快、工作实的地方给予激励。利用“重大项目推进指数”，每年对各地各部门和具体项目推进情况进行红、黄、绿三色评价，对义甬舟开放大通道重大项目的开工率、投资完成率进行通报，切实引导各地把投资工作着力点放在推进义甬舟开放大通道重大项目上，放在要素保障、优质服务上。

（二）开行支持举措

从义甬舟开放大通道重大项目梳理情况来看，这些项目基本基本都是均有较为充足的现金流，多数都能实现自身的平衡，并且涉及的综合交通通道、产业科创通道项目多数是市场上高度竞争的项目，因此，重点工作是如何充分发挥开发性金融优势，为客户和重大项目提供综合金融服务。目前开行正在跟踪对接的项目为50个，总投资为3359亿元，申请融资额为1954亿元，已纳入规划项目库有22个项目，总投资为2327亿元，申请融资额为1285亿元。

1. 做好重大项目开发储备。加强与省发展改革委月度碰头及日常专题沟通的工作对接，共同建立专项融资规划项目库。同时，依托省级工作专班，定期滚动更新专项融资项目库，定期交流专项融资政策信息和项目进展情况，实时做好项目开发。

2. 强化投贷联动。充分发挥基金投资撬动作用，依托基础设施投资基金，在解决交通等基础设施建设项目资本金出资的同时，分行将在融资上给予全力支持，统筹做好配套融资方案设计，高效推动项目落地，为重大项目建设提供资金保障，形成投贷互促共进良好局面。

3. 优化审批流程。由于义甬舟开放大通道重大项目多数涉及央企以及省属国企，都是高度竞争类客户，基本都是银行营销的对象，因此，要从战略客户培育的角度，给予配套服务团队，确保专项融资项目客户融资需求得到及时响应。同时，针对大通道专项融资重点客户和项目，优先开展项目入库、客户准入、信用评级、授信审批等工作，优化内部流程，开通绿色通道，加快工作进度。

4. 提供综合金融服务。70 个项目中由央企实施的有 13 个项目，省属国企实施的项目有 20 个，涉及央企以及省属国企都是高度竞争类客户。因此，要充分发挥开发性金融融智以及融资的优势，为高度竞争的客户提供债、贷、投、租、证多元化综合金融服务，并积极创新金融产品，引导更多社会资本参与重大重点项目建设。

5. 加强融资模式创新。积极开展融资模式创新，因地制宜统筹好全要素资源，灵活构建市场化还款来源，运用好多种金融工具。同时，及时总结优秀经验做法，加强学习交流，对成功经验、典型案例加强复制推广，提升开发性金融服务义甬舟开放大通道重大项目成效。

6. 筑牢风险底线。要加强风险识别，强化企业客户认定、评级、授信、贷后管理等工作，做到风险“防患于未然”。同时，必须要以开发性金融信贷投向政策为准绳，确保信贷资源在服务义甬舟开放大通道项目投向上做到精准性与合规性。

大宗商品价格波动对浙江省经济运行的影响研究

交通银行浙江省分行课题组*

一、引言

（一）研究背景

随着中国经济在改革开放后的快速发展，中国已经一跃成为大宗商品消费的第一大国，且消费需求逐年增长。但是由于历史原因，大宗商品的定价权一直被掌握在西方发达国家手中，中国在大宗商品定价权上一直处于劣势位置，且近年来，受中美贸易摩擦、新冠疫情、地区局部冲突等各类因素影响，大宗商品并未呈现价格平稳运行的态势，且价格波动幅度大。尤其是当大宗商品价格持续快速上涨时，会对国内经济运行的稳定造成影响。因此，研究大宗商品价格持续上涨对经济运行的影响具有现实迫切性。

浙江省作为国内经济发达省份之一，民营经济发达，对外贸易依存度高，金融环境良好且制度较为完善，而且是大宗商品生产、消费、贸易的大省，因而选择浙江省作为研究对象，具有一定的代表性和可行性。本课题选择浙江省作为研究对象，研究大宗商品价格持续上涨对其经济运行的影响，从而明确影响机制及效果，从而为浙江省乃至全国经济运行的稳定提供理论支持，帮助有关部门更好地制定对策建议。

（二）相关研究成果

针对大宗商品价格波动传导问题，许多学者对其开展了研究，也取得了许多研究成果。其中，杨奕（2015）认为，在国际贸易渠道下，国际大宗商品价格波动对中国商品价格传导机制有以下三种：商品价格传导机制、实体经济投资传导机制、资本金融账户收支传导机制；刘健、胡贤海、闵中月等（2021）基于安徽省 2021 年 1 月至 2021 年 6 月的月度数据，探究了大宗商品价格波动对经济运行的影响，发现有色金属价格波动对经济的冲击最大。熊巧丽（2021）针对大宗商品价格上涨的消费溢出效应展开研究，得出结论：大宗商品价格上

* 课题主持人：徐奕舟
课题组成员：朱　虹　王佳佳

涨不利于居民消费规模扩大和消费升级。唐文昊（2019）采用联立方程模型，针对国际大宗商品价格波动对国内居民消费价格波动的影响及传递效应展开研究，发现国际大宗商品价格对居民消费价格会产生显著放大效应。王擎、李俊文、盛夏（2019）通过引入两个 DSGE 模型，来研究大宗商品价格波动的传导机制，研究发现国际大宗商品价格波动的渠道有贸易渠道和价格渠道，传递到国内后会影响国内商品生产供给端。陈玉财则（2011）认为，国际大宗商品价格传导可通过国际资本流动渠道进行，其传导形式有证券投资和直接投资两种。谌金宇、朱学红（2018）提出，成本效应的存在，会使得因供给冲击而导致的大宗商品价格上涨，产品价格沿着产业链最终传导至消费者。

综上所述，国际大宗商品价格传导渠道并不唯一，主要包括国际贸易渠道和国际资本流动渠道。而国际大宗商品价格波动对经济运行的影响主要体现在两方面，一是影响商品的生产与供给，二是影响消费者的消费规模及水平。因此，本文将在上述研究成果的基础上，针对大宗商品价格波动给浙江省带来的影响作更深入的研究。

（三）选用的研究方法

由于本文是要研究大宗商品价格波动对浙江省经济运行的影响，即需要研究各个对象之间的因果关系以及影响机制，除了理论研究之外，还需要用实证研究的方法来完成这一目标。在综合考虑各项因素之后，决定选用 VAR 模型作为本文的计量模型。

二、理论的引入

大宗商品价格波动传导方式是指通过国内或者国际贸易的货物流通渠道，大宗商品流动到国内，相应地，大宗商品价格会沿着相应的产业链条，最终传导至居民消费价格，进而对宏观经济产生影响。造成大宗商品价格传导的原因主要是供给冲击。因供给冲击引发的供求关系转变，使得大宗商品价格波动沿着产业链传导，本文研究供给冲击会对浙江省经济运行产生哪些影响。

国内市场对大宗商品的需求日趋增长，当发生大宗商品价格冲击（可能导致大宗商品产能及成本变化的事件，主要指供给冲击）的时候，某些大宗商品产量不足以满足国内需求，便会出现供求关系转变的现象。由于成本效应的存在，供给冲击会使得大宗商品价格上涨，进而提升行业生产成本。国内大宗商品价格会呈现快速增长态势。为满足国内生产及消费需求，国外大宗商品的进口量会持续增长，只有当供求关系再次实现平衡时，价格才会随之回落至正常水准。在这个过程中，下游产业会受到相应冲击，生产成本上涨，最终转嫁至消费者身上，对社会经济的运行产生一定负面影响。

在一个成熟的自由化市场中，成本带来的冲击，会沿着产业链传导至终点。

一般而言，大宗商品价格冲击会先传导至浙江省工业生产者购进价格，然后传导至浙江省工业生产者产出价格，随后通过市场流通影响居民消费价格，甚至可能影响 GDP，这是大宗商品价格波动的传导机制。

三、浙江省社会经济特点及主要大宗商品概况

（一）浙江省社会经济运行发展现状

浙江省作为国内经济发展的“优等生”，生产总值多年稳居全国第四，出口贡献度名列前茅，城乡居民人均可支配收入多年居全国第一，财政多年净上缴。各地区发展相对均衡，且对外来人口的吸引较强。如图 1 及图 2 所示，浙江省 2014—2021 年，GDP 与进出口总额均快速增长，贸易依存度基本稳定在 0.5 附近，最高值为 2021 年的 0.56，最低值为 2016 年的 0.47，也就是说，浙江省的进出口总额基本能达到 GDP 的 1/2 左右。可以认为，浙江省贸易依存度非常高。而长期以来，浙江省一直都是国内大宗商品的生产大省、消费大省和贸易大省，该特征将会导致浙江省经济运行对大宗商品价格波动较为敏感。短期内大宗商品的大幅波动，会造成浙江省出口产业成本的上升，从而影响浙江省经济运行的稳定性。

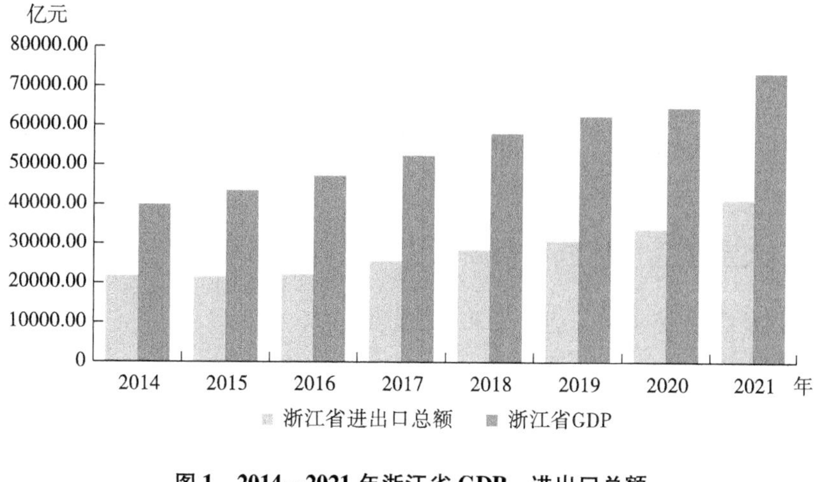

图 1　2014—2021 年浙江省 GDP、进出口总额

（数据来源：浙江省统计局）

（二）浙江省本土主要大宗商品现状

依据不同的大宗商品类别来进行分析，从矿产资源看，浙江省自身能源矿产较少，陆地可用油气资源匮乏，已探明的金属矿产储量较低，浙江省有色金属年产量在全国居于中下游水平，但是在非金属矿产资源储量上，浙江省却较为丰富，明矾石、叶腊石等储量较高，分别占全国的 53%、52%。

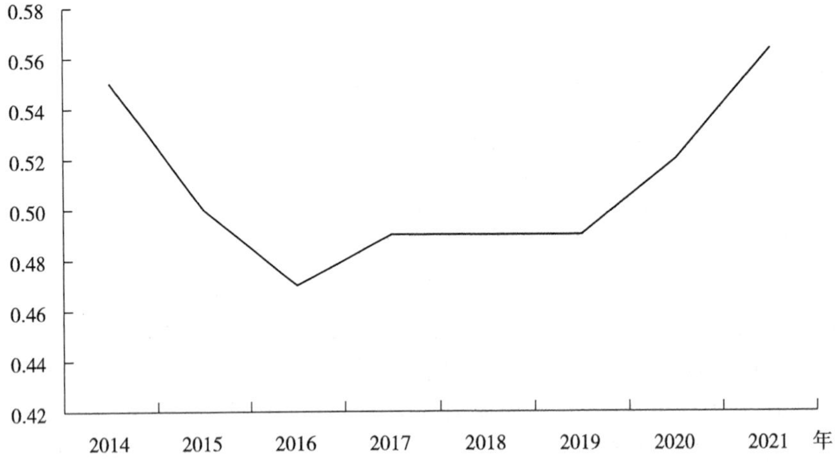

图 2　2014—2021 年浙江省贸易依存度

（数据来源：浙江省统计局）

从农产品看，浙江省属于高产综合性农业区，杭嘉湖平原以及宁绍平原的水稻、茶叶产量高，产品不仅能够满足本土需求，还远销国内各地，乃至出口世界各国。不过，在天然橡胶领域，浙江省高度依赖进口。

相较于陆地资源，浙江省海洋资源十分丰富，浙江省海岸线总长达到了 6715 公里，在全国各省市中居于首位，其东海大陆架盆地具备丰富的石油和天然气资源，开发前景良好，同时也是中国海上油气勘探的主要区域。总的来看，浙江省本土大宗商品资源并不丰富，缺口较大依赖进口。

四、大宗商品价格波动对浙江省经济运行的影响研究

（一）模型的建立、实证检验及结果分析

1. 模型引入

本文研究的是大宗商品价格波动对浙江省经济运行的影响，需要选用合适的模型来研究这一影响过程。依据大宗商品价格波动的传导机制特点，本文选择使用向量自回归模型（VAR 模型）。该模型能够定量分析不同变量之间存在的互动关系，作为本文的模型较为适合。

2. 变量选择

依据上文的理论基础，本文选择大宗商品价格指数（EASTMONEYCCPI）、浙江省工业生产者购进指数（ZJPPIRM）、浙江省工业生产者出厂价格指数（ZJPPI）、浙江省居民消费指数（ZJCPI）、浙江省国内生产总值（ZJGDP）作为变量。

3. 数据来源说明

本文在考虑数据可获性、数据可靠性等因素之后，浙江省工业生产者出厂价格指数、浙江省工业生产者购进价格指数、浙江省消费者总价格指数这三项，选择采用2014年1月至2021年12月浙江省的数据，这些数据均由浙江省统计局发布的数据整理所得①，这些数据均为月度数据，缺失的月份则根据相近的月份取近似值补充完整；浙江省GDP也由浙江省统计局发布的数据整理所得，但是只有各个季度的数据，并无月度数据。由于并没有专门的浙江省大宗商品价格指数，在综合考量之后选用东方财富网站发布的大宗商品价格指数，网址为Choice数据模块②。由于上述各项数据中存在单日数据、月度数据、季度数据，为保持时间序列的一致性，且最大可能地保留原有信息，本文考虑采用统一的季度数据，将各项月度数据、日数据求均值获得季度数据。

综上所述，本文所采用的数据是2014年第一季度至2021年第四季度的浙江省工业生产者出厂价格指数、浙江省工业生产者购进价格指数、浙江省消费者总价格指数、浙江省GDP、大宗商品价格指数。

4. 数据平稳性检验

考虑到可能存在的虚假回归现象，本文对大宗商品价格指数（EASTMONEYCCPI）、浙江省工业生产者购进指数（ZJPPIRM）、浙江省工业生产者出厂价格指数（ZJPPI）、浙江省居民消费指数（ZJCPI）、浙江省国内生产总值（ZJGDP）进行自然对数处理，再对这些相应的数据进行ADF平稳性检验。平稳性检验的结果如表1所示。在表1中，可以发现，针对LNEASTMONEYCCPI，该时间序列数据ADF检验的统计量为-1.413，p值为0.576，1%临界值、5%临界值分别为-3.670、-2.964，$p=0.576>0.1$，序列不平稳，对序列进行一阶差分后再进行ADF检验，一阶差分后数据ADF检验结果显示$p=0.034<0.5$，此时序列平稳；针对LNZJPPIRM，该时间序列数据ADF检验的统计量为-0.704，p值为0.034，1%临界值、5%临界值分别为-3.670、-2.964，$p=0.846>0.1$，序列不平稳，对序列进行一阶差分后再进行ADF检验，一阶差分后数据ADF检验结果显示$p=0.006<0.5$，此时序列平稳；针对LNZJPPI，该时间序列数据ADF检验的统计量为-0.851，p值为0.804，1%临界值、5%临界值分别为-3.670、-2.964，$p=0.804>0.1$，序列不平稳，对序列进行一阶差分后再进行ADF检验，一阶差分后数据ADF检验结果显示$p=0.056<0.5$，此时序列平稳；针对LNZJCPI，该时间序列数据ADF检验的统计量为0.558，p值为0.987，1%临界值、5%临界值分别为-3.738、-2.992，$p=0.987>0.1$，

① 原网站网址为http：//data.tjj.zj.gov.cn/。

② https：//data.eastmoney.com/cjsj/hyzs_EMI00662535.html.

序列不平稳，对序列进行一阶差分后再进行 ADF 检验，一阶差分后数据 ADF 检验结果显示 p = 0. 0. 010 <0. 5，此时序列平稳；针对 LNZJGDP，该时间序列数据 ADF 检验的统计量为 -0. 205，p 值为 0. 938，1% 临界值、5% 临界值分别为 -3. 753、-2. 998，p = 0. 938 >0. 1，序列不平稳，对序列进行一阶差分后再进行 ADF 检验，一阶差分后数据 ADF 检验结果显示 p = 0. 043 <0. 5，此时序列平稳；综合上述可知，各变量取对数后再经过一阶差分，序列均为平稳。

表 1　各变量 ADF 平稳性检验结果

变量	t 值	p 值	1% 临界值	5% 临界值	结论
LNEASTMONEYCCPI	-1. 413	0. 576	-3. 670	-2. 964	不平稳
FD（LNEASTMONEYCCPI）	-3. 007	0. 034	-3. 788	-3. 013	平稳
LNZJPPIRM	-0. 704	0. 846	-3. 670	-2. 964	不平稳
FD（LNZJPPIRM）	-3. 602	0. 006	-3. 670	-2. 964	平稳
LNZJPPI	-0. 851	0. 804	-3. 670	-2. 964	不平稳
FD（LNZJPPI）	-2. 813	0. 056	-3. 670	-2. 964	平稳
LNZJCPI	0. 558	0. 987	-3. 738	-2. 992	不平稳
FD（LNZJCPI）	-3. 418	0. 010	-3. 738	-2. 992	平稳
LNZJGDP	-0. 205	0. 938	-3. 753	-2. 998	不平稳
FD（LNZJGDP）	-2. 921	0. 043	-3. 753	-2. 998	平稳

注：FD（*）表示序列的一阶差分。

5. 格兰杰因果关系检验

在对原序列取对数并作一阶差分处理后，综合考虑各项因素，确定本文所使用的 VAR 模型滞后阶数为 1 阶，为了验证 EASTMONEYCCPI、ZJPPIRM、ZJPPI、ZJCPI、ZJGDP 之间的因果关系，本文对这些变量采取格兰杰因果关系检验，检验结果如表 2 所示。在本文选用的 5 个变量之间，共有 20 种因果关系需要进行检验，根据相应的 p 值来判断是否接受原假设。

其中，针对 FD（LNEASTMONEYCCPI）不是 FD（LNZJPPIRM）的格兰杰原因这一假设，p 值 = 0. 027 < 0. 05，因而拒绝原假设，意味着 FD（LNEASTMONEYCCPI）是 FD（LNZJPPIRM）的格兰杰原因，即可认为，EASTMONEYCCPI 是引发 ZJPPIRM 的格兰杰原因，说明大宗商品价格波动是影响浙江省工业生产者购进指数变化的原因，与上文提到的基础理论相吻合。针对 FD（LNEASTMONEYCCPI）不是 FD（LNZJPPI）的格兰杰原因这一假设，p 值 = 0. 042 < 0. 05，因而拒绝原假设，意味着 FD（LNEASTMONEYCCPI）是 FD（LNZJPPI）的格兰杰原因，即可认为，EASTMONEYCCPI 是引发 ZJPPI 的格兰杰原因，说明大宗商品价格波动是影响浙江省工业生产者出厂指数变化的原因，与上文提到

的基础理论相吻合。由此可见，大宗商品价格冲击传导至浙江省工业生产者购进价格、浙江省工业生产者出厂价格的路径是畅通的，但是传导至居民消费价格、GDP 的过程存在一定的阻滞。

表 2 各变量之间格兰杰检验结果

原假设 H0	F 值	p 值	结论
FD（LNEASTMONEYCCPI）不是 FD（LNZJPPIRM）的格兰杰原因	5.459	0.027*	拒绝
FD（LNEASTMONEYCCPI）不是 FD（LNZJPPI）的格兰杰原因	4.543	0.042*	拒绝
FD（LNEASTMONEYCCPI）不是 FD（LNZJCPI）的格兰杰原因	0.243	0.626	接受
FD（LNEASTMONEYCCPI）不是 FD（LNZJGDP）的格兰杰原因	0.188	0.668	接受
FD（LNZJPPIRM）不是 FD（LNEASTMONEYCCPI）的格兰杰原因	0.120	0.732	接受
FD（LNZJPPIRM）不是 FD（LNZJPPI）的格兰杰原因	0.006	0.936	接受
FD（LNZJPPIRM）不是 FD（LNZJCPI）的格兰杰原因	0.475	0.496	接受
FD（LNZJPPIRM）不是 FD（LNZJGDP）的格兰杰原因	1.278	0.268	接受
FD（LNZJPPI）不是 FD（LNEASTMONEYCCPI）的格兰杰原因	0.012	0.914	接受
FD（LNZJPPI）不是 FD（LNZJPPIRM）的格兰杰原因	1.944	0.175	接受
FD（LNZJPPI）不是 FD（LNZJCPI）的格兰杰原因	0.243	0.626	接受
FD（LNZJPPI）不是 FD（LNZJGDP）的格兰杰原因	0.810	0.376	接受
FD（LNZJCPI）不是 FD（LNEASTMONEYCCPI）的格兰杰原因	0.351	0.558	接受
FD（LNZJCPI）不是 FD（LNZJPPIRM）的格兰杰原因	3.409	0.076	接受
FD（LNZJCPI）不是 FD（LNZJPPI）的格兰杰原因	1.976	0.171	接受
FD（LNZJCPI）不是 FD（LNZJGDP）的格兰杰原因	1.100	0.303	接受
FD（LNZJGDP）不是 FD（LNEASTMONEYCCPI）的格兰杰原因	0.050	0.825	接受
FD（LNZJGDP）不是 FD（LNZJPPIRM）的格兰杰原因	7.296	0.012*	拒绝
FD（LNZJGDP）不是 FD（LNZJPPI）的格兰杰原因	2.557	0.121	接受
FD（LNZJGDP）不是 FD（LNZJCPI）的格兰杰原因	2.104	0.158	接受

注：* 表示 $p<0.05$，** 表示 $p<0.01$。

6. 脉冲响应分析

对大宗商品价格指数 EASTMONEYCCPI 给一个标准差的冲击，然后观察 ZJPPIRM、ZJPPI、ZJCPI、ZJGDP 这四个变量在 12 期内对于该价格冲击的反应路径。如图 3 和表 3 所示，当给定 EASTMONEYCCPI 一个标准差随机扰动时，ZJPPIRM 首先会在第 2 期受到一个负响应，数值为 -0.006，然后在第 3 期、第 4 期变为 0.001，最后在第 5 期以后趋稳为 0。而 ZJPPI 则在第二期受到一个正响应，数值为 0.007，随后响应程度下降，第 3 期变为 0.003，第 4 期、第 5 期、第 6 期变为 0.001，最后在第 7 期以后逐步趋于 0。ZJCPI 首先在第 2 期受到一个负响应，数值为 -0.005，随后响应程度开始下降，第 3 期为 -0.003，在第 6 期以后趋稳为 0。ZJGDP 则在第 2 期受到一个数值为 0.001 的正响应，随后在第 3 期、第 4 期转变为 -0.001 的负响应，在第 5 期以后稳趋为 0。综合上述，ZJPPIRM 和 ZJPPI 这两个对 EASTMONEYCCPI 的脉冲响应相对较大，ZJGDP 的响应最小，说明 EASTMONEYCCPI 对 ZJGDP 的影响甚微。

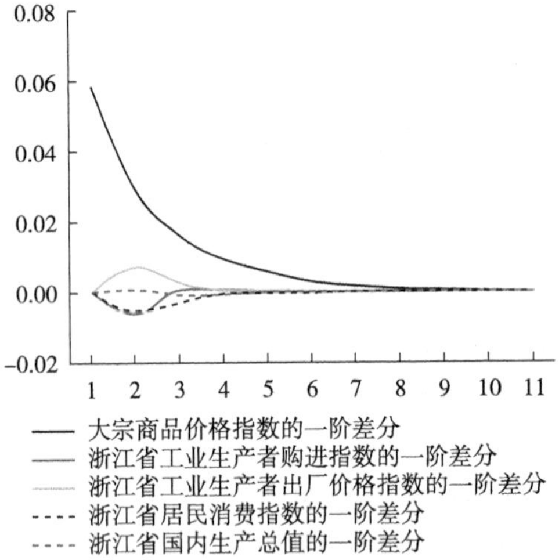

图 3 对大宗商品价格指数的一阶差分的脉冲响应

表 3 脉冲响应数据

期数	大宗商品价格指数的一阶差分	浙江省工业生产者购进指数的一阶差分	浙江省工业生产者出厂价格指数的一阶差分	浙江省居民消费指数的一阶差分	浙江省国内生产总值的一阶差分
1	0.059	0.000	0.000	0.000	0.000
2	0.030	-0.006	0.007	-0.005	0.001
3	0.016	0.001	0.003	-0.003	-0.001
4	0.009	0.001	0.001	-0.000	-0.001
5	0.006	-0.000	0.001	-0.001	0.000
6	0.003	-0.000	0.001	-0.000	-0.000
7	0.002	0.000	0.000	-0.000	0.000
8	0.001	0.000	0.000	-0.000	-0.000
9	0.001	-0.000	0.000	-0.000	0.000
10	0.000	-0.000	0.000	-0.000	-0.000
11	0.000	0.000	0.000	-0.000	0.000

7. 实证结果总结

综合上述分析可知：EASTMONEYCCPI 是 ZJPPIRM 和 ZJPPI 的格兰杰原因，即大宗商品价格波动会影响浙江省工业生产者购进价格和产出价格。大宗商品价格冲击对于 ZJPPIRM 的影响持续到第 4 期，其中最大冲击达到了 -0.006。大宗商品价格冲击对于 ZJPPI 的影响持续到第 6 期，其中最大冲击达到了 0.007。大宗商品价格冲击对于 ZJCPI 的影响持续到第 5 期，其中最大冲击达到了 -0.005。大宗商品价格冲击对于 ZJGDP 的影响持续到第 4 期，其中最大冲击只有 0.001。所以可以认为，大宗商品价格波动冲击对 ZJPPIRM、ZJPPI 的影响相对较大，对 ZJCPI 的影响略微小一些，对 ZJGDP 的影响效果甚微。为更好地反映价格波动带给浙江省经济运行的影响，接下来将结合实证结果、相关理论以及浙江省的实际情况对其展开综合分析。

（二）大宗商品价格波动对浙江省经济运行的影响分析

1. 对供给侧的影响

自 2020 年初新冠疫情发生以来，全球主要大宗商品价格波动十分频繁。由于浙江省是典型的“来料加工、对外出口”的发展模式，即通过通过进口原材料或者中间投入品，加工生产，制成工业产品后向外出口。但是浙江省本土大宗商品资源少，急需进口，且许多大宗商品在生产过程中属于原材料或者中间投入品。因此当大宗商品价格波动时，原材料成本会上涨，这在无形中增大了企业的生产成本。根据上文的理论分析，大宗商品的价格波动传导至浙江省工业生产者购进价格。考虑到浙江省内工业制造业以劳动密集型产业为主，且具备企业数量多、规模不大的特点，这些数量庞大的中小企业利润空间有限。大宗商品持续的价格波动首先便会压缩这些企业的利润空间，迫使企业提高产品的出厂价格，此时，价格传导至浙江省工业生产者出厂价格。当然，假设短期内大宗商品持续发生频繁的大规模波动，很可能会导致部分企业为缩减成本，近而降低产量。更进一步来说，会降低浙江省出口企业的竞争力，影响到浙江省经济的可持续发展。

2. 对需求侧的影响

依据实证结果，结合上文的理论分析，可以发现，浙江省居民消费价格对大宗商品价格波动的反应不显著。一是因为当价格波动传导至消费终端时，所经历的路径较长，所需时间也较久，并不能马上体现出来。二是因为国家会对部分大宗商品的价格实行限价，尤其是一些农产品类的大宗商品，其价格波动并不会直接在消费终端体现。但是，从长期看，根据上文的分析，大宗商品的价格波动，势必会影响到浙江省工业生产者出厂价格，而工业生产者出厂价格会在最终传导至消费终端，致使消费者购买商品时需要更高的价格，这可能会导致消费者的生活成本有所上升，消费需求有所下降，即对整个消费市场产生一定程度的冲击。消费市场受到冲击后，会反过来影响工业生产者，影响到他们的利润。最终，需求侧的长期震荡也会影响浙江省经济运行的稳定性。

五、结论及对策建议

（一）本文主要结论

综合全文来看，大宗商品价格波动对浙江省经济运行的影响有以下几点：根据格兰杰检验的结果，大宗商品的价格波动，确实是浙江省工业生产者购入价格以及出厂价格波动的原因，但是，浙江省居民消费价格、浙江省 GDP 受到大宗商品价格波动的影响并不大；根据脉冲响应图来看，浙江省工业生产者购入价格以及出厂价格波动，对大宗商品价格波动的冲击较为敏感，而浙江省居民消费价格，对大宗商品价格波动的冲击有一定反应，浙江省 GDP 则对其基本没有明显反应；结合浙江省实际情况来看，大宗商品价格波动使得供给侧生产成本上升，出口竞争力有所减弱；大宗商品价格波动的效果，会在一定时间之后作用在消费者身上，会增加其生活成本。

（二）对策建议

1. 增加能源类的大宗商品储备量

由于浙江省对原油、铁矿石等能源类的大宗商品需求量很高，而且也十分依赖国际市场，因而对国际大宗商品价格波动十分敏感。根据以往发达国家和地区的经验，需要对能源类的大宗商品建立一个战略储备机制。当前，国内仅仅只对少数能源类的大宗商品建立了该机制，而且储备量较低，难以应对突发状况。类似于铁矿石、天然气等影响国民经济发展的重要能源产品，也需要纳入战略储备中去。如此一来，才能保证浙江省及周边地区，乃至全国各地都能在特殊时期用上储备的能源产品。对于该问题，除了国家统一安排外，浙江省政府也可发动省内各个城市的相关企业，让它们承担部分储备任务。

2. 开辟新的国内及国际资源市场

在短时间内国际大宗商品定价权仍然被发达国家所掌握，国内在定价权上仍处于劣势位置。考虑到浙江省“来料加工、对外出口”的发展模式，且工业制造业处于转型升级的关键期，对国际大宗商品的需求也日趋高涨这一客观事实确实存在，这就需要浙江省政府充分利用该优势，想方设法开辟新的国内国际资源市场，为省内各工业企业提供更多发展机遇。开辟新的国内及国际资源市场，首先要挖掘国内市场的潜力，考虑到浙江省本身具备丰富的海洋资源，尤其是东海大陆架盆地有众多海洋石油，可以加大对海洋石油的开采力度。其次，要设法开辟新的海外资源市场，除了传统资源出口国的合作，要加大和非洲、俄罗斯等能源丰富国家及地区的能源贸易合作。

3. 注重新能源领域的布局

当前，新型能源层出不穷，为应对浙江省大宗商品价格波动提供了新的道路。类似于风能、潮汐能、太阳能这些新型能源，在应用技术层面均有了较大的进步，能够广泛的市场化。浙江省内本身就有许多新能源产业基地，如王店镇的光伏产业基地。浙江省政府应当抓住这一历史机遇，在现有新能源产业基础上，优化布局，通过颁布优惠政策，鼓励和支持企业、个人使用新能源及相关产品，从而提升新能源的占比，减少对大宗商品的依赖度。

4. 加强对大宗商品市场的监管

为降低大宗商品价格波动所带来的负面影响，需要浙江省政府相关部门进一步加强对市场的监管力度，保障大宗商品交易市场的秩序，让其稳定、持续、健康地发展。尤其是在当前大宗商品金融化趋势有所增强的环境下，需要减少大宗商品价格波动所带来的次生影响。此外，还需要加强对于那些参与大宗商品期货市场的中小企业以及一些个体单位的资金保护。在浙江省内，建立健全大宗商品及衍生品交易的信息披露系统。

5. 给予适当财政及金融支持。

大宗商品的价格波动，会增加浙江省内各企业的生产成本，压缩这些企业的利润空间，迫使企业提高产品的出厂价格，从而降低浙江省的出口竞争力，影响到浙江省经济的可持续发展。政府应当实时监测大宗商品市场交易价格，当大宗商品价格波动对各企业冲击很大时，应当及时出台相应优惠政策，给予这些企业适当财政及金融支持，尤其是一些劳动密集型行业，本身利润空间小，极易受到大宗商品价格波动带来的冲击。政府可以提供减费让利、减租降息、提供一些投资，从而舒缓企业的经营压力，保障这些企业的正常运转以及相关从业人员的有序就业，进而稳定社会经济。

参考文献

[1] 杨奕. 国际大宗商品价格波动的传导机制、影响因素及对策研究[J]. 价格月刊，2015 (11)：12 - 16.

[2] 刘健，胡贤海，闵中月，李敏，梅菁，郭嘉. 大宗商品价格波动对经济运行的影响研究——基于安徽省的实证分析 [J]. 价格理论与实践，2021 (08)：42 - 49.

[3] 熊巧丽. 大宗商品价格上涨的消费溢出效应研究 [J]. 商业经济研究，2021 (21)：53 - 57.

[4] 唐文昊. 国际大宗商品价格冲击对我国消费价格波动的影响及传导效应 [J]. 价格月刊，2019 (10)：37 - 42.

[5] 王擎，李俊文，盛夏. 国际大宗商品价格波动对我国宏观经济影响的

机制研究——基于开放经济的两国 DSGE 模型［J］．中国软科学，2019（06）：35 – 49.

［6］陈玉财．国际大宗商品价格波动与国内通货膨胀——基于中国数据的实证分析［J］．金融评论，2011，3（05）：22 – 43，123 – 124.

［7］谌金宇，朱学红．产业链视角下结构性有色金属价格冲击的行业传导效应［J］．运筹与管理，2018，27（11）：95 – 104.

我国碳中和银行建设路径分析与建议

——以邮储银行浙江省分行为例

中国邮政储蓄银行浙江省分行课题组*

一、研究背景

（一）碳中和银行的概念

将减少二氧化碳等温室气体排放纳入金融体系的理念早在 1992 年便被国际社会广泛讨论。在国际层面，碳中和银行也称净零银行，根据联合国净零银行业联盟的释义，净零银行指遵循《巴黎协定》1.5℃温控目标，实现温室气体净零排放的银行。

随着我国正式将“双碳”目标纳入生态文明建设整体布局和“十四五”规划以及“1 + N”政策体系的基本建立，商业银行践行碳中和理念的步伐也进一步加速。作为全国首批绿色金融改革创新试验区，浙江省湖州市率先开展碳中和银行建设的探索，于 2021 年发布全国首个《区域性“碳中和”银行建设指南》与《“碳中和”银行“28 · 58”远景规划》，并于 2022 年发布《“碳中和”银行机构建设与管理规范》，为碳中和银行建设提供了建设指导和标准参考。根据其中定义，碳中和银行指以应对气候变化为重要目标，通过公允的碳排放核算方法，采取自身碳减排、投融资结构低碳调整等措施，实现自身运营碳中和及投融资碳中和的银行总行及分支机构。

（二）碳中和银行建设的意义

1. 碳中和银行建设的必要性分析

一是“双碳”目标推进与绿色金融深化发展的必然要求。银行机构进行碳中和银行建设是对国家发展战略及顶层政策的积极响应，有助于以创新设立专营机构或网点的形式为社会经济的绿色转型提供有力金融支持，支持我国生态文明建设。二是激活绿色产业推动社会经济可持续发展的重要环节。“双碳”目标为产业绿色转型带来全新发展机遇，通过建设碳中和银行，以低碳领域作为银行投融资业务的重点布局，有利于满足绿色产业高质量发展所需的资金需求，

---

* 课题主持人：杨苗昌

课题组成员：叶松青　来海燕　孔佳丹　陈祝贤　朱　熹　陈赛飞　邱亚萍　赵　勤

带动整体产业结构的优化，促进新时期社会经济低碳转型及可持续发展。三是促进银行自身业务结构优化实现低碳转型的有效途径。碳中和银行建设将有利于从自身运营及投融资业务两个主要维度切入，通过采取节能减排的绿色办公措施、优化银行投融资业务结构、将 ESG 纳入风险管理机制等方式，有效管理银行气候与环境相关风险，实现自身碳中和目标。

2. 碳中和银行建设的风险与机遇

从机遇来看，首先，“双碳”目标所带来的融资缺口为碳中和银行业务发展提供新机遇。根据清华大学《中国长期低碳发展战略与转型路径研究》数据，为了达到“双碳”目标，到 2030 年我国绿色低碳投资需求约达 22 万亿元，到 2060 年约达 139 万亿元。面对巨大的资金缺口，亟须银行机构充分发挥其资源配置的作用，促进资本市场绿色资金的融通，这为碳中和银行的业务发展提供了巨大增长空间。其次，碳金融和碳市场的发展为碳中和银行业务创新提供新领域。随着我国碳市场和碳金融产品的加速建设与推进，碳中和理念正在逐步深化融入金融市场建设、促进金融市场的低碳转型，这为碳中和银行重点布局碳金融领域，加大相关产品的创新与研发，积极参与碳市场，提升自身竞争力提供了良好契机。

从风险来看，一方面，经济增长方式的转变对碳中和银行加快战略布局改变和结构调整提出新要求。“双碳”目标的提出对我国能源结构及产业结构带来了极大的变革，当前国际众多领先金融机构已陆续宣布退出高碳行业融资，而对于我国银行机构来说，对于碳排放较高的传统制造业的金融支持仍占据了其信贷业务较大比重，银行资产质量受到一定影响。碳中和银行的建设首先面临着一定转型风险，需尽快调整其行业偏好及业务布局，实现最优资产配置。另一方面，碳中和银行的建设对银行应对气候与环境风险提出新挑战。加强气候与环境风险管理是“碳中和”议题下的重要内容。但是目前我国银行机构在相关风险识别、评估、管理及信息披露方面均与国际领先机构存在一定差距。因此，碳中和银行应加快气候与环境风险管理机制建设和工具探索，提高自身风险应对和管理能力。

二、国内外碳中和银行建设的现状梳理

（一）国际层面，碳中和银行实践处于领先地位

国际层面碳中和银行实践起源较早，呈现出自下而上的市场导向，通过成立相关行业联盟合力践行碳中和承诺或由银行机构根据实际发展需求自发进行相关探索的特点。目前国际上主要的零碳银行组织包括联合国净零银行业联盟（Net - Zero Banking Alliance）、格拉斯哥净零排放金融联盟（Glasgow Financial Alliance for Net Zero）等。签署成员均需做出 2050 年前实现净零排放的目标，并

根据自身情况制订短期目标及行动计划。

（二）国内层面，区域性碳中和银行建设已经展开

国内层面碳中和银行实践以自上而下政策导向为主，在我国“1＋N”碳达峰碳中和政策体系的框架下，分行业分地区的相关指导性方向文件、保障性支持文件陆续出台。2021 年，中国银保监会湖州监管分局发布了《关于开展“碳中和”银行建设规划工作的通知》，在全国范围内率先开展区域性碳中和银行的实践探索。在政策引导下，湖州市碳中和银行建设试点工作取得了良好成效。首批碳中和试点银行机构在 2021 年 6 月开始实施，辖区内试点银行机构在 2021 年 6 月发布《碳中和银行机构建设规划路线图》。

三、碳中和银行核算标准及应用情况

（一）碳核算标准及方法学层面

1. 《IPCC 国家温室气体清单指南》

《IPCC 国家温室气体清单指南》（以下简称《IPCC 指南》），为世界不同国家和地区建立自身温室气体清单和减排路径提供了框架方法与规则①，可以针对包括国家、企业、项目等不同主体温室气体的排放情况进行核算。

在《IPCC 指南》中，通用的计算方法为碳排放量等于经济活动水平和排放因子②的乘积，这也是目前国际上各类碳核算方法学所采用的通用底层计算逻辑。

2. 温室气体核算体系

温室气体核算体系（Greenhouse Gas Protocol）是由世界资源研究所（WRI）和世界可持续发展工商理事会（WBCSD）共同编制的，主要包括《企业核算与报告标准》《产品寿命周期核算和报告标准》及《企业价值链（范围三）核算与报告标准》等。

在《企业核算与报告标准》中首次提出应识别与企业运营相关的排放，分为直接与间接排放，并将温室气体划分为三个范围，即范围一（Scope 1），企业所有或控制的直接温室气体排放（不包括生物质燃烧排放）；范围二（Scope 2），企业用于自身消费的外购电力所产生的间接温室气体排放；范围三（Scope 3），企业活动产生的其他间接温室气体排放（非企业所有或控制）。在确定排放清单后，企业温室气体排放测算流程主要分为识别温室气体排放源、选择温室气体排放量计算方法、收集活动数据和选择排放因子、应用计算工具、将温室

---

① 参考《IPCC 指南》相关核算方法理论和部门划分，中国编制《省级温室气体清单编制指南》，并在广东、湖北、天津等七个省市进行试点编制，为区域层面的温室气体核算提供科学指导。

② 排放因子是经过计算得出的、排放源活动水平与温室气体排放量之间的比率。

气体排放数据汇总到企业一级五个步骤（见图 1）。

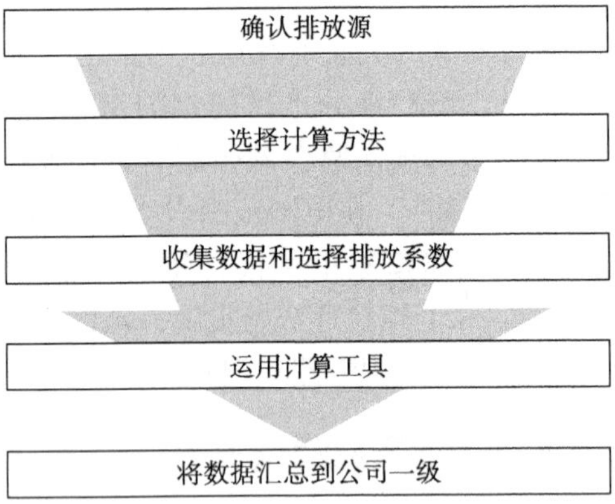

图 1　识别和计算温室气体排放量的步骤

（资料来源：《企业核算与报告标准》）

3. 温室气体核证 ISO 14064

ISO 14064 是国际标准化组织于 2006 年 3 月 1 日发布的。ISO 14064 由三部分组成：《第一部分 组织层次上对温室气体排放和清除的量化与报告的规范及指南》《第二部分 项目层次上对温室气体减排或清除增加的量化、监测和报告的规范及指南》和《第三部分 温室气体声明审定与核查的规范与指南》。

4. 全球金融行业碳核算标准

2020 年 11 月，碳会计财务伙伴关系（Partnership for Carbon Accounting Financials，PCAF）发布《全球金融行业温室气体核算和报告标准》（Global GHG Accounting and Reporting Standard for the Financial Industry），旨在协助全球范围内的金融机构能够持续测量和披露其贷款和投资融资的温室气体排放情况。作为目前唯一以核算融资排放量为核心的方法学，该标准基于金融机构和投资者的广泛实践与测试，形成了涵盖上市证券与债券、商业贷款、商业地产贷款、房贷、车辆贷款、项目融资六大资产类别的碳核算方法及详细指导。

5. 中国行业企业温室气体排放核算方法与报告指南

2013 年，国家发展和改革委员会出台了首批《企业温室气体排放核算方法与报告指南》，涉及发电、钢铁、化工、水泥、民航等 10 个行业，为开展碳排放权交易、建立企业温室气体排放报告制度、完善温室气体排放统计核算体系等工作提供有力参考。此后又先后出台了第二批及第三批行业企业的指南文件，目前已出台总计 24 个行业企业温室气体排放核算方法与报告指南。

6. 中国人民银行金融机构碳核算指南

2021 年 7 月，中国人民银行编制了《金融机构碳核算技术指南（试行）》，其中，金融机构自身碳排放核算流程主要包括确定碳排放核算边界，识别二氧化碳源，确定核算方法，选择与收集碳排放活动数据，选择或测算排放因子，计算与汇总自身的碳排放量。金融机构投融资业务碳排放核算流程主要包括确定投融资业务的类型，确定各类投融资业务下的全部核算对象，收集和验证各个核算对象的碳排放数据，汇总计算各类投融资业务的碳排放总量。

（二）碳信息披露实践层面

1. 气候相关信息披露整体情况

CDP 官网最新气候变化评级结果显示，整体而言，国内外银行机构在气候变化应对及披露上存在较大差距。此外，国内银行机构对 CDP 问卷的响应覆盖率相对较低，说明大部分银行机构对于自身在气候变化层面的实践表现及评级现状的国际认可度不够重视（见表 1）。

表 1　国内外主要银行机构 CDP 评级对比

银行名称		2021 年	2020 年	2019 年
国际银行机构	汇丰银行	A-	A-	A-
	花旗银行	A-	A-	A
	法国巴黎银行	A-	A-	A-
	美国银行	A-	A	A
国内银行机构①	工商银行	D-	F	F
	建设银行	D-	D-	D
	邮政储蓄银行	D-	D-	D
	交通银行	D-	D-	D-
	中信银行	D-	D-	D

注：F 仅代表未能回应 CDP 问卷进行披露或为能提供足够信息进行评估，并不代表公司实际应对气候变化的管理水平。

数据来源：CDP 官网。

2. 碳信息披露具体情况

细化至碳信息披露层面，以国内上市大型商业银行及上市股份制商业银行为例，其公开披露数据②显示，16 家上市商业银行中大部分银行均已对温室气体排放情况做出披露，整体披露率较高。一方面响应了监管部门的要求，另一方面也反映出我国银行机构对强化气候与环境管理的决心与责任感。但同时也存在一定问题，如由于相关监管标准未对披露口径及披露范围做出明确规定，

① 未纳入此表格的国内银行机构目前暂无响应 CDP 问卷。

② 数据来源均来自各大上市银行 2021 年度公开披露的相关报告，如《ESG 报告》《可持续发展报告》《环境信息披露报告》等。

各家银行披露口径不统一、未对单位三温室气体排放情况做披露、披露数据未由第三方机构进行鉴证核验等（见表 2）。

表 2　　2021 年国内（部分）上市银行温室气体排放披露情况

银行名称	机构类型	披露口径	是否披露直接温室气体排放量（范围一）	是否披露间接温室气体排放量（范围二）	是否披露间接温室气体排放量（范围三）
中国银行	大型商业银行	全集团	√	√	×
工商银行	大型商业银行	总行在京机构	√	√	×
建设银行	大型商业银行	总行、境内分行	√	√	×
农业银行	大型商业银行	总行在京机构、一级分行	√	√	×
邮政储蓄银行	大型商业银行	总行、境内一级分行机关、一级分行直属单位及控股子公司	√	√	×
交通银行	大型商业银行	总行	√	√	×
平安银行	股份制商业银行	总行	√	√	×
浦发银行	股份制商业银行	母公司（含境外分行）	√	√	×
民生银行	股份制商业银行	总行及 42 家一级分行本部	√	√	×
招商银行	股份制商业银行	总行及境内 44 家分行	√	√	×
华夏银行	股份制商业银行	总行及各分支机构	√	√	×
兴业银行	股份制商业银行	福州、北京、上海三地总行机构	√	√	×
中信银行	股份制商业银行	全集团	√	√	×
光大银行	股份制商业银行	总行及境内一级分行本部	√	√	×
浙商银行	股份制商业银行	总行	√	√	×
渤海银行	股份制商业银行	—	×	×	×

资料来源：各上市银行 2021 年环境信息披露报告、ESG 报告等。

四、碳中和银行建设的实践与探索

（一）邮储银行湖州分行碳核算实践分析

1. 自身运营层面碳核算

（1）方法学及数据说明

以《IPCC 国家温室气体清单指南》《温室气体核算体系》等国际通用碳核算方法学为指导，参考国家发改委发布的《企业温室气体排放核算方法与报告指南》，本课题以邮储银行湖州分行为主体（以下简称“湖州分行”），对其2019—2021年自身经营活动所产生的温室气体排放情况进行测算。具体公式如下：

$$E = \sum ADi \times EFi \quad (1)$$

式中，E 为机构年度经营活动所产生的温室气体排放总量；ADi 为能源种类 i 的年度消耗量；EFi 为能源种类 i 的温室气体排放系数。

其中，根据湖州分行运营实际，所涉及能源种类具体为车用汽油、天然气、液化天然气及外购电力，对应排放系数取自《中国产品全生命周期温室气体排放系数集（2022）》及生态环境部公开的最新数据。数据口径涵盖湖州分行本级及下辖所有分支机构。

（2）结果分析

从整体温室气体排放情况来看，2019—2021年湖州分行总体碳排放量呈现上升趋势（2020年由于受到新冠疫情影响及居家办公政策，排放情况有所下降），如图2所示。

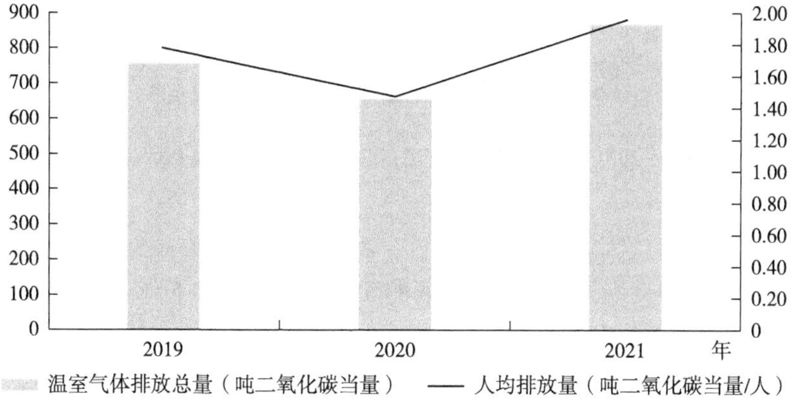

图2 2019—2021年邮政储蓄银行湖州分行温室气体排放总量

从具体温室气体排放范畴来看，直接温室气体（范围一）排放主要涵盖银行自有公务车汽油、营业办公活动的天然气、液化石油气消耗量；间接温室气体（范围二）排放主要涵盖银行电力消耗量。

2. 投融资业务层面碳核算

（1）方法学及数据说明

针对投融资业务方面的碳核算本课题采用行业因子法对湖州分行2019—2021年的主要业务模块进行碳排放测算，即涵盖贷款业务及票据业务。由于目前我国尚未针对各行业形成系统化温室气体排放数据，课题组基于当前国内已官方披露的分行业能源消费总量和各行业投入产出数据，形成各行业单位产出下的碳排放强度，即单位产出所产生的二氧化碳排放量，以此形成行业因子。

（2）结果分析

从整体样本业务的碳排放情况来看，湖州分行的主要业务模块碳足迹管理情况良好，碳排放强度呈现下降趋势。受到业务规模持续增长的影响，2019—2021 年湖州分行贷款业务及票据业务的总体碳排放量持续增加，但单位业务金额下的碳排放强度逐年下降（见图 3）。

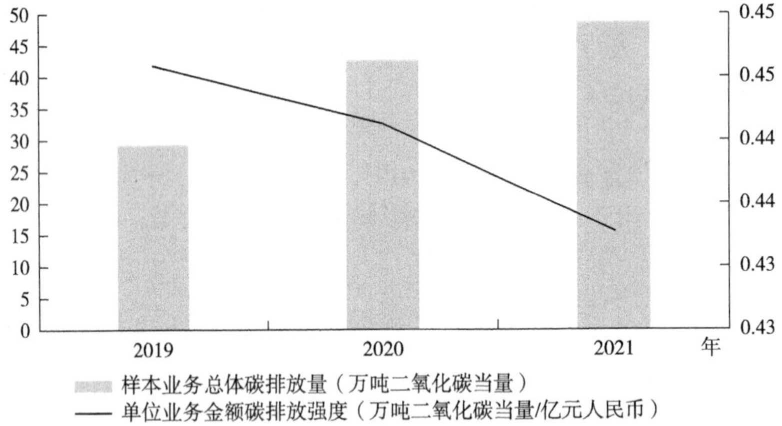

图 3　2019—2021 年邮政储蓄银行湖州分行主要业务模块总体碳排放情况

a. 贷款业务

从贷款业务的总体碳排放情况来看，湖州分行积极响应绿色低碳转型的号召，贷款业务结构良好，单位贷款金额的碳排放强度持续下降（见图 4）。

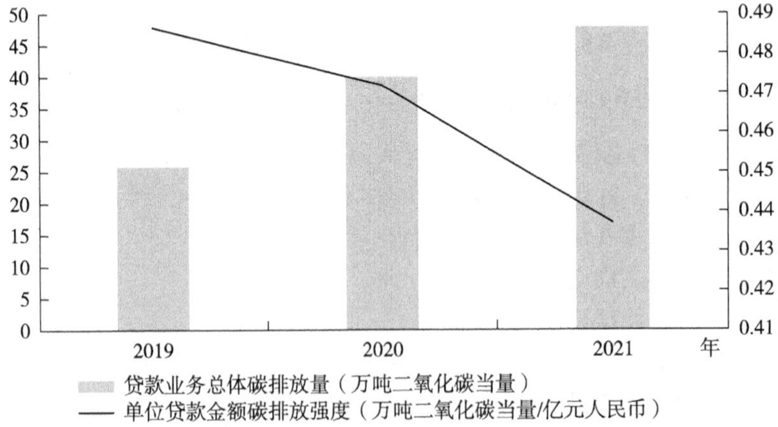

图 4　2019—2021 年邮政储蓄银行湖州分行贷款业务总体碳排放情况

就不同行业的贷款业务碳排放占比情况来看，总体而言投向制造业的贷款业务所产生的碳排放量仍占各年度总排放量的较大比重，其次是居民生活业，电力、热力、燃气及水生产和供应业，批发和零售业、住宿和餐饮业。但湖州分行对于投向制造业的贷款业务占比正在逐年下降，湖州分行在保持贷款业务快速增长的同时持续优化贷款布局，逐渐降低对碳排放量较高的传统制造业的金融支持，针对制造业的贷款占比及单位贷款金额下的碳排放强度持续下降。就不同行业的贷款业务碳排放强度情况来看，2019—2021 年，居民生活行业的碳排放强度最大，其次是电力、热力、燃气及水生产和供应业，交通运输、仓储和邮政业和采矿业，各行业单位贷款金额的碳排放强度均呈下降趋势。

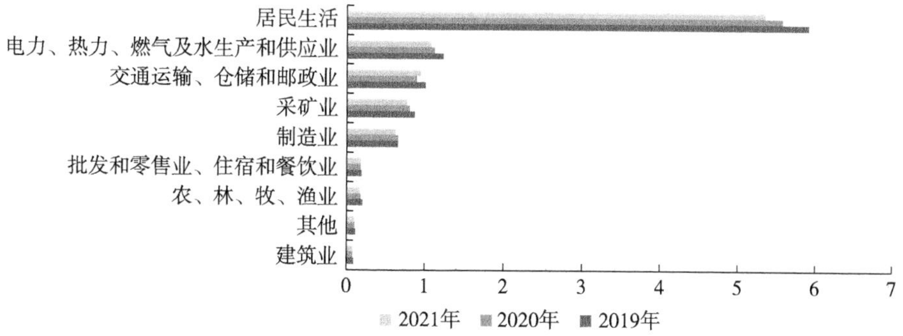

图 5　2019—2021 年邮政储蓄银行湖州分行贷款业务各行业碳排放强度情况

b. 票据业务

从票据业务的总体碳排放情况来看，湖州分行的票据业务主要集中于制造业、批发和零售业、住宿和餐饮业。由于近三年来票据业务规模有所减少，其碳排放总量逐渐降低；但由于碳排放强度较大的制造业仍然在湖州分行票据业务中占据较大比重，其单位票据业务金额的碳排放强度有所上升（见图 6）。

（二）邮储银行浙江省分行碳中和银行建设的探索与成效

近年来，邮储银行浙江省分行深入推进绿色银行建设，不断提升绿色金融专业能力和行业影响力，也在不断探索碳中和银行建设路径。

1. 加强顶层设计

成立了碳达峰碳中和暨绿色金融领导小组及工作组，总体部署和系统推进碳达峰碳中和暨绿色金融工作，并细化制订了落实碳达峰碳中和行动方案及工作要点，明确战略目标和实施路线图，扎实推进碳达峰碳中和行动。

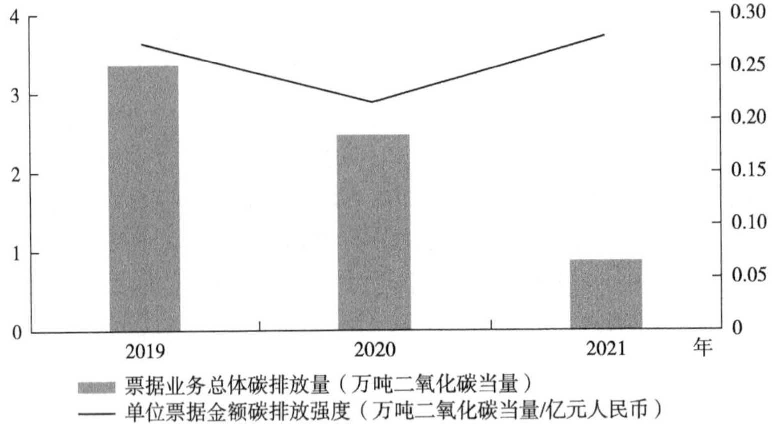

图 6 2019—2021 年邮政储蓄银行湖州分行票据业务总体碳排放情况

2. 引导资金流向

细化制定区域授信业务发展指引，优先支持清洁能源和绿色交通运输及节能环保等领域，做好保供稳价、能源安全和绿色低碳转型等领域金融服务工作。细化制定风险政策与风险限额方案，对钢铁等“两高一剩”行业进行限额管控。落实行业限额管控机制，强化行业准入管理，严控敏感性行业新增贷款发放。

3. 优化资源配置

积极落实普惠小微、绿色信贷、民营企业支持政策，明确对绿色信贷 FTP 给予战略减点支持。按照统一的规则配置各二级分行的风险加权资产限额，其中对二级分行的绿色信贷给予风险加权资产限额的战略配置。明确对于符合绿色信贷标准的公司授信事项，应优先安排使用“绿色通道”。专设服务生态文明战略指标。向绿色信贷等符合国家及总行战略要求的领域进行资源倾斜。

4. 创新产品

创新推出“两山贷”等系列产品。“两山贷”把“绿谷分”① 与贷款客户信用评级有机结合，将生态信用作为金融信贷的前提以及利率优惠的条件。基于电力企业碳排放配额，成功落地全国系统内首笔民营企业碳排放配额质押贷款。以企业碳排放配额作为质押，进一步推动了气候融资发展的有益探索和创新实践。创新推出“邮碳贷”和“低碳邮礼贷”。依托企业碳征信贴标结果和个人碳账户积分情况，分别开发了“邮碳贷”和“低碳邮礼贷”。

5. 加强 ESG 管理

将环境和社会风险作为贷前尽职调查的必要环节和重要内容，做好环境和

① “绿谷分”是综合浙江省公共信用信息平台的自然人公共信用评价信息和丽水市公共信用信息平台归集的个人生态信用信息，通过信用评价模型，计算得出的反映个人信用状况的分数。

社会风险分类工作。在授信评审环节加强客户ESG评价及应用，审查过程加强对客户ESG状况的审查，并定期开展ESG及气候风险专项排查，防范ESG风险向信用风险的传导。积极推动开展环境信用修复工作，依托IPE（公众环境研究中心）平台，做好正常类存量客户的环境信用修复及预警工作。

（三）探索建立“碳中和”网点案例

邮储银行浙江省分行探索将安吉县天荒坪镇支行改造成为全市首家一星级“碳中和”网点，并提出了“碳中和”路线图。

截至2022年末，已完成光伏设备的安装及并网发电，光伏设备安装后基本能够覆盖年度用电量。对网点环境进行全面改造升级，增加碳排放维度的考量，通过网点重新装修，采购节能环保材料，更新智能化机具、用电设备、办公家具等绿色标准设施设备，推动支行环境治理、网点升级，促进能耗降低。同时，探索建立自身运营碳排放核算基础数据清单，定期统计年度能量消耗总量，加快碳排放数据的搜集、整理、统计、分析，科学计量运营过程中所产生的碳排量。

五、碳中和银行建设的建议与展望

（一）政策引导层面

建议在顶层设计上形成全面支持碳中和银行建设的政策体系，从战略层面自上而下推动及引导银行机构进行相应实践。在顶层架构方面，建议我国政府部门基于当前“双碳”进程、结合国家宏观战略及“十四五”发展规划，与监管机构、银行机构展开充分探讨，结合监管要求和银行发展实际，制定关于银行机构加快“碳中和”布局、进行碳中和银行建设的顶层设计。以实现碳达峰碳中和为主要目标，从碳中和银行建设的战略规划、战略目标、行动方案、具体路径图等方面提供政策指导意见。在管理制度方面，建议人民银行、银保监会等监管机构在宏观框架下针对碳中和银行制定专项管理制度体系。该体系可以涵盖包括碳中和银行组织架构要求、碳中和银行业务认定及管理规范、相关信息及数据统计制度、碳中和银行建设的约束及激励机制等，为银行机构新设碳中和分支机构或对原有绿色分支机构进行升级改造提供规范化制度参考。在配套体系方面，建议对应负责部门以我国绿色金融发展体系为样本，出台相应政策促进构建完善的碳金融发展体系，推动碳市场的健全，引导银行机构进行能力建设，为碳中和银行建设和发展提供良好配套机制。在机构实践方面，建议在充分考虑地区发展水平、产业结构等差异的基础上，制定差异化引导政策，以绿色金融改革试验区为试点，鼓励试验区内银行机构先试先行，引导率先进行碳中和银行建设探索，逐步实现碳中和银行的全面实践。

（二）标准制定层面

建议在标准制定上针对碳中和银行的建设和推进形成多维度、系统化的标准支持。截至 2023 年 6 月末，“碳中和”银行标准、碳核算标准和信息披露标准在国内外均已有一定的探索和实践，但因核算范围尚未明确规范及核算方法学存在的差异，实际数据的应用性受限，标准制定与完善将是规范化推进我国“碳中和”银行建设的关键。在碳中和银行标准方面，一是建议中国人民银行和银保监协会基于浙江省湖州市的试点经验，通过行动的痛难点总结经验形成具有全国借鉴意义的案例总结和标准文件；二是有针对性地开展转型金融之于“碳中和”银行要素研究，在“碳中和”议题基础上强化碳减排效率评估，督促以转型金融支持经济部门碳中和的切实推进。在碳核算标准方面，温室气体核算涉及多元化数据需求，建议多部委打通数据壁垒协同推进碳核算方法学、产品全生命周期温室气体排放等方面研究和标准化建设，逐步搭建数据综合应用平台，统一银行核算数据的同一性和可比性，同时也是以明确的工具支持提升银行对自身运营和投融资的碳排放核算能力和温室气体综合监测效率。在信息披露标准方面，一是针对当前碳排放核算常存的取数困难，相关部委需加强金融机构和企业层面信息披露数据梳理，提升定量数据颗粒度披露要求和标准，通过强化企业碳排放数据追踪提升银行范围三投融资碳排放核算精度；二是统一银行业信息披露标准，并逐步推进银行业信息披露的强制性和第三方鉴证要求，规范化行业高质量发展，为“碳中和”银行建设作长期能力部署。

（三）银行建设层面

建议银行需立足于自身发展实际和现有绿色金融发展基础，借鉴参考国际领先碳中和银行的实践经验，全面提升碳中和能力建设。建议从战略规划、风险管理、业务创新、科技赋能等维度，推动建立全面碳中和银行建行专业机制。

在战略规划方面，结合实际形成特色化行动方案及具体举措，明确时间线及实施路径图，分阶段、分步骤推动建立碳中和银行，积极打造碳中和银行品牌。同时，建立碳中和评估体系，充分利用碳中和战略评估工具及指标体系，定期评估银行碳中和战略的目标执行情况，并保持动态更新及完善。

在风险管理方面，充分考虑环境与气候风险对碳中和银行建设所带来的冲击与影响，加强相关理论研究及工具应用，将环境与气候风险纳入全面风险管理机制，通过明确的政策制度、职责分工、业务流程，不断提高环境与气候风险管理能力。同时，积极应用环境与气候相关风险管理工具和资产配置技术，根据自身资产结构，开展环境压力测试对相关风险进行识别量化，评估不同情景下银行资产质量变动情况，更好地进行配置及管理。

在业务创新方面，在当前业务模式及产品体系的基础上，优化业务布局，开展多元合作创新，从存量业务与增量业务两个维度出发，重点加强碳中和主体的产品创新，构建碳中和产品体系。针对存量业务仍以传统制造业为主的现状，进一步优化业务结构，一方面逐步退出高能耗、高碳排行业，加大对具有显著碳减排效应的行业支持力度；另一方面对于其他对环境影响较高的行业，可以积极开展客户调研与沟通，引导存量客户尤其是中小型企业客户及时响应国家碳中和最新政策，加快转型布局，以此来保障银行存量资产的资产价值及可持续性。同时将碳中和理念融入现有业务条线及产品进行升级创新，打造碳中和产品体系。

在科技赋能方面，通过借鉴国际上通用核算方法形成银行特色系统化碳核算体系，在保证温室气体范围一及范围二全口径核算的基础之上，逐渐实现范围三的全覆盖。通过搭建碳中和数据管理平台，以数字化、平台化加强碳信息的整合及碳数据的监测，以实时、有效的碳数据为银行碳核算及碳披露提供基础，并为碳减排工作规划提供有力数据支持，不断提高银行碳排放量化分析及管理能力。

参考文献

[1] 西南财经大学发展研究院、环保部环境与经济政策研究中心课题组，李晓西，夏光，蔡宁．绿色金融与可持续发展［J］．金融论坛，2015，20（10）：30－40.

[2] 王遥，任玉洁．“双碳”目标下的中国绿色金融体系构建［J］．当代经济科学：2022（10）：1－14.

[3] 黄金胜．绿色银行发展的国际经验借鉴及其对我国的启示［J］．浙江金融，2015（10）：55－60.

[4] 朱寿庆，周李焕，孙轶侬．绿色银行的国际借鉴［J］．中国金融，2015（20）：41－42.

[5] 杨望，李一鸣，徐慧琳．绿色银行的内涵及经验启示［J］．国际金融，2020（4）：75－80.

[6] 安国俊．碳中和目标下的绿色金融创新路径探讨［J］．南方金融，2021（2）：3－12.

[7] 喻敏．碳中和目标下商业银行转型路径分析及建议［J］．时代金融，2021（23）：23－25.

[8] 项目综合报告编写组．《中国长期低碳发展战略与转型路径研究》综合报告［J］．中国人口·资源与环境，2020，30（11）：1－25.

[9] 马骏．碳中和愿景下的绿色金融路线图［J］．中国金融，2021（20）：12－14.

[10] 刘明娟．汇丰银行碳中和战略分析及启示［J］．银行家，2021

(11)：73－76.

[11] 王荣婧．国内外温室气体排放核算标准体系现状与分析［J］．科技展望，2014（10）：32.

[12] 陈健华，孙亮，陈亮，林翎，刘玫，鲍威，郭慧婷．国内外企业温室气体排放核算标准的比较分析［J］．气候变化研究进展，2016，12（6）：545－553.

[13] 孙建卫，陈志刚，赵荣钦，黄贤金，赖力．基于投入产出分析的中国碳排放足迹研究［J］．中国人口·资源与环境，2010，20（5）：28－34.

[14] 徐盈之，邹芳．基于投入产出分析法的我国各产业部门碳减排责任研究［J］．产业经济研究，2010（5）：27－35.

[15] 曹淑艳，谢高地．中国产业部门碳足迹流追踪分析［J］．资源科学，2010，32（11）：2046－2052.

[16] 赵巧芝，闫庆友．基于投入产出的中国行业碳排放及减排效果模拟［J］．自然资源学报，2017，32（9）：1528－1541.

中小财险公司车险定价系统研究

——以基于 Z 保司的车险定价系统为例

浙商财产保险公司课题组*

一、引言

（一）车险行业现状

车险与人民群众的利益紧密相关，是财产险第一大险种。虽然近两年车险保费份额已明显降低，但车险保费规模仍遥遥领先其余险种，并且仍然是财险行业承保利润的最大贡献者。

车险行业监管一系列的改革在倒逼中小保险公司①进行专业化转型。车险行业监管近年来进行了多次改革和尝试：从 2009 年起，北京、厦门、深圳等地先后进行了商业车险费率市场化试点，突破“7 折令”限制，扩大无赔款优待的浮动范围；2015 年 6 月至 2016 年 4 月，第一次商业车险费率市场化改革在全国范围内推广实施；2018 年 3 月至 5 月，四川、厦门等放宽费率调整范围，广西、陕西、青海三个地区首批试点自主定价，可自行确定费率调整范围。2020 年 9 月 19 日开始正式实施综合配套改革，“降价、增保、提质”，附加费用率从 35% 下降至 25%，保费充足度下降，赔付率提升，车险业务的利润空间也在不断的被压缩。2023 年 5 月 27 日，燃油车自主定价系数范围进一步由［0.65 – 1.35］被放开到［0.5 – 1.5］。

随着市场化竞争的推进，财险市场中“强者恒强”的马太效应日益明显。中小公司整体处于劣势，经营普遍比较困难。保费增速、承保利润、投资收益全部落后于行业，且愈是盈利周期，中小保险公司被头部公司挤压拉开的差距越发明显。2022 年前三季度，财险“老三家”（人保、平安、太保）全部取得两位数的保费正增长，增速皆超越行业平均水平。中小财险公司，不乏两位数

---

* 课题主持人：房　丧
课题组成员：蔡昌芹　董　悦　高　云　张晓东　宋　鹏　管玉洁　唐文骏　张　聪　尤俊斌　侯守立　刘　奇　张风其

① “中小保险公司”的界定学术界尚未形成统一标准，但比较认可的是《中小保险公司科学发展目标与策略探析》从量化原则和相对性原则提出的市场份额划分依据。本文采用市场份额界定标准，将保费收入市场份额小于 2% 的保险公司定义为中小保险公司，大于 2% 的保险公司定义为大型保险公司。

的保费负增长者，部分公司甚至出现保费规模的腰斩。从财险市场的承保利润来看，利润格局在大体上并未发生改变，财险“老三家”的利润占市场利润的95%。另外，市场中有27家公司仍处于亏损状态；12家公司出现了保费规模与净利润的双降态势。这都体现了中小保险公司经营之难（见图1）。

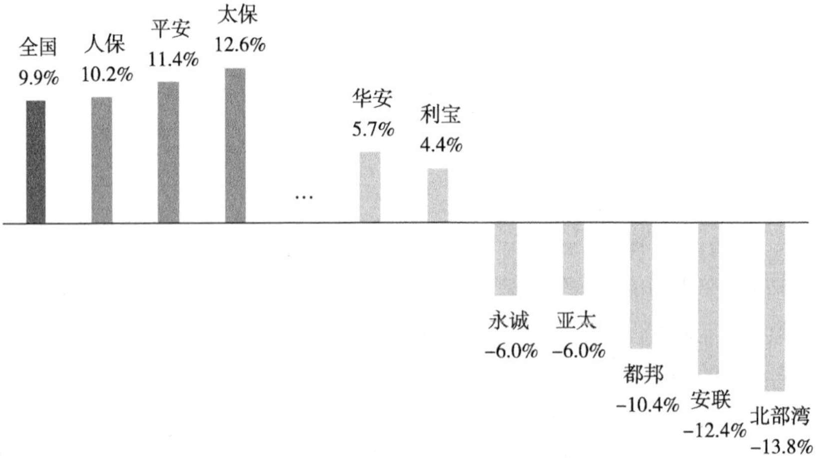

图1 2022年前三季度的保费增速

（数据来源：中国保险行业协会信息披露，http：//icidp. iachina. cn/ICID/）

此外，频发的极端气候、疫情等给车险经营带来了更多的不确定因素。

对于中小保险公司而言，车险野蛮生长的时代已经一去不复返。如果不敢加码破局，或许连破局的机会都没有了。车险数字化、专业化经营是中小保险公司破局的关键，追求承保利润的确定性，方才是真正可以穿越经济周期的主流的、正确的经营模式。

（二）研究目标

为贯彻以人民为中心的发展思想和高质量发展要求，落实金融供给侧结构性改革，更好地维护消费者权益，推动车险高质量发展，我们组织专业团队基于Z公司车险开展车险定价的研究工作，从0到1建立车险智能定价系统，并持续调整优化，赋能车险业务；针对中小保险公司在定价中的痛点，如数据维度单一、波动大、模型颗粒度粗等，探究适合中小保险公司可以复制的道路，促进车险数字专业化经营。

本课题报告包含车险定价系统的闭环搭建，创新使用机器学习算法优化传统定价模型，探索高速驾驶行为数据的跨界应用三块主要内容。

二、智能车险定价系统

我们立足于车险实际的业务需求，搭建了一个完整闭环的、可落地应用的智能车险定价系统。车险定价系统由 3 个模块组成：车险定价模型、业务方案选择与适配以及定价规则引擎。在车险定价系统上线后，对模型效果和系统应用情况建立了回溯监控机制。

（一）技术框架

车险定价系统三个模块的大致业务流程及选用的底层语言算法如图 2 所示。

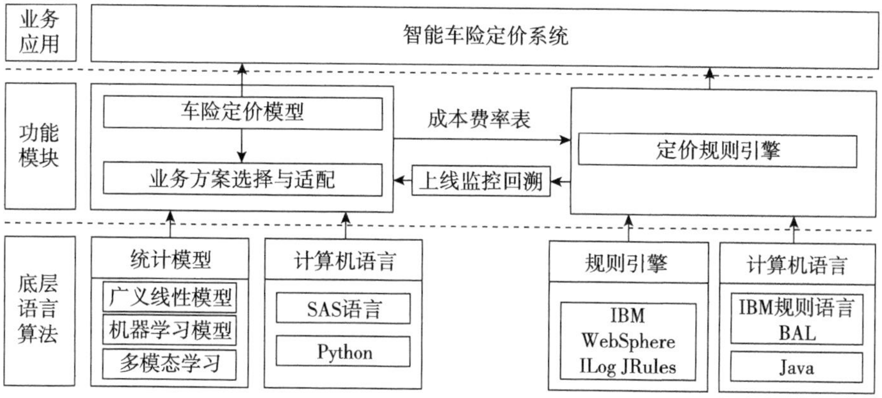

图 2　智能车险定价系统技术框架

以下将会详细描述各个模块，并且讨论搭建过程中小保险公司可能遇到的痛点及相应解决方案。

（二）车险定价建模模块

我们基于历史承保理赔数据，进行数据清理、特征挖掘、精算模型搭建。在该模块，我们采用行业常用的做法：使用广义线性模型，分车种分险别建模。

1. 建模数据

我们选用了自 2019 年 1 月至 2022 年 6 月起保的保单理赔数据，评估日期是 2022 年 6 月末。

2. 数据清理及核验

数据清理及核验的目的是查验保证数据的完整性和准确性。整个过程包含了查验数据完整、清单数据关系，核验数据汇总结果与保司报表系统是否一致，还会查验关键定价数据字段的分布以确定是否完整准确。

3. 数据调整

历史承保和理赔数据并不足以反映当下承保的经营情况。我们需要对历史数据进行调整，以便更好地基于历史数据来预测未来风险水平：

（1）赔款进展到最终状态，涵盖估损不足、已发生未报案等影响；

（2）疫情封控影响；

（3）暴雨、台风等极端天气影响；

（4）综改影响，将综改前保单、无赔款优待等级、赔款回溯调整为综改后口径；

（5）其他环境因素，包括通货膨胀，人伤案件中医疗费用的上涨等。

4. 常见定价因子

目前我们定价模型使用定价因子大部分是自有数据，或者中国银保信车险信息共享平台（以下简称平台）提供的信息（见图3）。

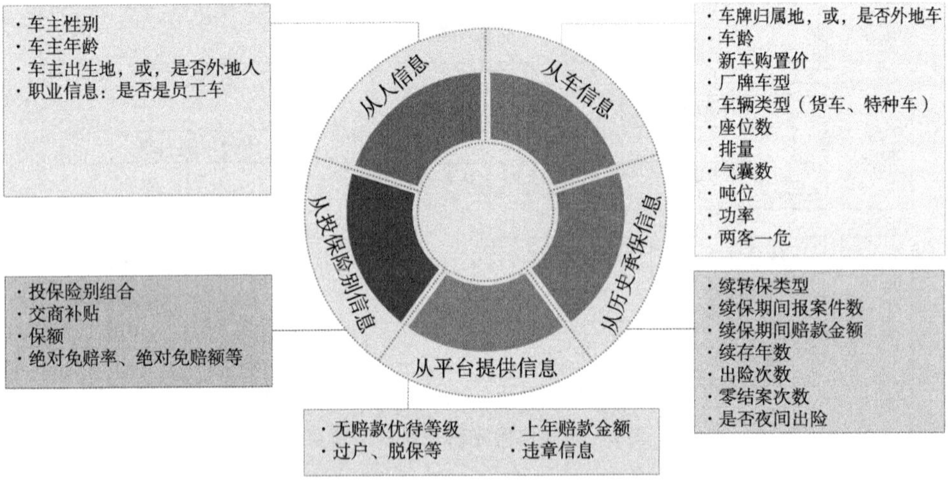

图3　车险常用定价因子

我们将信息分为五大类：

①从人信息，来源于车主身份信息解析；

②从车信息，来源于车辆行驶证、车型库等；

③从投保险别信息，来源于投保保单信息；

④从历史承保信息 ，来自去年理赔信息，仅适用于续保保单；

⑤从平台提供信息，主要指中国银保信车险信息共享平台，涵盖所有保单。

需要注意的是，同一定价因子对于不同车种不同险别的影响不同。比如新车购置价对于车损险①的影响远大于交强险②和三责险③。

---

① 车损险：全名是“机动车损失保险”，保险期间内，被保险机动车使用过程中，因自然灾害、意外事故造成被保险机动车直接损失，且不属于免除保险人责任的范围，保险人依照保险合同的约定负责赔偿。

② 交强险：全名是“机动车交通事故责任强制保险”，指由保险公司对被保险机动车发生道路交通事故造成本车人员、被保险人以外的受害人的人身伤亡、财产损失，在责任限额内予以赔偿的强制性责任保险。

③ 三责险：全名是“机动车第三者责任保险”，保险期间内，被保险机动车使用过程中发生意外事故，致使第三者遭受人身伤亡或财产直接损毁，依法应当对第三者承担的损害赔偿责任，且不属于免除保险人责任的范围，保险人依照本保险合同的约定，对于超过机动车交通事故责任强制保险各分项赔偿限额的部分负责赔偿。

因为定价因子大部分是车辆的物理属性，所以保险公司的车损险模型效果通常会好于交强险和商业三责险。

5. 建模方法论

车险定价的基本思想是以大数法则为基础，根据历史损失数据预测未来保险成本。广义线性模型是目前车险定价中最流行的算法。

广义线性模型（Generalized Linear Models，GLM）从20世纪末开始被广泛应用于精算领域的许多方面，如生命表修匀、损失分布、信度理论、风险分类、准备金和费率的估计等。广义线性模型理论的建立，极大地推动了以统计方法为基石的精算学的发展。广义线性模型是古典线性回归模型的推广。广义线性模型的假设如下：

（1）随机成分：目标变量相互独立，服从指数分布族；指数分布族可由均值和方差确定，方差是均值的函数

$$Var(Y_i) = \frac{\phi V(\mu_i)}{\omega_i} \tag{1}$$

其中，$V(x)$ 是方差函数，ϕ 是规模参数，ω_i是记录 i 权重常数。我们熟悉的一些分布，如正态分布、泊松分布、伽马分布等，都属于指数分布族。

（2）系统成分：解释变量X的线性组合。

$$\eta = X\beta \tag{2}$$

（3）连接函数：目标变量 Y 并不直接等于解释变量的线性组合，而是该线性组合的一个函数变换，该函数是单调可导的。

$$E[Y] = g^{-1}(\eta) \tag{3}$$

表1列出了定价建模中最常用的模型结构：

表1　　定价中最常使用的广义线性模型

目标变量	分布	连接函数	权重
纯风险保费	Tweedie 分布	log 连结函数	已赚车年
索赔频率	Poisson 分布	log 连结函数	已赚车年
案均赔款	Gamma 分布	log 连结函数	赔案次数
模型残差	Tweedie 分布	log 连结函数	已赚车年

注：纯风险保费：每个风险暴露单位的平均赔付成本。

索赔频率：每个风险暴露单位的平均出险次数。

案均赔款：每个理赔案件的平均赔付额。

模型残差：每个保单的实际赔款与模型预期纯风险保费的比值。

需要注意的是，当定价因子的水平分类不合理，可能会出现不收敛的问题，

或者结果与预期不相符。这在中小保司定价建模中经常出现，要注意调整定价因子的选择及其因子水平分组的数据量。数据越多，因子水平分组越精细，模型的风险识别能力越精准。

我们建立了以广义线性模型为核心，单因子分析法和机器学习方法为辅助的建模方法论（见图4）。

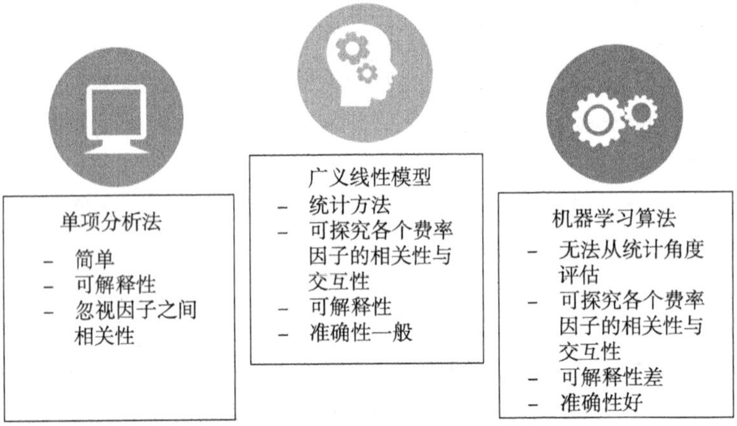

图4　建模方法论

6. 定价模型细分

监管行业车险费率区分机构、车辆使用性质、险别等，定价模型也会对应机构车种险别来将风险同质化的保单标的进行分组。但因中小保司自有数据量较少，数据需要合并以提升模型的稳定性，如省份机构。

（1）主险：8个车种（如家庭自用车、营业货车等）、8个主险（如交强险、车损险、三责险等），还有摩托车和拖拉机。

（2）附加险：10个，如车损险附加的新增加设备损失险、发动机损坏除外责任等，三责险的精神损害抚慰金责任险、三者节假日保额翻倍等。

我们基于上述分组来搭建广义线性模型。

7. 建模流程

一个完整的建模流程包含数据准备、数据清理、定价因子\特征工程、训练模型、验证评估（见图5）。

（1）定价因子\特征工程

定价因子\特征工程的目的是发现具有风险区分能力的定价因子。

（2）训练模型

建模的目标变量根据不同的业务需求和场景有以下几种选择：纯风险保费、索赔频率、案均赔款、模型残差。

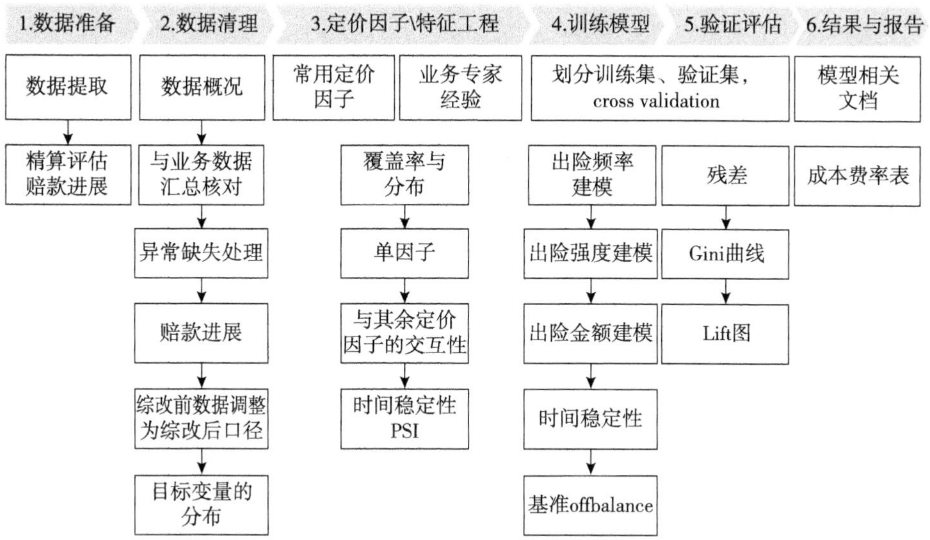

图5　常见建模流程

很多保险公司选择的是分拆索赔频率和案均赔款来分别建模。理由主要有三个：一是不同费率因子对两个指标的影响程度有所不同。二是赔案金额的变动性较大，若直接建模，可能会隐藏原本从索赔频率中可以发现的一些规律。三是更好地确认并剔除某些随机效应的影响。

但当数据量有限，基于案均赔款的建模结果呈现出较大的置信区间，有更强的不准确性。所以，中小保司更倾向于选择以纯风险保费为目标变量的模型。

（三）业务方案选择及适配模块

业务方案选择与适配会基于模型结果，结合车险监管费率、监管要求、行业自律、公司内部经营目标和实际经营情况确认自主定价系数，计算出单价格。中小保险公司需要额外注意对于市场定价的追随。

1. 流程框架

业务方案选择及适配的流程框架如图6所示。

备选的目标赔付率：根据实际经营数据和目标制定大致的目标赔付率范围，在中间选择多个目标赔付率。

逐单计算出单保费：基于上述各个备选的目标赔付率，考虑交商补贴、行业车险费率、无赔优系数、行业监管折扣范围及行业自律，将纯风险保费转化为出单保费。

板块整体情况：汇总保单清单，得到指定目标赔付率下对应的业务留存规模、升费比例、平均自主系数、对应的预期赔付和实际赔付。

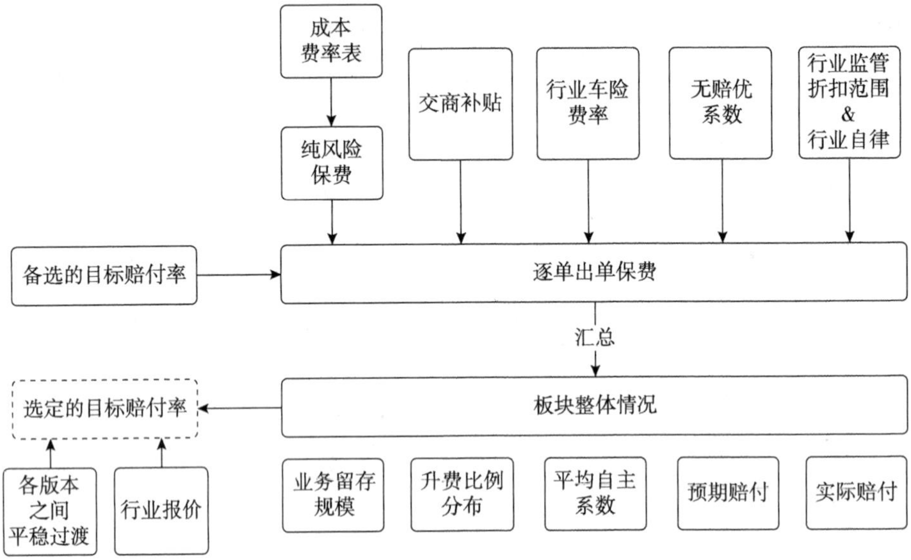

图 6　业务方案选择与适配流程

选定目标赔付率：根据业务需求、各版本之间平稳过渡和行业报价，选定目标赔付率，得到对应的出单保费。

2. 行业数据搜集

中小保险公司的车险定价更偏追随市场定价，而非主动定价。因此，市场定价信息的获取对于中小保险公司来说至关重要。目前中国银保信提供了可使用的车险信息贡献平台监管辅助系统。我们基于此系统开发了数据下载及整理程序，支持分年月、分公司、分机构、分是否新能源等维度，共计下载 12000 多张数据表，进一步整合分析，沉淀为行业数据库，以为定价及经营提供数据参考。

（四）定价规则引擎模块

模型结果及业务方案的落地离不开定价规则引擎。市面上有很多规则引擎软件，但考虑到中小保险公司专业开发人员的紧缺、开发维护的便捷性，我们选择使用公司现有的规则引擎，也就是 IBM Operational Decision Manager。

ODM 会读入成本费率表等结果，形成决策树，制作规则流。在离线环境开发测试完毕后，部署于生产环境。对传入的保单报文，定价规则引擎实时解析，计算报价，并存储结果（见图 7）。存储的结果可用于后期分析。

（五）上线监控回溯

每次模型训练稳定上线后，我们需要通过对模型进行监控来掌握上线运作情况，以了解业务应用及变动，防止过拟合。我们建立了定期回溯模型的机制，从三个角度回溯监控上线模型效果，如图 8 所示。

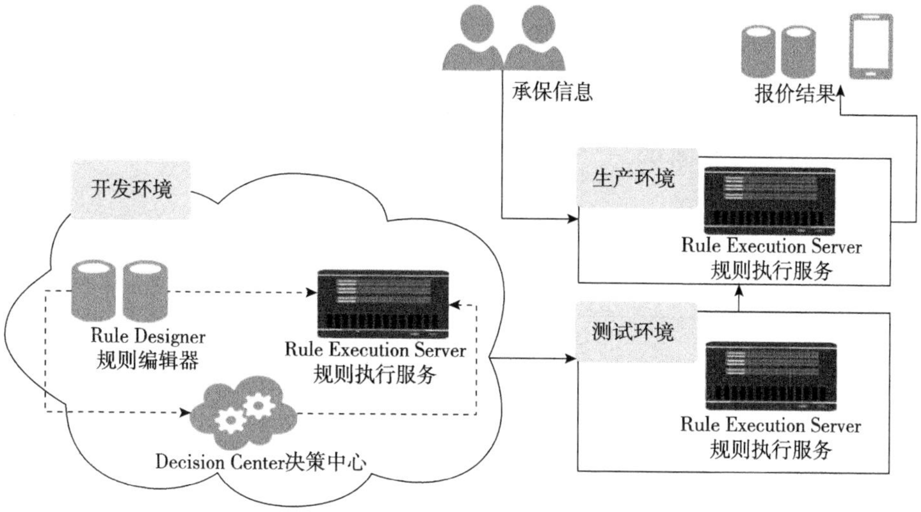

图 7　IBM ODM 技术框架及流程

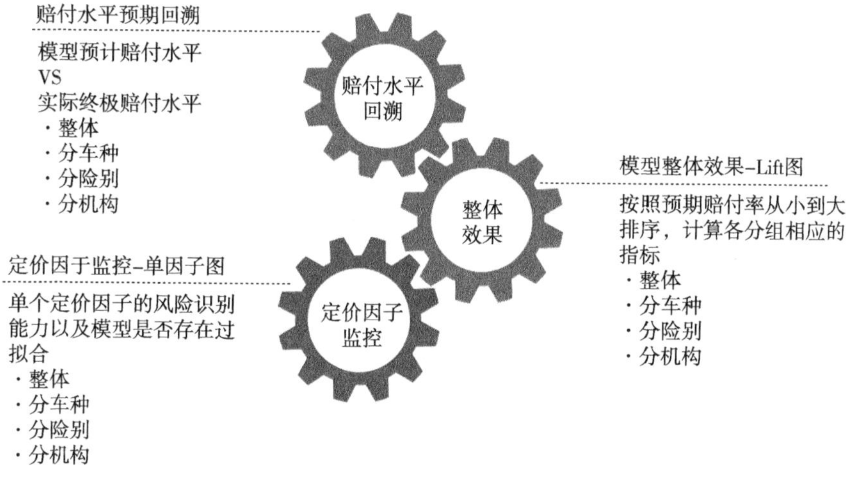

图 8　上线监控回溯的三个角度

1. 赔付水平回溯

模型赔付水平是基于历史数据来预测未来风险水平。但未来与历史始终会存在偏离，比如白噪声、业务结构变化、季节性波动等。因此，我们需要监控模型预期赔付水平与实际赔付水平的偏离，按业务实际需要，分公司整体、机构、车种、险别等维度。

2. 模型整体效果

我们使用 lift 图①来衡量模型的风险区分能力。按照现模型预期含 NCD 标费赔付率从小到大排序分组，计算各分组的实际含 NCD 标费赔付率。

基于 2021 年 8 月至 2022 年 7 月的车险数据，选取两个数据量较大的业务板块来展示 Lift 图（见图 9）。

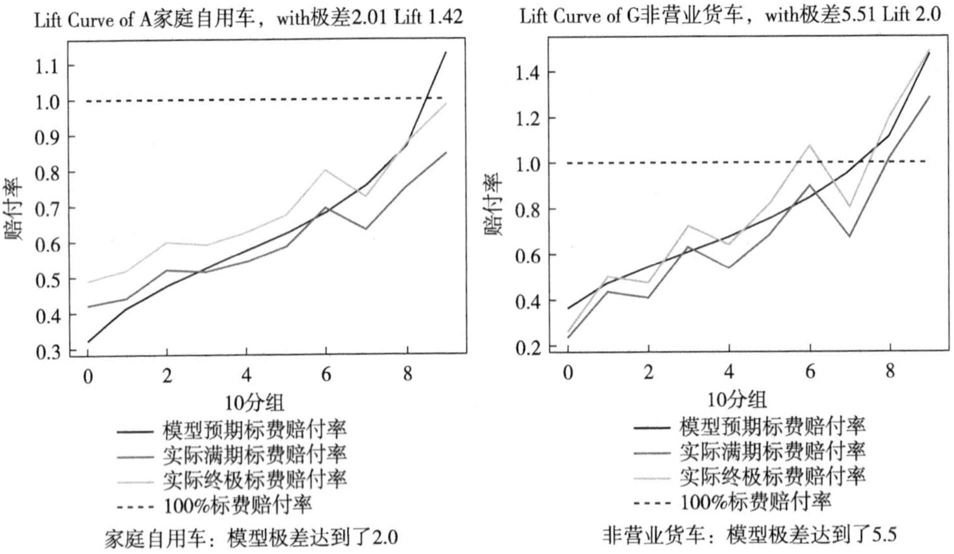

图 9 较大业务板块的模型 Lift 图

3. 定价因子监控

除了模型整体效果监控外，我们还会监控定价因子，主要是两方面：定价因子的时间稳定性 PSI（Population Stability Index），以及定价因子的风险区分能力，防止过拟合。

我们通常查验定价因子各个分组上模型预期结果与实际赔付结果。以三责险投保保额这一因子为例，查看其在整体车种、家庭自用车、非营业客车、非营业货车方面的单因子图（见图 10）。

对于整体车种、家庭自用车和其他非营业客车，保额集中在 100 万元、150 万元和 200 万元，在保额超过 200 万元后实际风险下降速度超过现有模型估计速度。对于非营业货车，保额集中在 50 万元、100 万元、150 万元和 200 万元，在保额超过 200 万元后实际风险下降速度超过现有模型估计速度。

① Lift 图：按照模型预期赔付率从小到大排序分组，计算各分组相应的指标。

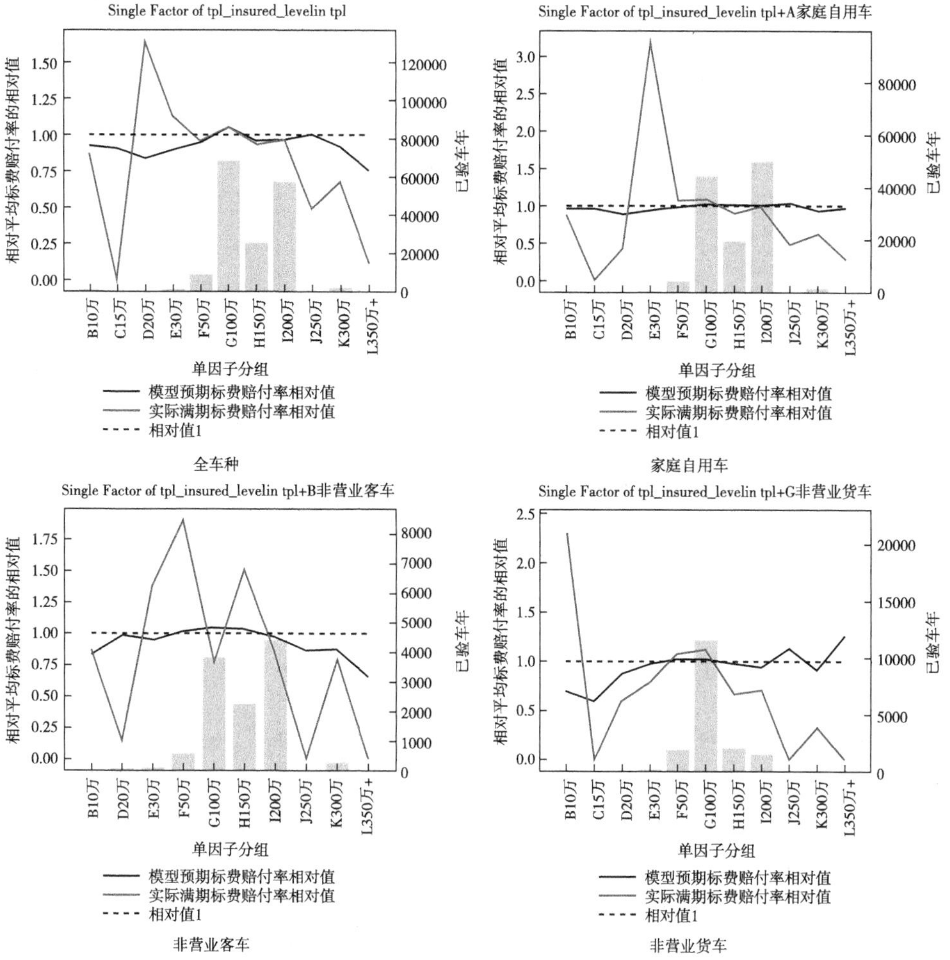

图 10　三责险投保限额回溯的单因子图

之后将进一步观察，若该结论具有时间稳定性，那么考虑下调保额超过 200 万元对应的模型因子值。

三、基于机器学习的定价模型

中小保险公司为了保证广义线性模型的收敛，通常会减少定价因子的水平分类，因此，模型的颗粒度比较粗。为了进一步提升模型的风险识别能力，我们尝试前沿的机器学习模型，与传统的定价模型作比对。

（一）模型介绍

机器学习算法（Light Gradient Boosting Machine，LightGBM）是当前数据科

学中最常使用的算法。LightGBM[①] 是微软提出的一个实现集成树模型算法的框架，支持高效率的并行训练。lightGBM 在传统的集成树模型算法上进行了如下优化：一是基于 Histogram 的决策树算法；二是单边梯度采样 Gradient-based One-Side Sampling（GOSS）：使用 GOSS 可以减少大量只具有小梯度的数据实例，这样在计算信息增益的时候只利用剩下的具有高梯度的数据就可以了，相比遍历所有特征值节省了不少时间和空间上的开销；三是互斥特征捆绑 Exclusive Feature Bundling（EFB）：使用 EFB 可以将许多互斥的特征绑定为一个特征，这样达到了降维的目的；四是带深度限制的 Leaf - wise 的叶子生长策略：之前算法大多选用的按层生长（Level - wise）的决策树生长策略，比较低效。实际上很多叶子的分裂增益较低，没必要进行搜索和分裂。LightGBM 使用了更高效的带有深度限制的按叶子生长算法；五是直接支持类别特征（Categorical Feature）；六是高效并行，Cache 命中率优化。

总之，LightGBM 在保证运行结果准确率的情况下，具有更快的训练速度、更低的内存消耗、更好的准确率、支持分布式可以快速处理海量数据等优点。

（二）建模数据

以 Z 保险公司家庭自用车车损险为例，目标变量选择出险频率，基于 2020 年 1 月 1 日到 2022 年 6 月 30 日的数据上搭建模型，比较机器学习模型与传统定价模型的建模效果。

训练集选择 2020 年 1 月 1 日到 2021 年 12 月 31 日两年的数据，大约 57 万单保单量，其中训练集中随机抽取 20% 作为验证集，防止模型过拟合；测试集选择 2022 年 1 月 1 日到 6 月 30 日的数据，大约 12.7 万单保单量。

（三）建模特征

因为研究的目标在于比较 LightGBM 与广义线性模型的建模效果，两者使用了相同的特征及相同的特征分组：二级机构、车主年龄性别、是否外地人、新车购置价、车龄、气囊数、新转续类型、无赔款优待等级以及座位数。

考虑到广义线性模型的收敛性和结果的稳定性，需要将数值型连续变量离散化。比如，车主年龄本身为连续变量，按照下列分割点［23，25，30，35，…］进行了特征分箱。新车购置价、车龄、气囊数、座位数因子均作了如上类似的处理。但在一般的场景下，LightGBM 不需要手动进行连续变量的水平切分。

（四）LightGBM 建模

以出险频率为目标变量，选择回归树模型，迭代次数不超过 400 次。LightGBM 在训练集和测试集的平均绝对误差 MAE 分别是 0.334 和 0.342，均方误差

---

① LightGBM 官方文档网站，https：//lightgbm. readthedocs. io。

MSE 分别是 0. 211 和 0. 331。我们按照模型预测出险频率从小到大排序 10 等分，分别计算各分组对应的实际出险频率（Lift 图）。如图 11 所示。

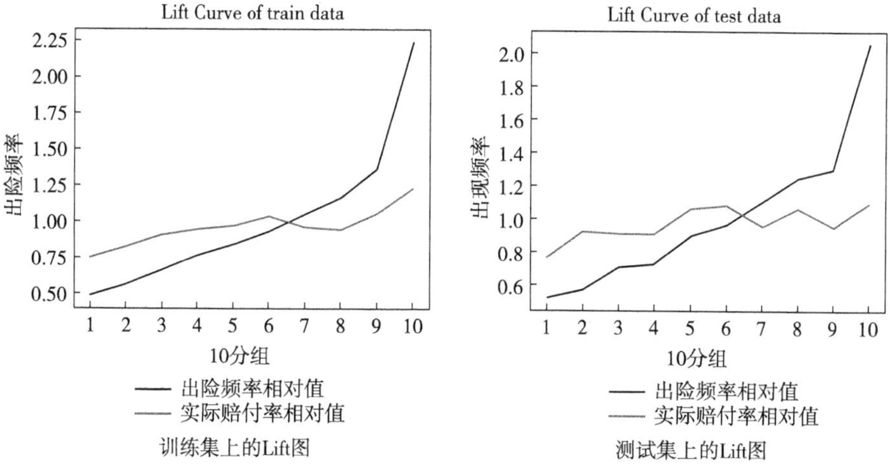

图 11　训练集和测试集上的 Lift 图

由图 11 可知，模型在训练集和测试集上均呈现上升趋势，具有风险识别能力，且过拟合程度较小。

（五）特征重要性

我们可以根据特征重要性来判断对模型结果更重要的特征（见图 12）。

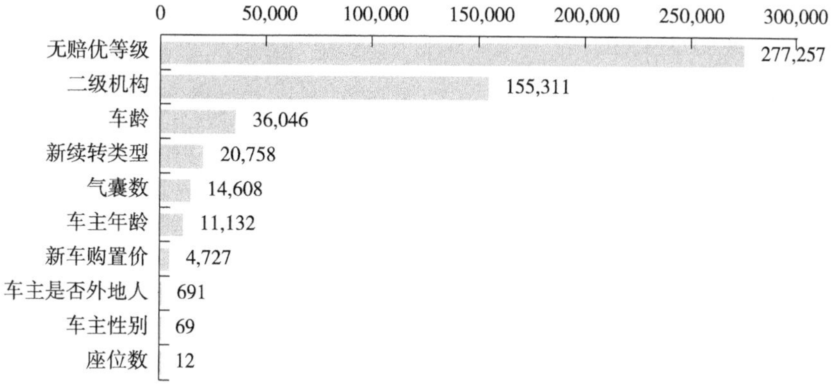

图 12　特征重要性

由上图可知，无赔优等级的特征重要性最高，座位数的特征重要性最低。

（六）LightGBM 与广义线性模型结果比对

我们将 LightGBM 与广义线性建模结果在同一验证集上的定价效果做比较。

比较两者 Lift 图可以看到，LightGBM 模型的极差达到了 3.99，高于广义线性模型极差（3.19），模型的区分能力提升了 25%。也就是说，基于同样的数据和同样的目标变量，使用 LightGBM 模型效果会显著优于传统精算定价模型（见图 13）。

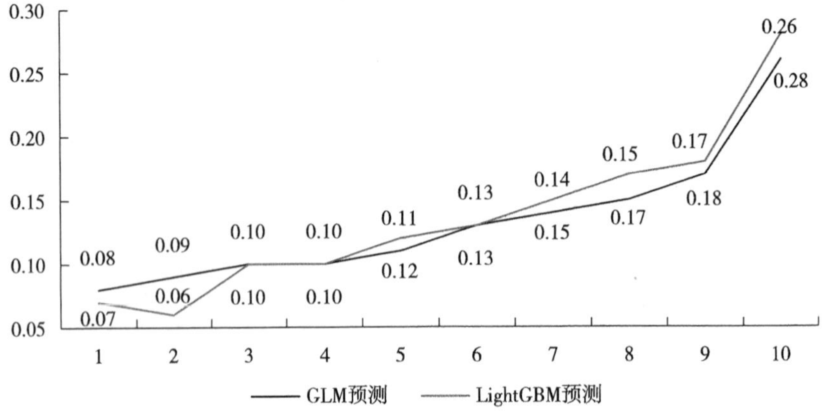

图 13　GLM 与 LightGBM 的 Lift 图

基于上述实证分析，我们可以看到机器学习模型在准确性上确实优于传统模型。但机器学习模型的建模结果是一个黑箱，存在可解释性问题。如何将大数据、机器学习、深度学习和精算定价模型更好地结合，既能提高定价的准确性，又具备一定的可解释性，是一个需要长期研究的工程。

四、高速数据挖掘

模型决定了定价效果的下限，而定价因子决定了定价效果的上限。因此，挖掘更多的定价因子是提升定价效果中非常重要的一环。但保司数据维度比较单一，这个痛点适用于中小保险公司，也适用于大型公司。保司自有数据均为静态数据，且绝大部分是车辆的物理属性，如车型、车辆购置价、排量，但保单的风险更多地取决于车辆的使用。

高速数据可以非常清楚地显示车辆的行驶情况。车辆行驶行为数据的使用可以为车险的精准定价提供更多有用的风险信息。

我们在 5 吨及以下货车的车险数据上探索其应用。

（一）高速数据字段介绍

对于过去一年在高速路段通行的车辆，我们可以获取其通行里程、通行时长、活跃天数等字段。但并非所有车辆均有高速行驶记录。如果车辆在过去一年未被高速卡口或路桥观测到，那么其对应的高速字段均为空。

我们定义有任何高速行驶记录的车辆为被覆盖车辆，高速行驶记录均为空的车辆为未被覆盖车辆。是否被覆盖，也可以粗略地等同于车辆是否曾在过去一年在高速路段通行。

（二）未被高速覆盖的车辆

大约48%的车辆被高速数据覆盖，未被覆盖部分占整体比重是52%。细分来看：营业货车的覆盖率高于非营业货车；企业货车的覆盖率高于个人货车；2~5吨的覆盖率高于0~2吨。这个数据结果符合我们的认知：营业属性更强的车辆，被高速数据覆盖的可能越大。

我们分营业性质、分险种来分析是否被覆盖对应的赔付情况（见表2）。

表2 未被高速覆盖的风险情况

营业性质	险种	出险频率		终极赔付率		现模型预期赔付率		出险频率相对值①	终极赔付率相对值	终极赔付率相对值/现模型预期赔付率相对值
		未被覆盖	被覆盖	未被覆盖	被覆盖	未被覆盖	被覆盖			
整体		10%	12%	73%	93%	97%	83%	0.85	0.79	0.68
非营业	车损险	8%	10%	54%	74%	79%	81%	0.85	0.73	0.75
	交强险	8%	14%	92%	133%	87%	105%	0.62	0.69	0.84
	三责险	5%	6%	66%	76%	65%	70%	0.80	0.87	0.92
	合计	7%	10%	80%	100%	78%	86%	0.71	0.80	0.88
营业	车损险	8%	10%	45%	42%	95%	57%	0.87	1.08	0.65
	交强险	18%	18%	97%	101%	124%	92%	0.96	0.96	0.72
	三责险	15%	12%	59%	73%	99%	74%	1.24	0.80	0.59
	全险种	15%	15%	69%	83%	107%	80%	1.00	0.84	0.63

由表1可见，整体看，未被覆盖部分的出险频率是被覆盖部分的0.85，终极赔付率是0.79，相对于现模型的残差是0.68。分车种来看，是否被覆盖在非营业货车数据上的风险识别能力优于营业货车数据。在非营业货车上，各险别的未被覆盖风险均低于被覆盖部分，且交强险上的风险识别能力优于三责险，优于车损险。在营业货车上看，交强险和三责险上的未被覆盖部分风险并未在出险频率和赔付率上显著低于被覆盖部分。总之，是否被覆盖这个定价因子在车险上有显著的区分能力。但需要注意的是，是否被覆盖的区分能力有较强的地域特征，在后期应用中需区分。

（三）被高速覆盖的车辆

对于被覆盖部分，有更加丰富的数据维度，例如，车辆在高速上的活跃天

① 相对值：均是未被覆盖部分的指标与被覆盖部分指标的比值。

数。主观上猜测，过往一年在高速上活跃的天数较多的车辆，可以推测其在未来承保期间也有较高概率保持较高活跃天数。活跃天数越多，行驶时间越长，风险暴露越多，出险概率越高。高速数据主观上对于车险承保风险有明显的区分能力。下面我们将探索实际车险数据，以验证我们的主观认知。

图 14 是活跃天数特征在 5 吨以下货车交强险数据上对应的赔付情况。

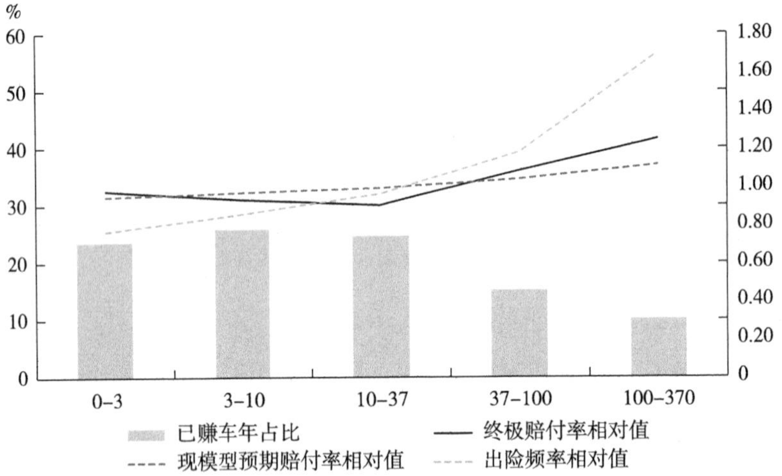

图 14　活跃天数在货车交强险上的单因子

由上图可知，随着活跃天数的增大，出险频率和终极赔付率均递增，且远大于现模型预期赔付率的上升幅度。说明该因子有风险识别能力，并且可以提升现有模型。

除了活跃天数外，平均速度、每个行程的平均行驶里程、夜间行驶次数等均有显著的风险识别能力。我们将上述原始数据整理衍生了 123 个定价因子放入模型。如图 15 所示，定价因子分为以下五类：基本信息类（17 个）、行驶路线信息（24 个）、驾驶行为信息（超速、超车、超载）（34 个）、驾驶行为信息（疲劳驾驶）（30 个）、驾驶行为信息（夜间行驶或凌晨行驶）（18 个）。

对于被覆盖的部分，因数据量较少，为达到更好的精度，我们选择第三部分中介绍的机器学习模型 LightGBM 来进行定价建模分析。

（四）建模效果

我们对于不同的险别、目标变量，建模数据范围等，共搭建了 18 个模型。如下以交强险建模效果作为示例。

1. 交强险 –5 吨以下小货

以出险频率为目标变量，在全部车种数据上搭建模型（见图 16）。

基本信息	行驶路线信息	驾驶行为信息（超速、超车、超载）	驾驶行为信息（疲劳驾驶）	驾驶行为信息（夜间行驶或凌晨行驶）
里程数、时长、行程数、平均每行程的里程数、平均每行程的行驶时间、平均速度、通行里程中位数、通行时长中位数、速度中位数、通行里程月度中位数、通行时长月度中位数、通行次数月度中位数、活跃天数等	常驻城市外通行次数、常驻城市外通行里程、常驻城市外通行时长、常驻城市外通行次数占比、常驻城市外通行里程占比、常驻城市外通行时长占比、异地行驶次数、异地行驶时长、异地行驶里程、异地行驶次数占比、异地行驶时长占比、异地行驶里程占比、车牌号省份对应的通行次数、车牌号省份对应的通行次数占比、top3行程数、top3通行里程、top3行驶时间、top3平均每行程的里程数、top3行程数占比、top3通行里程占比、top3行驶时间占比、常跑路线数量的分类等	超速率[120%，150%）行程数及占比、超速率[150%+）行程数及占比、超速行驶次数、超速行驶里程、超速行驶时长、超载率[100%，150%）行程数及占比、超载率[150%+）行程数及占比、超载行驶次数、超载行驶里程、超载行驶时长、超载超车行驶次数、超载超车行驶里程、超载超车行驶时长、超载超车行驶次数占比、超载超车行驶里程占比、超载超车行驶时长占比、空载行驶次数、空载行驶里程、空载行驶时长、繁忙路段的每次监控的超车次数、繁忙路段的每次监控的超车超载次数等	4小时疲劳行驶行程数、6小时疲劳行使行程数、8小时疲劳行驶行程数、4小时疲劳行驶时间、6小时疲劳行驶时间、8小时疲劳行驶时间、4小时疲劳行驶里程、6小时疲劳行驶里程、8小时疲劳行驶里程及以上对应的占比等	晚上0–3点行驶的里程数、晚上20到23点行驶的里程数、凌晨4–7点行驶的里程数、晚上0–3点行驶的通行次数、晚上20到23点行驶的通行次数、凌晨4–7点行驶的通行次数、晚上0–3点行驶的通行时间、晚上20到23点行驶的通行时间、凌晨4–7点行驶的通行时间，及其占比等

图 15　五大分类下详细的定价因子

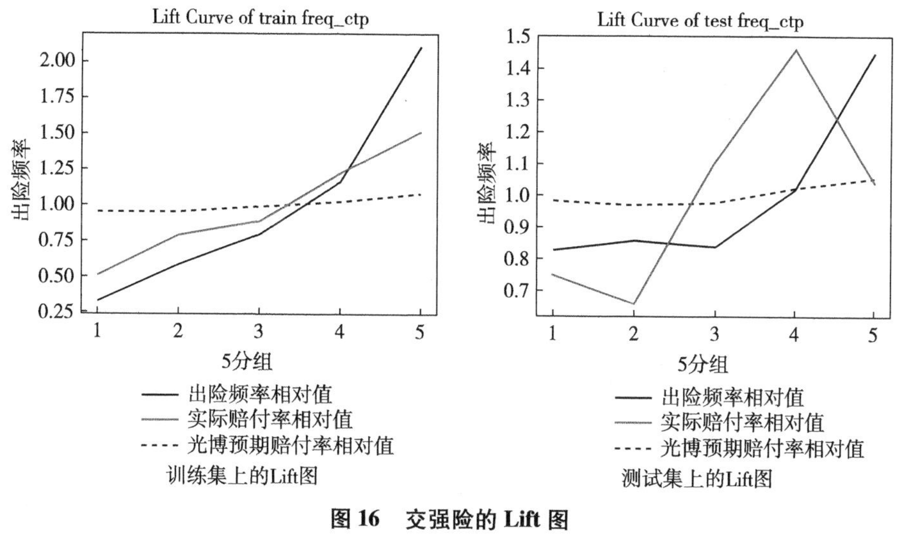

图 16　交强险的 Lift 图

需注意的是，因为建模样本量的限制，Lift 图选取了 5 等分；赔付率相对值会出现一定程度的波动。

我们可以看到，出险频率在训练集和测试集上均呈现一个稳定的趋势。

2. 交强险 –5 吨以下小货 – 非营业货车

我们基于非营业货车的数据单独建立了以出险频率为目标变量的模型。比较基于全部货车数据建模的模型在非营业货车上的验证效果，以及在非营业货车数据上单独建模的模型验证效果（见图 17）。

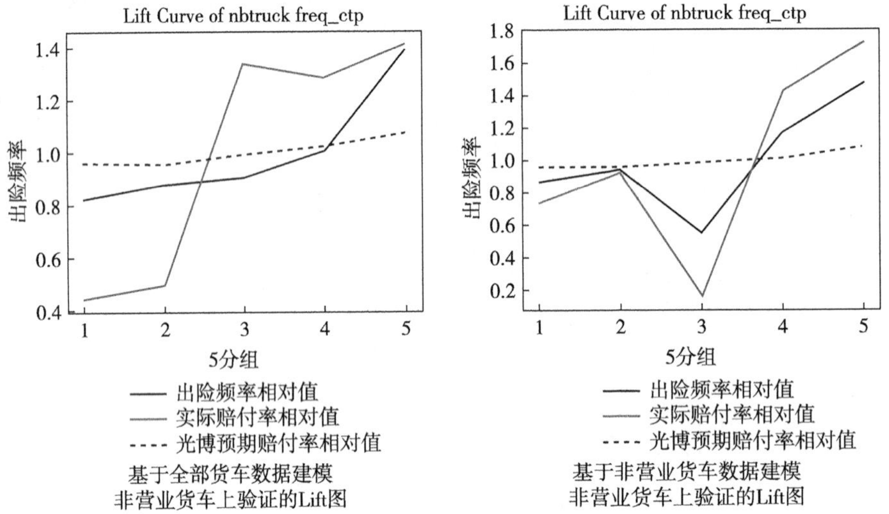

图 17　交强险两个模型在非营业货车数据上的验证

由图 17 可知，全部货车数据建模的模型在非营业货车上验证效果更稳定，优于非营业货车数据单独建模的模型。

3. 交强险 –5 吨以下小货 – 营业货车

我们基于营业货车的数据单独建立了以出险频率为目标变量的模型。比较基于全部货车数据建模的模型在营业货车上的验证效果，以及在营业货车数据上单独建模的模型验证效果：

由图 18 可知，全部货车数据建模的模型在营业货车上验证效果与营业货车数据单独建模的模型效果接近。

（五）高速数据对于现有模型的提升

以非营业货车交强险为例，将上述建模结果以及未被覆盖部分放入现有模型，查验高速信息在最近一年数据上对于模型的提升效果。

图 19 是按照模型预期赔付率从小到大排序 10 等分，分别计算各分组对应的实际赔付率。

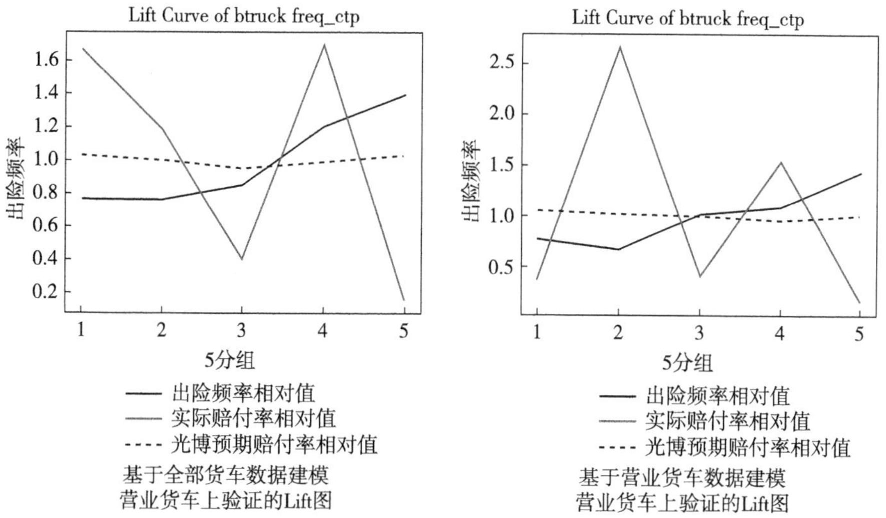

图 18　交强险两个模型在营业货车数据上的验证

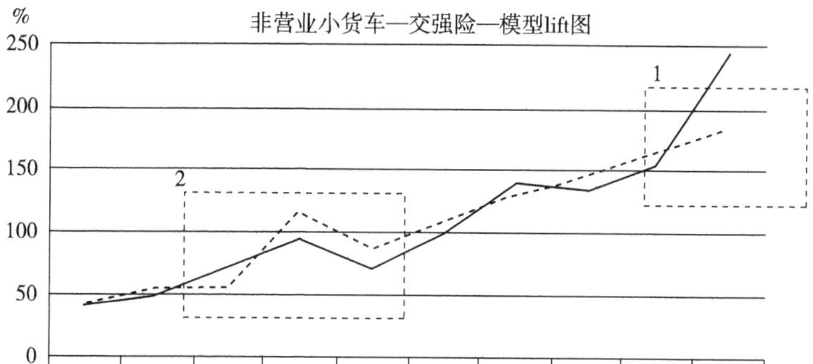

	1	2	3	4	5	6	7	8	9	10
---- 原模型—实际赔付率	41	55	55	118	86	112	131	143	167	185
—— 现模型—实际赔付率	40	49	73	96	70	100	141	135	155	246

图 19　非营业小货车交强险模型提升

由图 19 可知，现模型极差是 6.2，原模型极差是 4.5，模型风险区分能力提升了 35%；现模型在 2 区域相对于原模型更平滑，修正了原模型。

五、小结

在课题研究期间，我们从 0 到 1 搭建起来了智能车险定价系统，包括了从车险精算定价建模、业务方案选择及适配流程、定价规则引擎的开发及上线生产的全链条，并得到国家版权局的软件著作权认证（软著登字第 10405164 号）。

中小保险公司在车险定价上存在共同的痛点：数据维度单一、数据波动大、模型颗粒度粗。我们进行了深入探究，明晰了中小保险公司可以复制的数字化、精细化的车险经营方向。针对数据维度单一，我们积极探索挖掘高速数据，识别 5 吨以下货车中 30% 以上的高风险车辆，部分模型的风险区分能力提升了 35%。针对数据波动大，我们加强了对行业数据的应用，开发程序以自动下载数据，整合成基础数据库，展现各区域机构的保费规模及赔付率情况，为业务决策提供更强有力的支持。针对模型颗粒度粗，我们应用了前沿 LightGBM 集成树模型算法，相比精算定价模型，识别能力提升了 25%，达到更好的精度。

下一步我们会聚焦于更好地应用行业数据，将定价结果应用前置于销售环节，使报价环节转化率提升。车险定价将实现更准确的报价，更精准地把控前端业务，明确销售方向，提升获客能力提升。在全球政治动荡、经济低迷的时期，车险定价助力中小保险公司渡过经济周期，实现数字化经营、专业化转型。

参考文献

[1] 祝向军，刘霄辉，唐瑜. 中小保险公司科学发展目标与策略探析[J]. 保险研究，2008（10）.

[2] 中国银保监会. 关于实施车险综合改革的指导意见［J/OL］. http：//www.cbirc.gov.cn/cn/view/pages/ItemDetail.html？docId = 926452&itemId = 925&generaltype = 0，2022 - 09.

[3] Glen Meyers, et al. . Predictive Modeling with the Tweedie Distribution [R] . CAS Annual Meeting, 2009 - 11.

[4] Guolin Ke, et al. . LightGBM: A Highly Efficient Gradient Boosting Decision Tree [J] . *Neural Information Processing Systems (NIPS)*, 2017 (12) .